中國國家圖書館編

國家圖書館藏敦煌遺書

第一百三十一冊　北敦一四六二三號——北敦一四六九二號

北京圖書館出版社

圖書在版編目(CIP)數據

國家圖書館藏敦煌遺書·第一百三十一册/中國國家圖書館編;任繼愈主編.—北京:北京圖書館出版社,2010.8

ISBN 978-7-5013-3693-7

Ⅰ.國… Ⅱ.①中…②任… Ⅲ.敦煌學—文獻 Ⅳ.K870.6

中國版本圖書館 CIP 數據核字(2010)第 014130 號

書　　名 國家圖書館藏敦煌遺書·第一百三十一册
著　　者 中國國家圖書館編　任繼愈主編
責任編輯 徐　蜀　孫　彦
封面設計 李　璀

出　　版 北京圖書館出版社 (100034 北京西城區文津街 7 號)
發　　行 010-66139745　66151313　66175620　66126153
66174391(傳真)　66126156(門市部)
E-mail btsfxb@ nlc. gov. cn(郵購)
Website www. nlcpress. com → 投稿中心
經　　銷 新華書店
印　　刷 北京文津閣印務有限責任公司

開　　本 八開
印　　張 56.25
版　　次 2010 年 8 月第 1 版第 1 次印刷
印　　數 1-250 册(套)

書　　號 ISBN 978-7-5013-3693-7/K·1656
定　　價 990.00 圓

編輯委員會

主　編　任繼愈

常務副主編　方廣錩

副 主 編　李際寧　張志清

編委（按姓氏筆畫排列）　王克芬　王姿怡　吳玉梅　周春華　陳　穎　黄　霞（常務）　黄　建　程佳羽　劉玉芬

出版委員會

主　任　詹福瑞

副主任　陳　力

委　員（按姓氏筆畫排列）　李　健　姜　紅　郭又陵　徐　蜀　孫　彦

攝製人員（按姓氏筆畫排列）

于向洋　王富生　王遂新　谷韶軍　張　軍　張紅兵　張　陽　曹　宏　郭春紅　楊　勇　嚴　平

原件修整人員（按姓氏筆畫排列）

朱振彬　杜偉生　李　英　胡玉清　胡秀菊　張　平　劉建明

目錄

有求皆施不可說
持戒清淨不可說
讚歎諸佛不可說
成就諸忍不可說
具足寂靜不可說
起大精進不可說
不退轉心不可說
一切定藏不可說
寂然在定不可說
智慧通達不可說
了達諸法不可說
修无量行不可說
甚深境界不可說
菩薩法力不可說
彼諸正念不可說
修方便智不可說
无量智慧不可說
彼諸法智不可說
彼大法雲不可說
彼諸神力不可說
入空寂智不可說

愛樂正法不可說
无生法忍不可說
住寂靜地不可說
其心過去不可說
不傾動心不可說
觀察諸法不可說
了達諸禪不可說
三昧自在不可說
明見諸佛不可說
發廣大願不可說
清淨法門不可說
菩薩法住不可說
彼諸法界不可說
學甚深智不可說
究竟智慧不可說
彼淨法輪不可說
彼大法雨不可說
彼諸方便不可說
念念相續不可說

BD14623號　大方廣佛華嚴經（唐譯八十卷本）卷四五　（9–1）

修方便智不可說
无量智慧不可說
彼諸法智不可說
彼大法雲不可說
彼諸神力不可說
入空寂智不可說
无量行門不可說
諸佛刹海不可說
諸刹差別不可說
差別莊嚴不可說
種種間錯不可說
清淨佛土不可說
了知衆生不可說
知其業報不可說
知其根性不可說
雜染清淨不可說
變化自在不可說
修行精進不可說
亦現神變不可說
種種色相不可說
一一毛孔不可說
光網現色不可說
勇猛无畏不可說
調伏衆生不可說
清淨身業不可說
无邊意業不可說

學甚深智不可說
究竟智慧不可說
彼淨法輪不可說
彼大法雨不可說
彼諸方便不可說
念念相續不可說
念念恒住不可說
悉能往詣不可說
種種清淨不可說
无邊色相不可說
種種妙好不可說
雜染世界不可說
知其種性不可說
知其心行不可說
知其解欲不可說
觀察調伏不可說
現種種身不可說
度脫衆生不可說
放大光明不可說
令衆生淨不可說
放光明網不可說
普照佛刹不可說
方便善巧不可說
令出生死不可說
清淨語業不可說
殊勝妙行不可說

BD14623號　大方廣佛華嚴經（唐譯八十卷本）卷四五　（9–2）

一一毛孔不可說
光網現色不可說　普照佛剎不可說
勇猛无畏不可說　方便善巧不可說
調伏衆生不可說　令出生死不可說
清淨身業不可說　清淨語業不可說
无邊意業不可說　殊勝妙行不可說
成就智寶不可說　深入法界不可說
菩薩惣持不可說　善能脩學不可說
智者音聲不可說　音聲清淨不可說
正念真實不可說　開悟衆生不可說
具足威儀不可說　清淨脩行不可說
成就无畏不可說　調伏世間不可說
諸佛子衆不可說　清淨勝行不可說
稱歎諸佛不可說　讚揚无盡不可說
世間導師不可說　演說讚歎不可說
彼諸菩薩不可說　清淨功德不可說
彼諸邊際不可說　能住其中不可說
住中智慧不可說　盡諸劫住无能說
欣樂諸佛不可說　智慧平等不可說
善入諸法不可說　於法无礙不可說
三世如空不可說　三世智慧不可說
了達三世不可說　住於智慧不可說
殊勝妙行不可說　无量大願不可說
清淨大願不可說　成就菩提不可說
諸佛菩提不可說　發生智慧不可說
分別義理不可說　知一切法不可說
嚴淨佛剎不可說　脩行諸力不可說

BD14623號　大方廣佛華嚴經（唐譯八十卷本）卷四五　（9–3）

殊勝妙行不可說　无量大願不可說
清淨大願不可說　成就菩提不可說
諸佛菩提不可說　發生智慧不可說
分別義理不可說　知一切法不可說
嚴淨佛剎不可說　脩行諸力不可說
長時脩習不可說　一念悟解不可說
諸佛自在不可說　廣演正法不可說
種種神力不可說　亦現世間不可說
清淨法輪不可說　勇猛能轉不可說
種種開演不可說　哀愍世間不可說
不可言說一切劫　讚不可說諸功德
不可說劫猶可盡　不可說德不可盡
不可言說諸如来　不可言說諸舌根
歎佛不可言說德　不可說劫无能盡
十方所有諸衆生　一切同時成正覺
於中一佛普能現　不可言說一切身
此不可說中一身　亦現於頭不可說
此不可說中一頭　亦現於舌不可說
此不可說中一舌　亦現於聲不可說
此不可說中一聲　經於劫住不可說
如一如是一切佛　如一如是一切身
如一如是一切頭　如一如是一切舌
如一如是一切聲　不可說劫恒讚佛
不可說劫猶可盡　歎佛功德无能盡
一微塵中能悉有　不可言說蓮華界
一一蓮華世界中　賢首如来不可說

BD14623號　大方廣佛華嚴經（唐譯八十卷本）卷四五　（9–4）

[illegible]

如一如是一切聲 不可說劫恒讚佛
不可說劫猶可盡 歎佛功德无能盡
一微塵中能悉有 不可言說蓮華界
一一蓮華世界中 賢首如來不可說
乃至法界悉周遍 其中所有諸微塵
世界若成若住壞 其數无量不可說
一微塵處无邊際 无量諸剎普來入
十方差別不可說 剎海分布不可說
一一剎中有如來 壽命劫數不可說
諸佛所行不可說 甚深妙法不可說
神通大力不可說 无障礙智不可說
入於毛孔不可說 毛孔因緣不可說
成就十方不可說 覺悟菩提不可說
入淨法界不可說 獲深智藏不可說
種種數量不可說 如其一切悉了知
種種形量不可說 於此靡不皆通達
種種三昧不可說 悉能經劫於中住
於不可說諸佛所 所行清淨不可說
得不可說无礙心 往詣十方不可說
神力示現不可說 所行无際不可說
往詣眾剎不可說 了達諸佛不可說
精進勇猛不可說 智慧通達不可說
於法非行非不行 入諸境界不可說
不可稱說諸大劫 恒遊十方不可說
方便智慧不可說 真實智慧不可說
神通智慧不可說 念念示現不可說

BD14623號 大方廣佛華嚴經（唐譯八十卷本）卷四五 （9–5）

往詣眾剎不可說 了達諸佛不可說
精進勇猛不可說 智慧通達不可說
於法非行非不行 入諸境界不可說
不可稱說諸大劫 恒遊十方不可說
方便智慧不可說 真實智慧不可說
神通智慧不可說 念念示現不可說
於不可說諸佛法 一一了知不可說
能於一時證菩提 或種種時而證入
毛端佛剎不可說 塵中佛剎不可說
如是佛剎皆往詣 見諸如來不可說
通達一實不可說 善入佛種不可說
諸佛國土不可說 悉能往詣成菩提
國土眾生及諸佛 體性差別不可說
如是三界无有邊 菩薩一切皆明見

大方廣佛華嚴經壽量品第卅一

尒時心王菩薩摩訶薩於眾會中告諸菩薩
言佛子此娑婆世界釋迦牟尼佛剎一劫於
極樂世界阿弥陁佛剎為一日一夜極樂世
界一劫於袈裟幢世界金剛堅佛剎為一日
一夜袈裟幢世界一劫於不退轉音聲輪世
界善勝光明蓮華開敷佛剎為一日一夜不
退轉音聲輪世界一劫於離垢世界法幢佛
剎為一日一夜離垢世界一劫於善燈世
界師子佛剎為一日一夜善燈世界一劫於
妙光明世界光明藏佛剎為一日一夜妙光
明世界一劫於難超過世界法光明蓮華開

BD14623號 大方廣佛華嚴經（唐譯八十卷本）卷四五 （9–6）

剎為一日一夜離垢世界一劫於善燈世
界師子佛剎為一日一夜善燈世界一劫於
妙光明世界光明藏佛剎為一日一夜妙光
明世界一劫於難超過世界法光明蓮華開
敷佛剎為一日一夜難超過世界一劫於莊
嚴慧世界一切神通光明佛剎為一日一夜
莊嚴慧世界一劫於鏡光明世界月智佛剎
為一日一夜佛子如是次第乃至過百萬阿
僧祇世
世界一劫於勝蓮華世界賢
勝佛剎為一日一夜普賢菩薩及諸同行大
菩薩等充滿其中

大方廣佛華嚴經諸菩薩住處品第卅二

尒時心王菩薩摩訶薩於衆會中告諸菩薩
言佛子東方有處名仙人山從昔已來諸菩
薩衆於中止住現有菩薩名金剛勝與其眷
屬諸菩薩衆三百人俱常在其中而演說法
南方有處名勝峯山從昔已來諸菩薩衆於
中止住現有菩薩名曰法慧與其眷屬諸菩
薩衆五百人俱常在其中而演說法西方有
處名金剛燄山從昔已來諸菩薩衆於中止
住現有菩薩名精進无畏行與其眷屬諸菩
薩衆三百人俱常在其中而演說法北方有
處名香積山從昔已來諸菩薩衆於中止住
現有菩薩名曰香象與其眷屬諸菩薩衆三
千人俱常在其中而演說法東北方有處名
清涼山從昔已來諸菩薩衆於中止住現有

BD14623 號　大方廣佛華嚴經（唐譯八十卷本）卷四五　（9–7）

處名香積山從昔已來諸菩薩衆於中止住
現有菩薩名曰香象與其眷屬諸菩薩衆三
千人俱常在其中而演說法東北方有處名
清涼山從昔已來諸菩薩衆於中止住現有
菩薩名文殊師利與其眷屬諸菩薩衆一萬
人俱常在其中而演說法海中有處名金剛
山從昔已來諸菩薩衆於中止住現有菩薩
名曰法起與其眷屬諸菩薩衆千二百人俱
常在其中而演說法東南方有處名支提山
從昔已來諸菩薩衆於中止住現有菩薩名
曰天冠與其眷屬諸菩薩衆一千人俱常在
其中而演說法西南方有處名光明山從昔
已來諸菩薩衆於中止住現有菩薩名曰賢
勝與其眷屬諸菩薩衆三千人俱常在其中
而演說法西北方有處名香風山從昔已來
諸菩薩衆於中止住現有菩薩名曰香光與
其眷屬諸菩薩衆五千人俱常在其中而演
說法大海之中復有住處名莊嚴窟從昔已
來諸菩薩衆於中止住毗舍離南有一住處
名善住根從昔已來諸菩薩衆於中止住摩
度羅城有一住處名滿足窟從昔已來諸菩
薩衆於中止住俱珍那城有一住處名曰法
座從昔已來諸菩薩衆於中止住清淨彼岸
城有一住處名目真隣陁窟從昔已來諸菩
薩衆於中止住摩蘭陁國有一住處名无礙
龍王建立從昔已來諸菩薩衆於中止住甘

BD14623 號　大方廣佛華嚴經（唐譯八十卷本）卷四五　（9–8）

度羅城有一住處名滿足窟從昔已來諸菩
薩眾於中止住俱珍那城有一住處名曰法
座從昔已來諸菩薩眾於中止住清淨彼岸
城有一住處名目真隣陁窟從昔已來諸菩
薩眾於中止住摩蘭陁國有一住處名无礙
龍王建立從昔已來諸菩薩眾於中止住甘
菩遮國有一住處名出生慈從昔已來諸菩
薩眾於中止住震旦國有一住處名那羅延
窟從昔已來諸菩薩眾於中止住疏勒國有
一住處名牛頭山從昔已來諸菩薩眾於中
止住迦葉彌羅國有一住處名曰次第從昔
已來諸菩薩眾於中止住增長歡喜城有一
住處名尊者窟從昔已來諸菩薩眾於中止
住菴浮梨摩國有一住處名見億藏光明從
昔已來諸菩薩眾於中止住乾陁羅國有一
住處名苫婆羅窟從昔已來諸菩薩眾於
中止住

大方廣佛華嚴經卷第卌五

BD14623號　大方廣佛華嚴經（唐譯八十卷本）卷四五　（9–9）

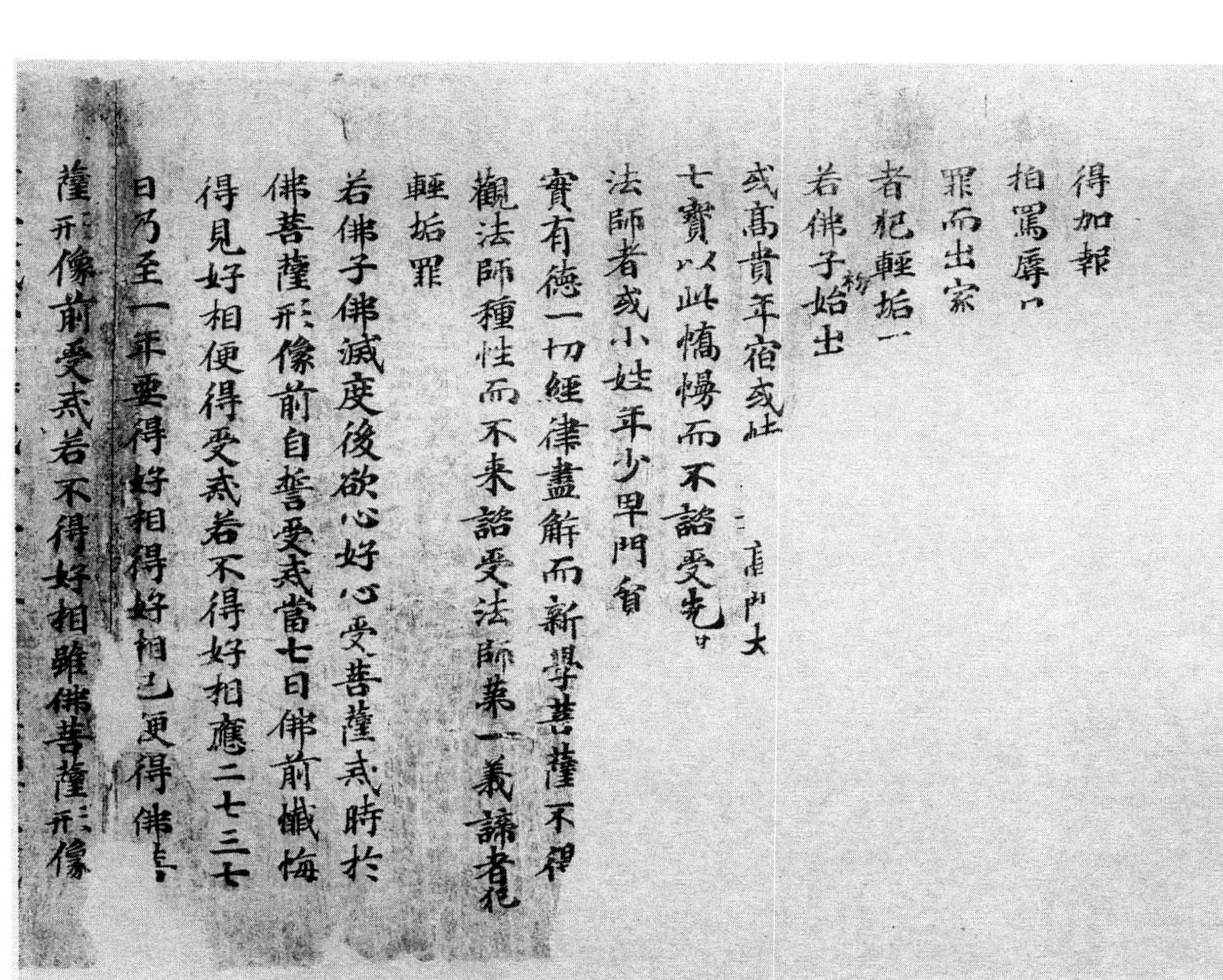
得加報
相罵辱口
罪而出家
者犯輕垢一
若佛子始出
或高貴年宿或恃　高門大
七寶以此憍慢而不諮受先學
法師者或小姓年少卑門貧
實有德一切經律盡解而新學菩薩不得
觀法師種姓而不來諮受法師第一義諦者犯
輕垢罪
若佛子佛滅度後欲心好心受菩薩戒時於
佛菩薩形像前自誓受戒當七日佛前懺悔
得見好相便得受戒若不得好相應二七三七
日乃至一年要得好相得好相已便得佛菩
薩形像前受戒若不得好相雖佛菩薩形像

BD14624號　梵網經盧舍那佛說菩薩心地戒品第十卷下　（10–1）

若佛子佛滅度後欲心好心受菩薩戒時於
佛菩薩形像前自誓受戒當七日佛前懺悔
得見好相便得受戒若不得好相應二七三七
日乃至一年要得好相得好相已便得佛菩
薩形像前受戒若不得好相雖佛菩薩形像
前受戒不名得戒若先受菩薩戒法師前受戒
時不須要見好相何以故是法師師師相受故不
須好相是以法師前受戒即得戒以生重心
故若千里内无能授戒師得佛菩薩形像前
受得戒而要見好相若法師自倚解經律大
乘學戒與國王太子百官以為善友而新學
菩薩來問若經義律義輕心惡心慢心不
一一好荅問者犯輕垢罪
若佛子有佛經律大乘正法正見正性正法
身而不能勤學脩習而捨七寶反學耶見
二乘外道俗典阿毗曇雜論書記是斷佛性
鄣道因緣非行菩薩道者故作者犯輕垢罪
若佛子佛滅度後為說法主為僧房主教化
主坐禪主行來主應生慈心善和鬬訟善守
三寶物莫无度用如自己有而反亂衆鬬諍
恣心用三寶物者犯輕垢罪
若佛子先住僧房中後見客菩薩比丘來入
僧房舍宅城邑國王宅舍中乃至夏坐安居
處所及大會中先住僧應迎來送去飲食供
養房舍卧具繩林木床事事給與若无有物應自賣

BD14624號　梵網經盧舍那佛說菩薩心地戒品第十卷下　（10–2）

若佛子先住僧房中後見客菩薩比丘來入
僧房舍宅城邑國王宅舍中乃至夏坐安居
處所及大會中先住僧應迎來送去飲食供
養房舍卧具繩林木床事事給與若无有物應自賣
身及男女身供給所須悉以與之若有檀越
來請衆僧客僧有利養分僧房主應次苐差
客僧受請而先住僧獨受請而不差客僧房
主得无量罪畜生无異非沙門非釋種性若
故作者犯輕垢罪
若佛子一切不得受別請利養入己而此利
養屬十方僧而別受請即取十方僧物入己
及八福田諸佛聖人一一師僧父母病人物
自己用故犯輕垢罪
若佛子有出家菩薩在家菩薩及一切檀越
請僧福田求願之時應入僧房中問知事人
今欲次苐請者即得十方賢聖僧而世人別
請五百羅漢菩薩僧不如僧次一凡夫僧若別
請僧者是外道法七佛无別請法不順孝道
若故別請僧者犯輕垢罪
若佛子以惡心故為利養販賣男女色自手
作食自磨自舂占相男女解夢吉凶是男是
女呪術工巧調鷹方法和合百種毒藥千種毒
藥蛇毒生金銀蠱毒都无慈心若故作者
犯輕垢罪
若佛子以惡心故自身謗三寶詐現親附口

BD14624號　梵網經盧舍那佛說菩薩心地戒品第十卷下　（10–3）

作食自磨自舂占相男女解夢吉凶是男是
女呪術工巧調鷹方法和合百種毒藥千種毒
藥蚰毒生金銀蠱毒都无慈心若故作者
犯輕垢罪
若佛子以惡心故自身謗三寶詐現親附口
便說空行在有中不得為白衣通致男女交會婬
色作諸縛著於六齋日年三長齋月作煞生
劫盜破齋犯戒者犯輕垢罪如是十戒應當
學敬心奉持制戒品中廣解
佛言佛子佛滅度後於惡世中若見外道一
切惡人劫賊賣佛菩薩父母形像販賣經律
販賣比丘比丘尼亦賣發心菩薩道人或為
官使與一切人作奴婢者而菩薩見是事已
應生慈心方便救護處處教化取物贖佛菩
薩形像及比丘比丘尼一切經律若不贖者犯
輕垢罪
若佛子不得畜刀仗弓箭販賣輕秤小斗因
官形勢取人財物害心繫縛破壞成功長養
猫狸猪狗若故養者犯輕垢罪
若佛子以惡心故觀一切男女等鬪軍陣兵
將劫賊等鬪亦不得聽吹貝鼓角琴瑟箏笛
箜篌歌叫伎樂之聲不得摴蒲圍碁波羅
塞戲彈碁六博拍毱擲石投壺八道行城抓
鏡芝草楊枝鉢盂髑髏而作卜筮不得作盜
賊使命一一不得作若故作者犯輕垢罪

BD14624 號　梵網經盧舍那佛說菩薩心地戒品第十卷下　（10–4）

若佛子以惡心故觀一切男女等鬪軍陣兵
將劫賊等鬪亦不得聽吹貝鼓角琴瑟箏笛
箜篌歌叫伎樂之聲不得摴蒲圍碁波羅
塞戲彈碁六博拍毱擲石投壺八道行城抓
鏡芝草楊枝鉢盂髑髏而作卜筮不得作盜
賊使命一一不得作若故作者犯輕垢罪
若佛子護持禁戒行住坐卧日夜六時讀誦
是戒猶如金剛如帶持浮囊欲渡大海如草
繫比丘常生大乘信自知我是未成之佛諸
佛是已成之佛發菩提心念念不去心若起
一念二乘外道心者犯輕垢罪
若佛子常應發一切願孝順父母師僧三寶
常願得好師僧同學善友知識常教我大乘
經律十發趣十長養十金剛十地使我開解如
法脩行堅持佛戒寧捨身命念念不去心
若一切菩薩不發是願者犯輕垢罪
若佛子發十大願已持佛禁戒作是願言寧
以此身投大熾然猛火大坑刀山終不毀犯
三世諸佛經律與一切女人作不浄行復作
是願寧以熱鐵羅網千重周帀纏身終不
以破戒之身受信心檀越一切衣服復作是
願寧以此口吞熱鐵丸及大流猛火經百千劫
終不以破戒之口食信心檀越百味飲食復
作是願寧以此身卧大猛火羅網熱鐵地上
終不以破戒之身受信心檀越百種牀坐復

BD14624 號　梵網經盧舍那佛說菩薩心地戒品第十卷下　（10–5）

願寧以此口呑熱鐵丸及大流猛火逕百千劫
終不以破戒之口食信心檀越百味飲食復
作是願寧以此身卧大猛火羅網熱鐵地上
終不以破戒之身受信心檀越百種牀坐復
作是願寧以此身受三百鉾刺終不以破戒
之身受信心檀越百味醫藥復作是願寧以
此身投熱鐵鑊逕百千劫終不以破戒之身受信
心檀越千種房舍屋宅園林田地復作是願
寧以鐵鎚打碎此身從頭至足令如微塵終
不以此破戒之身受信心檀越恭敬禮拜復作
是願寧以百千熱鐵刀鉾挑其兩目終不以
此破戒之心視他好色復作是願寧以百千
鐵錐遍身攙刺耳根逕一劫二劫終不以破
戒之心聽好音聲復作是願寧以百千刃
刀割去其鼻終不以破戒之心貪嗅諸香復
作是願寧以百千刃刀割斷其舌終不以破
戒之心食人百味淨食復作是願寧以利斧
斬斫其身終不以破戒之心貪著好觸復作
是願願一切衆生悉得成佛而菩薩若不發
是願者犯輕垢罪
若佛子常應二時頭陀冬夏坐禪結夏安居
常用楊枝澡豆三衣瓶鉢坐具錫杖香爐漉
水囊手巾刀子火燧鑷子繩牀經律佛像菩
薩形像而菩薩行頭陀時及遊方時行來時
百里千里此十八種物常隨其身頭陀者從

BD14624號　梵網經盧舍那佛說菩薩心地戒品第十卷下　（10–6）

薩形像而菩薩行頭陀時及遊方時行來時
百里千里此十八種物常隨其身頭陀者從
正月十五日至三月十五日八月十五日至十
月十五日是二時中十八種物常隨其身如
鳥二翼若布薩日新學菩薩半月半月布
薩誦十重四十八輕戒時於諸佛菩薩形像
前一人布薩即一人誦若二若三乃至百千人
亦一人誦誦者高坐聽者下坐各各被九條
七條五條袈裟結夏安居一一如法若頭陀
時莫入難處若國難惡王土地高下草木深
邃師子虎狼水火惡風劫賊毒蛇道路一切
難處悉不得入若頭陀行道乃至夏坐安居
是諸難處皆不得入若故入者犯輕垢罪
若佛子應如法次第坐先受戒者在前坐後
受戒者在後坐不問老少比丘比丘尼貴人國
王王子乃至黃門奴婢皆應先受戒者在前
坐後受戒者隨次第坐莫如外道癡人若老
若少无前无後坐无次第兵奴之法我佛法
中先者先坐後者後坐而菩薩不次第坐者
犯輕垢罪
若佛子常應教化一切衆生建立僧房山林
園田立作佛塔冬夏安居坐禪處所一切行
道處皆應立之而菩薩應爲一切衆生講說
大乘經律若疾病國難賊難父母兄弟和上
阿闍梨亡滅之日及三七日四五七日乃至七

BD14624號　梵網經盧舍那佛說菩薩心地戒品第十卷下　（10–7）

若佛子常應教化一切衆生建立僧房山林
園田立作佛塔冬夏安居坐禪處所一切行
道處皆應立之而菩薩應為一切衆生講說
大乘經律若疾病國難賊難父母兄弟和上
阿闍梨亡滅之日及三七日四五七日乃至七
七日亦應講說大乘經律齋會求福行來
治生大火所燒大水所漂黑風所吹舩舫江
河大海羅刹之難乃至一切罪報七逆八難
杻械枷鏁繫縛其身多婬多瞋多癡多病疾
皆應讀誦講說大乘經律而新學菩薩若
不尒者犯輕垢罪如是九戒應當學敬心奉
持如梵壇品中廣說
佛言佛子與人受戒時不得簡擇一切國王
王子大臣百官比丘比丘尼信男信女婬男
婬女十八梵六欲天无根二根黄門奴婢一切
鬼神盡得受戒應教身所著袈裟皆使壊
色與道相應皆染使青黄赤黒紫色一切染
衣乃至卧具盡以壊色身所著衣一切染色
若一切國土中人所著服比丘皆應與其俗
服有異若欲受戒時師應問言汝現身不作
七遮罪不而菩薩法師不得與七遮人現身
受戒七逆者出佛身血煞父母和上阿闍梨
破羯磨轉法輪僧煞聖人若具七遮即身不
得戒餘一切人得受戒出家人法不向國王礼
拜不向父母礼拜六親不敬鬼神不礼但解法

受戒七逆者出佛身血煞父母和上阿闍梨
破羯磨轉法輪僧煞聖人若具七遮即身不
得戒餘一切人得受戒出家人法不向國王礼
拜不向父母礼拜六親不敬鬼神不礼但解法
師語有百里千里來求戒者而菩薩法師以
悪心瞋心而不即與授一切衆生戒者犯輕垢
罪
若佛子教他人起信心時菩薩與他人作教
戒法師者見欲受戒人應教請二師和上阿
闍梨二師應問言汝有七遮罪不若現身有
七遮師不應與受无七遮者得受若有犯十
戒者應教懺悔在佛菩薩形像前日日六時
誦十重四十八輕戒皆到礼三世千佛須見好
相若一七日二三七日乃至一年要見好相
好相者佛來摩頂若見光花種種異相便
得罪滅若无好相雖懺无益是現身不得戒
而得增受戒若犯四十八輕戒者對手懺滅不
同七遮而教戒師於是法中一一好解若不解
大乘經律若輕若重是非之相不解第一義
諦習種性長養性不可壊性道性正性其中
多少觀行出入十禪支於一切行法一一不得
此法中意而菩薩為利養故為名聞故悪求
貪利弟子而詐現解一切經律為供養故是
自欺詐欺詐他人與人受戒者犯輕垢罪
若佛子不得為利養於未受菩薩戒者前外

好相者佛來摩頂若見光花種種異相便
得罪滅若无好相雖懺无益是現身不得戒
而得增受戒若犯四十八輕戒者對手懺滅不
同七遮而教戒師於是法中一一好解若不解
大乘經律若輕若重是非之相不解第一義
諦習種性長養性不可壞性道性正性其中
多少觀行出入十禪支於一切行法一一不得
此法中意而菩薩為利養故為名聞故惡求
貪利弟子而詐現解一切經律為供養故是
自欺詐欺詐他人與人受戒者犯輕垢罪
若佛子不得為利養於未受菩薩戒者前外
道惡人前說此千佛大戒耶見人前亦不得
說除國王餘一切人不得說是惡人輩不受
佛戒名為畜生生生不見三寶如木石无心名
為外道耶見人輩木頭无異而菩薩於是惡
人前說七佛教戒者犯輕垢罪
若佛子信心出家受佛正戒故起心毀犯聖
戒者不得受一切檀越供養亦不得國王地
上行不得飲國王水五千大鬼常遮其前鬼
言大賊入房舍城邑宅中鬼復常掃其腳跡

BD14624號　梵網經盧舍那佛說菩薩心地戒品第十卷下　（10–10）

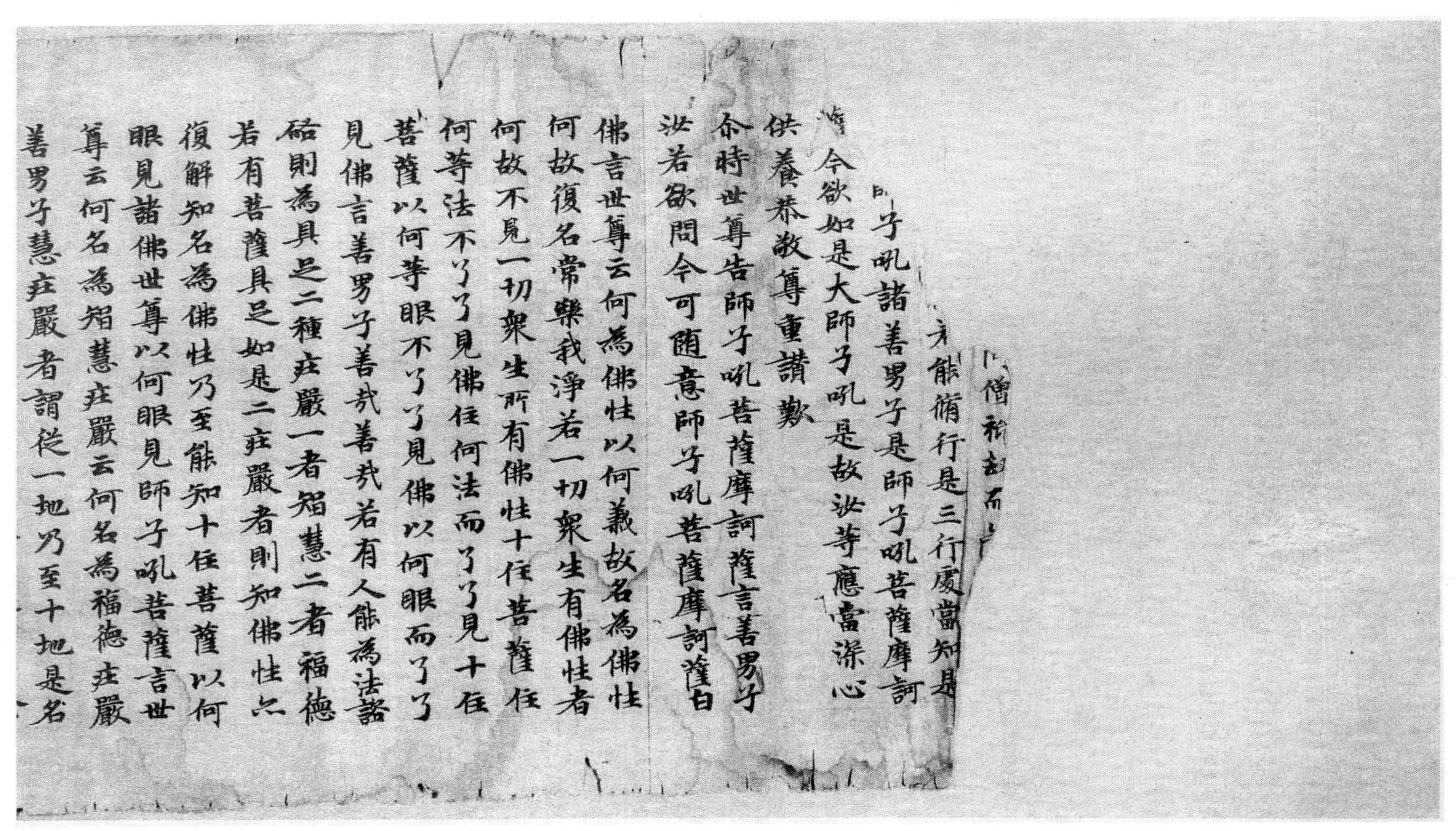
[者]能脩行是三行處當知是
[師]子吼諸善男子是師子吼菩薩摩訶
[薩]今欲如是大師子吼是故汝等應當深心
供養恭敬尊重讚歎
尒時世尊告師子吼菩薩摩訶薩言善男子
汝若欲問今可隨意師子吼菩薩摩訶薩白
佛言世尊云何為佛性以何義故名為佛性
何故復名常樂我淨若一切衆生有佛性者
何故不見一切衆生所有佛性十住菩薩住
何等法不了了見佛住何法而了了見十住
菩薩以何等眼不了了見佛以何眼而了了
見佛言善男子善哉善哉若有人能為法諮
啓則為具足二種莊嚴一者智慧二者福德
若有菩薩具足如是二莊嚴者則知佛性亦
復解知名為佛性乃至能知十住菩薩以何
眼見諸佛世尊以何眼見師子吼菩薩言世
尊云何名為智慧莊嚴云何名為福德莊嚴
善男子慧莊嚴者謂從一地乃至十地是名

BD14625號　大般涅槃經（北本　思溪本）卷二七　（20–1）

若有菩薩具足如是二莊嚴者則知佛性亦
復解知名為佛性乃至能知十住菩薩以何
眼見諸佛世尊以何眼見師子吼菩薩言世
尊云何名為智慧莊嚴云何名為福德莊嚴
善男子慧莊嚴者謂從一地乃至十地是名
慧莊嚴福德莊嚴者謂檀波羅蜜乃至般若
非般若波羅蜜復次善男子慧莊嚴者所謂
諸佛菩薩福德莊嚴者謂聲聞緣覺九住菩
薩復次善男子福德莊嚴者有為有漏有有
有果報有㝵非常是凡夫法慧莊嚴者无為
无漏无有无果報无㝵常住善男子汝今具
足是二莊嚴是故能問甚深妙義我亦具足
是二莊嚴能荅是義師子吼菩薩摩訶薩言
世尊若有菩薩具足如是二莊嚴者則不應
問一種二種云何世尊說言能荅一種二種
所以者何一切諸法无一二種一種二種者
是凡夫相佛言善男子若有菩薩无二種莊
嚴則不能知一種二種若有菩薩具二莊嚴
則能解知一種二種若言諸法无一二者是
義不然何以故若无一二云何得說一切諸
法无一无二善男子若言一二是凡夫相是
乃名為十住菩薩非凡夫也何以故一者名
為涅槃二者名為生死何故一者名為涅槃
以其常故何故二者名為生死愛无明故常
涅槃者非凡夫相生死二者亦非凡夫相以
是義故具二莊嚴者能問能荅善男子汝問
云何為佛性者諦聽諦聽吾當為汝分別解

為涅槃二者名為生死何故一者名為涅槃
以其常故何故二者名為生死愛无明故常
涅槃者非凡夫相生死二者亦非凡夫相以
是義故具二莊嚴者能問能荅善男子汝問
云何為佛性者諦聽諦聽吾當為汝分別解
說善男子佛性者名第一義空第一義空名
為智慧所言空者不見空與不空智者見空
及與不空常與无常苦之與樂我與无我空
者一切生死不空者謂大涅槃乃至无我者
即是生死我者謂大涅槃見一切空不見不
空不名中道乃至見一切无我不見我者不
名中道中道者名為佛性以是義故佛性常
恒无有變易无明[illegible]得見
聲聞緣覺見一[illegible]見一切
无我[illegible]信第一義空不
得第一義空故不行中道无中道故不見佛
性善男子見中道者凡有三種一定樂行二
定苦行三苦樂行定樂[illegible]謂菩薩摩訶
薩憐愍一切諸衆生故[illegible]處在阿鼻地獄
如三禪樂定苦行者謂諸凡夫苦樂行者謂
聲聞緣覺聲聞緣覺行於苦樂作中道想以
是義故雖有佛性而不能見如汝所言以何義
故名佛性者善男子佛性者即是一切諸佛
阿耨多羅三藐三菩提中道種子復次善男
子道有三種謂下上中下者梵天无常謬
見是常上者生死无常謬見是常三寶是常
橫計无常何故名上能得最上阿耨多羅三

阿耨多羅三藐三菩提中道種子復次善男
子道有三種謂下上中下者梵天无常謬
見是常上者生死无常謬見是常三寶是常
横計无常何故名上能得㝡上阿耨多羅三
藐三菩提故中者名第一義空无常見无常
常見於常第一義空不名為下何以故一切
凡夫所不得故不名為上何以故即是上故
諸佛菩薩所脩之道不上不下以是義故名
為中道復次善男子生死本際凡有二種一
者无明二者有愛是二中間則有生老病死
之苦是名中道如是中道能破生死故名為
中以是義故中道之法名為佛性是故佛性
常樂我淨以諸衆生不能見故无常无樂无
我无淨佛性實非无常无我无樂无淨善男
子譬如貧人家有寶藏是人不見以不見故
无常无樂无我无淨有善知識而語之言汝
舍宅中有金寶藏何故如是貧窮困苦无常
无樂无我无淨即以方便令彼得見以得見
故是人即得常樂我淨佛性亦尒衆生不見
以不見故无常无樂无我无淨有善知識諸
佛菩薩以諸方便種種教告令彼得見以得
見故衆生即得常樂我淨復次善男子衆生
起見凡有二種一者常見二者斷見如是二
見不名中道无常无斷乃名中道无常无斷
即是觀照十二緣智如是觀智是名佛性二
乘之人雖觀因緣猶亦不得名為佛性佛性
雖常以諸衆生无明覆故不能得見又未能

BD14625號　大般涅槃經（北本　思溪本）卷二七　（20–4）

起見凡有二種一者常見二者斷見如是二
見不名中道无常无斷乃名中道无常无斷
即是觀照十二緣智如是觀智是名佛性二
乘之人雖觀因緣猶亦不得名為佛性佛性
雖常以諸衆生无明覆故不能得見又未能
渡十二緣河猶如兔馬何以故不見佛性故
善男子觀是十二因緣智慧即是阿耨多羅
三藐三菩提種子以是義故十二因緣名為
佛性善男子譬如胡瓜名為熱病何以故能
為熱病作因緣故十二因緣亦復如是　善男
子佛性者有因有因因有果有果果有因者
即十二因緣因因者即是智慧有果者即是
阿耨多羅三藐三菩提果果者即是无上大
般涅槃善男子譬如无明為因諸行為果行
因識果以是義故彼无明體亦因亦因因識
亦果亦果果佛性亦尒善男子以是義故十
二因緣不出不滅不常不斷非一非二不來
不去非因非果善男子是因非果如佛性是
果非因如大涅槃是因是果如十二緣所生
之法非因非果名為佛性非因果故常恒无
變以是義故我經中說十二因緣其義甚深
无知无見不可思議乃是諸佛菩薩境界非
諸聲聞緣覺所及以何義故甚深甚深衆生
業行不常不斷而得[illegible]報雖念念滅而无所
失雖无作者而有作業雖无受者而有果
受者雖滅果不敗亡无有慮知和[illegible]而
切衆生雖與十二因緣共行而不見[illegible]

BD14625號　大般涅槃經（北本　思溪本）卷二七　（20–5）

无知无見不可思議乃是諸佛菩薩境界非
諸聲聞緣覺所及以何義故甚深甚深衆生
業行不常不斷而得果報雖念念滅而无所
失雖无作者而有作業雖无受者而有果
受者雖滅果不敗亡无有慮知和[illegible]而有
切衆生雖與十二因緣共行而不見[illegible]
知故无有終始十住菩薩唯見其終不見其
始諸佛世尊見始見終以是義故諸佛了了
得見佛性善男子一切衆生不能見於十二
因緣是故輪轉善男子如蚕作繭自生自死
一切衆生亦復如是不見佛性故自造結業
流轉生死猶如柏毱善男子是故我於諸經
中說若有人見十二緣者即是見法見法者
即是見佛佛者即是佛性何以故一切諸佛
以此為性善男子觀十二因緣智凡有四種
一者下二者中三者上四者上上下智觀者
不見佛性以不見故得聲聞道中智觀者不
見佛性以不見故得緣覺道上智觀者見不
了了不了了故住十住地上上智者見了了
故得阿耨多羅三藐三菩提道以是義故十
二因緣名為佛性佛性者即第一義空第一
義空名為中道中道者即名為佛佛者名為
涅槃尒時師子吼菩薩摩訶薩白佛言世尊
若佛與佛性无差別者一切衆生何用修道
佛言善男子如汝所問是義不然佛與佛性
雖无差別然諸衆生悉未具足善男子譬如
有人惡心害母害已生悔三業雖善是人故
名地獄人也何以故是人定當墮地獄故是

BD14625號　大般涅槃經（北本　思溪本）卷二七　（20-6）

涅槃尒時師子吼菩薩摩訶薩白佛言世尊
若佛與佛性无差別者一切衆生何用修道
佛言善男子如汝所問是義不然佛與佛性
雖无差別然諸衆生悉未具足善男子譬如
有人惡心害母害已生悔三業雖善是人故
名地獄人也何以故是人定當墮地獄故是
人雖无地獄陰界諸入猶故得名為地獄人
善男子是故我於諸經中說若見有人修行
善者名見天人修行惡者名見地獄何以故
定受報故善男子一切衆生定得阿耨多羅
三藐三菩提故是故我說一切衆生悉有佛
性一切衆生真實未有三十二相八十種好
以是義故我於此經而說是偈
本有今无　本无今有　三世有法　无有是處
善男子有者凡有三種一未來有二現在有
三過去有一切衆生未來之世當有阿耨多
羅三藐三菩提是名佛性一切衆生現在悉
有煩惱諸結是故現在无有三十二相八十
種好一切衆生過去之世有斷煩惱是故現
在得見佛性以是義故我常宣說一切衆生
悉有佛性乃至一闡提等亦有佛性一闡提
等无有善法佛性亦善以未來有故一闡提
等悉有佛性何以故一闡提等定當得成阿
耨多羅三藐三菩提故善男子譬如有人家
有乳酪有人問言汝有蘇耶荅言我有酪實
非蘇以巧方便定當得故故言有蘇衆生亦
尒悉皆有心凡有心者定當得成阿耨多羅
三藐三菩提以是義故我常宣說一切衆生

BD14625號　大般涅槃經（北本　思溪本）卷二七　（20-7）

等悉有佛性何以故一闡提等定當得成阿
耨多羅三藐三菩提故善男子譬如有人家
有乳酪有人問言汝有蘇耶荅言我有酪實
非蘇以巧方便定當得故故言有蘇衆生亦
尒悉皆有心凡有心者定當得成阿耨多羅
三藐三菩提以是義故我常宣說一切衆生
悉有佛性善男子畢竟有二種一者莊嚴畢
竟二者究竟畢竟一者世間畢竟二者出世
間畢竟莊嚴畢竟者六波羅蜜究竟畢竟者
一切衆生所得一乘一乘者名為佛性以是
義故我說一切衆生悉有佛性一切衆生悉
有一乘以无明覆故不能得見善男子如欝
單越三十三天果報覆故此間衆生不能得
見佛性亦尒諸結覆故衆生不見復次善男
子佛性者即首楞嚴三昧性如醍醐即是一
切諸佛之母以首楞嚴三昧力故而令諸佛
常樂我淨一切衆生悉有首楞嚴三昧以不
脩行故不得見是故不能得成阿耨多羅三
藐三菩提善男子首楞嚴三昧者有五種名
一者首楞嚴三昧二者般若波羅蜜三者金
剛三昧四者師子吼三昧五者佛性隨其所
作處處得名善男子如一三昧得種種名如
禪名四禪根名定根力名定力覺名定覺正
名正定以八大人覺名為定覺首楞嚴定亦
復如是善男子一切衆生具足三定謂上中
下上者謂佛性也以是故言一切衆生悉有
佛性中者一切衆生具足初禪有因緣時則

BD14625號　大般涅槃經（北本　思溪本）卷二七　（20–8）

禪名四禪根名定根力名定力覺名定覺正
名正定以八大人覺名為定覺首楞嚴定亦
復如是善男子一切衆生具足三定謂上中
下上者謂佛性也以是故言一切衆生悉有
佛性中者一切衆生具足初禪有因緣時則
能脩習若无因緣則不能脩因緣二種一謂
火灾二謂破欲界結以是故言一切衆生悉
具中定下定者十大地中心數定也以是故
言一切衆生悉具下定一切衆生悉有佛性
煩惱覆故不能得見十住菩薩雖見一乘不
知如來是常住法以是故言十地菩薩雖見
佛性而不明了善男子首楞者名一切事竟
嚴者名堅一切畢竟而得堅固名首楞嚴以
是故言首楞嚴定名為佛性善男子我於一
時住尼連禪河告阿難言我今欲洗汝可取
衣及以澡豆我既入水一切飛鳥水陸之屬
悉來觀我尒時復有五百梵志來在河邊因
到我所各相謂言云何而得金剛之身若使
瞿曇不說斷見我當從其咨受齋法善男子
我於尒時以他心智知是梵志心之所念告
梵志言云何謂我說於斷見彼梵志言瞿曇
先於處處經中說諸衆生悉无有我既言无
我云何而言非斷見耶若无我者持戒者誰
破戒者誰佛言我亦不說一切衆生悉无有
我我常宣說一切衆生悉有佛性佛性者豈
非我耶以是義故我不說斷一切衆生不見
佛性故无常无我无樂无淨如是則名說斷

BD14625號　大般涅槃經（北本　思溪本）卷二七　（20–9）

破戒者誰佛言我亦不說一切衆生悉无有
我我常宣說一切衆生悉有佛性佛性者豈
非我耶以是義故我不說斷一切衆生不見
佛性故无常无我无樂无淨如是則名說斷
見也時諸梵志聞說佛性即是我故即發阿
耨多羅三藐三菩提心尋時出家脩菩提道
一切飛鳥水陸之屬亦發无上菩提之心既
發心已尋得捨身善男子是佛性者實非我
也為衆生故說名為我善男子如來有因緣
故說无我為我真實无我雖作是說无有虛
妄善男子有因緣故說我為无我而實有我
為世界故雖說无我而无虛妄佛性无我如
來說我以其常故如來是我而說无我得自
在故尒時師子吼菩薩摩訶薩言世尊若一
切衆生悉有佛性如金剛力士者以何義故
一切衆生不能得見佛言善男子譬如色法
雖有青黃赤白之異長短質像盲者不見雖
復不見亦不得言无青黃赤白長短質像何
以故盲雖不見有目見故佛性亦尒一切衆
生雖不能見十住菩薩見少分故如來全見
十住菩薩所見佛性如夜見色如來所見如
晝見色善男子譬如瞎者見色不了有善良
醫而為治目以藥力故得了了見十住菩薩
亦復如是雖見佛性不能明了以首楞嚴三
昧力故乃得明了善男子若有人見一切諸
法无常无我无樂无淨見非一切无常无我
无樂无淨如是之人不見佛性一切者名為

BD14625號　大般涅槃經（北本　思溪本）卷二七　（20–10）

亦復如是雖見佛性不能明了以首楞嚴三
昧力故乃得明了善男子若有人見一切諸
法无常无我无樂无淨見非一切无常无我
无樂无淨如是之人不見佛性一切者名為
生死非一切者名為三寶聲聞緣覺見一切
法无常无我无樂无淨非一切法亦見无常
无我无樂无淨以是義故不見佛性十住菩
薩見一切法无常无我无樂无淨非一切法
分見常樂我淨以是義故十分之中得見一
分諸佛世尊見一切法无常无我无樂无淨
非一切法見常樂我淨以是義故見於佛性
如觀掌中菴摩勒果以是義故首楞嚴定
名為畢竟善男子譬如初月雖不可見不得
言无佛性亦尒一切凡夫雖不得見亦不得言
无佛性也善男子佛性者所謂十力四无所
畏大慈大悲三念處一切衆生悉有三種破
煩惱故然後得見一闡提等破一闡提然後
能得十力四无所畏大悲三念處以是義故
我常宣說一切衆生悉有佛性善男子十二
因緣一切衆生等共有之亦內亦外何等十
二過去煩惱名為无明過去業者則名為行
現在世中初始受胎是名為識入胎五分四
根未具名為名色具足四根未名觸時是名
六入未別苦樂是名為觸染習一愛是名為
受習近五欲是名為愛內外貪求是名為取
為內外事起身口意業是名為有現在世識
名未來生現在名色六入觸受名未來世老

BD14625號　大般涅槃經（北本　思溪本）卷二七　（20–11）

六入未別苦樂是名為觸染習一愛是名為
受習近五欲是名為愛內外貪求是名為取
為內外事起身口意業是名為有現在世識
名未來生現在名色六入觸受名未來世老
病死也是名十二因緣善男子一切衆生雖
有如是十二因緣或有未具如歌羅羅時死
則无十二從生乃至老死得具十二色界衆
生无三種受三種觸三種愛无有老病亦得
名為具足十二无色衆生无色乃至无有老
死亦得名為具是十二以定得故故名衆生
平等具有十二因緣善男子佛性亦尒一切
衆生定當得成阿耨多羅三藐三菩提故是
故我說一切衆生悉有佛性善男子雪山有
草名為忍辱牛若食者則出提湖更有異草
牛若食者則无提湖雖无提湖不可說言雪
山之中无忍辱草佛性亦尒雪山者名為如
來忍辱草者名大涅槃異草者十二部經衆
生若能聽受諮啓大般涅槃則見佛性十二
部中雖不聞有不可說言无佛性也善男子
佛性者亦色非色非色非非色亦相非相非
相非非相亦一非一非非一非常非斷
非非常非非斷亦有亦无非有非无亦盡非
盡非盡非非盡亦因亦果非因非果亦義非
義非義非非義亦守非守非守非非守云何
為色金剛身故云何非色十八不共非色法
故云何非色非非色色非色无定相故云何
為相三十二相故云何非相一切衆生相不

BD14625號　大般涅槃經（北本　思溪本）卷二七　（20–12）

義非義非非義亦守非守非守非非守云何
為色金剛身故云何非色十八不共非色法
故云何非色非非色色非色无定相故云何
為相三十二相故云何非相一切衆生相不
現故云何非相非非相相非相不決定故云
何為一一切衆生悉一乘故云何非一說三
乘故云何非一非非一无數法故云何非常
從緣見故云何非斷離斷見故云何非非常
非非斷无終始故云何為有一切衆生悉皆
有故云何為无從善方便而得見故云何非
有非无虛空性故云何名盡得首楞嚴三昧
力故云何非盡以其常故云何非盡非非盡
一切盡相斷故云何為因以了因故云何為
果果決定故云何非因非果以其常故云何
名義悉能攝取義无导故云何非義不可說
故云何非義非非義畢竟空故云何為守有
名稱故云何非守无名守故云何非守非非
守斷一切守故云何非苦非樂斷一切受故
云何非我未能具得八自在故云何非非我
以其常故云何非我非非我不作不受故云
何為空第一義空故云何非空以其常故云
何非空非非空能為善法作種子故善男子
若有人能思惟解了大涅槃經如是之義當
知是人則見佛性佛性者不可思議乃是諸
佛如來境界非諸聲聞緣覺所知善男子佛
性者非陰界入非本无今有非已有還无從
善因緣衆生得見譬如黑鐵入火則赤出冷

BD14625號　大般涅槃經（北本　思溪本）卷二七　（20–13）

佛如來境界非諸聲聞緣覺所知善男子佛
性者非陰界入非本无今有非已有還无從
善因緣衆生得見譬如黑鐵入火則赤出冷
還黑而是黑色非內非外因緣故有佛性亦
尒一切衆生煩惱火滅則得聞見善男子如
種滅已牙則得生而是牙性非內非外乃至
華果亦復如是從緣故有善男子是大涅槃
微妙經典成就具足无量功德佛性亦尒悉
是无量无邊功德之所成就尒時師子吼菩
薩摩訶薩言世尊菩薩具足成就幾法得見
佛性而不明了諸佛世尊成就幾法得了了
見善男子菩薩具足成就十法雖見佛性而
不明了云何為十一者少欲二者知足三者
寂靜四者精進五者正念六者正定七者正慧
八者解脫九者讚嘆解脫十者以大涅槃教
化衆生師子吼菩薩言世尊少欲知足有
何差別善男子少欲者不求不取知足者得
少之時心不悔恨少欲者少有所欲知足者
但為法事心不愁惱善男子欲者有三一者
惡欲二者大欲三者欲欲惡欲者若有比丘
心生貪欲欲為一切大衆上首令一切僧隨
逐我後令諸四部悉皆供養恭敬讚歎尊重
於我令我先為四衆說法皆令一切信受我
語亦令國王大臣長者皆恭敬我令我大得
衣服飲食臥具醫藥上妙屋宅為生死欲是
名惡欲云何大欲若有比丘生於欲心云何
當令四部之衆悉皆知我得初住地乃至十

BD14625號　大般涅槃經（北本　思溪本）卷二七　（20–14）

語亦令國王大臣長者皆恭敬我令我大得
衣服飲食臥具醫藥上妙屋宅為生死欲是
名惡欲云何大欲若有比丘生於欲心云何
當令四部之衆悉皆知我得初住地乃至十
住得阿耨多羅三藐三菩提得阿羅漢果乃
至須陁洹果我得四禪乃至四无㝵智為於
利養是名大欲欲欲者若有比丘欲生梵天
魔天自在天轉輪聖王若剎利若婆羅門皆
得自在為利養故是名欲欲若不為是三種
惡欲之所害者是名少欲欲者名為二十五
愛无有如是二十五愛是名少欲不求未來
所欲之事是名少欲得而不著是名知足不
求恭敬是名少欲得不積聚是名知足善男
子有少欲不名知足有知足不名少欲有亦
少欲亦知足有不知足不少欲少欲者謂須
陁洹知足者謂辟支佛少欲知足者謂阿羅
漢不少欲不知足者所謂菩薩善男子少欲
知足復有二種一者善二者不善不善者所
謂凡夫善者聖人菩薩一切聖人雖得道果
不自稱說不稱說故心不惱恨是名知足善
男子菩薩摩訶薩脩習大乘大涅槃經欲見
佛性是故脩習少欲知足云何寂靜寂靜有
二一者心靜二者身靜身寂靜者終不造作
身三種惡心寂靜者亦不造作意三種惡是
則名為身心寂靜身寂靜者不親近四衆不
豫四衆所有事業心寂靜者終不脩習貪欲
恚癡是則名為身心寂靜或有比丘身雖寂

BD14625號　大般涅槃經（北本　思溪本）卷二七　（20–15）

身三種惡心寂靜者亦不造作意三種惡是
則名為身心家靜身寂靜者不親近四衆不
豫四衆所有事業心寂靜者終不染習貪欲
恚癡是則名為身心寂靜或有比丘身雖寂
靜心不寂靜有心寂靜身不寂靜有身心寂
靜又有身心俱不寂靜身寂靜者或有比丘
坐禪靜處遠離四衆心常積習貪欲恚癡是
名身靜心不寂靜心寂靜身不靜者或有比
丘親近四衆國王大臣斷貪恚癡是名心靜
身不寂靜身心寂靜者諸佛菩薩身心不寂
靜者謂諸凡夫何以故凡夫之人身心雖靜
不能深觀无常无樂无我无淨以是義故凡
夫之人不能寂靜身口意業一闡提犯四
重禁作五逆罪如是之人亦不得名身心寂
靜云何精進若有比丘欲令身口意業清淨
遠離一切諸不善業脩習一切諸善業者是
名精進是勤進者繫念六處所謂佛法僧戒
施天是名正念具正念者所得三昧是名正
定具正定者觀見諸法猶如虛空是名正慧
具正慧者遠離一切煩惱諸結是名解脫得
解脫者為諸衆生稱美解脫言是解脫常恒
不變是名讚歎解脫即是无上大般涅槃涅
槃者即是煩惱諸結大滅又涅槃者名為屋
宅何以故能遮煩惱惡風雨故又涅槃者名
為歸依何以故能過一切諸怖畏故又涅槃
者名為洲渚何以故四大暴河不能漂故何
等為四一者欲暴二者有暴三者見暴四者

槃者即是煩惱諸結大滅又涅槃者名為屋
宅何以故能遮煩惱惡風雨故又涅槃者名
為歸依何以故能過一切諸怖畏故又涅槃
者名為洲渚何以故四大暴河不能漂故何
等為四一者欲暴二者有暴三者見暴四者
无明暴是故涅槃名為洲渚又涅槃名畢竟
歸何以故能得一切畢竟樂故若有菩薩
摩訶薩成就具足如是十法雖見佛性而不
明了復次善男子出家之人有四種病是故
不得四沙門果何等四病謂四惡欲一為衣
欲二為食欲三為卧具欲四為有欲是名四
惡欲是出家病有四良藥能療是病謂糞掃
衣能治比丘為衣惡欲乞食能破為食惡欲
樹下能破卧具惡欲身心寂靜能破比丘為
有惡欲以是四藥除是四病是名聖行如是
聖行則得名為少欲知足寂靜者有四種樂
何等為四一者出家樂二寂靜樂三永滅樂
四畢竟樂得是四樂名為寂靜具四精進故
名精進具四念處故名正念具四禪故故名
正定見四聖實故故名正慧永斷一切煩惱
結故故名解脫呵說一切煩惱過故是名讚
歎解脫善男子菩薩摩訶薩安住具足如是
十法雖見佛性而不明了復次善男子菩薩
摩訶薩聞是經已親近脩習遠離一切世間
之事是名少欲既出家已不生悔心是名知
足既知足已近空閑處遠離憒閙是名寂靜
不知足者不樂空閑夫知足者常樂空寂於
空靜處常行是念一切世間悉謂我得沙門

摩訶薩聞是經已親近脩習遠離一切世間
之事是名少欲既出家已不生悔心是名知
足既知足已近空閑處遠離憒閙是名寂靜
不知足者不樂空閑夫知足者常樂空寂於
空靜處常行是念一切世間悉謂我得沙門
道果然我今者實未能得我今云何誑惑於
人作是念已精進脩習沙門道果是名精進
親近脩習大涅槃者是名正念隨順天行是
名正定安住是定正見正知是名正慧正見
知者能得遠離煩惱結縛是名解脫十住菩
薩為眾生故稱美涅槃是則名為讚歎解脫
善男子菩薩摩訶薩安住具足如是十法雖
見佛性而不明了復次善男子夫少欲者若
有比丘住空寂處端坐不臥或住樹下或在
冢間或在露處隨有草地而坐其上乞食而
食隨得為足或一坐食不過一食唯畜三衣
糞掃衣毳衣是名少欲既行是事心不生悔
是名知足脩空三昧是名寂靜得四果已於
阿耨多羅三藐三菩提心不休息是名精進
繫心思惟如來常恒无有變易是名正念脩
八解脫是名正定得四无㝵是名正慧遠離
七漏是名解脫稱美涅槃无有十相名歎解
脫十相者謂生老病死色聲香味觸无常遠
離十相者名大涅槃善男子是菩薩摩訶薩
安住具足如是十法雖見佛性而不明了復
次善男子為多欲故親近國王大臣長者剎
利婆羅門毗舍首陀自稱我得須陀洹果至
阿羅漢果為利養故行住坐臥乃至大小便

BD14625號　大般涅槃經（北本　思溪本）卷二七　（20–18）

離十相者名大涅槃善男子是菩薩摩訶薩
安住具足如是十法雖見佛性而不明了復
次善男子為多欲故親近國王大臣長者剎
利婆羅門毗舍首陀自稱我得須陀洹果至
阿羅漢果為利養故行住坐臥乃至大小便
利若見檀越猶行恭敬接引語言破惡欲者
名為少欲雖未能壞諸結煩惱而能同於如
來行處是名知足善男子如是二法者乃是
念定近因緣也常為師宗同學所讚我亦常
於處處經中稱美讚歎如是二法若能具足
是二法者則得近於大涅槃門及五種樂是
名寂靜堅持戒者名為精進有慙愧者名為
正念不見心相者名為正定不求諸法性相
因緣是名正慧无有相故煩惱則斷是名解
脫稱美如是大涅槃經名讚解脫善男子是
名菩薩摩訶薩安住十法雖見佛性而不明
了善男子如汝所問十住菩薩以何眼故雖
見佛性而不了了諸佛世尊以何眼故見於
佛性而得明了善男子慧眼見故不得明了
佛眼見故故得明了為菩提行故則不了了
若无行故則得了了住十地故雖見不了不
住不去故則得了了菩薩摩訶薩智慧因故
見不了了諸佛世尊斷因果故見則了了一
切覺者名為佛性十住菩薩不得名為一切
覺故是故雖見而不明了善男子見有二種
一者眼見二者聞見諸佛世尊眼見佛性如
於掌中觀菴摩勒果十住菩薩聞見佛性故
不了了十住菩薩唯能自知定得阿耨多羅

BD14625號　大般涅槃經（北本　思溪本）卷二七　（20–19）

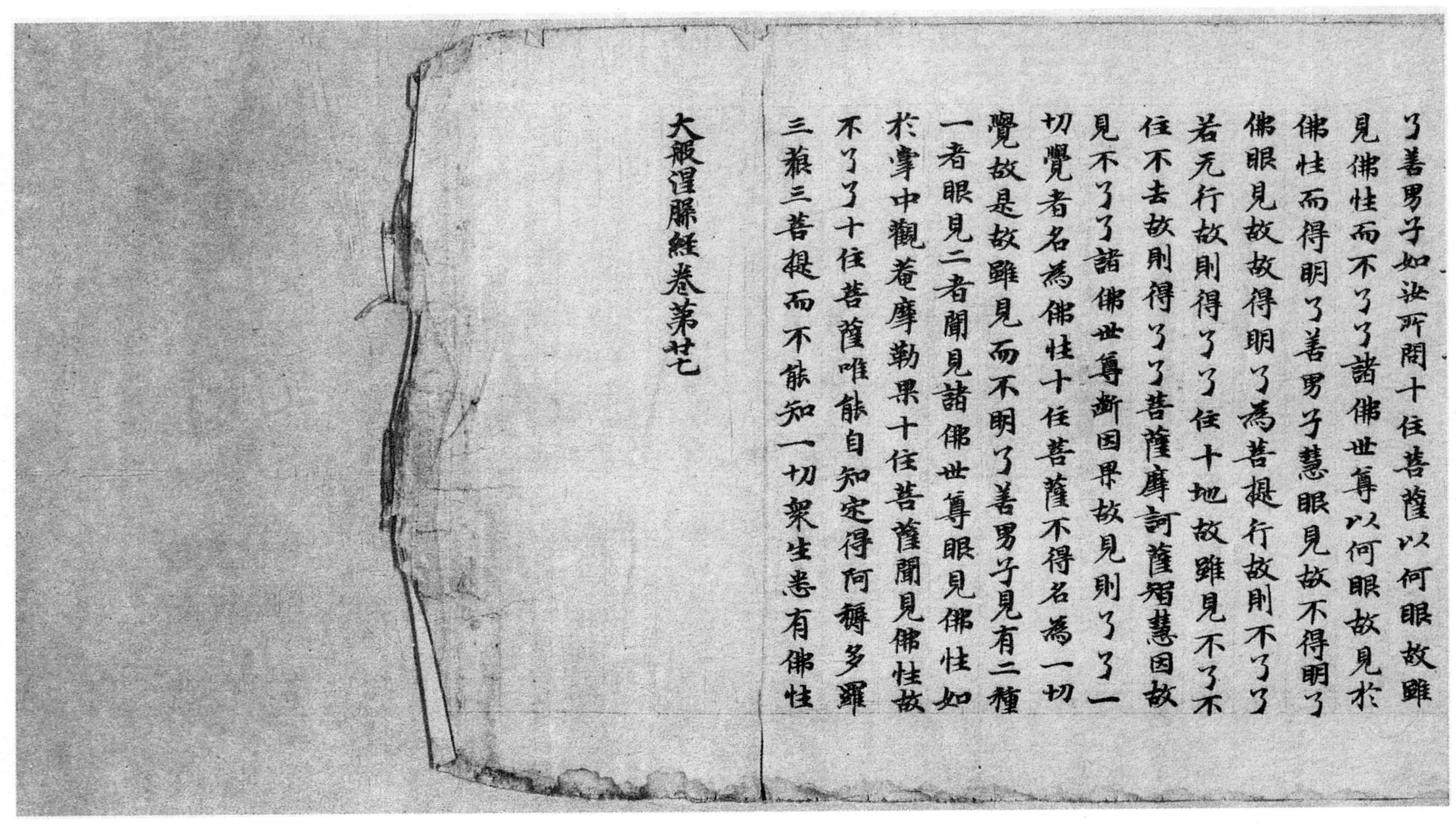

了善男子如汝所問十住菩薩以何眼故雖
見佛性而不了了諸佛世尊以何眼故見於
佛性而得明了善男子慧眼見故不得明了
佛眼見故故得明了為菩提行故則不了了
若无行故則得了了住十地故雖見不了不
住不去故則得了了菩薩摩訶薩智慧因故
見不了了諸佛世尊斷因果故見則了了一
切覺者名為佛性十住菩薩不得名為一切
覺故是故雖見而不明了善男子見有二種
一者眼見二者聞見諸佛世尊眼見佛性如
於掌中觀菴摩勒果十住菩薩聞見佛性故
不了了十住菩薩唯能自知定得阿耨多羅
三藐三菩提而不能知一切眾生悉有佛性

大般涅槃經卷第廿七

BD14625號　大般涅槃經（北本　思溪本）卷二七　（20–20）

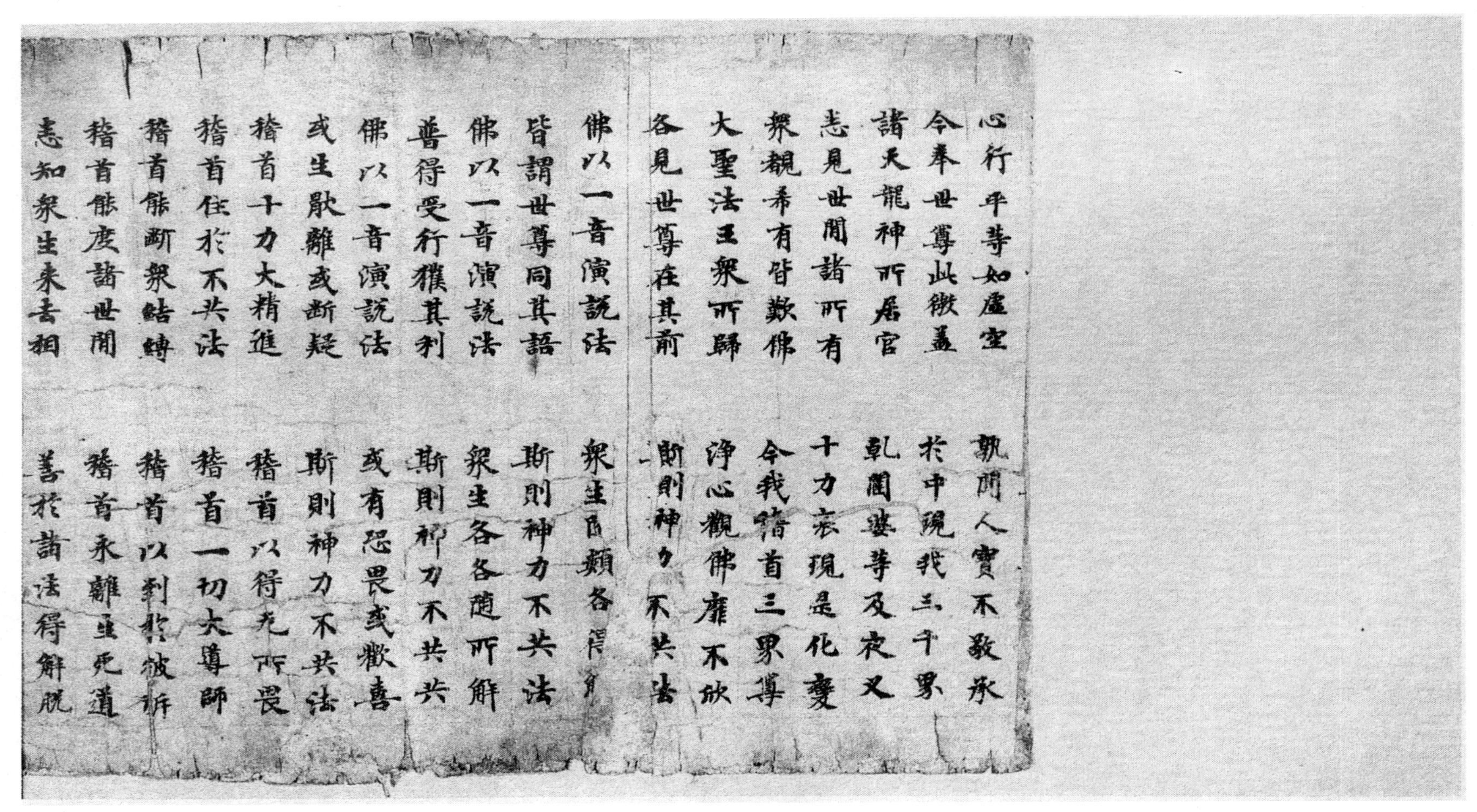

心行平等如虛空　孰聞人寶不敬承
今奉世尊此微蓋　於中現我三千界
諸天龍神所居宮　乾闥婆等及夜叉
悉見世間諸所有　十力哀現是化變
眾覩希有皆歎佛　今我稽首三界尊
大聖法王眾所歸　淨心觀佛靡不欣
各見世尊在其前　斯則神力不共法
佛以一音演說法　眾生隨類各得解
皆謂世尊同其語　斯則神力不共法
佛以一音演說法　眾生各各隨所解
普得受行獲其利　斯則神力不共法
佛以一音演說法　或有恐畏或歡喜
或生厭離或斷疑　斯則神力不共法
稽首十力大精進　稽首以得无所畏
稽首住於不共法　稽首一切大導師
稽首能斷眾結縛　稽首以到於彼岸
稽首能度諸世間　稽首永離生死道
悉知眾生來去相　善於諸法得解脫

BD14626號　維摩詰所說經卷上　（10–1）

稽首十力大精進　稽首以得无所畏
稽首住於不共法　稽首一切大導師
稽首能斷衆結縛　稽首以到於彼岸
稽首能度諸世間　稽首永離生死道
悉知衆生來去相　善於諸法得解脫
不著世間如蓮華　常善入於空寂行
達諸法相无罣礙　稽首如空无所依
尒時長者子寶積說此偈已白佛言世尊是
五百長者子皆已發阿耨多羅三藐三菩提
心願聞得佛國土清淨唯願世尊說諸菩薩
淨土之行佛言善哉寶積乃能爲諸菩薩問
於如來淨土之行諦聽諦聽善思念之當爲
汝說於是寶積及五百長者子受教而聽佛
言寶積衆生之類是菩薩佛土所以者何菩
薩隨所化衆生而取佛土隨所調伏衆生而
取佛土隨諸衆生應以何國入佛智慧而取
佛土隨諸衆生應以何國起菩薩根而取佛
土所以者何菩薩取於淨國皆爲饒益諸衆
生故譬如有人欲於空地造立宮室隨意无
閡若於虛空終不能成菩薩如是爲成就衆
生故願取佛國願取佛國者非於空也寶積
當知直心是菩薩淨土菩薩成佛時不諂衆
生來生其國深心是菩薩淨土菩薩成佛時
具足功德衆生來生其國大乘心是菩薩淨
土菩薩成佛時大乘衆生來生其國布施是
菩薩淨土菩薩成佛時一切能捨衆生來生

BD14626號　維摩詰所說經卷上　（10–2）

當知直心是菩薩淨土菩薩成佛時不諂衆
生來生其國深心是菩薩淨土菩薩成佛時
具足功德衆生來生其國大乘心是菩薩淨
土菩薩成佛時大乘衆生來生其國布施是
菩薩淨土菩薩成佛時一切能捨衆生來生
其國持戒是菩薩淨土菩薩成佛時行十善
道滿願衆生來生其國忍辱是菩薩淨土菩
薩成佛時三十二相莊嚴衆生來生其國精
進是菩薩淨土菩薩成佛時勤脩一切功德
衆生來生其國禪定是菩薩淨土菩薩成佛
時攝心不亂衆生來生其國智慧是菩薩淨
土菩薩成佛時正定衆生來生其國四无量
心是菩薩淨土菩薩成佛時成就慈悲喜捨
衆生來生其國四攝法是菩薩淨土菩薩成
佛時解脫所攝衆生來生其國方便是菩薩
淨土菩薩成佛時於一切法方便无閡衆生
來生其國三十七道品是菩薩淨土菩薩成
佛時念處正勤神足根力覺道衆生來生其
國迴向心是菩薩淨土菩薩成佛時得一切
具足功德國土說除八難是菩薩淨土菩薩
成佛時國土无有三惡八難自守戒行不譏
彼闕是菩薩淨土菩薩成佛時國土无有犯
禁之名十善是菩薩淨土菩薩成佛時命不
中夭大富梵行所言誠諦常以濡語眷屬不
離善和諍訟言必饒益不嫉不恚正見衆生
來生其國如是寶積菩薩隨其直心則能發
行隨其發行則得深心隨其深心則意調伏

BD14626號　維摩詰所說經卷上　（10–3）

中乘大富梵行所言成諦常以濡語眷屬不
離善和諍訟言必饒益不疾不恚正見衆生
来生其國如是寶積菩薩隨其直心則能發
行隨其發行則得深心隨其深心則意調伏
隨意調伏則如說行隨如說行則能迴向隨
其迴向則有方便隨其方便則成就衆生隨
成就衆生則佛土淨隨佛土淨則說法淨隨
說法淨則智慧淨隨智慧淨則其心淨隨其
心淨則一切功德淨是故寶積若菩薩欲得
淨土當淨其心隨其心淨則佛土淨
尒時舍利弗承佛威神作是念若菩薩心淨
則佛土淨者我世尊本為菩薩時意豈不淨
而是佛土不淨若此佛知其念即告之言於
意云何日月豈不淨耶而盲者不見對曰不
也世尊是盲者過非日月咎舍利弗衆生罪
故不見如来佛國嚴淨非如来咎舍利弗我
此土淨而汝不見尒時螺髻梵王語舍利弗
勿作是意謂此佛土以為不淨所以者何我
見釋迦牟尼佛土清淨譬如自在天宮舍利
弗言我見此土丘陵坑坎荊棘砂礫土石諸
山穢惡充滿螺髻梵言仁者心有高下不依
佛慧故見此土為不淨耳舍利弗菩薩於一
切衆生悉皆平等深心清淨依佛智慧則能
見此佛土清淨於是佛以足指案地即時三
千大千世界若干百千珎寶嚴飾譬如寶莊
嚴佛无量功德寶莊嚴土一切大衆歎未曾

BD14626號　維摩詰所說經卷上　（10–4）

佛慧故見此土為不淨耳舍利弗菩薩於一
切衆生悉皆平等深心清淨依佛智慧則能
見此佛土清淨於是佛以足指案地即時三
千大千世界若干百千珎寶嚴飾譬如寶莊
嚴佛无量功德寶莊嚴土一切大衆歎未曾
有而皆自見坐寶蓮華佛告舍利弗汝且觀
是佛土嚴淨舍利弗言唯然世尊本所不見
本所不聞今佛國土嚴淨悉現佛語舍利弗
我佛國土常淨若此為欲度斯下劣人故示
是衆惡不淨土耳譬如諸天共寶器食隨其
福德飯色有異如是舍利弗若人心淨便見
此土功德莊嚴當佛現此國土嚴淨之時寶
積所將五百長者子皆得无生法忍八万四
千人皆發阿耨多羅三藐三菩提心佛攝神
足於是世界還復如故求聲聞乘三万二千
天及人知有為法皆悉无常遠塵離垢得法
眼淨八千比丘不受諸法漏盡意解

方便品第二

尒時毗耶離大城中有長者名維摩詰已曾
供養无量諸佛深殖善本得无生忍辯才无
閡遊戲神通逮諸揔持獲无所畏降魔勞怨
入深法門善於智度通達方便大願成就明
了衆生心之所趣又能分別諸根利鈍久於
佛道心已淳淑決定大乘諸有所作能善思
量住佛威儀心大如海諸佛咨嗟弟子釋梵
世主所敬欲度人故以善方便居毗耶離資

BD14626號　維摩詰所說經卷上　（10–5）

入深法門善於智度通達方便大願成就明
了衆生心之所趣又能分別諸根利鈍久於
佛道心已淳熟決定大乘諸有所作能善思
量住佛威儀心大如海諸佛咨嗟弟子釋梵
世主所敬欲度人故以善方便居毗耶離資
財无量攝諸貧民奉戒清淨攝諸毀禁以忍
調行攝諸恚怒以大精進攝諸懈怠一心禪
寂攝諸亂意以決定慧攝諸无智雖為白衣
奉持沙門清淨律行雖處居家不著三界示
有妻子常脩梵行現有眷屬常樂遠離雖服
寶飾而以相好嚴身雖復飲食而以禪悅為
味若至博弈戲處輒以度人受諸異道不毀
正信雖明世典常樂佛法一切見敬為供養
中冣執持正法攝諸長幼一切治生諧偶雖
獲俗利不以喜悅遊諸四衢饒益衆生入治
正法救護一切入講論處導以大乘入諸學
堂誘開童矇入諸婬舍示欲之過入諸酒肆
能立其志若在長者長者中尊為說勝法若
在居士居士中尊斷其貪著若在剎利剎利
中尊教以忍辱若在婆羅門婆羅門中尊除
其我慢若在大臣大臣中尊教以正法若在
王子王子中尊示以忠孝若在內官內官中
尊化正宮女若在庶民庶民中尊令興福力
若在梵天梵天中尊誨以勝慧若在帝釋帝
釋中尊示現无常若在護世護世中尊護諸
衆生長者維摩詰以如是等无量方便饒益
衆生其以方便現身有病以其疾故國王大

BD14626號　維摩詰所說經卷上　（10–6）

若在梵天梵天中尊誨以勝慧若在帝釋帝
釋中尊示現无常若在護世護世中尊護諸
衆生長者維摩詰以如是等无量方便饒益
衆生其以方便現身有病以其疾故國王大
臣長者居士婆羅門等及諸王子并餘官屬
无數千人皆往問疾其往者維摩詰因以身
疾廣為說法諸人者是身无常无強无力无
堅速朽之法不可信也為苦為惱衆病所集
諸人者如此身明智者所不怙是身如聚沫不
可撮摩是身如泡不得久立是身如炎從渴
愛生是身如芭蕉中无有堅是身如幻從顛
倒起是身如夢為虛妄見是身如影從業緣
現是身如響屬諸因緣是身如浮雲須臾變
滅是身如電念念不住是身无主為如地是
身无我為如火是身无壽為如風是身无人
為如水是身不實四大為家是身為空離我
我所是身无知如草木瓦礫是身无作風力
所轉是身不淨穢惡充滿是身為虛偽雖假
以澡浴衣食必歸磨滅是身為災百一病惱
是身如丘井為老所逼是身无定為要當死
是身如毒蛇如怨賊如空聚陰界諸入所共
合成諸仁者此可患厭當樂佛身所以者何
佛身者即法身也從无量功德智慧生從戒
定慧解脫解脫知見生從慈悲喜捨生從布
施持戒忍辱柔和勤行精進禪定解脫三昧
多聞智慧諸波羅蜜生從方便生從六通生

BD14626號　維摩詰所說經卷上　（10–7）

定慧解脫解脫知見生從慈悲喜捨生從布
施持戒忍辱柔和勤行精進禪定解脫三昧
多聞智慧諸波羅蜜生從方便生從六通生
從三明生從三十七道品生從止觀生從十
力四无所畏十八不共法生從斷一切不善
法集一切善法生從真實生從不放逸生從
如是无量清淨法生如來身諸人者欲得佛
身斷一切衆生病者當發阿耨多羅三藐三
菩提心如是長者維摩詰為諸問病者如應
說法令无數千人皆發阿耨多羅三藐三菩
提心

弟子品第三

尒時長者維摩詰自念寢疾于牀世尊大慈
寧不垂愍佛知其意即告舍利弗汝行詣維
摩詰問疾舍利弗白佛言世尊我不堪任詣
彼問疾所以者何憶念我昔曾於林中宴坐
樹下時維摩詰來謂我言唯舍利弗不必是
坐為宴坐也夫宴坐者不於三界現身意是
為宴坐不起滅定而現諸威儀是為宴坐不
捨道法而現凡夫事是為宴坐心不住內亦
不在外是為宴坐於諸見不動而脩行卅七
品是為宴坐不斷煩惱而入涅槃是為宴坐
若能如是坐者佛所印可時我世尊聞是語
嘿而止不能加報故我不任詣彼問疾
佛告大目揵連汝行詣維摩詰問疾目連白

BD14626 號　維摩詰所說經卷上　（10–8）

不在外是為宴坐於諸見不動而脩行卅七
品是為宴坐不斷煩惱而入涅槃是為宴坐
若能如是坐者佛所印可時我世尊聞是語
嘿而止不能加報故我不任詣彼問疾
佛告大目揵連汝行詣維摩詰問疾目連白
佛言世尊我不堪任詣彼問疾所以者何憶
念我昔入毗耶離大城於里巷中為諸居士
說法時維摩詰來謂我言唯大目連為白衣
居士說法不當如仁者所說夫說法者當如
法說法无衆生離衆生垢故法无有我離我
垢故法无壽命離生死故法无有人前後際
斷故法常寂然滅諸相故法離於相无所緣
故法无名字言語斷故法无有說離覺觀故
法无形相如虛空故法无戲論畢竟空故法无
我所離我所故法无分別離諸識故法无
有比无相待故法不屬因不在緣故法同法
性入諸法故法隨於如无所隨故法住實際
諸邊不動故法无動搖不依六塵故法无去
來常不住故法順空隨无相應无作法離好
醜法无增損法无生滅法无所歸法過眼耳
鼻舌身心法无高下法常住不動法離一切
觀行唯大目連法相如是豈可說乎夫說法
者无說无示其聽法者无聞无得譬如幻士為
幻人說法當建是意而為說法當了衆生根
有利鈍善於知見无所罣閡以大悲心讚于
大乘念報佛恩不斷三寶然後說法維摩詰

BD14626 號　維摩詰所說經卷上　（10–9）

鼻舌身心法无高下法常住不動法離一切
觀行唯大目連法相如是豈可說乎夫說法
者无說无示其聽法者无聞无得譬如幻士為
幻人說法當建是意而為說法當了衆生根
有利鈍善於知見无所罣閡以大悲心讚于
大乘念報佛恩不斷三寶然後說法維摩詰
說是法時八百居士發阿耨多羅三藐三菩
提心我无此辯是故不任詣彼問疾
佛告大迦葉汝行詣維摩詰問疾迦葉白佛
言世尊我不堪任詣彼問疾所以者何憶念
我昔於貧里而行乞時維摩詰來謂我言唯
大迦葉有慈悲心而不能普捨豪富從貧乞
迦葉住平等法應次行乞食為不食故應行
乞食為壞和合相故應取揣食為不受故應
受彼食以空聚想入於聚落所見色與盲等
所聞聲與響等所嗅香與風等所食味不分
別受諸觸如智證知諸法如幻相无自性无
他性本自不然今則无滅迦葉若能不捨八
……相入正法以一食
食如是

BD14626 號　維摩詰所說經卷上　（10–10）

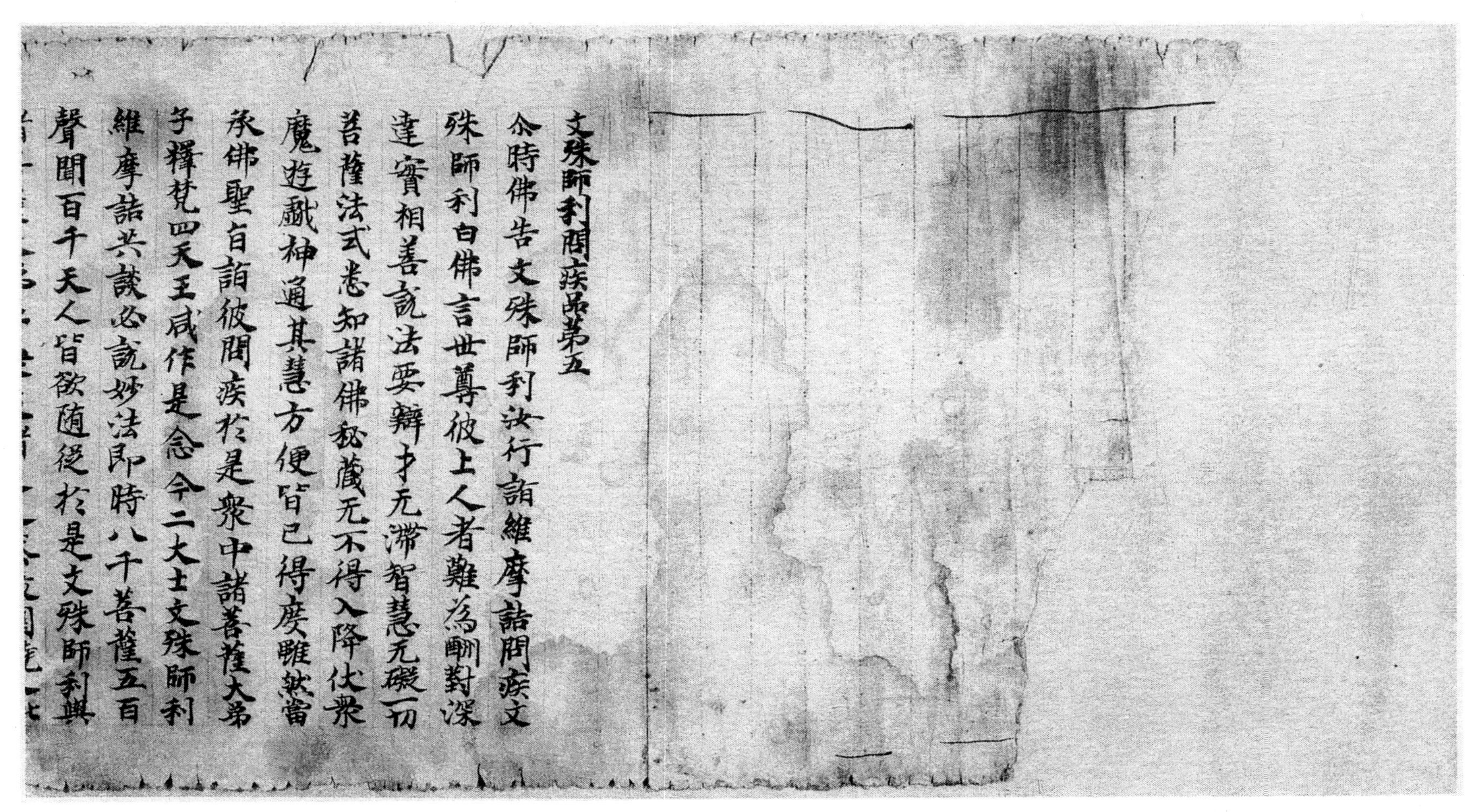
文殊師利問疾品第五
尒時佛告文殊師利汝行詣維摩詰問疾文
殊師利白佛言世尊彼上人者難為酬對深
達實相善說法要辯才无滯智慧无礙一切
菩薩法式悉知諸佛秘藏无不得入降伏衆
魔遊戲神通其慧方便皆已得度雖然當
承佛聖旨詣彼問疾於是衆中諸菩薩大弟
子釋梵四天王咸作是念今二大士文殊師利
維摩詰共談必說妙法即時八千菩薩五百
聲聞百千天人皆欲隨從於是文殊師利與

BD14627 號　維摩詰所說經卷中　（29–1）

魔遊戲神通其慧方便皆已得度雖然當
承佛聖旨詣彼問疾於是衆中諸菩薩大弟
子釋梵四天王咸作是念今二大士文殊師利
維摩詰共談必說妙法即時八千菩薩五百
聲聞百千天人皆欲隨從於是文殊師利與
諸菩薩大弟子衆及諸天人恭敬圍繞入毗
耶離大城
尒時長者維摩詰心念今文殊師利與大衆
俱來即以神力空其室內除去所有及諸侍者
唯置一牀以疾而卧文殊師利既入其舍見其
室空无諸所有獨寢一牀時維摩詰言善
來文殊師利不來相而來不見相而見文殊
師利言如是居士若來已更不來若去已更
不去所以者何來者无所從來去者亦无所至
所可見者更不可見且置是事居士是疾寧
可忍不療治有損不至增乎世尊慇懃致
問无量居士是疾何所因起其生久如當云
何滅維摩詰言從癡有愛則我病生以一切
衆生病是故我病若一切衆生得離病者則
我病滅所以者何菩薩為衆生故入生死有生
死則有病若衆生得離病者則菩薩无復
病譬如長者唯有一子其子得病父母亦病
若子病愈父母亦愈菩薩如是於諸衆生愛
之若子衆生病則菩薩病衆生病愈菩薩亦
愈又言是疾何所因起菩薩疾者以大悲起

BD14627 號　維摩詰所說經卷中　（29–2）

病譬如長者唯有一子其子得病父母亦病
若子病愈父母亦愈菩薩如是於諸衆生愛
之若子衆生病則菩薩病衆生病愈菩薩亦
愈又言是疾何所因起菩薩疾者以大悲起
文殊師利言居士此室何以空无侍者維摩
詰言諸佛國土亦復皆空又問以何為空答
曰以空空又問空何用空答曰以无分別空故
空又問空可分別耶答曰分別亦空又問空
當於何求答曰當於六十二見中求又問六
十二見當於何求答曰當於諸佛解脫中求
又問諸佛解脫當於何求答曰當於一切衆
生心行中求又仁所問何无侍者一切衆魔
及諸外道皆吾侍者所以者何衆魔者樂
生死菩薩於生死而不捨外道者樂諸見
菩薩於諸見而不動文殊師利言居士所疾為
何等相維摩詰言我病无形不可見又問此
病身合耶心合耶答曰非身合身相離故亦非
心合心如幻故又問地大水大火大風大於此四
大何大之病答曰是病非地大亦不離地大水
火風大亦復如是而衆生病從四大起以其有
病是故我病
尒時文殊師利問維摩詰言菩薩應云何慰
喻有疾菩薩維摩詰言說身无常不說猒
離於身說身有苦不說樂於涅槃說身无我
而說教導衆生說身空寂不說畢竟寂滅

BD14627 號　維摩詰所說經卷中　（29–3）

病是故我病
尒時文殊師利問維摩詰言菩薩應云何慰
喻有疾菩薩維摩詰言說身无常不說猒
離於身說身有苦不說樂於涅槃說身无我
而說教導衆生說身空寂不說畢竟寂滅
說悔先罪而不說入於過去以己之疾愍於彼疾當
識宿世无數劫苦當念饒益一切衆生憶
所脩福念於淨命勿生憂惱常起精進當作
醫王療治衆病菩薩應如是慰喻有疾
菩薩令其歡喜
文殊師利言居士有疾菩薩云何調伏其心
維摩詰言有疾菩薩應作是念今我此病
皆從前世妄想顛倒諸煩惱生无有實法誰
受病者所以者何四大合故假名為身四大无主
身亦无我又此病起皆由著我是故於我不
應生著既知病本即除我相及衆生想當
起法想應作是念但以衆法合成此身起唯
法起滅唯法滅又此法者各不相知起時不言我
起滅時不言我滅彼有疾菩薩為滅法想當作
是念此法想者亦是顛倒顛倒者是即大患
我應離之云何為離離我我所云何離我我
所謂離二法云何離二法謂不念內外諸法行
於平等云何平等謂我等涅槃等所以者何
我及涅槃此二皆空以何為空但以名字故空
如此二法无決定性得是平等无有餘病唯

BD14627號　維摩詰所說經卷中　（29–4）

我應離之云何為離離我我所云何離我我
所謂離二法云何離二法謂不念內外諸法行
於平等云何平等謂我等涅槃等所以者何
我及涅槃此二皆空以何為空但以名字故空
如此二法无決定性得是平等无有餘病唯
有空病空病亦空是有疾菩薩以无所受而受
諸受未具佛法亦不滅受而取證也設身有苦念惡
趣衆生起大悲心我既調伏亦當調伏一切衆
生但除其病而不除法為斷病本而教導之
何為病本謂有攀緣從有攀緣則有病
本何所攀緣謂之三界云何斷攀緣以无所得
若无所得則无攀緣何謂无所得謂二見何謂
二見謂內見外見是无所得文殊師利是為有
疾菩薩調伏其心為斷老病死苦是菩薩菩
提若不如是已所脩治為无慧利譬如勝怨乃
可為勇如是兼除老病死者菩薩之謂也彼
有疾菩薩復應作是念如我此病非真非
有衆生病亦非真非有作是觀時於諸衆生若
起愛見大悲即應捨離所以者何菩薩斷除
客塵煩惱而起大悲愛見悲者則於生死有
疲厭心若能離此无有疲厭在在所生不為
愛見之所覆也所生无縛能為衆生說法解縛如
佛所說若自有縛能解彼縛无有是處若自无
縛能解彼縛斯有是處是故菩薩不應起縛
何謂縛何謂解貪著禪味是菩薩縛以方便

BD14627號　維摩詰所說經卷中　（29–5）

疲厭心若能離此无有疲厭在在所生不爲
愛見之所覆也所生无縛能爲衆生說法解縛如
佛所說若自有縛能解彼縛无有是處若自无
縛能解彼縛斯有是處是故菩薩不應起縛
何謂縛何謂解貪著禪味是菩薩縛以方便
生是菩薩解又无方便慧縛有方便慧解无
慧方便縛有慧方便解何謂无方便慧縛謂
菩薩以愛見心莊嚴佛土成就衆生於空无相
无作法中而自調伏是名无方便慧縛何謂有
方便慧解謂不以愛見心莊嚴佛土成就衆生
於空无相无作法中以自調伏而不疲厭是名
有方便慧解何謂无慧方便縛謂菩薩住貪
欲瞋恚邪見等諸煩惱而殖衆德本是名无
慧方便縛何謂有慧方便解謂離諸貪欲瞋
恚邪見等諸煩惱而殖衆德本迴向阿耨多羅
三藐三菩提是名有慧方便解
文殊師利彼有疾菩薩應如是觀諸法又復
觀身无常苦空非我是名爲慧雖身有疾
常在生死饒益一切而不厭惓是名方便又
復觀身身不離病病不離身是病是身非
新非故是名爲慧設身有疾而不永滅是名方
便文殊師利有疾菩薩應如是調伏其心不住
其中亦復不住不調伏心所以者何若住不調伏
心是愚人法若住調伏心是聲聞法是故菩
薩不當住於調伏不調伏心離此二法是
菩薩行在於生死不爲汙行住於涅槃不永

BD14627 號　維摩詰所說經卷中　（29–6）

其中亦復不住不調伏心所以者何若住不調伏
心是愚人法若住調伏心是聲聞法是故菩
薩不當住於調伏不調伏心離此二法是
菩薩行在於生死不爲汙行住於涅槃不永
滅度是菩薩行非凡夫行非賢聖行是菩薩
行非垢行非淨行是菩薩行雖過魔行而現
降伏衆魔是菩薩行求一切智无非時求是
菩薩行雖觀諸法不生而不入正位是菩薩
行雖觀十二緣起而入諸邪見是菩薩行雖
攝一切衆生而不愛著是菩薩行雖樂遠離
而不依身心盡是菩薩行雖行三界而不壞
法性是菩薩行雖行於空而殖衆德本是菩
薩行雖行无相而度衆生是菩薩行雖行无
作而現受身是菩薩行雖行无起而起諸法
一切善行是菩薩行雖行六波羅蜜而遍知衆
生心心數法是菩薩行雖行六通而不盡漏是菩
薩行雖行四无量心而不貪著生於梵世是菩
薩行雖行禪定解脫三昧而不隨禪生是菩
薩行雖行四念處而不畢竟永離身受心法是
菩薩行雖行四正勤而不捨身心精進是菩
薩行雖行四如意足而得自在神通是菩
薩行雖行五根而分別衆生諸根利鈍是菩
薩行雖行五力而樂求佛十力是菩薩行雖
行七覺分而分別佛之智慧是菩薩行雖行
八正道而樂行无量佛道是菩薩行雖行止

BD14627 號　維摩詰所說經卷中　（29–7）

薩行雖行五根而分別衆生諸根利鈍是菩
薩行雖行五力而樂求佛十力是菩薩行雖
行七覺分而分別佛之智慧是菩薩行雖行
八正道而樂行无量佛道是菩薩行雖行止
觀助道之法而不畢竟墮於寂滅是菩薩行
雖行諸法不生不滅而以相好莊嚴其身是
菩薩行雖現聲聞辟支佛威儀而不捨佛法
是菩薩行雖隨諸法究竟淨相而隨所應為
現其身是菩薩行雖觀諸佛國土永寂如空
而現種種清淨佛土是菩薩行雖得佛道
轉于法輪入於涅槃而不捨於菩薩之道是
菩薩行說是語時文殊師利所将大衆其中
八千天子皆發阿耨多羅三藐三菩提心

不思議品第六

尒時舍利弗見此室中无有床座作是念斯
諸菩薩大弟子衆當於何坐長者維摩詰
知其意語舍利弗言云何仁者為法來耶求床
座耶舍利弗言我為法來非為床座維摩
詰言唯舍利弗夫求法者不貪軀命何况床
座夫求法者非有色受想行識之求非有界入
之求非有欲色无色之求唯舍利弗夫求法者
不著佛求不著法求不著衆求夫求法者
无見苦求无斷集求无造盡證脩道之求所
以者何法无戲論若言我當見苦斷集滅證
脩道是則戲論非求法也唯舍利弗法名寂
滅若行生滅是求生滅非求法也法名无染

BD14627號　維摩詰所說經卷中　(29–8)

无見苦求无斷集求无造盡證脩道之求所
以者何法无戲論若言我當見苦斷集滅證
脩道是則戲論非求法也唯舍利弗法名寂
滅若行生滅是求生滅非求法也法名无染
若染於法乃至涅槃是則染著非求法也法
无行處若行於法是則行處非求法也法无
取捨若取捨法是則取捨非求法也法无處
所若著處所是則著處非求法也法名无相
若隨相識是則求相非求法也法不可住若
住於法是則住法非求法也法不可見聞覺
知若行見聞覺知是則見聞覺知非求法也
法名无為若行有為是則有為非求法也是
故舍利弗若求法者於一切法應无所求說是
語時五百天子於諸法中得法眼淨
尒時長者維摩詰問文殊師利仁者遊於无
量千萬億阿僧祇國何等佛土有好上妙功
德成就師子之座文殊師利言居士東方度
卅六恒河沙國有世界名須弥相其佛号須
弥燈王今現在彼佛身長八萬四千由旬其
師子座高八萬四千由旬嚴飾第一於是長
者維摩詰現神通力即時彼佛遣三万二千
師子座高廣嚴好來入維摩詰室諸菩薩大
弟子釋梵四天王等昔所未見其室廣愽悉
苞容受三萬二千師子座无所妨礙於毗耶
離城及閻浮提四天下亦不迫迮悉見如故

BD14627號　維摩詰所說經卷中　(29–9)

師子座高廣嚴好來入維摩詰室諸菩薩大
弟子釋梵四天王等昔所未見其室廣博悉
苞容受三萬二千師子座无所妨礙於毗耶
離城及閻浮提四天下亦不迫迮悉見如故
尒時維摩詰語文殊師利就師子座與諸菩
薩上人俱坐當自立身如彼坐像其得神通
菩薩即自變身為四萬二千由旬坐師子座諸
新發意菩薩及大弟子皆不能昇尒時維摩
詰語舍利弗就師子座舍利弗言居士此座
高廣吾不能昇維摩詰言唯舍利弗為須弥
燈王如來作礼乃可得坐於是新發意菩
薩及大弟子即為須弥燈王如來作礼便得坐
師子座舍利弗言居士未曾有也如是小室乃
容受此高廣之座於毗耶離城无所妨礙又
於閻浮提聚落城邑及四天下諸天龍王鬼
神宮殿亦不迫迮維摩詰言唯舍利弗諸佛
菩薩有解脫名不可思議若菩薩住是解
脫者以須弥之高廣內芥子中无所增減須弥
山王本相如故而四天王忉利諸天不覺不知
已之所入唯應度者乃見須弥入芥子中是
名不可思議解脫法門又以四大海水入一毛
孔不嬈魚鱉黿鼉水性之屬而彼大海本相
如故諸龍鬼神阿脩羅等不覺不知已之所入
於此眾生亦无所嬈又舍利弗住不可思議解
脫菩薩斷取三千大千世界如陶家輪著右

孔不嬈魚鱉黿鼉水性之屬而彼大海本相
如故諸龍鬼神阿脩羅等不覺不知已之所入
於此眾生亦无所嬈又舍利弗住不可思議解
脫菩薩斷取三千大千世界如陶家輪著右
掌中擲過恒河沙世界之外其中眾生不覺不
知已之所往又復還置本處都不使人有往來
想而此世界本相如故又舍利弗或有眾生樂久
住世而可度者菩薩即演七日以為一劫令彼眾
生謂之一劫或有眾生不樂久住而可度者菩薩
即促一劫以為七日令彼眾生謂之七日又舍利
佛住不可思議解脫菩薩以一切佛土嚴飾之
事集在一國示於眾生又菩薩以一佛土眾生
置之右掌飛到十方遍示一切而不動本處
又舍利弗十方眾生供養諸佛之具菩薩於
一毛孔皆令得見又十方國土所有日月星宿
於一毛孔普使見之又舍利弗十方世界所
有諸風菩薩悉能吸著口中而身无損外
諸樹木亦不摧折又十方世界劫盡燒時以
一切火內於腹中火事如故而不為害又於
下方過恒河沙等諸佛世界取一佛土舉著
上方過恒河沙无數世界如持針鋒舉一棗
葉而无所嬈又舍利弗住不可思議解脫菩
薩能以神通現作佛身或現辟支佛身或現
聲聞身或現帝釋身或現梵王身或現世
主身或現轉輪王身又十方世界所有眾聲

上方過恒河沙无數世界如持鍼鋒舉一棗
葉而无所嬈又舍利弗住不可思議解脫菩
薩能以神通現作佛身或現辟支佛身或現
聲聞身或現帝釋身或現梵王身或現世
主身或現轉輪王身又十方世界所有衆聲
上中下音皆能變之令作佛聲演出无常苦
空无我之音及十方諸佛所說種種之法皆於
其中普令得聞舍利弗我今略說菩薩不可
思議解脫之力若廣說者窮劫不盡是時
大迦葉聞說菩薩不可思議解脫法門歎未曾
有謂舍利弗譬如有人於盲者前現衆色像非
彼所見一切聲聞聞是不可思議解脫法門
不能解了為若此也智者聞是其誰不發阿
耨多羅三藐三菩提心我等何為永絕其根
於此大乘已如敗種一切聲聞聞是不可思議
解脫法門皆應號泣聲震三千大千世界一
切菩薩應大喜慶頂受此法若有菩薩信
解不可思議解脫法門者一切魔衆无如之
何大迦葉說是語時三萬二千天子皆發阿
耨多羅三藐三菩提心
尒時維摩詰語大迦葉仁者十方无量阿僧
祇世界中作魔王者多是住不可思議解脫
菩薩以方便力教化衆生現作魔王又迦葉
十方无量菩薩或有人從乞手足耳鼻頭目
髓腦血肉皮骨聚落城邑妻子奴婢象馬車
乘金銀瑠璃車𤦲馬瑙珊瑚虎珀真珠珂貝

菩薩以方便力教化衆生現作魔王又迦葉
十方无量菩薩或有人從乞手足耳鼻頭目
髓腦血肉皮骨聚落城邑妻子奴婢象馬車
乘金銀瑠璃車𤦲馬瑙珊瑚虎珀真珠珂貝
衣服飲食如此乞者多是住不可思議解脫
菩薩以方便力而往試之令其堅固所以者何住
不可思議解脫菩薩有威德力故行逼迫示
諸衆生如是難事凡夫下劣无有力勢不能
如是逼迫菩薩譬如龍象蹴踏非驢所堪是
名住不可思議解脫菩薩智慧方便法門

觀衆生品第七

尒時文殊師利問維摩詰言菩薩云何觀於
衆生維摩詰言譬如幻師見所幻人菩薩觀
衆生為若此如智者見水中月如鏡中見其
面像如熱時焰如呼聲響如空中雲如水聚沫
如水上泡如芭蕉堅如電久住如第五大如第
六陰如第七情如十三入如十九界菩薩觀衆
生為若此如无色界色如燋穀牙如須陁洹身
見如阿那含入胎如阿羅漢三毒如得忍菩薩貪
恚毀禁如佛煩惱習如盲者見色如入滅盡定
出入息如空中鳥跡如石女兒如化人煩惱如夢
所見已寤如滅度者受身如无烟之火菩薩觀
衆生為若此
文殊師利言若菩薩作是觀者云何行慈維摩
詰言菩薩作是觀已自念我當為衆生說

所見已悟如滅度者受身如无烟之火菩薩觀
衆生為若此
文殊師利言若菩薩作是觀者云何行慈維摩
詰言菩薩作是觀已自念我當為衆生說
如斯法是即真實慈也行寂滅慈无所生故
行不熱慈无煩惱故行等之慈等三世故行
无諍慈无所起故行不二慈内外不合故行
不壞慈畢竟盡故行堅固慈心无毀故行清
淨慈諸法性淨故行无邊慈如虛空故行阿
羅漢慈破結賊故行菩薩慈安衆生故行如
来慈得如相故行佛之慈覺衆生故行自然
慈无因得故行菩提慈等一味故行无等慈
斷諸愛故行大悲慈導以大乘故行无猒慈
觀空无我故行法施慈无遺惜故行持戒慈
化毀禁故行忍辱慈護彼我故行精進慈荷
負衆生故行禪定慈不受味故行智慧慈无
不知時故行方便慈一切亦現故行无隱慈直
心清淨故行深心慈无雜行故行无誑慈不
虛假故行安樂慈令得佛樂故菩薩之慈
為若此也
文殊師利又問何謂為悲荅曰菩薩所作功
德皆與一切衆生共之何謂為喜荅曰有所
饒益歡喜无悔何謂為捨荅曰所作福祐无
所希望文殊師利又問生死有畏菩薩當何
所依維摩詰言菩薩於生死畏中當依如来

BD14627 號　維摩詰所說經卷中　（29–14）

德皆與一切衆生共之何謂為喜荅曰有所
饒益歡喜无悔何謂為捨荅曰所作福祐无
所希望文殊師利又問生死有畏菩薩當何
所依維摩詰言菩薩於生死畏中當依如来
功德之力文殊師利又問菩薩欲依如来功德
之力當於何住荅曰菩薩欲依如来功德力
者當住度脫一切衆生又問欲度衆生當何
所除荅曰欲度衆生除其煩惱又問欲除煩
惱當何所行荅曰當行正念又問云何行於正
念荅曰當行不生不滅又問何法不生何法不
滅荅曰不善不生善法不滅又問善不善孰
為本荅曰身為本又問身孰為本荅曰欲
貪為本又問欲貪孰為本荅曰虛妄分別
為本又問虛妄分別孰為本荅曰顛倒想
為本又問顛倒想孰為本荅曰无住為本又
問无住孰為本荅曰无住則无本文殊師利
從无住本立一切法
時維摩詰室有一天女見諸大人聞所說法
便現其身即以天華散諸菩薩大弟子上華
至諸菩薩即皆墮落至大弟子便著不墮一
切弟子神力去華不能令去尒時天問舍利
弗何故去華荅曰此華不如法是以去之天曰
勿謂此華為不如法所以者何是華无所分別
仁者自生分別想耳若於佛法出家有所分
別為不如法若无分別是則如法觀諸菩薩華

BD14627 號　維摩詰所說經卷中　（29–15）

弗何故去華荅曰此華不如法是以去之天曰
勿謂此華為不如法所以者何是華无所分别
仁者自生分别想耳若於佛法出家有所分
别為不如法若无分别是則如法觀諸菩薩華
不著者以斷一切分别想故譬如人畏時非人
得其便如是弟子畏生死故色聲香味觸得
其便已離畏者一切五欲无能為也結習未
盡華著身耳結習盡者華不著也舍利
弗言天止此室其已久如荅曰我止此室如耆
年解脫舍利弗言止此久耶天曰耆年解脫
亦何如久舍利弗默然不荅天曰如何耆舊大
智而默荅曰解脫者无所言說故吾於是不
知所云天曰言說文字皆解脫相所以者何解
脫者不內不外不在兩間文字亦不內不外不
在兩間是故舍利弗无離文字說解脫也所
以者何一切諸法皆是解脫相舍利弗言不復
以離婬怒癡為解脫乎天曰佛為增上慢人說
離婬怒癡為解脫耳若无增上慢者佛說婬
怒癡性即是解脫舍利弗言善哉善哉天
女汝何所得以何為證辯乃如是天曰我无得
无證故辯如是所以者何若有得有證者
則於佛法為增上慢
舍利弗問天汝於三乘為何志求天曰以聲
聞法化衆生故我為聲聞以因緣法化衆生
故我為辟支佛以大法悲化衆生故我為大

則於佛法為增上慢
舍利弗問天汝於三乘為何志求天曰以聲
聞法化衆生故我為聲聞以因緣法化衆生
故我為辟支佛以大法悲化衆生故我為大
乘舍利弗如人入瞻蔔林唯齅瞻蔔不齅餘
香如是若入此室但聞佛功德之香不樂聞聲
聞辟支佛功德香也舍利弗其有釋梵四天
王諸天龍鬼神等入此室者聞斯上人講說
正法皆樂佛功德之香發心而出舍利弗吾止
此室十有二年初不聞說聲聞辟支佛法但
聞菩薩大慈大悲不可思議諸佛之法舍
利弗此室常現八未曾有難得之法何等為
八此室常以金色光照晝夜无異不以日月所
照為明是為一未曾有難得之法此室入者
不為諸垢之所惱也是為二未曾有難得之
法此室常有釋梵四天王他方菩薩來會
不絶是為三未曾有難得之法此室常說六
波羅蜜不退轉法是為四未曾有難得之法
此室常作天人第一之樂絃出无量法化之
聲是為五未曾有難得之法此室有四大藏
衆寶積滿周窮濟乏求得无盡是為六未曾
有難得之法此室釋迦牟尼佛阿弥陀佛阿
閦佛寶德寶焰寶月寶嚴難勝師子響一
切利成如是等十方无量諸佛是上人念時
即皆為來廣說諸佛秘要法藏說已還去是

有難得之法此室釋迦牟尼佛阿弥陀佛阿
閦佛寶德寶焰寶月寶嚴難勝師子響一
切利成如是等十方无量諸佛是上人念時
即皆為來廣說諸佛秘要法藏說已還去是
為七未曾有難得之法此室一切諸天嚴飾
宮殿諸佛淨土皆於中現是為八未曾有難
得之法舍利弗此室常現八未曾有難得之法
誰有見斯不思議事而復樂於聲聞法乎舍
利弗言汝何以不轉女身天曰我從十二年來
求女人相了不可得當何所轉譬如幻師化作
幻女若有人問何以不轉女身是人為正問不舍
利弗言不也幻无定相當何所轉天曰一切諸法亦
復如是无有定相云何乃問不轉女身即時天女
以神通力變舍利弗令如天女天自化身如舍利弗
而問言何以不轉女身舍利弗以天女像而答言
我今不知何轉而變為女身天曰舍利弗若能轉
此女身則一切女人亦當能轉如舍利弗非女而
現女身一切女人亦復如是雖現女身而非女也
是故佛說一切諸法非男非女即時天女還攝
神力舍利弗身還復如故天問舍利弗女身色
相今何所在舍利弗言女身色相无在无不在天
曰一切諸法亦復如是无在无不在夫无在无不在
者佛所說也舍利弗問天汝於此沒當生何所天
曰佛化所生吾如彼生曰佛化所生非沒生也天曰
眾生猶然无沒生也舍利弗問天汝久如當得阿

曰一切諸法亦復如是无在无不在夫无在无不在
者佛所說也舍利弗問天汝於此沒當生何所天
曰佛化所生吾如彼生曰佛化所生非沒生也天曰
眾生猶然无沒生也舍利弗問天汝久如當得阿
耨多羅三藐三菩提天曰如舍利弗還為凡
夫我乃當成阿耨多羅三藐三菩提舍利弗
言我作凡夫无有是處天曰我得阿耨多羅三
藐三菩提亦无是處所以者何菩提无住處是
故无有得者舍利弗言今諸佛得阿耨多羅三
藐三菩提已得當得今得如恒河沙皆何謂乎天
曰皆以世俗文字數故說有三世非謂菩提有去
來今天曰舍利弗汝得阿羅漢道耶曰无所得
故而得天曰諸佛菩薩亦復如是无所得故而得
尒時維摩詰語舍利弗是天女曾已供養九十二
億佛已能遊戲菩薩神通所願具足得无生
忍住不退轉以本願故隨意能現教化眾生

佛道品第八

尒時文殊師利問維摩詰言菩薩云何通達
佛道維摩詰言若菩薩行於非道是為通達
佛道又問云何菩薩行於非道答曰若菩薩
行五无間而无惱恚至于地獄无諸罪垢至于
畜生无有无明憍慢等過至于餓鬼而具足功
德行色无色界道不以為勝示行貪欲離諸
染著示行瞋恚於諸眾生无有恚礙示行愚
癡而以智慧調伏其心示行慳貪而捨內外所

行五无間而无惱恚至于地獄无諸罪垢至于
畜生无有无明憍慢等過至于餓鬼而具足功
德行色无色界道不以為勝亦行貪欲離諸
染著亦行瞋恚於諸衆生无有恚礙亦行愚
癡而以智慧調伏其心亦行慳貪而捨內外所
有不惜身命亦行毀禁而安住淨戒乃至小
罪猶懷大懼亦行瞋恚而常慈忍亦行懈
怠而勤脩功德亦行亂意而常念定亦行愚
癡而通達世間出世間慧亦行諂偽而善方
便隨諸經義亦行憍慢而於衆生猶如橋梁
亦行諸煩惱而心常清淨亦入於魔而順佛智
慧不隨他教亦入聲聞而為衆生說未聞法
亦入辟支佛而成就大悲教化衆生亦入貧窮
而有寶手功德无盡亦入形殘而具諸相好以
自莊嚴亦入下賤而生佛性中具諸功德亦入
羸劣醜陋而得那羅延身一切衆生之所樂
見亦入老病而永斷病根超越死畏亦有資
生而恒觀无常實无所貪亦有妻妾綵女而
常遠離五欲淤泥現於訥鈍而成就辯才摠
持无失亦入耶濟而以正濟度諸衆生現遍入諸
道而斷其因緣現於涅槃而不斷生死文殊師利
菩薩能如是行於非道是為通達佛道
於是維摩詰問文殊師利何等為如來種文
殊師利言有身為種无明有愛為種貪恚癡
為種四顛倒為種五蓋為種六入為種七識處

BD14627號　維摩詰所說經卷中

(29–20)

菩薩能如是行於非道是為通達佛道
於是維摩詰問文殊師利何等為如來種文
殊師利言有身為種无明有愛為種貪恚癡
為種四顛倒為種五蓋為種六入為種七識處
為種八耶法為種九惱處為種十不善道為
種以要言之六十二見及一切煩惱皆是佛種曰何
謂也荅曰若見无為入正位者不能復發阿耨
多羅三藐三菩提心譬如高原陸地不生蓮華
卑濕淤泥乃生此華如是見无為法入正位者
終不復能生於佛法煩惱泥中乃有衆生起
佛法耳又如殖種於空終不得生糞壤之地乃
能滋茂如是入无為正位者不生佛法起於我
如須弥山猶能發于阿耨多羅三藐三菩提心
生佛法矣是故當知一切煩惱為如來種譬如
不入巨海不能得无價寶珠如是不入煩惱大
海則不能生一切智寶之心
尒時大迦葉歎言善哉善哉文殊師利快說
此語誠如所言塵勞之疇為如來種我等今
者不復堪任發阿耨多羅三藐三菩提心乃
至五无間罪猶能發意生於佛法而今我等
永不能發譬如根敗之士其於五欲不能復利
如是聲聞諸結斷者於佛法中无所復益
永不志願是故文殊師利凡夫於佛法有反復
而聲聞无也所以者何凡夫聞佛法能起无上
道心不斷三寶正使聲聞終身聞佛法力

BD14627號　維摩詰所說經卷中

(29–21)

永不能發辟如根敗之士其於五欲不能復利
如是聲聞諸結斷者於佛法中无所復益
永不志願是故文殊師利凡夫於佛法有反復
而聲聞无也所以者何凡夫聞佛法能起无上
道心不斷三寶正使聲聞終身聞佛法力
无畏等永不能發无上道意尒時會中有
菩薩名普現色身問維摩詰言居士父母妻
子親戚眷屬吏民知識悉為是誰奴婢僮僕
象馬車乘皆何所在於是維摩詰以偈荅曰
智度菩薩母　方便以為父　一切衆導師　无不由是生
法喜以為妻　慈悲心為女　善心誠實男　畢竟空寂舍
弟子衆塵勞　随意之所轉　道品善知識　由是成正覺
諸度法等侶　四攝為妓女　歌詠誦法言　以此為音樂
揔持之園苑　无漏法林樹　覺意淨妙華　解脫智慧果
八解之浴池　定水湛然滿　布以七淨華　浴此无垢人
象馬五通馳　大乘以為車　調御以一心　遊於八正路
相具以嚴容　衆好飾其姿　慙愧之上服　深心為華鬘
富有七財寶　教授以滋息　如所說脩行　迴向為大利
四禪為牀座　從於淨命生　多聞增智慧　以為自覺音
甘露法之食　解脫味為漿　淨心以澡浴　戒品為塗香
摧滅煩惱賊　勇健无能踰　降伏四種魔　勝幡建道場
雖知无起滅　示彼故有生　悉現諸國土　如日无不現
供養於十方　无量億如来　諸佛及己身　无有分別想
雖知諸佛國　及與衆生空　而常脩淨土　教化於群生
諸有衆生類　形聲及威儀　无畏力菩薩　一時能盡現
覺知衆魔事　而示随其行　以善方便智　隨意皆能現

BD14627號　維摩詰所說經卷中　（29–22）

雖知无起滅　示彼故有生　悉現諸國土　如日无不現
供養於十方　无量億如来　諸佛及己身　无有分別想
雖知諸佛國　及與衆生空　而常脩淨土　教化於群生
諸有衆生類　形聲及威儀　无畏力菩薩　一時能盡現
覺知衆魔事　而示随其行　以善方便智　隨意皆能現
或示老病死　成就諸群生　了知如幻化　通達无有礙
或現劫盡燒　天地皆洞然　衆人有常想　照令知无常
无數億衆生　俱来請菩薩　一時到其舍　化令向佛道
經書禁呪術　工巧諸妓藝　盡現行此事　饒益諸群生
世間衆道法　悉於中出家　因以解人惑　而不墮邪見
或作日月天　梵王世界主　或時作地水　或復作風火
劫中有疾疫　現作諸藥草　若有服之者　除病消衆毒
劫中有飢饉　現身作飲食　先救彼飢渴　却以法語人
劫中有刀兵　為之起慈悲　化彼諸衆生　令住无諍地
若有大戰陣　立之以等力　菩薩現威勢　降伏使和安
一切國土中　諸有地獄處　輙往到于彼　勉濟諸苦惱
一切國土中　畜生相噉食　皆現生於彼　為之作利益
示受於五欲　亦復現行禪　令魔心憒亂　不能得其便
火中生蓮華　是可謂希有　在欲而行禪　希有亦如是
或現作婬女　引諸好色者　先以欲鉤牽　後令佛智已
或為邑中主　或作商人導　國師及大臣　以祐利衆生
諸有貧窮者　現為无盡藏　因以勸導之　令發菩提心
我心憍慢者　為現大力士　消伏諸貢高　令住佛上道
其有恐懼者　居前而安慰　先施以无畏　後令發道心
或現離婬欲　為五通仙人　開導諸群生　令住戒忍慈
見須供事者　現為作僮僕　既悅可其意　乃發以道心

BD14627號　維摩詰所說經卷中　（29–23）

我心憍慢者　為現大力士　消伏諸貢高　令住佛上道
其有恐懼者　居前而安慰　先施以无畏　後令發道心
或現離婬欲　為五通仙人　開導諸群生　令住戒忍慈
見須供事者　現為作僮僕　既悅可其意　乃發以道心
隨彼之所須　得入於佛道　以善方便力　皆能給足之
如是道无量　所行无有崖　智慧无邊際　度脫无數衆
假令一切佛　於无數億劫　讚歎其功德　猶尚不能盡
誰聞如是法　不發菩提心　除彼不肖人　癡冥无智者

入不二法門品第九

尒時維摩詰謂衆菩薩言諸仁者云何菩薩入
不二法門各隨所樂說之會中有菩薩名法
自在說言諸仁者生滅為二法本不生今則
无滅得此无生法忍是為入不二法門
德首菩薩曰我我所為二因有我故便有我
所若无有我則无我所是為入不二法門
不眴菩薩曰受不受為二若法不受則不可
得以不可得故无取无捨无作无行是為入不
二法門
德頂菩薩曰垢淨為二見垢實性則无淨相順
於滅相是為入不二法門
善宿菩薩曰是動是念為二不動則无念无
念則无分別通達此者是為入不二法門
善眼菩薩曰一相无相為二若知一相即是无
相亦不取无相入於平等是為入不二法門
妙臂菩薩曰菩薩心聲聞心為二觀心相空如

BD14627號　維摩詰所說經卷中　（29–24）

善宿菩薩曰是動是念為二不動則无念无
念則无分別通達此者是為入不二法門
善眼菩薩曰一相无相為二若知一相即是无
相亦不取无相入於平等是為入不二法門
妙臂菩薩曰菩薩心聲聞心為二觀心相空如
幻化者无菩薩心无聲聞心是為入不二法門
弗沙菩薩曰善不善為二若不起善不善入
无相際而通達者是為入不二法門
師子菩薩曰罪福為二若達罪性則與福无
異以金剛慧決了此相无縛无解者是為入不
二法門
師子意菩薩曰有漏无漏為二若得諸法等
則不起漏不漏想不著於相亦不住无相是
為入不二法門
淨解菩薩曰有為无為為二若離一切數則
心如虛空以清淨慧无所礙者是為入不二
法門
那羅延菩薩曰世間出世間為二世間性空
即是出世間於其中不入不出不溢不散是
為入不二法門
善意菩薩曰生死涅槃為二若見生死性則
无生死无縛无解不然不滅如是解者是為
入不二法門
現見菩薩曰盡不盡為二法若究竟盡若不
盡皆是无盡相无盡相即是空空則无有盡
不盡相如是入者是為入不二法門

BD14627號　維摩詰所說經卷中　（29–25）

无生死无縛无觧不然不滅如是解者是為
入不二法門
現見菩薩曰盡不盡為二法若究竟盡若不
盡皆是无盡相无盡相即是空空則无有盡
不盡相如是入者是為入不二法門
普首菩薩曰我无我為二我尚不可得非我
何可得見我實性者不復起二是為入不二
法門
電天菩薩曰明无明為二无明實性即是明明
亦不可取離一切數於其中平等无二者是
為入不二法門
喜見菩薩曰色色空為二色即是空非色滅
空色性自空如是受想行識識空為二識即
是空非識滅空識性自空於其中而通達者
是為入不二法門
明相菩薩曰四種異空種異為二四種性即是
空種性如前際後際空故中際亦空若能如
是知諸種性者是為入不二法門
妙意菩薩曰眼色為二若知眼性於色不貪
不恚不癡是名寂滅如是耳聲鼻香舌味身
觸意法為二若知意性於法不貪不恚不癡
是名寂滅安住其中是為入不二法門
无盡意菩薩曰布施迴向一切智為二布施性
即是迴向一切智性如是持戒忍辱精進禪
定智慧迴向一切智為二智慧性即是迴向
一切智性於其中入一相者是為入不二法門

BD14627號　維摩詰所說經卷中　（29–26）

是名寂滅安住其中是為入不二法門
无盡意菩薩曰布施迴向一切智為二布施性
即是迴向一切智性如是持戒忍辱精進禪
定智慧迴向一切智為二智慧性即是迴向
一切智性於其中入一相者是為入不二法門
深慧菩薩曰是空是无相是无作為二空即
是无相无相即是无作若空无相无作則无心
意識於一解脫門即是三解脫門者是為
入不二法門
寂根菩薩曰佛法衆為二佛即是法法即是
衆是三寶皆无為相與虛空等一切法亦尒
能隨此行者是為入不二法門
心无礙菩薩曰身身滅為二身即是身滅所
以者何見身實相者不起見身及見滅身身
與滅身无二无分別相於其中不驚不懼者
是為入不二法門
上善菩薩曰身口意善為二是三業皆无作
相身无作相即口无作相口无作相即意无作
相是三業无作相即一切法无作相能如是隨
无作慧者是為入不二法門
福田菩薩曰福行罪行不動行為二三行實
性即是空空則无福行无罪行无不動行於
此三行而不起者是為入不二法門
華嚴菩薩曰從我起二為二見我實相者
不起二法若不住二法則无有識无所識者
是為入不二法門

BD14627號　維摩詰所說經卷中　（29–27）

性即是空空則无福行无罪行无不動行於
此三行而不起者是為入不二法門
華嚴菩薩曰從我起二為二見我實相者
不起二法若不住二法則无有識无所識者
是為入不二法門
德藏菩薩曰有所得相為二若无所得則无
取捨无取捨者是為入不二法門
月上菩薩曰闇與明為二无闇无明則无有
二所以者何如入滅受想定无闇无明一切法
相亦復如是於其中平等入者是為入不二
法門
寶印手菩薩曰樂涅槃不樂世間為二若不
樂涅槃不猒世間則无有二所以者何若有
縛則有解若本无縛其誰求解无縛无解
則无樂猒是為入不二法門
珠頂王菩薩曰正道耶道為二住正道者則
不分別是耶是正離此二法是為入不二法門
樂實菩薩曰實不實為二實見者尚不見
實何況非實所以者何非肉眼所見慧眼乃能
見而此慧眼无見无不見是為入不二法門
如是諸菩薩各各說已問文殊師利何等是
菩薩入不二法門文殊師利曰如我意者於
一切法无言无說无示无識離諸問荅是為
入不二法門於是文殊師利問維摩詰言
我等各自說已仁者當說何等是菩薩入
不二法門時維摩詰默然无言文殊師利歎

BD14627號　維摩詰所說經卷中　（29–28）

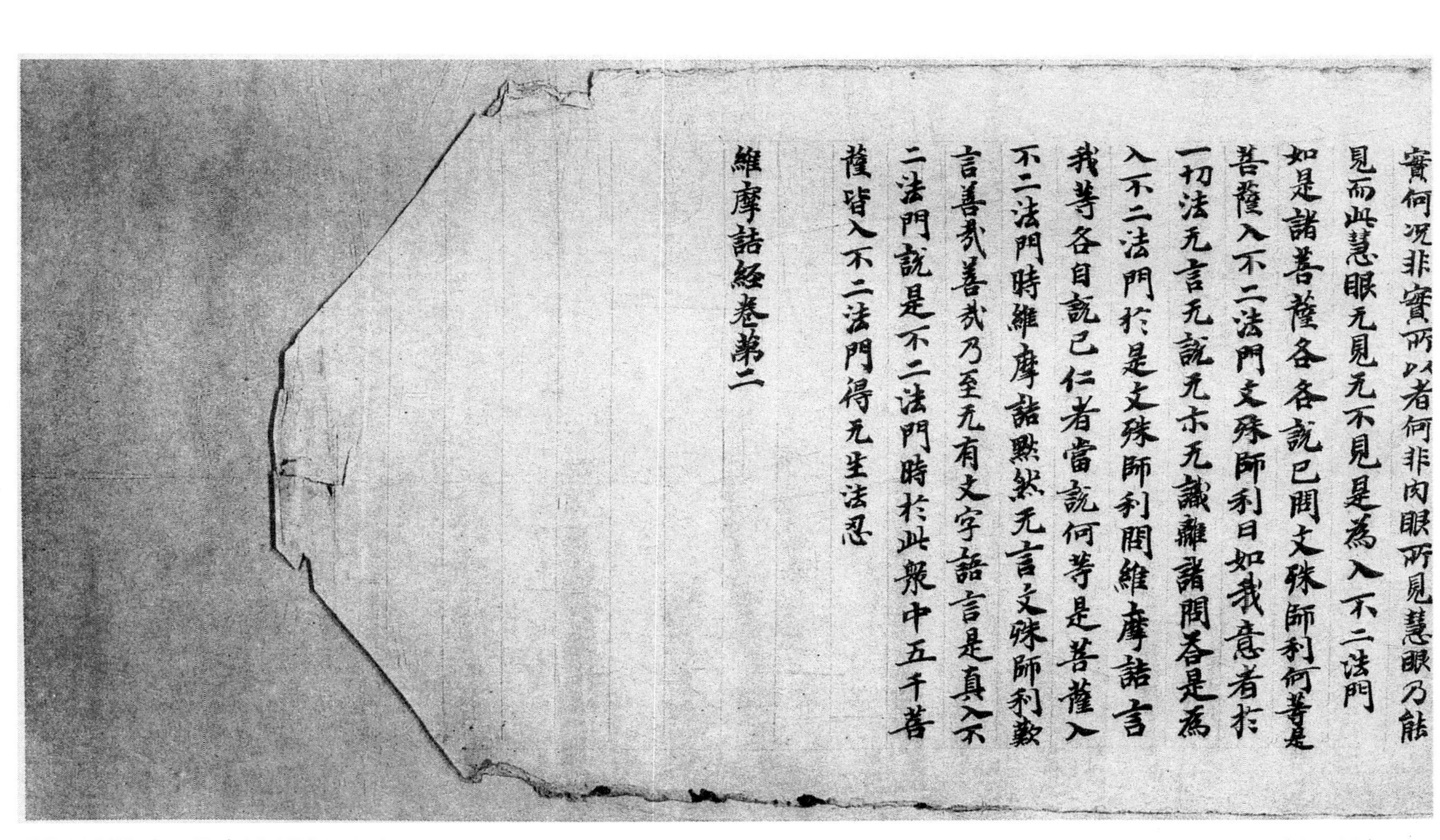
實何況非實所以者何非肉眼所見慧眼乃能
見而此慧眼无見无不見是為入不二法門
如是諸菩薩各各說已問文殊師利何等是
菩薩入不二法門文殊師利曰如我意者於
一切法无言无說无示无識離諸問荅是為
入不二法門於是文殊師利問維摩詰言
我等各自說已仁者當說何等是菩薩入
不二法門時維摩詰默然无言文殊師利歎
言善哉善哉乃至无有文字語言是真入不
二法門說是不二法門時於此衆中五千菩
薩皆入不二法門得无生法忍

維摩詰經卷第二

BD14627號　維摩詰所說經卷中　（29–29）

BD14628 號背　護首　　　　（1–1）

BD14628 號　金剛般若波羅蜜經（十二分本）　　　　（17–1）

謹按上文共闕二百一十八字

佛告須菩提諸菩薩摩訶薩應如是降伏
心所有一切衆生之類若卵生若胎生若濕
生若化生若有色若無色若有想若無想若
非有想若非無想我皆令入無餘涅槃而滅
度之如是滅度無量無數無邊衆生實無衆
生得滅度者何以故須菩提若菩薩有我相
人相衆生相壽者相即非菩薩

修行分明修道第四

復次須菩提菩薩於法應無所住行於布施
所謂不住色布施不住聲香味觸法布施須
菩提菩薩應如是布施不住於相何以故若
菩薩不住相布施其福德不可思量須菩提
於意云何東方虛空可思量不不也世尊須
菩提南西北方四維上下虛空可思量不不

BD14628號　金剛般若波羅蜜經（十二分本）　（17–2）

所謂不住色布施不住聲香味觸法布施須
菩提菩薩應如是布施不住於相何以故若
菩薩不住相布施其福德不可思量須菩提
於意云何東方虛空可思量不不也世尊須
菩提南西北方四維上下虛空可思量不不
也世尊須菩提菩薩無住相布施福德亦復
如是不可思量須菩提菩薩但應如所教住

非有為相分第五

須菩提於意云何可以身相見如來不不也
世尊不可以身相得見如來何以故如來所
說身相即非身相佛告須菩提凡所有相皆
是虛妄若見諸相非相則見如來

信者分亦名我空法空分第六

須菩提白佛言世尊頗有衆生得聞如是言
說章句生實信不佛告須菩提莫作是說如
來滅後後五百歲有持戒修福者於此章句
能生信心以此為實當知是人不於一佛二佛
三四五佛而種善根已於無量千万佛所種
諸善根聞是章句乃至一念生淨信者須
菩提如來悉知悉見是諸衆生得如是無
量福德何以故是諸衆生無復我相人相衆
生相壽者相無法相亦無非法相何以故是諸
衆生若心取相則為著我人衆生壽者若取
法相即著我人衆生壽者何以故若取非法
相即著我人衆生壽者是故不應取法不應

BD14628號　金剛般若波羅蜜經（十二分本）　（17–3）

衆生若心取相則為著我人衆生壽者若取
法相即著我人衆生壽者何以故若取非法
相即著我人衆生壽者是故不應取法不應
取非法以是義故如来常說汝等比丘知我
說法如筏喻者法尚應捨何況非法
須菩提於意云何如来得阿耨多羅三藐三
菩提耶如来有所說法耶須菩提言如我解
佛所說義無有定法名阿耨多羅三藐三菩
提亦無有定法如来可說何以故如来所說
法皆不可取不可說非法非非法所以者何
一切賢聖皆以無為法而有差別
校量勝分第七
須菩提於意云何若人滿三千大千世界七
寶以用布施是人所得福德寧為多不須菩
提言甚多世尊何以故是福德即非福德性
是故如来說福德多若復有人於此經中受
持乃至四句偈等為他人說其福勝彼何以
故須菩提一切諸佛及諸佛阿耨多羅三藐
三菩提法皆從此經出須菩提所謂佛法者
即非佛法
須菩提於意云何須陁洹能作是念我得須
陁洹果不須菩提言不也世尊何以故須陁
洹名為入流而無所入不入色聲香味觸法
是名須陁洹須菩提於意云何斯陁含能作
是念我得斯陁含果不須菩提言不也世尊

BD14628號　金剛般若波羅蜜經（十二分本）　（17–4）

陁洹果不須菩提言不也世尊何以故須陁
洹名為入流而無所入不入色聲香味觸法
是名須陁洹須菩提於意云何斯陁含能作
是念我得斯陁含果不須菩提言不也世尊
何以故斯陁含名一往来而實無往来是名
斯陁含須菩提於意云何阿那含能作是念
我得阿那含果不須菩提言不也世尊何以
故阿那含名為不来而實無来是故名阿那
含須菩提於意云何阿羅漢能作是念我得
阿羅漢道不須菩提言不也世尊何以故實
無有法名阿羅漢世尊若阿羅漢作是念我
得阿羅漢道即為著我人衆生壽者世尊佛
說我得無諍三昧人中最為第一是第一離
欲阿羅漢我不作是念我是離欲阿羅漢世
尊我若作是念我得阿羅漢道世尊則不說
須菩提是樂阿蘭那行者以須菩提實無所
行而名須菩提是樂阿蘭那行
佛告須菩提於意云何如来昔在然燈佛所
於法有所得不世尊如来昔在然燈佛所於
法實無所得須菩提於意云何菩薩莊嚴佛
土不不也世尊何以故莊嚴佛土者則非莊
嚴是名莊嚴是故須菩提諸菩薩摩訶薩
應如是生清淨心不應住色生心不應住聲香
味觸法生心應無所住而生其心須菩提譬
如有人身如須弥山王於意云何是身為大
不須菩提言甚大世尊何以故佛說非身

BD14628號　金剛般若波羅蜜經（十二分本）　（17–5）

應如是生清淨心不應住色生心不應住聲香
味觸法生心應無所住而生其心須菩提譬
如有人身如須弥山王於意云何是身為大
不須菩提言甚大世尊何以故佛說非身是
名大身
須菩提如恒河中所有沙數如是沙等恒河
於意云何是諸恒河寧為多不須菩提言甚
多世尊但諸恒河尚多無數何況其沙須菩
提我今實言告汝若有善男子善女人以七
寶滿尒所恒河沙數三千大千世界以用布
施得福多不須菩提言甚多世尊佛告須
菩提若善男子善女人於此經中乃至受持
四句偈等為他人說而此福德勝前福德復
次須菩提隨說是經乃至四句偈等當知此
處一切世間天人阿脩羅皆應供養如佛塔
廟何況有人盡能受持讀誦須菩提當知是
人成就最上第一希有之法若是經典所在之
處則為有佛若尊重弟子
尒時須菩提白佛言世尊當何名此經我等
云何奉持佛告須菩提是經名為金剛般若
波羅蜜以是名字汝當奉持所以者何須菩
提佛說般若波羅蜜則非般若波羅蜜須菩
提於意云何如来有所說法不須菩提白佛言
世尊如来無所說須菩提於意云何三千大
千世界所有微塵是為多不須菩提言甚

BD14628 號　金剛般若波羅蜜經（十二分本）　（17–6）

波羅蜜以是名字汝當奉持所以者何須菩
提佛說般若波羅蜜則非般若波羅蜜須菩
提於意云何如来有所說法不須菩提白佛言
世尊如来無所說須菩提於意云何三千大
千世界所有微塵是為多不須菩提言甚
多世尊須菩提諸微塵如来說非微塵是名
微塵如来說世界非世界是名世界須菩提於
意云何可以三十二相見如来不不也世尊不
可以三十二相得見如来何以故如来說三十
二相即是非相是名三十二相須菩提若有
善男子善女人以恒河沙等身命布施若復
有人於此經中乃至受持四句偈等為他人說
其福甚多
尒時須菩提聞說是經深解義趣涕淚悲泣
而白佛言希有世尊佛說如是甚深經典我
從昔来所得慧眼未曾得聞如是之經世尊
若復有人得聞是經信心清淨則生實相當
知是人成就第一希有功德世尊是實相者
則是非相是故如来說名實相世尊我今得
聞如是經典信解受持不足為難若當來世
後五百歲其有衆生得聞是經信解受持是
人則為第一希有何以故此人無我相人相衆
生相壽者相所以者何我相即是非相人相
衆生相壽者相即是非相何以故離一切
諸相則名諸佛
佛告須菩提如是如是若復有人得聞是經

BD14628 號　金剛般若波羅蜜經（十二分本）　（17–7）

[illegible]
人則為第一希有何以故此人無我相人相衆
生相壽者相所以者何我相即是非相人相
衆生相壽者相即是非相何以故離一切
諸相則名諸佛
佛告須菩提如是如是若復有人得聞是經
不驚不怖不畏當知是人甚為希有何以故
須菩提如来說第一波羅蜜非第一波羅蜜
是名第一波羅蜜須菩提忍辱波羅蜜如来
說非忍辱波羅蜜何以故須菩提如我昔為
歌利王割截身體我於尒時無我相無人相
無衆生相無壽者相何以故我於往昔節節
支解時若有我相人相衆生相壽者相應生
瞋恨須菩提又念過去於五百世作忍辱仙人
於尒所世無我相無人相無衆生相無壽者
相是故須菩提菩薩應離一切相發阿耨多
羅三藐三菩提心不應住色生心不應住聲
香味觸法生心應生無所住心若心有住則
為非住是故佛說菩薩心不應住色布施須
菩提菩薩為利益一切衆生應如是布施如
来說一切諸相即是非相又說一切衆生則
非衆生須菩提如来是真語者實語者如語
者不誑語者不異語者
真如分第八
須菩提如来所得法此法無實無虛須菩提
若菩薩心住於法而行布施如人入闇則無所

非衆生須菩提如来是真語者實語者如語
者不誑語者不異語者
真如分第八
須菩提如来所得法此法無實無虛須菩提
若菩薩心住於法而行布施如人入闇則無所
見若菩薩心不住於法而行布施如人有目日
光明照見種種色須菩提當来之世若有
善男子善女人能於此經受持讀誦則為如
来以佛智慧悉知是人悉見是人皆得成就
無量無邊功德
須菩提若有善男子善女人初日分以恒河
沙等身布施中日分復以恒河沙等身布施
後日分亦以恒河沙等身布施如是無量百
千万億劫以身布施若復有人聞此經典信
心不逆其福勝彼何况書寫受持讀誦為人
解說
利益分第九
須菩提以要言之是經有不可思議不可稱量
無邊功德如来為發大乘者說為發最上乘
者說若有人能受持讀誦廣為人說如来悉
知是人悉見是人皆得成就不可量不可稱
無有邊不可思議功德如是人等則為荷擔
如来阿耨多羅三藐三菩提何以故須菩提
若樂小法者著我見人見衆生見壽者見則
於此經不能聽受讀誦為人解說須菩提在

知是人悉見是人皆得成就不可量不可稱
無有邊不可思議功德如是人等則為荷擔
如來阿耨多羅三藐三菩提何以故須菩提
若樂小法者著我見人見衆生見壽者見則
於此經不能聽受讀誦為人解說須菩提在
在處處若有此經一切世間天人阿脩羅所
應供養當知此處則為是塔皆應恭敬作礼
圍遶以諸華香而散其處
復次須菩提善男子善女人受持讀誦此經
若為人輕賤是人先世罪業應墮惡道以今
世人輕賤故先世罪業則為銷滅當得阿耨
多羅三藐三菩提須菩提我念過去無量阿
僧祇劫於然燈佛前得值八百四千万億那
由他諸佛悉皆供養承事無空過者若復有
人於後末世能受持讀誦此經所得功德於
我所供養諸佛功德百分不及一千万億分乃
至筭數譬喻所不能及須菩提若善男子
善女人於後末世有受持讀誦此經所得功
德我若具說者或有人聞心則狂亂狐疑不
信須菩提當知是經義不可思議果報亦不
可思議
斷疑分明無功用道第十
尒時須菩提白佛言世尊善男子善女人發
阿耨多羅三藐三菩提心云何應住云何降伏
其心佛告須菩提善男子善女人發阿耨多

BD14628號　金剛般若波羅蜜經（十二分本）　（17–10）

斷疑分明無功用道第十
尒時須菩提白佛言世尊善男子善女人發
阿耨多羅三藐三菩提心云何應住云何降伏
其心佛告須菩提善男子善女人發阿耨多
羅三藐三菩提者當生如是心我應滅度
一切衆生滅度一切衆生已而無有一衆生
實滅度者何以故若菩薩有我相人相衆生
相壽者相則非菩薩所以者何須菩提實無
有法發阿耨多羅三藐三菩提者須菩提於
意云何如來於然燈佛所有法得阿耨多羅
三藐三菩提不不也世尊如我解佛所說義
佛於然燈佛所無有法得阿耨多羅三藐三
菩提佛言如是如是須菩提實無有法如來
得阿耨多羅三藐三菩提須菩提若有法如
來得阿耨多羅三藐三菩提者然燈佛則不
與我授記汝於來世當得作佛号釋迦牟尼
以實無有法得阿耨多羅三藐三菩提是故
然燈佛與我授記作如是言汝於來世當得
作佛号釋迦牟尼何以故如來者即諸法如
義若有人言如來得阿耨多羅三藐三菩提
須菩提實無有法佛得阿耨多羅三藐三菩
提須菩提如來所得阿耨多羅三藐三菩提
於是中無實無虛是故如來說一切法皆是
佛法須菩提所言一切法者即非一切法是
故名一切法須菩提譬如人身長大須菩提
言世尊如來說人身長大則為非大是名大

BD14628號　金剛般若波羅蜜經（十二分本）　（17–11）

於是中無實無虛是故如来說一切法皆是
佛法須菩提所言一切法者即非一切法是
故名一切法須菩提譬如人身長大須菩提
言世尊如来說人身長大則為非大是名大
身須菩提菩薩亦如是若作是言我當滅度
無量衆生則不名菩薩何以故須菩提實無
有法名為菩薩是故佛說一切法無我無人
無衆生無壽者須菩提若菩薩作是言我當
莊嚴佛土是不名菩薩何以故如来說莊嚴
佛土者即非莊嚴是名莊嚴須菩提若菩薩
通達無我法者如来說名真是菩薩
須菩提於意云何如来有肉眼不如是世尊
如来有肉眼須菩提於意云何如来有天眼
不如是世尊如来有天眼須菩提於意云何
如来有慧眼不如是世尊如来有慧眼須菩
提於意云何如来有法眼不如是世尊如来
有法眼須菩提於意云何如来有佛眼不如
是世尊如来有佛眼須菩提於意云何如恒
河中所有沙佛說是沙不如是世尊如来說
是沙須菩提於意云何如一恒河中所有沙
有如是等恒河是諸恒河所有沙數佛世界
如是寧為多不甚多世尊佛告須菩提尒所
國土中所有衆生若干種心如来悉知何以
故如来說諸心皆為非心是名為心所以者何
須菩提過去心不可得現在心不可得未

有如是等恒河是諸恒河所有沙數佛世界
如是寧為多不甚多世尊佛告須菩提尒所
國土中所有衆生若干種心如来悉知何以
故如来說諸心皆為非心是名為心所以者何
須菩提過去心不可得現在心不可得未
来心不可得須菩提於意云何若有人滿
三千大千世界七寶以用布施是人以是因緣
得福多不如是世尊此人以是因緣得福甚
多須菩提若福德有實如来不說得福德
多以福德無故如来說得福德多
須菩提於意云何佛可以具足色身見不不
也世尊如来不應以色身見何以故如来說具
足色身即非具足色身是名具足色身須
菩提於意云何如来可以具足諸相見不不
也世尊如来不應以具足諸相見何以故如
来說諸相具足即非具足是名諸相具足須
菩提汝勿謂如来作是念我當有所說法莫
作是念何以故若人言如来有所說法即為
謗佛不能解我所說故須菩提說法者無
法可說是名說法須菩提白佛言世尊佛得
阿耨多羅三藐三菩提耶為無所得耶如是
如是須菩提我於阿耨多羅三藐三菩提乃
至無有少法可得是名阿耨多羅三藐三菩提
復次須菩提是法平等無有高下是名阿耨
多羅三藐三菩提以無我無人無衆生無壽
者修一切善法則得阿耨多羅三藐三菩提

如是須菩提我於阿耨多羅三藐三菩提乃
至無有少法可得是名阿耨多羅三藐三菩提
復次須菩提是法平等無有高下是名阿耨
多羅三藐三菩提以無我無人無衆生無壽
者修一切善法則得阿耨多羅三藐三菩提
須菩提所言善法者如來說非善法是名善
法須菩提若三千大千世界中所有諸須弥
山王如是等七寶聚有人持用布施若人以
此般若波羅蜜經乃至四句偈等受持為他
人說於前福德百分不及一百千万億分乃至
筭數譬喻所不能及
須菩提於意云何汝等勿謂如來作是念我
當度衆生須菩提莫作是念何以故實無有
衆生如來度者若有衆生如來度者如來則
有我人衆生壽者須菩提如來說有我者則
非有我而凡夫之人以為有我須菩提凡夫者
如來說則非凡夫須菩提於意云何可以三
十二相觀如來不須菩提言如是如是以三
十二相觀如來者（佛言須菩提若以三十二相觀如來者）轉輪聖王則是如來須菩提
白佛言世尊如我解佛所說義不應以三十二
相觀如來尒時世尊而說偈言
若以色見我　以音聲求我　是人行邪道　不能見如來
須菩提汝若作是念如來不以具足相故得
阿耨多羅三藐三菩提須菩提莫作是念如
來不以具足相故得阿耨多羅三藐三菩提

BD14628號　金剛般若波羅蜜經（十二分本）　（17–14）

相觀如來尒時世尊而說偈言
若以色見我　以音聲求我　是人行邪道　不能見如來
須菩提汝若作是念如來不以具足相故得
阿耨多羅三藐三菩提須菩提莫作是念如
來不以具足相故得阿耨多羅三藐三菩提
須菩提汝若作是念發阿耨多羅三藐三菩
提者說諸法斷滅相莫作是念何以故發阿耨
多羅三藐三菩提者於法不說斷滅相須菩
提若菩薩以滿恒河沙等世界七寶持用布
施若復有人知一切法無我得成於忍此菩
薩勝前菩薩所得功德須菩提以諸菩薩
不受福德故須菩提白佛言世尊云何菩薩
不受福德須菩提菩薩所作福德不應貪著
是故佛說不受福德須菩提若有人言如來
若來若去若坐若卧是人不解我所說義何
以故如來者無所從來亦無所去故名如來須
菩提若善男子善女人以三千大千世界碎為
微塵於意云何是微塵衆寧為多不甚多
世尊何以故若是微塵衆實有者佛則不
說是微塵衆所以者何佛說微塵衆則非微
塵衆是名微塵衆世尊如來所說三千大千世
界則非世界是名世界何以故若世界實有
者則是一合相如來說一合相則非一合相
是名一合相須菩提一合相者則是不可說
但凡夫之人貪著其事須菩提若人言佛說我
見人見衆生見壽者見須菩提於意云何是

BD14628號　金剛般若波羅蜜經（十二分本）　（17–15）

聚則非世界是名世界何以故若世界實有
者則是一合相如来說一合相則非一合相
是名一合相須菩提一合相者則是不可說
但凡夫之人貪著其事須菩提若人言佛說我
見人見衆生見壽者見須菩提於意云何是
人解我所說義不不也世尊是人不解如来
所說義何以故世尊說我見人見衆生見壽
者見即非我見人見衆生見壽者見是名我
見人見衆生見壽者見須菩提發阿耨多羅
三藐三菩提心者於一切法應如是知如是
見如是信解不生法相須菩提所言法相者
如来說即非法相是名法相須菩提若有人
以滿無量阿僧祇世界七寶持用布施若有
善男子善女人發菩薩心者持於此經乃至
四句偈等受持讀誦為人演說其福勝彼云
何為人演說不取於相如如不動何以故
不住道分第十一
一切有為法　如夢幻泡影　如露亦如電　應作如是觀
流通分第十二
佛說是經已長老須菩提及諸比丘比丘尼
優婆塞優婆夷一切世間天人阿脩羅聞佛
所說皆大歡喜信受奉行
金剛般若波羅蜜經

BD14628號　金剛般若波羅蜜經（十二分本）　（17–16）

善男子善女人發菩薩心者持於此經乃至
四句偈等受持讀誦為人演說其福勝彼云
何為人演說不取於相如如不動何以故
不住道分第十一
一切有為法　如夢幻泡影　如露亦如電　應作如是觀
流通分第十二
佛說是經已長老須菩提及諸比丘比丘尼
優婆塞優婆夷一切世間天人阿脩羅聞佛
所說皆大歡喜信受奉行
金剛般若波羅蜜經

BD14628號　金剛般若波羅蜜經（十二分本）　（17–17）

BD14629 號　無量壽宗要經　　（5–1）

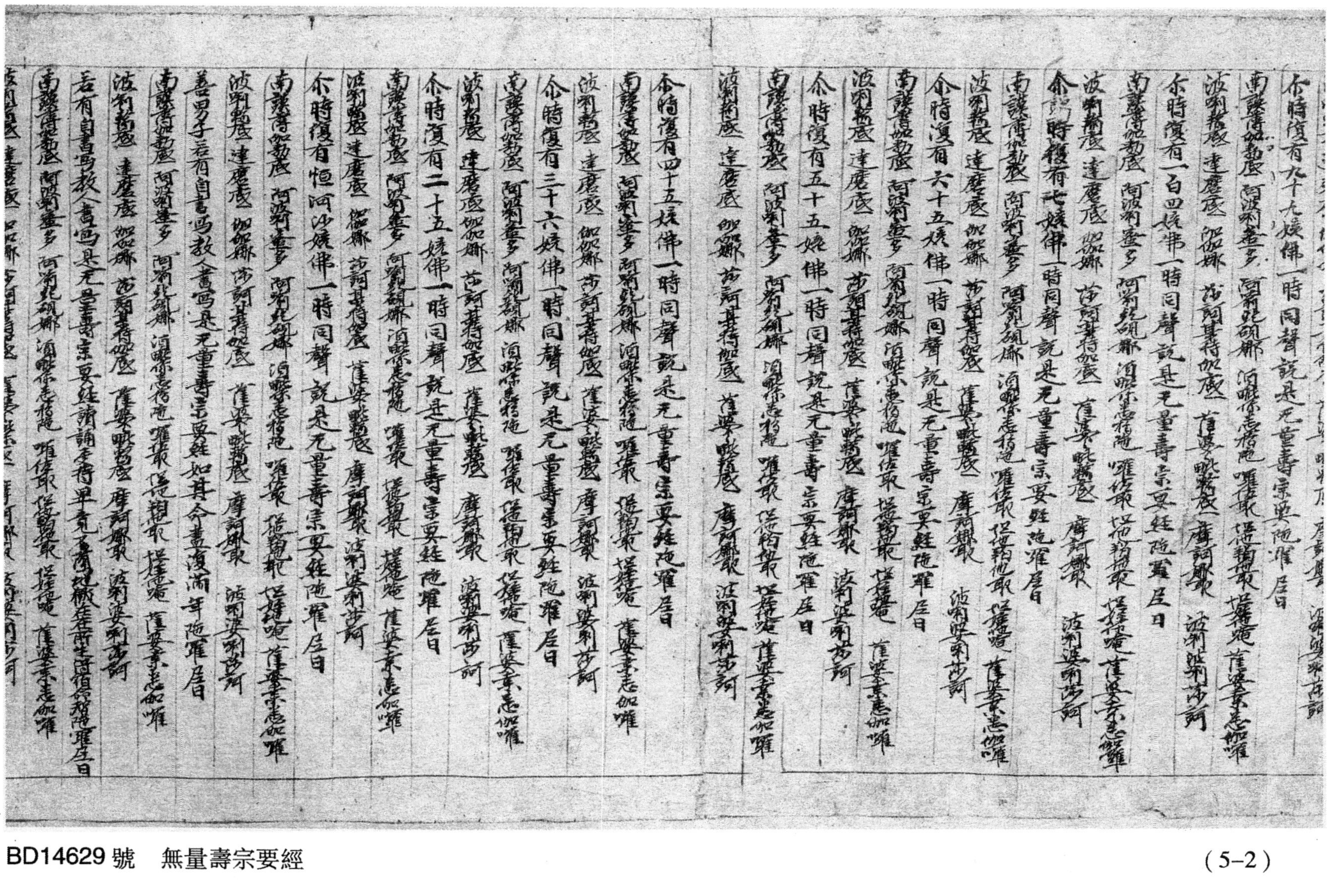

BD14629 號　無量壽宗要經　　（5–2）

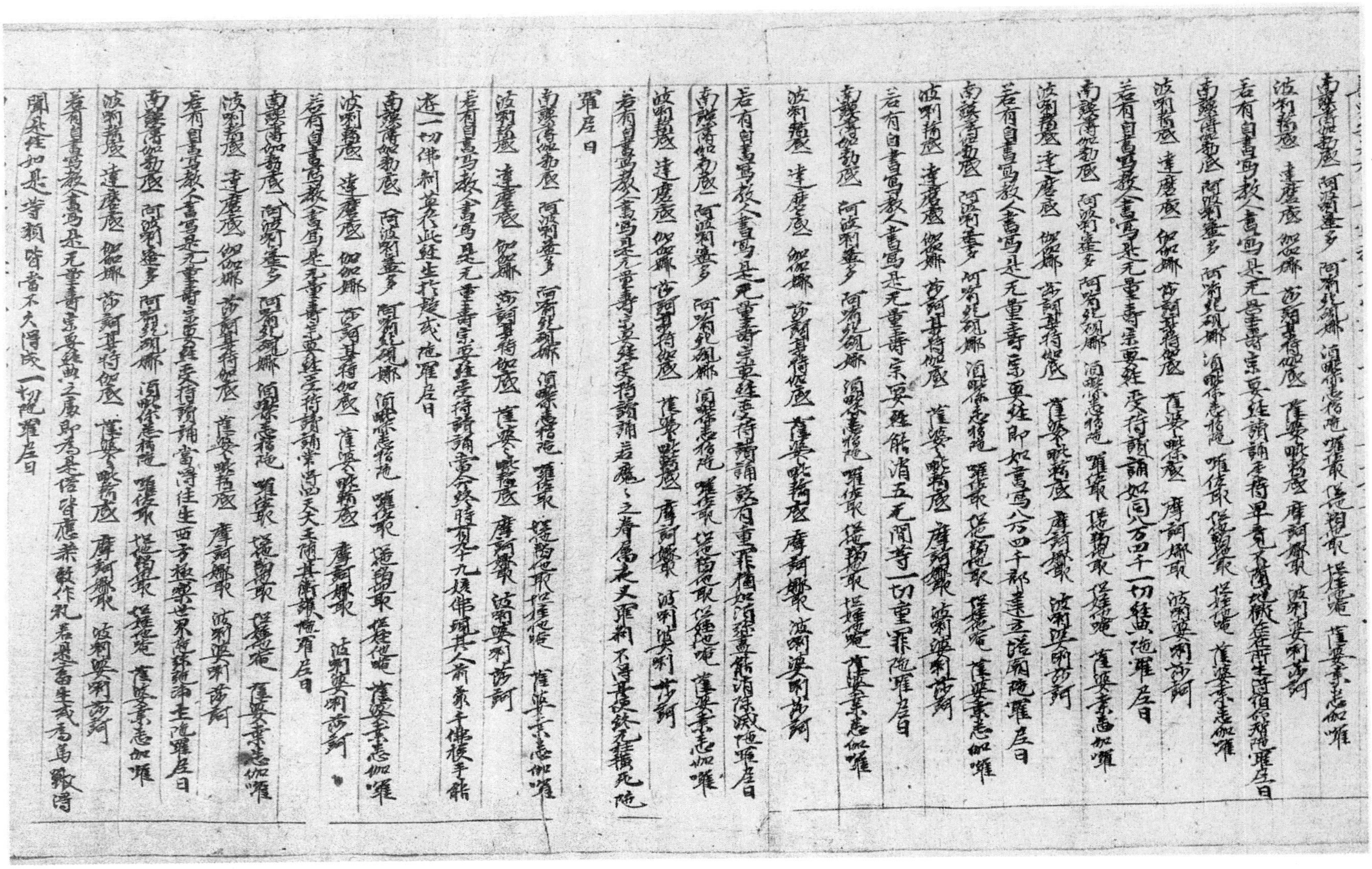

南謨薄伽勃底 阿波唎蜜多 阿喻紇硯娜 須毗你悉指陀 囉佐耶 怛他羯他耶 怛姪他 薩婆桑悉迦囉
波唎輸底 達磨底 伽伽娜 莎訶其特伽底 薩婆毗秫底 摩訶娜耶 波唎婆唎莎訶
若有自書寫教人書寫是无量壽宗要經讀誦者得畢竟不墮地獄生在所生之處得宿命智陀羅尼曰
南謨薄伽勃底 阿波唎蜜多 阿喻紇硯娜 須毗你悉指陀 囉佐耶 怛他羯他耶 怛姪他 薩婆桑悉迦囉
波唎輸底 達磨底 伽伽娜 莎訶其特伽底 薩婆毗秫底 摩訶娜耶 波唎婆唎莎訶
若有自書寫教人書寫是无量壽宗要經受持讀誦如同八万四千一切經典陀羅尼曰
南謨薄伽勃底 阿波唎蜜多 阿喻紇硯娜 須毗你悉指陀 囉佐耶 怛他羯他耶 怛姪他 薩婆桑悉迦囉
波唎輸底 達磨底 伽伽娜 莎訶其特伽底 薩婆毗秫底 摩訶娜耶 波唎婆唎莎訶
若有自書寫教人書寫是无量壽宗要經即如書寫八万四千部建立塔廟陀羅尼曰
南謨薄伽勃底 阿波唎蜜多 阿喻紇硯娜 須毗你悉指陀 囉佐耶 怛他羯他耶 怛姪他 薩婆桑悉迦囉
波唎輸底 達磨底 伽伽娜 莎訶其特伽底 薩婆毗秫底 摩訶娜耶 波唎婆唎莎訶
若有自書寫教人書寫是无量壽宗要經能消五无間等一切重罪陀羅尼曰
南謨薄伽勃底 阿波唎蜜多 阿喻紇硯娜 須毗你悉指陀 囉佐耶 怛他羯他耶 怛姪他 薩婆桑悉迦囉
波唎輸底 達磨底 伽伽娜 莎訶其特伽底 薩婆毗秫底 摩訶娜耶 波唎婆唎莎訶
若有自書寫教人書寫是无量壽宗要經受持讀誦設有重罪猶如須彌盡能消滅陀羅尼曰
南謨薄伽勃底 阿波唎蜜多 阿喻紇硯娜 須毗你悉指陀 囉佐耶 怛他羯他耶 怛姪他 薩婆桑悉迦囉
波唎輸底 達磨底 伽伽娜 莎訶其特伽底 薩婆毗秫底 摩訶娜耶 波唎婆唎莎訶
若有自書寫教人書寫是无量壽宗要經受持讀誦若魔〻之眷屬夜叉羅刹不得其便終无橫死陀
羅尼曰
南謨薄伽勃底 阿波唎蜜多 阿喻紇硯娜 須毗你悉指陀 囉佐耶 怛他羯他耶 怛姪他 薩婆桑悉迦囉
波唎輸底 達磨底 伽伽娜 莎訶其特伽底 薩婆毗秫底 摩訶娜耶 波唎婆唎莎訶
若有自書寫教人書寫是无量壽宗要經受持讀誦當命終時有九十九姟佛現其人前來手佛授手能
遊一切佛刹莫於此經生於疑惑陀羅尼曰
南謨薄伽勃底 阿波唎蜜多 阿喻紇硯娜 須毗你悉指陀 囉佐耶 怛他羯他耶 怛姪他 薩婆桑悉迦囉
波唎輸底 達磨底 伽伽娜 莎訶其特伽底 薩婆毗秫底 摩訶娜耶 波唎婆唎莎訶
若有自書寫教人書寫是无量壽宗要經受持讀誦常得四大天王隨其衛護陀羅尼曰
南謨薄伽勃底 阿波唎蜜多 阿喻紇硯娜 須毗你悉指陀 囉佐耶 怛他羯他耶 怛姪他 薩婆桑悉迦囉
波唎輸底 達磨底 伽伽娜 莎訶其特伽底 薩婆毗秫底 摩訶娜耶 波唎婆唎莎訶
若有自書寫教人書寫是无量壽宗要經受持讀誦當得往生西方極樂世界阿彌陀淨土陀羅尼曰
南謨薄伽勃底 阿波唎蜜多 阿喻紇硯娜 須毗你悉指陀 囉佐耶 怛他羯他耶 怛姪他 薩婆桑悉迦囉
波唎輸底 達磨底 伽伽娜 莎訶其特伽底 薩婆毗秫底 摩訶娜耶 波唎婆唎莎訶
若有自書寫教人書寫是无量壽宗要經典之處即為是塔皆應恭敬作禮若畜生或鳥獸得
聞是經如是等類皆當不久得成一切陀羅尼曰

BD14629 號　無量壽宗要經

（5–3）

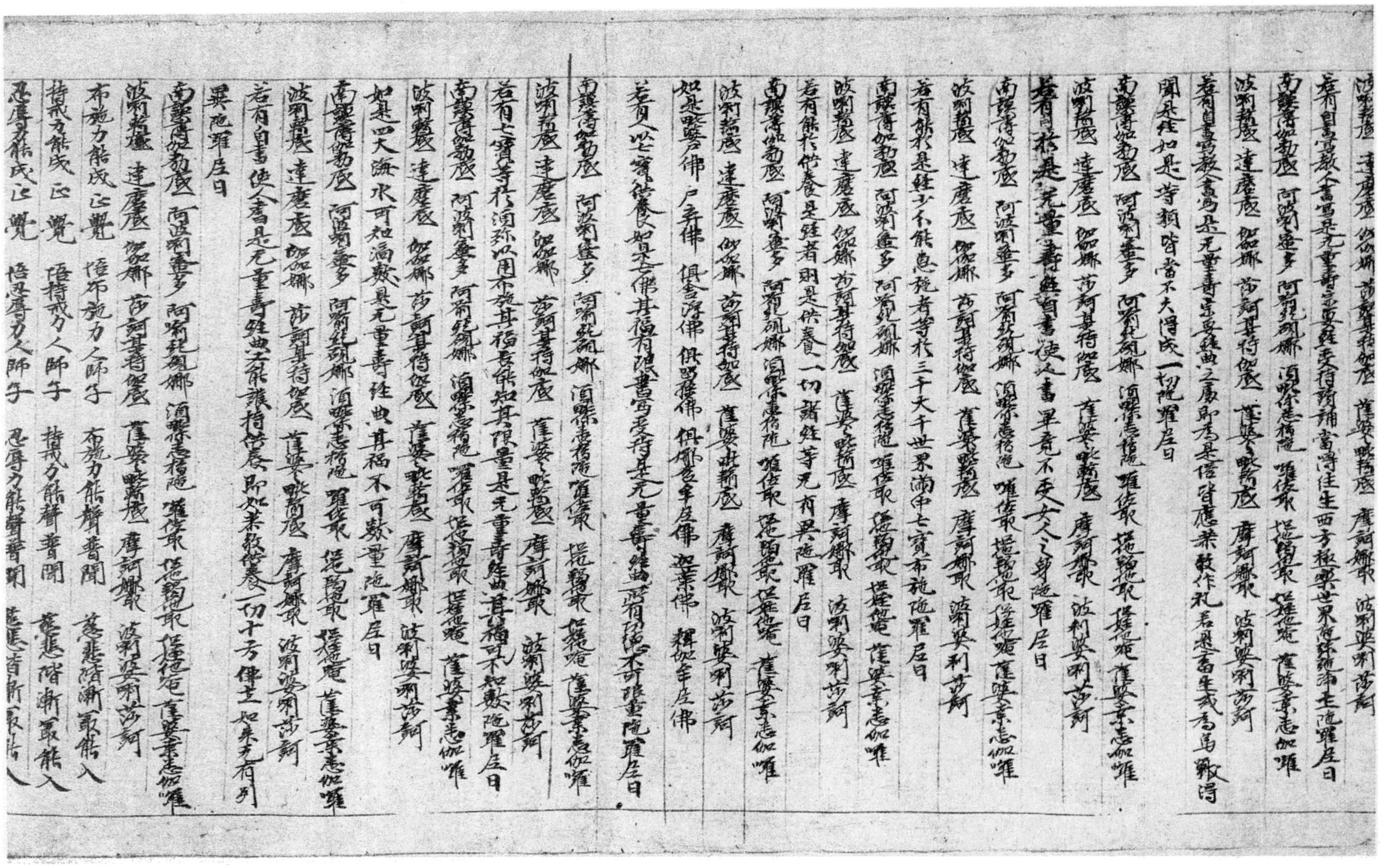

波唎輸底 達磨底 伽伽娜 莎訶其特伽底 薩婆毗秫底 摩訶娜耶 波唎婆唎莎訶
若有自書寫教人書寫是无量壽宗要經受持讀誦當得往生西方極樂世界阿彌陀淨土陀羅尼曰
南謨薄伽勃底 阿波唎蜜多 阿喻紇硯娜 須毗你悉指陀 囉佐耶 怛他羯他耶 怛姪他 薩婆桑悉迦囉
波唎輸底 達磨底 伽伽娜 莎訶其特伽底 薩婆毗秫底 摩訶娜耶 波唎婆唎莎訶
若有自書寫教人書寫是无量壽宗要經典之處即為是塔皆應恭敬作禮若畜生或鳥獸得
聞是經如是等類皆當不久得成一切陀羅尼曰
若有於是无量壽經自書使人書畢竟不受女人之身陀羅尼曰
南謨薄伽勃底 阿波唎蜜多 阿喻紇硯娜 須毗你悉指陀 囉佐耶 怛他羯他耶 怛姪他 薩婆桑悉迦囉
波唎輸底 達磨底 伽伽娜 莎訶其特伽底 薩婆毗秫底 摩訶娜耶 波唎婆唎莎訶
若有能於是經少分能惠施者等於三千大千世界滿中七寶布施陀羅尼曰
南謨薄伽勃底 阿波唎蜜多 阿喻紇硯娜 須毗你悉指陀 囉佐耶 怛他羯他耶 怛姪他 薩婆桑悉迦囉
波唎輸底 達磨底 伽伽娜 莎訶其特伽底 薩婆毗秫底 摩訶娜耶 波唎婆唎莎訶
若有能於供養是經者則是供養一切諸經等无有異陀羅尼曰
南謨薄伽勃底 阿波唎蜜多 阿喻紇硯娜 須毗你悉指陀 囉佐耶 怛他羯他耶 怛姪他 薩婆桑悉迦囉
波唎輸底 達磨底 伽伽娜 莎訶其特伽底 薩婆毗秫底 摩訶娜耶 波唎婆唎莎訶
如是毗婆尸佛 尸棄佛 俱舍浮佛 俱留孫佛 俱那含牟尼佛 迦葉佛 釋迦牟尼佛
若有人以七寶供養如是七佛其福有限書寫受持是无量壽經典所有福德不可限量陀羅尼曰
南謨薄伽勃底 阿波唎蜜多 阿喻紇硯娜 須毗你悉指陀 囉佐耶 怛他羯他耶 怛姪他 薩婆桑悉迦囉
波唎輸底 達磨底 伽伽娜 莎訶其特伽底 薩婆毗秫底 摩訶娜耶 波唎婆唎莎訶
若有七寶等於須彌以用布施其福甚能知其限量是无量壽經典其福不可知數陀羅尼曰
南謨薄伽勃底 阿波唎蜜多 阿喻紇硯娜 須毗你悉指陀 囉佐耶 怛他羯他耶 怛姪他 薩婆桑悉迦囉
波唎輸底 達磨底 伽伽娜 莎訶其特伽底 薩婆毗秫底 摩訶娜耶 波唎婆唎莎訶
如是四大海水可知滴數是无量壽經典其福不可數量陀羅尼曰
南謨薄伽勃底 阿波唎蜜多 阿喻紇硯娜 須毗你悉指陀 囉佐耶 怛他羯他耶 怛姪他 薩婆桑悉迦囉
波唎輸底 達磨底 伽伽娜 莎訶其特伽底 薩婆毗秫底 摩訶娜耶 波唎婆唎莎訶
若有自書使人書是无量壽經典之能護持供養即如來敬供養一切十方佛土如來无有別
異陀羅尼曰
南謨薄伽勃底 阿波唎蜜多 阿喻紇硯娜 須毗你悉指陀 囉佐耶 怛他羯他耶 怛姪他 薩婆桑悉迦囉
波唎輸底 達磨底 伽伽娜 莎訶其特伽底 薩婆毗秫底 摩訶娜耶 波唎婆唎莎訶
布施力能成正覺 悟布施力人師子 布施力能聲普聞 慈悲讚漸衆能入
持戒力能成正覺 悟持戒力人師子 持戒力能聲普聞 慈悲讚漸衆能入
忍辱力能成正覺 悟忍辱力人師子 忍辱力能聲普聞 慈悲[illegible]

BD14629 號　無量壽宗要經

（5–4）

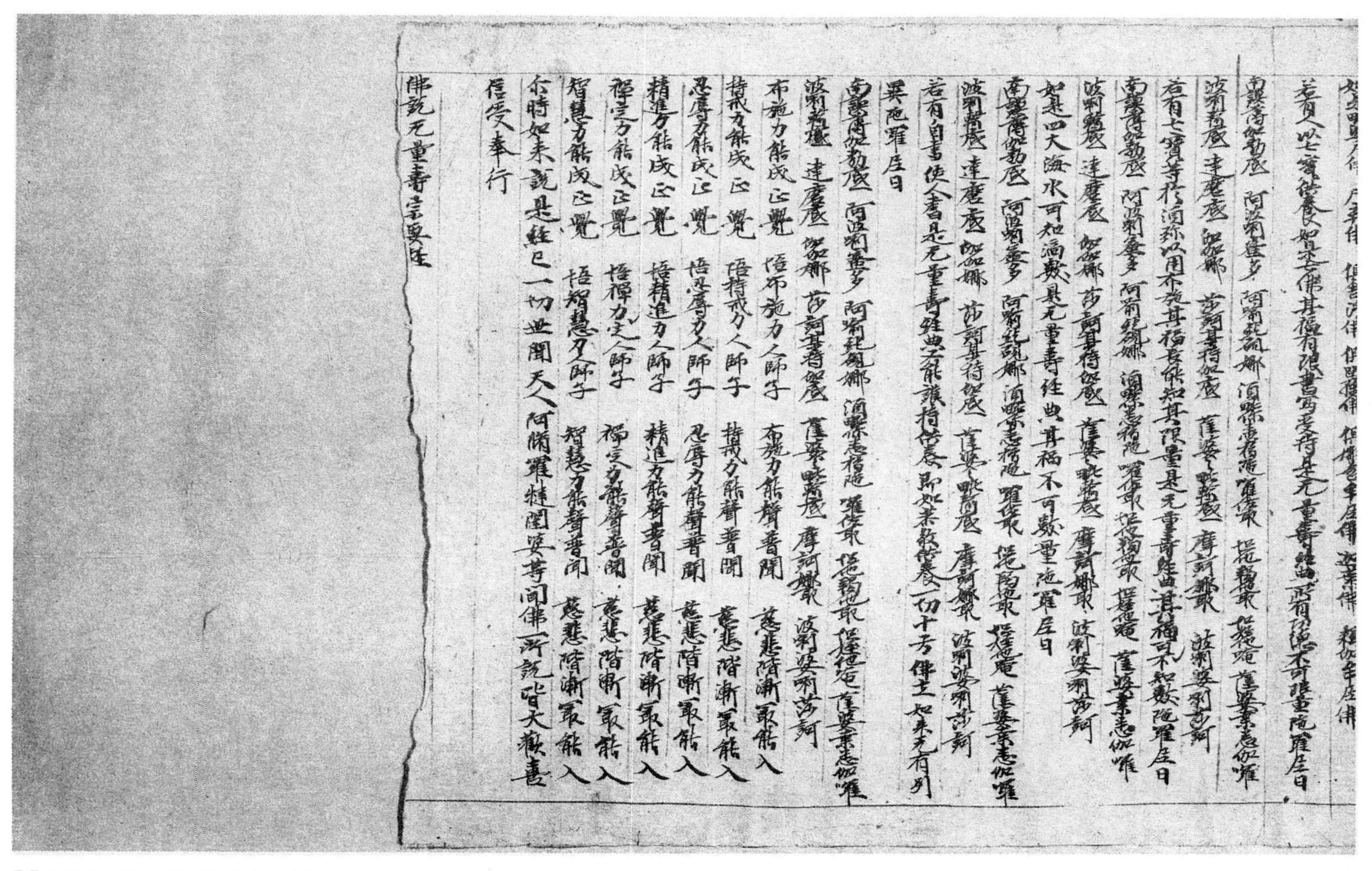

[illegible]

若有人以七寶供養如是七佛 其福有限 書寫受持是无量壽經典 所有福德不可限量 陀羅尼曰

南謨薄伽勃底 阿波唎蜜多 阿喻紇硯娜 須毗你悉指陀 囉佐耶 怛他羯他耶 怛姪他 唵 薩婆桑悉迦囉

波唎輸底 達磨底 伽伽娜 莎訶娑木迦底 莎婆婆 毗輸底 摩訶娜耶 波唎婆唎莎訶

若有七寶等於須弥山用布施 其福尚可知其限量 是无量壽經典其福不可知數 陀羅尼曰

南謨薄伽勃底 阿波唎蜜多 阿喻紇硯娜 須毗你悉指陀 囉佐耶 怛他羯他耶 怛姪他 唵 薩婆桑悉迦囉

波唎輸底 達磨底 伽伽娜 莎訶娑木迦底 莎婆婆 毗輸底 摩訶娜耶 波唎婆唎莎訶

如是四大海水可知滴數 是无量壽經典 其福不可數量 陀羅尼曰

南謨薄伽勃底 阿波唎蜜多 阿喻紇硯娜 須毗你悉指陀 囉佐耶 怛他羯他耶 怛姪他 唵 薩婆桑悉迦囉

波唎輸底 達磨底 伽伽娜 莎訶娑木迦底 莎婆婆 毗輸底 摩訶娜耶 波唎婆唎莎訶

若有自書使人書是无量壽經典 恭敬供養 即如恭敬供養一切十方佛土 如來无有別

異 陀羅尼曰

南謨薄伽勃底 阿波唎蜜多 阿喻紇硯娜 須毗你悉指陀 囉佐耶 怛他羯他耶 怛姪他 唵 薩婆桑悉迦囉

波唎輸底 達磨底 伽伽娜 莎訶娑木迦底 莎婆婆 毗輸底 摩訶娜耶 波唎婆唎莎訶

布施力能成正覺 悟布施力入師子 布施力能聲響聞 慈悲隨漸最能入

持戒力能成正覺 悟持戒力入師子 持戒力能聲響聞 慈悲隨漸最能入

忍辱力能成正覺 悟忍辱力入師子 忍辱力能聲響聞 慈悲隨漸最能入

精進力能成正覺 悟精進力入師子 精進力能聲響聞 慈悲隨漸最能入

禪定力能成正覺 悟禪力定入師子 禪定力能聲響聞 慈悲隨漸最能入

智慧力能成正覺 悟智慧力入師子 智慧力能聲響聞 慈悲隨漸最能入

尒時如來說是經已 一切世間天人阿脩羅揵闥婆等 聞佛所說 皆大歡喜

信受奉行

佛說无量壽宗要經

BD14629號　無量壽宗要經　（5–5）

願於未世 成无上道 得淨无垢 吉祥果報 若有敬禮 讚歎十方 信心清淨 无諸穢濁

能作如是 所說懺悔 便得超越 六十劫罪 諸善男子 及善女人 諸王剎利 婆羅門等

若有敬恭 合掌向佛 稱讚如來 并讚歎偈 在在處處 常識宿命

諸根具足 清淨端嚴 種種功德 悉皆成就 在在處處 常為國王 輔相大臣 之所供養

非於一佛 五佛十佛 種諸功德 聞是懺悔 若於无量 百千万億 諸佛如來 種諸善根

然後乃得 聞是懺悔

金光明經讚歎品第四

尒時佛告地神堅牢 善女天過去有王名金龍尊 常以讚嘆讚嘆去來現在諸佛

我今尊重 敬禮讚嘆 去來現在 十方諸佛 諸佛清淨 微妙寂滅 色中上色 金光照曜

於諸聲聞 佛聲最上 猶如大梵 深遠雷音 其髮紺黑 光驟炎起 蜂翠孔雀 色不得喻

其齒鮮白 猶如珂雪 顯發金顏 分齊分明 其目脩廣 清淨无垢 如青蓮花 映水開敷

舌相廣長 形色紅赤 光明照曜 如華初生 眉間豪相 白如珂月 右旋潤澤 如淨琉璃

眉細脩揚 形如月初 其色黑曜 過於蜂王 鼻高圓直 如鑄金鋌 微妙柔濡 當于面門

如來勝相 次第最上 得味真正 无與等者 一一毛孔 一毛旋生 濡細紺青 猶孔雀項

即於生時 身放大光 普照十方 无量國土 滅盡三界 一切諸苦 令諸眾生 悉受快樂

地獄畜生 及以餓鬼 諸天人等 安隱无患 悉滅一切 无量惡趣

身色微妙 如融金聚 面貌清淨 如月盛滿 佛身明曜 如日初出 進止威儀 猶如師子

脩臂下垂 立過于膝 猶如風動 娑羅樹枝 圓光一尋 能照无量 猶如聚集 百千日月

佛身清淨 无諸垢穢 其明普照 一切佛剎 佛光巍巍 明炎熾盛 悉能隱蔽 无量日月

佛日燈炬 无量无邊 皆令眾生 尋光見佛 本所脩集 百千行業 聚集功德 莊嚴佛身

BD14630號 1　金光明經卷一　（27–1）

文彩[illegible]
即於生時 身放大光 普照十方 无量國土 滅盡三界 一切諸苦 令諸衆生 悉受快樂
地獄畜生 及以餓鬼 諸天人等 安隱无患 悉滅一切 无量惡趣
身色微妙 如融金聚 面貌清淨 如月盛滿 佛身明曜 如日初出 進止威儀 猶如師子
脩臂下垂 立過于膝 猶如風動 娑羅樹枝 圓光一尋 能照无量 猶如聚集 百千日月
佛身清淨 无諸垢穢 其明普照 一切佛剎 佛光巍巍 明炎熾盛 悉能隱蔽 无量日月
佛日燈炬 晃量界 皆令衆生 尋光見佛 本所脩集 百千行業 聚集功德 莊嚴佛身
臂臑纖圓 如象王鼻 手足淨潔 敬愛无猒 去來諸佛 數如微塵 現在諸佛 亦復如是
如是如來 我今悉禮 身口清淨 意亦如是 以好華香 供養奉獻 百千功德 讚詠歌歎
設以百舌 於千劫中 嘆佛功德 不能得盡 如來所有 現世功德 種種深固 微妙第一
設復嘆美 欲讚一佛 尚不能盡 功德少分 况欲嘆美 諸佛功德
大地及天 以為大海 乃至有頂 滿月中水 尚以一毛 知其滴數 无有能知 一佛功德
我今以礼 讚嘆諸佛 身口意業 悉皆清淨 一切所脩 无量善業 與諸衆生 證无上道
如是人王 讚歎佛以 復作如是 无量誓願 若我來世 无量无邊 阿僧祇劫 在在生處
常於夢中 見妙金鼓 得聞懺悔 深奧之聲 金所讚歎 面貌清淨 願我來世 亦得如是
諸佛功德 不可思議 於百千劫 甚難得值 願於來世 无量之世 夜則夢見 晝則實說
我當具足 脩行六度 濟拔衆生 越於苦海 然後我身 成无上道 令我世界 无與等者
奉貢金鼓 讚佛因緣 以此果報 當來之世 值釋迦佛 得受記莂
并令二子 金龍金光 常生我家 同共受記 若有衆生 无救護者 衆苦逼切 无所依止
我於當來 為是等輩 作大救護 及依止處 能除衆苦 悉令滅盡 施與衆生 諸善安樂
我未來世 行菩提道 不計劫數 如盡本際 以此金光 懺悔因緣 使我惡海 及以業海
煩惱大海 悉竭无餘 我功德海 願悉成就 智慧大海 清淨具足
无量功德 助菩提道 猶如大海 珎寶具足 以此金光 懺悔力故 菩提功德 金光无等
慧光无垢 照徹清淨 我當來世 身光普照 功德威神 光明炎盛
於三界中 殊勝殊特 諸功德力 无有減少 當度衆生 越於苦海 并復安置 功德大海
來世多劫 行菩提道 如昔諸佛 行菩提者 三世諸佛 淨佛國土 諸佛世尊 无量功德
今我來世 得此殊異 功德淨土 如佛世尊 信相當知 尒時國王 金龍尊者 則汝身是
尒時二子 金龍金光 金汝二子 銀相等是

金光明經空品第五

无量餘經 已廣說空 是故此中 略而解說 衆生鈍根 尠於智慧 不能廣知 无量空義
金此尊經 略而說之 異妙方便 種種因緣 為鈍根故 起大悲心
我今當說 此妙經典 如我所解 知衆生意 是身為虛 猶如空聚 六入村落 結賊所止

BD14630號1 金光明經卷一 （27–2）

來世多劫 行菩提道 如昔諸佛 行菩提者 [illegible]
今我來世 得此殊異 功德淨土 如佛世尊 信相當知 尒時國王 金龍尊者 則汝身是
尒時二子 金龍金光 金汝二子 銀相等是

金光明經空品第五

无量餘經 已廣說空 是故此中 略而解說 衆生鈍根 尠於智慧 不能廣知 无量空義
金此尊經 略而說之 異妙方便 種種因緣 為鈍根故 起大悲心
我今演說 此妙經典 如我所解 知衆生意 是身為虛 猶如空聚 六入村落 結賊所止
一切自在 各不相知 眼根受色 耳分別聲 鼻嗅諸香 舌嗜於味
所有身根 貪受諸觸 意根分別 一切諸法 六情諸根 各各自緣 諸塵境界 不行他緣
心如幻化 馳騁六情 而常妄想 分別諸法 猶如世人 馳走空聚 六賊所害 愚不知避
心常依止 六根境界 各各自知 所何之處 隨行色聲 香味觸法
心處六情 如鳥投網 其心在在 常處諸根 隨逐諸塵 无有暫捨 身空虛偽 不可長養
无有諍訟 亦无主 從諸因緣 和合而有 无有堅實 妄相故起
業力機關 假偽空聚 地水火風 合集成立 隨時增長 共相殘害
猶如四蚖 同處一篋 四大蚖蛇 其性各異 二上二下 諸方亦尒
如是蚖大 悉滅无餘 地水二蚖 其性沉下 風火二蚖 性輕上昇
心識二性 躁動不停 隨業受報 天人諸趣 隨所作業 而墮三有
水火風動 散滅壞時 大小不淨 盈流於外 體生諸虫 无可愛樂 捐棄塚間 如朽敗木
善女當觀 諸法如是 何處有人 及以衆生 本性空寂 无明故有
如是諸大 一一不實 本自不生 性无和合 以是因緣 我說諸大 從本不實 和合而有
无明體性 本亦不有 妄相因緣 和合而有 无所有故 假名无明 是故我說 名曰无明
行識名色 六入觸受 愛取有生 老死愁惱 衆苦行業 不可思議 生死无際 輪轉不息
本无有生 亦无和合 不善思惟 心行所造 我斷一切 諸見纏等 以智慧力 裂煩惱網
五陰舍宅 觀悉空寂 證无上道 微妙功德 開甘露門 示甘露器 入甘露城 處甘露室
令諸衆生 食甘露味 吹大法蠡 擊大法鼓 然大法燈 雨勝法雨
我今摧伏 一切怨結 竪立第一 微妙法幢 度諸衆生 於生死海 永斷三惡 无量苦惱
煩惱熾盛 燒諸衆生 无有救護 无所依止 我以甘露 清涼美味 充足是輩 令離熾熱
於无量劫 遵脩行諸 供養恭敬 諸佛世尊 堅牢脩集 菩提之道 求於如來 真實法身
捨諸所重 支節手足 頭目髓腦 所愛妻子 錢財珍寶 真珠瓔珞 金銀琉璃 種種異物

金光明經卷第一

金光明經四天王品第六 卷第二

尒時毗沙門天王 提頭賴吒天王 毗留勒叉天王 毗留博叉天王 俱從座起 偏袒右肩 右膝著地 胡
跪合掌 白佛言 世尊 是金光明微妙經典 衆經之王 諸佛世尊之所護念 莊嚴菩薩深妙

BD14630號1 金光明經卷一 （27–3）

煩惱熾盛燒諸衆生无有救護无所依止我以甘露清涼美味
於无量劫遵脩行諸供養恭敬諸佛世尊堅牢脩集菩提之道求於如来真實法身
捨諸所重支節手足頭目髓腦所愛妻子錢財珎寶真珠瓔珞金銀琉璃種種異物

金光明經卷第二

金光明經四天王品第六

尒時毗沙門天王提頭賴吒天王毗留勒叉天王毗留博叉天王俱從座起偏袒右肩右膝著地胡
跪合掌白佛言世尊是金光明微妙經典衆經之王諸佛世尊之所護念莊嚴菩薩深妙
功德常為諸天之所恭敬能令天王心生歡喜亦為護世之所讚嘆此經能照諸天宮殿是經
是經與諸衆生快樂是經能令地獄餓鬼畜生諸河燋乾枯竭是經能除一切怖畏是經
能却他方怨賊是經能除穀貴飢饉是經能愈一切疫病是經能滅惡星變異是經能
却一切憂惱舉要言之是經能滅一切衆生无量无邊百千苦惱世尊是金光明微妙經
典若在大衆廣宣說時我等四王及餘眷屬聞此甘露无上法味增益身力心進勇鋭
具諸威德世尊我等四王能說法脩行正法為世法王以法治世世尊我等四王及天龍鬼神乾
闥婆阿脩羅迦樓羅緊那羅摩睺羅伽以法治遮諸惡鬼噉精氣者世尊我等四王二十
八部諸鬼神等及无量百千鬼神以淨天眼過於人眼常觀擁護此閻浮提世尊是故我等
名護世王若此國土有諸衰耗怨賊侵境饑饉疾疫種種艱難若比丘受持是經我等
四王當共勸請令是比丘以我力故疾往國邑郡縣廣宣流布是金光明微妙經典令如
是等種種百千衰耗之事悉皆滅盡世尊如諸國王所有土境是持經者若至其國是
王應當往是人所聽受如是微妙經典聞已歡喜復當護念恭敬是人世尊我等四王
復當勤心擁護是王及國人民為除衰患令得安隱世尊若有比丘比丘尼優婆塞優婆夷受
持是經若諸人王有能供養施其所安我等四王亦當令是王及國人一切安隱具足无患世尊
若有四衆受持讀誦是妙經典若諸人王有能供養恭敬尊重讚歎我等四王當復令是
人王於諸王中常得第一供養恭敬尊重讚歎亦令餘王欽尚羨慕稱其善哉

尒時世尊讚歎護世四天王等善哉善哉汝等四王過去已曾供養恭敬尊重讚歎无量
百千万億諸佛所種諸善根說於正法脩行正法以法治世為天人王汝等今曰長夜利益於諸
衆生行大悲心施與衆生一切樂具能遮諸惡勸興諸善以是之故若有人王能供養恭敬此
金光明經微妙經典汝等四王應如是護念滅其苦惱與其安樂汝等四王及諸眷屬无量无邊百千
鬼神若能護念如是經典者即是護持去来現在諸佛正法汝等四王及餘天衆百千鬼神與
阿脩羅共戰鬪時汝等諸天常得勝利汝等若能護念是經典能消伏一切諸苦所謂怨賊
飢饉疾疫若四部衆有能受持讀誦此經汝等亦應一心守護為除衰惱施與安樂尒時四王
復白佛言世尊是金光明微妙經典於未来世在所流布若國土城邑郡縣村落隨所至處若

金光明經微妙經典汝等四王應如是護念滅其苦惱與其安樂汝等四王及諸眷屬无量无邊百千
鬼神若能護念如是經典者即是護持去来現在諸佛正法汝等四王及餘天衆百千鬼神與
阿脩羅共戰鬪時汝等諸天常得勝利汝等若能護念是經典能消伏一切諸苦所謂怨賊
飢饉疾疫若四部衆有能受持讀誦此經汝等亦應一心守護為除衰惱施與安樂尒時四王
復白佛言世尊是金光明微妙經典於未来世在所流布若國土城邑郡縣村落隨所至處若
諸國王以天律治世復能恭敬至心聽受是妙經典若復尊重供養供給持是經典四部之衆
以是因緣我等尒時得聞如是微妙經典聞已即得增益身力心進勇鋭具諸威德故我等及
无量鬼神常當隱形隨是妙典所流布處而作擁護令无留難亦當護念聽是經典諸
國王等及其人民除其患難悉令安隱他方怨賊亦使退散若有人王聽是經時隣國怨敵
興如是念當具四兵壞彼國土世尊以是經典威德神力故尒時隣敵更有異怨為作留難
於其境界起諸衰惱災異疫病尒時怨敵起如是等諸惡事已備具四兵發向是國規
往討罰我等尒時當與眷屬无量无邊百千鬼神隱蔽其形為作助護令彼怨敵自然
退散起處怖畏種種留難彼國兵衆尚不能到況復當能有所破壞

尒時佛讚四天王等善哉善哉汝等四王乃能擁護百千億那由他劫所可脩集阿耨多
羅三藐三菩提及諸人王受持是經恭敬供養者為消衰患令其安樂復能擁護宮殿舍
宅城邑村落國土邊壇乃至怨賊悉令退散滅其衰惱令得安隱亦令一切閻浮提内所
有諸王无諸凶衰鬪訟之事四王當知此閻浮提八万四千城邑聚落八万四千諸人王各於
其國娛樂快樂各各於國而得自在於自所有錢財珎寶各各自足不相侵奪如其宿世
所有脩集隨業受報不生惡心貪求他國土各各自利生益之心生於慈心安樂之心不諍訟心
不破壞心无繫縛心无楚撻心各於其土自生愛樂上下和穆猶如水乳心相愛念增諸善
根以是因緣故此閻浮提安隱豐樂人民熾盛大地沃壤陰陽和調時不越序日月星
宿不失常度風雨隨時无諸災横人民豐溢自足於財心无貪恡亦无嫉妬等行十善其人壽終
多生天上天宮充滿增益天衆若未来世有諸天王則為安樂利益汝等四王及餘眷屬
无量百千諸鬼神等何以故汝等四王若得時時聞是經典則為已得正法之水服甘露味
增益身力心進勇悅具諸威德是諸人王若能至心聽是經典則為已能供養於我若
供養我則是供養過去未来現在諸佛則得无量不可思議功德之聚以是因緣是諸人王
應得擁護及后妃婇女中宮眷屬諸王子等亦應得護衰惱消滅快樂熾盛宮殿堂
宇安隱清淨无諸災變護宅之神增長威德亦受无量歡悅快樂是諸國土所有人
民悉受種種五欲之樂一切惡事悉皆消滅尒時四天王白佛言世尊未来之世若有人王
欲得擁護身及后妃婇女諸王子等宮殿屋宅得第一護身所王領處為殊勝具不可思

供養我則是供養過去未來現在諸佛則得无量不可思議功德之聚以是因緣是諸人王
應得擁護及后妃婇女中宮眷屬諸王子等亦應得護衰惱消滅快樂熾盛宮殿堂
宇安隱清淨无諸災變護宅之神增長威德亦受无量歡悅快樂是諸國土所有人
民悉受種種五欲之樂一切惡事悉皆消滅尒時四天王白佛言世尊未來之世若有人
王欲得護身及后妃婇女諸王子等宮殿屋宅得第一護身所王領最為殊勝其不可思
議王者功德欲得攝取无量福聚國土无有他方怨賊无諸憂惱及諸惱事世尊如是人
王不應放逸散亂其心應生恭敬謙下之心應當莊嚴第一微妙最勝宮宅種種香汁持
用灑地散種種華敷大法座師子之座兼以无量珍奇異物而為校飾張施種種无數微妙
幢幡寶蓋當　淨洗浴以香塗身著好淨衣瓔珞自嚴坐小卑坐亦不高大除去自在離
諸放逸謙下自卑除去憍慢正念聽受如是妙典於說法者生世尊想復於宮內后妃王子婇女眷
屬生慈哀心和顏與語勸以種種供養之具供養法師是王尒時既歡化生无量歡喜快
樂心生悅豫倍復自勵不生疲倦多作利益於說法者倍生恭敬
尒時佛告四天大王尒時人王應著白淨鮮潔之衣種種瓔珞齊整莊嚴執持素白
微妙上蓋服飾容儀不失常則躬出奉迎說法之人何以故是王如是隨其舉足步步之
中即供養值遇百千億那由他諸佛世尊復得超越如是等劫生死之難復於來世尒許
劫中常得封受轉輪王位隨其步步亦得如是現世功德不可思議自在之力常得寶勝極
妙七寶人天宮殿在在生處增益壽命言語辯了人所信用无所畏忌有大名稱常為人天
之所供敬天上人中受上妙樂得大勢力具足威德身色微妙端嚴第一值諸佛悉善知識成
就具足无量福聚汝等四天王如是人王見如是等種種无量功德利益是故此王應當躬出
奉迎法師若一由旬於諸法師應生佛想應作是念今日釋迦如來正遍知入於我宮受我供養
為我說法我聞是法即不退轉於阿耨多羅三藐三菩提已為得值百千万億那由他佛
為已供養過去未來現在諸佛已得畢竟三惡道苦我今已種百千无量轉輪聖王釋梵之
因已種无邊善根種子已令无量百千万億諸衆生等度於生死已集无量无邊福
聚後宮眷屬已得擁護宮宅諸衰悉已消滅國土无有怨賊棘他方怨敵不能侵陵
汝等四王如是人王應作如是供養正法清淨聽受是經妙典及恭敬供養尊重讚歎持是
經典四部之衆亦當迴此所得最勝功德之分施與汝等及餘眷屬諸天鬼神聚集如是
諸善功德現世常得无量无邊不可思議自在之利威德勢力成就具足能以正法摧伏
諸惡

尒時四王白佛言世尊若未來世有諸人王作如是等恭敬正法至心
聽受是妙經典及恭敬供養尊重讚歎持是經典四部之衆嚴飾舍宅香汁灑地尊心聽
說法時我等四王亦當在中共聽此法願諸人王為自利故以己所得功德少分施與我等世尊

BD14630號2　金光明經卷二　　（27–6）

經典四部之衆亦當迴此所得最勝功德之分施與汝等及餘眷屬諸天鬼神聚集如是
諸善功德現世常得无量无邊不可思議自在之利威德勢力成就具足能以正法摧伏
諸惡

尒時四王白佛言世尊若未來世有諸人王作如是等恭敬正法至心
聽受是妙經典及恭敬供養尊重讚歎持是經典四部之衆嚴飾舍宅香汁灑地尊心聽
說法時我等四王亦當在中共聽此法願諸人王為自利故以己所得功德少分施與我等世尊
是諸人王於說法者所坐之處為我等故燒種種香供養是經是妙香氣於一念頃即至我
等諸天宮殿其香即時變成香蓋其香微妙金色晃曜照我等宮梵宮大辯神天功德
神天堅牢地神散脂鬼神大將軍二十八部鬼神大將摩醯首羅金剛密迹摩尼
跋陀鬼神大將鬼子母與五百鬼子周迊圍繞阿耨達龍王娑竭羅龍王如是等衆自
於宮殿各各得聞是妙香氣及見香蓋光明普照是香蓋光明亦照一切諸天宮殿佛告四
王是香光明非但至汝四王宮殿何以故是諸人王手擎香爐供養經時其香遍布於一念
須遍至三千大千世界百億日月百億大海百億須弥山百億大鐵圍山小鐵圍山及諸山
王百億四天下百億四天王百億三十三天乃至百億非相非非相天於此三千大千世界
百億三十三天一切龍鬼乾闥婆阿脩羅迦樓羅緊那羅摩睺羅宮殿虛空悉滿
種種香烟雲蓋其蓋金光亦照宮殿如是三千大千世界所有種種香烟香蓋皆是此經威
神力故是諸人王手擎香爐供養經時種種香氣不但遍此三千世界於一念頃亦遍十方
无量无邊恒河沙等百千万億諸佛世界於諸佛上虛空之中亦成香蓋金色普照亦復如
是諸佛世尊聞是妙香見是香蓋及金色光於十方界恒河沙等諸佛世尊作如是等神力變化
異口同音於說法者稱讚善哉善哉大士汝能廣宣流布如是甚深微妙經典則為成就无量
无邊不可思議功德之聚若有聞是甚深經典所得功德則為不失況持讀誦為他衆
生開示分別演說其義何以故善男子此金光明微妙經典无量无邊億那由他諸菩薩
等若得聞者即不退轉於阿耨多羅三藐三菩提尒時十方无量无邊恒河沙等諸佛世界現
在諸佛異口同音作如是言善男子汝於來世必定當得坐於道場菩提樹下於三界
中最尊最勝出過一切衆生之上勤修苦行善能莊嚴菩提道場能壞三千大千
世界外道邪論摧伏諸魔怨賊異形覺了諸法第一寂滅清淨无垢甚深无上菩提之道善男子
汝已能坐金剛坐處轉於无上諸佛所讚十二種甚深法輪能擊无上最大法鼓能吹无上極妙
法蠡能豎无上最勝法幢能然无上極明法炬能雨无上甘露法雨能斷无量煩惱怨結能令
无量百千万億那由他衆生度於无崖可畏大海能脫生死无際輪轉值遇无量百千万億那由
他佛尒時四天王復白佛言世尊是金光明微妙經典能得未來現在種種无量功德是故人
王若得聞是微妙經典則為已於百千万億无量佛所種諸善根我以敬念是人王故復見无
量福德利故我等四王及餘眷屬无量百千万億鬼神於自宮殿見是種種香烟雲蓋瑞

BD14630號2　金光明經卷二　　（27–7）

汝已能坐金剛坐處轉於无上諸佛所讚十二種甚深法輪能擊[illegible]
法蠡能竪无上最勝法幢能然无上極明法炬能雨无上甘露法雨能斷无量煩惱怨結能令
无量百千万億那由他衆生度於无崖可畏大海能脫生死无際輪轉復遇无量百千万億那由
他佛尒時四天王復白佛言世尊是金光明微妙經典能得未來現在種種无量功德是故人
王若得聞是微妙經典則為已於百千万億无量佛所種諸善根我以敬念是人王故復見无
量福德利故我等四王及餘眷屬无量百千万億鬼神於自宮殿見是種種香烟雲蓋
應之時或當隱蔽不現身為聽法故當至是王所至宮殿講法之處大梵天王釋提桓因
大辯神天功德天神堅牢地神散脂鬼神大將軍等二十八部鬼神大將摩醯首羅金剛
密迹摩尼跋陀鬼神大將鬼子母及五百鬼子同迊圍繞阿耨達龍王娑竭羅王无量百千
万億那由他鬼神諸天如是衆等為聽法故悉見隱蔽不現其身至是人王所止宮殿講法
之處世尊我等四王及餘眷屬无量鬼神悉當同心以是人王為善知識同共一行善相應
行為无有上大法施王以甘露味充足我等我等應當擁護是王除其衰患令得安隱及其
宮宅國土城邑諸惡灾患悉令消滅世尊若有人王於此經典心生捨離不樂聽聞其心不欲恭
敬供養尊重讚歎若四部衆有受持讀誦講說之者亦復不能恭敬供養尊重讚歎
我等四王及餘眷屬无量鬼神即便不得聞此正法背甘露味失大法利无有勢力及以威
德減損天衆增長惡趣世尊我等四王及无量鬼神捨其國土不但我等亦有无量守護國土諸
舊善神皆悉捨去我等諸天及諸鬼神既捨離已其國當有種種灾異一切人民失其善心唯有
繫縛瞋恚鬪諍互相破壞多諸疾疫彗星現怪流星崩落五星諸宿違失常度兩日並現
日月薄蝕白黑惡虹數數出現大地震動發大音聲暴風惡雨无日不有穀米勇貴飢饉
凍餓多有他方怨賊侵掠其國人民多受苦惱其地无有可愛樂處世尊我等四王及諸
无量百千鬼神并守國土諸舊善神遠離去時生如是等无量惡事世尊若有人王欲得自
護及王國土多受安樂欲令國土一切衆生悉皆成就具足快樂欲得摧伏一切外敵欲得擁護
一切國土欲以正法正治國土欲得滅除衆生怖畏世尊是人王等應當必定聽是經典及恭敬
供養讀誦受持是經典者我等四王及无量鬼神以是法食善根因緣得服甘露无上法味
增長身力心進勇銳增益諸天何以故以是人王至心聽受是經典故如諸梵天說出欲論釋
提桓因種種善論五通之人神仙之論世尊梵天釋提桓因五通仙人雖有千億那由他无量勝論
是金光明於中最勝所以者何如來說是金光明經為衆生故為令一切閻浮提內諸人王等以
正法治為與一切衆生安樂為欲愛護一切衆生欲令衆生无諸苦惱有无他方怨賊棘刺所
有諸惡皆而不向欲令國土无有憂惱以正法教无有諍訟是故人王各於國土應然法炬熾然
正法增益天衆我等四王及无量鬼神閻浮提內諸天善神以是因緣得服甘露法味充足得

BD14630 號 2　金光明經卷二　（27–8）

提桓因種種善論五通之人[illegible]
是金光明於中最勝所以者何如來說是金光明經為衆生故為令一切閻浮提內諸人王等以
正法治為與一切衆生安樂為欲愛護一切衆生欲令衆生无諸苦惱有无他方怨賊棘刺所
有諸惡皆而不向欲令國土无有憂惱以正法教无有諍訟是故人王各於國土應然法炬熾然
正法增益天衆我等四王及无量鬼神閻浮提內諸天善神以是因緣得服甘露法味充足得
大威德進力具足閻浮提內安隱豐樂人民熾盛安樂其處復於來世无量百千不可思議
那由他劫常受微妙第一快樂復得值遇无量諸佛種諸善根然後證成阿耨多羅三藐
三菩提如是等无量功德悉是如來正遍知說如來過去於百千億那由他諸梵天等以大悲力
故亦過无量百千億那由他釋提桓因以苦行力故是故如來謂諸衆生演說如是金光
明經若閻浮提一切衆生及諸人王世間出世間所作國事所造世論皆因此經欲令衆生得安
樂故釋迦如來示現是經廣宣流布世尊以是因緣故是諸人王應當必定聽受供養恭
敬尊重讚歎是經尒時佛復告四天王汝等四王及餘眷屬无量百千那由他鬼神是諸人王若
能至心聽是經典供養恭敬尊重讚歎汝等四天王應擁護滅其衰患而與安樂若有人
能廣宣流布如是妙典於人天中作大佛事能大利益无量衆生如是之人汝等四王必當擁
護莫令他緣而得擾亂令心澹靜受於快樂續復當得廣宣是經尒時四天王即從坐起偏
袒右肩右膝著地長跪合掌於世尊前以偈讚曰
佛月清淨　滿足莊嚴
佛日暉曜　放千光明　如來面目　最上明淨　齒白无垢　如蓮花根　功德无量　猶如大海
智淵无邊　法水具足　百千三昧　无有缺減　足下平滿　千輪相現　足指網縵　猶如鵝王
光明晃耀　如寶山王　微妙清淨　如鍊真金　所有福德　不可思議　佛功德山　我今敬礼
佛真法身　猶如虛空　應物現形　如水中月　无有鄣㝵　如炎化如　是故我今　稽首佛月
尒時世尊　以偈荅曰　此金光明　諸經之王　甚深最勝　為无有上
十方世尊　之所演說　汝等四王　應當勤護　以是因緣　是深妙典　能與衆生　无量快樂
為諸衆生　樂安利益　故久流布　於閻浮提　能滅三千　大千世界　所有惡趣　无量諸苦
閻浮提內　諸人王等　心生慈心　正法治世　若能流布　此妙經典　則令其土　安隱豐樂
所有衆生　悉受快樂　若有人王　欲愛己身　及其國土　欲令豐盛　應當至心　淨潔洗浴
往法會所　聽受是典　是經能作　所有善事　摧伏一切　內外怨賊　復能除滅　无量怖畏
是諸經王　能與一切　无量衆生　安隱快樂　譬如寶樹　在人家中　悉能出生　一切珎寶
是妙經典　亦復如是　悉能出生　諸王功德　如清冷水　能除渴乏　是妙經典　亦復如是
能除諸王　功德渴乏　譬如珎寶　異物篋中　悉在于手　隨意所用
是金光明　亦復如是　隨意能與　諸王法寶　是金光明　微妙經典　常為諸天　恭敬供養
亦為護世　四天大王　威神勢力　之所護持　十方諸佛　常念是經　若有演說　稱讚善哉

BD14630 號 2　金光明經卷二　（27–9）

是妙經典 亦復如是 悉能出生 諸王功德 如清冷水 能除渴乏 是妙經典 亦復如是
能除諸王 功德渴乏 譬如珎寶 異物篋中 恣在于手 隨意所用
是金光明 亦復如是 隨意能與 諸王法寶 是金光明 微妙經典 常為諸天 恭敬供養
亦為護世 四天大王 威神勢力 之所護持 十方諸佛 常念是經 若有演說 稱讚善哉
亦有百千 无量鬼神 從十方來 擁護是人 若有得聞 是妙經典 心生歡憙 踊躍无量
閻浮提內 无量大衆 皆悉歡憙 集聽是法 聽是經故 具諸威德 增益天衆 精氣身力
尒時四天王聞是偈已白佛言世尊我從昔来未曾得聞如是微妙寂滅之法我聞是已心生
悲憙涕淚橫流舉身戰慄支節怡解復得无量不可思議具足妙樂以天曼陀羅華摩
訶曼陀羅華供養奉散於如来上作如是等供養佛已復白佛言世尊我等四王各各
自在五百鬼神常當隨逐是說法者而為守護

金光明經大辯神品第七

尒時大辯神白佛言世尊是說法者我當益其樂說辯才令其所說莊嚴次第善得大
智若是經中有失文字句義違錯我令能是說法比丘次第還得解與總持令不忘失若有衆
生於百千佛所種善根是說法者是為等故於閻浮提廣宣流布是妙經典令不斷絕復令无
量无邊衆生得聞是經當令是等悉得猛利不可思議大智慧聚不可稱量功德之報若
解无量種種方便善能辯暢一切諸論善知世間種種伎術能出生死得不退轉必定疾得
阿耨多羅三藐三菩提

金光明經功德天品第八

尒時功德天白佛言世尊是說法者我當隨其所須之物衣服飲食卧具醫藥及餘資生供
給是人无所乏少令心安住晝夜歡樂正念思惟是經章句分別深義若有衆生於百千佛種
諸善根是說法者為是等故於閻浮提廣宣流布是妙經典令不斷絕是諸衆生聽是經已
於未來世无量百千那由他劫常在天上人中受樂值遇諸佛速成阿耨多羅三藐三菩提
三惡道苦悉畢无餘世尊我已於過去寶華功德瑠璃金山照明如来應供正遍知明行足善
逝世間解无上士調御丈夫天人師佛世尊所種善根是故我今隨所念方隨所視方隨所至
方令无量百千衆生受諸快樂若衣服飲食資生之具金銀七寶真珠瑠璃珊瑚虎珀璧玉珂
貝悉无所乏若有人能稱金光明微妙經典為我供養諸佛世尊三稱我名燒香供養供佛已
別以香花種種美味供施於我灑散諸方當知是人即能聚集資財寶物以是因緣增長
地味地神諸天悉得歡憙所種穀米牙莖枝葉菓實滋茂樹神歡憙出生无量種種諸
物我時慈念諸衆生故多与資生所須之物世尊於此北方毗沙門天王有城名曰阿尼
曼陀其城有國名德花光於是國中有最勝園名曰金幢七寶極妙此即是我常止住處
若有欲得財寶增長是人當於自所住處應淨掃灑洗浴其身著鮮白衣香塗其

BD14630號2　金光明經卷二　（27–10）

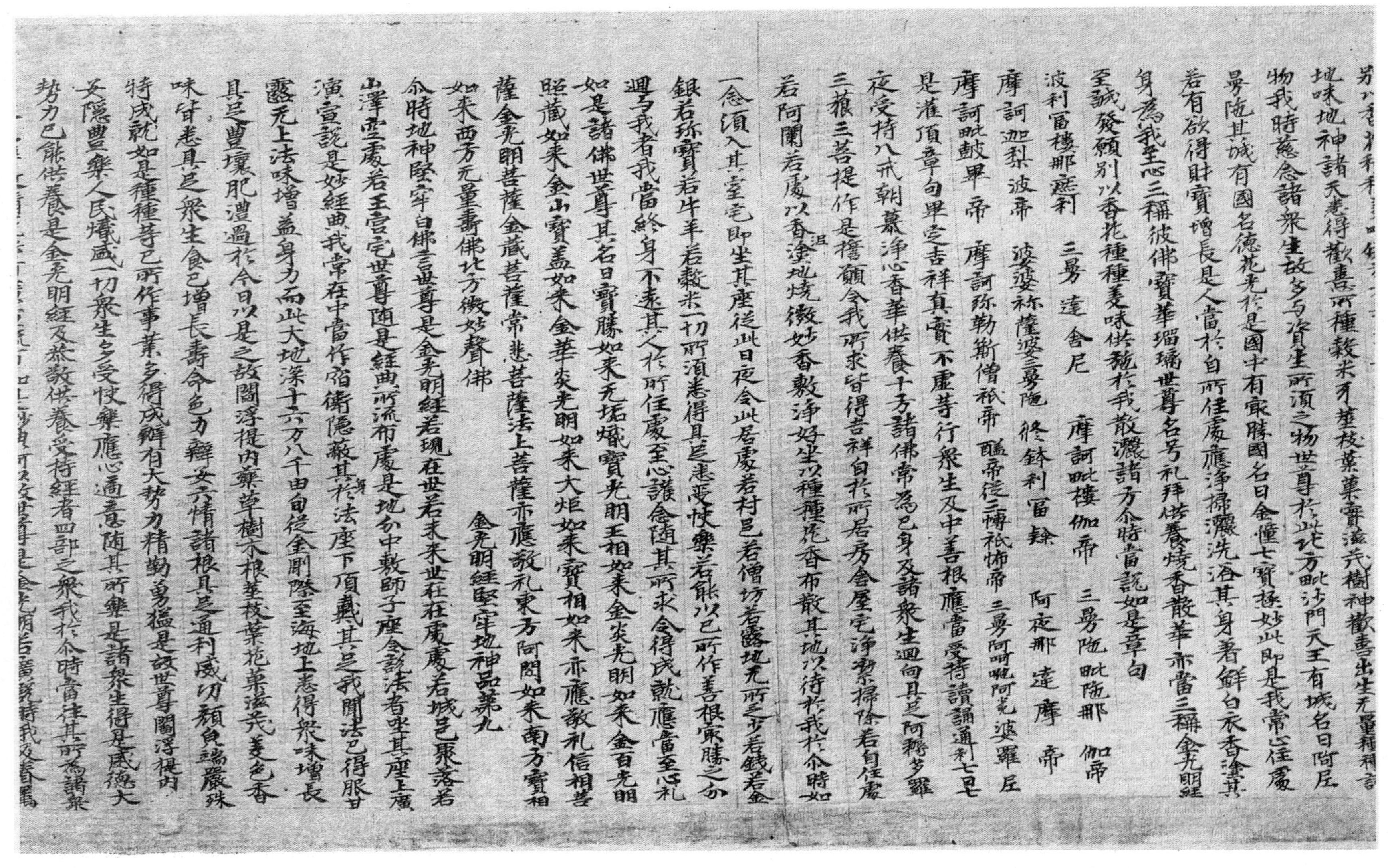

地味地神諸天悉得歡憙所種穀米牙莖枝葉菓實滋茂樹神歡憙出生无量種種諸
物我時慈念諸衆生故多与資生所須之物世尊於此北方毗沙門天王有城名曰阿尼
曼陀其城有國名德花光於是國中有最勝園名曰金幢七寶極妙此即是我常止住處
若有欲得財寶增長是人當於自所住處應淨掃灑洗浴其身著鮮白衣香塗其
身為我至心三稱彼佛寶華瑠璃世尊名号礼拜供養燒香散華亦當三稱金光明經
至誠發願別以香花種種美味供施於我散灑諸方尒時當說如是章句
波利富樓那遮利 三曼陀 達舍尼 摩訶毗樓伽帝 三曼陀 毗陀那 伽帝
摩訶迦梨波帝 波婆祢 薩婆悉曼陀 修鉢利富鉢 阿夜那 達摩 帝
摩訶毗鼓畢帝 摩訶弥勒 斯僧祇帝 醯帝徙三傅祇怖帝 三曼陀阿叻唲阿菟婆羅尼
是灌頂章句畢定吉祥真實不虛等行衆生及中善根應當受持讀誦通利七日七
夜受持八戒朝暮淨心香華供養十方諸佛常為己身及諸衆生迴向具足阿耨多羅
三藐三菩提作是誓願令我所求皆得吉祥自於所居房舍屋宅淨潔掃除若自住處
若阿蘭若處以香塗地燒微妙香敷淨好坐以種種花香布散其地以待於我我於尒時如
一念頃入其室宅即坐其座從此日夜令此居處若村邑若僧坊若露地无所乏少若錢若金
銀若珎寶若牛羊若穀米一切所須悉得具足悉受快樂若能以己所作善根最勝之分
迴与我者我當終身不遠其人於所住處至心護念隨其所求令得成就應當至心礼
如是諸佛世尊其名曰寶勝如来无垢熾寶光明王相如来金炎光明如来金百光明
照藏如来金山寶蓋如来金華炎光明如来大炬如来寶相如来亦應敬礼信相菩
薩金光明菩薩金藏菩薩常悲菩薩法上菩薩亦應敬礼東方阿閦如来南方寶相
如来西方无量壽佛北方微妙聲佛

金光明經堅牢地神品第九

尒時地神堅牢白佛言世尊是金光明經若現在世若未来世在在處處若城邑聚落若
山澤空處若王宮宅世尊隨是經典所流布處是地分中敷師子座令說法者坐其座上廣
演宣說是妙經典我常在中當作宿衛隱蔽其身於法座下頂戴其足我聞法已得服甘
露无上法味增益身力而此大地深十六万八千由旬從金剛際至海地上悉得衆味增長
具足豐壤肥濃過於今日以是之故閻浮提內藥草樹木根莖枝葉花菓滋茂美色香
味皆悉具足衆生食已增長壽命色力辯安六情諸根具足通利威切顏貌端嚴殊
特成就如是種種等已所作事業多得成辦有大勢力精勤勇猛是故世尊閻浮提內
安隱豐樂人民熾盛一切衆生多受快樂應心適意隨其所樂是諸衆生得是威德大
勢力已能供養是金光明經及恭敬供養受持經者四部之衆我於尒時當往其所為諸衆

BD14630號2　金光明經卷二　（27–11）

味皆悉具足衆生食已增長壽命色力辯安六情諸根具足通利威

特成就如是種種等已所作事業多得成辦有大勢力精勤勇猛是故世尊閻浮提內
安隱豐樂人民熾盛一切衆生多受快樂應心適意隨其所樂是諸衆生得是威德大
勢力已能供養是金光明經及恭敬供養受持經者四部之衆我於尒時當往其所爲諸衆
生受快樂故請說法者廣宣流布如是妙典何以故世尊是金光明若廣說時我及眷屬
所得功德倍過於常增長身力心進勇銳世尊我服无上甘露味已閻浮提　地縱廣七千由旬
豐壤倍常世尊如此大地衆生所依悉能增長一切所須之物增長一切所須物已令諸衆生
隨意所用受於快樂種種飲食衣服卧具宮殿屋宅樹木林苑河池泉井如是等物因
依於地悉皆具足是故世尊是諸衆生爲知我恩應作是念我當畢定聽受是經供養恭敬
尊重讚歎作是念已即從住處若城邑聚落舍宅空地往法會所聽受是經即聽受已還
其所止各應相慶作如是言我等今者聞此甚深无上妙法已爲攝取不可思議功德之聚
值遇无量无邊諸佛三惡道報已得解脫於未來世生天上人中受樂是諸衆生各於住處
若爲他人演說是經若說一喻一品一緣若復稱歎一佛菩薩一四句偈乃至一句及稱是經
首題名字世尊隨是衆生所住之處其地具足豐壤肥濃過於餘地凡是因地所生之物悉
得增長滋茂廣大悉令衆生受於快樂多饒財寶好行惠施心常堅固深信三寶尒時
佛告地神堅牢若有衆生乃至聞是金光明經一句之義人中命終隨意往生三十三天地神若
有衆生爲欲供養是經典故莊嚴屋宅乃至張懸一幡一蓋或以一衣欲界六天已有自然
七寶宮殿是人命終即往彼地神於諸七寶宮殿之中各各自然有七天女共相娛樂日夜
常受不可思議微妙快樂尒時地神白佛言世尊以是因緣說法比丘坐法座時我常晝
夜衛護不離隱蔽其形在其座下頂戴其足若有衆生於百千佛所種諸善根是說法
者爲是等故於閻浮提廣宣流布是妙經典不可斷絕是諸衆生聽是經已未來世
中无量百千那由他劫於天上人中常得快樂值遇諸佛疾成阿耨多羅三藐三菩
提三惡道苦悉斷无餘

金光明經卷第二

卷三

金光明經散脂鬼神品第十

尒時散脂鬼神大將軍及二十八部諸鬼神等即從座起偏袒右肩右膝著地白佛言世尊
是金光明微妙經典若現在世及未來世在在處處若城邑聚落若山澤空處若王宮
宅隨是經典所流布處我當與此廿八部大鬼神等往至彼所隱蔽其形隨逐擁護是說
法者消滅諸惡令得安隱及聽法衆若男若女童男童女於是經中乃至得聞一如
來名一菩薩名及是經典首題名字受持讀誦我當隨侍宿衛擁護悉滅其惡令得
安隱及國邑城郭若王宮殿舍宅空處皆亦如是世尊何因緣故我名散脂鬼神大將唯然

BD14630 號 2　金光明經卷二
BD14630 號 3　金光明經卷三

尒時散脂鬼神大將軍及二十八部諸鬼神等即從座起偏袒右肩右膝著地白佛言世尊
是金光明微妙經典若現在世及未來世在在處處若城邑聚落若山澤空處若王宮
宅隨是經典所流布處我當與此廿八部大鬼神等往至彼所隱蔽其形隨逐擁護是說
法者消滅諸惡令得安隱及聽法衆若男若女童男童女於是經中乃至得聞一如
來名一菩薩名及是經典首題名字受持讀誦我當隨侍宿衛擁護悉滅其惡令得
安隱及國邑城郭若王宮殿舍宅空處皆亦如是世尊何因緣故我名散脂鬼神大將唯然
世尊自當證知世尊我知一切法一切緣法了一切法知法分齊如法安住一切法如性於一切法含
受一切法世尊我現見不可思議智光不可思議智炬不可思議智行不可思議智聚
不可思議智境世尊我於諸法正解正觀得正分別正解於緣正能覺了世尊以是故名
散脂
大將世尊我散脂大將令說法者莊嚴言辭辯不斷絕衆味精氣從毛孔入充益
身力心進勇銳成就不可思議智慧入正憶念如是等事悉令具足心无疲猒身受諸樂
心得歡喜以是之故能爲衆生廣說是經若諸衆生於百千佛所種諸善根說法之人爲
是衆生閻浮提內廣宣流布是妙經典令不斷絕无量衆生聞是經已當得不可思議智
聚攝取不可思議功德之聚於未來世无量百千劫人天之中常受快樂於未來世值遇諸
佛疾得證成阿耨多羅三藐三菩提一切諸苦三惡趣分永滅无餘南无寶華功德海瑠璃
金山光照如來應供正遍知南无无量百千億那由他莊嚴其身釋迦如來應供正遍知熾
然如是微妙法炬南无第一威德成就衆事大功德天南无不可思議智慧功德成就大辯天

金光明經正論品第十一

尒時佛告地神堅牢過去有王名力尊相其王有子
名曰信相不久當受灌頂之位統領國土尒時父王告其太子信相世有正論善治國土我於昔
時曾爲太子不久亦當紹父王位尒時父王持是正論亦爲我說我以是論於二万歲善治
國土未曾一念以非法行於自眷屬情无愛著何等名爲治世正論地神尒時力尊相王爲信
相太子說是偈言　我今當說　諸王正論　爲利衆生　斷諸疑網
一切人天　諸天天王　應當歡喜　合掌諦聽　諸王和合　集金剛山　護世四鎮　起問梵王
大師梵尊　天中自在　能除疑惑　當爲我斷　云何是人　得名爲天　云何人王　復名天子
生在人中　處王宮殿　正法治世　而名爲天　護世四王　問是事已　時梵尊師　即說偈言
汝今雖以　此義問我　我要當爲　一切衆生　敷揚宣暢　第一勝論
因集業故　生於人中　王領國土　故稱人王　處在胎中　諸天守護　或先守護　然後入胎
雖在人中　生爲人王　以天護故　復稱天子　三十三天　各以己德　分與是人　故稱天子
神力所加　故得自在　遠離惡法　遮令不起　安住善法　修令增廣　能令衆生　多生天上
半名人王　亦名執樂　羅剎魅膾　能遮諸惡　亦名父母　教誨修善　示現果報　諸天所護
善惡諸業　現在未來　現受果報　諸天守護　若有惡事　縱而不問　不隨其罪　不以正教
捨遠善法　增長惡聚　故使國中　多諸姧鬪　三十三天　各生瞋恨　由其國王　縱惡不治

BD14630 號 3　金光明經卷三

因集業故 生於人中 王領國土 故稱人王 處在胎中 諸天守護
雖在人中 生為人王 以天護故 復稱天子 三十三天 各以己德 分與是人 故稱天子
神力所加 故得自在 遠離惡法 遮令不起 安住善法 脩令增廣 能令眾生 多生天上
半名人王 亦名執樂 羅剎魁膾 能遮諸惡 亦名父母 教誨脩善 示現果報 諸天所護
善惡諸業 現在未來 現受果報 諸天守護 若有惡事 縱而不問 不隨其罪 不以正教
捨遠善法 增長惡眾 故使國中 多諸奸鬪 三十三天 各生瞋恨 由其國王 縱惡不治
壞國惡法 奸詐熾盛 他方怨敵 競來侵掠 自家所有 錢財珎寶 諸惡盜賊 共相劫奪
如法治世 不行是事 若行是者 其國殄滅 譬如狂象 蹋蓮花池
暴風卒起 屢降惡雨 惡星數出 日月无光 五穀菓實 減不滋茂 由王捨正 使國飢饉
天於宮殿 悲懷愁惱 由王暴虐 不脩善事 是諸天王 各相謂言 是王行惡 興惡為伴
以造惡故 速得天瞋 以天瞋故 不久國敗 非法兵杖 奸詐鬪訟 疾疫惡病 集其國土
諸天即便 捨離是王 令其國敗 生大愁惱 兄弟姉妹 眷屬妻子 孤逆流離 身亦亡滅
流星數墮 二日並現 他方怨賊 侵掠其土 人民飢餓 多諸疾疫
所重大臣 捨離薨亡 象馬車乘 一念亡滅 諸家財產 國土所有 來相劫奪 刀兵而死
五星諸宿 違失常度 諸惡疾疫 流遍其國 諸受寵祿 所任大臣 及諸群僚 專行非法
如是行惡 偏受見遇 脩善法者 日月乘損 於行惡者 而生恭敬 見脩善者 心不顧錄
故使世間 三異並起 星宿失度 降暴風雨 破壞甘露 无上正法 眾生種類 及以地肥
恭敬弊惡 毀諸善人 故天降雹 飢餓疫死 穀米菓實 滋味兼減 多病眾生 无滿其國
甘美盛菓 日日損減 苦澀惡味 隨時增長 本所遊戲 可愛之處 悉皆枯悴 无可樂者
眾生所食 精妙上味 漸漸損減 食无肥膩 顏色醜陋 氣力衰微 凡所食噉 不知猒足
力精猛勇 悉滅无有 嬾惰懈怠 无滿其國 多有病苦 逼切其身 惡星變動 羅剎亂行
若有人王 行於非法 增長惡伴 損人天道 於三有中 多受苦惱 起如是等 无量惡事
皆由人王 愛著眷屬 縱之造惡 捨而不治 若為諸天 所護生者 如是人王 終不為是
若行善者 得生天中 行不善者 隨在三塗 三十三天 皆生熱惱 由王縱惡 捨而不治
違逆諸天 及父母勑 不能正治 則非孝子 起諸奸惡 壞國王者 不應縱捨 當正治罪
是故諸天 護持是王 以滅惡法 脩集善根 現世正治 得增王位 應為各說 善不善業
能示因果 故得為王 諸天護持 隨喜佐助 能自為他 脩正治國 有壞國者 應當正教
為命及國 脩行正法 不應行惡 惡不應縱 所有餘事 不能壞國 要因多奸 然後傾敗
若起多奸 壞於國土 譬如大象 壞蓮華池 怨恨諸天 故天生惱 起諸惡事 殄滅其國
是故應隨 正法治惡 以善化國 不順非法 寧捨身命 不愛眷屬 於親非親 心常平等
視親非親 和合為一 正行名稱 流布三界 正法治國 人多行善 常以善心 仰瞻國王
能令天眾 具足充滿 是故正治 名為人王 一切諸天 愛護人王 猶如父母 擁護其子
故令日月 五星諸宿 隨其分齊 不失常度 風雨隨時 无諸灾禍 令國豐實 安樂茂盛
增益熾盛 諸天之眾 以是因緣 諸人王等 寧捨身命 不應為惡
不應捨離 正法珎寶 由正法寶 世人受樂 常當親近 脩正法者 聚集功德 莊嚴其身

BD14630 號 3 金光明經卷三 （27–14）

是故應隨 正法治惡 以善化國 不順非法 寧捨身命 不愛眷屬 於親非親 心常平等
視親非親 和合為一 正行名稱 流布三界 正法治國 人多行善 常以善心 仰瞻國王
能令天眾 具足充滿 是故正治 名為人王 一切諸天 愛護人王 猶如父母 擁護其子
故令日月 五星諸宿 隨其分齊 不失常度 風雨隨時 无諸灾禍 令國豐實 安樂茂盛
增益熾盛 諸天之眾 以是因緣 諸人王等 寧捨身命 不應為惡
不應捨離 正法珎寶 由正法寶 世人受樂 常當親近 脩正法者 聚集功德 莊嚴其身
於自眷屬 常知正足 當遠惡人 脩治正法 安正眾生 於諸善法 教勑防護 令離不善
是故國土 安隱豐樂 是王亦得 威德具足 若諸人民 所行惡法 應當調伏 如法教詔
是王當得 好名善譽 善能攝護 安樂眾生

金光明經善集品第十三

尒時如來復為地神說往因緣而作偈言 我昔曾為 轉輪聖王 捨四大地 及以大海
又於是時 以四天下 滿中珎寶 奉上諸佛 凡所布施 皆捨所重 不見可愛 而不捨者
於過去世 无數劫中 求正法故 常捨身命 又過去世 不可議劫 有佛世尊 名日寶勝
其佛世尊 般涅槃後 時有聖王 名日善集 於四天下 而得自在 治正之世 盡大海際
其王有城 名水音尊 於其城中 正住治化 夜睡夢中 聞佛功德 及見比丘 名日寶寘
善能宣揚 如來正法 所謂金光 微妙經典 明如日中 悉能遍照 是轉輪王 夢是事已
即尋覺寤 心喜遍身 即出宮殿 至僧坊所 供養恭敬 諸大聖眾 問諸大德 是大眾中
頗有比丘 名日寶寘 成就一切 諸功德不 尒時寶寘 在一窟中 安坐不動 思惟正法
讀誦如是 金光明經 時有比丘 即將是王 至其所止 到寶寘所 時此寶寘 故在窟中
形貌殊特 威功熾然 即示王言 是窟中者 即是所問 寶寘比丘 能持甚深 諸佛所行
名金光明 諸經之王 時善集王 即尋礼敬 寶寘比丘 作如是言 面如滿月 威德熙然
唯願為我 敷演宣暢 是金光明 諸經之王 時寶寘尊 即受王請 許為宣說 是金光明
三千大千 世界諸天 知當說法 悉生歡喜 於淨微妙 鮮潔之處 種種珎寶 廁填其地
上妙香水 持用灑之 散諸好華 滿遍其處 王於是時 自敷法座 懸繒幡蓋 寶飾文絡
種種微妙 殊特末香 悉以奉散 大法高座 一切諸天 龍及鬼神 摩睺羅伽 緊那羅等
即雨天上 曼陁羅華 遍散法座 滿其處所 不可思議 百千万億 那由他等 无量諸天
一時俱來 集說法所 是時寶寘 尋從窟中 諸天即時 以婆羅華 供養恭敬 寶寘比丘
是時寶寘 淨洗身體 著淨妙衣 至法座所 合掌敬礼 是法高座 一切天王 及諸天人
雨曼陁羅 大曼陁華 无量百千 種種伎樂 於虛空中 不鼓自鳴
寶寘比丘 能說法者 尋上高座 結跏趺坐 即念十方 不可思議 无量千億 諸佛世尊
於諸眾生 興大悲心 及善集王 所得王願 盡一日月 所睞之處 時說法者 即尋為王
敷揚宣說 是妙經典 是時大王 為聞法故 於比丘前 合掌而立
聞於正法 讚言善哉 其心悲悼 涕淚交流 尋復勇悅 心意熾怡 為欲供養 此經典故
尒時即捉 如意珠王 為諸眾生 發大誓願 願於今日 此閻浮提 悉雨无量 種種珎異
瓌奇七寶 及妙纓絡 以是因緣 悉令无量 一切眾生 皆受快樂 即於尒時 尋雨七寶
及諸寶飾 天冠耳璫 種種纓絡 甘饌寶座 悉皆充滿 遍四天下 時善集王 即持如是

BD14630 號 3 金光明經卷三 （27–15）

於諸衆生 興大悲心
敷揚宣說 是妙經典 是時大王 爲聞法故 於比丘前 合掌而立
聞於正法 讚言善哉 其心悲悼 涕淚交流 尋復勇悅 心意熙怡 爲欲供養 此經典故
尒時即捉 如意珠王 爲諸衆生 發大誓願 願於今日 此閻浮提 悉雨无量 種種珎異
瓌奇七寶 及妙纓絡 以是因緣 悉令无量 一切衆生 皆受快樂 即於尒時 尋雨七寶
及諸寶飾 天冠耳璫 種種纓絡 甘饌寶座 悉皆充滿 遍四天下 時善集王 即持如是
滿四天下 无量七寶 於寶勝佛 遺法之中 以用布施 供養三寶 尒時爲王 說法比丘
於今現在 阿閦佛是 時善集王 聽受法者 則今我身 釋迦文是 我於尒時 捨此大地
滿四天下 珎寶布施 得聞如是 金光明經 聞是經已 一稱善哉 以此善根 業因緣故
身得金色 百福莊嚴 常爲无量 百千万億 衆生等類 之所樂見 既得見已 无有厭足
過去九十 九億千劫 常得作於 轉輪聖王 亦於无量 百千劫中 常得王領 諸小國土
不可思議 劫中常作 釋提桓因 及淨梵王 復得值遇 十力世尊 其數无量 不可稱計
所得功德 无量无邊 皆由聞經 及稱善哉 如我所願 成就菩提 正法之身 我今已得

金光明經鬼神品第十三

佛告功德天 若有善男子善女人 欲以不
可思議妙供養具 供養過去未來現在諸佛世尊 及欲得知三世諸佛甚深行處 是人應當
畢定至心 隨有是經流布之處 若城邑村落舍宅空處 正念不亂 至心聽是微妙經典 尒
時世尊 欲重宣此義 而說偈言
若欲供養 一切諸佛 欲知三世 諸佛行處
應當往彼 城邑聚落 有是經處 至心聽受 是妙經典 不可思議 功德大海 无量无邊
能令一切 衆生解脫 度无量苦 諸有大海 是經甚深 初中後善 不可得說 譬喻爲比
假使恒沙 大地微塵 大海諸水 一切諸山 如是等物 不得爲喻
若入是經 即入法性 如深法性 安住其中 即於是典 金光明中 而我得見 釋迦牟尼
不可思議 阿僧祇劫 生天人中 常受快樂 以能信解 是經聽故 如是无量 不可思議
功德福聚 悉已得之 隨所至處 若百由旬 滿中盛火 應從中過
若至聚落 阿蘭若處 到法會所 至心聽受 聽是經故 惡夢蠱道 五星諸宿 變異災禍
一切惡事 消滅无餘 於說法處 蓮華座上 說是經典 書寫讀誦 是說法者 若下法座
尒時大衆 猶見座處 故有說者 或佛世尊 或見佛像 菩薩色像 普賢菩薩 文殊師利
弥勒大士 及諸形色 見如是等 種種事已 尋復滅盡 如前不異 成就如是 諸功德已
而爲諸佛 之所讚歎 威德相貌 无量无邊 有大名稱 能却怨家 他方盜賊 能令退散
勇扞多力 能破强敵 惡夢惱心 无量惡業 如是惡事 皆悉殄滅 若入軍陣 常能勝他
名聞流布 遍閻浮提 亦能摧伏 一切怨敵 遠離諸惡 備集諸善 入陣得勝 心常歡喜
大梵天王 三十三天 護世四王 金剛密迹 鬼神諸王 散脂大將 禪那英鬼 及緊那王
阿耨達龍 娑竭羅王 阿脩羅王 迦樓羅王 大辯天神 及大功德 如是上首 諸天神等
常當供養 是聽法者 生不思議 法塔之想 衆生見者 恭敬歡喜 諸天王等 亦各思惟
而相謂言 今是衆生 无量威德 皆悉成就 若能來至 是法會所 如是之人 成上善根
若有聽是 甚深經典 故嚴出往 法會之處 心生不可 思議正信 供養恭敬 无上法塔
如是大悲 利益衆生 即是无量 深法寶器 能入甚深 无上法性 由以淨心 聽是經典

BD14630 號 3　金光明經卷三　（27–16）

大梵天王 三十三天 護世四王 金剛密迹 鬼神諸王 散脂大將 禪那英鬼 及緊那王
阿耨達龍 娑竭羅王 阿脩羅王 迦樓羅王 大辯天神 及大功德 如是上首 諸天神等
常當供養 是聽法者 生不思議 法塔之想 衆生見者 恭敬歡喜 諸天王等 亦各思惟
而相謂言 今是衆生 无量威德 皆悉成就 若能來至 是法會所 如是之人 成上善根
若有聽是 甚深經典 故嚴出往 法會之處 心生不可 思議正信 供養恭敬 无上法塔
如是大悲 利益衆生 即是无量 深法寶器 能入甚深 无上法性 由以淨心 聽是經典
如是之人 悉以供養 過去无量 百千諸佛 以是善根 无量因緣 應當聽受 是金光明
如是衆生 常爲无量 諸天神王 之所愛護 大辯功德 護世四王 无量神鬼 及諸力事
晝夜精勤 擁護四方 釋提桓因 及日月天 閻魔羅王 風水諸神
違馱天神 及毗紐天 大辯天神 及自在天 火神等神 大力勇猛 常護世間 晝夜不離
大力鬼神 那羅延等 摩醯首羅 二十八部 諸鬼神等 散脂爲首 百千鬼神 神足大力
擁護是等 令不怖畏 金剛密跡 大鬼神王 及其眷屬 五百徒黨
一切皆是 大菩提薩 亦悉擁護 聽是法者 摩尼跋陀 大鬼神王 富那跋陀 及金毗羅
阿羅婆帝 賓頭盧伽 黃頭大神 一一諸神 各有五百 眷屬鬼神 亦常擁護 聽是經者
質多斯那 阿脩羅王 及闍乾婆 那羅羅闍 祁那沙婆 摩尼乾陀 及尼乾陀 主雨大神
大飲食鬼 摩訶迦吒 金色髮神 半祁鬼神 及半支羅 車鉢羅婆 有大威德 婆那梨神
曇摩跋羅 摩竭婆羅 針髮鬼神 繡利密多 勒那翅舍 摩訶婆那 及軍陀遮 劍摩舍帝
復有大神 奢摩密帝 臨摩跋陀 薩多琦梨 如是等神 皆有无量 神足大力 常勤擁護
聽受如是 微妙經典 阿耨達王 娑伽羅王 目真隣王 伊羅鉢王
難陀龍王 跋難陀王 有如是等 百千龍王 以大神力 常來擁護 聽是經典 晝夜不離
波利羅睺 阿脩羅王 毗摩質多 及以茂脂 睒摩利子 波呵梨子 佉羅騫馱 及以邊陀
是等皆是 阿脩羅王 有大神力 常來擁護 聽是經者 晝夜不離
阿利底母 鬼子母等 及五百神 常來擁護 聽是經者 若睡若寤
旃陀旃陀 利大鬼神 女等鳩羅 鳩羅檀提 噉人精氣 如是等神 皆有大力 常勤擁護 十方
世界受持經者 大辯天等 无量天女 功德天等 各與眷屬
地神堅牢 種植園林 菓實大神 如是諸神 心生歡喜 悉來擁護 愛樂親近 是經典者
於諸衆生 增命色力 功德威貌 莊嚴倍常 五星諸宿 變異災怪 皆悉能滅 无有遺餘
夜卧惡夢 寤則憂怖 如是惡事 皆悉滅盡 地神大力 勢分甚深 是經力故 能變其味
如是大力 至金剛際 厚十六万 八千由旬 其中氣味 无不遍有 悉令涌出 潤益衆生
是經力故 能令地味 悉出地上 厚百由旬 亦令諸天 大德精味 充益身力 歡喜快樂
閻浮提內 所有諸神 心生歡喜 受樂无量 是經力故 諸天歡喜 百穀菓實 皆悉滋茂
園苑叢林 其華開敷 香氣芬馥 充溢弥滿 百草樹木 生長端直 其體柔軟 无有邪戾
閻浮提內 所有龍女 其數无量 不可思議 心生歡喜 踊躍无量 在在處處 莊嚴華池
於其池中 生種種華 優鉢羅華 波頭摩華 拘物頭華 分陀利華 於自宮殿 除諸雲霧
令虛空中 无有塵翳 諸方清徹 淨潔明了 日王赫赫 放千光明 歡喜踊躍 照諸闇蔽
閻浮提金 以爲宮殿 心住其中 威德无量 日之天子 及以月天 聞是經故 精氣充實

BD14630 號 3　金光明經卷三　（27–17）

園苑叢林　其華開敷　香氣芬馥　充溢彌滿　百草樹木　生長滋直　其體柔軟　无有剌戾
閻浮提內　所有龍女　其數无量　不可思議　心生歡喜　踊躍无量　在在處處　莊嚴華池
於其池中　生種種華　優鉢羅華　波頭摩華　拘物頭華　分陀利華　於自宮殿　除諸雲霧
令虛空中　无有塵翳　諸方清徹　淨潔明了　日王赫然　放千光明　歡喜踊躍　照諸闇蔽
閻浮提金　以為宮殿　心住其中　威德无量　日之天子　及以月天　聞是經故　精氣充實
是日天子　出閻浮提　心生歡喜　放於无量　光明明網　遍照諸方　即於出時　放大網明
開敷種種　諸池蓮華　閻浮提內　无量果實　隨時成熟　飽諸眾生
是時日月　所照殊勝　星宿正行　不失常度　風雨隨時　豐實熾盛　多饒財寶　无所乏少
是金光明　微妙經典　隨所流布　講誦之處　其國土境　即得增益　如上所說　无量功德
金光明經授記品第十四　　尒時如來將欲為是信相菩薩及其二子銀
相銀光授阿耨多羅三藐三菩提記。是時即有十千天子威德熾王而為上首，俱從忉
利來至佛所，頂礼佛足，却坐一面。尒時佛告信相菩薩：汝於來世過无量无邊百千万億不
可稱計那由他劫，金照世界當成阿耨多羅三藐三菩提，号金寶蓋山王如來應供正
遍知明行足善逝世間解无上士調御丈夫天人師佛世尊。乃至是佛般涅槃後正法
像法皆滅盡已，長子銀相當於是界次補佛處，世界尒時轉名淨幢，佛名閻浮檀金
幢光明照如來應供正遍知明行足善逝世間解无上士調御丈夫天人師佛世尊。乃至是佛
般涅槃後正法像法悉滅盡已，次子銀光復於是後次補佛處，世界名字如本不異，佛号
曰金光照如來應供正遍知明行足善逝世間解无上士調御丈夫天人師佛世尊。是十千天
子聞三大士得授記莂，復聞如是金光明經，聞已歡喜，生殷重心，心无垢累，如淨琉璃清淨
无礙，猶如虛空。尒時如來知是十千天子善根成就，即便與授菩提道記：汝等天子於當
來世過阿僧祇百千万億那由他劫，於是世界當成阿耨多羅三藐三菩提，同共一家一
姓一名，号曰青目優鉢羅華香山如來應供正遍知明行足善逝世間解无上士調御丈夫
天人師佛世尊，如是次第出現於世凡一万佛。尒時道場菩提樹神名等增益白佛言：世尊，
是十千天子於忉利宮為聽法故故來集此，云何如來便與授記？世尊，我未曾聞是諸天
子脩行具足六波羅蜜，亦未曾聞捨於手足頭目髓腦所愛妻子財寶穀帛金銀琉璃
車璖馬瑙真珠珊瑚珂貝璧玉甘饌飲食衣服牀臥病瘦醫藥象馬車乘殿堂屋宅園林
泉池奴婢僕使，如餘无量百千菩薩以種種資生供養之具恭敬供養過去无量百千万億
那由他等諸佛世尊；如是菩薩於未來世亦捨无量所重之物頭目髓腦所愛妻子財寶穀
帛乃至僕使，次第脩行，成就具足六波羅蜜，成就是已，脩備苦行，動經无量无邊劫數，然
後方得受菩提記。世尊，是天子等何因何緣脩何行等勝妙善根，從彼天來，暫得聞法，便得
受記？唯願世尊為我解說，斷我疑網。　　尒時佛告樹神善女天：皆有因緣，有
妙善根已随相脩。何以故？以是天子於所住處捨五欲樂，故來聽法金光明經，既聞法已，於是經
中淨心殷重，如說脩行，復得聞此三大菩薩受於記莂，亦以過去本昔發心誓願因緣，是故
我今皆與授記，於未來世當成阿耨多羅三藐三菩提。　　金光明經除病品第十五
佛告道場菩提樹神善女天：諦聽諦聽，善持憶念，我當為汝演說往昔誓願因緣。過
去无量不可思議阿僧祇劫，尒時有佛出現於世，名曰寶勝如來應供正遍知明行足善逝世間

BD14630 號 3　金光明經卷三　　（27–18）

受記唯願世尊為我解說斷我疑網　尒時佛告樹神善女天皆有因緣有
妙善根已随相脩。何以故？以是天子於所住處捨五欲樂，故來聽法金光明經，既聞法已，於是經
中淨心殷重，如說脩行，復得聞此三大菩薩受於記莂，亦以過去本昔發心誓願因緣，是故
我今皆與授記，於未來世當成阿耨多羅三藐三菩提。　　金光明經除病品第十五
佛告道場菩提樹神善女天：諦聽諦聽，善持憶念，我當為汝演說往昔誓願因緣。過
去无量不可思議阿僧祇劫，尒時有佛出現於世，名曰寶勝如來應供正遍知明行足善逝世間
解无上士調御丈夫天人師佛世尊。善女天，尒時是佛般涅槃後，正法滅已，於像法中有王
名曰天自在光，脩行正法，如法治世，人民和順，孝養父母。是王國中有一長者，名曰持水，善
知醫方，救諸病苦，方便巧知四大增損。善女天，尒時持水大長者家中後生一子，名曰流
水，體貌殊勝，端正苐一，形色微妙，威德具足，受性聰敏，善解諸論種種伎藝書疏筭計，无
不通達。是時國內天降疫病，時有无量百千諸眾生等皆无免者，為諸苦惱之所逼
切。善女天，尒時流水長者子見是无量百千眾生受諸苦惱，故為是眾生生大悲心，作是
思惟：如是无量百千眾生受諸苦惱，我父長者雖善醫方，能救諸苦，方便巧知四大增損，
年已衰邁，老耄枯悴，皮緩面皺，羸瘦戰掉，行來往反要因机杖，困頓疲乏，不能至彼城邑聚
落，而是无量百千眾生復遇重病，无能救者。我今當至大醫父所，諮問治病醫方秘法，諮稟
知已，當至城邑聚落村舍，治諸眾生種種重病，悉令得脫无量諸苦。時長者子思惟是
已，即至父所，頭面著地，為父作礼，叉手却住，以四大增損而問於父，即說偈言：
云當何知　四大諸根　衰損代謝　而得諸病　去何當知　飲食時節　若食食已　身火不滅
云何當知　治風及熱　水過肺病　及以等分　何時風動　何時動熱　何時動水　以害眾生
時父長者　即以偈頌　解說醫方　而答其子　三月是夏　三月是秋　三月是冬　三月是春
是十二月　三三而說　從如是數　一歲四時　若二二說　滿足六時　三三本攝　二二現時
隨是時節　消息飲食　是能益身　醫方所說　隨時歲中　諸根四大　代謝增損　令身得病
有善醫師　隨順四時　三月將養　調和六大　隨病飲食　及以湯藥　多風病者　夏則發動
其熱病者　秋則發動　等分病者　冬則發動　其肺病者　春則增劇　有風病者　夏則應服
肥膩醎酢　及以熱食　有熱病者　秋服冷甜　等分冬服　甜酢肥膩　肺病春服　肥膩辛熱
飽食然後　則發肺病　於食消時　則發熱病　食消已後　則發風病　如是四大　隨三時發
病風羸損　補以蘇膩　熱病下藥　服呵梨勒　等分應服　三種妙藥　所謂甜辛　及以蘇膩
肺病應服　隨能吐藥　若風熱病　肺病等分　違時而發　應當任師　籌量隨病　服食湯藥
善女天，尒時流水長者子問父醫四大增損，因是得了一切醫方。時長者子知醫方已，
遍至國內城邑聚落在在處處，隨有眾生病苦者所，軟言慰喻，作如是言：我是醫師，我
是醫師，善知方藥，今當為汝療治救濟，悉令除愈。善女天，尒時眾生聞長者子軟言慰喻，
許為治病，心生歡喜，踊躍无量。時有百千无量眾生遇重病者，直聞是言，心歡喜故，種種
所患即得除差，平復如本，氣力充實。善女天，復有无量百千眾生病苦深重難除差者，
即共來至長者子所，即以妙藥授之令服，服已除差，亦得平復。善女天，是長者子於是
國內治諸眾生所有病苦，悉得除差。　　卷第三
金光明經流水長者子品第十六　卷第四
佛告樹神：尒時流水長者子於天自在光王國內治一切眾生无量苦患已，令其身體平復

BD14630 號 3　金光明經卷三　　（27–19）
BD14630 號 4　金光明經卷四

詣彼治病心生歡喜踊躍无量時有百千无量衆生遇重病者
所患即得除差平復如本氣力充實善女天復有无量百千衆生病苦深重難除差者
即共來至長者子所時長者子即以妙藥授之令服服已除差亦得平復善女天是長者子於是
國內治諸衆生所有病苦悉得除差

卷第三

金光明經流水長者子品第十六 卷第四

佛告樹神尒時流水長者子於天自在光王國內治一切衆生无量苦患已令其身體
平復如本受諸快樂以病除故多設福業修布施尊重恭敬是長者作是如言善哉
善哉長者能大尊長福德之事能益衆生无量壽命汝今真是大醫之王善治衆
生无量重病必是菩薩善解方藥善女天時長者子有妻名曰水空龍藏而生二子一名
水空二名水藏時長者子將是二子次第遊行城邑聚落宿後到一大空澤中見諸虎狼狗犬
鳥狩多食血肉者皆一向馳奔而去時長者子作是念言是諸禽狩何因緣故一向馳走我當隨
後遂而觀之時長者子遂便隨逐見有一池其水枯涸於其池中多有諸魚時長者子見
是魚已生大悲心時有樹神示現半身作如是言善哉善哉大善男子此魚可愍汝可與
水是故號汝名為流水復有二緣名為流水一能流水二能與水汝今應當隨名定實時長者
子問樹神言汝此魚頭數為有幾所樹神答言其數具足滿十千善女天尒時流水聞是數
已倍復增益生大悲心善女天此時空池為日所曝唯少水在是十千魚將入死門四向宛轉
見是長者心恃賴隨是長者所至方面隨逐瞻視目未曾捨是時長者馳趣四方推求
索水了不能得便四顧望見有一大樹尋取枝葉還到池水與作蔭涼作蔭涼已復更推
求是池中水本從何來即出四向周遍求覓莫知水處復更疾走遠至餘處見一大
河名曰水生尒時復有諸餘惡人為捕此魚故於上流懸嶮之處決棄其水不令下過然
其決處懸嶮難補計當役治經九十日千人功猶不能成況我一身時長者子速疾還
及至大王所頭面礼拜却住一面合掌向王說其因緣作如是言我為大王國土人民治
種種病漸漸遊行至彼空澤見有一池其水枯涸有十千魚為日所曝今日困厄將死
不久唯願大王借二十大象令得負水濟彼魚命如我與諸病人壽命尒時大王即勅
大臣速疾供給尒時大臣奉王告勅語是長者善哉大士汝今自可至象廄中隨意選
取利益衆生令得快樂是時流水及其二子將二十大象從治城人借索皮囊疾至彼
河上流決處盛水象負馳疾奔還至空澤池從象背上下其水囊瀉置池中水遂弥
滿還復如本時長者子於池四邊徘徊而行是魚尒時亦復隨逐循岸而行時長者子復
作是念是魚何緣隨我而行是魚必飢火所惱復欲從我求索飲食我今當與善女天
尒時持水長者子告其二子言汝取一象最大力者速往家中啓父長者家中所有可食
之物及是父母飲噉之分及以妻子奴婢之分一切聚集悉載象上急速來還尒時二子
如父勅教乘最大象往至家中白其祖父說如上事尒時二子收取家中可食之物載象背上
疾還父所至空澤池時長者子見其子還心生歡喜踊躍无量從子邊取飲食之物
散著池中與魚食已即自思惟我今已能與此魚食令其飽滿未來之世當施法食復更
思惟曾聞過去空閑處有一比丘讀誦大乘方等經典其經中說若有衆生臨命終
時得聞寶勝如來名号即生天上我今當為十千魚解說甚深十二因緣亦當稱寶勝佛
名時閻浮提中有二種人一者深信大乘方等二者毀呰不生信樂時長者子作是思惟我

如父勅教乘最大象往至家中白其祖父說如上事尒時二子收取家中可食之物載象背上
疾還父所至空澤池時長者子見其子還心生歡喜踊躍无量從子邊取飲食之物
散著池中與魚食已即自思惟我今已能與此魚食令其飽滿未來之世當施法食復更
思惟曾聞過去空閑處有一比丘讀誦大乘方等經典其經中說若有衆生臨命終
時得聞寶勝如來名号即生天上我今當為十千魚解說甚深十二因緣亦當稱寶勝佛
名時閻浮提中有二種人一者深信大乘方等二者毀呰不生信樂時長者子作是思惟我
今當入池水之中為是諸魚說深妙法思惟是已即便入水作如是言南无過去寶勝如來
應供正遍知明行足善逝世間解无上士調御丈夫天人師佛世尊寶勝如來本往昔時行
菩薩道時作如是誓願若有衆生於十方界臨終時聞我名者當令是輩即命終已尋得上
生三十三天尒時流水復為是魚解說如是甚深妙法所謂无明緣行行緣識識緣名
色名色緣六入六入緣觸觸緣受受緣愛愛緣取取緣有有緣生生緣老死憂
悲苦惱善女天尒時持水長者子及其二子說是法已即共還家是長者子復於後時
賓客聚會醉酒而臥尒時其地卒大震動時十千魚同日命終即命終已生忉利天既生
天上作是思惟我等以何善業因緣得生於此忉利天中復相謂言我等先於閻浮提內
畜生中受於魚身流水長者與我等水及以飲食復為我等解說甚深十二因緣并
稱勝如來名号以是因緣令我等輩得生此天是故我等今當往至長者子所報恩供養
尒時十千天子從忉利天下閻浮提至持水長者子大醫王家 時長者子在樓屋上露臥
睡眠是十千天子以十千真珠天妙瓔珞置於頭邊復以十千置其足邊復以十千置
右脇邊復以十千置左脇邊雨曼陁羅華摩訶曼陁羅華至于膝種種天樂出
妙音聲閻浮提中有睡眠者皆悉覺悟流水長者子亦從睡寤是十千天子於上空中飛
騰遊行天自在光王國內處處皆雨天妙蓮華是諸天子復至本處空澤池所復雨
天華便從此沒還忉利宮隨意自在受天五欲時閻浮提過是夜已天自在光王問諸大
臣今夜何緣示現如是淨妙瑞相有大光明大臣答言大王當知忉利諸天於流水長者
子家雨四十千真珠瓔珞及不可計曼陁羅華時王即告臣可往至彼長者家善言誘喻喚令
使來大臣受勅即至其家宣王教令喚是長者是時長者尋至王所王問長者何緣示
現如是瑞相長者子言我必定知是十千魚其命已終時大王言今可遣人審實是事尒時
流水尋遣其子至彼池所看是諸魚死活定實尒時其子聞是語已向於彼池既到
池已見其池中多有摩訶曼陁羅華積聚成積其中諸魚悉皆命終見已即還白
其父言彼諸魚等悉已命終尒時流水知是事已復往王所作如是言是十千魚悉皆命
終王聞是已心生歡喜尒時世尊告道場菩提樹神善女天欲知尒時流水長者子今我身
是長者子水空羅睺羅是次子水藏今阿難是時十千魚者今十千天子是是故我今
為其受阿耨多羅三藐三菩提記尒時樹神現半身者今汝身是

金光明經捨身品第十七

尒時道場菩提樹神復白佛言世尊
我聞世尊過去修行菩薩道時具受无量百千苦行捐捨身命肉血骨髓唯願世尊
少說往昔苦行因緣為利衆生受諸快樂尒時世尊即現神足神力故令此大地六種
震動於大講堂衆會之中有七寶塔從地踊出衆寶羅網弥覆其上尒時大衆見
是事已生希有心尒時世尊即從坐起礼拜是塔恭敬圍遶還就本坐告阿難言是

為其受阿耨多羅三藐三菩提記尒時樹神現半身者今汝身是

尒時道場菩提樹神復白佛言世尊

金光明經捨身品第十七

我聞世尊過去修行菩薩道時具受无量百千苦行捐捨身命肉血骨髓唯願世尊
少說往昔苦行因緣為利眾生受諸快樂尒時世尊即現神足神力故令此大地六種
震動於大講堂眾會之中有七寶塔從地踊出眾寶羅網弥滿其上尒時大眾見
是事已生希有心尒時世尊即從坐起礼拜是塔恭敬圍繞還就本坐尒時道場菩提
樹神白佛言世尊如來世雄出現於世常為一切之所恭敬於諸眾生最勝最尊何因緣故
礼拜是塔佛言善女天我本脩行菩薩道時我身舍利安止是塔因由是身令我早成
阿耨多羅三藐三菩提　尒時佛告尊者阿難汝開此塔取中舍利
示此大眾是舍利者乃是无量六波羅蜜功德所熏尒時阿難聞佛教勅即往塔所
礼拜供養開其塔戶見其塔中有七寶函以手開函見其舍利色妙紅白而白佛言世
尊是中舍利其色紅白佛告阿難持來此是大士真身舍利尒時阿難即舉寶函還至
佛所持以上佛尒時佛告一切大眾汝等今可礼是舍利此舍利者是戒定慧之所勳脩甚難可得
最上福田尒時大眾聞是語已心懷歡喜即從座起合掌恭敬頂礼菩薩大士舍利尒時世
尊欲為大眾斷疑網故說是舍利往昔因緣阿難過去之世有王名曰摩訶羅陁脩行善
法善治國土无有怨敵有三子端正微妙形色殊特威德第一第一太子名曰摩訶波那羅
次子名曰摩訶提婆小子名曰摩訶薩埵是三王子於諸園林遊戲觀看次第漸到一
大竹林憩駕止息第一王子作如是言我於今日心甚怖懷於是林中將无衰損第二王
子復作是言我於今日不惜自身但離所愛心憂愁耳第三王子復作是言我於今日獨
无怖懷亦无愁惱山中空寂神仙所讚是處閑靜能令行人安隱受樂時諸王子說是
語已轉復前行見有一虎適生七日而有七子圍繞周匝飢餓窮悴身體羸損
命將欲絕第一王子見是虎已作如是言怪哉此虎產來七日七子圍繞不得求食若為飢
逼還噉子第二王子言此虎每常須食何物第一王子言此虎唯食新熱血肉第三王子言
君等誰能與此虎食第二王子言此虎飢餓身體羸瘦窮困頓乏餘命无幾不容餘處
為其求食設餘求者命必不濟誰能為此不惜身命第一王子言一切難捨不過己身第三
王子言我等今者以貪惜故於此身命不能放捨智慧薄少故於是事而生驚怖若諸
大士欲利益他生大悲心為眾生者捨此身命不足為難時諸王子心大愁憂久住視之目未
暫捨作是觀已尋便離去尒時第三王子作是念言我今捨身時已到矣何以故我從
昔來多棄是身都无所為亦常愛護處之屋宅又復供給衣服飲食臥具醫藥象馬
車乘隨時將養令无所乏而不知恩反生怨害然復不免无常敗壞復次是身不堅无所
益可惡如賊猶若行廁我於今日當使此身作无上業於生死海中作大橋梁復次若捨
此身則捨无量癰疽瘭疾百千怖畏是身唯有大小便利是身不堅如水上沫是身不
淨多諸虫戶是身可惡筋纏血塗皮骨髓腦共相連持如是觀察甚可患厭是故
我今應當捨離以求寂滅无上涅槃永離憂患无常變異生死休息无諸塵累无
量禪定智慧功德具足成就微妙法身百福莊嚴諸佛所讚證成如是无上法身與諸
眾生无量法樂是時王子勇猛堪任作是大願以大悲熏脩其心慮其二兄心懷怖懼或共固

BD14630 號 4　金光明經卷四　（27–22）

益可惡如賊猶若行廁我於今日當使此身作无上業於生死海中作大橋梁復次若捨
此身則捨无量癰疽瘭疾百千怖畏是身唯有大小便利是身不堅如水上沫是身不
淨多諸虫戶是身可惡筋纏血塗皮骨髓腦共相連持如是觀察甚可患厭是故
我今應當捨離以求寂滅无上涅槃永離憂患无常變異生死休息无諸塵累无
量禪定智慧功德具足成就微妙法身百福莊嚴諸佛所讚證成如是无上法身與諸
眾生无量法樂是時王子勇猛堪任作是大願以大悲熏脩其心慮其二兄心懷怖懼或共固
遮為作留難即便語言兄等今者可與眷屬還其所止尒時王子摩訶薩埵還至虎所脫
身衣裳置竹枝上作是誓言我今為利諸眾生故證於最勝无上道故大悲不動捨難捨故
為求菩提智所讚故欲度三有諸眾生故滅生死怖眾惱熱故是時王子作是誓已即便自放
身臥餓虎前是時王子以大慈力故虎无能為王子復作如是念言虎今羸瘦身无勢力
不能得我身血肉食即起求刀周遍求之了不能得即以乾竹刺頸出血於高山上投身虎
前是時大地六種震動日无精光如羅睺羅阿脩羅王捉持鄣蔽新華種種妙香時虛
空中有諸餘天見是事已心生歡喜歎未曾有讚言善哉善哉大士汝今真是行大
悲者為眾生故能捨難捨於諸學人第一勇健汝已為得諸佛所讚常樂住處不久當
證无惱无熱清淨涅槃是虎尒時見血流出汙王子身即便舐血噉食其肉唯留餘骨尒
時第一王子見地大動為第二王子而說偈言

震動大地　及以大海　日无精光　如有覆蔽　於其虛空　雨於華香　必是我弟　捨所愛身

第二王子復說偈言

彼虎產來　已經七日　七子圍繞　窮无飲食
氣力羸損　命不云遠　小弟大悲　知其窮悴　懼不堪忍　還食其子　恐定捨身　以救彼命

時二王子心大愁怖涕泣悲歎容貌憔悴復共相將還至虎所見弟所著衣服衣裳皆悉在
一竹枝之上骸骨髮爪布散狼藉流血處處遍汙其地見已悶絕不自勝持投身骨上良
久乃悟即起舉手號天而哭我弟幼稚才能過人特為父母之所愛念奄忽捨身以餧餓
虎我今還宮父母設問當云何荅我寧在此併命一處不忍見是骸骨髮爪何心捨離還
見父母妻子眷屬朋友知識時二王子悲號懊惱漸捨而去時小王子所將侍從各散諸方
不相謂言今者我天為何所在尒時王妃於睡眠中夢乳被割牙齒墮落得三鴿鷇一
為鷹食尒時王妃大地動時即便驚寤心大愁怖而說偈言

今日何故　大地大水　一切皆動　物不安所　日无精光　如有覆蔽　我心憂苦　目瞤瞤動
如我今者　所見瑞相　必有灾異　不祥苦惱　於是王妃　說是偈已

時有青衣在門外已聞王子消息心驚惶怖尋即入內啓白王妃作如是言向者在外聞
諸侍從推覓王子不知所在王妃聞已生大憂惱涕泣滿目至大王所我於向者傳聞外人失
我最小所愛之子大王聞已而復悶絕悲哽苦惱収淚而言如何今日失我心中所愛重者
尒時世尊欲重宣此義而說偈言

我於往昔　无量劫中　捨所重身　以求菩提　若為國王　及作王子　常捨難捨　以求菩提
我念宿命　有大國王　其王名曰　摩訶羅陁　是王有子　能大布施　其子名曰　摩訶薩埵
復有二子　長者名曰　大波那羅　次名大天　三人同遊　至一空澤　見新產虎　飢窮无食
時勝大士　生大悲心　我今當捨　所重之身　此虎或為　飢餓所逼　儻能還食　自所生子
即上高山　自投虎前　為令虎子　得全生命　[illegible]

BD14630 號 4　金光明經卷四　（27–23）

尒時世尊欲重宣此義而說偈言
我於往昔 无量劫中 捨所重身 以求菩提 若為國王 及作王子 常捨難捨 以求菩提
我念宿命 有大國王 其王名曰 摩訶羅陁 是王有子 能大布施 其子名曰 摩訶薩埵
復有二子 長者名曰 大波那羅 次名大天 三人同遊 至一空澤 見新產虎 飢窮无食
時勝大士 生大悲心 我今當捨 所重之身 此虎或為 飢餓所逼 儻能還食 自所生子
即上高山 自投虎前 為令虎子 得全性命 是時大地 及諸大山 皆悉震動 驚諸虫狩
虎狼師子 四散馳走 世間皆闇 无有光明 是時二兄 故在竹林 心懷憂惱 愁苦涕泣
漸漸推求 遂至虎所 見虎虎子 血汙其口 又見骸骨 毛髮爪齒 處處迸血 狼藉在地
是二王子 見是事已 心更悶絶 自躃於地 以灰塵土 自塗坌身 忘失正念 生狂癡心
所將侍從 覩是事已 亦生悲慟 出聲號哭 不以冷水 共相噴灑 然後穌息 而復得起
是時王子 當捨身時 正值後宮 妃后婇女 眷屬五百 共相娛樂 王妃是時 兩乳汁出
一切枝節 痛如針刺 生心愁惱 以喪愛子 於是王妃 疾至王所 其聲微細 悲泣而言
大王今當 諦聽諦聽 憂愁熾火 今來燒我 我見如是 不祥瑞相 恐更不復 見所愛子
今以身命 奉上大王 願速遣人 求覓愛子 夢三鴿鶵 在我懷抱 其最小者 可適我心
有鷹飛來 奪我而去 夢是事已 即生愁惱 我今愁怖 恐命不濟 願速遣人 推求我子
是時王妃 說是語已 即時悶絶 而復躃地 王聞是語 復生憂惱 以不得見 所愛子故
其王大臣 及諸眷屬 悉皆聚集 在王左右 哀哭悲號 聲動天地 尒時城內 所有人民
聞是聲已 驚愕而出 各相謂言 今是王子 為活來耶 為已死亡 如是大王 常出軟語
為眾所愛 今難可見 已有諸人 入林推求 不求自當 得定消息 諸人尒時 憚惶如是
而復悲號 哀慟神祇 尒時大王 即從坐起 以水灑妃 良久乃穌
得還正念 微聲問王 我子今者 為死活耶 尒時王妃 念其子故 倍復懊惱 心无暫捨
可惜我子 形色端正 如何一旦 捨身終亡 云何我身 不先覺死 而見如是 諸苦惱事
善子妙色 猶淨蓮花 誰壞汝身 使令分離 將非是我 昔日怨讎 挾本業緣 而煞汝耶
我子面目 如淨滿月 不意一旦 遇斯禍對 寧使我身 破碎如塵 不令我子 喪失身命
我所見夢 已為得報 值我无情 能堪是苦 如我所夢 牙齒墮落 二乳一時 汁自流出
必定是我 失所愛子 夢三鴿鶵 鷹奪一去 三子之中 必定失一 尒時大王 即告其妃
我今當遣 大臣使者 周遍東西 推求覓子 汝今且可 莫大憂愁 大王如是 慰喻妃已
即便嚴駕 出其宮殿 心生愁惱 憂苦所切 雖在大眾 顏貌憔悴 即出其城 覓所愛子
尒時亦有 无量諸人 哀號動地 尋從王後 是時大王 既出城已 四向顧望 求覓其子
煩冤心亂 靡知所在 最後遙見 有一信來 頭蒙塵土 血汙其衣 灰糞塗身 悲號而至
尒時大王 摩訶羅陁 見是使已 倍生懊惱 舉手號咷 仰天而哭 先所遣臣 尋復來至
既至王所 作如是言 願王莫愁 諸子猶在 不久當至 令王得見 須臾之頃 復有臣來
見王愁苦 顏貌憔悴 身所著衣 垢膩塵汙 大王當知 一子已終 二子雖存 哀悴无賴
第三王子 見虎新產 飢窮七日 恐還食子 見是虎已 深生悲心 發大誓願 當度眾生
於未來世 證成菩提 即上高處 投身餓虎 飢虎所逼 便起噉食 一切血肉 已為都盡
唯有骸骨 狼藉在地 是時大王 聞臣語已 轉復悶絶 失念躃地 憂悲熾火 熾然其身

BD14630 號 4　金光明經卷四　（27–24）

既至王所 作如是言 願王莫愁 諸子猶在 不久當至 令王得見 須臾之頃 復有臣來
見王愁苦 顏貌憔悴 身所著衣 垢膩塵汙 大王當知 一子已終 二子雖存 哀悴无賴
第三王子 見虎新產 飢窮七日 恐還食子 見是虎已 深生悲心 發大誓願 當度眾生
於未來世 證成菩提 即上高處 投身餓虎 飢虎所逼 便起噉食 一切血肉 已為都盡
唯有骸骨 狼藉在地 是時大王 聞臣語已 轉復悶絶 失念躃地 憂悲熾火 熾然其身
諸神眷屬 亦復如是 以水灑王 良久乃穌 復起舉手 號天而哭 復有臣來 而白王言
向於林中 見王二子 愁憂苦惱 悲號涕泣 迷悶志失 自投於地 臣即求水 灑其身上
良久之頃 乃還穌息 望見四方 大火熾然 扶持暫起 尋復躃地 舉手悲哀 號天而哭
乍復讚歎 其弟功德 是時大王 以離愛子 其心迷悶 氣息懷然 憂惱涕泣 復並思惟
是最小子 我所愛重 无常大鬼 奄便吞食 其餘二子 今雖存在 而為憂火 之所焚燒
或能為是 喪失命根 我宜速往 至彼林中 迎載諸子 急還宮殿 其母在後 憂苦逼切
心肝分裂 或能失命 若見二子 慰喻其心 可使終竟 餘年壽命 尒時大王 駕乘名象
與諸侍從 欲至彼林 即於中路 見其二子 號天扣地 稱弟名字 時王即前 抱持二子
悲號涕泣 隨路還宮 速令二子 覲見其母 佛告樹神 汝今當知 尒時王子 摩訶薩埵
捨身飼虎 今我身是 尒時大王 摩訶羅陁 於今父王 輸頭檀是 尒時王妃 今摩耶是
第一王子 今彌勒是 第二王子 今調達是 今時虎者 今瞿夷是 時虎七子 今五比丘
及舍利弗 目揵連是 尒時大王 摩訶羅陁 及其妃后 悲號涕泣
悉皆脫身 御服瓔珞 與諸大眾 往至竹林 收其舍利 即於此處 起七寶塔 是時王子
摩訶薩埵 臨捨命時 作如是誓願 願我舍利 於未來世 過筭數劫 常為眾生 而作佛
事 說是經時 无量阿僧祇天人 皆發阿耨多羅三藐三菩提心 樹神是名 禮塔往昔 因
緣 尒時佛神力故 是七寶塔 即沒不現

金光明經讚佛品第十八

尒時无量百千万億諸菩薩眾 從此世界 至金寶蓋山王如來國土 到彼土已 五體投地
為佛作礼 却住一面 合掌 異口同音 而讚歎曰
如來之身 金色微妙 其明照曜 如金山王 身淨柔耎 如金蓮花 无量妙相 以自莊嚴
隨形之好 光飾其體 淨潔无比 如紫金色 圓足无垢 如淨滿月 音其清徹 妙如梵聲
師子吼聲 大雷震聲 六根清淨 微妙音聲 迦陵頻伽 孔雀之聲 清淨无垢 威德具足
百福相好 莊嚴其身 光明遠照 无有齊限 智慧寂滅 无諸愛子 世尊成就 无量功德
譬如大海 須彌寶山 為諸眾生 生憐愍心 於未來世 能與快樂 如來所說 第一深義
能令眾生 寂滅安樂 能與眾生 无量快樂 能演无上 甘露妙法 能開无上 甘露法門
能入一切 无患寂宅 能令眾生 悉得解脫 度於三有 无量苦惱 安住正道 无諸憂苦
如來世尊 功德智慧 大慈悲心 精進方便 如是无量 不可稱計 我等今者 不能說喻
諸天世人 於无量劫 盡思度量 不能得知 如來所有 功德智慧 无量大海 一滴少分
我今略讚 如來功德 百分千分 不能宣一 若我功德 得聚集者 迴向眾生 證无上道
尒時信相菩薩 即於此會 從座而起 偏袒右肩 右膝著地 合掌向佛 而讚佛言
世尊百福 相好莊嚴 功德千數 莊嚴其身 色青遠照 視之无厭 如日千光 彌滿虛空
光明熾盛 无量无邊 猶如无數 珍寶大聚 其明五色 青紅赤白 琉璃頗梨 如融真金

BD14630 號 4　金光明經卷四　（27–25）

諸天世人 於无量劫 盡思度量 不能得知 如來所有 功德智慧 无量大海 一滴少分
我今略讚 如來功德 百分千分 不能宣一 若我功德 得聚集者 迴向衆生 證无上道
爾時信相菩薩即於此會從座而起偏袒右肩右膝著地合掌向佛而讚佛言
世尊百福 相好莊嚴 功德千數 莊嚴其身 色青遠照 視之无猒 如日千光 彌滿虛空
光明熾盛 无量无邊 猶如无數 珎寶大聚 其明五色 青紅赤白 琉璃頗梨 如融真金
光明赫弈 通徹諸山 悉能遠照 无量佛土 能滅衆生 无量苦惱 又與衆生 上妙快樂
諸根清淨 微妙第一 衆生見者 无有猒足 髮紺柔軟 猶孔雀項 如諸蜂王 集在花中
清淨大悲 功德莊嚴 无量三昧 及以大慈 如是功德 悉以聚集 相好妙色 嚴飾其身
種種功德 助成菩提 如來悉能 調伏衆生 令心柔耎 受諸快樂 種種深妙 功德莊嚴
亦為十方 諸佛所讚 其光遠照 遍於十方 猶如日明 充滿虛空 功德成就 如須弥山
在在示現 於諸世界 齒白齊密 猶如珂雪 其輪如日 處空明顯 眉間毫相 右旋婉轉
光明流出 如琉璃珠 其色微妙 如日處空 爾時道場菩提樹神復說讚曰
南无清淨 无上正覺 甚深妙法 隨順覺了 遠離一切 非法非道 獨拔而出 成佛正覺
如有非有 本性清淨 希有希有 如來功德 希有希有 如來大海
希有希有 如須弥山 希有希有 佛无邊行 希有希有 佛出於世 如優曇花 時一現耳
希有如來 无量大悲 釋迦牟尼 為人中日 為欲利益 諸衆生故 宣說如來 妙寶經典
善哉如來 諸根寂滅 而復遊入 善寂大城 无垢清淨 甚深三昧 入於諸佛 所行之處
一切聲聞 身皆空寂 而是世尊 行處亦空 如是一切 无量諸法 推本性相 亦皆空寂
一切衆生 性相亦空 狂愚心故 不能覺知 我常念佛 樂見世尊 常作誓願 不離佛日
我常於地 長跪合掌 其心戀慕 欲見於佛 我常脩行 无上大悲 哀隧雨淚 欲見於佛
我常渴仰 欲見於佛 為是事故 憂火熾然 唯願世尊 賜我慈悲 清冷法水 以滅是火
世尊慈悲 憐心无量 願使我身 常得見佛 世尊常護 一切人天 是故我今 渴仰欲見
聲聞之身 猶如虛空 炎幻嚮化 如水中月 衆生之性 如夢所見 如來行處 淨如琉璃
入於无上 甘露法處 能與衆生 无量快樂 如來行處 微妙甚深 一切衆生 无能知者
五通神仙 及諸聲聞 一切緣覺 亦不能知 我今不疑 佛所行處 唯願慈悲 為我現身
爾時世尊 從三昧起 以微妙音 而讚嘆曰 善哉善哉 樹神善女 汝於今日 快說是言

金光明經囑累品第十九 爾時釋迦牟尼佛從三昧起現大神力

以右手摩諸大菩薩摩訶薩頂與天王及諸龍王二十八部散脂鬼神大將軍等而作是言我於无量百千万億恒河沙劫脩習是金光明微妙經典汝等當受持讀誦廣宣此法復於閻浮提內无令斷絕若有善男子善女人於未來世中有受持讀誦此經典者汝等諸天常當擁護當知是人於未來世无量百千天人之中常受快樂於未來世值遇諸佛疾得證成阿耨多羅三藐三菩提

爾時諸大菩薩及天龍王二十八部散脂大將等從即座起到於佛前五體投地俱發聲言如世尊勅當具奉行如是三白如世尊勅當具奉行於是散脂大將軍而白佛言如是世尊若後未來世中有受持是經若自書若使人書我當與此二十八部諸鬼神等常當隨侍擁衛隱蔽其身是說法者皆悉消滅諸惡令身安隱願不有慮

BD14630 號 4　金光明經卷四　（27–26）

樂於未來世值遇諸佛疾得證成阿耨多羅三藐三菩提
爾時諸大菩薩及天龍王二十八部散脂大將等從即座起到於佛前五體投地俱發聲
言如世尊勅當具奉行如是三白如世尊勅當具奉行於是散脂大將軍而白佛言如是
世尊若後未來世中有受持是經若自書若使人書我當與此二十八部諸鬼神等常
當隨侍擁衛隱蔽其身是說法者皆悉消滅諸惡令得安隱願不有慮
爾時釋迦牟尼佛現大神力十方无量世界地皆六種震動是諸佛皆大歡喜囑累是經
故讚美持法者現无量神力於是无量无邊阿僧祇菩薩摩訶薩大衆及信相菩
薩金光金藏常悲法上等及四天大王千千天子與道場菩提樹神堅牢等及一切世間
天人阿脩羅等聞佛所說皆發无上菩提之道踊躍歡喜作禮而去
金光明經卷第四

BD14630 號 4　金光明經卷四　（27–27）

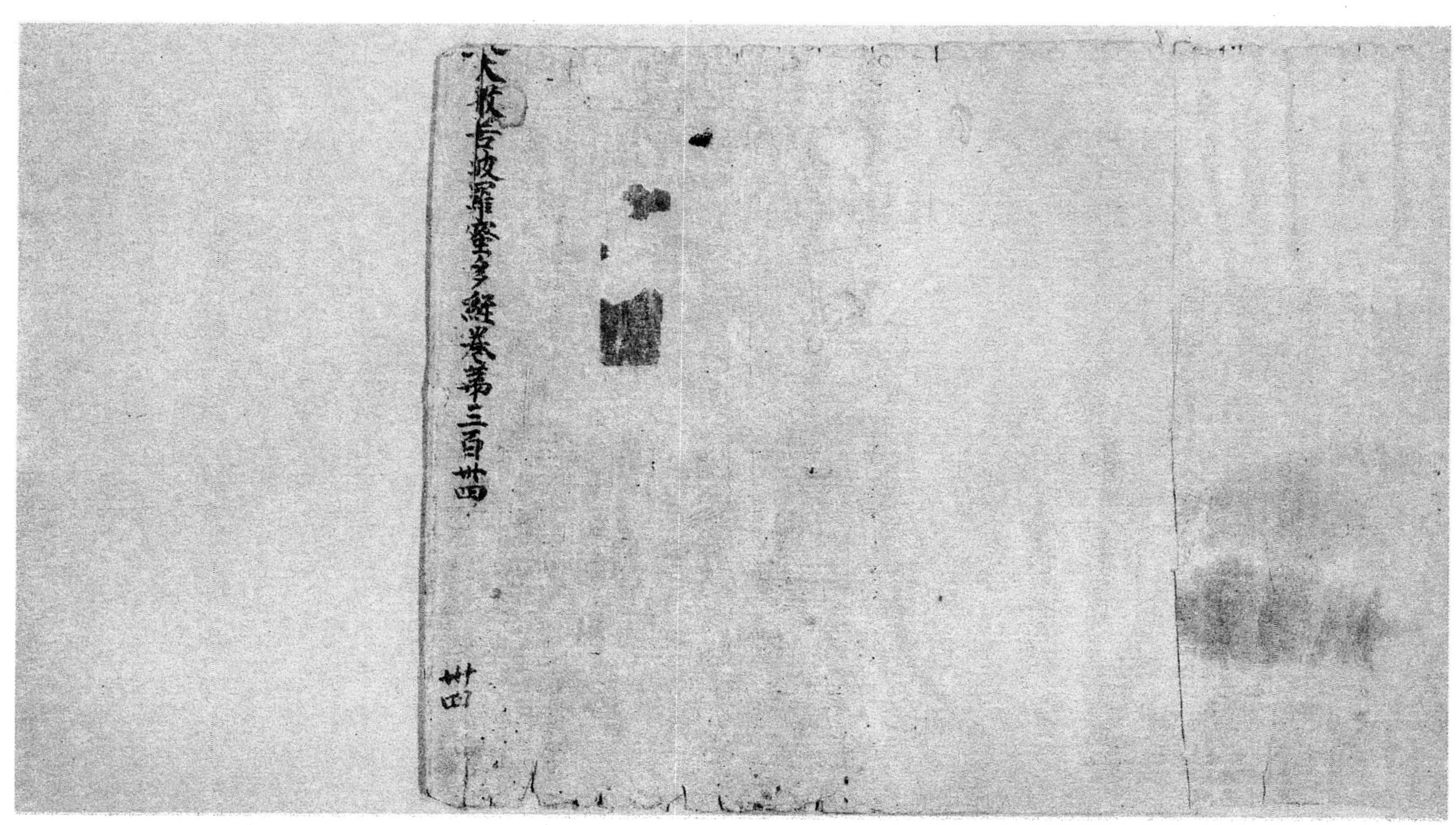
大般若波羅蜜多經卷第三百卌四

卌四

BD14631 號背　護首　　（1–1）

大般若波羅蜜多經卷第三百卌四

初分善學品第五十三之四　　三藏法師玄奘奉　詔譯

尒時具壽善現復白佛言世尊諸菩薩摩訶

薩若如是行則不行色亦不行受想行識

尊諸菩薩摩訶薩若如是行則不行眼處

不行耳鼻舌身意處世尊諸菩薩摩訶薩若

如是行則不行色處亦不行聲香味觸法處

BD14631 號　大般若波羅蜜多經卷三三四　　（23–1）

大般若波羅蜜多經卷第三百卅四

初分善學品第五十三之四　　三藏法師玄奘奉　詔譯

尒時具壽善現復白佛言世尊諸菩薩摩訶
薩若如是行則不行色亦不行受想行識
世尊諸菩薩摩訶薩若如是行則不行眼處
不行耳鼻舌身意處世尊諸菩薩摩訶薩若
如是行則不行色處亦不行聲香味觸法處
世尊諸菩薩摩訶薩若如是行則不行眼界
亦不行耳鼻舌身意界世尊諸菩薩摩訶薩
若如是行則不行色界亦不行聲香味觸法
界世尊諸菩薩摩訶薩若如是行則不行眼
識界亦不行耳鼻舌身意識界世尊諸菩薩
摩訶薩若如是行則不行眼觸亦不行耳鼻
舌身意觸世尊諸菩薩摩訶薩若如是行則
不行眼觸為緣所生諸受亦不行耳鼻舌身
意觸為緣所生諸受世尊諸菩薩摩訶薩若
如是行則不行地界亦不行水火風空識界
世尊諸菩薩摩訶薩若如是行則不行無明
亦不行行識名色六處觸受愛取有生老死
世尊諸菩薩摩訶薩若如是行則不行布施
波羅蜜多亦不行淨戒安忍精進靜慮般若
波羅蜜多世尊諸菩薩摩訶薩若如是行則
不行內空亦不行外空內外空空空大空勝
義空有為空無為空畢竟空無際空散空無
變異空本性空自相空共相空一切法空不
可得空無性空自性空無性自性空世尊諸

BD14631號　大般若波羅蜜多經卷三三四　　（23–2）

不行內空亦不行外空內外空空空大空勝
義空有為空無為空畢竟空無際空散空無
變異空本性空自相空共相空一切法空不
可得空無性空自性空無性自性空世尊諸
菩薩摩訶薩若如是行則不行真如亦不行
法界法性不虛妄性不變異性平等性離生
性法定法住實際虛空界不思議界世尊諸
菩薩摩訶薩若如是行則不行四念住亦不
行四正斷四神足五根五力七等覺支八聖
道支世尊諸菩薩摩訶薩若如是行則不行
苦聖諦亦不行集滅道聖諦世尊諸菩薩摩
訶薩若如是行則不行四靜慮亦不行四無
量四無色定世尊諸菩薩摩訶薩若如是行
則不行八解脫亦不行八勝處九次第定十
遍處世尊諸菩薩摩訶薩若如是行則不行
空解脫門亦不行無相無願解脫門世尊諸
菩薩摩訶薩若如是行則不行五眼亦不行
六神通世尊諸菩薩摩訶薩若如是行則不
行三摩地門亦不行陀羅尼門世尊諸菩薩
摩訶薩若如是行則不行佛十力亦不行四
無所畏四無礙解大慈大悲大喜大捨十八
佛不共法世尊諸菩薩摩訶薩若如是行則
不行無忘失法亦不行恒住捨性世尊諸菩
薩摩訶薩若如是行則不行預流果亦不行
一來不還阿羅漢果世尊諸菩薩摩訶薩若
如是行則不行獨覺菩提世尊諸菩薩摩訶
薩若如是行則不行一切

BD14631號　大般若波羅蜜多經卷三三四　　（23–3）

……菩薩摩訶薩若如是行則
不行無忘失法亦不行恒住捨性世尊諸菩
薩摩訶薩若如是行則不行預流果亦不行
一來不還阿羅漢果世尊諸菩薩摩訶薩若
如是行則不行獨覺菩提世尊諸菩薩摩訶
薩若如是行則不行一切智亦不行道相智
一切相智何以故世尊如是諸法能行所行
行時行處及由此而行皆不可得故世尊若
菩薩摩訶薩能如是行不為一切世間天人
阿素洛等之所降伏能伏一切世間天人阿
素洛等世尊若菩薩摩訶薩能如是行不為
一切聲聞獨覺之所降伏能伏一切聲聞獨
覺何以故世尊是菩薩摩訶薩已得安住無
能伏處謂菩薩離生位世尊是菩薩摩訶薩
恒住一切智智作意不可屈伏世尊是菩薩
摩訶薩如是行時則為隣近一切智智疾證
無上正等菩提佛言善現如是如是如汝所
說
復次善現於意云何假使於此南贍部洲諸
有情類皆得人身得人身已皆證無上正等
菩提有善男子善女人等盡其形壽以諸世
間上妙供具供養恭敬尊重讚歎此諸如來
應正等覺復持如是供養善根與諸有情平
等共有迴向無上正等菩提是善男子善女
人等由此因緣得福多不善現荅言甚多世
尊甚多善逝佛言善現若善男子善女人等
於大衆中宣說如是甚深般若波羅蜜多施

BD14631 號　大般若波羅蜜多經卷三三四　（23–4）

等共有迴向無上正等菩提是善男子善女
人等由此因緣得福多不善現荅言甚多世
尊甚多善逝佛言善現若善男子善女人等
於大衆中宣說如是甚深般若波羅蜜多施
設建立分別開示令其易了及住如是甚深
般若波羅蜜多相應作意此善男子善女人
等由是因緣所獲功德甚多於彼無量無邊
不可稱計
復次善現於意云何假使於此南贍部洲東
勝身洲諸有情類皆得人身得人身已皆證
無上正等菩提有善男子善女人等盡其形
壽以諸世間上妙供具供養恭敬尊重讚歎
此諸如來應正等覺復持如是供養善根與
諸有情平等共有迴向無上正等菩提是善
男子善女人等由此因緣得福多不善現荅
言甚多世尊甚多善逝佛言善現若善男子
善女人等於大衆中宣說如是甚深般若
波羅蜜多施設建立分別開示令其易了及
住如是甚深般若波羅蜜多相應作意此善
男子善女人等由是因緣所獲功德甚多於彼
无量无邊不可稱計
復次善現於意云何假使於此南贍部洲東
勝身洲西牛貨洲諸有情類皆得人身得人
身已皆證无上正等菩提有善男子善女人等
盡其形壽以諸世間上妙供具供養恭敬
尊重讚歎此諸如來應正等覺復持如是

BD14631 號　大般若波羅蜜多經卷三三四　（23–5）

復次善現於意云何假使於此南贍部洲東
勝身洲西牛貨洲諸有情類皆得人身得人
身已皆證无上正等菩提有善男子善女人等
盡其形壽以諸世間上妙供具供養恭敬
尊重讚歎此諸如來應正等覺復持如是
供養善根與諸有情平等共有迴向无上正等
菩提是善男子善女人等由此因緣得福多
不善現荅言甚多世尊甚多善逝佛言善現
善男子善女人等於大衆中宣說如是甚
深般若波羅蜜多施設建立分別開示令其
易了及住如是甚深般若波羅蜜多相應作
意此善男子善女人等由是因緣所獲功德
甚多於彼无量无邊不可稱計
復次善現於意云何假使於此四大洲界諸
有情類皆得人身得人身已皆證无上正等
菩提有善男子善女人等盡其形壽以諸世
間上妙供具供養恭敬尊重讚歎此諸如來
應正等覺復持如是供養善根與諸有情平
等共有迴向无上正等菩提是善男子善女
人等由此因緣得福多不善現荅言甚多世
尊甚多善逝佛言善現若善男子善女人等
於大衆中宣說如是甚深般若波羅蜜多施
設建立分別開示令其易了及住如是甚深
般若波羅蜜多相應作意此善男子善女人
等由是因緣所獲功德甚多於彼无量无邊
不可稱計
復次善現於意云何假使於此小千世界諸

BD14631 號　大般若波羅蜜多經卷三三四　（23–6）

般若波羅蜜多相應作意此善男子善女人
等由是因緣所獲功德甚多於彼无量无邊
不可稱計
復次善現於意云何假使於此小千世界諸
有情類皆得人身得人身已皆證无上正等
菩提有善男子善女人等盡其形壽以諸世
間上妙供具供養恭敬尊重讚歎此諸如來
應正等覺復持如是供養善根與諸有情平
等共有迴向无上正等菩提是善男子善女
人等由此因緣得福多不善現荅言甚多世
尊甚多善逝佛言善現若善男子善女人等
於大衆中宣說如是甚深般若波羅蜜多施
設建立分別開示令其易了及住如是甚深
般若波羅蜜多相應作意此善男子善女人
等由是因緣所獲功德甚多於彼无量无邊
不可稱計
復次善現於意云何假使於此中千世界諸
有情類皆得人身得人身已皆證无上正等
菩提有善男子善女人等盡其形壽以諸世
間上妙供具供養恭敬尊重讚歎此諸如來
應正等覺復持如是供養善根與諸有情平
等共有迴向无上正等菩提是善男子善
女人等由此因緣得福多不善現荅言甚多
世尊甚多善逝佛言善現若善男子善女人
等於大衆中宣說如是甚深般若波羅蜜多
施設建立分別開示令其易了及住如是
甚深般若波羅蜜多相應作意此善男子善

BD14631 號　大般若波羅蜜多經卷三三四　（23–7）

女人等由此因緣得福多不善現荅言甚多
世尊甚多善逝佛言善現若善男子善女人
等於大衆中宣說如是甚深般若波羅蜜多
施設建立分別開示令其易了及住如是
甚深般若波羅蜜多相應作意此善男子善
女人等由是因緣所獲功德甚多於彼无量无
邊不可稱計
復次善現於意云何假使三千大千世界諸
有情類皆得人身得人身已皆證无上正等
菩提有善男子善女人等盡其形壽以諸
世間上妙供具供養恭敬尊重讚歎此諸如來
應正等覺復持如是供養善根與諸有情
平等共有迴向无上正等菩提是善男子善女
人等由此因緣得福多不善現荅言甚多世
尊甚多善逝佛言善現若善男子善女人等
於大衆中宣說如是甚深般若波羅蜜多施
設建立分別開示令其易了及住如是甚深
般若波羅蜜多相應作意此善男子善女人
等由是因緣所獲功德甚多於彼无量无邊
不可稱計
復次善現於意云何假使於此南贍部洲諸
有情類非前非後皆得人身有善男子善女
人等方便教導皆令安住十善業道復持如
是教導善根與諸有情平等共有迴向无上
正等菩提是善男子善女人等由此因緣得
福多不善現荅言甚多世尊甚多善逝佛言
善現若善男子善女人等於大衆中宣說如

BD14631 號　大般若波羅蜜多經卷三三四　（23–8）

是教導善根與諸有情平等共有迴向无上
正等菩提是善男子善女人等由此因緣得
福多不善現荅言甚多世尊甚多善逝佛言
善現若善男子善女人等於大衆中宣說如
是甚深般若波羅蜜多施設建立分別開示
令其易了及正安住一切智智相應作意此
善男子善女人等由是因緣所獲功德甚多
於彼无量无邊不可稱計
復次善現於意云何假使於此南贍部洲東
勝身洲諸有情類非前非後皆得人身有善
男子善女人等方便教道皆令安住十善業
道復持如是教導善根與諸有情平等共
有迴向无上正等菩薩提是善男子善女人等由
此因緣得福多不善現荅言甚多世尊甚多善
逝佛言善現若善男子善女人等於大衆
中宣說如是甚深般若波羅蜜多施設建立
分別開示令其易了及正安住一切智智相
應作意此善男子善女人等由是因緣所獲
功德甚多於彼无量无邊不可稱計
復次善現於意云何假使於此南贍部洲東
勝身洲西牛貨洲諸有情類非前非後皆得
人身有善男子善女人等方便教道皆令安
住十善業道復持如是教導善根與諸有情
平等共有迴向无上正等菩提是善男子善
女人等由此因緣得福多不善現荅言甚多
世尊甚多善逝佛言善現若善男子善女人

BD14631 號　大般若波羅蜜多經卷三三四　（23–9）

住十善業道復持如是教導善根與諸有情
平等共有迴向无上正等菩提是善男子善
女人等由此因緣得福多不善現荅言甚多
世尊甚多善逝佛言善現若善男子善女人
等於大衆中宣說如是甚深般若波羅蜜多
施設建立分別開示令其易了及正安住一
切智智相應作意此善男子善女人等由是
因緣所獲功德甚多於彼无量无邊不可稱
計
復次善現於意云何假使於此四大洲界諸
有情類非前非後皆得人身有善男子善女
人等方便教導皆令安住十善業道復持如
是教道善根與諸有情平等共有迴向无上
正等菩提是善男子善女人等由此因緣得
福多不善現荅言甚多世尊甚多善逝佛言
善現若善男子善女人等於大衆中宣說如
是甚深般若波羅蜜多施設建立分別開示
令其易了及正安住一切智智相應作意此
善男子善女人等由是因緣所獲功德甚多
於彼无量无邊不可稱計
復次善現於意云何假使於此小千世界諸
有情類非前非後皆得人身有善男子善女
人等方便教導皆令安住十善業道復持如
是教導善根與諸有情平等共有迴向无上
正等菩提是善男子善女人等由此因緣得
福多不善現荅言甚多世尊甚多善逝佛言

有情類非前非後皆得人身有善男子善女
人等方便教導皆令安住十善業道復持如
是教導善根與諸有情平等共有迴向无上
正等菩提是善男子善女人等由此因緣得
福多不善現荅言甚多世尊甚多善逝佛言
善現若善男子善女人等於大衆中宣說如
是甚深般若波羅蜜多施設建立分別開示
令其易了及正安住一切智智相應作意此
善男子善女人等由是因緣所獲功德甚多
於彼无量无邊不可稱計
復次善現於意云何假使於此中千世界諸
有情類非前非後皆得人身有善男子善女
人等方便教導皆令安住十善業道復持如
是教導善根與諸有情平等共有迴向无上
正等菩提是善男子善女人等由此因緣得福
多不善現荅言甚多世尊甚多善逝佛言善
現若善男子善女人等於大衆中宣說如是
甚深般若波羅蜜多施設建立分別開示
令其易了及正安住一切智智相應作意此
善男子善女人等由是因緣所獲功德甚多
於彼无量无邊不可稱計
復次善現於意云何假使於此三千大千世
界諸有情類非前非後皆得人身有善男
子善女人等方便教導皆令安住十善業道復
持如是教導善根與諸有情平等共有迴向
无上正等菩提是善男子善女人等由此因
緣得福多不善現荅言甚多世尊甚多善逝

洲諸有情類非前非後皆得人身有善男
子善女人等方便教導皆令安住十善業道復
持如是教導善根與諸有情平等共有迴向
无上正等菩提是善男子善女人等由此因
緣得福多不善現荅言甚多世尊甚多善逝
佛言善現若善男子善女人等於大衆中宣
說如是甚深般若波羅蜜多施設建立分別
開示令其易了及正安住一切智智相應作
意此善男子善女人等由是因緣所獲功德
甚多於彼无量无邊不可稱計
復次善現於意云何假使於此南贍部洲諸
有情類非前非後皆得人身有善男子善女
人等方便教導皆令安住四靜慮四无量四
无色定五神通復持如是教導善根與諸有
情平等共有迴向无上正等菩提是善男子
善女人等由此因緣得福多不善現荅言甚多
世尊甚多善逝佛言善現若善男子善女人
等於大衆中宣說如是甚深般若波羅蜜
多施設建立分別開示令其易了及正安住
一切智智相應作意此善男子善女人等由
是因緣所獲功德甚多於彼无量无邊不可
稱計
復次善現於意云何假使於此南贍部洲東
勝身洲諸有情類非前非後皆得人身有善
男子善女人等方便教導皆令安住四靜慮四
无量四无色定五神通復持如是教導善
根與諸有情平等共有迴向无上正等菩提

復次善現於意云何假使於此南贍部洲東
勝身洲諸有情類非前非後皆得人身有善
男子善女人等方便教導皆令安住四靜慮四
无量四无色定五神通復持如是教導善
根與諸有情平等共有迴向无上正等菩提
是善男子善女人等由此因緣得福多不善
現荅言甚多世尊甚多善逝佛言善現若善
男子善女人等於大衆中宣說如是甚深般
若波羅蜜多施設建立分別開示令其易了
及正安住一切智智相應作意此善男子善
女人等由是因緣所獲功德甚多於彼无量
无邊不可稱計
復次善現於意云何假使於此南贍部洲東
勝身洲西牛貨洲諸有情類非前非後皆得
人身有善男子善女人等方便教導皆令安住
四靜慮四无量四无色定五神通復持如是
教導善根與諸有情平等共有迴向无上
正等菩提是善男子善女人等由此因緣得
福多不善現荅言甚多世尊甚多善逝佛言
善現若善男子善女人等於大衆中宣說如
是甚深般若波羅蜜多施設建立分別開示
令其易了及正安住一切智智相應作意此
善男子善女人等由是因緣所獲功德甚多
於彼无量无邊不可稱計
復次善現於意云何假使於此四大洲界諸
有情類非前非後皆得人身有善男子善女
人等方便教導皆令安住四靜慮四无量四

於彼无量无邊不可稱計
復次善現於意云何假使於此四大洲界諸
有情類非前非後皆得人身有善男子善女
人等方便教導皆令安住四靜慮四无量四
无色定五神通復持如是教導善根與諸有
情平等共有迴向无上正等菩提是善男子
善女人等由此因緣得福多不善現荅言甚多
世尊甚多善逝佛言善現若善男子善女人
等於大衆中宣說如是甚深般若波羅蜜
多施設建立分別開示令其易了及正安住
一切智智相應作意此善男子善女人等由
是因緣所獲功德甚多於彼无量无邊不
可稱計
復次善現於意云何假使於此小千世界諸
有情類非前非後皆得人身有善男子善
女人等方便教導皆令安住四靜慮四无量四
无色定五神通復持如是教導善根與諸有
情平等共有迴向无上正等菩提是善男子
善女人等由此因緣得福多不善現荅言甚
多世尊甚多善逝佛言善現若善男子善女
人等於大衆中宣說如是甚深般若波羅蜜
多施設建立分別開示令其易了及正安住
一切智智相應作意此善男子善女人等由
是因緣所獲功德甚多於彼无量无邊不可
稱計
復次善現於意云何假使於此中千世界諸

BD14631號　大般若波羅蜜多經卷三三四　（23–14）

一切智智相應作意此善男子善女人等由
是因緣所獲功德甚多於彼无量无邊不可
稱計
復次善現於意云何假使於此中千世界諸
有情類非前非後皆得人身有善男子善女
人等方便教導皆令安住四靜慮四无量四
无色定五神通復持如是教導善根與諸有
情平等共有迴向无上正等菩提是善男子
善女人等由此因緣得福多不善現荅言甚
多世尊甚多善逝佛言善現若善男子善女
人等於大衆中宣說如是甚深般若波羅蜜
多施設建立分別開示令其易了及正安住
一切智智相應作意此善男子善女人等由
是因緣所獲功德甚多於彼无量无邊不
可稱計
復次善現於意云何假使於此三千大千世
界諸有情類非前非後皆得人身有善男子
善女人等方便教導皆令安住四靜慮四无
量四无色定五神通復持如是教導善根與
諸有情平等共有迴向无上正等菩提是善
男子善女人等由此因緣得福多不善現荅
言甚多世尊甚多善逝佛言善現若善男子
善女人等於大衆中宣說如是甚深般若波
羅蜜多施設建立分別開示令其易了及
正安住一切智智相應作意此善男子善女人
等由是因緣所獲功德甚多於彼无量无邊

BD14631號　大般若波羅蜜多經卷三三四　（23–15）

言甚多世尊甚多善逝佛言善現若善男子
善女人等於大衆中宣説如是甚深般若波
羅蜜多施設建立分別開示令其易了及
正安住一切智智相應作意此善男子善女人
等由是因緣所獲功德甚多於彼无量无邊
不可稱計
復次善現於意云何假使於此南贍部洲諸
有情類非前非後皆得人身有善男子善女
人等方便教導皆令安住四沙門果復持如是
教導善根與諸有情平等共有迴向无上
正等菩提是善男子善女人等由此因緣得
福多不善現荅言甚多世尊甚多善逝佛言
善現若善男子善女人等於大衆中宣説如
是甚深般若波羅蜜多施設建立分別開示
令其易了及正安住一切智智相應作意此
善男子善女人等由是因緣所獲功德甚多於
彼无量无邊不可稱計
復次善現於意云何假使於此南贍部洲東
勝身洲諸有情類非前非後皆得人身有善
男子善女人等方便教導皆令安住四沙門
果復持如是教導善根與諸有情平等共有
迴向无上正等菩提是善男子善女人等由
此因緣得福多不善現荅言甚多世尊甚多
善逝佛言善現若善男子善女人等於大
衆中宣説如是甚深般若波羅蜜多施設建
立分別開示令其易了及正安住一切智智相
應作意此善男子善女人等由是因緣所獲

BD14631號　大般若波羅蜜多經卷三三四　（23–16）

此因緣得福多不善現荅言甚多世尊甚多
善逝佛言善現若善男子善女人等於大
衆中宣説如是甚深般若波羅蜜多施設建
立分別開示令其易了及正安住一切智智相
應作意此善男子善女人等由是因緣所獲
功德甚多於彼无量无邊不可稱計
復次善現於意云何假使於此南贍部洲東
勝身洲西牛貨洲諸有情類非前非後皆得
人身有善男子善女人等方便教導皆令安
住四沙門果復持如是教導善根與諸有情
平等共有迴向无上正等菩提是善男子善
女人等由此因緣得福多不善現荅言甚多
世尊甚多善逝佛言善現若善男子善女人
等於大衆中宣説如是甚深般若波羅蜜多
施設建立分別開示令其易了及正安住一
切智智相應作意此善男子善女人等由是
因緣所獲功德甚多於彼无量无邊不可稱
計
復次善現於意云何假使於此四大洲界諸
有情類非前非後皆得人身有善男子善女
人等方便教導皆令安住四沙門果復持如
是教導善根與諸有情平等共有迴向无上
正等菩提是善男子善女人等由此因緣得
福多不善現荅言甚多世尊甚多善逝佛言
善現若善男子善女人等於大衆中宣説如
是甚深般若波羅蜜多施設建立分別開示
令其易了及正安住一切智智相應作意此

BD14631號　大般若波羅蜜多經卷三三四　（23–17）

正等菩提是善男子善女人等由此因緣得
福多不善現荅言甚多世尊甚多善逝佛言
善現若善男子善女人等於大衆中宣說如
是甚深般若波羅蜜多施設建立分別開示
令其易了及正安住一切智智相應作意此
善男子善女人等由是因緣所獲功德甚多
於彼无量无邊不可稱計
復次善現於意云何假使於此小千世界諸
有情類非前非後皆得人身有善男子善女
人等方便教導皆令安住四沙門果復持如
是教導善根與諸有情平等共有迴向无
正等菩提是善男子善女人等由此因緣得
福多不善現荅言甚多世尊甚多善逝佛言
善現若善男子善女人等於大衆中宣說如
是甚深般若波羅蜜多施設建立分別開
示令易了及正安住一切智智相應作意此
善男子善女人等由是因緣所獲功德甚多
於彼无量无邊不可稱計
復次善現於意云何假使於此中千世界諸
有情類非前非後皆得人身有善男子善女
人等方便教道皆令安住四沙門果復持如
是教道善根與諸有情平等共有迴向无上
正等菩提是善男子善女人等由此因緣得
福多不善現荅言甚多世尊甚多善逝佛言
善現若善男子善女人等於大衆中宣說如
是甚深般若波羅蜜多施設建立分別開示
令其易了及正安住一切智智相應作意此

BD14631號　大般若波羅蜜多經卷三三四　（23–18）

正等菩提是善男子善女人等由此因緣得
福多不善現荅言甚多世尊甚多善逝佛言
善現若善男子善女人等於大衆中宣說如
是甚深般若波羅蜜多施設建立分別開示
令其易了及正安住一切智智相應作意此
善男子善女人等由是因緣所獲功德甚多
於彼无量无邊不可稱計
復次善現於意云何假使於此三千大千世
界諸有情類非前非後皆得人身有善男子
善女人等方便教導皆令安住四沙門果復
持如是教導善根與諸有情平等共有迴向
无上正等菩提是善男子善女人等由此因
緣得福多不善現荅言甚多世尊甚多善
逝佛言善現若善男子善女人等持大衆中
宣說如是甚深般若波羅蜜多施設建立分
別開示令其易了及正安住一切智智相應作
意此善男子善女人等由是因緣所獲功德
甚多於彼无量无邊不可稱計
復次善現於意云何假使於此南贍部洲諸
有情類非前非後皆得人身有善男子善女
人等方便教導皆令安住獨覺菩提復持如
是教導善根與諸有情平等共有迴向无上
正等菩提是善男子善女人等由此因緣得
福多不善現荅言甚多世尊甚多善逝佛
言善現若善男子善女人等於大衆中宣說如
是甚深般若波羅蜜多施設建立分別開示
令其易了及正安住一切智智相應作意此

BD14631號　大般若波羅蜜多經卷三三四　（23–19）

菩提是善男子善女人等由此因緣得
福多不善現荅言甚多世尊甚多善逝佛
言善現若善男子善女人等於大衆中宣說如
是甚深般若波羅蜜多施設建立分別開示
令其易了及正安住一切智智相應作意此
善男子善女等由是因緣所獲功德甚多
於彼无量无邊不可稱計
復次善現於意云何假使於此南贍部洲東
勝身洲諸有情類非前非後皆得人身有
善男子善女人等方便教導皆令安住獨覺
菩提復持如是教導善根與諸有情平等共
有迴向无上正等菩提是善男子善女人等由
此因緣得福多不善現荅言甚多世尊甚多
善逝佛言善現若善男子善女人等於大衆
中宣說如是甚深般若波羅蜜多施設建立
分別開示令其易了及正安住一切智智相
應作意此善男子善女人等由是因緣所獲
功德甚多於彼无量无邊不可稱計
復次善現於意云何假使於此南贍部洲東
勝身洲西牛貨洲諸有情類非前非後皆
得人身有善男子善女人等方便教導皆令
安住獨覺菩提復持如是教導善根與諸有
情平等共有迴向无上正等菩提是善男子
善女人等由此因緣得福多不善現荅言甚多
世尊甚多善逝佛言善現若善男子善女人
等於大衆中宣說如是甚深般若波羅蜜多
施設建立分別開示令其易了及正安住一

BD14631 號　大般若波羅蜜多經卷三三四　　（23–20）

情平等共有迴向无上正等菩提是善男子
善女人等由此因緣得福多不善現荅言甚多
世尊甚多善逝佛言善現若善男子善女人
等於大衆中宣說如是甚深般若波羅蜜多
施設建立分別開示令其易了及正安住一
切智智相應作意此善男子善女人等由是
因緣所獲功德甚多於彼无量无邊不可
稱計
復次善現於意云何假使於此四大洲界諸
有情類非前非後皆得人身有善男子善女
人等方便教導皆令安住獨覺菩提復持如
是教導善根與諸有情平等共有迴向无上
正等菩提是善男子善女人等由此因緣得
福多不善現荅言甚多世尊甚多善逝佛
言善現若善男子善女人等於大衆中宣說
如是甚深般若波羅蜜多施設建立分別開
示令其易了及正安住一切智智相應作意此
善男子善女人等由是因緣所獲功德甚多
於彼无量无邊不可稱計
復次善現於意云何假使於此小千世界諸
有情類非前非後皆得人身有善男子善女
人等方便教導皆令安住獨覺菩提復持如
是教導善根與諸有情平等共有迴向无上
正等菩提是善男子善女人等由是因緣得
福多不善現荅言甚多世尊甚多善逝佛言
善現若善男子善女人等於大衆中宣說如
是甚深般若波羅蜜多施設建立分別開

BD14631 號　大般若波羅蜜多經卷三三四　　（23–21）

是教導善根與諸有情平等共有迴向无上
正等菩提是善男子善女人等由是因緣得
福多不善現荅言甚多世尊甚多善逝佛言
善現若善男子善女人等於大衆中宣說如
是甚深般若波羅蜜多施設建立分別開
示令其易了及正安住一切智智相應作意此
善男子善女人等由是因緣所獲功德甚多
於彼无量无邊不可稱計
復次善現於意云何假使於此中千世界諸
有情類非前非後皆得人身有善男子善女
人等方便教導皆令安住獨覺菩提復持
是教導善根與諸有情平等共有迴向无上
正等菩提是善男子善女人等由此因緣得
福多不善現荅言甚多世尊甚多善逝佛言
善現若善男子善女人等於大衆中宣說如
是甚深般若波羅蜜多施設建立分別開示
令其易了及正安住一切智智相應作意此
善男子善女人等由是因緣所獲功德甚多
於彼无量无邊不可稱計
復次善現於意云何假使於此三千大千世
界諸有情類非前非後皆得人身有善男
子善女人等方便教導皆令安住獨覺菩提復
持如是教導善根與諸有情平等共有迴向
无上正等菩提是善男子善女人等由此因
緣得福多不善現荅言甚多世尊甚多善逝
佛言善現若善男子善女人等於大衆中宣
說如是甚深般若波羅蜜多施設建立分別

BD14631 號　大般若波羅蜜多經卷三三四　（23–22）

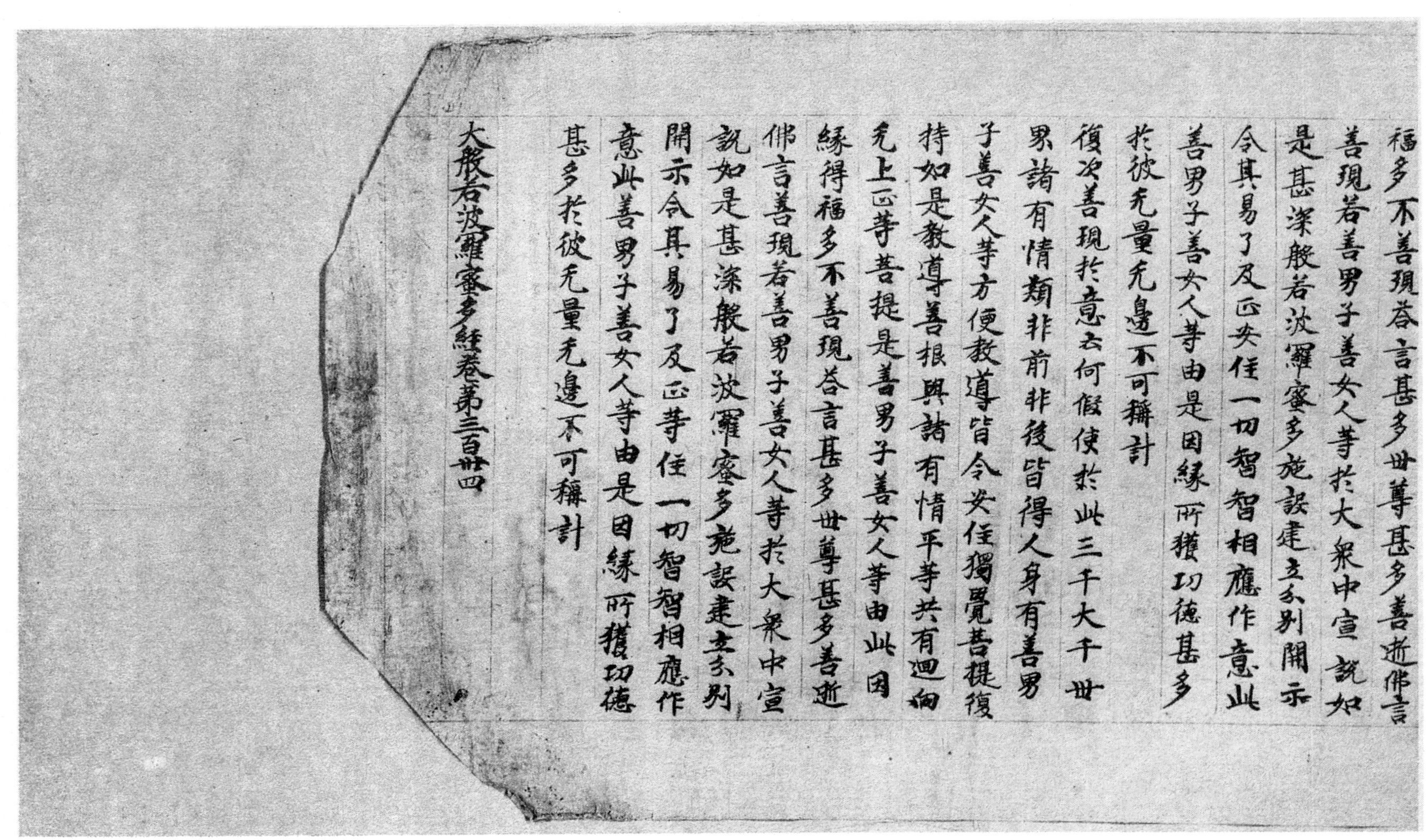
福多不善現荅言甚多世尊甚多善逝佛言
善現若善男子善女人等於大衆中宣說如
是甚深般若波羅蜜多施設建立分別開示
令其易了及正安住一切智智相應作意此
善男子善女人等由是因緣所獲功德甚多
於彼无量无邊不可稱計
復次善現於意云何假使於此三千大千世
界諸有情類非前非後皆得人身有善男
子善女人等方便教導皆令安住獨覺菩提復
持如是教導善根與諸有情平等共有迴向
无上正等菩提是善男子善女人等由此因
緣得福多不善現荅言甚多世尊甚多善逝
佛言善現若善男子善女人等於大衆中宣
說如是甚深般若波羅蜜多施設建立分別
開示令其易了及正安住一切智智相應作
意此善男子善女人等由是因緣所獲功德
甚多於彼无量无邊不可稱計
大般若波羅蜜多經卷第三百卌四

BD14631 號　大般若波羅蜜多經卷三三四　（23–23）

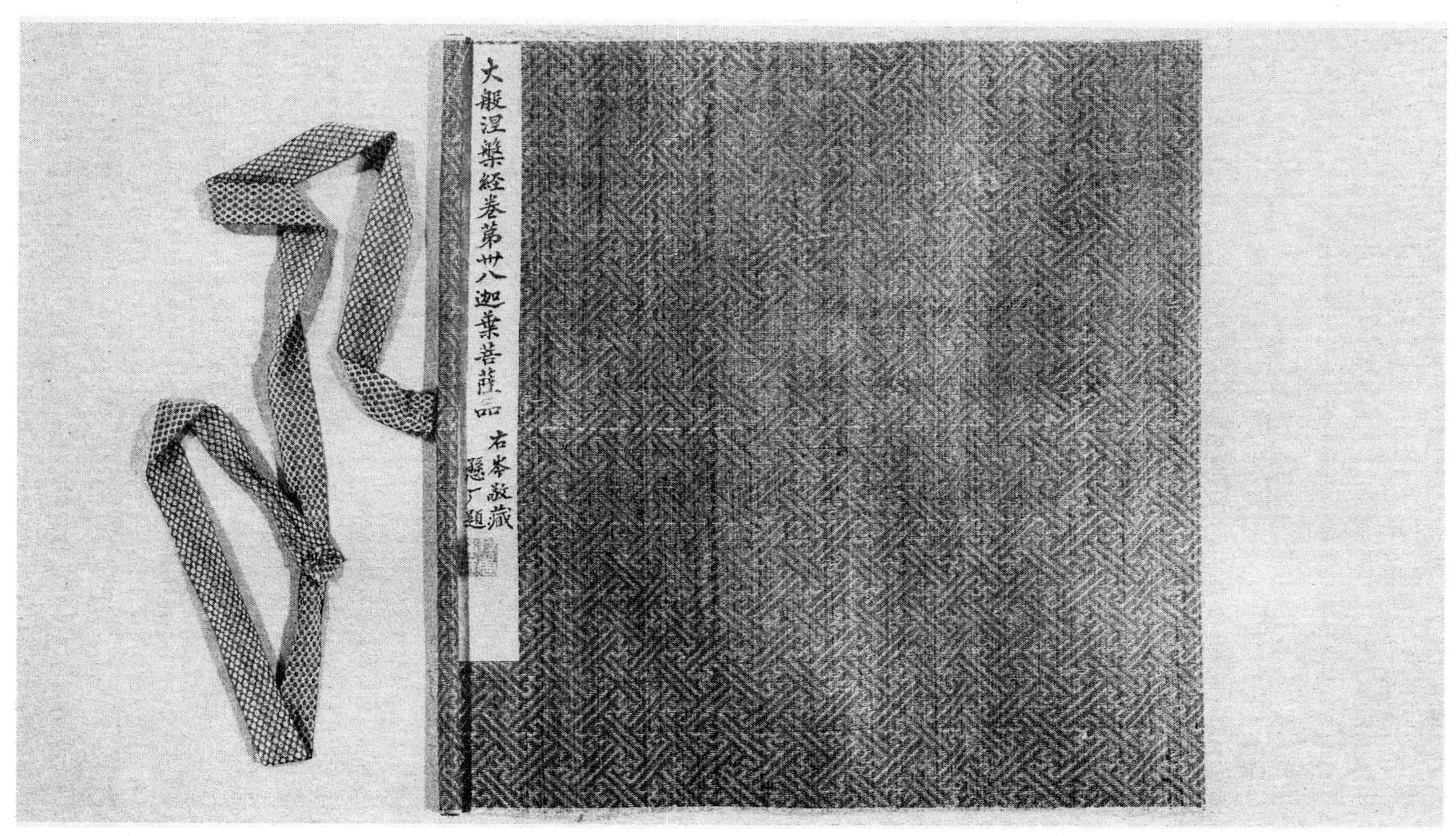

BD14632 號背　護首　　（1–1）

大般涅槃經卷第卅八　迦葉菩薩品
善男子若離如是卅七品終不能得聲聞正
果乃至阿耨多羅三藐三菩提果不見佛性
及佛性果以是因緣梵行即是三十七品何以
故三十七品性非顛倒能壞顛倒性非惡見能
壞惡見性非怖畏能壞怖畏性是淨行能令
衆生畢竟造作清淨梵行迦葉菩薩白佛言
世尊有漏之法亦復能作无漏法因如來何
故不說有漏為淨梵行善男子一切有漏即
是顛倒是故有漏不得名為清淨梵行迦葉
菩薩白佛言世尊世第一法為是有漏是无
漏耶佛言善男子是有漏也世尊雖是有漏
性非顛倒何故不名清淨梵行善男子世第
一法无漏因故似於无漏向无漏故不名顛
倒善男子清淨梵行發心相續乃至畢竟世

BD14632 號 1　大般涅槃經（北本　異卷）卷三八　　（17–1）

菩薩白佛言世尊世第一法為是有漏是无
漏耶佛言善男子是有漏也世尊雖是有漏
性非顛倒何故不名清淨梵行善男子世第
一法无漏因故似於无漏向无漏故不名顛
倒善男子清淨梵行發心相續乃至畢竟世
第一法唯是一心是故不得名清淨梵行迦
葉菩薩白佛言世尊衆生五識亦是有漏非
是顛倒復非一心何故不名清淨梵行善男
子衆生五識雖非一念然是有漏復是顛倒
增諸漏故名為有漏體非真實著想故倒云
何名為體非真實著想故倒非男女中生男
女想乃至舍宅車乘瓶衣亦復如是是名顛
倒善男子三十七品性无顛倒是故得名清淨
梵行善男子若有菩薩於三十七品知根知因
知攝知增知主知導知勝知實知畢竟者如
是菩薩則得名為清淨梵行迦葉菩薩白佛
言世尊云何名為知根乃至知畢竟耶佛言
善男子善哉善哉菩薩發問為於二事一者
為自知故二者為他知故汝今已知但為无
量衆生未解故請是事是故我今重讚嘆汝
善哉善哉善男子三十七品根本是欲因名明
觸攝取名受增名善思主名為念導名為定
勝名智慧實名解脫畢竟名為大般涅槃善
男子善欲即是初發道心乃至阿耨多羅三
藐三菩提之根本也是故我說欲為根本善

勝名智慧實名解脫畢竟名為大般涅槃善
男子善欲即是初發道心乃至阿耨多羅三
藐三菩提之根本也是故我說欲為根本善
男子如世間說一切苦惱愛為根本一切疾
病宿食為本一切斷事鬪諍為本一切惡事
虛妄為本迦葉菩薩白佛言世尊如來先於
此經中說一切善法不放逸為本今乃說欲
是義云何佛言善男子若言生因善欲是也
若言了因不放逸是如世間說一切果者子
為其因或復有說子為生因地為了因是義
亦尒迦葉菩薩言世尊如來先於餘經中說
三十七品佛是根本是義云何善男子如來先
說衆生初知三十七品佛是根本若自證得欲
為根本世尊云何明觸名之為因善男子如
來或時說明為慧或說為信善男子信因緣
故親近善友是名為觸親近因緣得聞正法
是名為觸因聞正法身口意淨是名為觸因
三業淨獲得正命是名為觸因正命故得淨
根戒因淨根戒樂寂靜處因樂寂靜能善思
惟因善思惟得如法住因如法住得三十七品
能壞无量諸惡煩惱是名為觸善男子受名
攝取衆生受時能作善惡是故名受為攝取
也善男子受因緣故生諸煩惱三十七品能破
壞之是故以受為攝取也因善思惟能破煩
惱是故名增何以故懃脩習故得如是等三十

攝取衆生受時能作善惡是故名受爲攝取
也善男子受因緣故生諸煩惱三十七品能破
壞之是故以受爲攝取也因善思惟能破煩
惱是故名增何以故慧脩習故得如是等三十
七品善觀能破諸惡煩惱要賴專念是故以
念爲主如世間中一切四兵隨主將意三十七
品亦復如是皆隨念主善男子既入定已三十
七品能善分別一切法相是故以定爲導是
三十七品分別法相智爲最勝是故以慧爲勝
如是智慧知煩惱已智慧力故煩惱消滅如
世間中四兵壞怨或一或二勇健者能三十七
品亦復如是智慧力故能壞煩惱是故以慧
爲勝善男子雖因脩習三十七品獲得四禪神
通安樂亦不名實若壞煩惱證解脫時乃名
爲實是三十七品發心脩道雖得世樂及出世
樂四沙門果及以解脫亦不得名爲畢竟也
若能斷除三十七品所行之事是名涅槃是故
我說畢竟者即大涅槃復次善男子善愛念心
即是欲也因善愛念親近善友故名爲觸是
名爲因因近善友故名爲受是名攝取因近
善友能善思惟故名爲增因是四法能生長
道所謂欲念定智是則名爲主導勝也因是
三法得二解脫除斷愛故得心解脫斷无明
故慧得解脫是名爲實如是八法畢竟得果
名爲涅槃故名畢竟復次善男子欲者即
是發心出家觸者即是白四羯磨是名爲因

BD14632 號 1　大般涅槃經（北本　異卷）卷三八　　（17–4）

道所謂欲念定智是則名爲主導勝也因是
三法得二解脫除斷愛故得心解脫斷无明
故慧得解脫是名爲實如是八法畢竟得果
名爲涅槃故名畢竟復次善男子欲者即
是發心出家觸者即是白四羯磨是名爲因
攝者即是受二種或一者波羅提木
叉或二者淨根或是名爲受是名

善現布施波羅蜜多清淨即一切智智清淨
一切智智清淨即布施波羅蜜多清淨何以
故是布施波羅蜜多清淨與一切智智清淨
无二无二分无別无斷故淨戒安忍精進靜
慮般若波羅蜜多清淨即一切智智清淨一
切智智清淨即淨戒乃至般若波羅蜜多清
淨何以故是淨戒乃至般若波羅蜜多清淨
與一切智智清淨無二無二分無別無斷故
善現內空清淨即一切智智清淨一切智智
清淨即內空清淨何以故是內空清淨與一
切智智清淨无二无二分无別无斷故外空
內外空空空大空勝義空有爲空无爲空畢
竟空无際空散空无變異空本性空自相空
共相空一切法空不可得空無性空自性空
無性自性空清淨即一切智智清淨一切智
智清淨即外空乃至無性自性空清淨何以
故是外空乃至無性自性空清淨與一切智
智清淨無二無二分無別無斷故善現真如
清淨即一切智智清淨一切智智清淨即真

BD14632 號 1　大般涅槃經（北本　異卷）卷三八　　（17–5）
BD14632 號 2　大般若波羅蜜多經卷一八四

共相空一切法空不可得空無性空自性空
無性自性空清淨即一切智智清淨一切智
智清淨即外空乃至無性自性空清淨何以
故是外空乃至無性自性空清淨與一切智
智清淨無二無二分無別無斷故善現真如
清淨即一切智智清淨一切智智清淨即真
如清淨何以故是真如清淨與一切智智清
淨無二無二分無別無斷故法界法性不虛
妄性不變異性平等性離生性法定法住實
際虛空界不思議界清淨即一切智智清淨
一切智智清淨即法界乃至不思議界清淨
何以故是法界乃至不思議界清淨與一切
智智清淨無二無二分無別無斷故善現苦
聖諦清淨即一切智智清淨一切智智清淨
即苦聖諦清淨何以故是苦聖諦清淨與一
切智智清淨無二無二分無別無斷故集滅
道聖諦清淨即一切智智清淨一切智智清
淨即集滅道聖諦清淨何以故是集滅道聖
諦清淨與一切智智清淨無二無二分無別
無斷故善現四靜慮清淨即一切智智清淨
一切智智清淨即四靜慮清淨何以故是四
靜慮清淨與一切智智清淨無二無二分無
別無斷故四無量四無色定清淨即一切智
智清淨一切智智清淨即四無量四無色定
清淨何以故是四無量四無色定清淨與一
切智智清淨無二無二分無別無斷故善現

BD14632號2　大般若波羅蜜多經卷一八四　（17–6）

靜慮清淨與一切智智清淨無二無二分無
別無斷故四無量四無色定清淨即一切智
智清淨一切智智清淨即四無量四無色定
清淨何以故是四無量四無色定清淨與一
切智智清淨無二無二分無別無斷故善現
八解脫清淨即一切智智清淨一切智智清
淨即八解脫清淨何以故是八解脫清淨與
一切智智清淨無二無二分無別無斷故八
勝處九次第定十遍處清淨即一切智智清
淨一切智智清淨即八勝處九次第定十遍
處清淨何以故是八勝處九次第定十遍處
清淨與一切智智清淨無二無二分無別無
斷故善現四念住清淨即一切智智清淨一
切智智清淨即四念住清淨何以故是四念
住清淨與一切智智清淨無二無二分無別
無斷故四正斷四神足五根五力七等覺支
八聖道支清淨即一切智智清淨一切智智
清淨即四正斷乃至八聖道支清淨何以故
是四正斷乃至八聖道支清淨與一切智智
清淨無二無二分無別無斷故善現空解脫
門清淨即一切智智清淨一切智智清淨即
空解脫門清淨何以故是空解脫門清淨與
一切智智清淨無二無二分無別無斷故無
相無願解脫門清淨即一切智智清淨一切
智智清淨即無相無願解脫門清淨何以故
是無相無願解脫門清淨與一切智智清淨
無二無二分無別無斷故善現菩薩十地清

BD14632號2　大般若波羅蜜多經卷一八四　（17–7）

一切智智清淨無二無二分無別無斷故善現無
相無願解脫門清淨即一切智智清淨一切
智智清淨即無相無願解脫門清淨何以故
是無相無願解脫門清淨與一切智智清淨
無二無二分無別無斷故善現菩薩十地清
淨即一切智智清淨一切智智清淨即菩薩
十地清淨何以故是菩薩十地清淨與一切
智智清淨無二無二分無別無斷故
善現五眼清淨即一切智智清淨一切智智
清淨即五眼清淨何以故是五眼清淨與一
切智智清淨無二無二分無別無斷故六神
通清淨即一切智智清淨一切智智清淨即
六神通清淨何以故是六神通清淨與一切
智智清淨无二無二分無別無斷故善現佛
十力清淨即一切智智清淨一切智智清淨
即佛十力清淨何以故是佛十力清淨與一
切智智清淨無二無二分無別無斷故四無
所畏四無礙解大慈大悲大喜大捨十八佛
不共法清淨即一切智智清淨一切智智清
淨即四無所畏乃至十八佛不共法清淨何
以故是四無所畏乃至十八佛不共法清淨
與一切智智清淨無二無二分無別無斷故
善現無忘失法清淨即一切智智清淨一切
智智清淨即無忘失法清淨何以故是無忘
失法清淨與一切智智清淨無二無二分無
別無斷故恒住捨性清淨即一切智智清淨
一切智智清淨即恒住捨性清淨何以故是

BD14632號2　大般若波羅蜜多經卷一八四　（17–8）

善現無忘失法清淨即一切智智清淨一切
智智清淨即無忘失法清淨何以故是無忘
失法清淨與一切智智清淨無二無二分無
別無斷故恒住捨性清淨即一切智智清淨
一切智智清淨即恒住捨性清淨何以故是
恒住捨性清淨與一切智智清淨無二無二
分無別無斷故善現一切智清淨即一切智
智清淨一切智智清淨即一切智清淨何以
故是一切智清淨與一切智智清淨無二無
二分無別無斷故道相智一切相智清淨即
一切智智清淨一切智智清淨即道相智一
切相智清淨何以故是道相智一切相智清
淨與一切智智清淨無二無二分無別無斷
故善現一切陁羅尼門清淨即一切智智清
淨一切智智清淨即一切陁羅尼門清淨何
以故是一切陁羅尼門清淨與一切智智清
淨無二無二分無別無斷故一切三摩地門
清淨即一切智智清淨一切智智清淨即一
切三摩地門清淨何以故是一切三摩地門
清淨與一切智智清淨無二無二分無別無
斷故
善現預流果清淨即一切智智清淨一切智
智清淨即預流果清淨何以故是預流果清
淨與一切智智清淨無二無二分無別無斷
故一來不還阿羅漢果清淨即一切智智清
淨一切智智清淨即一來不還阿羅漢果清
淨何以故是一來不還阿羅漢果清淨與一

BD14632號2　大般若波羅蜜多經卷一八四　（17–9）

智清淨即預流果清淨何以故是預流果清
淨與一切智智清淨無二無二分無別無斷
故一來不還阿羅漢果清淨即一切智智清
淨一切智智清淨即一來不還阿羅漢果清
淨何以故是一來不還阿羅漢果清淨與一
切智智清淨無二無二分无別無斷故善現
獨覺菩提清淨即一切智智清淨一切智智
清淨即獨覺菩提清淨何以故是獨覺菩提
清淨與一切智智清淨無二無二分無別無
斷故善現一切菩薩摩訶薩行清淨即一切
智智清淨一切智智清淨即一切菩薩摩訶
薩行清淨何以故是一切菩薩摩訶薩行清
淨與一切智智清淨無二無二分無別無斷
故善現諸佛無上正等菩提清淨即一切智
智清淨一切智智清淨即諸佛無上正等菩
提清淨何以故是諸佛無上正等菩提清淨
與一切智智清淨無二無二分無別無斷故
復次善現我清淨即色清淨色清淨即我清
淨何以故是我清淨與色清淨無二無二分
無別無斷故我清淨即受想行識清淨受想
行識清淨即我清淨何以故是我清淨與受
想行識清淨無二無二分無別無斷故有情
清淨即色清淨色清淨即有情清淨何以故
是有情清淨與色清淨無二無二分無別無
斷故有情清淨即受想行識清淨受想行識
清淨即有情清淨何以故是有情清淨與受

BD14632 號 2　大般若波羅蜜多經卷一八四　（17–10）

清淨即色清淨色清淨即有情清淨何以故
是有情清淨與色清淨無二無二分無別無
斷故有情清淨即受想行識清淨受想行識
清淨即有情清淨何以故是有情清淨與受
想行識清淨無二無二分無別無斷故命者
清淨即色清淨色清淨即命者清淨何以故
是命者清淨與色清淨無二無二分無別無
斷故命者清淨即受想行識清淨受想行識
清淨即命者清淨何以故是命者清淨與受
想行識清淨無二無二分無別無斷故生者
清淨即色清淨色清淨即生者清淨何以故
是生者清淨與色清淨無二無二分無別無
斷故生者清淨即受想行識清淨受想行識
清淨即生者清淨何以故是生者清淨與受想
行識清淨無二無二分無別無斷故養育者清
淨即色清淨色清淨即養育者清淨何以故
是養育者清淨與色清淨無二無二分無別
無斷故養育者清淨即受想行識清淨受想
行識清淨即養育者清淨何以故是養育者
清淨與受想行識清淨無二無二分無別無斷
故士夫清淨即色清淨色清淨即士夫清淨
何以故是士夫清淨與色清淨無二無二分
無別無斷故士夫清淨即受想行識清淨受
想行識清淨即士夫清淨何以故是士夫清
淨與受想行識清淨無二無二分無別無斷故
補特伽羅清淨即色清淨色清淨即補特伽

BD14632 號 2　大般若波羅蜜多經卷一八四　（17–11）

想行識清淨即士夫清淨何以故是士夫清
淨與受想行識清淨無二無二分無別無斷故
補特伽羅清淨即色清淨色清淨即補特伽
羅清淨何以故是補特伽羅清淨與色清淨
無二無二分無別無斷故補特伽羅清淨即
受想行識清淨受想行識清淨即補特伽羅
清淨何以故是補特伽羅清淨與受想行識
清淨無二無二分無別無斷故意生清淨即
色清淨色清淨即意生清淨何以故是意生
清淨與色清淨無二無二分無別無斷故意
生清淨即受想行識清淨受想行識清淨即
意生清淨何以故是意生清淨與受想行
識清淨無二無二分無別無斷故儒童清淨即
色清淨色清淨即儒童清淨何以故是儒童
清淨與色清淨無二無二分無別無斷故儒
童清淨即受想行識清淨受想行識清淨即
儒童清淨何以故是儒童清淨與受想行識
清淨無二無二分無別無斷故作者清淨即
色清淨色清淨即作者清淨何以故是作者
清淨與色清淨無二無二分無別無斷故作
者清淨即受想行識清淨受想行識清淨即
作者清淨何以故是作者清淨與受想行識
清淨無二無二分無別無斷故受者清淨即
色清淨色清淨即受者清淨何以故是受者
清淨與色清淨無二無二分無別無斷故受
者清淨即受想行識清淨受想行識清淨即

BD14632號2　大般若波羅蜜多經卷一八四　（17–12）

作者清淨何以故是作者清淨與受想行識
清淨無二無二分無別無斷故受者清淨即
色清淨色清淨即受者清淨何以故是受者
清淨與色清淨無二無二分無別無斷故受
者清淨即受想行識清淨受想行識清淨即
受者清淨何以故是受者清淨與受想行識
清淨無二無二分無別無斷故知者清淨即
色清淨色清淨即知者清淨何以故是知者
清淨與色清淨無二無二分無別無斷故知
者清淨即受想行識清淨受想行識清淨即
知者清淨何以故是知者清淨與受想行識
清淨無二無二分無別無斷故見者清淨即
色清淨色清淨即見者清淨何以故是見者
清淨與色清淨無二無二分無別無斷故見
者清淨即受想行識清淨受想行識清淨即
見者清淨何以故是見者清淨與受想行識
清淨無二無二分無別無斷故
復次善現我清淨即眼處清淨眼處清淨即
我清淨何以故是我清淨與眼處清淨無二
無二分無別無斷故我清淨即耳鼻舌身意
處清淨耳鼻舌身意處清淨即我清淨何以
故是我清淨與耳鼻舌身意處清淨無二無
二分無別無斷故有情清淨即眼處清淨眼
處清淨即有情清淨何以故是有情清淨與
眼處清淨無二無二分無別無斷故有情清
淨即耳鼻舌身意處清淨耳鼻舌身意處
清淨即有情清淨何以故是有情清淨與耳鼻

BD14632號2　大般若波羅蜜多經卷一八四　（17–13）

處清淨即有情清淨何以故是有情清淨與
眼處清淨無二無二分無別無斷故有情清
淨即耳鼻舌身意處清淨耳鼻舌身意處
清淨即有情清淨何以故是有情清淨與耳鼻
舌身意處清淨無二無二分無別無斷故命
者清淨即眼處清淨眼處清淨即命者清淨
何以故是命者清淨與眼處清淨無二無二
分無別無斷故命者清淨即耳鼻舌身意處
清淨耳鼻舌身意處清淨即命者清淨何以
故是命者清淨與耳鼻舌身意處清淨無二
無二分無別無斷故生者清淨即眼處清淨
眼處清淨即生者清淨何以故是生者清淨
與眼處清淨無二無二分無別無斷故生者
清淨即耳鼻舌身意處清淨耳鼻舌身意處
清淨即生者清淨何以故是生者清淨與耳
鼻舌身意處清淨無二無二分無別無斷故
養育者清淨即眼處清淨眼處清淨即養育
者清淨何以故是養育者清淨與眼處清淨
無二無二分無別無斷故養育者清淨即耳
鼻舌身意處清淨耳鼻舌身意處清淨即養
育者清淨何以故是養育者清淨與耳鼻舌
身意處清淨無二無二分無別無斷故士夫
清淨即眼處清淨眼處清淨即士夫清淨何
以故是士夫清淨與眼處清淨無二無二分
無別無斷故士夫清淨即耳鼻舌身意處清
淨耳鼻舌身意處清淨即士夫清淨何以故

BD14632 號 2　大般若波羅蜜多經卷一八四　　（17–14）

清淨即眼處清淨眼處清淨即士夫清淨何
以故是士夫清淨與眼處清淨無二無二分
無別無斷故士夫清淨即耳鼻舌身意處清
淨耳鼻舌身意處清淨即士夫清淨何以故
是士夫清淨與耳鼻舌身意處清淨無二無
二分無別無斷故補特伽羅清淨即眼處清
淨眼處清淨即補特伽羅清淨何以故是補
特伽羅清淨與眼處清淨無二無二分無別
無斷故補特伽羅清淨即耳鼻舌身意處清
淨耳鼻舌身意處清淨即補特伽羅清淨何
以故是補特伽羅清淨與耳鼻舌身意處清
淨無二無二分無別無斷故意生清淨即眼
處清淨眼處清淨即意生清淨何以故是意
生清淨與眼處清淨無二無二分無別無斷
故意生清淨即耳鼻舌身意處清淨耳鼻舌
身意處清淨即意生清淨何以故是意生清
淨與耳鼻舌身意處清淨無二無二分無別
無斷故儒童清淨即眼處清淨眼處清淨即
儒童清淨何以故是儒童清淨與眼處清淨
無二無二分無別無斷故儒童清淨即耳鼻
舌身意處清淨耳鼻舌身意處清淨即儒童
清淨何以故是儒童清淨與耳鼻舌身意處
清淨無二無二分無別無斷故作者清淨即
眼處清淨眼處清淨即作者清淨何以故是
作者清淨與眼處清淨無二無二分無別無
斷故作者清淨即耳鼻舌身意處清淨耳鼻

BD14632 號 2　大般若波羅蜜多經卷一八四　　（17–15）

清淨無二無二分無別無斷故作者清淨即
眼處清淨眼處清淨即作者清淨何以故是
作者清淨與眼處清淨無二無二分無別無
斷故作者清淨即耳鼻舌身意處清淨耳鼻
舌身意處清淨即作者清淨何以故是作者
清淨與耳鼻舌身意處清淨無二無二分無
別無斷故受者清淨即眼處清淨眼處清淨
即受者清淨何以故是受者清淨與眼處清
淨無二無二分無別無斷故受者清淨即耳
鼻舌身意處清淨耳鼻舌身意處清淨即受
者清淨何以故是受者清淨與耳鼻舌身意
處清淨無二無二分無別無斷故知者清淨
即眼處清淨眼處清淨即知者清淨何以故
是知者清淨與眼處清淨無二無二分無別
無斷故知者清淨即耳鼻舌身意處清淨耳
鼻舌身意處清淨即知者清淨何以故是知
者清淨與耳鼻舌身意處清淨無二無二分
無別無斷故見者清淨即眼處清淨眼處清
淨即見者清淨何以故是見者清淨與眼處
清淨無二無二分無別無斷故見者清淨即
耳鼻舌身意處清淨耳鼻舌身意處清淨即
見者清淨何以故是見者清淨與耳鼻舌身
意處清淨無二無二分無別無斷故

大般若波羅蜜多經卷第一百八十四

BD14632號2　大般若波羅蜜多經卷一八四　（17–16）

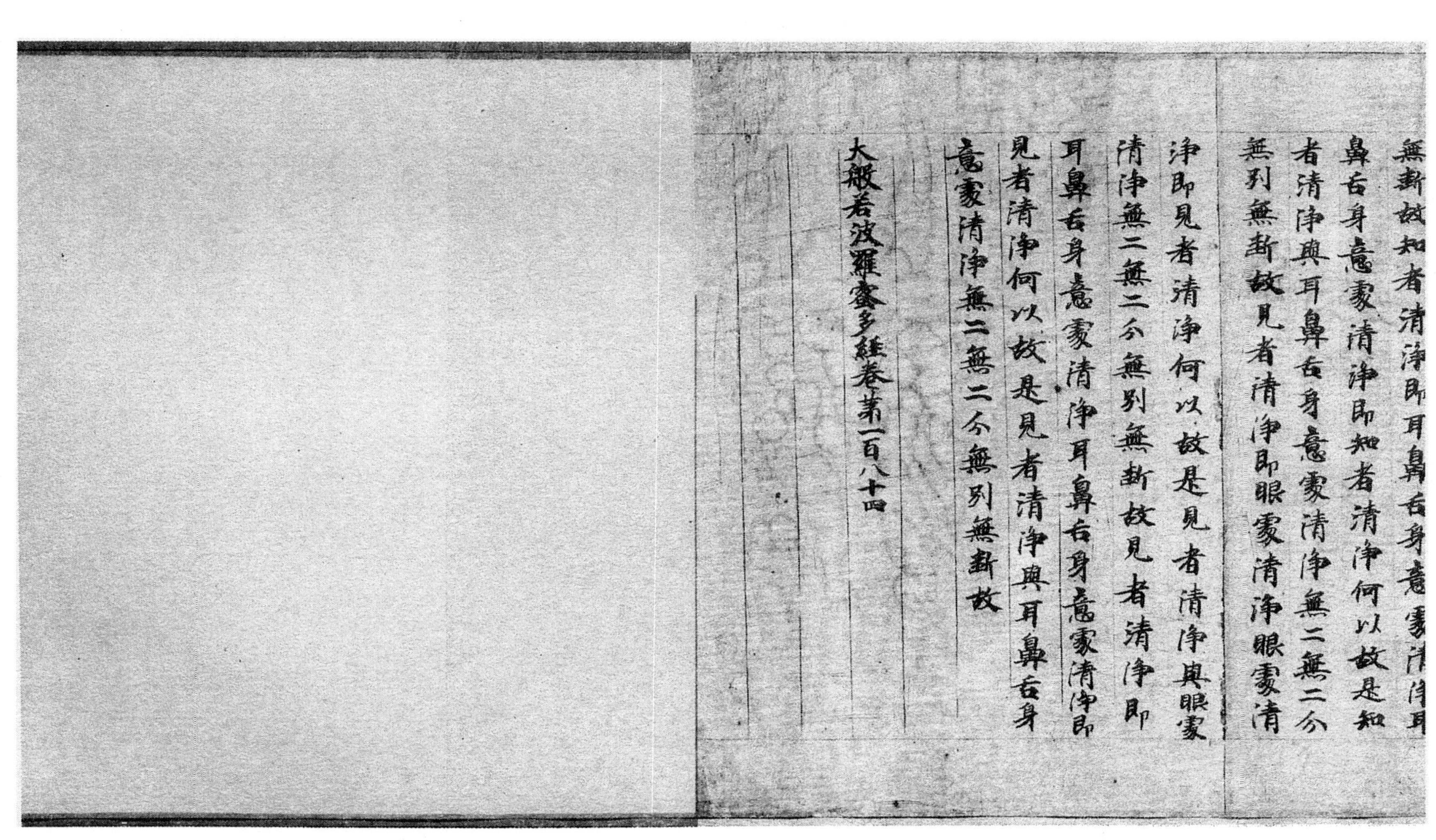

無斷故知者清淨即耳鼻舌身意處清淨耳
鼻舌身意處清淨即知者清淨何以故是知
者清淨與耳鼻舌身意處清淨無二無二分
無別無斷故見者清淨即眼處清淨眼處清
淨即見者清淨何以故是見者清淨與眼處
清淨無二無二分無別無斷故見者清淨即
耳鼻舌身意處清淨耳鼻舌身意處清淨即
見者清淨何以故是見者清淨與耳鼻舌身
意處清淨無二無二分無別無斷故

大般若波羅蜜多經卷第一百八十四

BD14632號2　大般若波羅蜜多經卷一八四　（17–17）

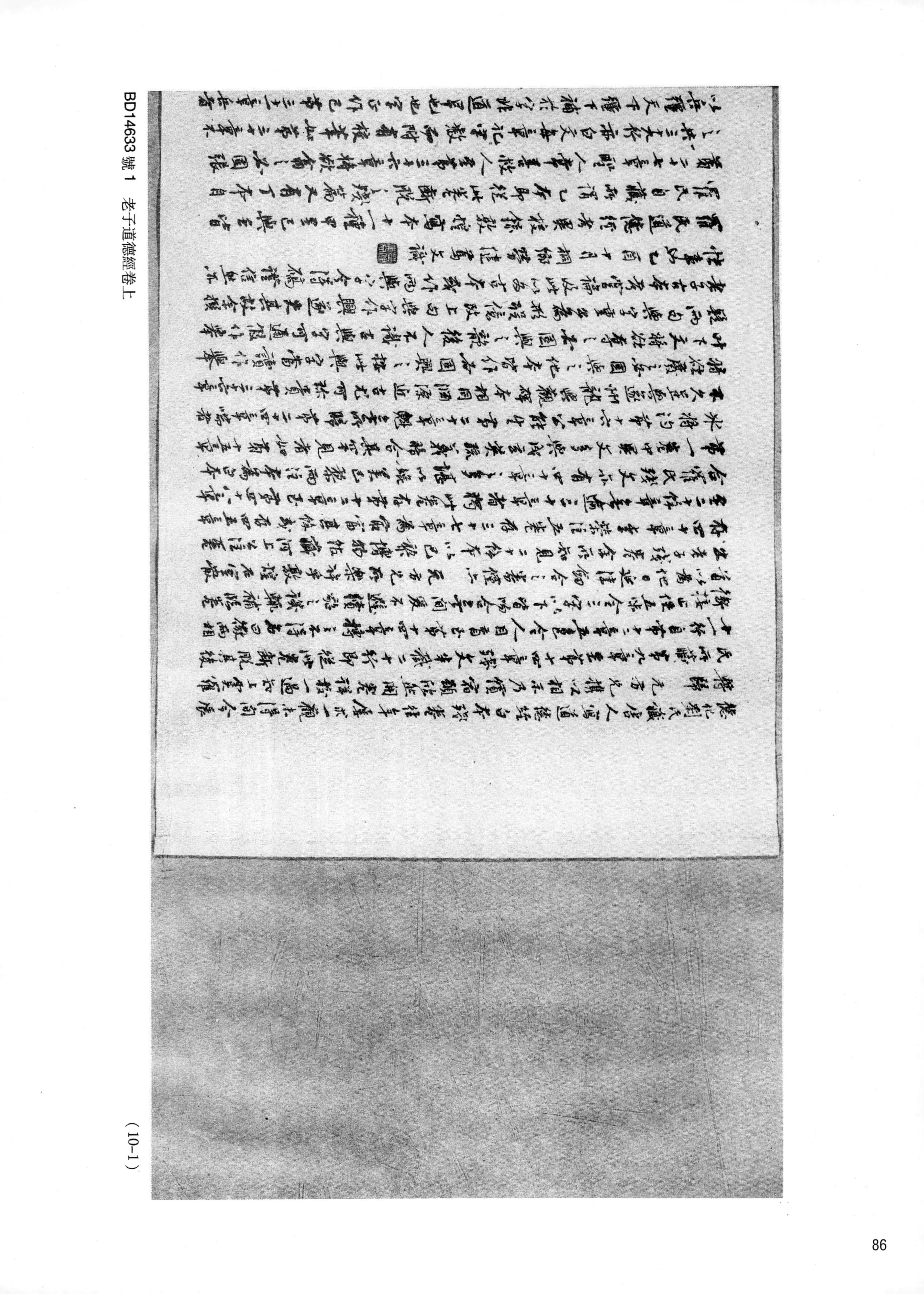

BD14633號1　老子道德經卷上

（10–1）

BD14633號1　老子道德經卷上　（10–2）

我无身吾有何患故貴以身〻於天下若可託
天下愛以身為天下若可寄天下 七十八字
視之不見名曰夷聽之不聞名曰希摶之不得
名曰微此三者不可致詰故混而為一其上不
皦其下不忽繩繩不可名復歸於无物是
无狀之狀无物之像是謂惚恍迎不見其
首隨不見其後 執古之道以御今之有以
知故始是謂道紀 九十字
古之善為士者微妙玄通深不可識夫唯
不可故强為之容豫若冬涉川猶若畏四鄰
儼若客散若冰將泮混若樸曠若谷肫
濁以靜之徐清安以動之徐生保此道者不
欲盈夫唯不〻〻能弊復成 七十八字
致虛極守靜篤萬物並作吾以觀其復夫
物云云各歸其根歸根曰靜靜曰復命復命曰
常知常明不知常妄作凶知常容容能公公
能生生能天天能道道能久沒身不殆 六十六字
太上下知有之其次親之譽之其次畏之侮
之信不足有〻 猶其貴言成功遂事百姓
謂我自然 廿八字
大道廢有仁義知慧出有大偽六親不和有
孝慈國家昏亂有忠臣 廿六字
絕聖棄智民利百倍絕仁棄義民復孝慈絕
巧棄利盜賊无有此三言為文未足故令有
所屬見素抱朴少私寡欲 廿四字
絕學无憂唯之與何相去幾何美之與惡相
去何若人之所畏不可不畏恭其未央衆人

絶聖棄智民利百倍絶仁棄義民復孝慈絶
巧棄利盜賊无有此三言為文未足故令有
所屬見素抱朴少私寡欲 卌四字
絶學无憂唯之與何相去幾何美之與惡相
去何若人之所畏不可不畏莽其未央衆人
熙熙若享大牢若春登臺我魄未兆若嬰兒
未孩魁无所歸衆人皆有餘我獨若遺我愚
人之心純純俗人照照我獨若昏俗人察察我
獨悶悶忽若晦寂无所止衆人皆有已我獨
頑以鄙我欲異於人而貴食母 一百一十五字
孔德之容唯道是從道之為物唯慌唯惚慌
惚中有物惚慌中有像窈冥中有精其精甚
真其中有信自古及今其名不去閱以終甫
吾何以知終甫之然以此 二十一字
曲則全枉則正窪則盈弊則新少則得多則
惑是以聖人抱一為天下式不自是故章不自
見故明不自伐故有功不自矜故長夫唯不
爭故莫能與爭古之所謂曲則全豈虛語
故成全而歸之 七十四字
希言自然飄風不終朝驟雨不終日孰為此天
地天地尚不能久而況於人故從事而道者
道得之同於德者德得之同於失者道失
之信不足有不信 五十八字
喘者不久跨者不行自見不明自是不彰自
饒无功自矜不長其在道曰餘食餟行物
有惡之故有道不處 卌一字
有物混成先天地生寂漠獨立不改周行不
殆可以為天下母吾不知其名字之曰道吾

喘者不久跨者不行自見不明自是不彰自
饒无功自矜不長其在道日餘食餟行物
有惡之故有道不處 卅一字
有物混成先天地生寂漠獨立不改周行不
殆可以為天下母吾不知其名字之曰道吾
強為之名曰大大曰逝逝曰遠遠曰反道大天
大地大王大域中有四大而王處一人法地地
法天天法道道法自然 七十九字
重為輕根靜為躁君是以君子終日行不離輜
重雖有榮觀燕處超然如何萬乘之主以身
輕天下輕則失本躁則失君 卅六字
善行无徹迹善言无瑕適善計不用籌筭
善閉无關楗不可開善結无繩約不可解是以
聖人常善救人而无棄人常善救物而无棄
物是謂襲明善人不善人之師不善人善人
之資不貴其 不愛其資雖智大迷此謂要
妙 八十六字
知其雄守其雌為天下溪常德不離復歸於
嬰兒知其白守其黑為天下式常德不忒復
歸於无極知其榮守其辱為天下谷為天下
谷常德乃足復歸於樸樸散為器聖人用為
官長是以大制无割 七十六字
將欲取天下而為之吾見其不得已天下神器
不可為為者敗之執者失之夫物或行或隨
或噓或吹或彊或羸或接或墮是以聖人去
甚去奢去泰 五十七字
以道佐人主者不以兵彊天下其事好還師

將欲取天下而為之吾見其不得已天下神器
不可為為者敗之執者失之夫物或行或隨
或噓或吹或彊或羸或接或隳是以聖人去
甚去奢去泰 五十七字
以道佐人主者不以兵彊天下其事好還師
之所處荊棘生故善者果而已不以取彊果
而勿驕果而勿矜果而勿伐果而不得已是
果而勿彊物壯則老謂之非道非道早已 六十七字
夫佳兵者不祥之器物或惡之故有道不處
君子居則貴左用兵則貴右兵者不祥器
非君子之器不得已而用之恬惔為上故不美
若美必樂之是樂煞者不可得意於天下
故吉事尚左喪事尚右是以偏將軍居左
上將軍居右言以喪禮處之煞人衆多以
悲哀泣之戰勝以喪禮處之 一百一十四字
道常无名樸雖小天下不敢臣王侯若能守
萬物將自賓天地相合以降甘露民莫之令
而自均始制有名名亦既有夫亦將知止知止
不殆譬道在天下猶川谷與江海 六十五字
知人者智自知者明勝人有力自勝者彊知
足者富彊行有志不失其所者久死而不亡
者壽 卅六字
大道氾其可左右萬物恃以生而不辭成功
不名有衣被萬物不為主可名小萬物歸之
不為主可名於大是以聖人終不為大故能成
其大 五十五字
執大象天下往而不害安平太樂與珥過
客止道出言惔无味視不足見聽不足聞

不為主可名於大是以聖人終不為大故能成
其大五十五字
執大象天下往而不害安平太樂與珥過
客止道出言惔无味視不足見聽不足聞
用不可既卅七字
將欲翕之必固張之將欲弱之必固彊之將
欲廢之必固興之將欲棄之必固與之是謂
微明柔弱勝剛彊魚不可脫於淵國有利
器不可以視人五十六字
道常无為而无不為王侯若能守萬物將
自化化如欲作吾將鎮之以无名之樸无名
之樸亦將不欲无欲以靜天地自正卅七字
老子道經上

老子德經下
上德不德是以有德下德不失德是以无德
上德无為而无以為下德為之而有以為上仁
為之而无以為上義為之而有以為上禮為
之而莫之應則攘辟而仍之故失道而後德
失德而後仁失仁而後義失義而後禮夫禮
者忠信之薄而亂之首前識者道之華而
愚之始是以大丈夫處其厚不處其薄居其
實不居其華故去彼取此一百卅九字
昔之得一者天得一以清地得一以寧神得一以
靈谷得一以盈萬物得一以生侯王得一以為
天下正其致之天无以清將恐裂地无以寧將
恐發神无以靈將恐歇谷无以盈將恐竭萬物
无以生將恐滅侯王无以貴將恐蹶故貴以

BD14633 號 1　老子道德經卷上
BD14633 號 2　老子道德經卷下

（10–7）

昔之得一者天得一以清地得一以寧神得一以
靈谷得一以盈萬物得一以生侯王得一以為
天下正其致之天无以清将恐裂地无以寧将
恐發神无以靈将恐歇谷无以盈将恐竭萬物
无以生将恐滅侯王无以貴将恐蹷故貴以
賤為本高以下為基是以王侯自謂孤寡不
穀此其以賤為本耶非故致數轝无轝不
欲禄禄如玉落落如石 一百卌二字
反者道之動弱者道之用天地之物生於有
有生於无 廿一字
上士聞道懃能行中士聞道若存若亡下士
聞道大咲之不咲不足以為道是以建言有
之明道若昧進道若退夷道若纇上德若
俗大白若辱廣德若不足建德若偷質
真若渝大方无隅大器晚成大音希聲大象
无形道隱无名夫唯道善貸且成 九十五字
道生一一生二二生三三生萬物萬物負陰
而抱陽沖氣以為和人之所惡唯孤寡不穀
而王公以自名故物或損之而益益之而損人之
所教亦我義教之彊梁者不得其死吾将
以為學父 七十三字
天下之至柔馳騁天下之至堅无有入无間是以
知无為有益不言之教无為之益天下希及之 卌字
名與身孰親身與貨孰多得與亡孰病是
故甚愛必大費多藏必厚亡故知足不辱知
止不殆可以長久 卌字
大成若缺其用不弊大滿若沖其用不窮大直
若屈大巧若拙大辯若吶躁勝寒靜勝熱
清靜為

BD14633號2　老子道德經卷下　（10–8）

而王公以自名故物或損之而益益之而損人之
所教亦我義教之彊梁者不得其死吾將
以為學父七十三字
天下之至柔馳騁天下至堅无有入无間是以
知无為有益不言之教无為之益天下希及之卅七字
名與身孰親身與貨孰多得與亡孰病是
故甚愛必大費多藏必厚亡故知足不辱知
止不殆可以長久卅字
大成若缺其用不弊大滿若沖其不窮大直
若屈大巧若拙大辯若訥躁勝寒靜勝熱
清靜為天下政卅字
天下有道却走馬以糞天下无道戎馬生於
郊罪莫大於可欲禍莫大於不知足咎莫甚
於欲得知足之足常足卅三字
不出戶知天下不闚牖知天道其出彌遠其
知彌少是以聖人不行而知不見而名不為
而成卅六字
為學日益為道日損損之又損之以至於无
為无為无不為取天下常以无事及其有事
不足以取天下卅字

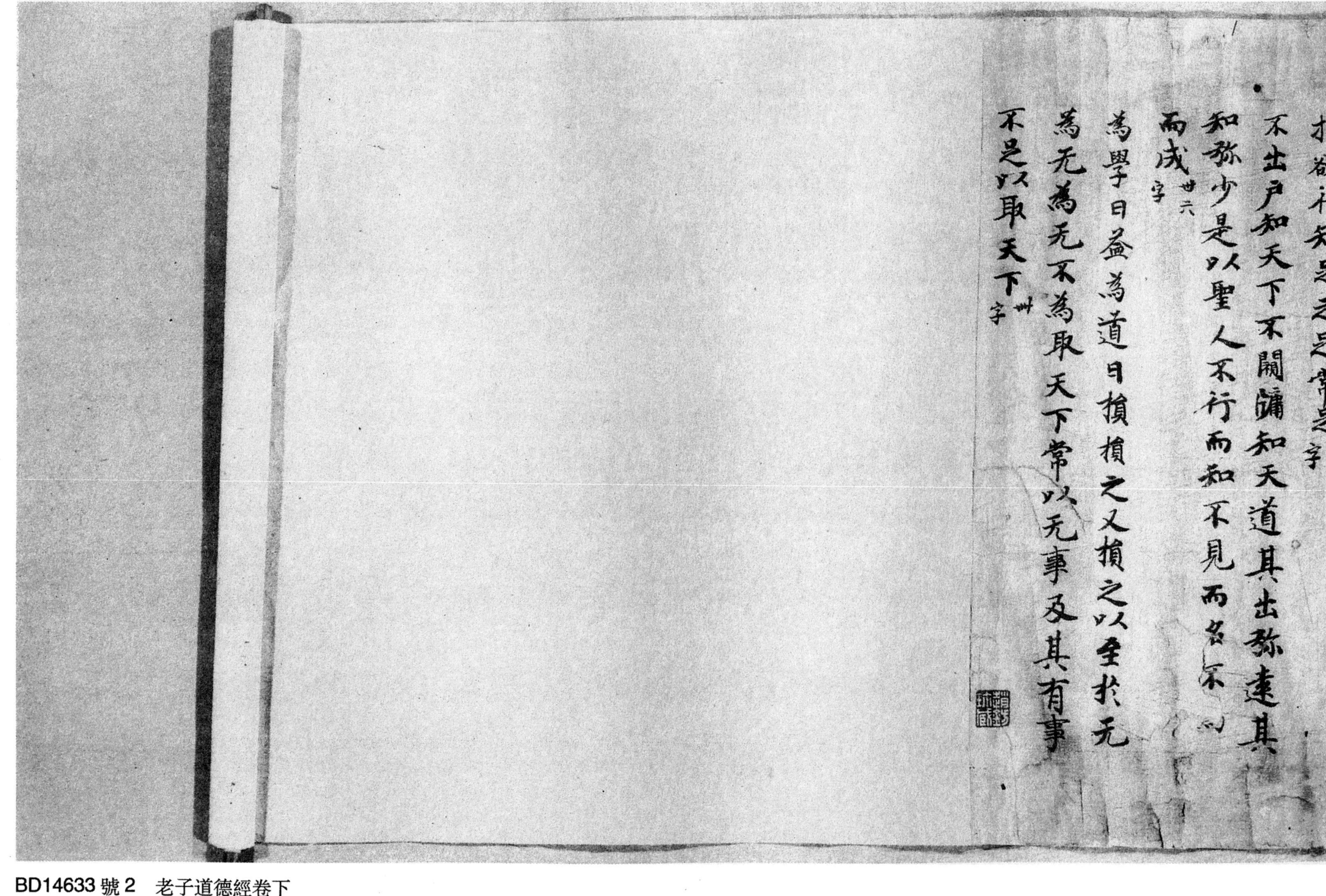

清靜爲天下政字
天下有道却走馬以糞天下无道戎馬生於
郊罪莫大於可欲禍莫大於不知足咎莫甚
於欲得知足之足常足之卌三字
不出戶知天下不闚牖知天道其出弥遠其
知弥少是以聖人不行而知不見而名不
而成卌六字
爲學日益爲道日損損之又損之以至於无
爲无爲无不爲取天下常以无事及其有事
不足以取天下卌字

BD14633號2　老子道德經卷下　　（10–10）

BD14634號背　護首　　（1–1）

南華真經田子方品第廿一

田子方侍坐於魏文侯數稱谿工文侯曰

谿工子之師耶子方曰非也无擇之里人稱

道數當故无擇稱之[illegible]

耶子方曰有子之師誰[illegible]

文侯曰然則夫子何故未嘗稱之子方曰其

為人也真无假人貌而天雖貌與人同而獨任自然也虛緣

而葆真虛而順真不失也故清而容物夫清者患於大絜今清而容物與天

同也物无道正容以悟之使人之意也消清虛正己而物邪自消也

无擇何足以稱之子方出文

侯儻然終日不言召[illegible]

矣全德之君子始吾以聖知之言仁義之行

為至矣吾聞子方之師吾形解而不欲動口

鉗而不欲言自覺其近也吾所學真土梗耳非真

物也夫魏真為我累耳知至貴者以人爵為累也

溫伯雪子適齊舍於[illegible]

佚儻然終日不言召以

矣全德之君子始吾以聖知之言仁義之行

為至矣吾聞子方之師吾形解而不欲動口

鉗而不欲言（自覺其近也）吾所學真土梗耳（非真）

（物也）夫魏真為我累耳（知至貴者以人爵為累也）[illegible]青[illegible]皆

溫伯雪子適齊舍於

溫伯雪子曰不可吾聞中國之君子明乎禮

義而陋於知人心吾不欲見也至於齊反舍

於魯是人也又請見溫伯雪子曰往也蘄見

我今也又蘄見我是必有以振我也出而見

客入歎明日見客又入而歎其僕曰每見之

容也必入而歎何耶曰[illegible]告子矣中國之

君子明乎禮義而陋乎知人心昔之見我者

進退一成規一成矩從容一若龍一若虎（盤辟其步禮義之弊有斯）

（逶迤其迹飾也）其諫我也似子其導我也似父

是以歎也仲尼見之而不言（已知其心矣）子路

曰吾子欲見溫伯雪子也久矣見之而不言

何仲尼曰若夫人者目擊而道存矣亦不可

以容聲矣（目裁往意已達无所容其德音也）

顏淵問於仲尼曰夫子步亦步夫子趨

亦趨夫子馳亦馳夫子奔逸絕塵而（回）瞠若

乎後耳矣夫子曰回何謂耶曰夫子步亦

步也夫子言亦言也夫子趨亦趨也夫

子辯亦辯也夫子馳亦馳也夫子言道回

亦言道也及奔逸絕塵而瞠若乎後也者夫

子不言而信不比而周无器而民蹈乎前而

不知所以然而已矣仲尼曰惡可不察與夫

哀莫大於心死而人死次之（夫心以死為死乃更速其死之速）

（由哀以自喪也无哀則已有）日出東方入於西

子辯亦辯也夫子馳亦馳也者夫子言道回
亦言道也及奔逸絕塵而瞠若乎後也者夫
子不言而信不比而周无器而民蹈乎前而
不知所以然而已矣仲尼曰惡可不察與夫
哀莫大於心死而人死次之夫心以死為死乃更速死其死之速
由哀以自喪也无哀則已有哀則心死者乃哀之大者也日出東方入於西
極萬物莫不比方皆可見也有目有趾者待是
而後成功目成見功而足成行功也是出則存是入則亡
直以不見為亡耳竟不亡也萬物亦然有待也而死有待也
而生待隱謂之死待顯謂之生耳竟无死生也吾一受其成形而不化
以待盡夫有不得變而為无故一受成形則化盡无期矣效物而動自无心也
日夜无隙恒化新也而不知其所終不以死為死也薰然
其成形薰然自成又奚為哉知命不能規乎其前丘
以是日徂不係於前與變俱往故曰徂也吾終身與汝交一
臂而失之可不哀與夫變化不可執而留也故雖交臂相守而不能令停
若哀死則此亦可哀者也今人未嘗以此為哀奚獨哀死邪汝殆著乎
吾所以著也彼已盡矣汝求之以有是
求馬於唐肆也唐肆非停馬處也言求向者之有不可復得也人之生若
馬之過肆耳恒无駐須臾新故之相續不舍晝夜也著見也言汝殆見吾所以見者耳吾所以
見者耳吾所以見者日新也故已盡矣汝安得有之邪吾服汝也甚忘
服者思存之謂也甚忘謂過去之速也言汝去忽然思之恒欲不及也汝服吾
也亦忘俱尒耳不問賢聖未有得停者也雖然汝奚患焉
雖忘乎吾有不忘者存不忘者存謂繼之以新也雖忘故吾而新
吾已至未始非吾吾何患焉故能離俗絕塵而與物无不冥者也
孔子見老聃老聃新沐方將被髮而干慹然
似非人寂泊之至也孔子便而待少焉見曰丘也
眩與其信然與向者先生形體掘若槁木
似遺物離人而立於獨无其身而後外物去也老聃曰

吾已至未必非吾吾何患焉故離俗絶塵而與物无不冥者也
孔子見老聃老聃新沐方將被髮而干慹然
似非人寂泊之至也孔子便而待少焉見曰丘也
眩與其信然與向者先生形體掘若槁木
似遺物離人而立於獨无其身而後外物去也老聃曰
吾遊於物之初初未有而欻有故遊於物之初然後明有物之不為而自有耳
孔子曰何謂耶曰心困焉而不能知口辟
焉而不能言故令仲尼求之於言意之表也嘗為汝議
乎其將試議陰陽以擬向无形耳未之敢必至陰肅肅至陽
赫赫肅肅出乎天赫赫發乎地言其交也兩者
交通成和而物生焉或為之紀而莫見其形
莫見為紀之形明其自尒也消息滿虛一晦一明日改月化
日有所為未嘗守故也而莫見其功自尒故无功也生有
所乎萌萌於未聚也死有所乎歸歸於散也始終相
反乎无端而莫知乎其所窮所謂迎之不見其首隨之不見其後
者也非是也且孰為之宗孔子曰請問遊是
老聃曰夫得是至美至樂也得至美而遊
乎至樂謂之至人至美无美至樂无樂故也孔子曰願
聞其方曰草食之獸不疾易藪水生
之蟲不疾易水行小變而不失其大常者
也死生亦小變也喜怒哀樂不入於胷中知其小變而不
失大常故也夫天下也者萬物之所一也得其所
一而同焉則四支百體將為塵垢而死生
終始將為晝夜而莫之能滑而況得喪禍
福之所介乎逾不足患也棄隸者若棄泥塗知身
貴於隸者也知身之貴於隸故棄之若遺土耳苟死生之變所在皆我則貴
者常在也貴在於我而不失於變所貴者我也而我與變俱

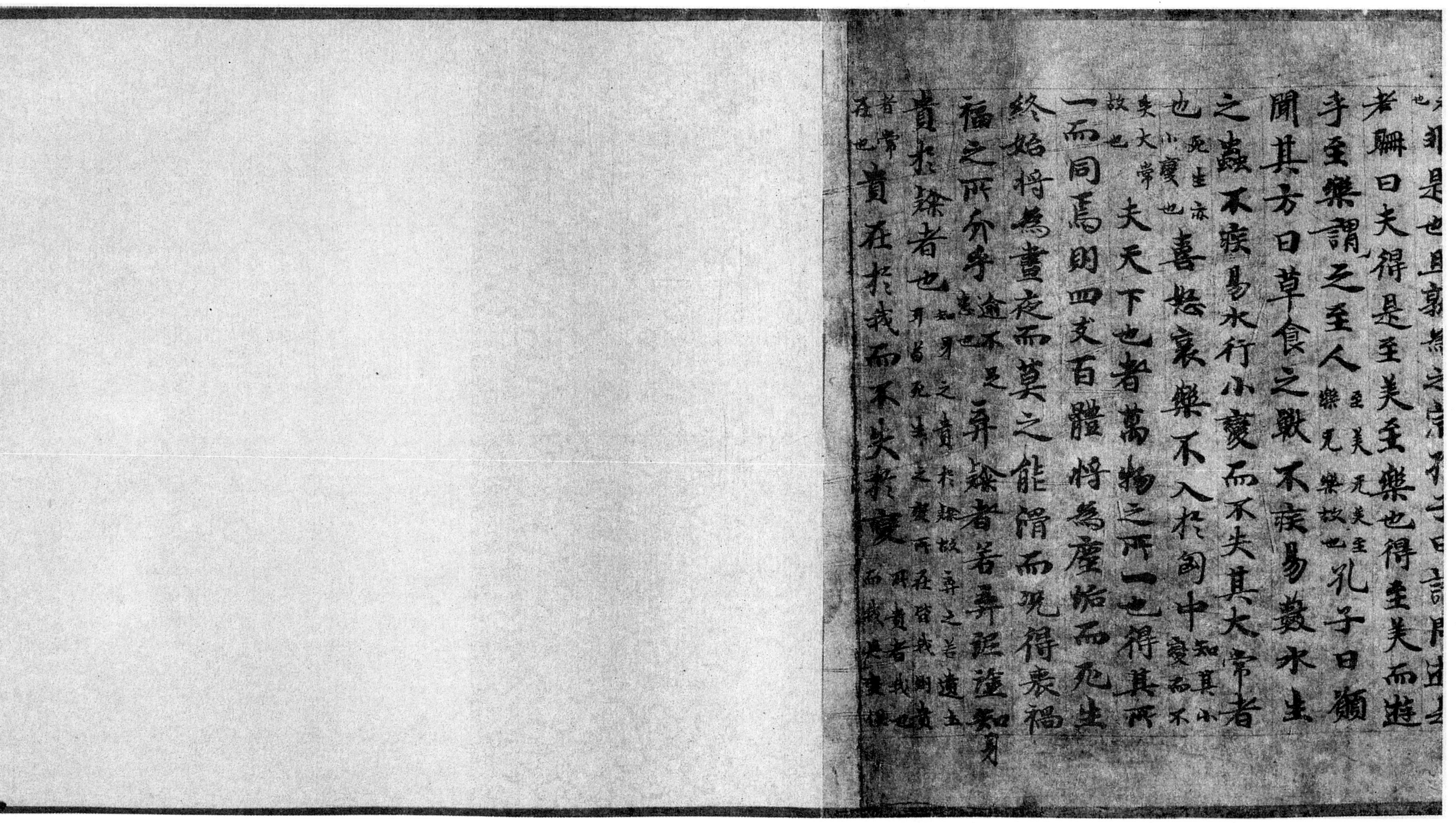

非是也且孰[illegible]之[illegible]

老聃曰夫得是至美至樂也得至美而遊
乎至樂謂之至人至美无美至樂无樂故也孔子曰願
聞其方曰草食之獸不疾易藪水生
之蟲不疾易水行小變而不失其大常者
也死生亦小變也喜怒哀樂不入於胸中知其小變而不
失大常故也夫天下也者萬物之所一也得其所
一而同焉則四支百體將為塵垢而死生
終始將為晝夜而莫之能滑而況得喪禍
福之所介乎[illegible]棄隸者若棄泥塗知身
貴於隸者也知身之貴於隸故棄之若遺土耳[illegible]
[illegible]貴在於我而不失於變[illegible]

BD14634號　南華真經注卷二一

（5–5）

BD14635 號背　護首　　（1–1）

聞如是一時佛在鷹藪村中与大比丘衆五
百人俱尒時世尊告諸比丘諸人民皆稱汝
等為沙門設復問汝等是沙門乎汝等亦言
是沙門吾今告汝沙門之行婆羅門之行汝
等當念脩習後必成果如實而不異所以然
者有二種沙門有習行沙門有誓願沙門彼
云何名為習行沙門於是比丘行來進止視
瞻容根著衣持鉢皆悉如法不著貪瞋恚愚
癡但持戒精進不犯非法等學諸戒是謂名
為習行沙門彼云何名誓願沙門於是或有
比丘威儀戒律出入進止行步容根視瞻舉
動皆悉如法盡有漏成无漏於現法中身得
證而自遊化生死已盡梵行已立更不復受
有如實知之是謂名誓願沙門是謂比丘二
種沙門今時[illegible]

BD14635 號　增壹阿含經卷四七　　（15–1）

勤背恚如法盡有漏成无漏於現法中身得
證而自遊化生死已盡梵行已立更不復受
有如實知之是謂名誓願沙門是謂比丘二
種沙門尒時阿難白世尊言彼云何名為沙
門法行婆羅門法行佛告阿難於是比丘食
知足晝夜經行不失時節行諸道品云何比
丘諸根寂靜於是比丘若眼見色不起想著
興諸亂念於中眼根而得清淨除諸惡念不
念不善之法若耳聞聲鼻嗅香舌知味身知
細滑意知法不起想著興諸亂念於意根而
得清淨云何比丘飲食知足於是比丘量腹
而食不求肥白但欲使此身趣存而已除去
故痛新者不生得脩梵行猶如男女身生創
疱隨時以膏塗創但欲使創愈故今此比丘
亦復如是量腹而食所以以膏膏車者欲致
遠故比丘量腹而食者欲趣存命故也如是
比丘飲食知足云何比丘恒知景寤於是比
丘初夜後夜恒知景寤思惟卅七道之法若
晝日經行除去惡念諸結之想復於初夜後
夜經行除去惡結不善之想復於中夜右脅
著地以脚相累惟向明之想復於後夜出入
經行除去不善之念如是比丘知時景寤如
是阿難此是沙門要行彼云何名婆羅門要
行於是比丘苦諦如實知之苦習苦盡苦出

著地以脚相累惟向明之想復於後夜出入
經行除去不善之念如是比丘知時景寤如
是阿難此是沙門要行彼云何名婆羅門要
行於是比丘苦諦如實知之苦習苦盡苦出
要如實而知之彼以解此欲漏心有漏心无
明漏心而得解脫已得解脫便得解脫智生
死已盡梵行已立所作已辦更不復受胎如
實知之此名為婆羅門要行之法阿難當知
此名為要行之義也尒時世尊便說此偈
沙門名息心　諸惡永以盡　梵志名清淨　除去諸亂想
是故阿難沙門法門行婆羅門法行當念脩
行其有衆生行此諸法然後乃稱為沙門何
故名為沙門諸結永息故名為沙門復以何
故名為婆羅門盡除愚惑之法故名為梵志
亦名為刹利復以何故名刹利以其斷淫怒
癡故名為刹利亦名為沐浴以何故名為沐
浴以其洗廿一結故名為沐浴亦名為覺以
何故名為覺以其覺愚法慧法故名為覺亦
名為彼岸以何等故名為彼岸以其從此岸
至彼岸故名為彼岸阿難能行此法者然後
乃名為沙門婆羅門此是其義當念奉行尒
時阿難聞佛所說歡喜奉行
聞如是一時佛在釋翅迦毗羅越尼拘留園

至彼岸故名為彼岸阿難能行此法者然後
乃名為沙門婆羅門此是其義當念奉行尒
時阿難聞佛所說歡喜奉行
聞如是一時佛在釋翅迦毗羅越尼拘留蘭
中与大比丘衆五百人俱尒時提婆達兜王
子往至世尊所頭面礼足在一面坐是時提
婆達兜白佛言唯然世尊聽我道次得作沙
門佛告提婆達兜汝宜在家分檀惠施夫為
沙門實為不易是時提婆達兜復再三白佛
言唯然世尊聽在末行佛復告曰汝宜在家
不宜出家循沙門行尒時提婆達兜便生此
念此沙門懷嫉妬心我今宜自剃頭善循梵
行用是沙門為是時提婆達兜即自退歸自
剃鬚髮著袈裟自稱言我是釋種子尒時有
一比丘名循羅陁頭陁行乞食著補納衣五
通清徹是時提婆達兜往至彼比丘所頭面
礼足前言唯顧尊者當与我說教使長夜而
獲安隱是時循羅陁比丘即与說威儀礼節
思惟此法捨此亂是時提婆達兜如彼比丘
教而不滿失是時提婆達兜比丘言唯顧尊
者當与我說神足之道我能堪任循行此道尒
時比丘復与說神足之道汝今當學心輕以
知心意輕重復當分別四大地水火風之輕
重以得知四大輕重便當循行自在三昧以

BD14635號　增壹阿含經卷四七　（15-4）

者當与我說神足之道我能堪任循行此道尒
時比丘復与說神足之道汝今當學心輕以
知心意輕重復當分別四大地水火風之輕
重以得知四大輕重便當循行自在三昧以
行自在三昧復當循勇猛三昧以行勇猛三
昧復當循行心意三昧以行心意三昧復當
行自式三昧已循行式三昧如是不久便當
成神足道尒時提婆達兜受師教已自知心
意輕重復知四大輕重盡循諸三昧无所滿
失尒時不久便成神足之道如是无數方便
作變无量尒時提婆達兜名聲流布四遠是
時提婆達兜以神足力乃至卅三天採取種
種優鉢蓮華拘牟頭華奉上阿闍世太子又
告之曰此華是卅三天所出釋提桓因遣来
奉上太子尒時王太子見提婆達兜神足之如
是便隨時供養給其所須太子復作是念提
婆達兜神足極為難及時提婆達兜復自隱
形作小兒身在王太子膝上時諸婇女各生
斯念此是何人為是鬼耶為是人耶語言未
竟便復化身還復如故是時王太子及諸宮
人皆稱言此便是提婆達兜即給与所須又
傳此言提婆達兜名德不可具記尒時衆多
比丘聞已往至世尊所頭面礼足白佛言提
婆達兜者極大神足能得衣裳飲食牀卧具

BD14635號　增壹阿含經卷四七　（15-5）

人皆稱言此便是提婆達兜[illegible]
傳此言提婆達兜若德不可具記尒時衆多
比丘聞已往至世尊所頭面禮足白佛言提
婆達兜者採天神足能得衣裳飲食牀卧具
病瘦醫藥佛告比丘汝等勿興此意著提婆
達兜利養又莫欽羨彼神足之力彼人即當
以此神足隨墮三惡道提婆達兜所獲利養
及其神足當復耗盡所以然者提婆達兜自
當造身口意行尒時復興此念沙門瞿曇有
神足我亦有神足沙門瞿曇有所知我亦有
所知沙門瞿曇性貴我亦性貴若沙門瞿曇
現一神足我當現二沙門現二我當現四彼
八我十六彼十六我卅二隨其沙門所現變
化我當轉倍尒時衆多比丘聞提婆達兜有
此語五百餘比丘至提婆達兜所及五百比
丘受太子供養時舍利弗目揵連自相謂言
我共到提婆達兜所聽彼說法為何論說即
共相將至提婆達兜所尒時提婆達兜遥見
舍利弗目揵連來即告諸比丘此二人是悉
達弟子甚懷歡悅到已共相問訊在一面坐
尒時諸比丘各興此念釋迦文佛弟子今盡
來向提婆達兜尒時提婆達兜語舍利弗言
汝今堪任与諸比丘說法乎吾欲小息又患
脊痛是時提婆達兜以脚相累右脅卧以其

尒時諸比丘各興此念釋迦文佛弟子今盡
來向提婆達兜尒時提婆達兜語舍利弗言
汝今堪任与諸比丘說法乎吾欲小息又患
脊痛是時提婆達兜以脚相累右脅卧以其
歡喜心故便睡眠尒時舍利弗目揵連見提
婆達兜眠即以神足接諸比丘飛在空中而
去是時提婆達兜覺寤不見諸比丘極懷瞋
恚並吐斯言吾若不報惡者終不名為提婆
達兜也此是提婆達兜穿初犯五逆惡提婆
達兜適生此念即時失神足尒時衆多比丘
白世尊言提婆達兜比丘極有神足乃能壞
聖衆尒時世尊告比丘提婆達兜不但今壞
聖衆乃過去世時恒壞聖衆所以然者乃往
過去時亦壞聖衆復興惡念我要取沙門瞿
曇殺之於三界作佛獨尊无侶是時提婆達
兜語阿闍世王古昔諸人壽命極長如今遂
短倫王太子旦命終者則唐生於世間何不
取父王害之紹聖王位我當取如來害之當
得作佛新王新佛不亦快哉尒時阿闍世王
即更差守門人取父王閉在牢獄自立為王
治化人民時諸群庶各相謂言此子未生則
是惡家之子回以為名阿闍世王尒時提婆
達兜見阿闍世王捨父王已復興此念吾要
當取沙門瞿曇害之尒時世尊在耆闍崛山
[illegible]

治化人民時諸群庶各相謂言此子未生時
是惡家之子可以為名阿闍世王尒時提婆
達兜見阿闍世王捨父王已復興此念吾要
當取沙門瞿曇害之尒時世尊在耆闍崛山
一小山側尒時提婆達兜到耆闍崛手擎
大石長卅肘廣十五肘而擲世尊是時山神
令毗羅鬼恒住彼山見提婆達兜拒石打佛
即時申手接著餘處尒時石碎一小片石著
如來足即時出血尒時世尊見語提婆達兜
曰汝今復興意欲害如來此是第二五逆之
罪尒時提婆達兜復自思惟我今竟不得害
此沙門瞿曇當更求方便捨而去至阿闍世
所啓白王曰可飲黑象使醉使害沙門所以
然者此象凶暴必能害此沙門瞿曇若當沙
門有一切智者明日必不來入城乞食若无
一切智者明日入城乞食必當為此惡象所
害也尒時阿闍世王即以醇酒飲象使醉告
令國中人民曰其欲自安惜己命者明日勿
復城中行來尒時世尊到時著衣持鉢入羅
閱城乞食國中男女大小四部之衆聞阿闍
世王以酒飲象欲害如來皆共相將至世尊
所頭面禮足白佛言唯願世尊莫入羅閱城
乞食何以故王阿闍飲象使醉欲害如來佛
告諸優婆塞夫等正覺終不為他人所害也

閱城乞食國中男女大小四部之衆聞阿闍
世王以酒飲象欲害如來皆共相將至世尊
所頭面禮足白佛言唯願世尊莫入羅閱城
乞食何以故王阿闍飲象使醉欲害如來佛
告諸優婆塞夫等正覺終不為他人所害也
尒時世尊雖聞斯言猶故入城尒時惡象遥
見世尊來瞋恚熾盛奔趣如來欲得害之然
佛見象來即說偈言
象莫害於龍　龍象出現難　不以害龍故　得生於善處
尒時彼象聞如來說此偈已即前長跪舐如
來足尒時彼象即以悔過心不自寧即便命
終生卅三天尒時王阿闍世及提婆達兜見
象以死悵然不悅提婆達兜語王曰沙門瞿
曇以取象致王報之曰此沙門瞿曇有大神
力多諸伎術乃能呪此龍象致之時王阿闍
世復作是說此沙門必成德具足竟不為惡
象所害提婆達兜報言沙門瞿曇有呪或之
呪能使外道異學皆悉靡伏何況畜生之類
是時提婆達兜復作是念我今觀察阿闍世
王意欲變悔尒時提婆達兜愁憂不樂出羅
閱城尒時法施比丘尼遥見提婆達兜來語
提婆達兜曰汝今所造極為過差今悔猶易
恐後將難時提婆達兜聞此語已倍復瞋恚
尋報之曰禿婢有何過差今易後難耶法施

閦城尒時法施比丘尼遥見提婆達兜來語
提婆達兜曰汝今所造極為過差今悔猶易
怨後將難時提婆達兜聞此語已倍復瞋恚
尋報之曰禿婢有何過差今易後難耶法施
比丘尼報曰汝本与惡共并造衆不善之本
尒時提婆達兜熾火洞然即以手打比丘尼
致尒時提婆達兜以害真人往至已房告諸
弟子汝等當知我今以興意向沙門瞿曇然
其義理不應以羅漢復興惡意還向羅漢吾
今宜可向彼識悔是時提婆達兜以此愁憂
不樂尋得重病提婆達兜告諸弟子我无此
力得往見沙門瞿曇汝等當扶我至沙門所
尒時提婆達兜以毒塗十指抓押語諸弟子
汝等舉我到彼沙門所尒時諸弟子即舉將
至世尊所尒時阿難遥見提婆達兜來即
白世尊言提婆達兜今來必有悔心欲向如
來求改悔過佛告阿難提婆達兜終不得至
世尊所尒時阿難再三復白佛言今此提婆
達兜以欲來至求其悔過佛告阿難此惡人
終不得至如來所此人今日命根以斷尒時
提婆達兜未至世尊所語諸弟子我今不宜
卧見如來宜當下牀乃見耳提婆達兜適下
足在地尒時地中有大火風起生遶提婆達

提婆達兜未至世尊所語諸弟子我今不宜
卧見如來宜當下牀乃見耳提婆達兜適下
足在地尒時地中有大火風起生遶提婆達
兜身尒時提婆達兜為火所燒便發悔心於
如來所正欲稱南无佛然不究竟適得稱南
无便入地獄尒時阿難以見提婆達兜入地
獄中白世尊言婆達兜今日以取命終入地
獄中耶佛告之曰提婆達兜不為滅盡至究
竟處今此提婆達兜興起惡心向如來身身
壞命終入阿鼻地獄中尒時阿難悲泣洟冷
不能自勝佛告阿難汝何為悲泣乃尒阿難
白佛言我今欲愛心未盡未能斷欲故悲泣
耳尒時世尊便說斯偈

如人自造行　深自觀察本　善者受善報　惡者受其殃
世人為惡行　死受地獄苦　設復為善行　轉身受天祿
彼自招惡行　自致入地獄　此非佛愆咎　汝今何為悲

尒時阿難白世尊言提婆達兜以取命終為
生何處佛告阿難今此提婆達兜身壞命終
入阿鼻地獄中所以然者由其造五逆惡故
致斯報尒時阿難復重白佛如是世尊如聖
尊教也已身為惡現身入地獄所以我今悲
泣洟冷者由其提婆達兜不惜名号姓族故
亦復不為父母尊長辱諸釋種毀我等門戶
然提婆達兜現身入地獄誠非其宜所以然

入阿鼻地獄中所以然者……

致斯罪尒時阿難復重白佛如是世尊如聖
尊教也已身為惡現身入地獄所以我今悲
泣涕泠者由其提婆達兜不惜名号姓族故
亦復不為父母尊長辱諸釋種毀我等門户
然提婆達兜現身入地獄誠非其冝所以然
者我等門族出轉輪聖王位然〻提婆達兜身
出於王種不應現身入地獄中提婆達兜應
當現身盡有漏成无漏心解脫慧解脫於
此現身得受證果生死已盡梵行已立所作
已辦更不復受胎如實知之習真入跡得阿
羅漢於无餘涅槃界而般涅槃何當持此現
身入地獄中提婆達兜在時有大威神德有
神德乃能往至三十三天變化自由豈憶斯
人復入地獄乎不審世尊提婆達兜在地獄
中經歷一劫是時阿難復重白佛言然劫有
兩種有大劫小劫此人為應何劫佛告阿難
斯人當經歷大劫所謂大劫者即賢劫是盡
劫數行盡命終還復人身阿難白佛提婆達
兜盡喪人根遂復成就所以然者劫數長遠
夫大劫者不過賢劫尒時阿難倍復悲泣哽
噎不樂復重白佛提婆達兜從阿鼻地獄出
當生何處佛告阿難提婆達兜於彼命終當
生四天王上阿難復問於彼命終當生何處

夫大劫者不過賢劫尒時阿難倍復悲泣哽
噎不樂復重白佛提婆達兜從阿鼻地獄出
當生何處佛告阿難提婆達兜於彼命終當
生四天王上阿難復問於彼命終當生何處
佛告阿難於彼命終展轉當生卅三天炎天
兜術天化自在天他化自在天阿難復問於
彼命終當生何處佛告阿難於是提婆達兜
從地獄終生善處天上經歷六十劫中不墮
三惡趣往來天人寧後受身當剃除鬚髮著
三法衣以信堅固出家學道成辟支佛名曰
南无尒時阿難前白佛言如是世尊提婆達
兜由其惡罪致地獄罪為造何德六十劫經
歷生死不受苦惱後復成辟支佛号名曰南
无佛告阿難擇指之頃善意其福難喻何况
提婆達兜博古明今多所誦習揔持諸法所
聞不忘討設提婆達兜昔所惡讎起敵害

敦皇石室寫经以他卷之有年
代題識者證其楮質字體定

敦皇石室寫経以他卷之有年代題識者證其楷質字體定為隋人書隋書集南北大成有宋梁之媚麗而兼元魏周齊之廉悍最為可貴此卷鑄金截玉精光逼人當是開皇初所為氣味之厚自非唐代書家所能夢見尤足珍也 歙縣許承堯記

海內好古家得宋元人墨迹如拱璧既一旦自敦煌石室發現六朝隋唐人鈔書寫经之迹面目為人間所未見者垂手之生晚於東院六年拋亡授羅乃若干卷內有灌頂經字體樸茂證以有年月標題之他卷及隋唐蘭如兩公鑒定為隋人書 煜青出此卷相

BD14635號　增壹阿含經卷四七　（15–14）

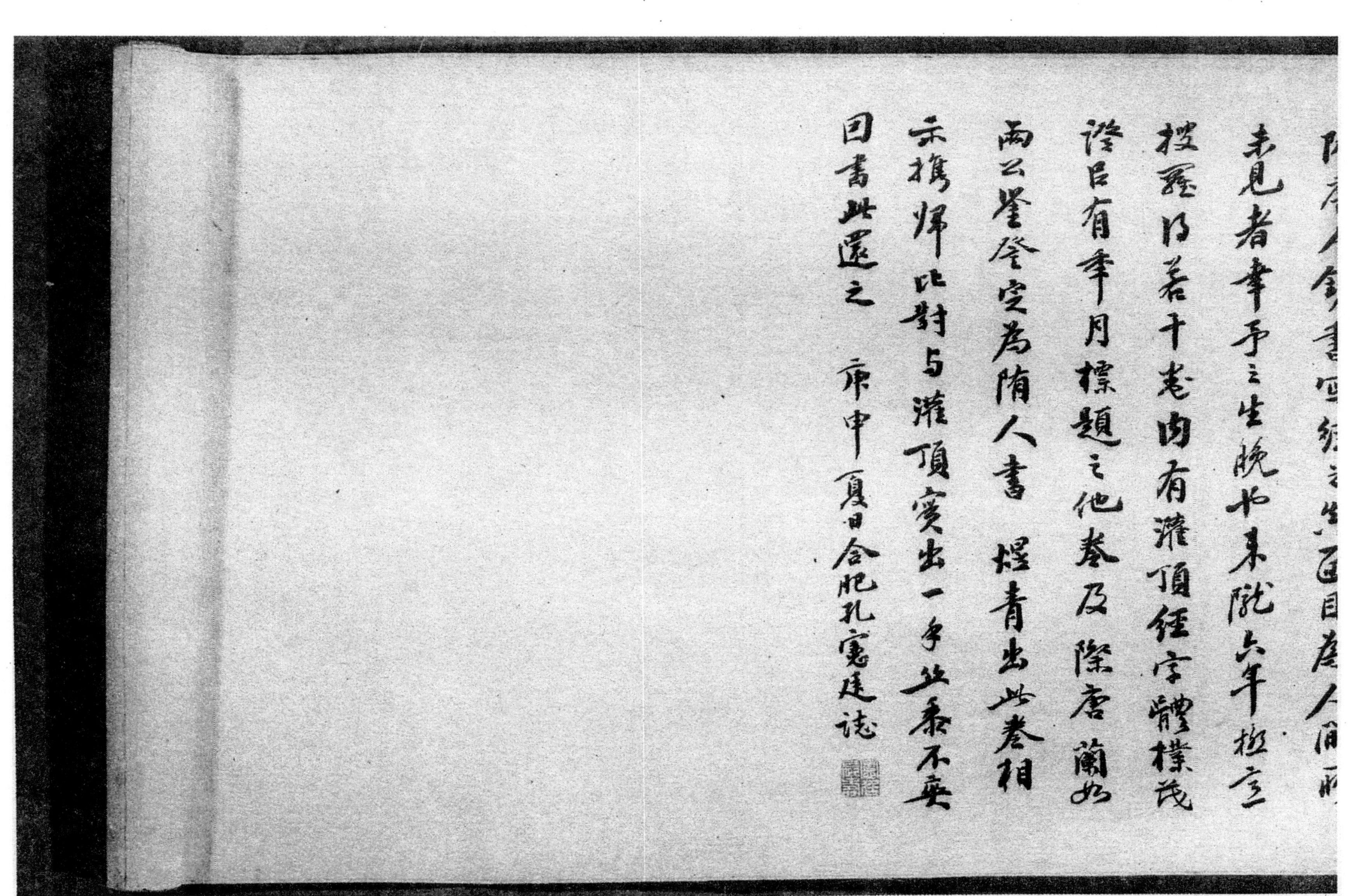

隋唐人鈔書寫经之迹面目為人間所未見者垂手之生晚於東院六年拋亡授羅乃若干卷內有灌頂經字體樸茂證以有年月標題之他卷及隋唐蘭如兩公鑒定為隋人書 煜青出此卷相示携歸比對與灌頂實出一手並無不爽因書此還之 庚申夏日合肥孔憲廷誌

BD14635號　增壹阿含經卷四七　（15–15）

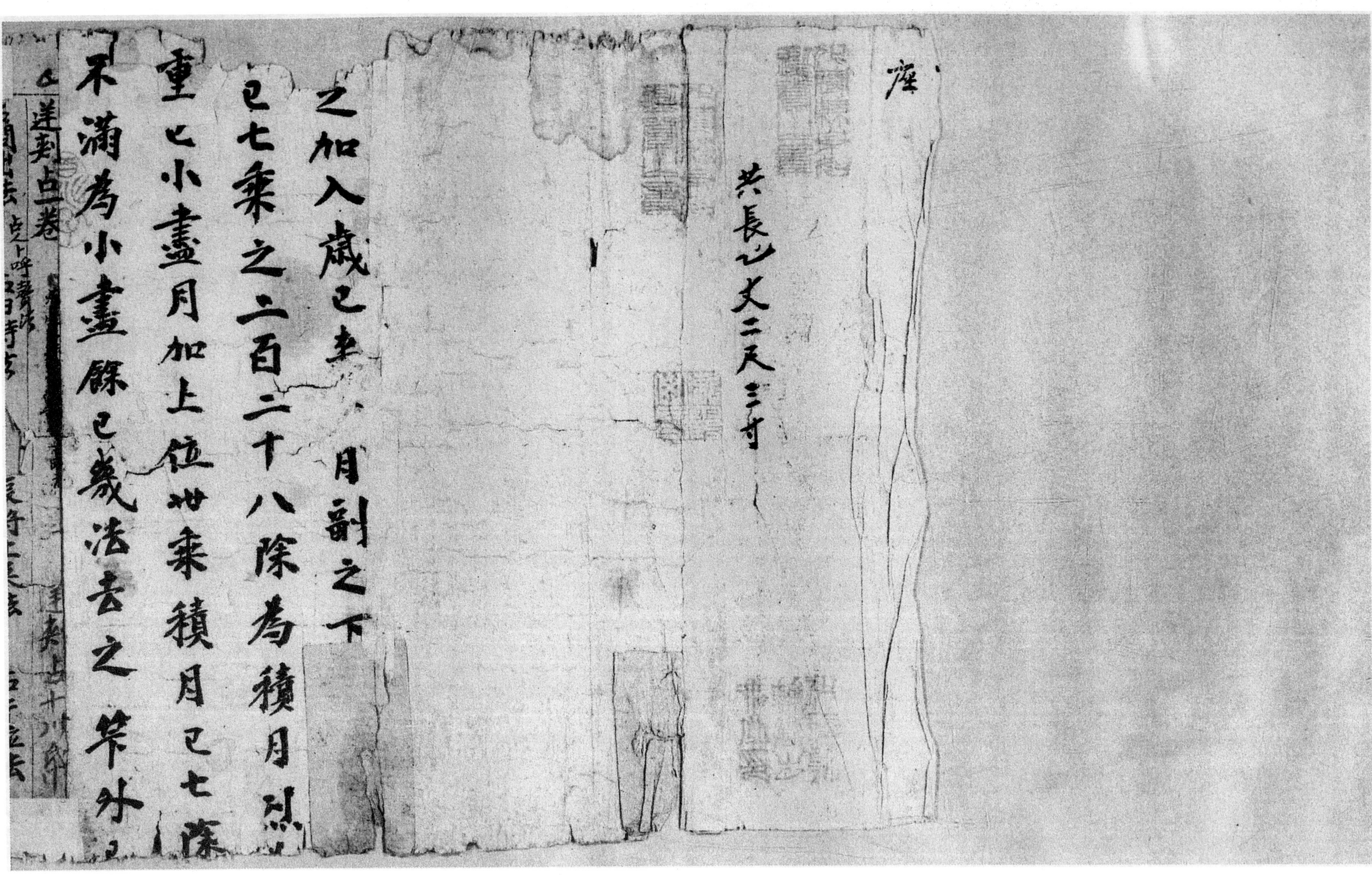

BD14636 號 1　殘曆（擬）

（13–1）

BD14636號2　逆刺占

（13–2）

若東南来问口舌官事婦女㛪
風雨從東方起有清白黑雲者
乃風雨從南方起上有赤黑雲来
卜忽有風雨從西方起上有白
因刑事　凡之卜忽有風雨從
口舌憂有所求事　巳上准風雨卜之
日羽音也来问遠行及疾病事
官口舌失火事　呼聲皇音宮
柏手棲木聲者角音也来问
徵音也来问口舌火灾事　一呼
呼聲问刑囚婚姻　四呼问兵
革口舌　五呼造作器土壟埋事　六呼聲问行出入事　九来
占嘿不言俚攀頭看日所在即知其人来意　日在東方问婚婦
人娠論説財口舌失之事来婚覓財失財物行人口舌並得吉　日在
東南方问被盜賊失之事不尓即官事有罪失物不得病不死
宅林傍耶道之上有寡婦家有一人黑眼好偷盜或作藏　日在
南方来问官事不尓婚財必有刑徒流徒婚不成求財下得病
重家在兩母子多凡器人赤眼有一男黑色面上有瘤瘢有
黑點善道説人与鬼来往若病心痛耳聾之象　日在西南方
人来問必驚恐見怪惡夢失財求事不成不意家有兩母子
女少男多少言語有一男高肩見喜共他女爭点媄不辟親踈
宅有伏屍西南數火揺主人心耶惹禍乃有財物二主　日在西方问婚
成財得有口舌遠行欲至失物卻得病不死居宅小道上家有一
婦長咽細尖頭事神有一人青色主人貪怯　日在西北方問見
行来漏失求官得甚家高梁之處西北有澤畜家有一人劉
不信師有一人好作功德精進家外氏有作藏魅者　日在北方
问婚成財得官畏有刑徒口舌病不死宅下居濕埦坎之水上有
一人懷偷与道人尼来去一人耳聾口舌廉廉不絶　日在東北方问
驚恐惡夢鬪訟留連不尓婚財家居塚上家内二子心腹不
相得若弟三子强良久竟破家　右看日時者　子午卯酉皆是四方
辰巳東南角　未申西南角　戌亥西北角　寅丑東北角　寅時從寅上来憂女子財之事婦人勾
連性多虛家有酒　卯時從震上来憂田宅屋舍男女病其
人主行善少口語酒觴器　辰時巽上来憂女子患欲遠行

又壞偷亡道人尼妻去又見龍口舌虜□下絲　□虎東坎方□
驚恐惡夢鬪訟留連不午婚財家居塚上家內二子心腹下
相得若弟三子強良久竟破家　右看日時者是　子午卯酉皆四方
辰巳東南角　未申西南角　戌亥西北角　寅丑東北角　寅時從寅上來憂女子財之事婦人句
連性多虛家有酒　卯時從震上來憂田宅屋舍男女病其
人性行善少口語酒滿器　辰時巽上來憂女子患欲遠行
求財物占之性多語患嗔怒　巳時巳上來憂小口有人欲行求
物占人性行多語多嗔家有酒去　午時离上來憂父母病田
宅諍占家有酒　未時未上來憂失財物人行中和長直
申時巛申上來憂毋病亦田宅口數孫家中酒食往即得
酉時兑上來欲求官得婚嫁事人性行不很人　戌時乾
上來憂人欲求婦女諍婚辭訟事　亥時坎上來憂失財
婦女妊娠欲坐人性行多虛　子時巽上來憂口舌諍田宅
語相連及　丑時艮上來憂田宅在舍不安男子患人性行
善　子上來卜者子為天后向青龍求官吉婦人合陰陽
事　丑上來者丑為天乙向天空為貴人託欲慶財物如意
寅時上來者為騰虵向白虎為喜疾驚恐　卯上來者為
朱雀向太常為衣囊財物口舌凶事　辰上來為六合向
玄武盜賊亡財亦主婚和合聚會事　巳時上來為勾陳向太
陰有諍田宅相勾連事　午上來者為青龍向天后為婦
女陰私亦有吉財事　未上來者未為天空天乙求官吉慶又
玄欺詐空妄無實事　申上來申為白虎向騰虵為驚
恐死亡鬪諍揚兵　酉上來酉為白虎太常朱雀口舌囊財
帛慶賜事　戌上來為玄武向六合為有酒食婚事亦主
失物盜賊事　亥上來亥為太陰向勾陳為婦女句留事
右從十二辰將上來占法　子日為太陰人來居太陰上
坐者為隱匿隱閉事居太陰向勾陳上坐者為婦女留連
言語鬪諍事　丑日丑為玄武人居玄武上坐者為賊盜亡遺
失物事若玄武向六合上坐為婦女陰私事必得合
寅日寅為太常人在太常上坐為衣囊求官事居太常向
朱雀上坐為口舌誹謗言語事　卯日卯為白虎有人在白
虎上坐為鬪諍事居白虎上向騰虵上坐者為縣官口舌
失火事　辰日辰為天空有人在天空上坐為欺詐不實事

BD14636號2　逆剌占　（13–4）

右從十二辰將上來占法　子日為太陰人來居太陰
坐者為隱匿（隱）聞事居太陰向勾陳上坐者為婦女留連
言語鬪諍事　丑日丑為玄武人居玄武上坐者為賊盜亡遺
失物事若玄武向六合上坐為婦女陰私事必得合了
寅日寅為太常人在太常上坐為衣裳求官事居太常向
朱雀上坐為口舌誹謗言語事　卯日卯為白虎有人在白
虎上坐為鬪諍事居白虎上向騰虵上坐者為縣官口舌
失火事　辰日辰為天空有人在天空上坐為欺詐不實之事
居天空向　巳日巳為青龍有人在青龍上坐
為婦女求物事　午日為勾陳有人在勾陳上坐者為婦女
鬪諍居勾陳向太陰上坐者為伏匿隱事　未日未為六合
有人在六合上坐為婚酒食事居六合向玄武上坐者為陰
私盜賊失物事　申日申為朱雀有人在朱雀上坐者為口舌
誹謗居朱雀向太常上坐為衣裳財物吉慶之事　酉
日酉為騰虵有人居騰虵上坐為有驚恐失火急事居騰虵
向白虎上坐為死喪疾病事　戌日戌為天乙有人在天乙上坐
者為求位事居天乙向天空上坐為貴民求百事皆得　亥
日亥為天后有人在天后上坐為婦女閉塞陰私事居天后
向青龍上坐吉慶求官事　假令常以月將加時若神后加日
辰必有對意勿往　假令甲寅日天乙大吉下有人來坐天空為
欺詐不實之事　客在支干位坐法　干位占　甲位坐
者家有老父家口二人或三之　乙位坐者家有三人一人患脚痛
景位坐者家有十三人一人外養　丁位坐者家有十五人一人外養
庚位坐者家有十六人一人病　辛位坐者家有七人一人外養有
病　壬位坐者家有九人應有姬婦人三人外養　癸位坐者
家有七人　支位占法　子地來坐者家有九人或六人憂
病遠行憂丈人小口崇在醒死鬼社禝土公水官家當見向四
足及水火佐藏吉　丑地坐者家有十三人或十五人二人欲有病
家有行夫土佐遠行有憂　寅地坐者家有七人外養小口衰
憂行人先有野虫入宅狂傷入室穴患　卯地坐家有六人九人
或十五人有孫寡同住憂小口及遠行憂移動為佐　辰地坐
家有十人或九人六人憂家長小口醒死鬼先見龍虵為佐憂
遠行　巳地坐者家有七人或六人四人三人外養大同憂病官事

家有行人土佐遠行有憂　寅地坐者家有七人外養小口兼
憂行人先有野虫入宅狂𤸫入室穴患　卯地坐家有六人九人
或十五人有孫𡩋同住憂小口及遠行憂移動爲祐　辰地坐
家有十人或九人六人憂家長小口腥死鬼先見龍虵爲祐憂
遠行　已地坐者家有七人或六人四人三人外養大同憂病官事
小口遠行　午地坐家有八人七人一人外養家見火光赤病寒
熱腥死鬼　未地坐家有十人或九人有病星死鬼神明不安
申地坐家有十三人或七人五人憂遠行一人病男子鬼汙竈謝
之　酉地坐家有六人五人四人憂女子病主鬼爲祟　戌地坐家有
五人或四人丈身外養田宅口舌病　亥地坐家有五人四人丈夫長
子外養星死鬼死後火光祐　占十二辰来法　子時来占
病苦腹脹勢丈人所作坐祠不賽病者不死許氣土公　丑時来占
病苦腹脹病腥死鬼女子見所作爲自絞死男子鬼来作急
解ゝ　寅時来占病苦頭痛祟在土公犯司命上鬼死鬼来爲
急解ゝ　卯時来占病人苦胷脇四支不舉　辰時土祟在丈人土
公急解之　辰時来占病苦頭痛心悶吐逆坐犯東南土公丈人
来所急謝解之　巳時来占病咽喉不能下食坐犯從動門
戶犯土公祟在司命急解之　午時来占病苦心痛四支不隨祟
在司命癈竈不賽急謝之　未時来占病四支构急祟在司
命癈竈不禱不賽急解ゝ吉　申時来占病苦頭痛嘔吐
不得食脤卧不安是大歲上土公爲祟　酉時来占病四支不
舉祟在大神禱而不賽急謝之吉　戌時来占病苦腹四支
皆痛祟在外亡有口舌許不与祀謝ゝ　亥時来占病重犯
厠上神有月煞土公急解謝ゝ吉　十二日占盜法　子日
坎地来是男子黃色姓劉口七人或十人物藏在井中来可得
寅丑日艮地来必是女人有覩矩小斂遊在家中急求得有人在
道患　卯日震地来必是男子赤色姓任董孫食口六人八人物
藏在小坭草　辰巳日巽地人来白色姓顧張任藏在籬中三人
共食　午日离地来赤色人姓孔馬物藏在壁孔中　未申日巛
地来黃色女子長頸細讀多語物藏在籬孔中小見見之
酉日兊上来青色男子姓公孫李物藏在舍中土西復ゝ
申時三ゝ　㫄上来ゝ者憂亡失若六畜官事至辞訟占有酒無

占八卦　金来ゝ

BD14636號2　逆剌占　（13–6）

藏在小垸草 辰巳日巽地人来白色姓顾張任藏在籬中 三人
共食 午日离地来赤色人姓孔馬物藏在壁孔中 未申日巛
地来黄色女子長頸細晉多語物藏在籬孔中小見見之
酉日兑上来青色男子姓公孫李物藏在舍中土覆之

占卦 余卜

申時☲离上来卜者憂亡失若六畜官事至辞訟占有酒無
有酒滿器 未時☷上来卜者占欲求仕進若婚姻婦女事
占有酒無酒大器之中藏 巳時☱兑上来卜者占憂家事若
𡈽田宅小兒家有酒藏不出瓦器中藏 亥時☰乾上来卜者
占憂家欲求娶婦若相告言諍金刀釰 丑時☵坎上来卜
艮上来卜者占憂女子若失金銀家有酒無破器藏之 卯時☶
者占憂主亡失婦女任身欲卧家有酒藏在杖下
午時☳震上来卜者占憂欲有鬥訟若婦人任身求産
䖏 子時☴巽上来卜者占憂縣官若争田地口舌語相連
事 右件此京房逆剌人来卜者初坐時若僕之即知善悪

舉足

西北 ☰ 乾上来卜者先舉左足憂官右足婚和女事
西方 ☱ 兑上来卜者先舉左足憂官右足憂小兒病痛
西南 ☷ 巛上来卜者先舉左足憂長母右足憂縣官諍六畜
南方 ☲ 离上来卜者先舉左足之憂蠶事右足
東南 ☴ 巽上来卜者先舉左足欲訴争婦奴兒右足憂失官位小兒啼
東方 ☳ 震上来卜者先舉左足憂媒母事右手憂移從小病
東北 ☶ 艮上来卜者先舉左足憂縣官右足婦女姙身事
北方 ☵ 坎上来卜者先舉左足憂刑獄右足婦女任身傷胎事

舉手

西北 ☰ 乾上来卜者先舉左手向面憂死亡右手向面憂諍訟
西方 ☱ 兑上来卜者先舉左手向面憂失財右手向面有人謀財物
西南 ☷ 坤上来卜者先舉左手向面憂婦女長母病右手向面相向告訐
南方 ☲ 离上来卜者先舉左手向面憂寄客右手向面憂外亡事
東南 ☴ 巽上来卜者先舉左手向面憂移徙右手向面相告諍田宅事
東方 ☳ 震上来卜者先舉左手向面憂訴縣官右手向面憂女子病
東北 ☶ 艮上来卜者先舉左手向面憂婦女小兒右手向面憂失財物
北方 ☵ 坎上来卜者先舉左手向面憂縣官刑獄右手先向面憂小兒病

周公孔子占法

	正月	二月	三月	四月	五月	六月	七月	八月	九月	十月	十一月	十二月
寅時	三	一	二	三	一	二	三	一	二	三	一	二
卯時	一	二	三	一	二	三	一	二	三	一	二	三

東北方 ☶ 艮上來卜者先舉左手向面憂
婦女小兒右手向面憂失財物

北方 ☵ 坎上來卜者先舉右手向面
憂縣官刑獄右手先向面憂小兒病

周公孔子占法	寅時	卯時	辰時	巳時	午時	未時	申時	酉時	戌時	亥時	子時	丑時
正月	三	一	二	三	一	二	三	一	二	三	一	二
二月	一	二	三	一	二	三	一	二	三	一	二	三
三月	二	三	一	二	三	一	二	三	一	二	三	一
四月	三	一	二	三	一	二	三	一	二	三	一	二
五月	一	二	三	一	二	三	一	二	三	一	二	三
六月	二	三	一	二	三	一	二	三	一	二	三	一
七月	三	一	二	三	一	二	三	一	二	三	一	二
八月	一	二	三	一	二	三	一	二	三	一	二	三
九月	二	三	一	二	三	一	二	三	一	二	三	一
十月	三	一	二	三	一	二	三	一	二	三	一	二
十一月	一	二	三	一	二	三	一	二	三	一	二	三
十二月	二	三	一	二	三	一	二	三	一	二	三	一

凡時下得一 占家口憂患不死 占遠行人平安來至 占官事不吉
占問口舌死 占婦惡善吉 占盜賊來至 占失財以去不得 占所求不
得 占天雨無 占杖竪 占市買不合 占病者不吉 凡時下
得二 注官事和了不成 占家憂小口凶 占盜賊不來 占鬪口舌
有 占遠行人在道來至吉 占求妻財積財得 占婦惡有 占
戰鬪不如也 占失財得半 占養蠶得平 占所居宅多有夢
占造作不如意 占欲市易利以 占洵憂有不吉 占主人有酒不
与 占杖竪其杖小厄 時下得三 注作官事得甚好 占家中平
安 占家中病者初憂重至理不死 占養蠶大得 占求妻財吉
占遠行人在道來欲至 占婦惡必有惡 占盜賊有無其賊聲
占欲事官不吉 占失財得不遠得不賜 占天雨有不足 占
妻有子無子不善 占欲遠行者不進甚大吉 占洵憂有憂
無初時小惡恐於後有吉好不須憂 占主人家中有酒無
酒 占杖臥竪其物臥 右件並傍通占之即知万事善惡
占子地來坐者主落隱藏盜賊有求官喜慶有聲匿陰私
之事 丑地來者主口舌文書諍訟田宅伏匿在家腫病之事
寅地來卜者主書信來往吉慶來相會之事 卯地來卜
者主失脫博動路遠來主不定之事 辰地來卜者主失落

BD14636號2 逆剌占 （13–8）

無祓時小悪恐於必有吉好不須憂 占主人家中有酒無
酒 占杖卧竪其物卧 右件並傍通占之即知万事善悪
占子地来坐者主落隱藏盗賊有求官喜慶有聲匿陰私
之事 丑地来者主口舌文書諍訟田宅伏匿在家腫病之事
寅地来卜者主書信来往吉慶来相會之事 卯地来卜
者主失脱轉動移徙来往不定之事 辰地来卜者主失落
轉物諍訟并死亡口舌之事 巳地来卜者主宅内虵鼠為怪驚
恐主并口舌之事 午地来卜者主口舌文書来往信火光相
煞之事 未地来卜者主行動失落玄生流血光之事 申地
来卜者主男女婚嫁公私姧隱狀會之事 酉地来卜者主死
亡落火相鬪打論財物血光之事 戌地来卜者主被傷損口
舌或死禍諍訟之事 亥地来卜者主失落驚動怪或
口舌流血之事 推十二月将所在逆占来意法 假令常以
月将加卜時若天后加日辰必對意為信 合十二月為天后常定 假令甲寅日
天大吉下有人在子大吉卜来坐々向未天空有一欺詐不憂之事
辰為天空在面東 南上面向 卯上坐者卯為白虎向太常為有衣裳財物之事
酉坐 辰上坐者辰為六合向玄武為盗賊亡財失物之事 巳上
坐者為勾陳向太陰為有諍訟々勾連 午上坐者午為
青龍向太后為有婦女陰寮来往之事 未上坐者未為
天空為求官得吉慶之事 申上坐者申為白虎向騰虵
為有驚恐懼之事 酉上坐者酉為太常向朱雀為有
口舌諍訟之事 戌上坐者戌為玄武向六合為有酒食婚
姻之事 亥上坐者亥為太陰向勾陳為有婦女勾連之
事 子上坐者子為天后向青龍為有求官喜慶之事
丑上坐者丑為太一向天空為有欺詐之事

申為白虎 酉為太常 戌為玄武
未為天空 午為騰虵 巳為勾陳
假令正月甲
寅時加寅
時加諸皆今
辰為六合 卯為朱雀 寅為青龍
亥為太陰 子為天后 丑為太一 立吉天乙

正月天魁為師坐 二月從魁為師坐
三月傳送為師坐未 四月小吉
為師坐午 五月勝光為師坐
六月大乙為師坐巳 七月天罡
為師坐辰 八月太衝為師坐
卯 九月功曹為師坐寅 十月
大吉為師坐丑 十一月神后為師坐子
十二月㩲明為師坐亥 右十二月師坐者

丑上坐者丑為太一向天空為有欺詐之事

假令正月甲
寅時加寅
時加法皆今
亥為太陰
子為天后
丑為太一
寅為騰蛇
卯為朱雀
辰為六合

正月天魁為師坐 二月從魁為師坐
三月傳送為師坐 四月小吉
為師坐未 五月勝先為師坐午
六月大乙為師坐巳 七月天罡
為師坐辰 八月太衝為師坐
卯 九月功曹為師坐寅 十月
大吉為師坐丑 十一月神后為師坐子
十二月徵明為師坐亥 右十二月師坐者
每從天魁為坐首

占曰卜法
子為太陰有人在太陰上坐者為有聲匿陰
私事 丑為玄武有人在玄武上坐者為有盜賊之事
寅為太常有人在太常上坐者向師必為有大事衣裳求官
之事 卯為白虎有人在白虎上坐者向職之事不實欺
詐 辰為天空有人在天空上坐者為有欺詐之事 巳日
為青龍有人在青龍上坐者為有慶賀之事 午日為
勾陳有人在勾陳上坐者為有婦女諍訟之事 未為六合
有人在六合上坐者為有婚姻酒食之事 申為朱雀有人
在朱雀上坐者為有口舌誹謗之事 酉為騰蛇有人在
騰蛇上坐者為有驚恐失火急速之事 戌為太一有人在
太一上坐者為有求官位職爵祿之事 亥為天后有人在
於天后上坐者為有婦人對移穢惡之事 占坐卜向法
假令有人居酉騰蛇上坐者向卯白虎為有死亡疾病之事
有人居申朱雀上坐向寅太常為有衣裳財物喜之事
有人居午勾陳上坐者向太陰為有聲匿陰謀私意之事
有人居未六合上坐者向丑玄武為有私竊盜賊財物失脫之事
有人居巳青龍上坐者向亥天后為有好人行來之事 有人居辰
有人居卯白虎上坐向酉騰蛇為有縣官口舌失火殃災事
有人居寅太常上坐向申朱雀為有口舌誹謗亂之事 有人
居丑玄武上坐向未六合為有陰私之事求聲匿之事 有人
居子太陰上坐者向午勾陳為有人構扇諍訟官府之事

辰

有人居巳青龍上坐者向亥天后爲有好人行來之事
有人居卯白帝上坐向酉騰虵爲有縣官口舌失火殃災事
有人居寅太常上坐向申朱雀爲有口舌誹謗乱之事　有人
居丑玄武上坐向未六合爲有陰私之事求辭歷之事　有人
居子太陰上坐者向午勾陳爲有人構扇諍訟官府之事
有人居亥天后上坐向巳青龍爲有吉慶喜詳之事　有人
居戌太一上坐向辰天空爲有退逸不來之事　天鈎陰賊
相狀好人碩 ▢ 假令太煞加日辰者居日辰上坐者爲有刑　郡
所招呼相生狀爲善事相尅爲月煞月建加日辰上坐者爲
郡縣所占相生狀爲還相尅爲凶　占左右手足舉法

乾 ☰
乾西北方來左足先舉者欲求婦女右足先舉
憂財好女陰書尚須之事

兑 ☱
兑西方居左足先舉者欲求來借物右足先
舉借小兒女病失物欲求來之

坤 ☷
坤西南方居左足先舉者爲母事右足先舉
者法依善諍道六畜財物欲求之事

离 ☲
南方居左足先舉者憂小口右足先舉者
憂金銀錢財紙筆文書印信之事

巽 ☴
巽東南方左足先舉者憂闘一好女小兒右
足先舉者憂男病失官之事

震 ☳
震東方居左足先舉者憂移徙右足先舉
者憂好女姊妹嫁往小口舌病痛之事

艮 ☶
艮東北方居左足先舉者向面好小兒右足先
舉向面者憂朱衣被欲求意情之事

坎 ☵
坎北方舉左手向面憂有寄養客若右手向
面者憂褢中子病痛之事

占時來卜及人家有酒法　凡寅時艮來卜者憂
女子金銅之物欲爲所各好女勾連占人意性多虚
少實　卯時震來卜者憂爭田宅有非欲作男子病
占人意性爲人善出語占人家有酒食方求覓事
辰巳時巽來卜者憂女子病有非占欲遠行求財物占人意嗔
占人家有酒往來之必出　巳午時离來卜者憂亡失財

一面者憂裹中子病痛〻事
占時来卜及人家有酒法　　丸寅時艮来卜者憂
女子金銅之物欲為所各好女句連占人意性多虚
少實　卯時震来卜者憂争田宅有非欲作男子病
占人意性為人善少語占人家有酒食方来覓事
辰巳時巽来卜者憂女子病有非占欲遠行求財物占人意嗔
占人家有酒往来之必少　巳午時离来卜者憂亡失財
物六畜爵卜人意行中和長中實事　占人家有酒食令
出少許事　未時坤来者憂長女有非争田宅口舌兒
孫起占人意行多口舌占人家有酒食往久向之事
申酉時兊来者憂從官求進有非嫁女暂姻结親占
人意性行不鏤欲人占人家有酒在北来下　戌亥時
乹来卜者欲求之蚪語遊俱欲傜伇占人家有酒口户
道姓劉任氏食口七人有十人藏在　子丑時坎
来卜者盗物是男子之人令至痛小口出意在司命鬼竈
君水官空井中不須求曰向所求来
十干之中時逢事意准則法　○時逢六甲合主
出財入財買〻田宅婚姻嫁娶〻事及牛馬　時逢六
乙与神俱出合遠行往来出入嵗地〻事　時逢六丙
合主酒食當人聚集會客之事　時逢六丁合主地巳
失脫隱藏伏匿之事　時逢六戊合主遠父母尊長田
宅中墓辰丑時是或丙時是　時逢六己合主奴婢小
人六畜逃亡藏避未戌時是或丙時是　時逢六庚合
主口舌鬬打論官理府瘡腫血光之事　時逢六辛合
主病疾死亡哭泣四畜牢獄凶之事　時逢六壬合主
為使所吟被捉獲閉塞〻事　時逢六癸合主衆莫
視隱藏〻事
○逆刾占卷　　再温字奉達也
○于時天復貳載歲在壬戌四月丁丑朔七日河西燉煌郡州學上足子弟翟再温記
三端俱全大丈夫　六藝堂〻世上無　男兒不學讀
詩賦　恰似肥菜根盡枯　又讀前七言

BD14636號2　逆刾占　（13–12）

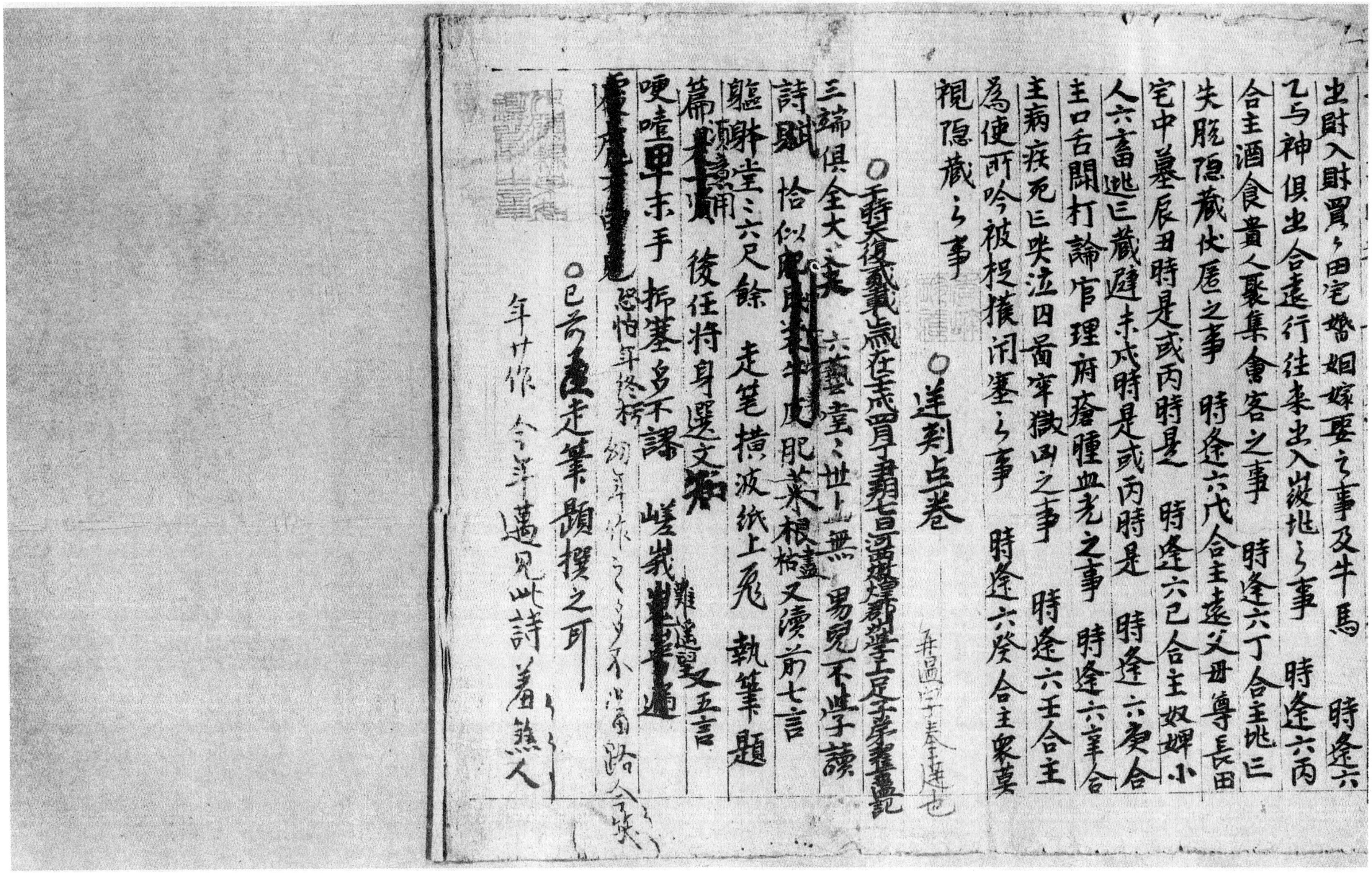

BD14636 號 2　逆剌占

BD14636 號 3　三端俱全大丈夫等詩三首（擬）

（13–13）

毛詩文王之什詁訓傳第廿三　卷廿六

大雅一　　鄭氏箋

文王　文王受命作周也

文王在上，於昭于天。周雖舊邦，其命惟新。有周不顯，帝命不時。文王陟降，在帝左右。亹亹文王，令聞不已。陳錫哉周，侯文王孫子。文王孫子，本枝百世。

BD14636號背1　毛詩鄭箋　　（8–1）

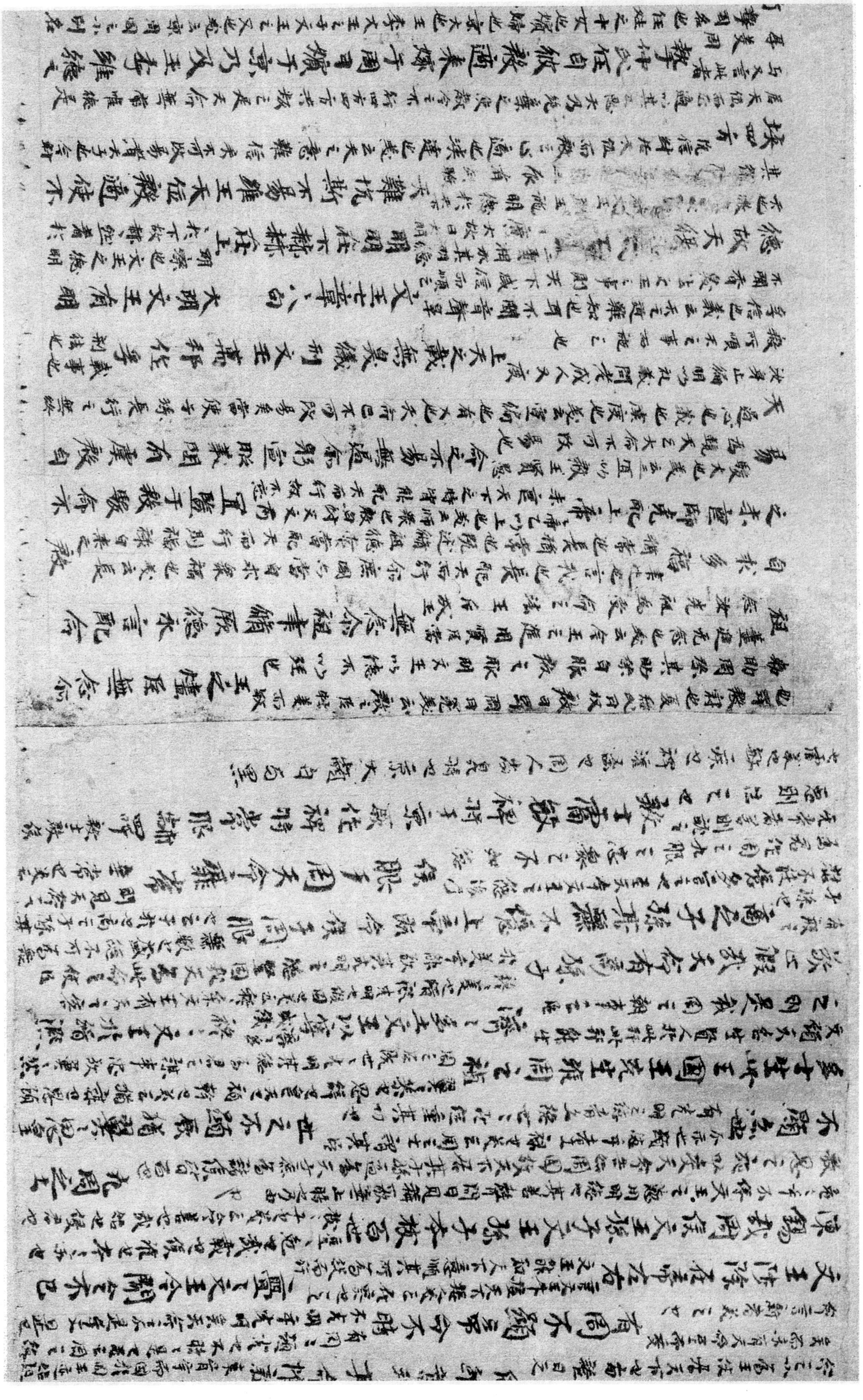

有周不顯，帝命不時。文王陟降，在帝左右。亹亹文王，令聞不已。陳錫哉周，侯文王孫子。文王孫子，本枝百世。凡周之士，不顯亦世。世之不顯，厥猶翼翼。思皇多士，生此王國。王國克生，維周之楨。濟濟多士，文王以寧。穆穆文王，於緝熙敬止。假哉天命，有商孫子。商之孫子，其麗不億。上帝既命，侯于周服。侯服于周，天命靡常。殷士膚敏，祼將于京。厥作祼將，常服黼冔。王之藎臣，無念爾祖。無念爾祖，聿脩厥德。永言配命，自求多福。殷之未喪師，克配上帝。宜監于殷，駿命不易。命之不易，無遏爾躬。宣昭義問，有虞殷自天。上天之載，無聲無臭。儀刑文王，萬邦作孚。

文王七章，章八句。

大明，文王有明……

明明在下，赫赫在上。天難忱斯，不易維王。天位殷適，使不挾四方。摯仲氏任，自彼殷商，來嫁于周，曰嬪于京。乃及王季，維德之行。

BD14636號背1　毛詩鄭箋　（8–2）

天也微子[illegible]文王[illegible]王施明德於天下天難忱斯不易維王天位殷適使不
其徽[illegible]辰有光驗忱信紂居天位而殷之適也挾達也箋云天之意難信矣不可改易者天子也今紂
挾四方居天位而正適以其為惡天乃絕棄之使教令不行四方四方共叛之是天命無常惟德是
與又言此者厚美周摯仲氏任自彼殷適來嫁于周曰嬪于京乃及王季維德之
行摯國名也任姓之中女也嬪婦也京大也王季大王之子文王之父也箋云京周國之小別名也及与也摯國中女曰大任從殷商之畿內嫁為婦於周之京配王季而与之共行仁義
之德同志意之大任有身生此文王大任仲任也身重也箋云重者謂懷孕維此文王小心翼翼昭事上
帝聿懷多福厥德不回以受方國回違也箋云小心翼翼恭順皃也昭明也聿述也懷思也方國四方來附者此言文王之有德
亦由文母天監在下有命既集文之初載天作之合在洽之陽在渭之涘
集就也載識也合配也洽水名也涘厓也箋云天監視善惡於下其命有所依就則豫福助之於文王也生適有識則天為之生配於氣勢之處使必賢才謂生大姒也
文王嘉止大邦有子嘉美也箋云文王聞大姒之賢則美之曰大邦有子女可以為妃乃求昏焉也大邦有子俔天之妹
俔磬也箋云既使問名還則卜之又知大姒之賢尊之如天有女弟也文定厥祥言大姒之有文德祥善也問名之後卜而德吉則文王以禮定
其吉祥謂使納幣也親迎于渭言賢聖之配也箋云賢女配聖人得其宜故備禮也造舟為梁不顯其光言受命之宜王
基乃始於是也天子造舟諸侯維舟大夫方舟士特舟然後可以顯其光輝也箋云佇大姒
而更為梁者欲其昭著明示後世敬昏禮也不明乎其禮之有光輝也箋云天子
造舟殺時未有等制有命自天命此文王于周于京纘女維莘
長子維行纘繼也莘大姒國也長子長女能行大任之德焉箋云天為將命文王使居居天下於周之地亦為作合使大任之女事莘國長
女大姒則配文王維德之行也篤生武王保祐命爾燮伐大商篤厚祐助燮和也箋云天降氣於大姒厚
生聖子武王而女助之又遂命之爾使協和我伐殷之事
協和我伐殷之事謂合位於三五之也殷商之旅其會
如林矢于牧野維予侯興旅眾也如林言眾而不降為用也矢陳也
眾兵陳於商郊之牧野里天乃以予諸侯有德興起也言天下之望周箋云殷盛合其
當起為天子者言天去紂周師勝上帝臨女無貳爾心言
敢懷心箋云臨視女之武王也天命無
讒視女伐紂必克有疑心牧野洋洋檀車煌煌駟騵彭彭洋洋廣也
也煌煌明也駟馬白腹曰騵言上周下殷也箋云云尚父呂望也又尊
言戰地寬廣明時不用權詐也兵車鮮明馬又強盛則開暇且整
維師尚父時維鷹揚諒彼武王師太師也尚父可尚父可鷹揚如鷹之飛揚也諒佐也
箋云言戰地寬廣明時不用才尚父呂望也尊稱焉鷹鷙鳥佐
武王者為之上將上之
肆伐大商會朝清明肆疾也會甲也不崇朝而天下清明箋云肆

維師尚父時維鷹揚諒彼武王師大師也尚父可尚可父鷹揚如鷹之飛揚也諒佐也
箋云言戰地寬廣明時不權詐尚父呂望也尊稱焉鷹鷙鳥也佐
武王者爲之上將上之
肆伐大商會朝清明肆疾也會甲也不崇朝而天清明箋云肆
故今也會合也以天期已至兵甲之經
師師之衆盛武王故今伐殷會兵以天下清明尚書
牧誓曰時甲子昧爽武王朝至于商郊牧野乃誓之
大明八章章六句四章章八句　綿文王之興本由大
王也大王能興綿綿之化文王因以廣大之綿綿瓜瓞民之初生自土沮漆興也綿綿不絕瓜紹生絕也民自周
邑民自周也土居也沮水名箋云瓜之本實繼先歲之瓜必小狀似瓝故
謂之瓞綿綿然若將無長大時興者論后稷乃帝嚳曹封於邰
其後公劉失職遷於幽居沮漆之地歷世亦綿綿然至大王而德　古公
益盛得其民心之而生王業故周之興自於沮焉古公豳公也古言久也亶甫字
亶甫陶腹陶穴未有家室也或殷以爲言質也古公處
幽狄人侵之事之以皮幣不得不得免焉事之以犬馬不得免焉事之
以珠玉不得免焉乃屬耆老而告之曰狄人之所欲貪吾土地也吾聞
之君子不以其所養人而害人二三子何患無君乃去之踰
梁山之危於岐山之下幽人曰仁人之君不可失從之而居知歸市陶其
土而腹之陶其壤而穴穴之室內曰家未有寢廟亦未有室家箋云
故公者據文王本其祖也諸侯之臣稱其君曰公賤者於地上鑿地
曰穴皆如陶然本所在幽時也傳曰自
古公處幽而下爲二章發也　古公亶甫來朝走馬率西
水滸至于岐下爰及姜女聿來胥宇率循也滸水涯也姜女大姜也胥相也宇居也箋云來朝
走馬言其辟惡早且疾也循西水涯漆沮之側也爰於及與也聿自也是
與其妃大姜自來相與居者著大姜之賢智也
周原膴膴堇荼如飴爰始爰謀爰契我龜周原在沮漆之間也膴膴美也堇菜也荼苦菜
也契開也箋云廣平曰原周之原地在岐山之南膴膴然肥美其所
所生菜雖有性苦者皆甘如飴也此地將可居故於是始與幽人之從已者
謀從大王又於是契灼其龜曰止曰時築室于茲而卜之卜之吉則又從之也箋云時是茲此卜從則曰可止居於是可作室家
迺慰迺止迺左迺右迺疆迺理迺宣迺畝自西徂東周爰執
於是心安甚心
事慰安也爰於也箋云時耕曰宣徂往也民心定乃安隱其居乃左右而處
之乃疆理其經界乃時耕其田畝於是從西方而往東之人皆樂於
周執事競出力也幽與周原不能爲西
乃召司空乃召司徒俾立室家

BD14636號背1　毛詩鄭箋　（8–4）

於宅心迺慰迺止迺左迺右迺疆迺理迺宣迺畝自西徂東周爰執
安甚心
事 慰安也爰於也箋云時耕日宜但往也民心定乃安隱其君乃左右而處
之乃疆理其經界乃時耕其田畝於是從西方而往東之人皆樂於
周執事競出力也豳与周原不能為西
東據至時從水滸言之乃然 也 乃召司空乃召司徒俾立室
家 箋云俾使也司空司徒卿官掌營國邑司徒掌
教乃從役之事故召之使立家室之位處也 其繩則直縮版以
載作廟翼翼 言不失繩直也乘之謂縮之君子將營宮室宗廟為先
廄庫為次居室為後箋云繩者營其廣輪方制
之正也既正則以索縮其築板上下相承而起廟
成則嚴顯翼翼然乘當為繩聲之誤 捄之陾陾度之薨薨築之登登削
屢馮馮 捄虆也陾陾眾也度居也言百姓之相勸勉也登登用力削牆鍛屢之 百堵皆興鼛鼓弗
勝 皆俱也鼛大鼓也長一丈二尺鼛鼓不能止之使休息也凡大鼓之側有小鼓謂之應鼙也鼙朔用日以鼛鼓役事也
乃立皋門皋門有伉乃立應門應門將將 王之郭門曰皋門伉高貌王之正門曰應門將將嚴正也箋云大王作郭門以致皋門
作正門以致應門 箋云諸侯之宮外門曰皋門朝門曰應
門內有路寢門天子之宮加以庫雉 迺立冢土戎醜
攸行 冢大也戎大醜眾也冢土大社也起大事動大眾必先有事於社而
後出謂之宜箋云大社者出大眾將所告而行
也春秋傳曰蜃宜社之肉 肆不殄厥慍亦不隕厥問柞棫拔矣行道兌矣
今也慍恚隕墜也先成其社也箋云小聘曰問柞棫白桵文王立家土
有用大眾之事故不絕恚惡之人之心亦不廢其聘問鄰國之禮今柞棫
生柞棫之時使大夫將師旅出聘問其行
道士眾兌然不能伐之意 也 混夷駾矣維其喙矣
也喙困也箋云混夷大王避狄文王伐混夷成道興
此柞棫之中而逃甚遠困是謂一年伐混夷大王避狄 虞芮質厥成文王蹶厥生
國甚
忠一 虞芮之君相与爭田久而不平乃相謂曰西伯仁人也盍往質焉乃相与朝周
入其境則耕者讓畔行者讓路入其邑男女異路
士讓為大夫大夫讓為卿二國之君感而相
之庭乃相讓以其所爭之田為閒田而退天下聞之而歸者四十餘國
若之質平而天王動其緜緜民初生之道謂廣其德而王業興
予曰有疏附予曰有先後予曰有奔奏予曰有禦侮
前後輔相之臣先後日奔奏喻德宣譽曰奔奏武臣折衝曰禦侮
以至然者我念之曰此亦由有疏附先後奔奏禦侮之力也
附疏附者親 緜緜九章章六句
棫樸文王能官人也
者使人歸趣之 芃芃棫樸薪之槱之
相枝葉而生者枝條芃芃然槱積也山木茂盛萬民得而薪之賢人眾多國家得用蕃興也 濟濟辟王左右趣之
天下常及三辰則聚積之以為燎也
趣趨也箋云辟君也王謂文王也文王臨祭祀其容濟濟然 濟濟辟王左右

BD14636號背 1　毛詩鄭箋

（8–5）

以至此者，我念之曰此亦四有詠，附先後奔奏，御侮之力也。我自疏
附疏附者，親奔綿綿九章，章六句　棫樸，文王能官人也。芃芃棫樸
奏，使人歸趣之　興也。芃芃，木盛皃也。棫，白桵也。樸，枹木也。槱，積也。山木茂盛，萬
薪之槱之　民得而薪之，賢人眾多，國家得用蕃興也。箋云：白桵相
樸屬而生者，枝條芃芃然，豫斫以為薪，至祭皇
天上帝及三辰，則聚積之以為燎也　濟濟辟王，左右趣之
趣，趨也。箋云：辟，君也。王謂文王。文王臨祭祀，其容濟濟然敬，
左右之諸侯皆促疾於其事，謂助之槱薪也　濟濟辟王，左右
奉璋　半圭曰璋。箋云：璋，璋瓚也。祭祀之禮，王祼以珪瓚，諸侯助之，亞祼以璋瓚　奉璋峨峨，髦士攸宜　峨峨，盛壯也。髦，俊也
也。箋云：士，卿士也。奉璋之儀峨峨然，　淠彼涇舟，烝徒楫之　淠，舟行皃也。楫，櫂也。也。箋云：烝，眾也。淠淠然
之然，古之俊士之所宜也
涇水中之舟，順流而行者，乃眾徒船人以楫櫂　周王于邁，六師及之　天子六
之故也。異於眾臣之賢者行君之政令　軍。箋
云：于，往。邁，行也。乃往也。周之禮，　倬彼雲漢，為章于天　倬，大也。雲漢，天河也
二千五師為之萬二千五百人　箋云：漢之在天，其為
文章譬猶天子　周王壽考，遐不作人　遐，遠也。遠，不為人也。箋云：周王，文王也。文王是
為法度於天下　時也九十餘矣，故云壽考。遠不作人者，其
政變化紂之惡俗，皆　追琢其章，金玉其相　追，雕也。金曰雕，玉曰琢。相，質也。箋
使善近知新作人　云：周禮追師掌追衡笄，則追
衡笄則追亦治玉也。相，視也。猶觀視也。追琢玉使文章，喻文王也，以喻為政先心
研精之，合於禮義，然後施之也。萬民視而觀之，其好而樂之，如觀金玉然。言
其政　勉勉我王，綱紀四方　箋云：我王，謂文王也。以罔罟喻為政，張之為綱，理之為紀也
可樂
棫樸五章，章四句　旱麓，受祖也。周之先祖世脩后稷、公劉之業，
大王、王季申之以百福干祿焉　脩，治也。周之始祖自后稷也　瞻彼旱麓，榛楛濟
濟　旱，山名。麓，山足也。濟濟，眾多也。箋云：旱山之足，林木茂盛者，山得雲　豈弟君子，干祿豈
雨之潤澤也。喻周邦之民獨豐樂者，被其君德也
弟　干，求也。言陰陽和，山藪殷，故君子得以干祿樂易。箋云：君子謂大王
王季也。以有樂易施於民，故其求祿亦得樂易　瑟彼玉瓚，黃
流在中　玉瓚，圭瓚也。黃金所以為飾，流鬯也。九命者然後錫以秬鬯、圭瓚。箋云：
[illegible]
瓚之狀，以圭為柄，黃金為勺，青金為外
祿攸降　箋云：攸，所；降，下也　鳶飛戾天，魚躍于
淵　箋云：殘惡者飛而至天，喻惡人
遠去，民喜得其所也　豈弟君子
人　清酒既載，騂牡既備　言年豐畜碩也。箋
以享以祀，以介景福　言祀所得福也。箋云：介，助也。景，大也　瑟
柞棫，所以成盛者，乃
早養治之無害也　豈弟君子，神所勞

此定知鄭箋手詩稱篇為敘
愷不宜實務之一，初以字號
不作達人以祝集於世年之
見此敘而特以鄭氏著乎
注傳體例為題為注而後
將題箋於著作者示表隱古

BD14636號背1　毛詩鄭箋

（8–7）

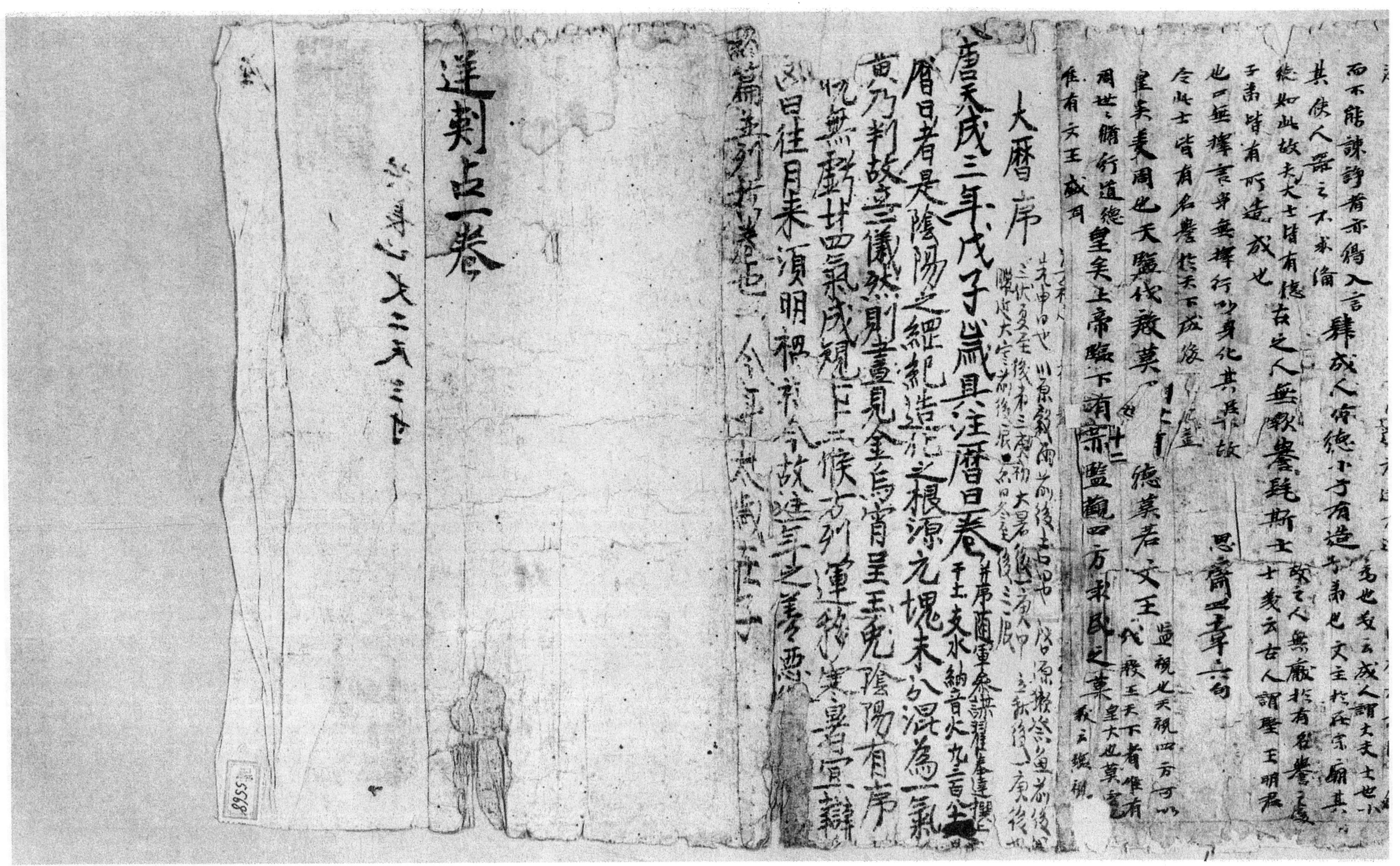

BD14636 號背 1　毛詩鄭箋

BD14636 號背 2　大曆序

（8–8）

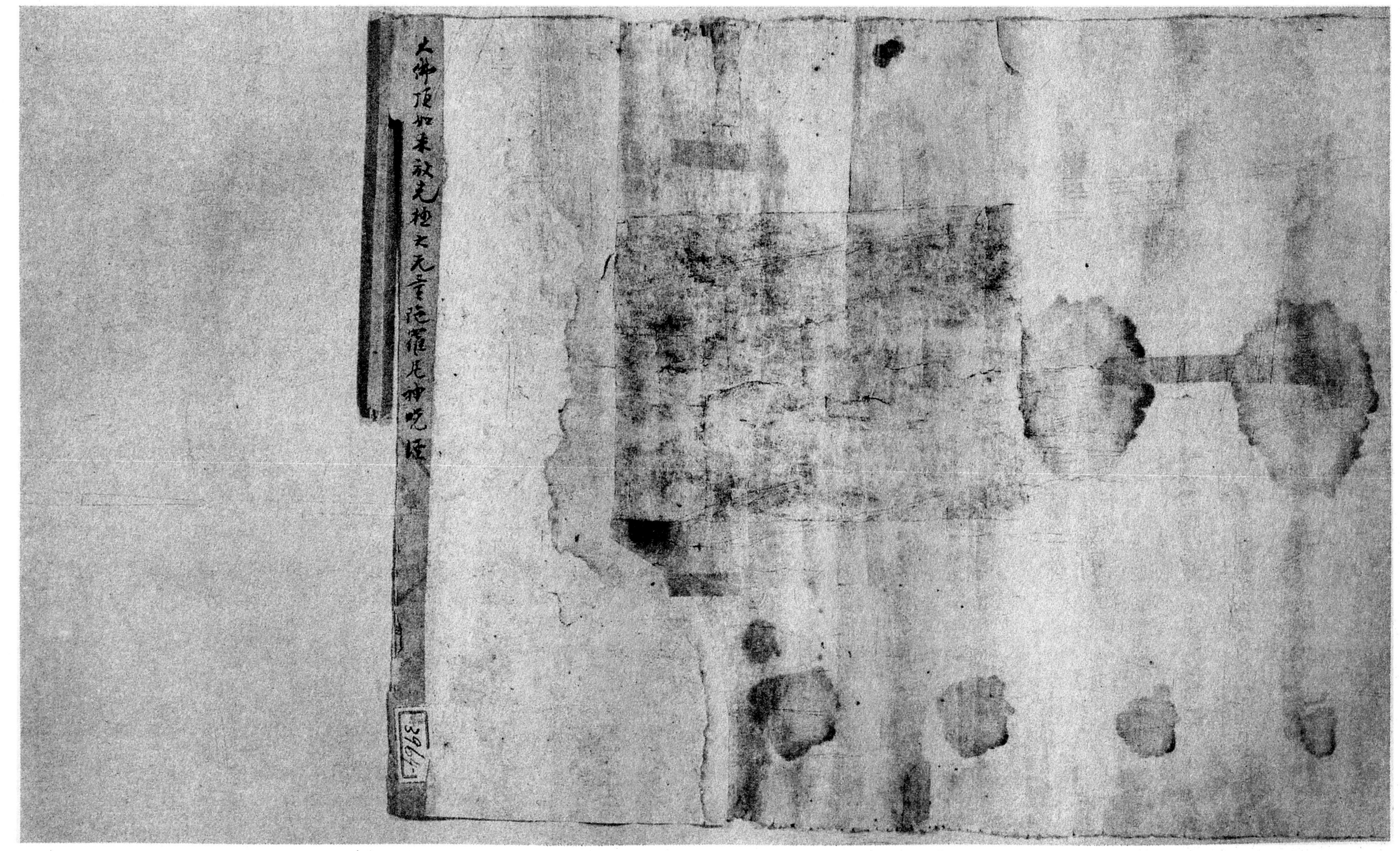

BD14637號背　護首　　　　（1–1）

BD14637號　大佛頂如來放光悉怛多鉢怛羅大神力攝一切咒王金輪帝殊羅大道場金輪三昧十方如來尊重寶印極大無量陀羅尼神咒經　（4–1）

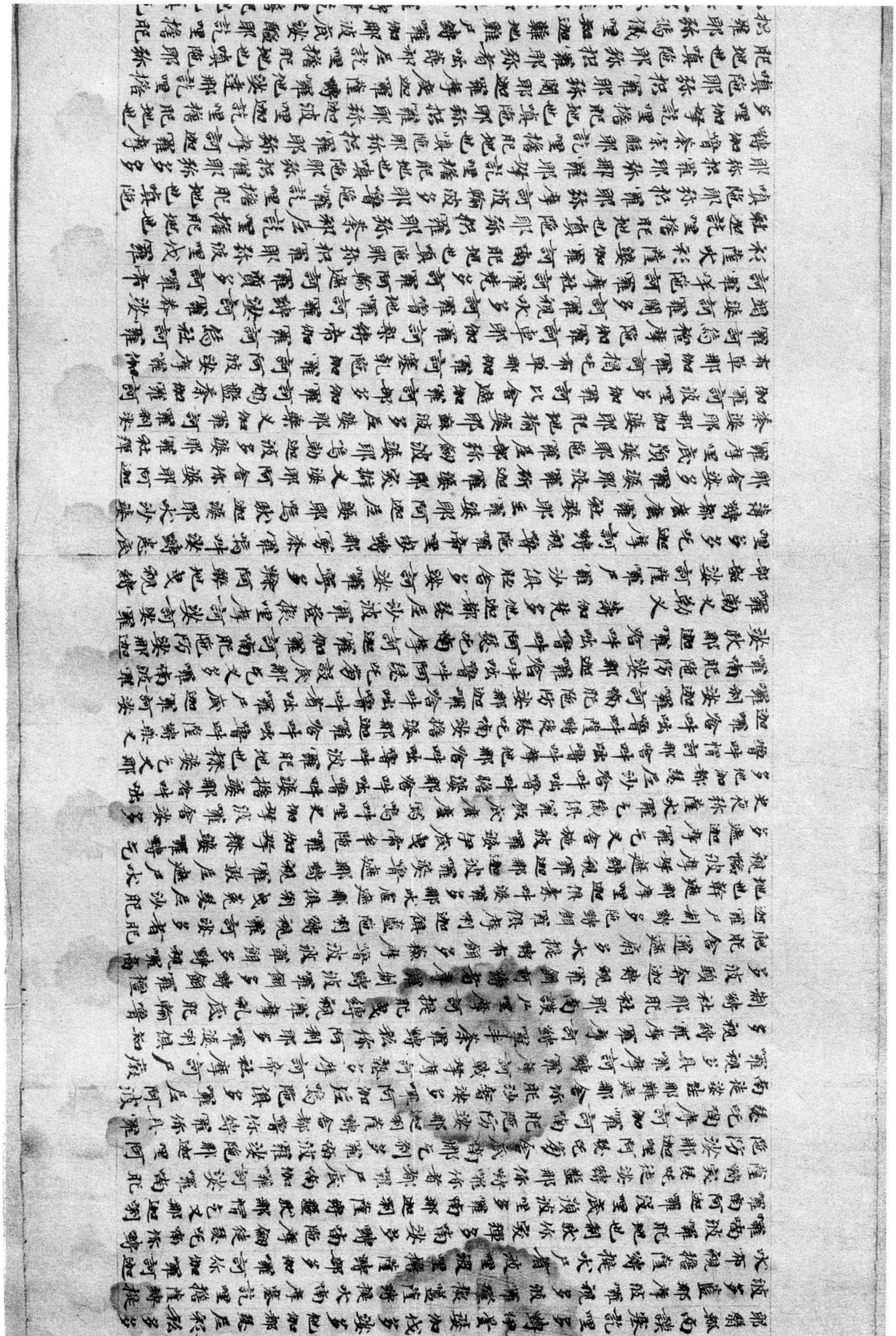

BD14637號　大佛頂如來放光悉怛多鉢怛羅大神力攝一切咒王金輪帝殊羅大道場金輪三昧十方如來尊重寶印極大無量陀羅尼神咒經　（4–2）

BD14637號　大佛頂如來放光悉怛多鉢怛羅大神力攝一切咒王金輪帝殊羅大道場金輪三昧十方如來尊重寶印極大無量陀羅尼神咒經　（4-3）

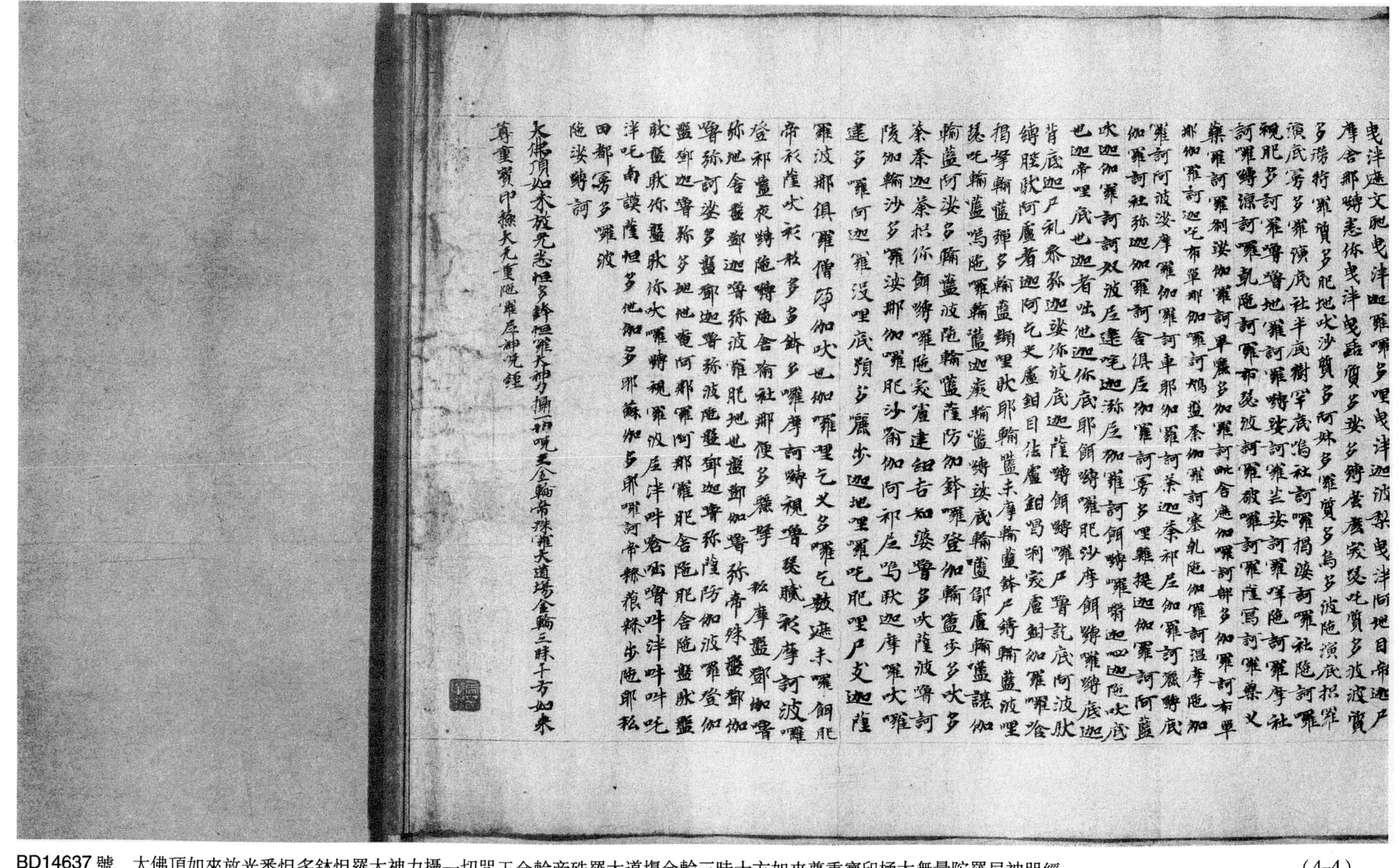

BD14637號　大佛頂如來放光悉怛多鉢怛羅大神力攝一切咒王金輪帝殊羅大道場金輪三昧十方如來尊重寶印極大無量陀羅尼神咒經　（4–4）

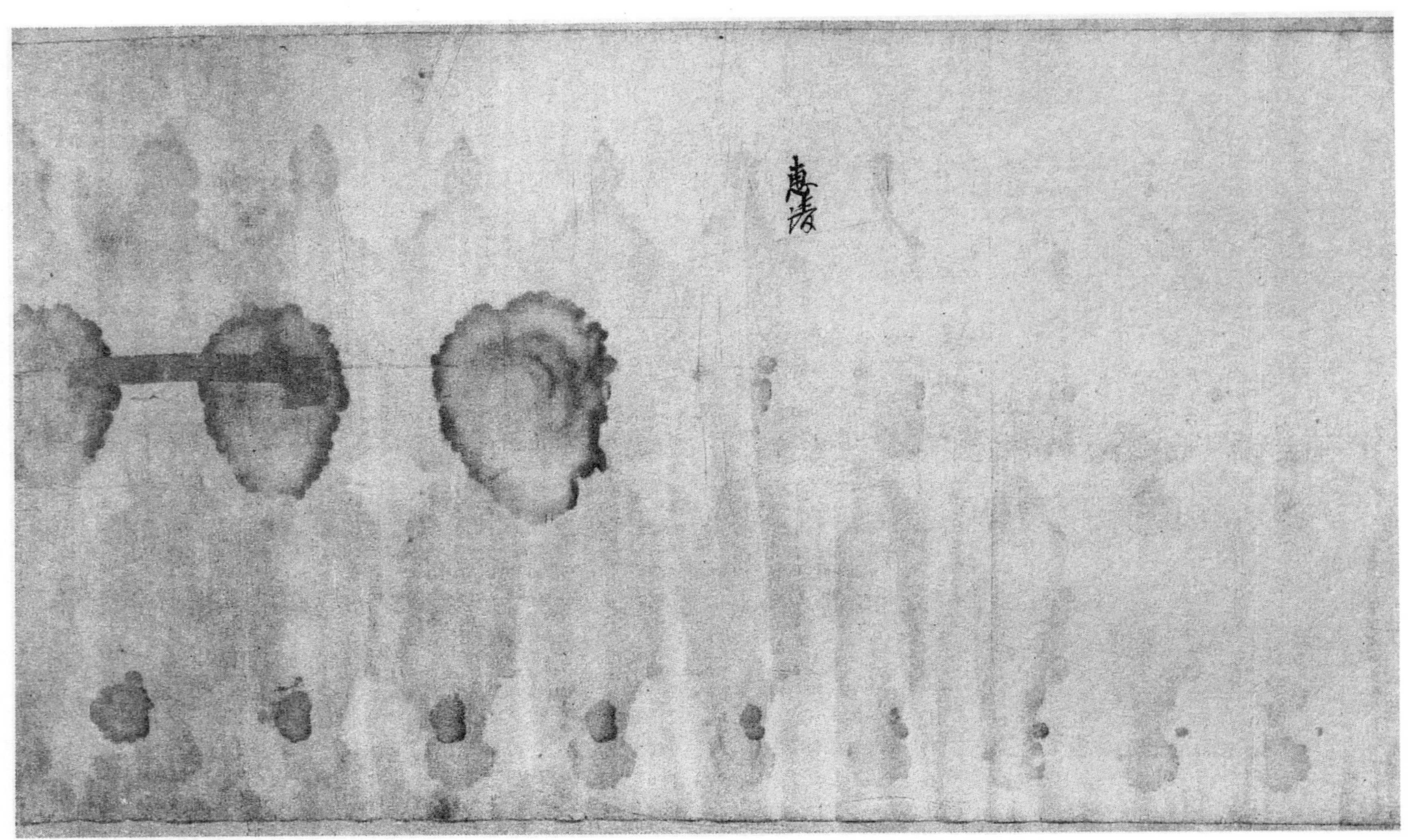

BD14637 號背　雜寫　（1–1）

是行布施波羅蜜多憍尸迦若善男子善
女人等如是求舌界若常若無常求味界乃至
舌觸為緣所生諸受若常若無常求舌界若
樂若苦求味界乃至舌觸為緣所生諸受若
樂若苦求舌界若我若無我求味界乃至舌
觸為緣所生諸受若我若無我求舌界若淨
若不淨求味界乃至舌觸為緣所生諸受若
淨若不淨依此等法行布施者我說名為行
有所得相似布施波羅蜜多憍尸迦如前所
說當知皆是說有所得相似布施波羅蜜多
復次憍尸迦若善男子善女人等為發無上
菩提心者說身界若常若無常說觸界身識
界及身觸身觸為緣所生諸受若常若無常
說身界若樂若苦說觸界身識界及身觸
身觸為緣所生諸受若樂若苦說身界若我若
無我說觸界身識界及身觸身觸為緣所
生諸受若我若無我說身界若淨若不淨說觸

BD14638 號　大般若波羅蜜多經卷一四四　（9–1）

界及身觸為緣所生諸受若常若無常
說身觸界若樂若苦說觸界身識界及身觸
身觸為緣所生諸受若樂若苦說身界若我若
無我說觸界身識界及身觸身觸為緣所
生諸受若我若無我說身界若淨若不淨說觸
界身識界及身觸身觸為緣所生諸受若淨
若不淨若有能依如是等法脩行布施是行
布施波羅蜜多復作是說行布施者應求身
界若常若無常應求觸界乃至身觸為緣所
生諸受若常若無常應求身界若樂若苦應
求觸界乃至身觸為緣所生諸受若樂若苦
應求身界若我若無我應求觸界乃至身觸
為緣所生諸受若我若無我應求身界若淨
若不淨應求觸界乃至身觸為緣所生諸受
若淨若不淨若有能求如是等法脩行布施
是行布施波羅蜜多憍尸迦若善男子善女
人等如是求身界若常若無常求觸界乃至
身觸為緣所生諸受若常若無常求身界若
樂若苦求觸界乃至身觸為緣所生諸受若
樂若苦求身界若我若無我求觸界乃至身
觸為緣所生諸受若我若無我求身界若淨
若不淨求觸界乃至身觸為緣所生諸受若
淨若不淨依此等法行布施者我說名為行
有所得相似布施波羅蜜多憍尸迦如前所
說當知皆是說有所得相似布施波羅蜜多
復次憍尸迦若善男子善女人等為發無上
菩提心者說意界若常若無常說法界意識
界及意觸意觸為緣所生諸受若常若無常

BD14638號　大般若波羅蜜多經卷一四四　（9–2）

有所得相似布施波羅蜜多憍尸迦如前所
說當知皆是說有所得相似布施波羅蜜多
復次憍尸迦若善男子善女人等為發無上
菩提心者說意界若常若無常說法界意識
界及意觸意觸為緣所生諸受若常若無常
說意界若樂若苦說法界意識界及意觸意
觸為緣所生諸受若樂若苦說意界若我若
無我說法界意識界及意觸意觸為緣所生
諸受若我若無我說意界若淨若不淨說法
界意識界及意觸意觸為緣所生諸受若淨
若不淨若有能依如是等法脩行布施是行
布施波羅蜜多復作是說行布施者應求意
界若常若無常應求法界乃至意觸為緣所
生諸受若常若無常應求意界若樂若苦應
求法界乃至意觸為緣所生諸受若樂若苦
應求意界若我若無我應求法界乃至意觸
為緣所生諸受若我若無我應求意界若淨
若不淨應求法界乃至意觸為緣所生諸受
若淨若不淨若有能求如是等法脩行布施
是行布施波羅蜜多憍尸迦若善男子善女
人等如是求意界若常若無常求法界乃至
意觸為緣所生諸受若常若無常求意界若
樂若苦求法界乃至意觸為緣所生諸受若
樂若苦求意界若我若無我求法界乃至意
觸為緣所生諸受若我若無我求意界若淨
若不淨求法界乃至意觸為緣所生諸受若
淨若不淨依此等法行布施者我說名為行
有所得相似布施波羅蜜多憍尸迦如前所

BD14638號　大般若波羅蜜多經卷一四四　（9–3）

觸為緣所生諸受若我若無我求意界若淨
若不淨求法界乃至意觸為緣所生諸受若
淨若不淨依此等法行布施者我說名為行
有所得相似布施波羅蜜多如前所
說當知皆是說有所得相似布施波羅蜜多
復次憍尸迦若善男子善女人等為發無上
菩提心者說地界若常若無常說水火風空
識界若常若無常說地界若樂若苦說水火
風空識界若樂若苦說地界若我若無我說
水火風空識界若我若無我說地界若淨若
不淨說水火風空識界若淨若不淨若有能
依如是等法修行布施是行布施波羅蜜多
復作是說行布施者應求地界若常若無常
應求水火風空識界若常若無常應求地界
若樂若苦應求水火風空識界若樂若苦應
求地界若我若無我應求水火風空識界若
我若無我應求地界若淨若不淨應求水火
風空識界若淨若不淨若有能求如是等法
修行布施是行布施波羅蜜多憍尸迦若善
男子善女人等如是求地界若常若無常求
水火風空識界若常若無常求地界若樂若
苦求水火風空識界若樂若苦求地界若我
若無我求水火風空識界若我若無我求地
界若淨若不淨求水火風空識界若淨若不
淨依此等法行布施者我說名為行有所得
相似布施波羅蜜多憍尸迦如前所說當知
皆是說有所得相似布施波羅蜜多

BD14638號　大般若波羅蜜多經卷一四四　（9–4）

淨依此等法行布施者我說名為行有所得
相似布施波羅蜜多憍尸迦如前所說當知
皆是說有所得相似布施波羅蜜多
復次憍尸迦若善男子善女人等為發無上
菩提心者說無明若常若無常說行識名色
六處觸受愛取有生老死愁歎苦憂惱若常
若無常說無明若樂若苦說行識名色六處
觸受愛取有生老死愁歎苦憂惱若樂若苦
說無明若我若無我說行識名色六處觸 受
愛取有生者死愁歎苦憂惱若我若無我說
無明若淨若不淨說行識名色六處觸 受愛
取有生老死愁歎苦憂惱若淨若不淨若有
能依如是等法修行布施是行布施波羅蜜
多復作是說行布施者應求無明若常若無
常應求行乃至老死愁歎苦憂惱若常若無
常應求無明若樂若苦應求行乃至老死愁
歎苦憂惱若樂若苦應求無明若我若無我
應求行乃至老死愁歎苦憂惱若我若無我
應求無明若淨若不淨應求行乃至老死愁
歎苦憂惱若淨若不淨若有能求如是等法
修行布施是行布施波羅蜜多憍尸迦若善
男子善女人等如是求無明若常若無常求
行乃至老死愁歎苦憂惱若常若無常求無
明若樂若苦求行乃至老死愁歎苦憂惱若
樂若苦求無明若我若無我求行乃至老死
愁歎苦憂惱若我若無我求無明若淨若不
淨求行乃至老死愁歎苦憂惱若淨若不淨

BD14638號　大般若波羅蜜多經卷一四四　（9–5）

樂若苦求無明若我若無我求行乃至老死
愁歎苦憂惱若我若無我求無明若淨若不
淨求行乃至老死愁歎苦憂惱若淨若不淨
依此等法行布施者我說名為行有所得相
似布施波羅蜜多憍尸迦如前所說當知皆
是說有所得相似布施波羅蜜多
復次憍尸迦若善男子善女人等為發無上
菩提心者說布施波羅蜜多若常若無常說
淨戒安忍精進靜慮般若波羅蜜多若常若
無常說布施波羅蜜多若樂若苦說淨戒安
忍精進靜慮般若波羅蜜多若樂若苦說布
施波羅蜜多若我若無我說淨戒安忍精進
靜慮般若波羅蜜多若我若無我說布施波
羅蜜多若淨若不淨說淨戒安忍精進靜慮
般若波羅蜜多若淨若不淨若有能依如是
等法脩行布施是行布施波羅蜜多復作是
說行布施者應求布施波羅蜜多若常若無
常應求淨戒乃至般若波羅蜜多若常若無
常應求布施波羅蜜多若樂若苦應求淨戒
乃至般若波羅蜜多若樂若苦應求布施波
羅蜜多若我若無我應求淨戒乃至般若波
羅蜜多若我若無我應求布施波羅蜜多若
淨若不淨應求淨戒乃至般若波羅蜜多若
淨若不淨若有能求如是等法脩行布施是
行布施波羅蜜多憍尸迦若善男子善女人
等如是求布施波羅蜜多若常若無常求淨
戒乃至般若波羅蜜多若常若無常求布施

BD14638號　大般若波羅蜜多經卷一四四　（9–6）

羅蜜多若我若無我應求布施波羅蜜多若
淨若不淨應求淨戒乃至般若波羅蜜多若
淨若不淨若有能求如是等法脩行布施是
行布施波羅蜜多憍尸迦若善男子善女人
等如是求布施波羅蜜多若常若無常求淨
戒乃至般若波羅蜜多若常若無常求布施
波羅蜜多若樂若苦求淨戒乃至般若波羅
蜜多若樂若苦求布施波羅蜜多若我若無
我求淨戒乃至般若波羅蜜多若我若無我
求布施波羅蜜多若淨若不淨求淨戒乃至
般若波羅蜜多若淨若不淨依此等法行布
施者我說名為行有所得相似布施波羅蜜
多憍尸迦如前所說當知皆是說有所得相
似布施波羅蜜多
復次憍尸迦若善男子善女人等為發無上
菩提心者說內空若常若無常說外空內外
空空空大空勝義空有為空無為空畢竟空
無際空散空無變異空本性空自相空共相
空一切法空不可得空無性空自性空無性
自性空若常若無常說內空若樂若苦說外
空內外空空空大空勝義空有為空無為空
畢竟空無際空散空無變異空本性空自相
空共相空一切法空不可得空無性空自性
空無性自性空若樂若苦說內空若我若無
我說外空內外空空空大空勝義空有為空
無為空畢竟空無際空散空無變異空本性
空自相空共相空一切法空不可得空無性
空自性空無性自性空若我若無我說內空

BD14638號　大般若波羅蜜多經卷一四四　（9–7）

我說外空内外空空空大空勝義空有為空
無為空畢竟空無際空散空無變異空本性
空自相空共相空一切法空不可得空無性
空自性空無性自性空若我若無我說内空
若淨若不淨說外空内外空空空大空勝義
空有為空無為空畢竟空無際空散空無變
異空本性空自相空共相空一切法空不可
得空無性空自性空無性自性空若淨若不
淨若有能依如是等法脩行布施是行布施
波羅蜜多復作是說行布施者應求内空若
常若無常應求外空乃至無性自性空若常
若無常應求内空若樂若苦應求外空乃至
無性自性空若樂若苦應求内空若我若無
我應求外空乃至無性自性空若我若無我
應求内空若淨若不淨應求外空乃至無性
自性空若淨若不淨若有能求如是等法脩
行布施是行布施波羅蜜多憍尸迦若善男
子善女人等如是求内空若常若無常求外
空乃至無性自性空若常若無常求内空若
樂若苦求外空乃至無性自性空若樂若苦
求内空若我若無我求外空乃至無性自性
空若我若無我求内空若淨若不淨求外空
乃至無性自性空若淨若不淨依此等法行
布施者我說名為行有所得相似布施波羅
蜜多憍尸迦如前所說當知皆是說有所得
相似布施波羅蜜多

大般若波羅蜜多經卷第一百卌四

BD14638號　大般若波羅蜜多經卷一四四　（9–8）

求内空若我若無我求外空乃至無性自性
空若我若無我求内空若淨若不淨求外空
乃至無性自性空若淨若不淨依此等法行
布施者我說名為行有所得相似布施波羅
蜜多憍尸迦如前所說當知皆是說有所得
相似布施波羅蜜多

大般若波羅蜜多經卷第一百卌四

BD14638號　大般若波羅蜜多經卷一四四　（9–9）

於座上跏趺而坐端身正念告諸苾芻汝等
樂欲見彼往昔菩薩本舍利不諸苾芻
言我等樂見世尊即以百福莊嚴相好之手
而按其地于時大地六種震動即便開列七寶
制底忽然涌出衆寶羅網莊嚴其上大衆見
已生希有心尒時世尊即從座起作礼右遶
還就本座告阿難陀汝可開此制底之戶時
阿難陀即開其戶見七寶函奇珎厠飾白言世
尊有七寶函衆莊挍佛言汝可開函時阿難
陀奉教開已見有舍利白如珂雪拘物頭花
即白佛言函有舍利色妙異常佛言阿難汝
持此大士骨來時阿難陀即取其骨奉授世尊
世尊受已告諸苾芻汝等應觀菩薩遺
身舍利而說頌曰

BD14639號　金光明最勝王經卷一〇　（19–1）

尊有七寶函衆莊挍佛言汝可開函時阿難
陀奉教開已見有舍利白如珂雪拘物頭花
即白佛言函有舍利色妙異常佛言阿難汝
持此大士骨來時阿難陀即取其骨奉授世尊
世尊受已告諸苾芻汝等應觀菩薩遺
身舍利而說頌曰
菩薩勝德相應慧　勇猛精懃六度圓
常修不息為菩提　大捨堅固心无倦
汝等苾芻咸應礼敬菩薩本身此之舍利乃
是无量戒定慧香之所熏馥最上福田極難
逢遇時諸苾芻及諸大衆咸皆至心合掌恭
敬頂礼舍利歎未曾有時阿難陀前礼佛足
白言世尊如來大師出過一切為諸有情之所
恭敬何因緣故礼此身骨佛告阿難陀我因
此骨速得无上正等菩提為報往恩我今至
礼復告阿難陀吾今為汝及諸大衆斷除疑
惑說是舍利往昔因緣汝等善思當一心聽
阿難陀曰我等樂聞願為開闡阿難陀過去
世時有一國王名曰大車巨富多財庫藏盈
滿軍兵武勇衆所欽伏常以正法施化黔
黎人民熾盛无有怨敵國大夫人誕生三子
顏容端正人所樂觀太子名曰摩訶波羅次
子名曰摩訶提婆幼子名曰摩訶薩埵是
時大王為欲遊觀縱賞山林其三王子亦皆
隨從為求花果捨父周旋至大竹林於中憩
息第一王子作如是言我於今日心甚驚惶
於此林中將无猛獸損害於我第二王子復
作是言我於自身初无悋惜恐於所愛有

BD14639號　金光明最勝王經卷一〇　（19–2）

隨從爲求花果捨父周旋至大竹林於中憩
息第一王子作如是言我於今日心甚驚惶
於此林中將无猛獸損害於我第二王子復
作是言我於自身初无悋惜恐於所愛有
別離苦第三王子白二兄曰
此是神仙所居處　我无恐怖別離憂
身心充遍生歡喜　當獲殊勝諸功德
時諸王子各説本心所念之事次復前行見
有一虎產生七子纔經七日諸子圍遶飢渴
所逼身形羸瘦將死不久第一王子作如是
言哀哉此虎產來七日七子圍遶无暇求食
飢渴所逼必還噉子薩埵王子問言此虎
每常所食何物第一王子答曰
虎豹豺師子唯噉熱血肉更无餘飲食可濟此羸
第二王子聞此語已作如是言此虎羸瘦飢
渴所逼餘命无幾我等何能爲求如是難得
飲食誰復爲斯自捨身命濟其飢苦第一王
子言一切難捨无過己身薩埵王子言我今等
者於自己身各生愛戀復无智慧不能於他
而興利益然有上士懷大悲心常爲利他亡
身濟物復作是念我今此身於百千生虛棄
爛壞曾无所益云何今日而不能捨以濟飢
苦如棄涕唾時諸王子作是議已各起慈心
悽傷愍念共觀羸虎目不暫移徘徊久之
之俱捨而去時薩埵王子便作是念我捨身
命今正是時何以故
我從久來持此身　臭穢膿流不可愛
供給敷具并衣食　象馬車乘及財物

BD14639 號　金光明最勝王經卷一〇　（19–3）

之俱捨而去時薩埵王子便作是念我捨身
命今正是時何以故
我從久來持此身　臭穢膿流不可愛
供給敷具并衣食　象馬車乘及財物
變壞之法體无常　恒求難滿難保守
雖常供養懷怨害　終歸棄我不知恩
復次此身不堅於我无益可畏如賊不淨如
糞我於今日當使此身修廣大業於生死海
作大舟航棄捨輪迴令得出離復作是念若
捨此身則捨无量癰疽惡疾百千怖畏是身
唯有大小便利不堅如泡諸蟲所集血脈筋
骨共相連持甚可猒患是故我今應當棄
捨以求无上究竟涅槃永離憂患无常苦惱
生死休息斷諸塵累以定慧力圓滿熏修百
福莊嚴成一切智諸佛所讚微妙法身既證
得已施諸衆生无量法樂是時王子興大勇
猛發弘誓願以大悲念增益其心慮彼二兄
情懷怖懼共爲留難不果所祈即便白言二
兄前去我且於後尒時王子摩訶薩埵還入
林中至其虎所脫去衣服置於竹上作是誓言
我爲法界諸衆生　志求无上菩提處
起大悲心不傾動　當捨凡夫所愛身
菩提无患无熱惱　諸有智者之所樂
三界苦海諸衆生　我今拔濟令安樂
是時王子作是言已於餓虎前委身而臥由
此菩薩慈悲威勢虎无能爲菩薩見已即上
高山投身於地復作是念虎今羸瘠不能食
我即起求刀竟不能得即以乾竹刺頸出血

BD14639 號　金光明最勝王經卷一〇　（19–4）

菩提无患无熱惱　諸有智者之所樂
三界苦海諸衆生　我今救濟令安樂
是時王子作是言已，於餓虎前委身而臥。由
此菩薩慈悲威勢，虎无能為。菩薩見已，即上
高山投身于地。復作是念：虎今羸瘠，不能食
我。即起求刀，竟不能得，即以乾竹刺頸出血，
漸近虎邊。是時大地六種震動，如風激水，涌
沒不安；日无精明，如羅睺障，諸方闇蔽，无復
光輝；天雨名花及妙香末，繽紛亂墜，遍滿林
中。尒時虛空有諸天衆見是事已，生隨喜心，
嘆未曾有，咸共讚言：善哉大士！即說頌曰：
大士救護運悲心　等視衆生如一子
勇猛歡喜情无怯　捨身濟苦福難思
定至真常勝妙處　永離生死諸纏縛
不久當獲菩提果　寂靜安樂證无生
是時餓虎既見菩薩頸下血流，即便䑛血
噉肉皆盡，唯留餘骨。尒時第一王子見地動
已，告其弟曰：
大地山河皆震動　諸方闇蔽日无光
天花亂墜遍空中　定是我弟捨身相
第二王子聞兄語已，說伽他曰：
我聞薩埵作悲言　見彼餓虎身羸瘦
飢苦所纏恐食子　我今疑弟捨其身
時二王子生大愁苦，啼泣悲嘆，即共相隨還
至虎所，見弟衣服在竹枝上，骸骨及髮在處
縱橫，流血成泥，霑汙其地。見已悶絕，不能自
持，投身骨上。久乃得蘇，即起舉手哀號大
哭，俱時歎曰：
我弟貌端嚴　父母偏愛念　云何俱共出　捨身而不歸

BD14639號　金光明最勝王經卷一〇　（19–5）

至虎所，見弟衣服在竹枝上，骸骨及髮在處
縱橫，流血成泥，霑汙其地。見已悶絕，不能自
持，投身骨上。久乃得蘇，即起舉手哀號大
哭，俱時歎曰：
我弟貌端嚴　父母偏愛念　云何俱共出　捨身而不歸
父母若問時　我等如何答　寧可同捐命　豈復自存身
時二王子悲泣懊惱，漸捨而去。時小王子所
將侍從，互相謂曰：王子何在？宜共推求。
尒時國大夫人寢高樓上，便於夢中見不祥
相：被割兩乳，牙齒墮落；得三鴿鶵，一為鷹奪，
二被驚怖。地動之時，夫人遂覺，心大愁惱，作
如是言：
何故今時大地動　河江林樹皆搖震
日无精光如覆蔽　目瞤乳動異常時
如箭射心憂苦逼　遍身戰慄不安隱
我之所夢不祥徵　必有非常災變事
夫人兩乳忽然流出，念此必有變怪之事。時
有侍女聞外人言，求覓王子今猶未得，心大
驚怖，即入宮中白夫人曰：大家知不？外聞諸
人散覓王子，遍求不得。時彼夫人聞是語已，
生大憂惱，悲淚盈目，至大王所白言：大王！我
聞外人作如是語，失我最小所愛之子。王聞
語已，驚惶失所，悲哽而言：苦哉！今日失我愛
子！即便捫淚慰喻夫人，告言：賢首！汝勿憂慼，
吾今共出求覓愛子。王与大臣及諸人衆，即
共出城，各各分散，隨處求覓。未久之頃，有一
大臣前白王曰：聞王子在，願勿憂愁。其最小
者今猶未見。王聞是語，悲歎而言：苦哉！苦哉！
失我愛子

BD14639號　金光明最勝王經卷一〇　（19–6）

吾今與出求覓愛子王與大臣及諸人衆即
共出城各各分散隨處求覓未久之頃有一
大臣前白王曰聞王子在願勿憂愁其最小
者今猶未見王聞是語悲歎而言苦哉苦哉
失我愛子
初有子時歡喜少　後失子時憂苦多
若使我兒重壽命　縱我身亡不為苦
夫人聞已憂惱纏懷如被箭中而嘘歎曰
我之三子并侍從　俱往林中共遊賞
最小愛子獨不還　定有乖離災厄事
次第二臣來至王所王問臣曰愛子何在第
二大臣懊惱啼泣喉舌乾燥口不能言竟無
所答夫人問曰
速報小子今何在　我身熱惱遍燒然
悶亂荒迷失本心　勿使我胸今破裂
時第二臣即以王子捨身之事具白王知王
及夫人聞其事已不勝悲噎望捨身處驟駕
前行詣竹林所至彼菩薩捨身之地見其骸
骨隨處交橫俱時投地悶絕將死猶如猛風
吹倒大樹心迷失緒都無所知時大臣等以水
遍灑王及夫人良久乃蘇舉手而哭咨嗟
歎曰
禍哉愛子端嚴相　因何死苦先來逼
若我得在汝前亡　豈見斯如大苦事
爾時夫人迷悶稍止頭髮蓬亂兩手搥胸
宛轉于地如魚處陸若牛失子悲泣而言
我子誰屠割　餘骨散于地　失我所愛子　憂悲不自勝
苦哉誰殺子　致斯憂惱事　我心非金剛　云何而不破
我夢中所見　兩乳皆被割　牙齒悉墮落　今遭大苦痛

爾時夫人迷悶稍止頭髮蓬亂兩手搥胸
宛轉于地如魚處陸若牛失子悲泣而言
我子誰屠割　餘骨散于地　失我所愛子　憂悲不自勝
苦哉誰殺子　致斯憂惱事　我心非金剛　云何而不破
我夢中所見　兩乳皆被割　牙齒悉墮落　今遭大苦痛
又夢三鴿鷇　一被鷹擒去　今失所愛子　惡相表非虛
爾時大王及於夫人并二王子盡哀號哭瓔
珞不御與諸人衆共收菩薩遺身舍利為於
供養置窣覩波中阿難汝等應知此即是
彼菩薩舍利復告阿難我於昔時雖具煩
惱貪瞋癡等能於地獄餓鬼傍生五趣之中
隨緣救濟令得出離何況今時煩惱都盡無
復餘習號天人師具一切智而不能為一一衆生
經於多劫在地獄中及於餘處代受衆苦令
出生死煩惱輪迴爾時世尊欲重宣此義而說
頌言
我念過去世　無量無數劫　或時作國王　或復為王子
常行於大施　及捨所愛身　願出離生死　至妙菩提處
昔時有大國　國主名大車　王子名勇猛　常施心無悋
王子有二兄　號大渠大天　三人同出遊　漸至山林所
見虎飢所逼　便生如是心　此虎飢火燒　更無餘可食
大士觀如斯　恐其將食子　捨身無所顧　救子不令傷
大地及諸山　一時皆震動　江海皆騰躍　驚波水逆流
天地失光明　昏冥無所見　林野諸禽獸　飛奔失所依
二兄怪不還　憂感生悲苦　即與諸侍從　林藪遍尋求
兄弟共籌議　復往深山處　四顧無所有　見虎處空林
其母并七子　口皆有血污　殘骨并餘髮　縱橫在地中
復見有流血　散在竹林所　二兄既見已　心生大恐怖

天地失光明　昏闇無所見　林野諸禽獸　飛奔無所依
二兄恠不還　憂感生悲苦　即與諸侍從　林藪遍尋求
兄弟共籌議　復往深山處　四顧無所有　見虎處空林
其母并七子　口皆有血污　殘骨并餘髮　縱橫在地中
復見有流血　散在竹林所　二兄既見已　心生大恐怖
悶絕俱躄地　荒迷不覺知　塵土坌其身　六情皆失念
王子諸侍從　啼泣心憂惱　以水灑令蘇　舉手號咷哭
菩薩捨身時　慈母在宮內　五百諸婇女　共受於妙樂
夫人之兩乳　忽然自流出　遍體如針刺　苦痛不能安
欻生失子想　憂箭苦傷心　即白大王知　陳斯苦惱事
悲泣不堪忍　哀聲向王說　大王今當知　我生大苦惱
兩乳忽流出　禁止不隨心　如針遍刺身　煩冤胸欲破
我先夢惡徵　必當失愛子　願王濟我命　知兒存與亡
夢見三鴿雛　小者是愛子　忽被鷹奪去　悲愁難具陳
我今沒憂海　趣死將不久　恐子命不全　願為速求覓
又聞外人語　小子求不得　我今意不安　願王哀愍我
夫人白王已　舉身而躄地　悲痛心悶絕　荒迷不覺知
婇女見夫人　悶絕在於地　舉聲皆大哭　憂惶失所依
王聞如是語　懷憂不自勝　因命諸群臣　尋求所愛子
皆共出城外　隨處而追覓　涕泣問諸人　王子今何在
今者為存亡　誰知所去處　云何令得見　適我憂惱心
諸人悉共傳　咸言王子死　聞者皆傷悼　悲歎苦難裁
尒時大車王　悲號從座起　即就夫人處　以水灑其身
夫人蒙水灑　久乃得醒悟　悲啼以問王　我兒今存不
王告夫人曰　我已使諸人　四向求王子　尚未有消息
王又告夫人　汝莫生煩惱　且當自安慰　可共出追尋
王即與夫人　嚴駕而前進　號動聲悽感　憂心若火然
士庶百千萬　亦隨王出城　各欲求王子　悲號聲不絕
王求愛子故　目視於四方　見有一人來　被髮……

王告夫人曰　我已使諸人　四向求王子　尚未有消息
王又告夫人　汝莫生煩惱　且當自安慰　可共出追尋
王即與夫人　嚴駕而前進　號動聲悽感　憂心若火然
士庶百千萬　亦隨王出城　各欲求王子　悲號聲不絕
王求愛子故　目視於四方　見有一人來　被髮身塗血
遍體蒙塵土　悲號逆前來　王見是惡相　倍復生憂惱
王便舉兩手　哀號不自裁　初有一大臣　急怖至王所
進白大王曰　幸願勿悲哀　王之所愛子　今雖求未獲
不久當來至　以釋大王憂　王復更前行　見次大臣至
其臣詣王所　流淚白王言　二子今現存　被憂火所逼
其第三王子　已被無常吞　見餓虎初生　將欲食其子
彼薩埵王子　見此起悲心　願求無上道　當度一切眾
繫想妙菩提　廣大深如海　即上高山頂　投身餓虎前
虎羸不能食　以竹自傷頸　遂噉王子身　唯有餘骸骨
時王及夫人　聞已俱悶絕　心沒於憂海　煩惱火燒然
臣以旃檀水　灑王及夫人　俱起大悲號　舉手椎胸臆
第三大臣來　白王如是語　我見二王子　悶絕在林中
臣以冷水灑　尒乃暫蘇息　顧視於四方　如猛火周遍
暫起而還伏　悲號不自勝　舉手以哀言　稱歎弟希有
王聞如是說　倍增憂火煎　夫人大號咷　高聲作是語
我之小子偏鍾愛　已為無常羅剎吞
餘有二子今現存　復被憂火所燒逼
我今速可之山下　安慰令其保餘命
即便馳駕望前路　一心詣彼捨身處
路逢二子行啼泣　搥胸懊惱失容儀
父母見已抱憂悲　俱往山林捨身處
既至菩薩捨身地　共聚悲號生大苦
脫去瓔珞盡哀心　收取菩薩身餘骨

即便馳駕望前路　一心詣彼捨身崖
路逢二子行啼泣　搥胷懊惱失容儀
父母見已抱憂悲　俱往山林捨身處
既至菩薩捨身地　共聚悲號生大苦
脫去瓔珞盡哀心　收取菩薩身餘骨
與諸人衆同供養　共造七寶窣覩波
以彼舍利置函中　勢駕懷憂趣城邑
復告阿難陀　往時薩埵者　即我牟尼是　勿生於異念
王是父淨飯　后是母摩耶　太子謂慈氏　次曼殊室利
虎是大世主　五兒五苾芻　一是大目連　一是舍利子
我為汝等說　往昔利他緣　如是菩薩行　成佛因當學
菩薩捨身時　發如是弘誓　願我身餘骨　來世益衆生
此是捨身處　七寶窣覩波　以經无量時　遂沉於厚地
由昔本願力　隨緣興濟度　為利於人天　從地而涌出
尒時世尊說是往昔因緣之時无量阿僧企
耶人天大衆皆大悲喜歎未曾有悉發阿耨
多羅三藐三菩提心復告樹神我為報恩故
致礼敬佛攝神力其窣覩波還沒于地

金光明最勝王經十方菩薩讚歎品第廿七

尒時釋迦牟尼如來說是經時於十方世界
有无量百千万億諸菩薩衆各從本土詣鷲
峯山至世尊所五輪著地礼世尊已一心合掌
異口同音而讚嘆曰
佛身微妙真金色　其光普照等金山
清淨柔耎若蓮花　無量妙彩而嚴飾
三十二相遍莊嚴　八十種好皆圓備
光明晒著无与等　離垢猶如淨滿月
其聲清淨甚微妙　如師子吼震雷音
八種微妙應群機　超勝迦陵頻伽等

三十二相遍莊嚴　八十種好皆圓備
光明晒著无与等　離垢猶如淨滿月
其聲清淨甚微妙　如師子吼震雷音
八種微妙應群機　超勝迦陵頻伽等
百福妙相以嚴容　光明具足淨无垢
智慧澄明如大海　功德廣大若虛空
圓光遍滿十方界　隨緣普濟諸有情
煩惱愛染習皆除　法炬恒然不休息
哀愍利益諸衆生　現在未來能与樂
常為宣說第一義　令證涅槃真寂靜
佛說甘露殊勝法　能与甘露微妙義
引入甘露涅槃城　令受甘露无為樂
常於生死大海中　解脫一切衆生苦
令彼能住安隱路　恒与難思如意樂
如來德海甚深廣　非諸譬喻所能知
於衆常起大悲心　方便精勤恒不息
如來智海无邊際　一切人天共測量
假使千万億劫中　不能得知其少分
我今略讚佛功德　於德海中唯一渧
迴斯福聚施群生　皆願速證菩提果
尒時世尊告諸菩薩言善哉善哉汝等善能
如是讚佛功德利益有情廣興佛事能滅諸
罪生无量福

金光明最勝王經妙幢菩薩讚嘆品第廿八

尒時妙幢菩薩即從座起偏袒右肩右膝著
地合掌向佛而說讚曰
牟尼百福相圓滿　无量功德以嚴身
廣大清淨人樂觀　猶如千日光明照

金光明最勝王經妙幢菩薩讚嘆品第廿八
尒時妙幢菩薩即從座起偏袒右肩右膝著
地合掌向佛而說讚曰
牟尼百福相圓滿　无量功德以嚴身
廣大清淨人樂觀　猶如千日光明照
燄彩无邊光熾盛　如妙寶聚相端嚴
如日初出映虛空　紅白分明間金色
亦如金山光普照　悉能周遍百千土
能滅眾生无量苦　皆与无邊勝妙樂
諸相具足悉嚴淨　眾生樂觀无猒足
頭髮柔爽紺青色　猶如黑蜂集妙花
大喜大捨淨莊嚴　大慈大悲皆具足
眾妙相好為嚴飾　菩提分法之所成
如來能施眾福利　令彼常獲大安樂
種種妙德共莊嚴　光明普照千万土
如來光相極圓滿　猶如赫日遍空中
佛如須弥功德具　示現能周於十方
如來金口妙端嚴　齒白齊密如珂雪
如來面貌无倫疋　眉間毫相常右旋
光潤鮮白等頗梨　猶如滿月居空界
佛告妙幢菩薩汝能如是讚佛功德不可思
議利益一切令未知者隨順修學
金光明最勝王經菩提樹神讚嘆品第廿九
尒時菩提樹神亦以伽他讚世尊曰
敬礼如來清淨慧　敬礼常求正法慧
敬礼能離非法慧　敬礼恒无分別慧
希有世尊无邊行　希有難見如優曇
希有如海鎮山王　希有善逝无量光
希有調御大悲願　希有釋種明逾日

BD14639號　金光明最勝王經卷一〇　（19–13）

尒時菩提樹神亦以伽他讚世尊曰
敬礼如來清淨慧　敬礼常求正法慧
敬礼能離非法慧　敬礼恒无分別慧
希有世尊无邊行　希有難見如優曇
希有如海鎮山王　希有善逝无量光
希有調御大悲願　希有釋種明逾日
能說如是經中寶　哀慈利益諸群生
牟尼寂靜諸根定　能入寂靜涅槃城
能住寂靜等持門　能知寂靜深境界
兩足中尊住空寂　聲聞弟子身亦空
一切法體性皆无　一切眾生悉空寂
我常憶念於諸佛　我常樂見諸世尊
我常發起慇重心　常得值遇如來日
我常頂礼於世尊　願常渴仰心不捨
悲泣流淚情无間　常得奉事不知猒
唯願世尊起悲心　和顏常得令我見
佛及聲聞眾清淨　願常普濟於人天
佛身本淨若虛空　亦如幻焰及水月
願說涅槃甘露法　能生一切功德聚
世尊所有淨境界　慈悲正行不思議
聲聞獨覺非所量　大仙菩薩不能測
唯願如來哀愍我　常令覩見大悲身
三業无倦奉慈尊　速出生死歸真際
尒時世尊聞是讚已以梵音聲告樹神曰
善哉善哉善女天汝能於我真實无妄清淨
法身自利利他宣揚妙相以此功德令汝速
證最上菩提一切有情同所修習若得聞者
皆入甘露无生法門

BD14639號　金光明最勝王經卷一〇　（19–14）

尒時世尊聞是讚已以梵音聲告樹神曰
善哉善哉善女天汝能於我真實无妄清淨
法身自利利他宣揚妙相以此功德令汝速
證最上菩提一切有情同所修習若得聞者
皆入甘露无生法門

金光明最勝王經大辯才天女讚歎品第卅

尒時大辯才天女即從座起合掌恭敬以直言
詞讚世尊曰
南謨釋迦牟尼如來應正等覺身真金色咽
如螺貝面如滿月目類青蓮脣口赤好如頗
梨色鼻高脩直如截金鋌齒白齊密如拘物
頭花身光普照如百千日光彩暎徹如贍部
金所有言詞皆无謬失示三解脫門開三菩
提路心常清淨意樂亦然佛所住處及所行
境亦常清淨離非威儀進止无謬六年苦行三
轉法輪度苦衆生令歸彼岸身相圓滿如拘
陁樹六度熏修三業无失具一切智自他利
滿所有宣說常為衆生言不虛設於釋種
中為大師子堅固勇猛具八解脫我今隨力
讚如來少分功德猶如蚊子飲大海水願以此
福廣及有情永離生死成无上道
尒時世尊告大辯天曰善哉善哉汝久修習
具大辯才今復於我廣陳讚歎令汝速證无
上法門相好圓明普利一切

金光明最勝王經付囑品第卅一

尒時世尊告无量菩薩及諸人天一切大衆
汝等當知我於无量无數大劫勤修苦行獲
甚深法菩提正因已為汝說汝等誰能發……

BD14639號　金光明最勝王經卷一〇　（19–15）

上法門相好圓明普利一切

金光明最勝王經付囑品第卅一

尒時世尊告无量菩薩及諸人天一切大衆
汝等當知我於无量无數大劫勤修苦行獲
甚深法菩提正因已為汝說汝等誰能發勇
猛心恭敬守護我涅槃後於此法門廣宣流
布能令正法久住世間尒時衆中有六十俱胝
諸大菩薩六十俱胝諸天大衆異口同音作如
是語世尊我等咸有欣樂之心於佛世尊无
量大劫勤修苦行所獲甚深微妙之法菩
提正因恭敬護持不惜身命佛涅槃後於此
法門廣宣流布當令正法久住世間尒時諸
大菩薩即於佛前說伽他曰

世尊真實語　安住於實法　由彼真實故　護持於此經
大悲為甲冑　安住於大慈　由彼慈悲力　護持於此經
福資糧圓滿　生起智資糧　由資糧滿故　護持於此經
降伏一切魔　破滅諸邪論　斷除惡見故　護持於此經
護世并釋梵　乃至阿蘇羅　龍神藥叉等　護持於此經
地上及虛空　久住於斯者　奉持佛教故　護持於此經
四梵住相應　四聖諦嚴飾　降伏四魔故　護持於此經
虛空成質礙　質礙成虛空　諸佛所護持　无能傾動者

尒時四大天王聞佛說此護持妙法各生隨喜
護正法心一時同聲說伽他曰

我今於此經　及男女眷屬　皆一心擁護　令得廣流通
若有持經者　能作菩提因　我常於四方　擁護而承事

尒時天帝釋合掌恭敬說伽他曰

諸佛證此法　為欲報恩故　饒益菩薩衆　出世演斯經
我於彼諸佛　報恩常供養　護持如是經　及以持經者

尒時觀自在菩薩合掌恭敬說伽他曰

BD14639號　金光明最勝王經卷一〇　（19–16）

若有持經者　能作菩提因　我常於四方　擁護而承事
尒時天帝釋　合掌恭敬說伽他曰
諸佛證此法　為欲報恩故　饒益菩薩衆　出世演斯經
我於彼諸佛　報恩常供養　護持如是經　及以持經者
尒時覩史多天子合掌恭敬說伽他曰
佛說如是經　若有能持者　當住菩提位　來生覩史天
世尊我慶悅　捨天殊勝報　住於贍部洲　宣揚是經典
尒時索訶世界主梵天王合掌恭敬說伽他曰
諸靜慮無量　諸乘及解脫　皆從此經出　是故演斯經
若說是經處　我捨梵天樂　為聽如是經　亦常為擁護
尒時魔王子名曰商主合掌恭敬說伽他曰
若有受持此　正義相應經　不隨魔所說　淨除魔惡業
我等於此經　亦當勤守護　發大精進意　隨處廣流通
尒時魔王合掌恭敬說伽他曰
若有持此經　能伏諸煩惱　如是衆生類　擁護令安樂
若有說是經　諸魔不得便　由佛威神故　我當擁護彼
尒時妙吉祥天子亦於佛前說伽他曰
諸佛妙菩提　於此經中說　若持此經者　是供養如來
我當持此經　為俱胝天說　恭敬聽聞者　勸至菩提處
尒時慈氏菩薩合掌恭敬說伽他曰
若見住菩提　而為不請友　乃至捨身命　為護此經王
我聞如是法　當往覩史天　由世尊加護　廣為人天說
尒時上座大迦葉波合掌恭敬說伽他曰
佛於聲聞乘　說我少智慧　我今隨自力　護持如是經
若有持此經　我當攝受彼　授其詞辯力　常隨讚善哉
尒時具壽阿難陀合掌向佛說伽他曰
我親從佛聞　無量衆經典　未曾聞如是　深妙法中王
我今聞是經　親於佛前受　諸樂菩提者　當為廣宣通
尒時世尊見諸菩薩人天大衆各各發心於此

BD14639號　金光明最勝王經卷一〇　（19-17）

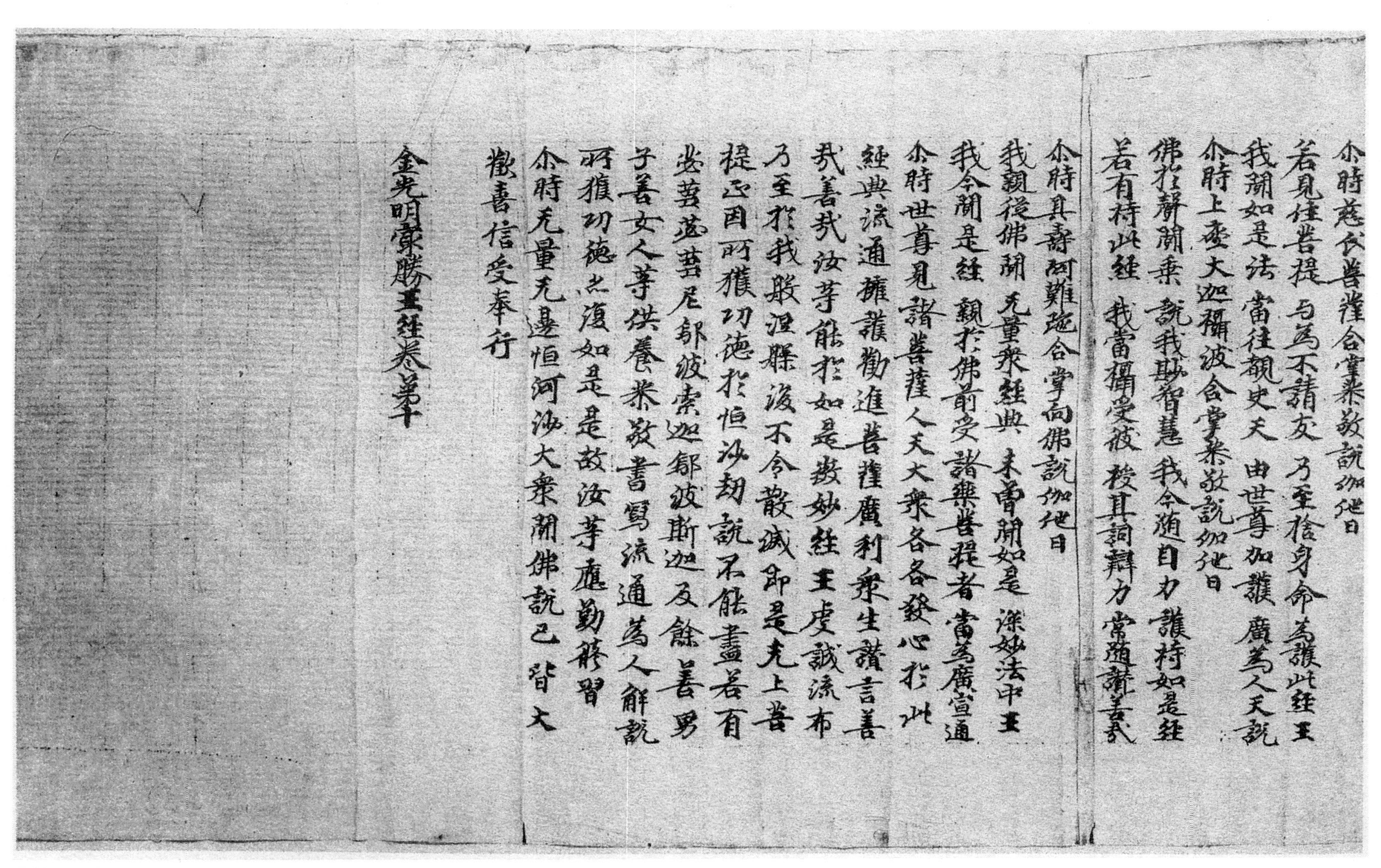

尒時慈氏菩薩合掌恭敬說伽他曰
若見住菩提　而為不請友　乃至捨身命　為護此經王
我聞如是法　當往覩史天　由世尊加護　廣為人天說
尒時上座大迦葉波合掌恭敬說伽他曰
佛於聲聞乘　說我少智慧　我今隨自力　護持如是經
若有持此經　我當攝受彼　授其詞辯力　常隨讚善哉
尒時具壽阿難陀合掌向佛說伽他曰
我親從佛聞　無量衆經典　未曾聞如是　深妙法中王
我今聞是經　親於佛前受　諸樂菩提者　當為廣宣通
尒時世尊見諸菩薩人天大衆各各發心於此
經典流通擁護勸進菩薩廣利衆生讚言善
哉善哉汝等能於如是微妙經王虔誠流布
乃至於我般涅槃後不令散滅即是無上菩
提正因所獲功德於恒沙劫說不能盡若有
苾芻苾芻尼鄔波索迦鄔波斯迦及餘善男
子善女人等供養恭敬書寫流通為人解說
所獲功德亦復如是是故汝等應勤修習
尒時無量無邊恒河沙大衆聞佛說已皆大
歡喜信受奉行
金光明最勝王經卷第十

BD14639號　金光明最勝王經卷一〇　（19-18）

苾芻苾芻尼鄔波索迦鄔波斯迦及餘善男
子善女人等供養恭敬書寫流通為人解説
所獲功徳亦復如是是故汝等應勤修習
尒時无量无邊恒河沙大衆聞佛説已皆大
歡喜信受奉行

金光明最勝王經卷第十

BD14639 號　金光明最勝王經卷一〇　　（19–19）

BD14639 號背　印章　　（1–1）

BD14640 號背　護首　　（1–1）

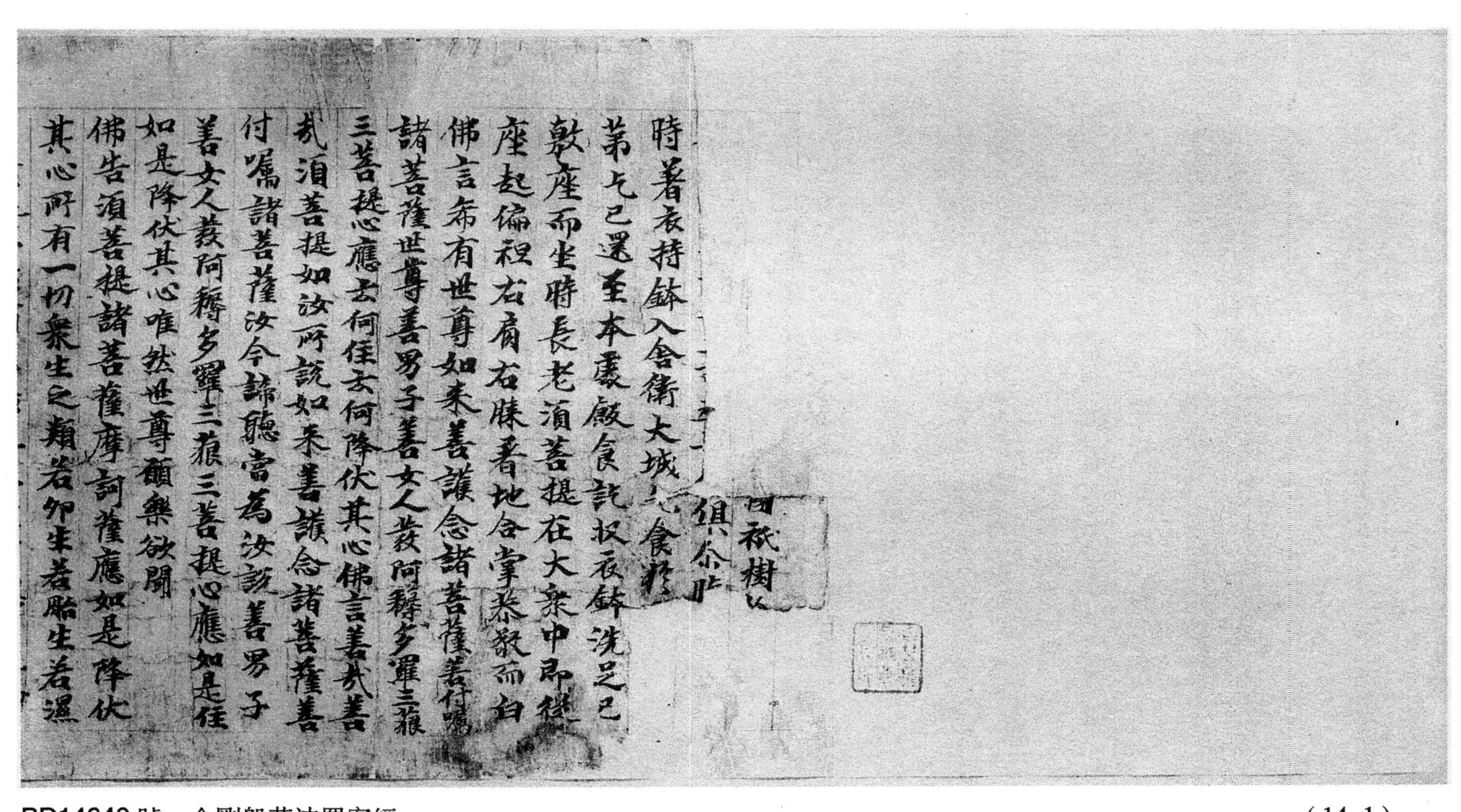

時著衣持鉢入舍衛大城乞食於
第乞已還至本處飯食訖收衣鉢洗足已
敷座而坐時長老須菩提在大衆中即從
座起偏袒右肩右膝著地合掌恭敬而白
佛言希有世尊如來善護念諸菩薩善付囑
諸菩薩世尊善男子善女人發阿耨多羅三藐
三菩提心應云何住云何降伏其心佛言善哉善
哉須菩提如汝所說如來善護念諸菩薩善
付囑諸菩薩汝今諦聽當為汝說善男子
善女人發阿耨多羅三藐三菩提心應如是住
如是降伏其心唯然世尊願樂欲聞
佛告須菩提諸菩薩摩訶薩應如是降伏
其心所有一切衆生之類若卵生若胎生若濕

BD14640 號　金剛般若波羅蜜經　　（14–1）

善女人發阿耨多羅三藐三菩提心應如是住
如是降伏其心唯然世尊願樂欲聞
佛告須菩提諸菩薩摩訶薩應如是降伏
其心所有一切衆生之類若卵生若胎生若濕
生若化生若有色若无色若有想若无想若
非有想若非无想我皆令入无餘涅槃而滅度
之如是滅度无量无數无邊衆生實无衆生
得滅度者何以故須[illegible]薩有我
相人相衆生相壽者
復次須菩提菩薩[illegible]行於布
施所謂不住色布[illegible]布施
須菩提菩薩應如是布施不住於相何以故
若菩薩不住相布施其福德不可思量須菩
提於意云何東方虛空可思量不不也世尊
須菩提南西北方四維上下虛空可思量不不
也世尊須菩提菩薩无住相布施福德亦復
如是不可思量須菩提菩薩但應如所教住
須菩提於意云何可以身相見如來不不也
世尊不可以身相得見如來何以故如來所說
身相即非身相佛告須菩提凡所有相皆是
虛妄若見諸相非相則見如來
須菩提白佛言世尊頗有衆生得聞如是
言說章句生實信不佛告須菩提莫作是
說如來滅後後五百歲有持戒脩福者於
此章句能生信心以此為實當知是人不於一
佛二佛三四五佛而種善根已於无量千万佛
所種諸善根聞是章句乃至一念生淨信者
須菩提如來悉知悉見是諸衆生得如是无

BD14640號　金剛般若波羅蜜經

（14–2）

說如來滅後後五百歲有持戒脩福者於
此章句能生信心以此為實當知是人不於一
佛二佛三四五佛而種善根已於无量千万佛
所種諸善根聞是章句乃至一念生淨信者
須菩提如來悉知悉見是諸衆生得如是无
量福德何以故是諸衆生无復我相人相衆生
相壽者相无法相亦无非法相何以故是
諸衆生若心取相則為著我人衆生壽者若
取法相即著我人衆生壽者何以故若取
非法相即著我人衆生壽者是故不應取法
不應取非法以是義故如來常說汝等比丘
知我說法如筏喻者法尚應捨何况非法
須菩提於意云何如來得阿耨多羅三藐三
菩提耶如來有所說法耶須菩提言如我
解佛所說義无有定法名阿耨多羅三藐
三菩提亦无有定法如來可說何以故如來
所說法皆不可取不可說非法非非法所以
者何一切賢聖皆以无為法而有差別
須菩提於意云何若人滿三千大千世界七
寶以用布施是人所得福德寧為多不須
菩提言甚多世尊何以故是福德即非福
德性是故如來說福德多若復有人於此經
中受持乃至四句偈等為他人說其福勝彼
何以故須菩提一切諸佛及諸佛阿耨多羅三
藐三菩提法皆從此經出須菩提所謂佛法
者即非佛法
須菩提於意云何須陁洹能作是念我得
須陁洹果不須菩提言不也世尊何以故須

BD14640號　金剛般若波羅蜜經

（14–3）

耨三菩提法皆從此經出須菩提所謂佛法
者即非佛法
須菩提於意云何須陁洹能作是念我得
須陁洹果不須菩提言不也世尊何以故須
陁洹名為入流而无所入不入色聲香味觸法
是名須陁洹須菩提於意云何斯陁含能作
是念我得斯陁含果不須菩提言不也世尊
何以故斯陁含名一往来而實无往来是名
斯陁含須菩提於意云何阿那含能作是
念我得阿那含果不須菩提言不也世尊何
以故阿那含名為不来而實无来是故名阿
那含須菩提於意云何阿羅漢能作是念
我得阿羅漢道不須菩提言不也世尊何以
故實无有法名阿羅漢世尊若阿羅漢作是
念我得阿羅漢道即為著我人衆生壽者
世尊佛說我得无諍三昧人中最為第一是
第一離欲阿羅漢我不作是念我是離欲阿
羅漢世尊我若作是念我得阿羅漢道世尊
則不說須菩提是樂阿蘭那行者以須菩提
實无所行而名須菩提是樂阿蘭那行
佛告須菩提於意云何如来昔在燃燈佛所
於法有所得不世尊如来在燃燈佛所於法
實无所得須菩提於意云何菩薩莊嚴佛土
不不也世尊何以故莊嚴佛土者則非莊嚴
是名莊嚴是故須菩提諸菩薩摩訶薩應
如是生清淨心不應住色生心不應住聲香
味觸法生心應无所住而生其心須菩提譬如

BD14640 號　金剛般若波羅蜜經　（14–4）

實无所得須菩提於意云何菩薩莊嚴佛土
不不也世尊何以故莊嚴佛土者則非莊嚴
是名莊嚴是故須菩提諸菩薩摩訶薩應
如是生清淨心不應住色生心不應住聲香
味觸法生心應无所住而生其心須菩提譬如
有人身如須弥山王於意云何是身為大不須
菩提言甚大世尊何以故佛說非身是名大身
須菩提如恒河中所有沙數如是沙等恒河
於意云何是諸恒河沙寧為多不須菩提言
甚多世尊但諸恒河尚多无數何況其沙須菩
提我今實言告汝若有善男子善女人以七
寶滿尒所恒河沙數三千大千世界以用布施
得福多不須菩提言甚多世尊佛告須菩
提若善男子善女人於此經中乃至受持四句
偈等為他人說而此福德勝前福德復次須
菩提隨說是經乃至四句偈等當知此處
一切世間天人阿脩羅皆應供養如佛塔廟
何況有人盡能受持讀誦須菩提當知是
人成就最上第一希有之法若是經典所在
之處則為有佛若尊重弟子
尒時須菩提白佛言世尊當何名此經我等
云何奉持佛告須菩提是經名為金剛般若
波羅蜜以是名字汝當奉持所以者何須菩
提佛說般若波羅蜜則非般若波羅蜜須
菩提於意云何如来有所說法不須菩提白
佛言世尊如来无所說須菩提於意云何三
千大千世界所有微塵是為多不須菩提言
甚多世尊須菩提諸微塵如来說非微塵

BD14640 號　金剛般若波羅蜜經　（14–5）

菩提於意云何如来有所說法不須菩提白
佛言世尊如来无所說須菩提於意云何三
千大千世界所有微塵是為多不須菩提言
甚多世尊須菩提諸微塵如来說非微塵
是名微塵如来說世界非世界是名世界須菩
提於意云何可以三十二相見如来不不也世尊
不可以三十二相得見如来何以故如来說三十
二相即是非相是名三十二相須菩提若有
善男子善女人以恒河沙等身命布施
若復有人於此經中乃至受持四句偈等
為他人說其福甚多
尒時須菩提聞說是經深解義趣涕淚悲
泣而白佛言希有世尊佛說如是甚深經典
我從昔来所得慧眼未曾得聞如是之經
世尊若復有人得聞是經信心清淨則生實
相當知是人成就弟一希有功德世尊是實
相者則是非相是故如来說名實相世尊我
今得聞如是經典信解受持不足為難若當
来世後五百歲其有眾生得聞是經信解
受持是人則為弟一希有何以故此人无我相
人相眾生相壽者相所以者何我相即是非相
人相眾生相壽者相即是非相何以故離一切
諸相則名諸佛
佛告須菩提如是如是若復有人得聞是經
不驚不怖不畏當知是人甚為希有何以故
須菩提如来說弟一波羅蜜非弟一波羅蜜
是名弟一波羅蜜
須菩提忍辱波羅蜜如来說非忍辱波羅

BD14640 號　金剛般若波羅蜜經　（14–6）

不驚不怖不畏當知是人甚為希有何以故
須菩提如来說弟一波羅蜜非弟一波羅蜜
是名弟一波羅蜜
須菩提忍辱波羅蜜如来說非忍辱波羅
蜜何以故須菩提如我昔為歌利王割截身
體我於尒時无我相无人相无眾生相无壽者
相何以故我於往昔節節支解時若有我相
人相眾生相壽者相應生瞋恨須菩提又念
過去於五百世作忍辱仙人於尒所世无我相
无人相无眾生相无壽者相是故須菩提菩
薩應離一切相發阿耨多羅三藐三菩提心
不應住色生心不應住聲香味觸法生心
應生无所住心若心有住則為非住是故佛
說菩薩心不應住色布施須菩提菩薩為
利益一切眾生應如是布施如来說一切諸相
即是非相又說一切眾生則非眾生須菩提
如来是真語者實語者如語者不誑語者
不異語者須菩提如来所得法此法无實无虛
須菩提若菩薩心住於法而行布施如人入
闇則无所見若菩薩心不住法而行布施如
人有目日光明照見種種色須菩提當来之
世若有善男子善女人能於此經受持讀誦
則為如来以佛智慧悉知是人悉見是人皆
得成就无量无邊功德
須菩提若有善男子善女人初日分以恒河
沙等身布施中日分復以恒河沙等身布施
後日分亦以恒河沙等身布施如是无量百千
万億劫以身布施若復有人聞此經典信心

BD14640 號　金剛般若波羅蜜經　（14–7）

須菩提若有善男子善女人初日分以恒河
沙等身布施中日分復以恒河沙等身布施
後日分亦以恒河沙等身布施如是无量百千
万億劫以身布施若復有人聞此經典信心
不逆其福勝彼何況書寫受持讀誦爲人
解說須菩提以要言之是經有不可思議不
可稱量无邊功德如來爲發大乘者說爲發
最上乘者說若有人能受持讀誦廣爲人
說如來悉知是人悉見是人皆得成就不可
量不可稱无有邊不可思議功德如是人等
則爲荷擔如來阿耨多羅三藐三菩提何以
故須菩提若樂小法者著我見人見衆生見
壽者見則於此經不能聽受讀誦爲人解說
須菩提在在處處若有此經一切世間天人阿
脩羅所應供養當知此處則爲是塔皆應
恭敬作禮圍繞以諸華香而散其處
復次須菩提善男子善女人受持讀誦此經
若爲人輕賤是人先世罪業應墮惡道以今
世人輕賤故先世罪業則爲消滅當得阿耨
多羅三藐三菩提須菩提我念過去无量阿
僧祇劫於燃燈佛前得值八百四千万億那
由他諸佛悉皆供養承事无空過者若復
有人於後末世能受持讀誦此經所得功德
於我所供養諸佛功德百分不及一千万億
分乃至筭數譬喻所不能及須菩提善若
男子善女人於後末世有受持讀誦此經所得
功德我若具說者或有人聞心則狂亂狐疑不
信須菩提當知是經義不可思議果報亦不

BD14640號　金剛般若波羅蜜經　（14–8）

於我所供養諸佛功德百分不及一千万億
分乃至筭數譬喻所不能及須菩提善若
男子善女人於後末世有受持讀誦此經所得
功德我若具說者或有人聞心則狂亂狐疑不
信須菩提當知是經義不可思議果報亦不
可思議
尒時須菩提白佛言世尊善男子善女人發
阿耨多羅三藐三菩提心云何應住云何降
伏其心佛告須菩提善男子善女人發阿耨
多羅三藐三菩提者當生如是心我應滅度
一切衆生滅度一切衆生已而无有一衆生實
滅度者何以故若菩薩有我相人相衆生相
壽者相則非菩薩所以者何須菩提實无有
法發阿耨多羅三藐三菩提心者須菩提
於意云何如來於燃燈佛所有法得阿耨多
羅三藐三菩提不不也世尊如我解佛所說
義佛於燃燈佛所无有法得阿耨多羅三藐
三菩提佛言如是如是須菩提實无有法如來
得阿耨多羅三藐三菩提須菩提若有法如
來得阿耨多羅三藐三菩提燃燈佛則不與
我受記汝於來世當得作佛号釋迦牟尼以
實无有法得阿耨多羅三藐三菩提是故燃
燈佛與我受記作是言汝於來世當得作佛
号釋迦牟尼何以故如來者即諸法如義若
有人言如來得阿耨多羅三藐三菩提須菩
提實无有法佛得阿耨多羅三藐三菩提須
菩提如來所得阿耨多羅三藐三菩提於是中
无實无虛是故如來說一切法皆是佛法須菩

BD14640號　金剛般若波羅蜜經　（14–9）

号釋迦牟尼何以故如来者即諸法如義若
有人言如来得阿耨多羅三藐三菩提須菩
提實无有法佛得阿耨多羅三藐三菩提須
菩提如来所得阿耨多羅三藐三菩提於是中
无實无虛是故如来說一切法皆是佛法須菩
提所言一切法者即非一切法是故名一切法須
菩提譬如人身長大須菩提言世尊如来說
人身長大則為非大身是名大身須菩提菩
薩亦如是若作是言我當滅度无量衆生
則不名菩薩何以故須菩提實无有法名為
菩薩是故佛說一切法无我无人无衆生无壽
者須菩提若菩薩作是言我當莊嚴佛土
是不名菩薩何以故如来說莊嚴佛土者即
非莊嚴是名莊嚴須菩提若菩薩通達无
我法者如来說名真是菩薩
須菩提於意云何如来有肉眼不如是世尊
如来有肉眼須菩提於意云何如来有天眼不
如是世尊如来有天眼須菩提於意云何如
来有慧眼不如是世尊如来有慧眼須菩提
於意云何如来有法眼不如是世尊如来有
法眼須菩提於意云何如来有佛眼不如是
世尊如来有佛眼須菩提於意云何如恒河
中所有沙佛說是沙不如是世尊如来說是
沙須菩提於意云何如一恒河中所有沙有如
是等恒河是諸恒河所有沙數佛世界如是
寧為多不甚多世尊佛告須菩提尒所國
土中所有衆生若干種心如来悉知何以故如
来說諸心皆為非心是名為心所以者何須

BD14640 號　金剛般若波羅蜜經　（14–10）

是等恒河是諸恒河所有沙數佛世界如是
寧為多不甚多世尊佛告須菩提尒所國
土中所有衆生若干種心如来悉知何以故如
来說諸心皆為非心是名為心所以者何須
菩提過去心不可得現在心不可得未来心
不可得須菩提於意云何若有人滿三千大
千世界七寶以用布施是人以是因緣得福多
不如是世尊此人以是因緣得福甚多須菩
提若福德有實如来不說得福德多以福
德无故如来說得福德多
須菩提於意云何佛可以具足色身見不不
也世尊如来不應以具足色身見何以故如来
說具足色身即非具足色身是名具足色身
須菩提於意云何如来可以具足諸相見不不
也世尊如来不應以具足諸相見何以故如来
說諸相具足即非具足是名諸相具足須
菩提汝勿謂如来作是念我當有所說法莫
作是念何以故若人言如来有所說法即為
謗佛不能解我所說故須菩提說法者无
法可說是名說法須菩提白佛言世尊佛得
阿耨多羅三藐三菩提為无所得耶如是如
是須菩提我於阿耨多羅三藐三菩提乃至
无有少法可得是名阿耨多羅三藐三菩提
復次須菩提是法平等无有高下是名阿耨
多羅三藐三菩提以无我无人无衆生无壽者
循一切善法則得阿耨多羅三藐三菩提須
菩提所言善法者如来說非善法是名善
法須菩提若三千大千世界中所有諸須弥

BD14640 號　金剛般若波羅蜜經　（14–11）

復次須菩提是法平等无有高下是名阿耨
多羅三藐三菩提以无我无人无衆生无壽者
脩一切善法則得阿耨多羅三藐三菩提須
菩提所言善法者如来說非善法是名善
法須菩提若三千大千世界中所有諸須弥
山王如是等七寶聚有人持用布施若人以此般
若波羅蜜經乃至四句偈等受持讀誦為
他人說於前福德百分不及一百千万億分乃
至筭數譬喻所不能及
須菩提於意云何汝等勿謂如来作是念
我當度衆生須菩提莫作是念何以故實
无有衆生如来度者若有衆生如来度者
如来則有我人衆生壽者須菩提如来說
有我者則非有我而凡夫之人以為有我須
菩提凡夫者如来說則非凡夫須菩提於
意云何可以三十二相觀如来不須菩提言
如是如是以三十二相觀如来佛言須菩提若
以三十二相觀如来者轉輪聖王則是如来須
菩提白佛言世尊如我解佛所說義不應以
三十二相觀如来尒時世尊而說偈言
若以色見我 以音聲求我 是人行邪道 不能見如来
須菩提汝若作是念如来不以具足相故得
阿耨多羅三藐三菩提須菩提莫作是念
如来不以具足相故得阿耨多羅三藐三菩
提須菩提汝若作是念發阿耨多羅三藐
三菩提者說諸法斷滅莫作是念何以故
發阿耨多羅三藐三菩提者於法不說斷
滅相須菩提若菩薩以滿恒河沙等世界七
寶布施若復有人知一切法无我得成於忍

BD14640號　金剛般若波羅蜜經　（14–12）

提須菩提汝若作是念發阿耨多羅三藐
三菩提者說諸法斷滅莫作是念何以故
發阿耨多羅三藐三菩提者於法不說斷
滅相須菩提若菩薩以滿恒河沙等世界七
寶布施若復有人知一切法无我得成於忍
此菩薩勝前菩薩所得功德須菩提以諸菩
薩不受福德故須菩提白佛言世尊云何菩
薩不受福德須菩提菩薩所作福德不應貪
著是故說不受福德須菩提若有人言如来
若来若去若坐若卧是人不解我所說義何
以故如来者无所從来亦无所去故名如来須菩
提若善男子善女人以三千大千世界碎為微
塵於意云何是微塵衆寧為多不甚多世
尊何以故若是微塵衆實有者佛則不說
是微塵衆所以者何佛說微塵衆則非微
塵衆是名微塵衆世尊如来所說三千大千
世界則非世界是名世界何以故若世界實有
者則是一合相如来說一合相則非一合相是名
一合相須菩提一合相者則是不可說但凡夫之
人貪著其事須菩提若人言佛說我見人
見衆生見壽者見須菩提於意云何是人
解我所說義不世尊是人不解如来所說義
何以故世尊說我見人見衆生見壽者見即
非我見人見衆生見壽者見是名我見人見
衆生見壽者見須菩提發阿耨多羅三藐
三菩提心者於一切法應如是知如是見如是
信解不生法相須菩提所言法相者如来即
非法相是名法相須菩提若有人以滿无量
阿僧祇世界七寶持用布施若有善男子

BD14640號　金剛般若波羅蜜經　（14–13）

解我所說義不世尊是人不解如來所說義
何以故世尊說我見人見衆生見壽者見即
非我見人見衆生見壽者見是名我見人見
衆生見壽者見須菩提發阿耨多羅三藐
三菩提心者於一切法應如是知如是見如是
信解不生法相須菩提所言法相者如來即
非法相是名法相須菩提若有人以滿无量
阿僧祇世界七寶持用布施若有善男子
善女人發菩薩心者持於此經乃至四句偈等
受持讀誦爲人演說其福勝彼云何爲人演
說不取於相如如不動何以故
一切有爲法 如夢幻泡影 如露亦如電 應作如是觀
佛說是經已長老須菩提及諸比丘比丘尼
優婆塞優婆夷一切世間天人阿脩羅聞佛
所說皆大歡喜信受奉行

BD14640號　金剛般若波羅蜜經　（14–14）

唐人寫三藏聖教序記殘本

啓功署

BD14641號　冊頁封面　（1–1）

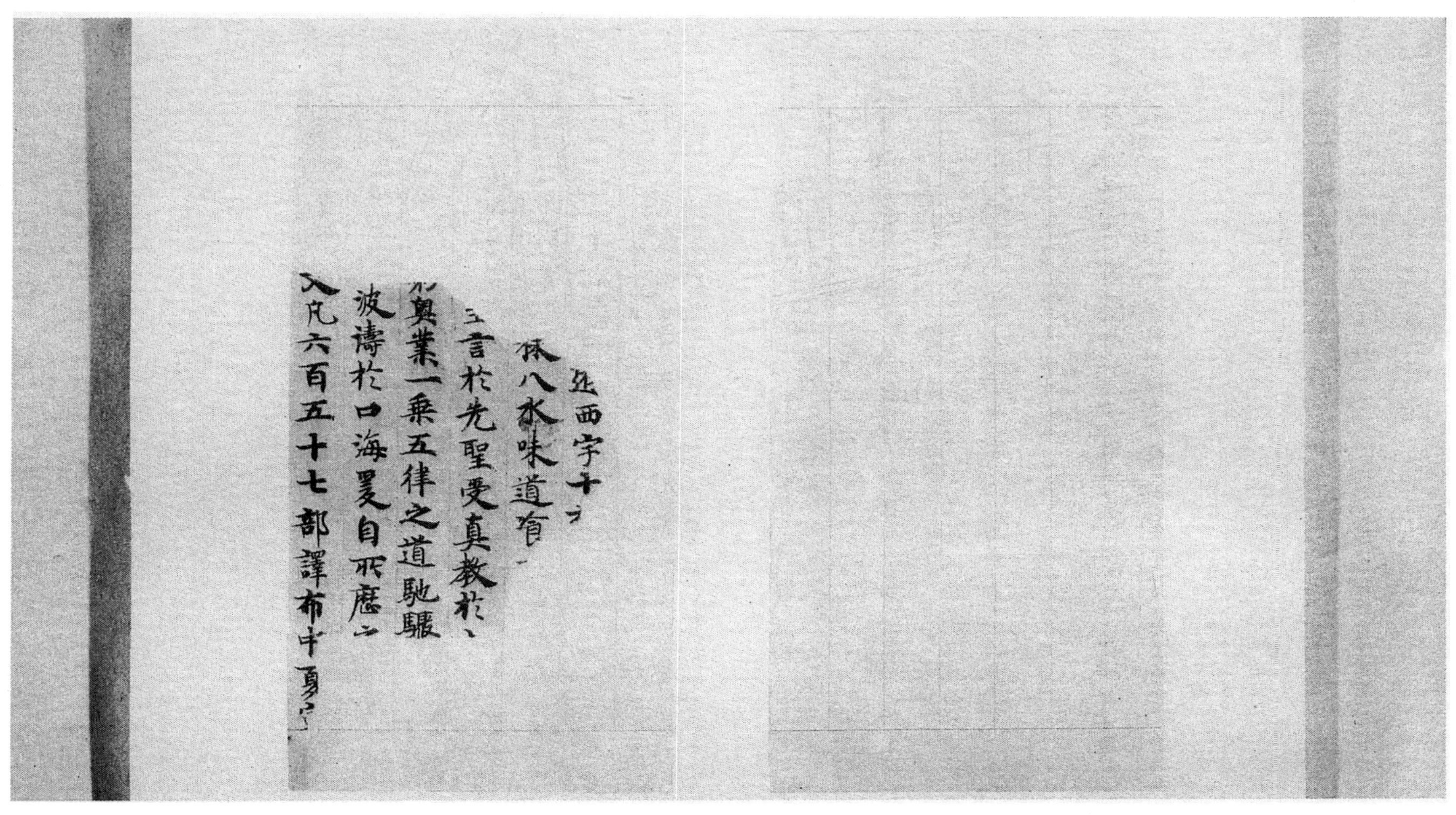

遊西宇十有
林八水味道餐
至言於先聖受真教於上
奧業一乘五律之道馳驟
波濤於口海爰自所歷之
文凡六百五十七部譯布中夏

BD14641 號 1　大唐三藏聖教序　　（5–1）

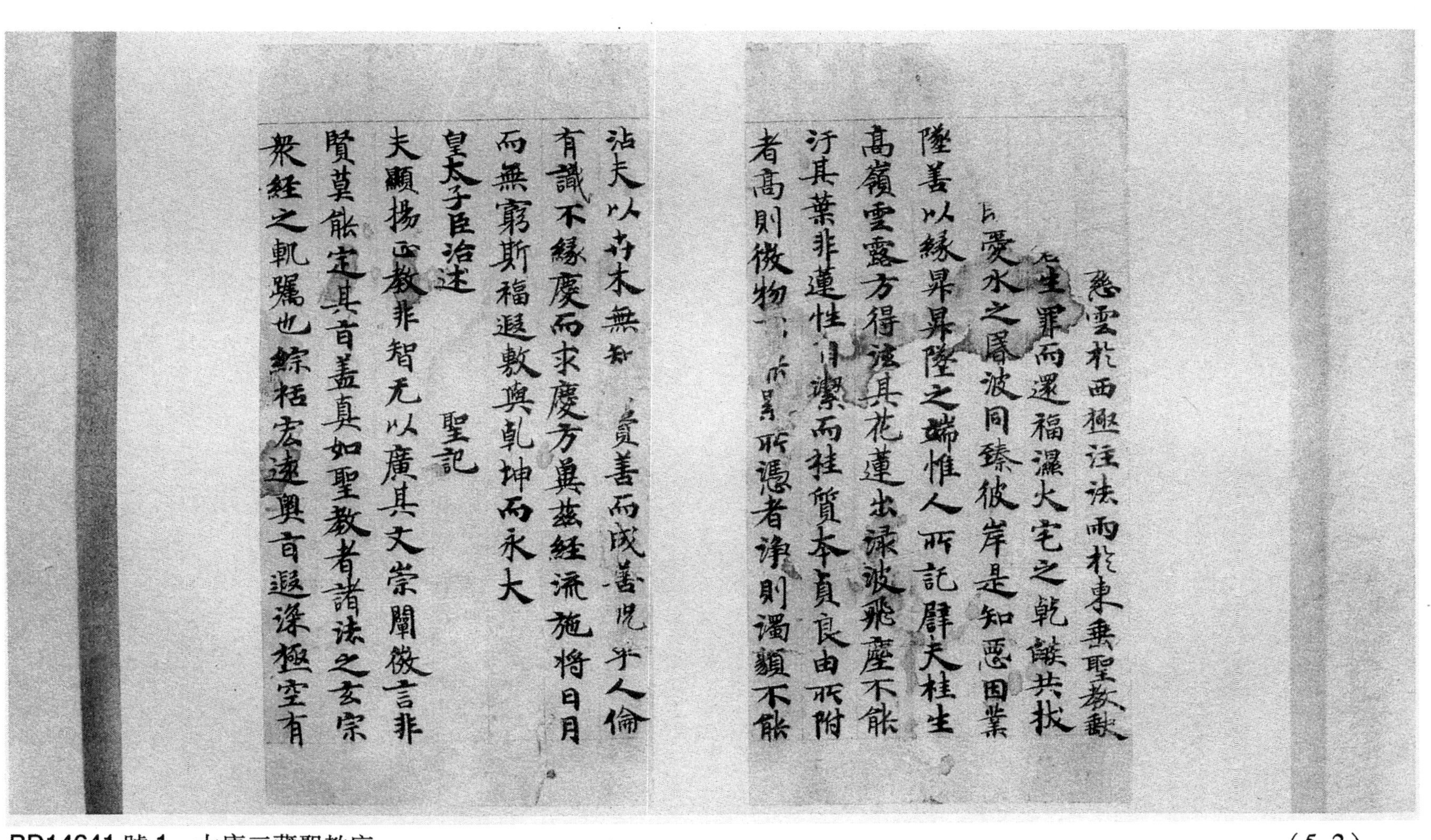

慈雲於西極注法雨於東垂聖教缺
生罪而還福濕火宅之乾焰共拔
愛水之昏波同臻彼岸是知惡因業
墜善以緣昇昇墜之端惟人所記譬夫桂生
高嶺雲露方得泫其花蓮出淥波飛塵不能
汙其葉非蓮性自潔而桂質本貞良由所附
者高則微物不能累所憑者淨則濁類不能
霑夫以卉木無知猶資善而成善況乎人倫
有識不緣慶而求慶方冀茲經流施將日月
而無窮斯福遐敷與乾坤而永大
皇太子臣治述　聖記
夫顯揚正教非智无以廣其文崇闡微言非
賢莫能定其旨蓋真如聖教者諸法之玄宗
衆經之軌躅也綜括宏遠奧旨遐深極空有

BD14641 號 1　大唐三藏聖教序　　（5–2）
BD14641 號 2　大唐三藏述聖記

之精微體生最之樞要詞茂道曠尋之者不
究其源文顯義幽履之者莫測其際故知聖
慈所被業无善而不臻妙化所敷緣无惡而不
剪開法網之綱紀弘六度之正教拯群有之
塗炭啓三藏之秘局是以名无翼而長飛道
无根而永固道名流慶歷遂古而鎮常赴感
應身經塵劫而不朽晨鍾夕梵交二音於鷲
峯慧日法流轉雙輪於鹿菀排空寶盖接翔
雲而共飛莊野春林與天花而合彩伏惟
皇帝陛下　上玄資福垂拱而治八荒德被
黔黎斂衽而朝万國恩加朽骨石室歸貝葉
之文澤及昆蟲金匱流梵說之偈遂使阿耨
達水通神甸之八川耆闍崛山接嵩華之翠
嶺竊以法性凝寂靡歸心而不通智地玄奧

BD14641 號 2　大唐三藏述聖記　　（5–3）

感懇誠而遂顯豈謂重昏之夜燭慧炬之光
火宅之朝降法雨之澤於是百川異流同會於
海万區分義摠成乎實豈與湯武校其優劣
堯舜比其聖德者哉玄奘法師者夙懷聰令
立志夷簡神清齠齔之年體拔浮華之世凝
情定室匿迹幽巖栖息三禪巡遊十地超六塵
之境獨步迦維會一乘之旨隨機化物以中華
之无質尋印度之真文遠涉恒河終期滿字
頻登雪嶺更獲半珠問道往還十有七載備
通釋典利物為心以貞觀十九年二月六日奉
勑於弘福寺翻譯聖教要文凡六百五十七
部引大海之法流洗塵勞而不竭傳智燈之
長燄皎幽闇而恒明自非久植勝緣何以顯揚
斯旨所謂法相常住齊三光之明　我皇福

BD14641 號 2　大唐三藏述聖記　　（5–4）

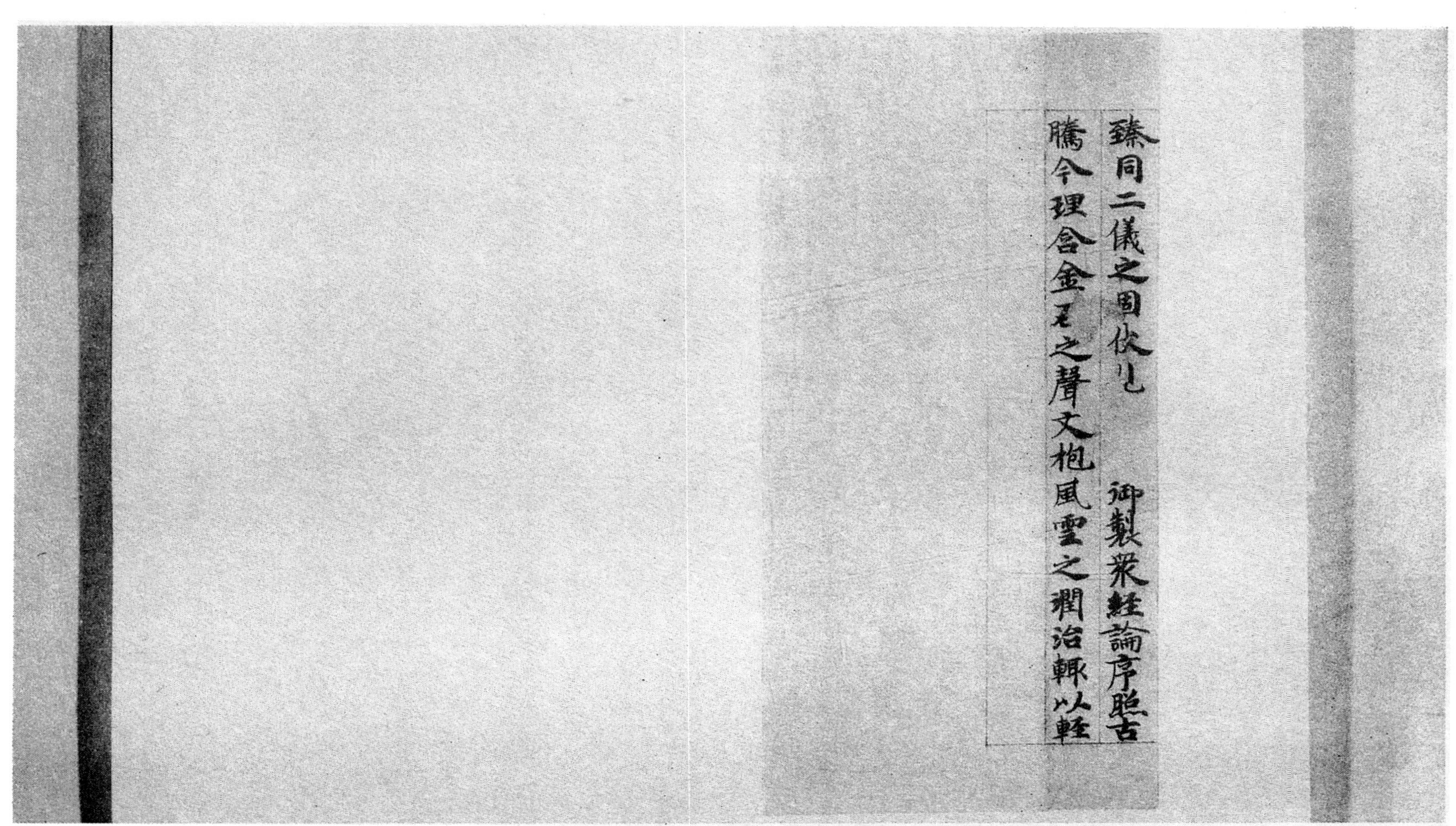
臻同二儀之固伏也　御製衆經論序照古
騰今理含金石之聲文抱風雲之潤治輙以輕

BD14641 號 2　大唐三藏述聖記　（5–5）

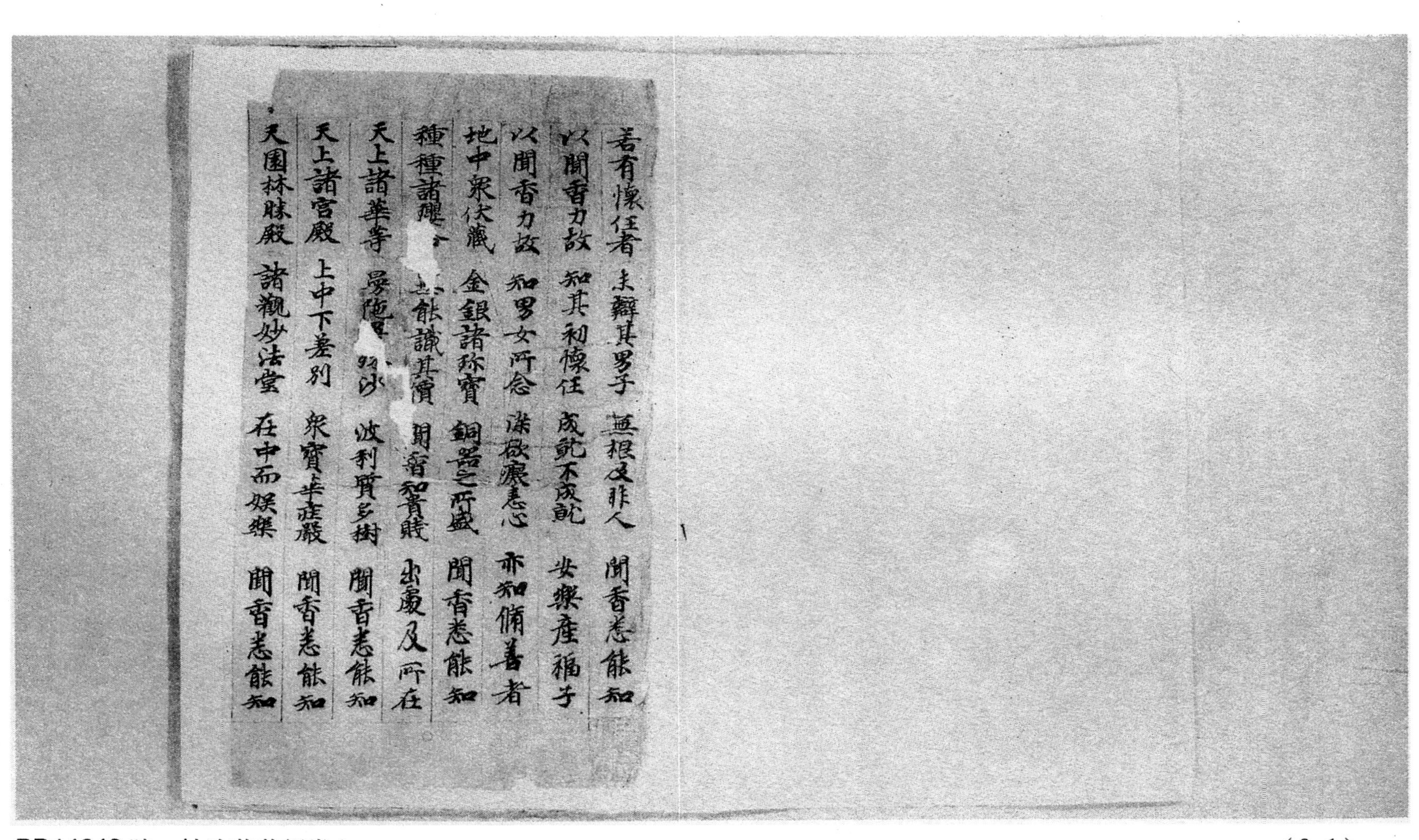
若有懷妊者　未辯其男子　無根及非人　聞香悉能知
以聞香力故　知其初懷妊　成就不成就　安樂產福子
以聞香力故　知男女所念　染欲癡恚心　亦知脩善者
地中衆伏藏　金銀諸珍寶　銅器之所盛　聞香悉能知
種種諸瓔珞　無能識其價　聞香知貴賤　出處及所在
天上諸華等　曼陀曼殊沙　波利質多樹　聞香悉能知
天上諸宮殿　上中下差別　衆寶華莊嚴　聞香悉能知
天園林勝殿　諸觀妙法堂　在中而娛樂　聞香悉能知

BD14642 號　妙法蓮華經卷六　（9–1）

諸天若聽法　或受五欲時　來往行坐卧　聞香悉能知
天女所著衣　好華香莊嚴　周旋遊戲時　聞香悉能知
如是展轉上　乃至於梵世　入禪出禪者　聞香悉能知
光音遍淨天　乃至于有頂　初生及退沒　聞香悉能知
諸比丘衆等　於法常精進　若坐若經行　及讀誦經法
或在林樹下　專精而坐禪　持經者聞香　悉知其所在
菩薩志堅固　坐禪若讀誦　或爲人說法　聞香悉能知
在在方世尊　一切所恭敬　愍衆而說法　聞香悉能知
衆生在佛前　聞經皆歡喜　如法而脩行　聞香悉能知
雖未得菩薩　無漏法生鼻　而是持經者　先得此鼻相
復次常精進　若善男子善女人受持是經　若
讀若誦若解說若書寫　得千二百舌功德　若
好若醜　若美不美　及諸苦澀物　在其舌根　皆
變成上味　如天甘露　無不美者　若以舌根　於
大衆中有所演說　出深妙聲　能入其心　皆令
歡喜快樂　又諸天子天女　釋梵諸天　聞是深

BD14642號　妙法蓮華經卷六　　　　（9–2）

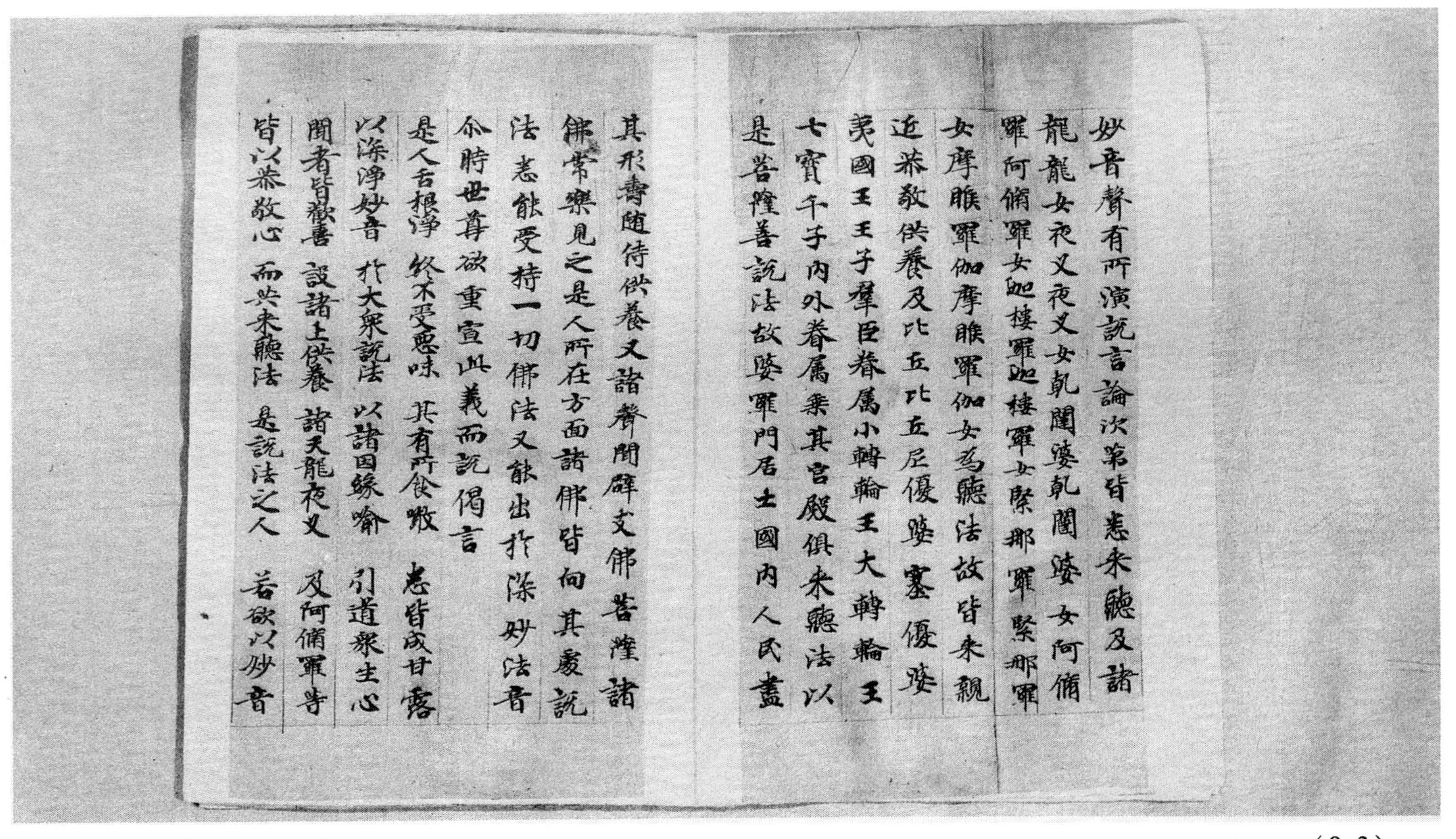
妙音聲有所演說言論次第　皆悉來聽　及諸
龍龍女　夜叉夜叉女　乾闥婆乾闥婆女　阿脩
羅阿脩羅女　迦樓羅迦樓羅女　緊那羅緊那羅
女　摩睺羅伽摩睺羅伽女　爲聽法故　皆來親
近恭敬供養　及比丘比丘尼優婆塞優婆夷
國王王子群臣眷屬　小轉輪王大轉輪王
七寶千子　內外眷屬　乘其宮殿　俱來聽法　以
是菩薩善說法故　婆羅門居士國內人民　盡
其形壽隨侍供養　又諸聲聞辟支佛菩薩諸
佛常樂見之　是人所在方面　諸佛皆向其處說
法　悉能受持一切佛法　又能出於深妙法音
爾時世尊欲重宣此義　而說偈言
是人舌根淨　終不受惡味　其有所食噉　悉皆成甘露
以深淨妙音　於大衆說法　以諸因緣喻　引導衆生心
聞者皆歡喜　設諸上供養　諸天龍夜叉　及阿脩羅等
皆以恭敬心　而共來聽法　是說法之人　若欲以妙音

BD14642號　妙法蓮華經卷六　　　　（9–3）

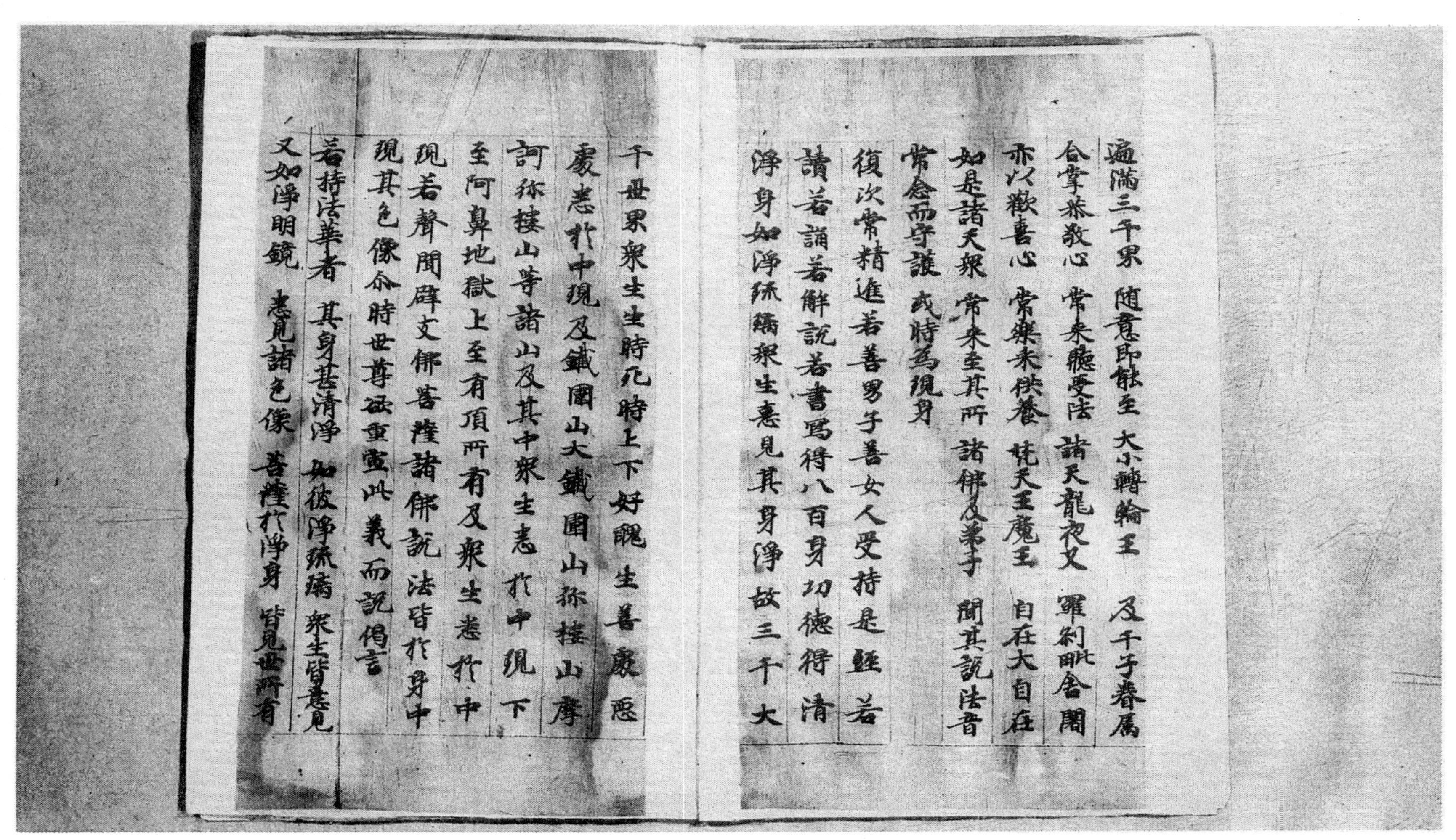

遍滿三千界　隨意即能至　大小轉輪王　及千子眷屬
合掌恭敬心　常來聽受法　諸天龍夜叉　羅剎毗舍闍
亦以歡喜心　常樂來供養　梵天王魔王　自在大自在
如是諸天衆　常來至其所　諸佛及弟子　聞其說法音
常念而守護　或時為現身
復次常精進若善男子善女人受持是經若
讀若誦若解說若書寫得八百身功德得清
淨身如淨琉璃衆生憙見其身淨故三千大
千世界衆生生時死時上下好醜生善處惡
處悉於中現及鐵圍山大鐵圍山彌樓山摩
訶彌樓山等諸山及其中衆生悉於中現下
至阿鼻地獄上至有頂所有及衆生悉於中
現若聲聞辟支佛菩薩諸佛說法皆於身中
現其色像爾時世尊欲重宣此義而說偈言
若持法華者　其身甚清淨　如彼淨琉璃　衆生皆憙見
又如淨明鏡　悉見諸色像　菩薩於淨身　皆見世所有

BD14642號　妙法蓮華經卷六　（9–4）

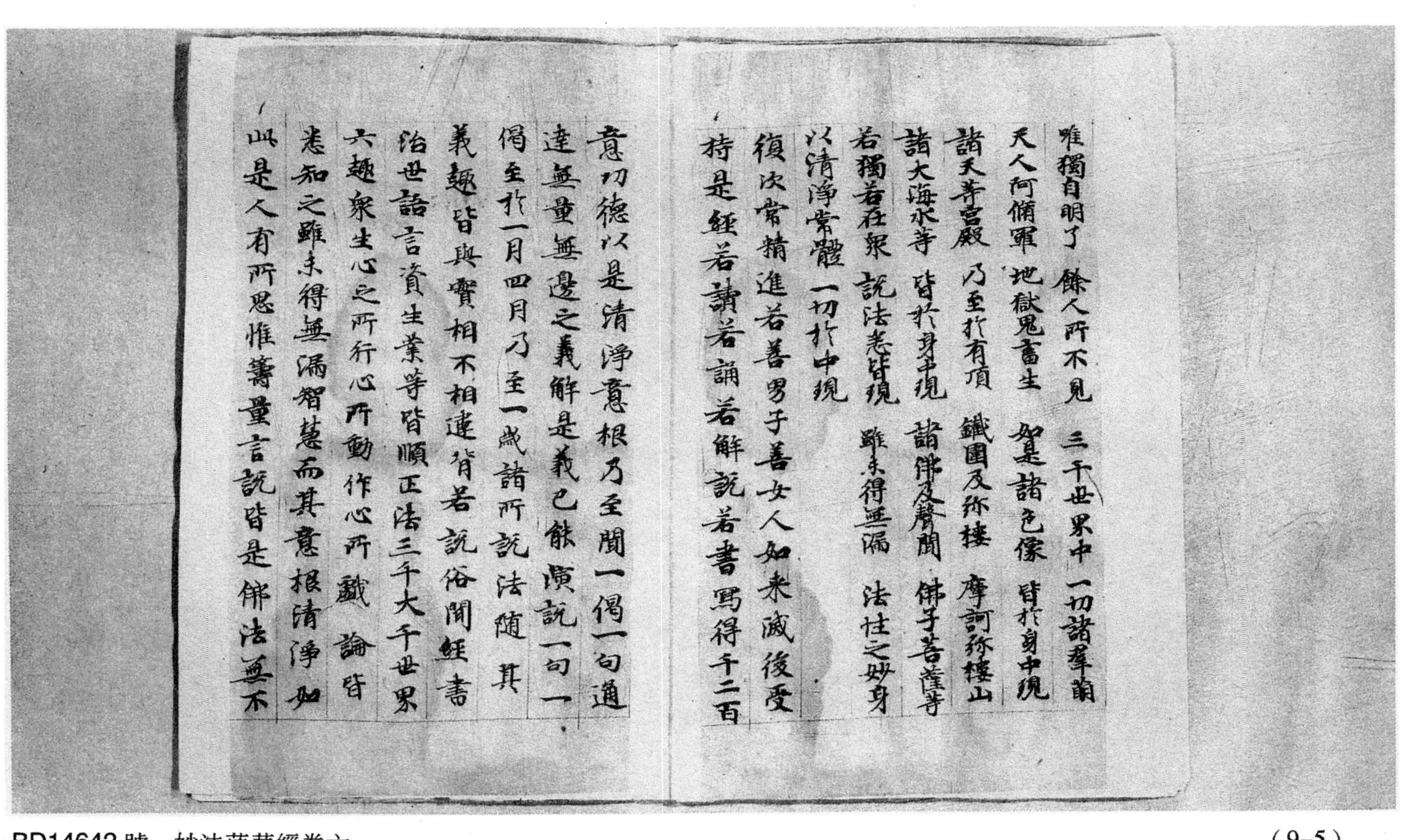

唯獨自明了　餘人所不見　三千世界中　一切諸群萌
天人阿修羅　地獄鬼畜生　如是諸色像　皆於身中現
諸天等宮殿　乃至於有頂　鐵圍及彌樓　摩訶彌樓山
諸大海水等　皆於身中現　諸佛及聲聞　佛子菩薩等
若獨若在衆　說法悉皆現　雖未得無漏　法性之妙身
以清淨常體　一切於中現
復次常精進若善男子善女人如來滅後受
持是經若讀若誦若解說若書寫得千二百
意功德以是清淨意根乃至聞一偈一句通
達無量無邊之義解是義已能演說一句一
偈至於一月四月乃至一歲諸所說法隨其
義趣皆與實相不相違背若說俗間經書
治世語言資生業等皆順正法三千大千世界
六趣衆生心之所行心所動作心所戲論皆
悉知之雖未得無漏智慧而其意根清淨如
此是人有所思惟籌量言說皆是佛法無不

BD14642號　妙法蓮華經卷六　（9–5）

真實亦是先佛經中所說尒時世尊欲重宣
此義而說偈言
是人意清淨 明利无穢濁 以此妙意根 知上中下法
乃至聞一偈 通達无量義 次第如法說 月四月至歲
是世界內外 一切諸衆生 若天龍及人 夜叉鬼神等
其在六趣中 所念若干種 持法華之報 一時皆悉知
十方无數佛 百福莊嚴相 為衆生說法 悉聞能受持
思惟无量義 說法亦无量 終始不忘錯 以持法華故

有惡口罵詈誹謗獲大罪報如前所說其所
得功德如向所說眼耳鼻舌身意清淨得大
勢乃往古昔過无量无邊不可思議阿僧祇
劫有佛名威音王如來應供正遍知明行足
善逝世間解无上士調御丈夫天人師佛世
尊劫名離衰國名大成其威音王佛於彼世
中為天人阿脩羅說法為求聲聞者說應四
諦法度生老病死究竟涅槃為求辟支佛者

BD14642 號　妙法蓮華經卷六　（9–6）

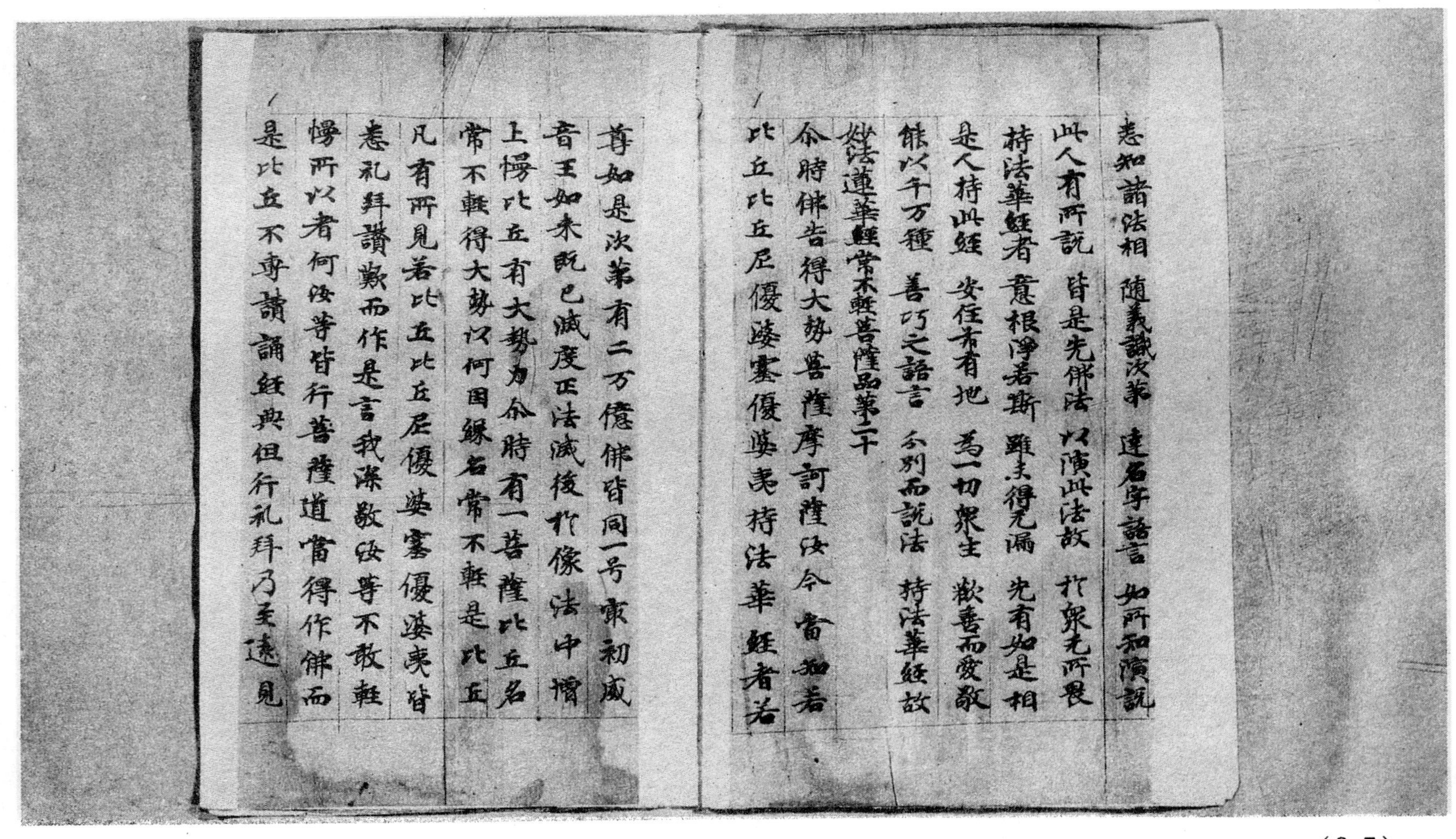

悉知諸法相 隨義識次第 達名字語言 如所知演說
此人有所說 皆是先佛法 以演此法故 於衆无所畏
持法華經者 意根淨若斯 雖未得无漏 先有如是相
是人持此經 安住希有地 為一切衆生 歡喜而愛敬
能以千万種 善巧之語言 分別而說法 持法華經故
妙法蓮華經常不輕菩薩品第二十
尒時佛告得大勢菩薩摩訶薩汝今當知若
比丘比丘尼優婆塞優婆夷持法華經者若

尊如是次第有二万億佛皆同一号最初威
音王如來既已滅度正法滅後於像法中增
上慢比丘有大勢力尒時有一菩薩比丘名
常不輕得大勢以何因緣名常不輕是比丘
凡有所見若比丘比丘尼優婆塞優婆夷皆
悉礼拜讚歎而作是言我深敬汝等不敢輕
慢所以者何汝等皆行菩薩道當得作佛而
是比丘不專讀誦經典但行礼拜乃至遠見

BD14642 號　妙法蓮華經卷六　（9–7）

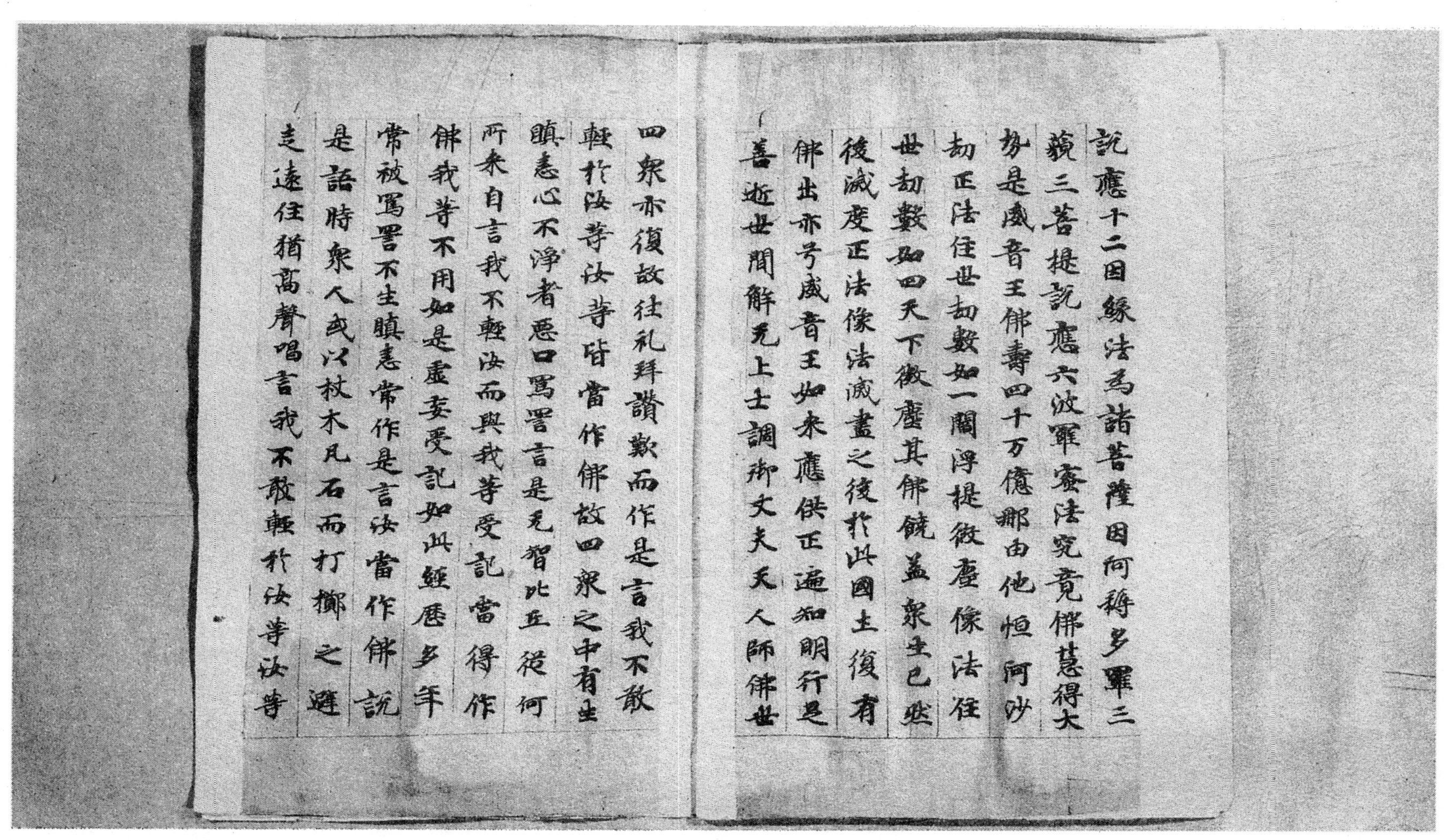
說應十二因緣法為諸菩薩因阿耨多羅三
藐三菩提說應六波羅蜜法究竟佛慧得大
勢是威音王佛壽四十万億那由他恒河沙
劫正法住世劫數如一閻浮提微塵像法住
世劫數如四天下微塵其佛饒益衆生已然
後滅度正法像法滅盡之後於此國土復有
佛出亦号威音王如來應供正遍知明行足
善逝世間解无上士調御丈夫天人師佛世
四衆亦復故往礼拜讚歎而作是言我不敢
輕於汝等汝等皆當作佛故四衆之中有生
瞋恚心不淨者惡口罵詈言是无智比丘從何
所來自言我不輕汝而與我等受記當得作
佛我等不用如是虛妄受記如此經歷多年
常被罵詈不生瞋恚常作是言汝當作佛說
是語時衆人或以杖木瓦石而打擲之避
走遠住猶高聲唱言我不敢輕於汝等汝等

BD14642 號　妙法蓮華經卷六　（9–8）

皆當作佛以其常作是語故增上慢比丘比
丘尼優婆塞優婆夷号之為常不輕是比丘
臨欲終時於虛空中具聞威音王佛先所說
法華經二十千万億偈悉能受持即得如上
眼根清淨耳鼻舌身意根清淨得是六根清
淨已更增壽命二百万億那由他歲廣為人
說是法華經於時增上慢四衆比丘比丘尼
優婆塞優婆夷輕賤是人為作不輕名者見
其得大神通力樂說辯力大善寂力聞其所
說皆信伏隨從是菩薩復化千万億衆令住
阿耨多羅三藐三菩提命終之後得值二千
億佛皆号日月燈明於其法中說是法華經
以是因緣復值二千億佛同号雲自在燈王
於此諸佛法中受持讀誦為諸四衆說此
經典故得是常眼清淨耳鼻舌身意諸根清淨

BD14642 號　妙法蓮華經卷六　（9–9）

BD14643號　冊頁封面　　（15–1）

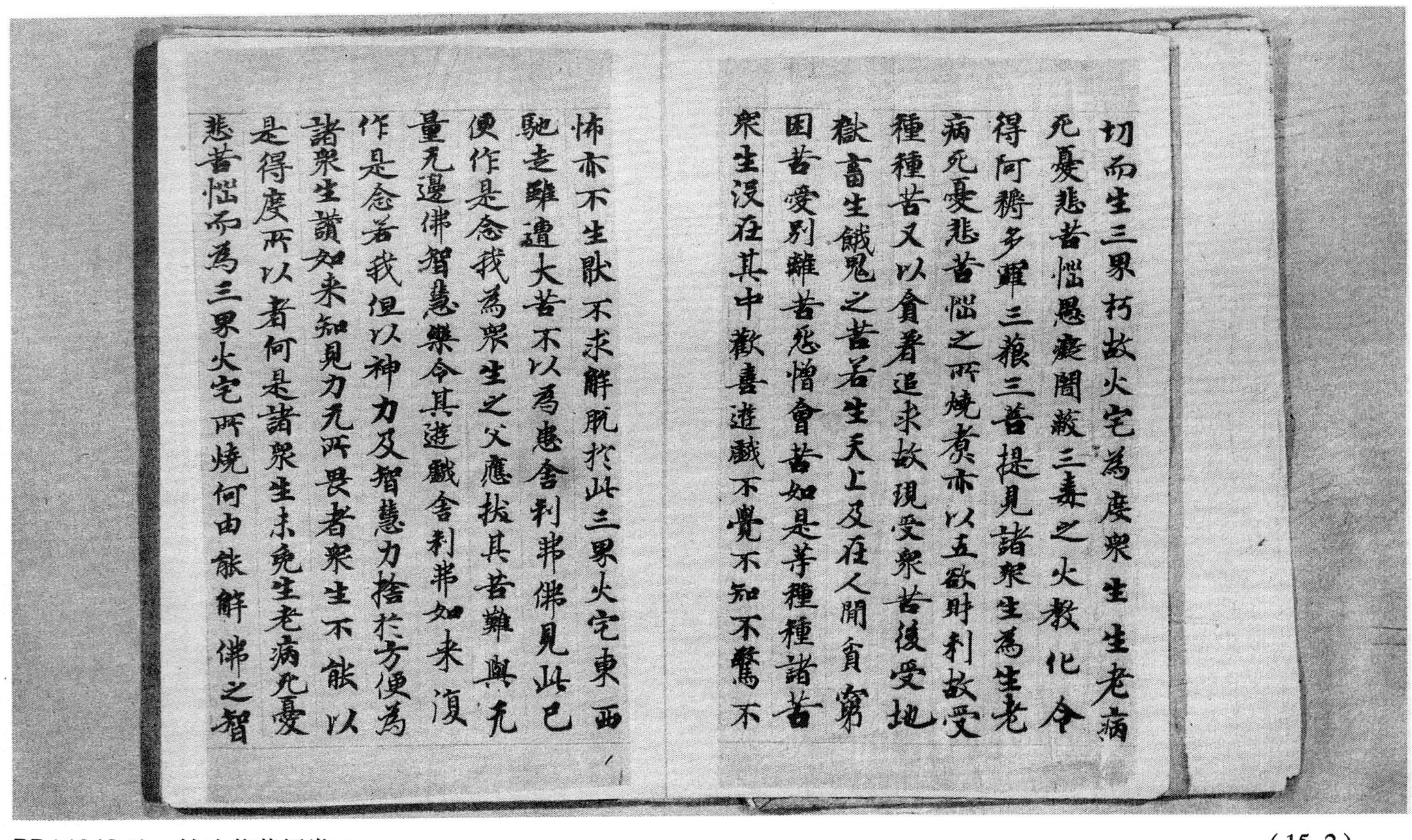
切而生三界朽故火宅為度衆生生老病
死憂悲苦惱愚癡闇蔽三毒之火教化令
得阿耨多羅三藐三菩提見諸衆生為生老
病死憂悲苦惱之所燒煑亦以五欲財利故受
種種苦又以貪著追求故現受衆苦後受地
獄畜生餓鬼之苦若生天上及在人間貧窮
困苦愛別離苦怨憎會苦如是等種種諸苦
衆生沒在其中歡喜遊戲不覺不知不驚不
怖亦不生猒不求解脫於此三界火宅東西
馳走雖遭大苦不以為患舍利弗佛見此已
便作是念我為衆生之父應拔其苦難與无
量无邊佛智慧樂令其遊戲舍利弗如來復
作是念若我但以神力及智慧力捨於方便為
諸衆生讚如來知見力无所畏者衆生不能以
是得度所以者何是諸衆生未免生老病死憂
悲苦惱而為三界火宅所燒何由能解佛之智

BD14643號　妙法蓮華經卷二　　（15–2）

慧舍利弗如彼長者雖復身手有力而不
用之但以殷懃方便免濟諸子火宅之難
然後各與珎寶大車如來亦復如是雖有力
无所畏而不用之但以智慧方便於三界火
宅拔濟衆生爲說三乘聲聞辟支佛佛乘而
作是言汝等莫得樂住三界火宅勿貪麁
弊色聲香味觸也若貪著生愛則爲所燒
汝等速出三界當得三乘聲聞辟支佛佛乘我
今爲汝保任此事終不虛也汝等但當勤脩精
進如來以是方便誘進衆生復作是言汝等
當知此三乘法皆是聖所稱歎自在无繫无
所依求乘是三乘以无漏根力覺道禪定解脫
三昧等而自娛樂便得无量安隱快樂舍利弗
若有衆生內有智性從佛世尊聞法信受
慇懃精進欲速出三界自求涅槃是名聲
聞乘如彼諸子爲求羊車出於火宅若有

BD14643號　妙法蓮華經卷二　（15–3）

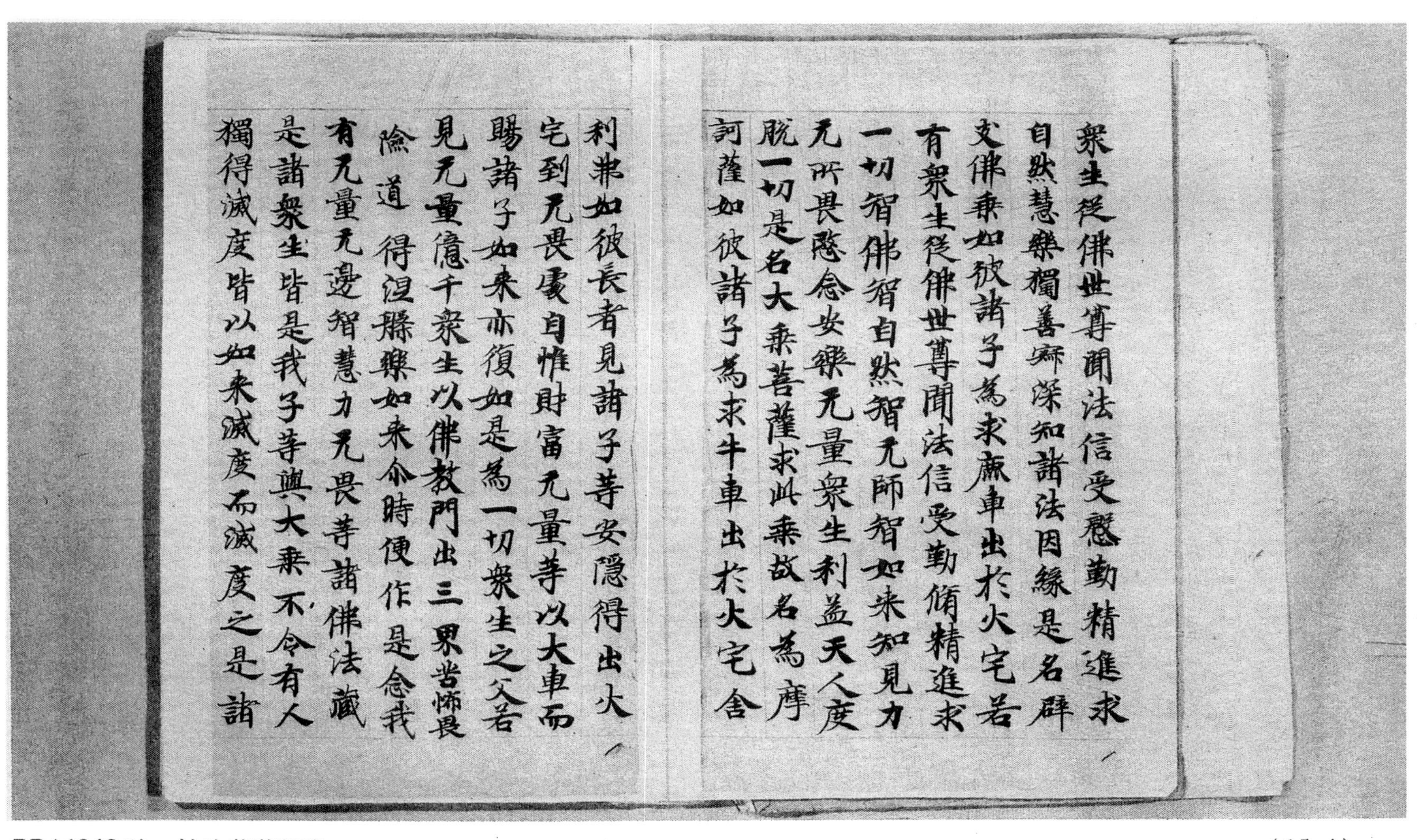

衆生從佛世尊聞法信受慇懃精進求
自然慧樂獨善寂深知諸法因緣是名辟
支佛乘如彼諸子爲求鹿車出於火宅若
有衆生從佛世尊聞法信受勤脩精進求
一切智佛智自然智无師智如來知見力
无所畏愍念安樂无量衆生利益天人度
脫一切是名大乘菩薩求此乘故名爲摩
訶薩如彼諸子爲求牛車出於火宅舍
利弗如彼長者見諸子等安隱得出火
宅到无畏處自惟財富无量等以大車而
賜諸子如來亦復如是爲一切衆生之父若
見无量億千衆生以佛教門出三界苦怖畏
險道得涅槃樂如來爾時便作是念我
有无量无邊智慧力无畏等諸佛法藏
是諸衆生皆是我子等與大乘不令有人
獨得滅度皆以如來滅度而滅度之是諸

BD14643號　妙法蓮華經卷二　（15–4）

衆生脫三界者悉與諸佛禪定解脫等
娛樂之具皆是一相一種聖所稱歎能
生淨妙第一之樂舍利弗如彼長者初以三
車誘引諸子然後但與大車寶物莊嚴安隱
第一然彼長者无虛妄之咎如來亦復如是
无有虛妄初說三乘引導衆生然後但
以大乘而度脫之何以故如來有无量智慧
力无所畏諸法之藏能與一切衆生大
乘之法但不盡能受舍利弗以是因
緣當知諸佛方便力故於一佛乘分別說
三佛欲重宣此義而說偈言
譬如長者　有一大宅　其宅久故　而復頓弊
堂舍高危　柱根摧朽　梁棟傾斜　基陛頹毀
牆壁圮坼　泥塗褫落　覆苫亂墜　椽梠差脫
周障屈曲　雜穢充遍　有五百人　止住其中
鴟梟鵰鷲　烏鵲鳩鴿　蚖蛇蝮蝎　蜈蚣蚰蜒

BD14643號　妙法蓮華經卷二　（15–5）

守宮百足　狖狸鼷鼠　諸惡虫輩　交橫馳走
屎尿臭處　不淨流溢　蜣蜋諸虫　而集其上
狐狼野干　咀嚼踐蹋　嚌齧死屍　骨肉狼藉
由是群狗　競來搏撮　飢羸慞惶　處處求食
鬥諍摣掣　啀喍嗥吠　其舍恐怖　變狀如是
處處皆有　魑魅魍魎　夜叉惡鬼　食噉人肉
毒虫之屬　諸惡禽獸　孚乳產生　各自藏護
夜叉競來　爭取食之　食之既飽　惡心轉熾
鬥諍之聲　甚可怖畏　鳩槃荼鬼　蹲踞土埵
或時離地　一尺二尺　往返遊行　縱逸嬉戲
捉狗兩足　撲令失聲　以腳加頸　怖狗自樂
復有諸鬼　其身長大　裸形黑瘦　常住其中
發大惡聲　叫呼求食　復有諸鬼　其咽如針
復有諸鬼　首如牛頭　或食人肉　或復噉狗
頭髮鬔亂　殘害兇險　飢渴所逼　叫喚馳走
夜叉餓鬼　諸惡鳥獸　飢急四向　窺看窗牖

BD14643號　妙法蓮華經卷二　（15–6）

如是諸難 恐畏无量 是朽故宅 屬于一人
其人近出 未久之間 於後舍宅 欻然火起
四面一時 其焰俱熾 棟梁椽柱 爆聲震裂
摧折墮落 墻壁崩倒 諸鬼神等 揚聲大叫
鵰鷲諸鳥 鳩槃荼等 周慞惶怖 不能自出
惡獸毒虫 藏竄孔穴 毗舍闍鬼 亦住其中
薄福德故 為火所逼 共相殘害 飲血噉肉
野干之屬 並已前死 諸大惡獸 競來食噉
臭烟熢㶿 四面充塞 蜈蚣蚰蜒 毒蛇之類
為火所燒 爭走出穴 鳩槃荼鬼 隨取而食
又諸餓鬼 頭上火然 飢渴熱惱 周慞悶走
其宅如是 甚可怖畏 毒害火災 衆難非一
是時宅主 在門外立 聞有人言 汝諸子等
先因遊戲 來入此宅 稚小无知 歡娛樂著
長者聞已 驚入火宅 方宜救濟 令无燒害
告喻諸子 說衆患難 惡鬼毒虫 災火蔓莚

BD14643號　妙法蓮華經卷二　（15–7）

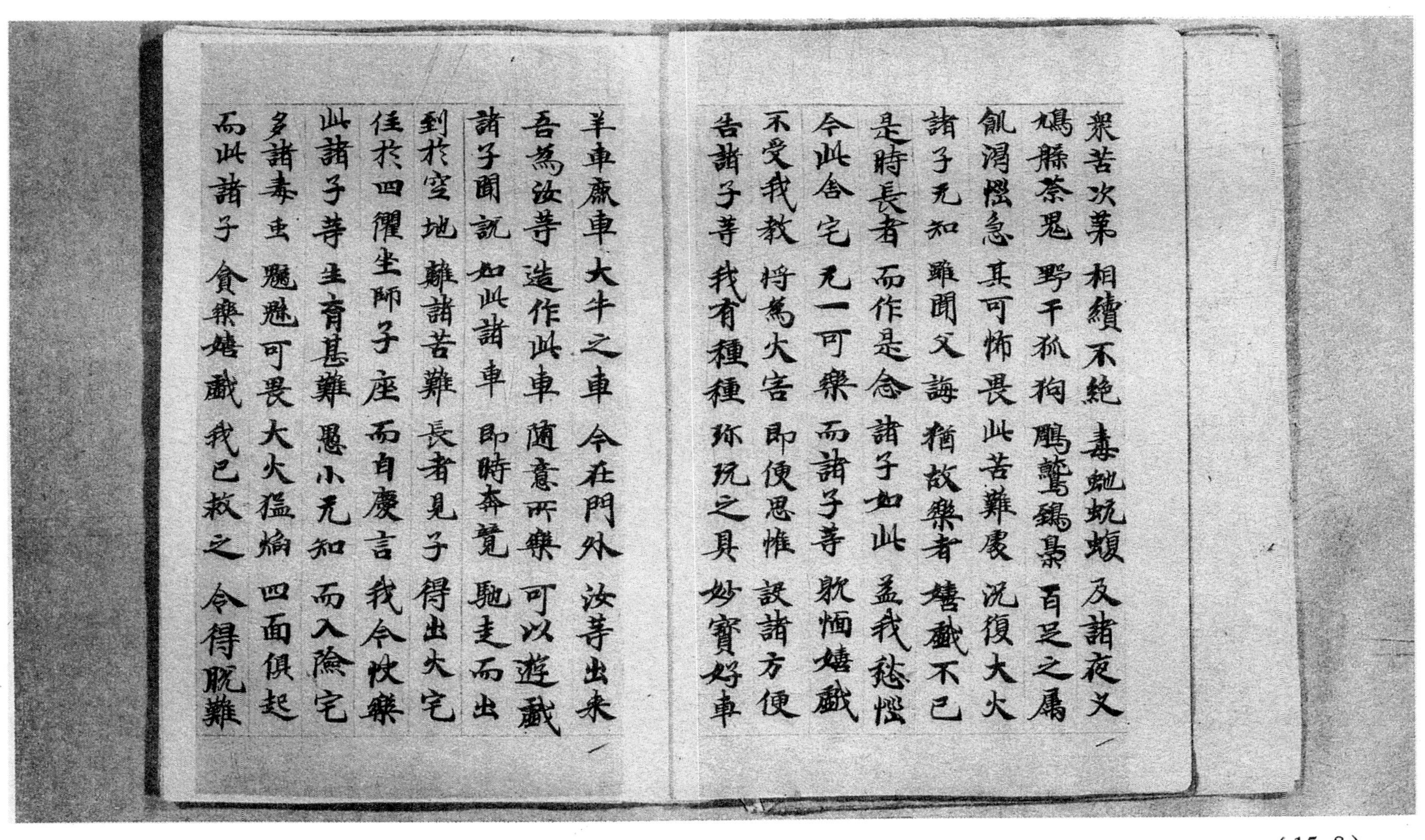
衆苦次第 相續不絕 毒蛇蚖蝮 及諸夜叉
鳩槃荼鬼 野干孤狗 鵰鷲鵄梟 百足之屬
飢渴惱急 甚可怖畏 此苦難處 況復大火
諸子无知 雖聞父誨 猶故樂著 嬉戲不已
是時長者 而作是念 諸子如此 益我愁惱
今此舍宅 无一可樂 而諸子等 耽湎嬉戲
不受我教 將為火害 即便思惟 設諸方便
告諸子等 我有種種 珍玩之具 妙寶好車
羊車鹿車 大牛之車 今在門外 汝等出來
吾為汝等 造作此車 隨意所樂 可以遊戲
諸子聞說 如此諸車 即時奔競 馳走而出
到於空地 離諸苦難 長者見子 得出火宅
住於四衢 坐師子座 而自慶言 我今快樂
此諸子等 生育甚難 愚小无知 而入險宅
多諸毒虫 魑魅可畏 大火猛焰 四面俱起
而此諸子 貪樂嬉戲 我已救之 令得脫難

BD14643號　妙法蓮華經卷二　（15–8）

是故諸人　我今快樂　尒時諸子　知父安坐
皆詣父所　而白父言　願賜我等　三種寶車
如前所許　諸子出來　當以三車　隨汝所欲
今正是時　唯垂給與　長者大富　庫藏衆多
金銀琉璃　車𤦲馬瑙　以衆寶物　造諸大車
莊挍嚴飾　周帀欄楯　四面懸鈴　金繩交絡
真珠羅網　張施其上　金華諸瓔　處處垂下
衆綵雜飾　周帀圍繞　柔軟繒纊　以為茵褥
上妙細㲲　價直千億　鮮白淨潔　以覆其上
有大白牛　肥壯多力　形體姝好　以駕寶車
多諸儐從　而侍衛之　以是妙車　等賜諸子
諸子是時　歡喜踊躍　乘是寶車　遊於四方
嬉戲快樂　自在无礙　告舍利弗　我亦如是
衆聖中尊　世間之父　一切衆生　皆是吾子
深著世樂　无有慧心　三界无安　猶如火宅
衆苦充滿　甚可怖畏　常有生老　病死憂患

BD14643 號　妙法蓮華經卷二　（15–9）

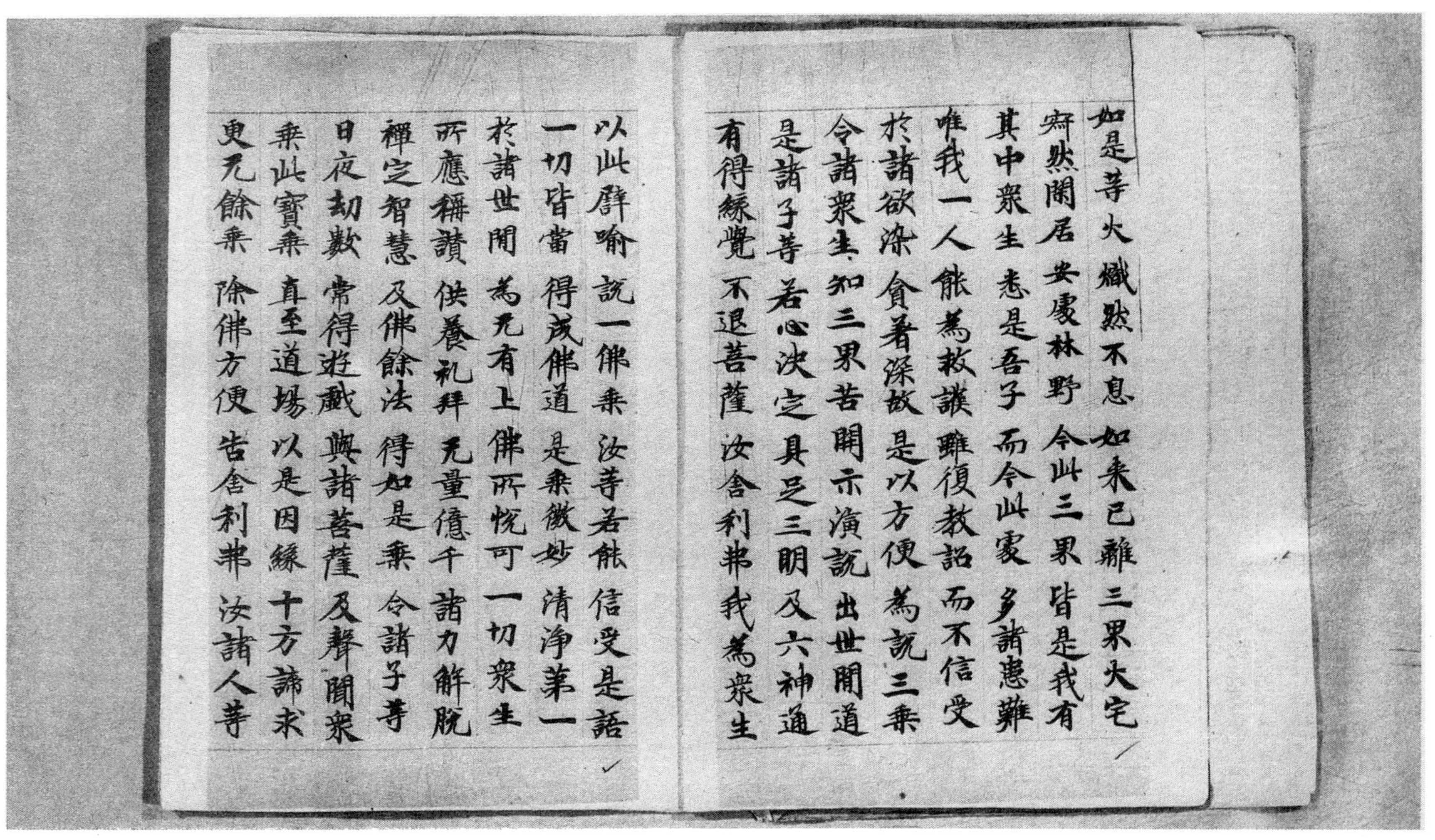

如是等火　熾然不息　如來已離　三界火宅
寂然閑居　安處林野　今此三界　皆是我有
其中衆生　悉是吾子　而今此處　多諸患難
唯我一人　能為救護　雖復教詔　而不信受
於諸欲染　貪著深故　是以方便　為說三乘
令諸衆生　知三界苦　開示演說　出世間道
是諸子等　若心決定　具足三明　及六神通
有得緣覺　不退菩薩　汝舍利弗　我為衆生
以此譬喻　說一佛乘　汝等若能　信受是語
一切皆當　得成佛道　是乘微妙　清淨第一
於諸世間　為无有上　佛所悅可　一切衆生
所應稱讚　供養礼拜　无量億千　諸力解脫
禪定智慧　及佛餘法　得如是乘　令諸子等
日夜劫數　常得遊戲　與諸菩薩　及聲聞衆
乘此寶乘　直至道場　以是因緣　十方諦求
更无餘乘　除佛方便　告舍利弗　汝諸人等

BD14643 號　妙法蓮華經卷二　（15–10）

皆是吾子 我則是父 汝等累劫 衆苦所燒
我皆濟拔 令出三界 我雖先說 汝等滅度
但盡生死 而實不滅 今所應作 唯佛智慧
若有菩薩 於是衆中 能一心聽 諸佛實法
諸佛世尊 雖以方便 所化衆生 皆是菩薩
若人小智 深著愛欲 為此等故 說於苦諦
衆生心喜 得未曾有 佛說苦諦 真實無異
若有衆生 不知苦本 深著苦因 不能暫捨
為是等故 方便說道 諸苦所因 貪欲為本
若滅貪欲 無所依止 滅盡諸苦 名第三諦
為滅諦故 脩行於道 離諸苦縛 名得解脫
是人於何 而得解脫 但離虛妄 名為解脫
其實未得 一切解脫 佛說是人 未實滅度
斯人未得 無上道故 我意不欲 令至滅度
斯人法王 於法自在 安隱衆生 故現於世
汝舍利弗 我此法印 為欲利益 世間故說

BD14643號　妙法蓮華經卷二　（15–11）

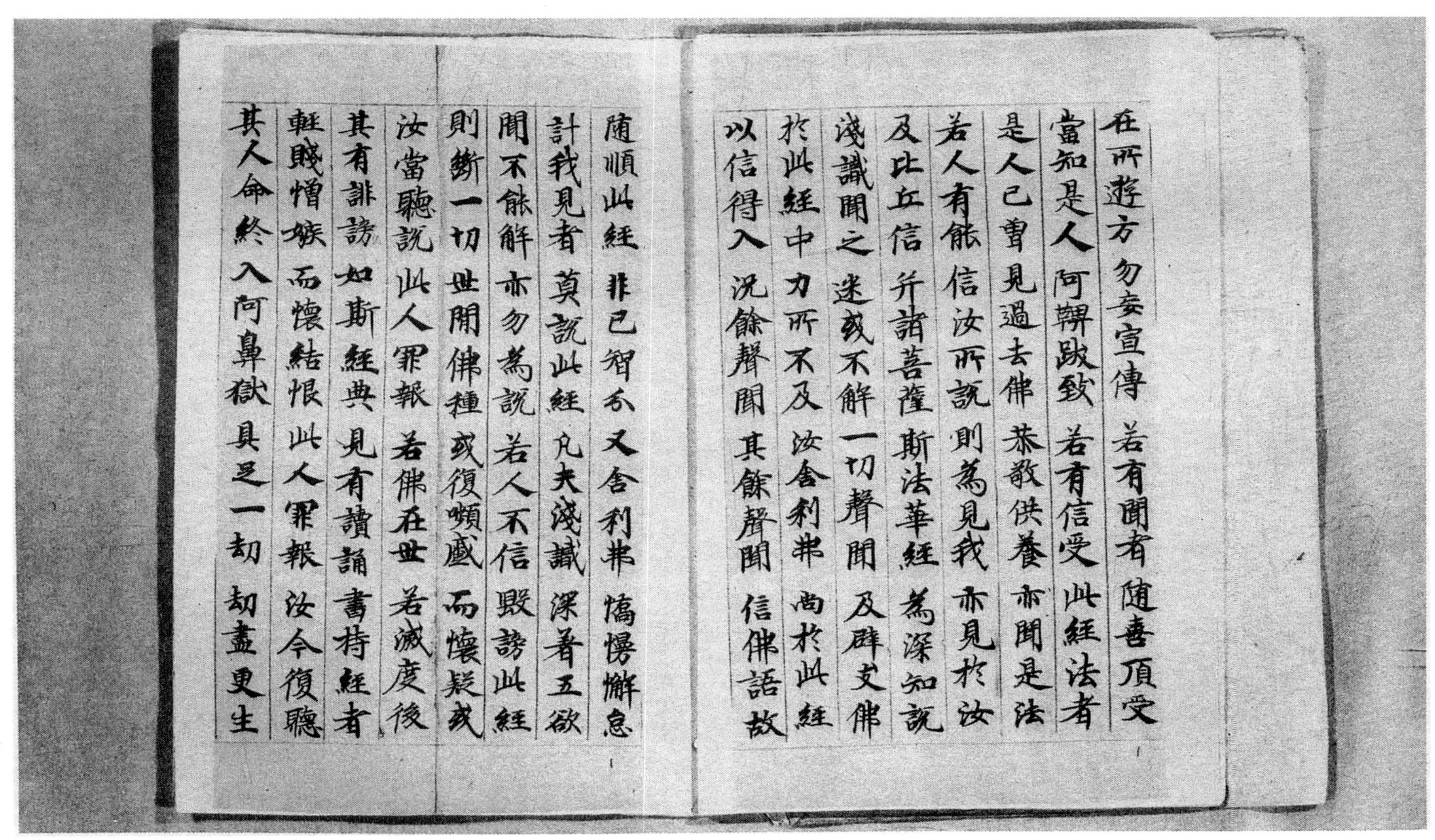
在所遊方 勿妄宣傳 若有聞者 隨喜頂受
當知是人 阿鞞跋致 若有信受 此經法者
是人已曾 見過去佛 恭敬供養 亦聞是法
若人有能 信汝所說 則為見我 亦見於汝
及比丘僧 并諸菩薩 斯法華經 為深智說
淺識聞之 迷惑不解 一切聲聞 及辟支佛
於此經中 力所不及 汝舍利弗 尚於此經
以信得入 況餘聲聞 其餘聲聞 信佛語故
隨順此經 非己智分 又舍利弗 憍慢懈怠
計我見者 莫說此經 凡夫淺識 深著五欲
聞不能解 亦勿為說 若人不信 毀謗此經
則斷一切 世間佛種 或復顰蹙 而懷疑惑
汝當聽說 此人罪報 若佛在世 若滅度後
其有誹謗 如斯經典 見有讀誦 書持經者
輕賤憎嫉 而懷結恨 此人罪報 汝今復聽
其人命終 入阿鼻獄 具足一劫 劫盡更生

BD14643號　妙法蓮華經卷二　（15–12）

如是展轉 至无數劫 從地獄出 當墮畜生
若狗野干 其形頹瘦 黧黮疥癩 人所觸嬈
又復為人 之所惡賤 常困飢渴 骨肉枯竭
生受楚毒 死被瓦石 斷佛種故 受斯罪報
若作駱駝 或生驢中 身常負重 加諸杖捶
但念水草 餘无所知 謗斯經故 獲罪如是
有作野干 來入聚落 身體疥癩 又无一目
為諸童子 之所打擲 受諸苦痛 或時致死
於此死已 更受蟒身 其形長大 五百由旬
聾騃无足 宛轉腹行 為諸小虫 之所唼食
晝夜受苦 无有休息 謗斯經故 獲罪如是
若得為人 諸根暗鈍 矬陋攣躄 盲聾背傴
有所言說 人不信受 口氣常臭 鬼魅所著
貧窮下賤 為人所使 多病痟瘦 无所依怙
雖親附人 人不在意 若有所得 尋復忘失
若脩醫道 順方治病 更增他疾 或復致死

BD14643號 妙法蓮華經卷二 （15–13）

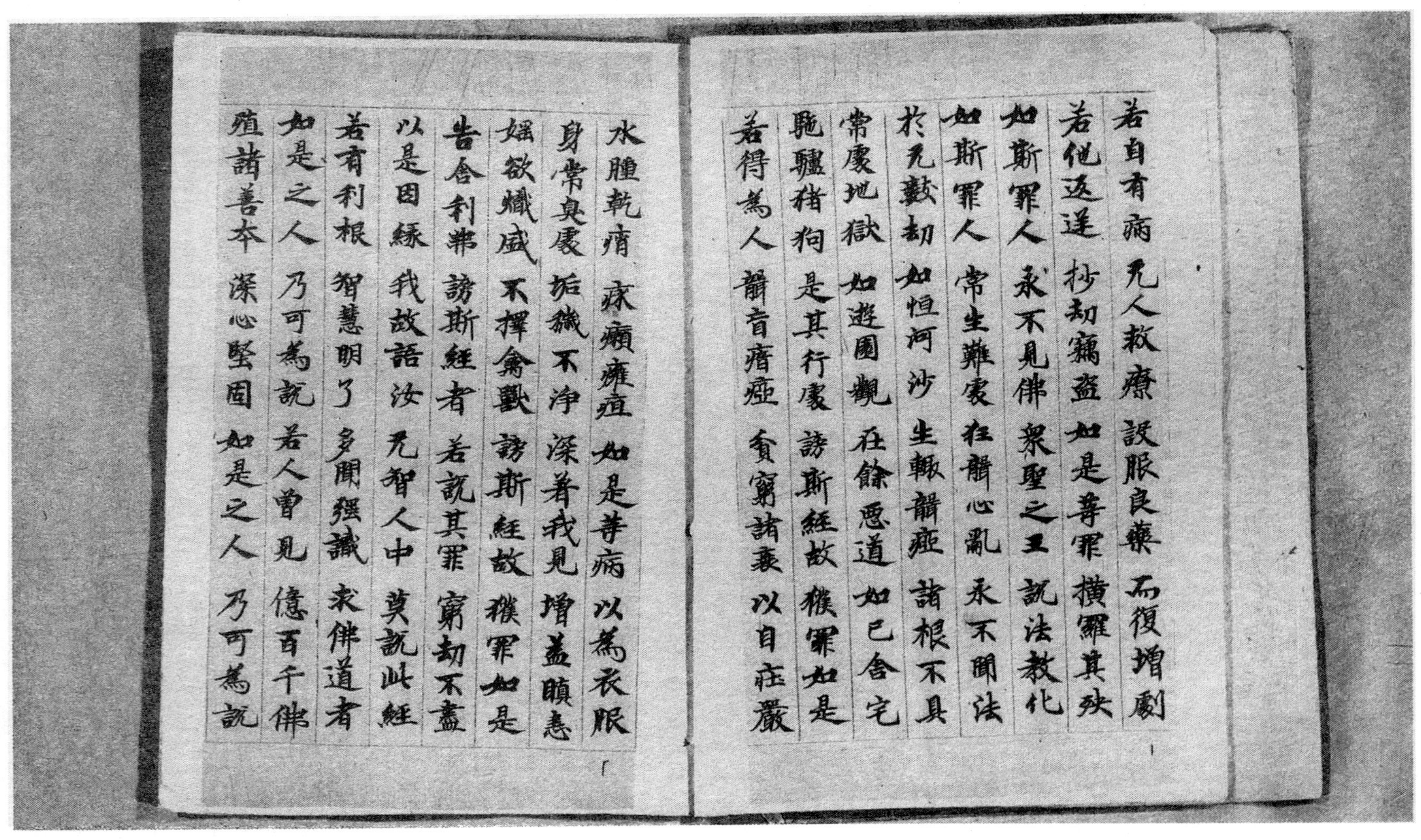

若自有病 无人救療 設服良藥 而復增劇
若他反逆 抄劫竊盜 如是等罪 橫羅其殃
如斯罪人 永不見佛 衆聖之王 說法教化
如斯罪人 常生難處 狂聾心亂 永不聞法
於无數劫 如恒河沙 生輒聾瘂 諸根不具
常處地獄 如遊園觀 在餘惡道 如己舍宅
駝驢猪狗 是其行處 謗斯經故 獲罪如是
若得為人 聾盲瘖瘂 貧窮諸衰 以自莊嚴
水腫乾痟 疥癩癰疽 如是等病 以為衣服
身常臭處 垢穢不淨 深著我見 增益瞋恚
婬欲熾盛 不擇禽獸 謗斯經故 獲罪如是
告舍利弗 謗斯經者 若說其罪 窮劫不盡
以是因緣 我故語汝 无智人中 莫說此經
若有利根 智慧明了 多聞強識 求佛道者
如是之人 乃可為說 若人曾見 億百千佛
殖諸善本 深心堅固 如是之人 乃可為說

BD14643號 妙法蓮華經卷二 （15–14）

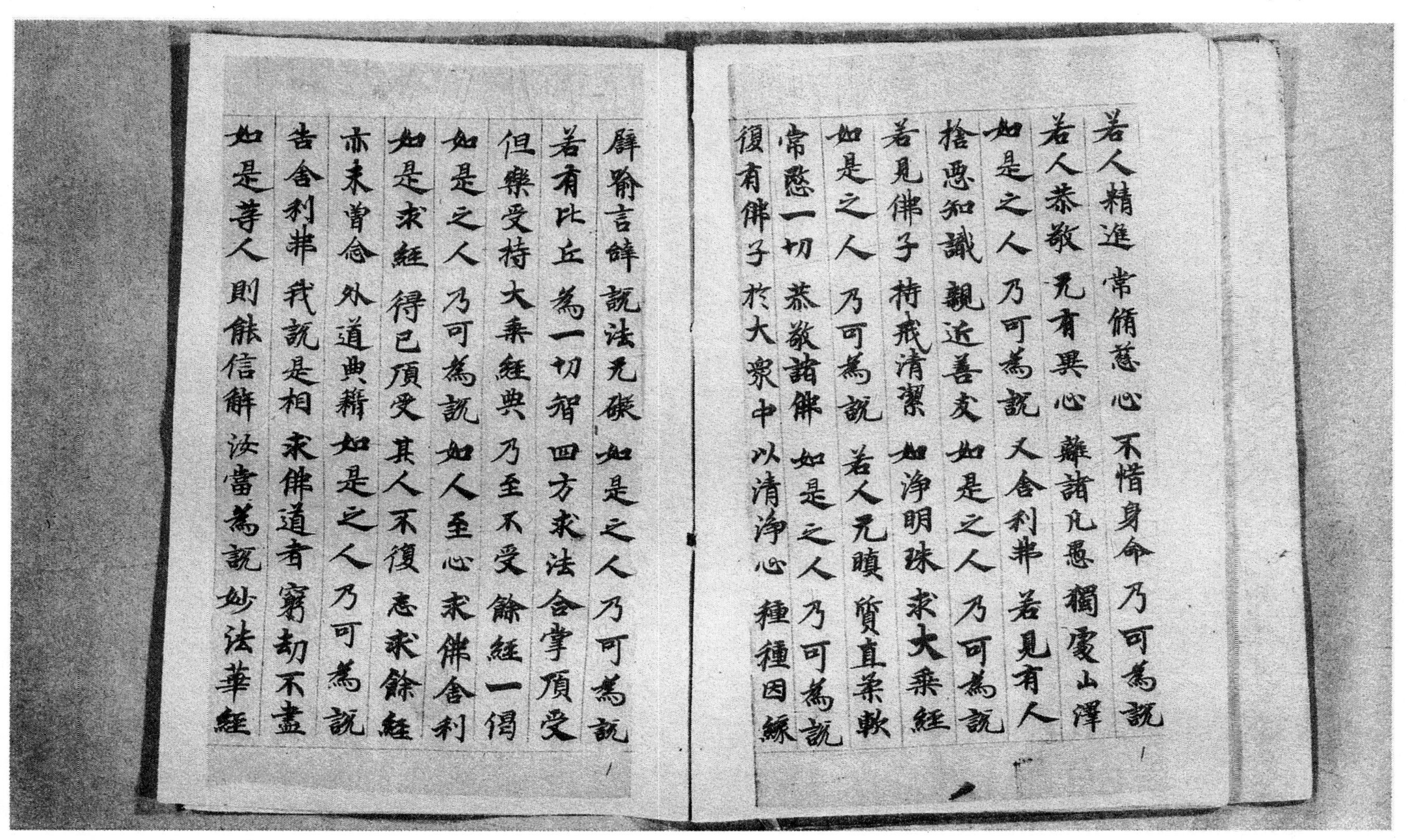
若人精進　常脩慈心　不惜身命　乃可為說
若人恭敬　无有異心　離諸凡愚　獨處山澤
如是之人　乃可為說　又舍利弗　若見有人
捨惡知識　親近善友　如是之人　乃可為說
若見佛子　持戒清潔　如淨明珠　求大乘經
如是之人　乃可為說　若人无瞋　質直柔軟
常愍一切　恭敬諸佛　如是之人　乃可為說
復有佛子　於大衆中　以清淨心　種種因緣
譬喻言辭　說法无礙　如是之人　乃可為說
若有比丘　為一切智　四方求法　合掌頂受
但樂受持　大乘經典　乃至不受　餘經一偈
如是之人　乃可為說　如人至心　求佛舍利
如是求經　得已頂受　其人不復　志求餘經
亦未曾念　外道典籍　如是之人　乃可為說
告舍利弗　我說是相　求佛道者　窮劫不盡
如是等人　則能信解　汝當為說　妙法華經

BD14643號　妙法蓮華經卷二　（15–15）

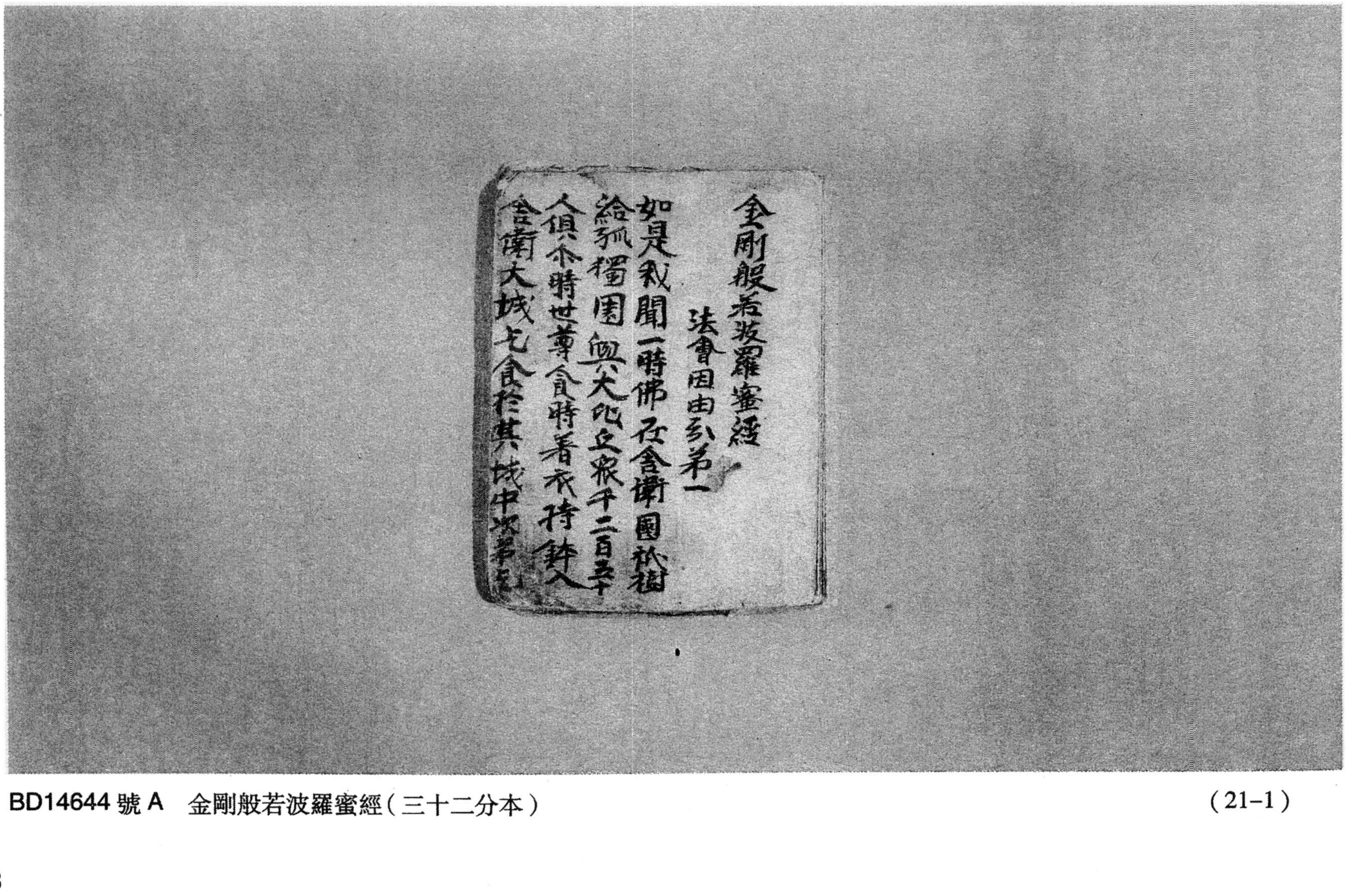

金剛般若波羅蜜經
法會因由分第一
如是我聞一時佛在舍衛國祇樹
給孤獨園與大比丘衆千二百五十
人俱尒時世尊食時著衣持鉢入
舍衛大城乞食於其城中次第乞

BD14644號A　金剛般若波羅蜜經（三十二分本）　（21–1）

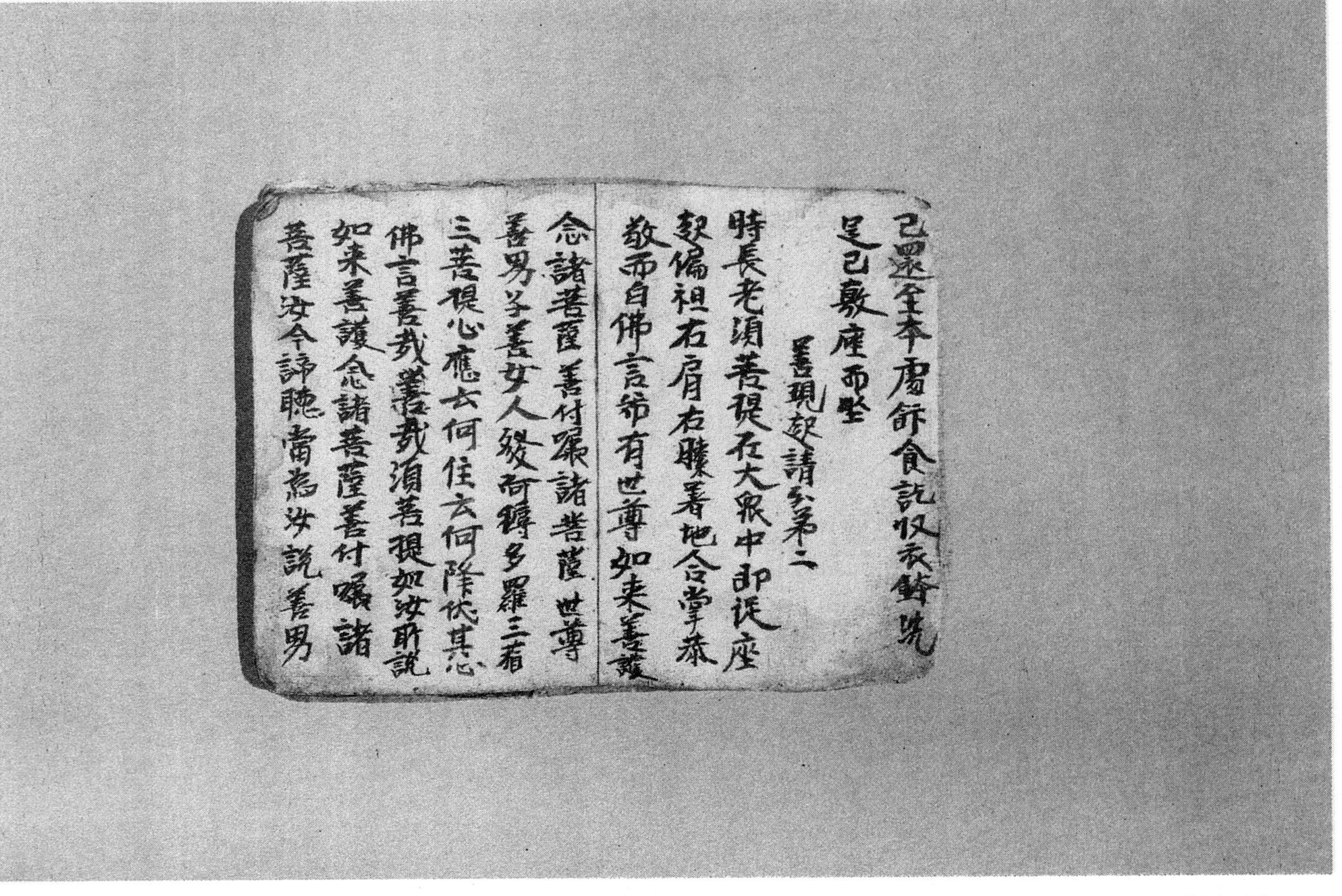
已還至本處飯食訖收衣鉢洗
足已敷座而坐
善現起請分第二
時長老須菩提在大衆中即從座
起偏袒右肩右膝著地合掌恭
敬而白佛言希有世尊如來善護
念諸菩薩善付囑諸菩薩世尊
善男子善女人發阿耨多羅三藐
三菩提心應云何住云何降伏其心
佛言善哉善哉須菩提如汝所說
如來善護念諸菩薩善付囑諸
菩薩汝今諦聽當為汝說善男

BD14644 號 A　金剛般若波羅蜜經（三十二分本）　（21–2）

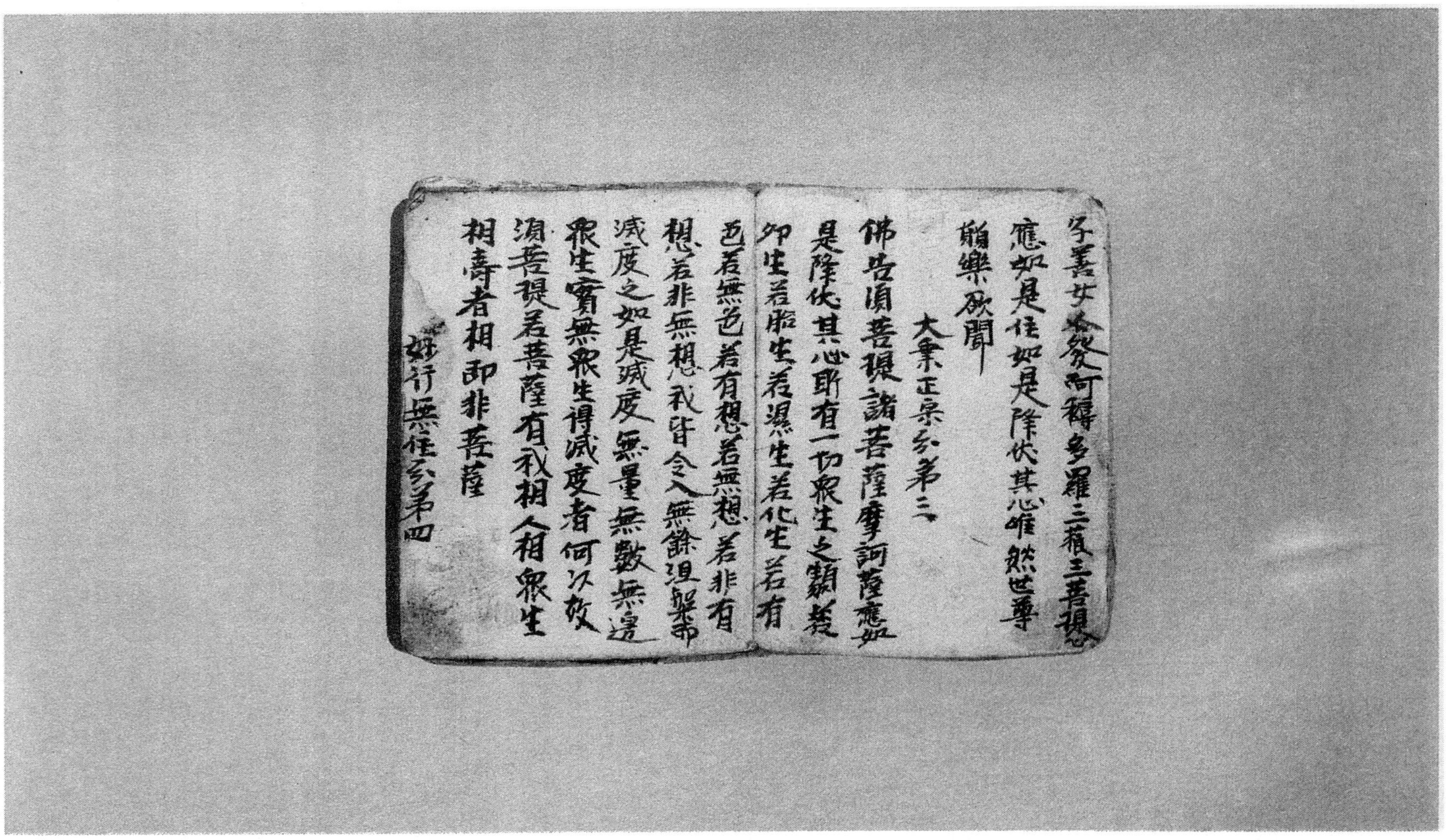

子善女人發阿耨多羅三藐三菩提心
應如是住如是降伏其心唯然世尊
願樂欲聞
大乘正宗分第三
佛告須菩提諸菩薩摩訶薩應如
是降伏其心所有一切衆生之類若
卵生若胎生若濕生若化生若有
色若無色若有想若無想若非有
想若非無想我皆令入無餘涅槃而
滅度之如是滅度無量無數無邊
衆生實無衆生得滅度者何以故
須菩提若菩薩有我相人相衆生
相壽者相即非菩薩
妙行無住分第四

BD14644 號 A　金剛般若波羅蜜經（三十二分本）　（21–3）

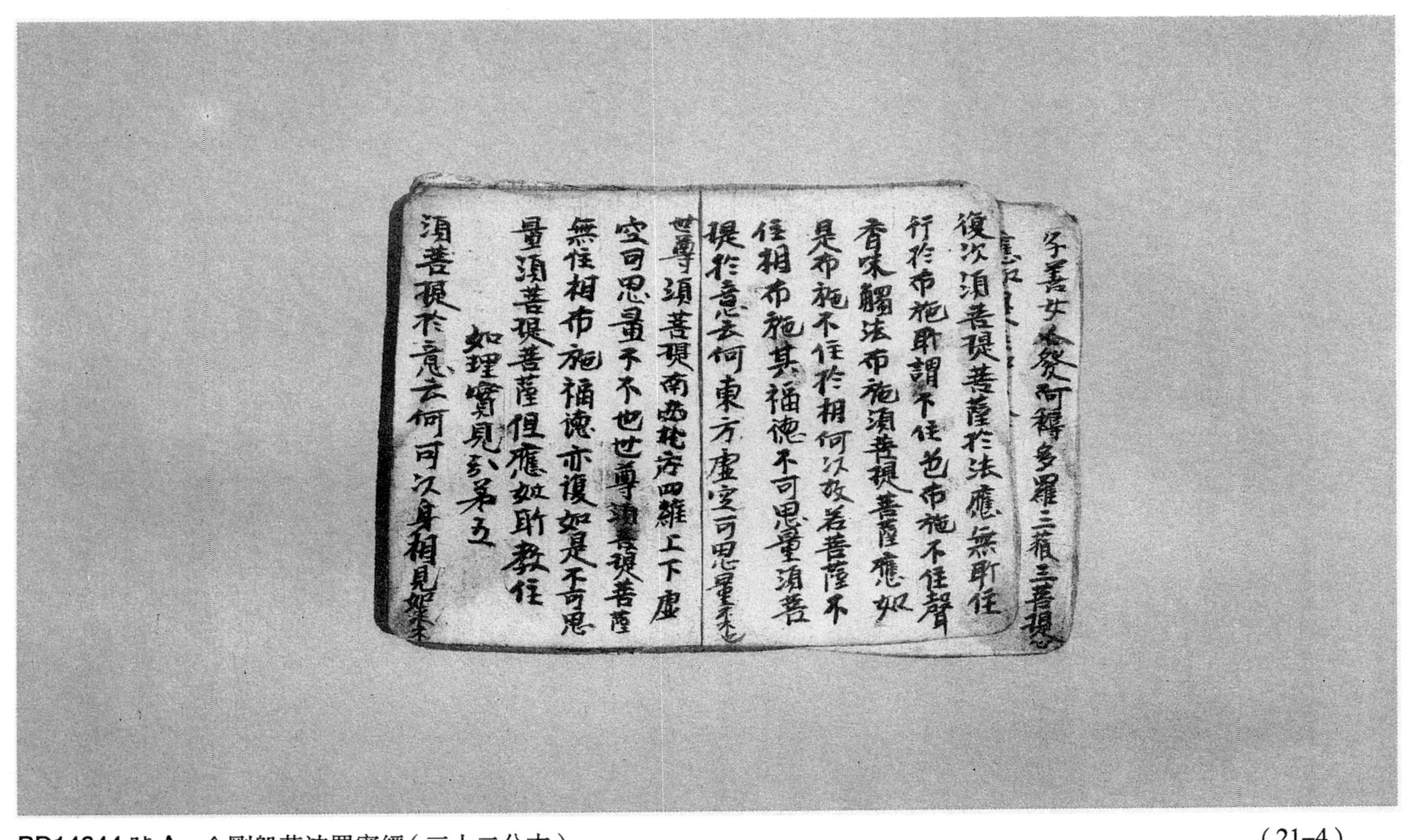
子善女人發阿耨多羅三藐三菩提心
復次須菩提菩薩於法應無所住
行於布施所謂不住色布施不住聲
香味觸法布施須菩提菩薩應如
是布施不住於相何以故若菩薩不
住相布施其福德不可思量須菩
提於意云何東方虛空可思量不
世尊須菩提南西北方四維上下虛
空可思量不不也世尊須菩提菩薩
無住相布施福德亦復如是不可思
量須菩提菩薩但應如所教住
如理實見分第五
須菩提於意云何可以身相見如来不

BD14644 號 A　金剛般若波羅蜜經（三十二分本）　（21–4）

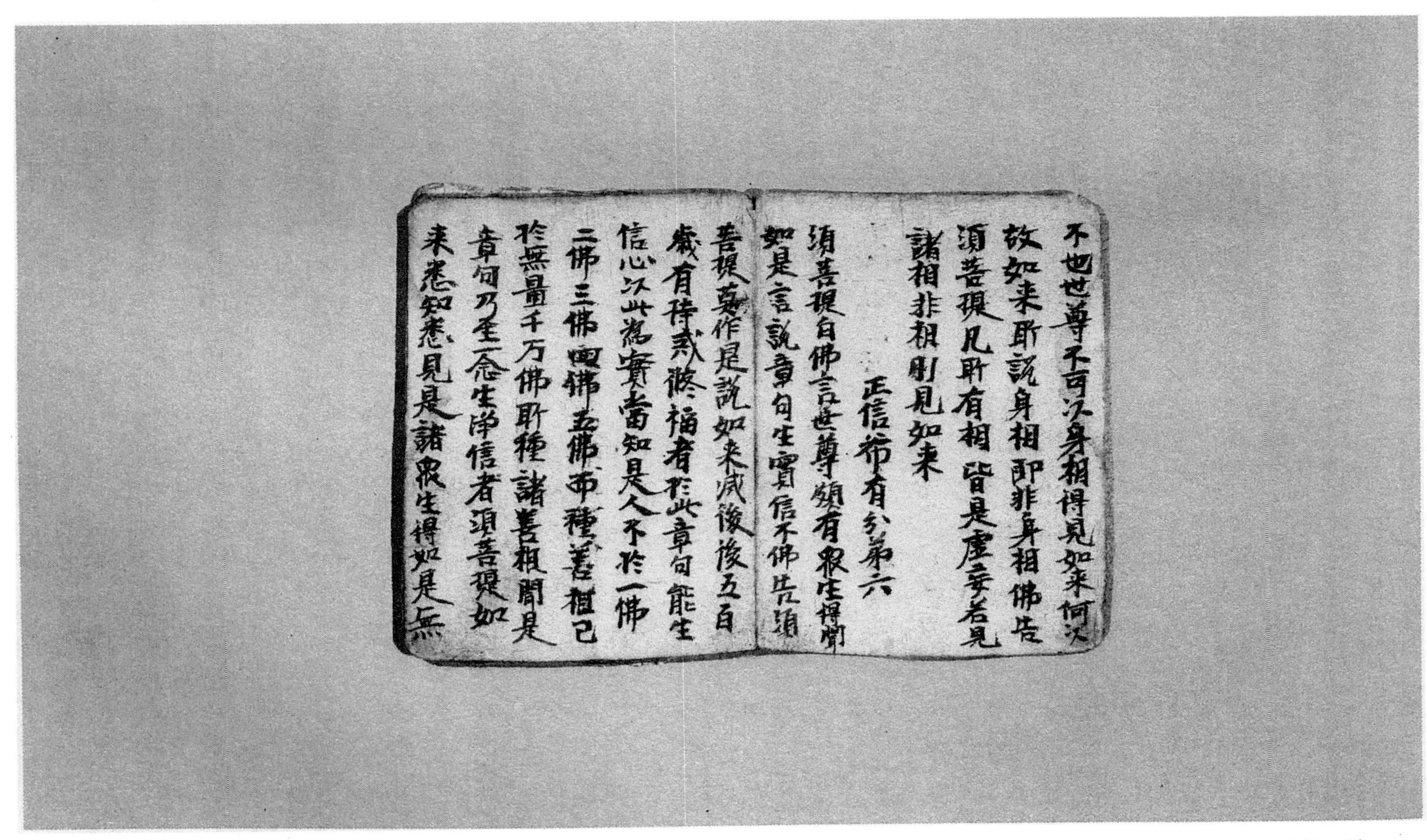
不也世尊不可以身相得見如来何以
故如来所說身相即非身相佛告
須菩提凡所有相皆是虛妄若見
諸相非相則見如来
正信希有分第六
須菩提白佛言世尊頗有衆生得聞
如是言說章句生實信不佛告須
菩提莫作是說如来滅後後五百
歲有持戒脩福者於此章句能生
信心以此為實當知是人不於一佛
二佛三佛四佛五佛而種善根已
於無量千万佛所種諸善根聞是
章句乃至一念生淨信者須菩提如
来悉知悉見是諸衆生得如是無

BD14644 號 A　金剛般若波羅蜜經（三十二分本）　（21–5）

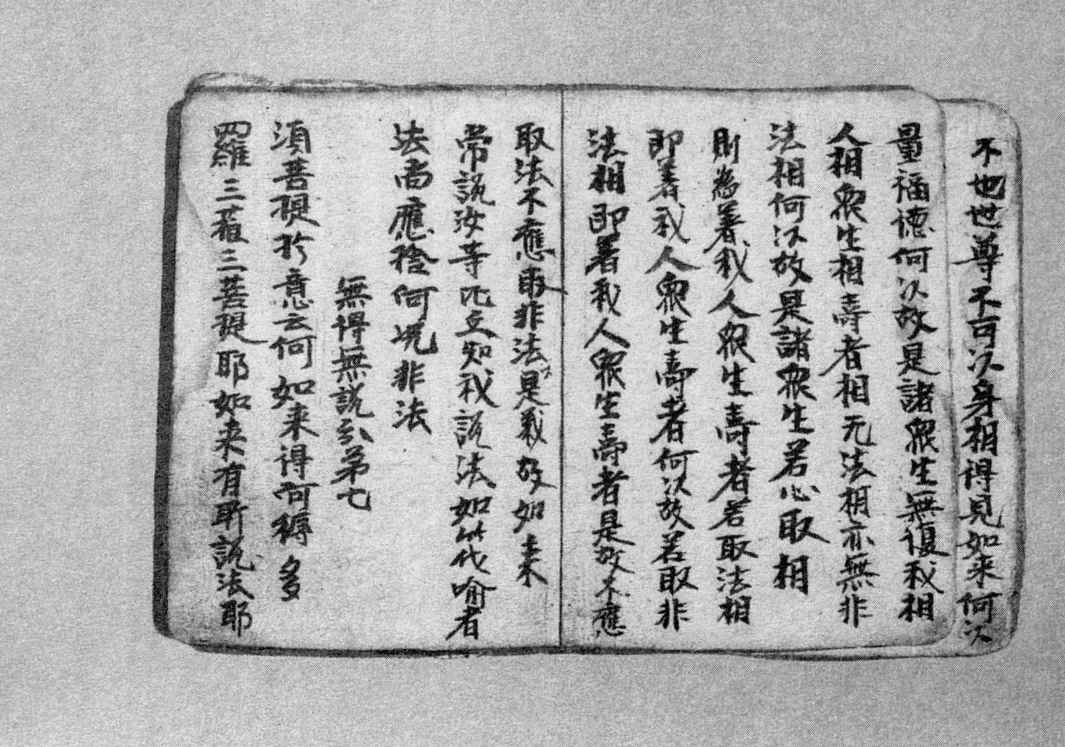

不也世尊不可以身相得見如来何以
量福德何以故是諸衆生無復我相
人相衆生相壽者相无法相亦無非
法相何以故是諸衆生若心取相
則為著我人衆生壽者若取法相
即著我人衆生壽者何以故若取非
法相即著我人衆生壽者是故不應
取法不應取非法是義故如来
常說汝等比丘知我說法如筏喻者
法尚應捨何况非法
無得無說分第七
須菩提於意云何如来得阿耨多
羅三藐三菩提耶如来有所說法耶

BD14644 號 A　金剛般若波羅蜜經（三十二分本）　　（21–6）

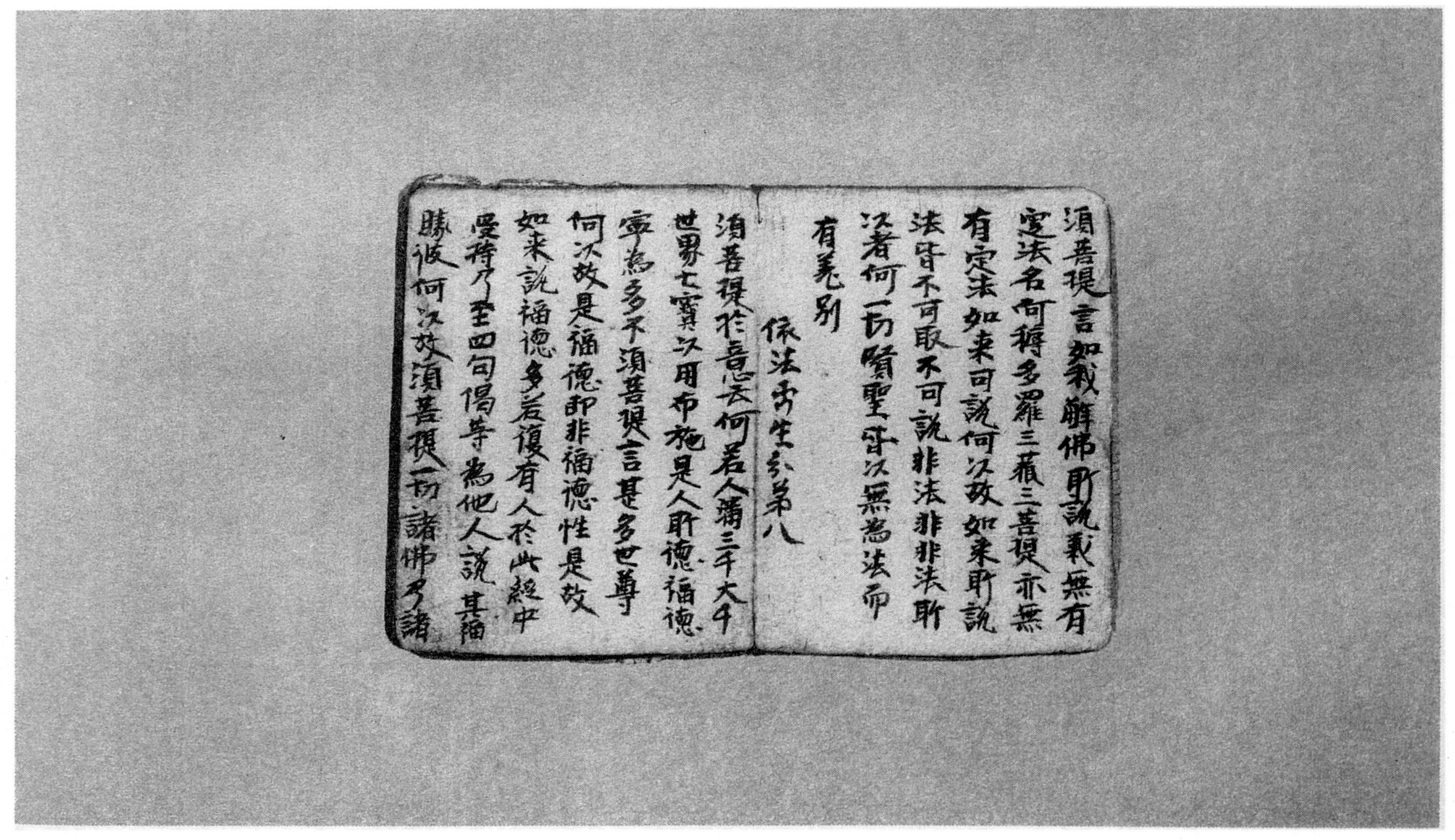

須菩提言如我解佛所說義無有
定法名阿耨多羅三藐三菩提亦無
有定法如来可說何以故如来所說
法皆不可取不可說非法非非法所
以者何一切賢聖皆以無為法而
有差別
依法出生分第八
須菩提於意云何若人滿三千大千
世界七寶以用布施是人所得福德
寧為多不須菩提言甚多世尊
何以故是福德即非福德性是故
如来說福德多若復有人於此經中
受持乃至四句偈等為他人說其福
勝彼何以故須菩提一切諸佛及諸

BD14644 號 A　金剛般若波羅蜜經（三十二分本）　　（21–7）

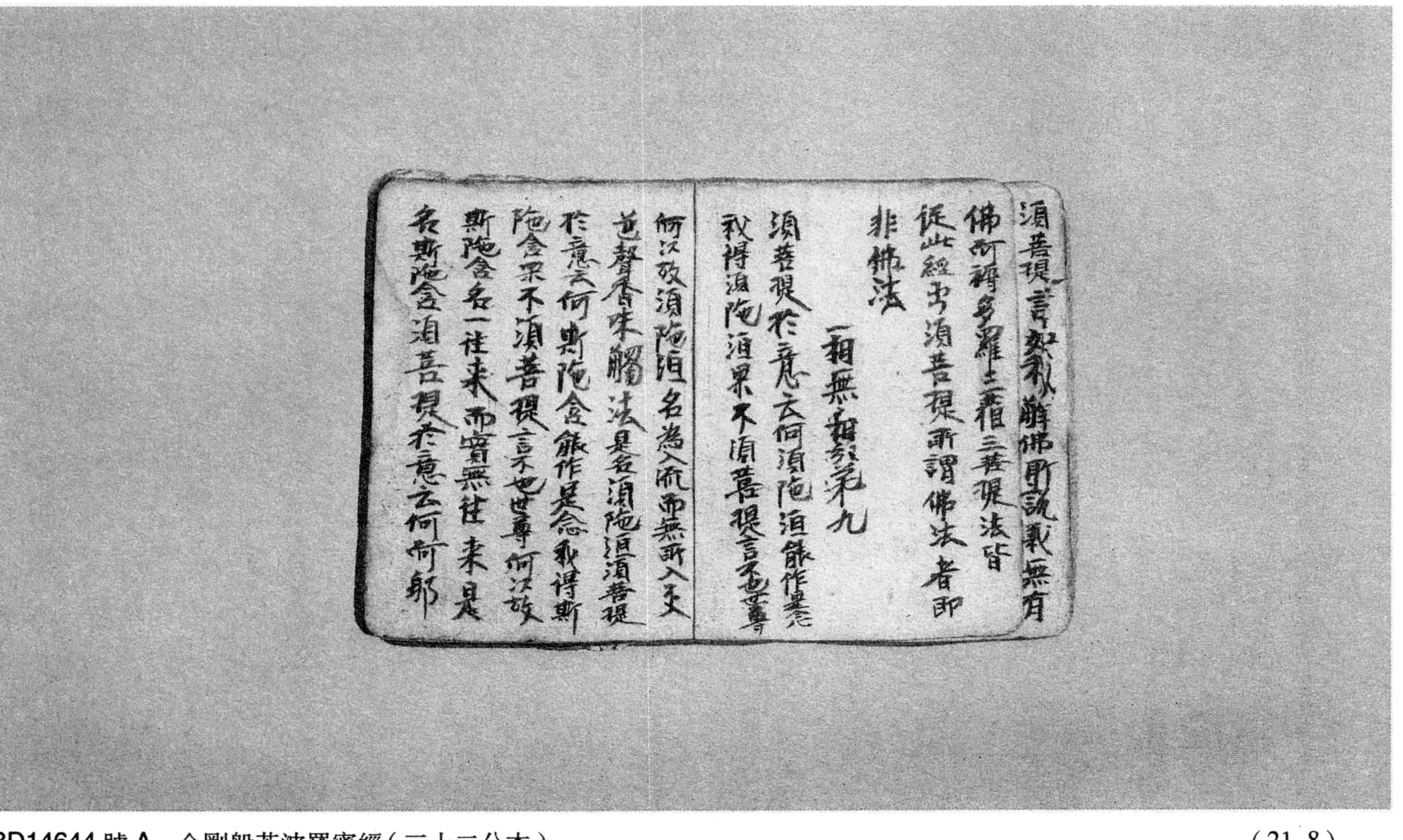
須菩提言如我解佛所說義無有
佛阿耨多羅三藐三菩提法皆
從此經出須菩提所謂佛法者即
非佛法
一相無相分第九
須菩提於意云何須陀洹能作是念
我得須陀洹果不須菩提言不也世尊
何以故須陀洹名為入流而無所入不入
色聲香味觸法是名須陀洹須菩提
於意云何斯陀含能作是念我得斯
陀含果不須菩提言不也世尊何以故
斯陀含名一往來而實無往來是
名斯陀含須菩提於意云何阿那

BD14644 號 A　金剛般若波羅蜜經（三十二分本）　（21–8）

含能作是念我得阿那含果不須菩
提言不也世尊何以故阿那含名為
不來而實無來是故名阿那含須
菩提於意云何阿羅漢能作是念
我得阿羅漢道不須菩提言不
也世尊何以故實無有法名阿
羅漢世尊若阿羅漢作是念
我得阿羅漢道即為著我人眾生
壽者世尊佛說我得無諍三昧人
中最為第一是第一離欲阿羅
漢世尊我若作是念我得阿羅
漢道世尊則不說須菩提是樂
阿蘭那行者以須菩提實無所
行而名須菩提樂阿蘭那行

BD14644 號 A　金剛般若波羅蜜經（三十二分本）　（21–9）

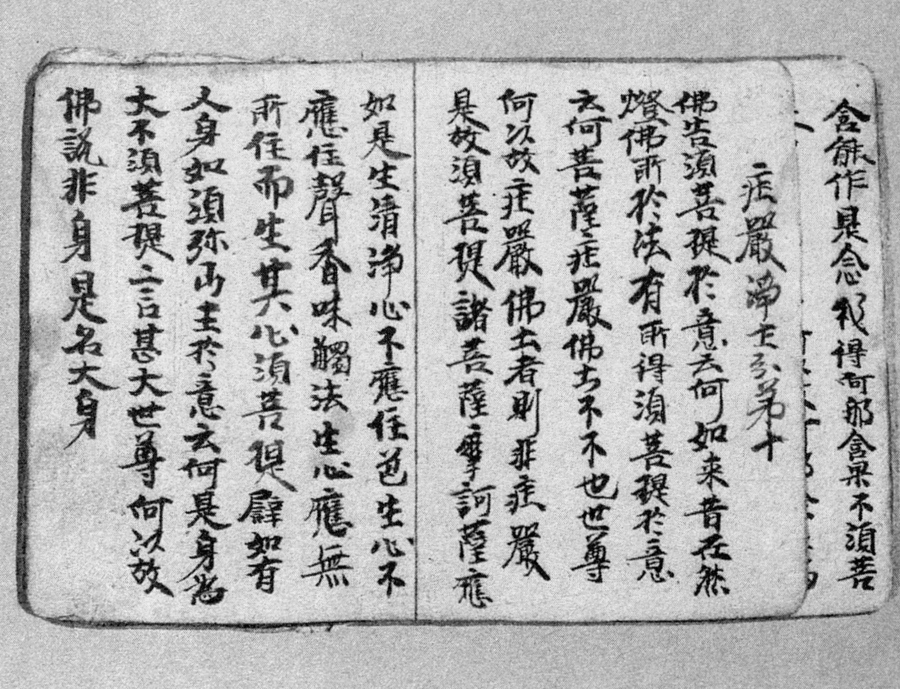
含能作是念我得阿那含果不須菩

莊嚴淨土分第十

佛告須菩提於意云何如來昔在然
燈佛所於法有所得須菩提於意
云何菩薩莊嚴佛土不不也世尊
何以故莊嚴佛土者則非莊嚴
是故須菩提諸菩薩摩訶薩應
如是生清淨心不應住色生心不
應住聲香味觸法生心應無
所住而生其心須菩提譬如有
人身如須弥山王於意云何是身為
大不須菩提言甚大世尊何以故
佛說非身是名大身

BD14644 號 A　金剛般若波羅蜜經（三十二分本）　（21–10）

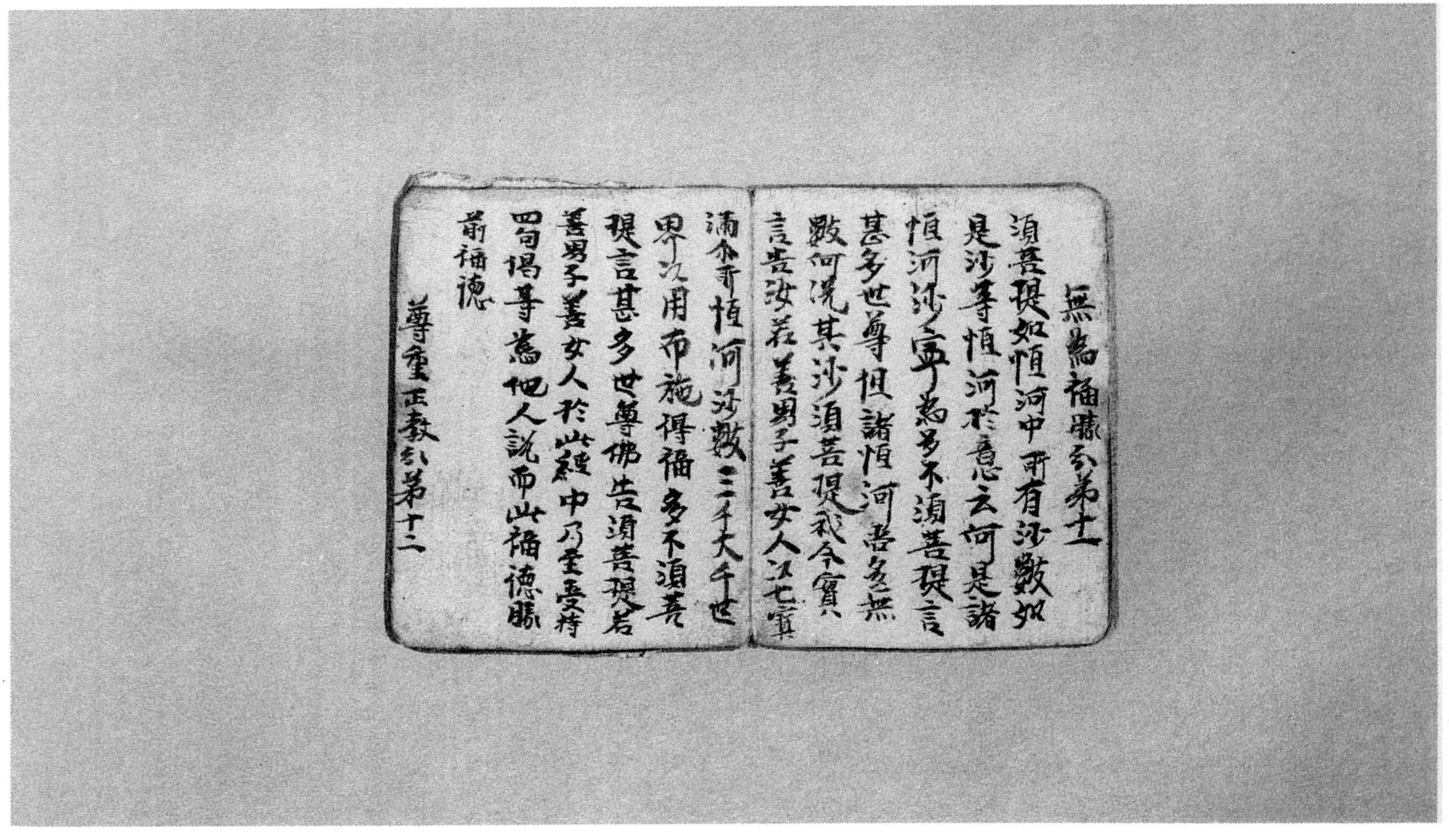
無為福勝分第十一

須菩提如恒河中所有沙數如
是沙等恒河於意云何是諸
恒河沙寧為多不須菩提言
甚多世尊但諸恒河尚多無
數何況其沙須菩提我今實
言告汝若善男子善女人以七寶
滿爾所恒河沙數三千大千世
界以用布施得福多不須菩
提言甚多世尊佛告須菩提若
善男子善女人於此經中乃至受持
四句偈等為他人說而此福德勝
前福德

尊重正教分第十二

BD14644 號 A　金剛般若波羅蜜經（三十二分本）　（21–11）

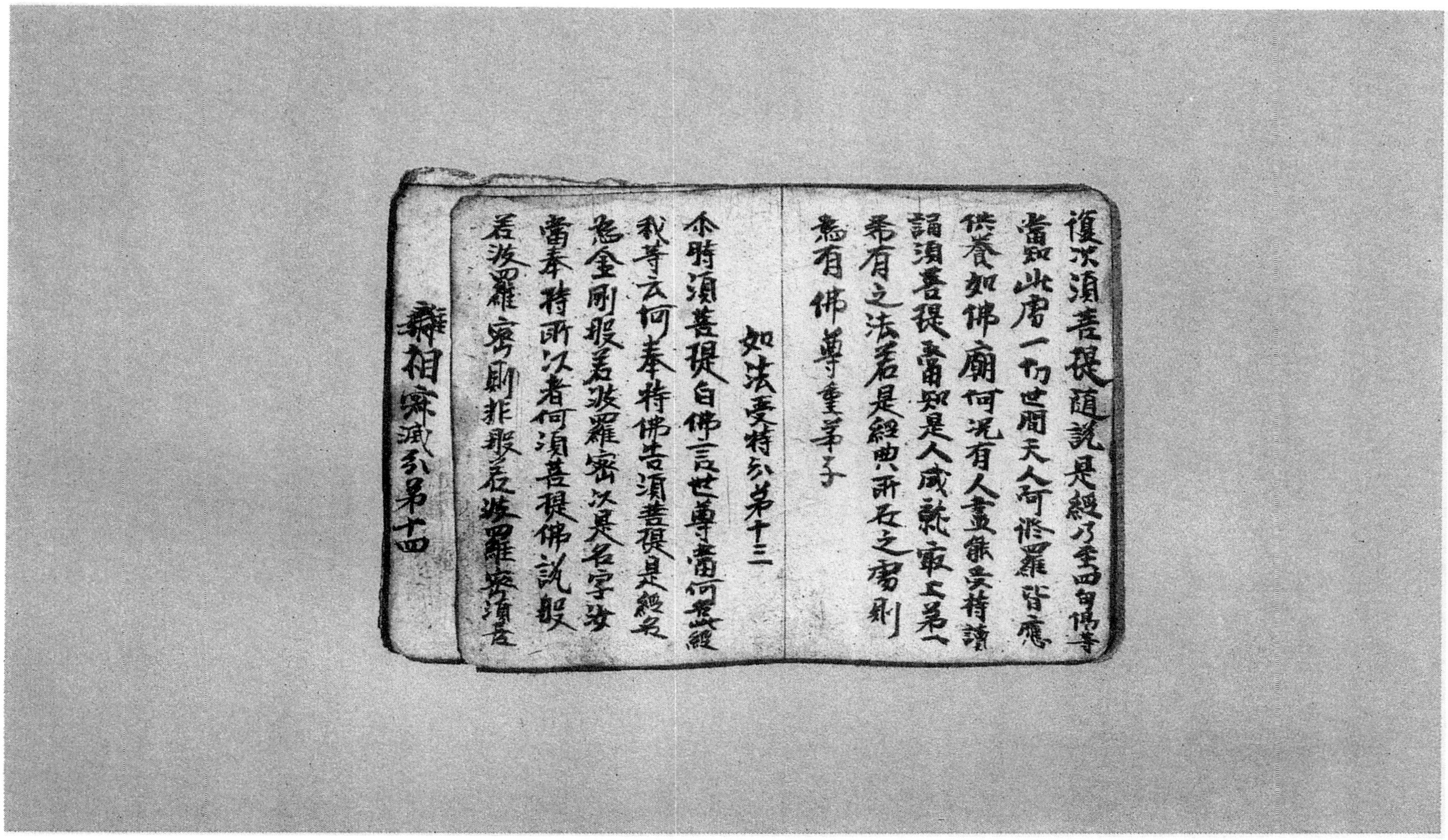

復次須菩提隨說是經乃至四句偈等
當知此處一切世間天人阿修羅皆應
供養如佛廟何況有人盡能受持讀
誦須菩提當知是人成就最上第一
希有之法若是經典所在之處則
為有佛若尊重弟子

如法受持分第十三

尒時須菩提白佛言世尊當何名此經
我等云何奉持佛告須菩提是經名
為金剛般若波羅蜜以是名字汝
當奉持所以者何須菩提佛說般
若波羅蜜則非般若波羅蜜須菩

離相寂滅分第十四

BD14644 號 A　金剛般若波羅蜜經（三十二分本）　（21–12）

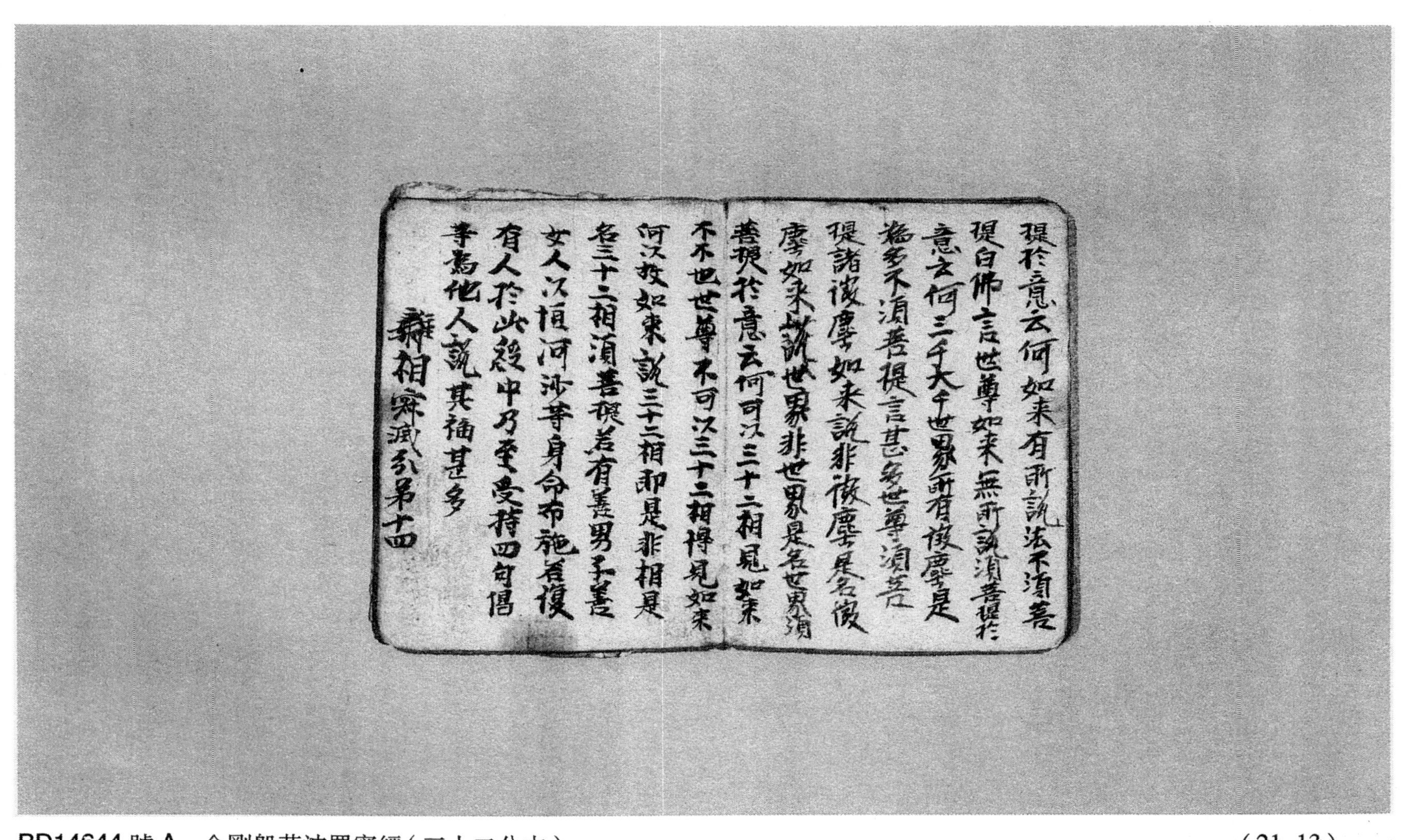
提於意云何如來有所說法不須菩
提白佛言世尊如來無所說須菩提於
意云何三千大千世界所有微塵是
為多不須菩提言甚多世尊須菩
提諸微塵如來說非微塵是名微
塵如來說世界非世界是名世界須
菩提於意云何可以三十二相見如來
不不也世尊不可以三十二相得見如來
何以故如來說三十二相即是非相是
名三十二相須菩提若有善男子善
女人以恒河沙等身命布施若復
有人於此經中乃至受持四句偈
等為他人說其福甚多

離相寂滅分第十四

BD14644 號 A　金剛般若波羅蜜經（三十二分本）　（21–13）

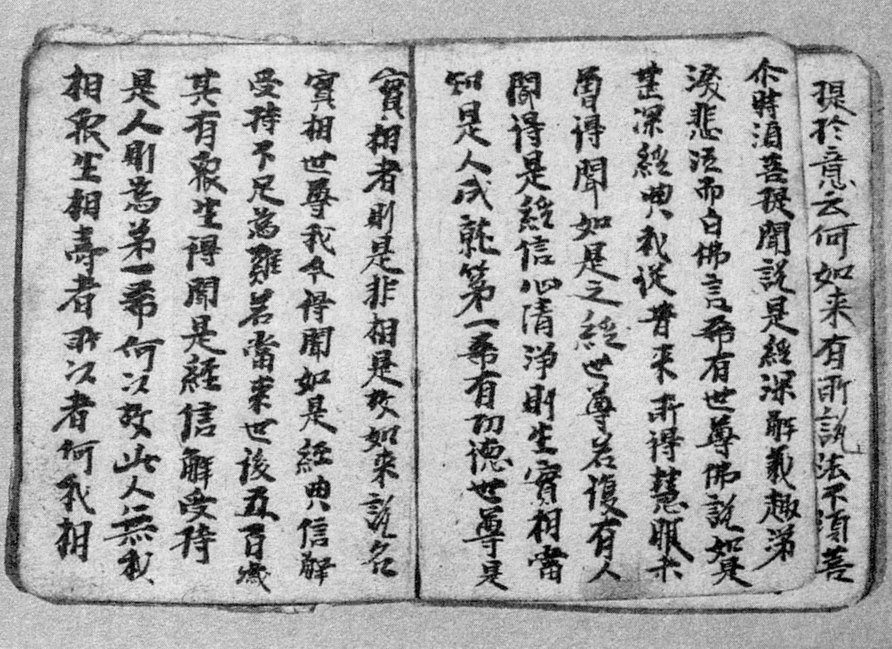

提於意云何如来有所說法不須菩
尒時須菩提聞說是經深解義趣涕
淚悲泣而白佛言希有世尊佛說如是
甚深經典我從昔来所得慧眼未
曾得聞如是之經世尊若復有人
聞得是經信心清淨則生實相當
知是人成就第一希有功德世尊是
實相者則是非相是故如来說名
實相世尊我今得聞如是經典信解
受持不足為難若當来世後五百歲
其有衆生得聞是經信解受持
是人則為第一希有何以故此人無我
相衆生相壽者相所以者何我相

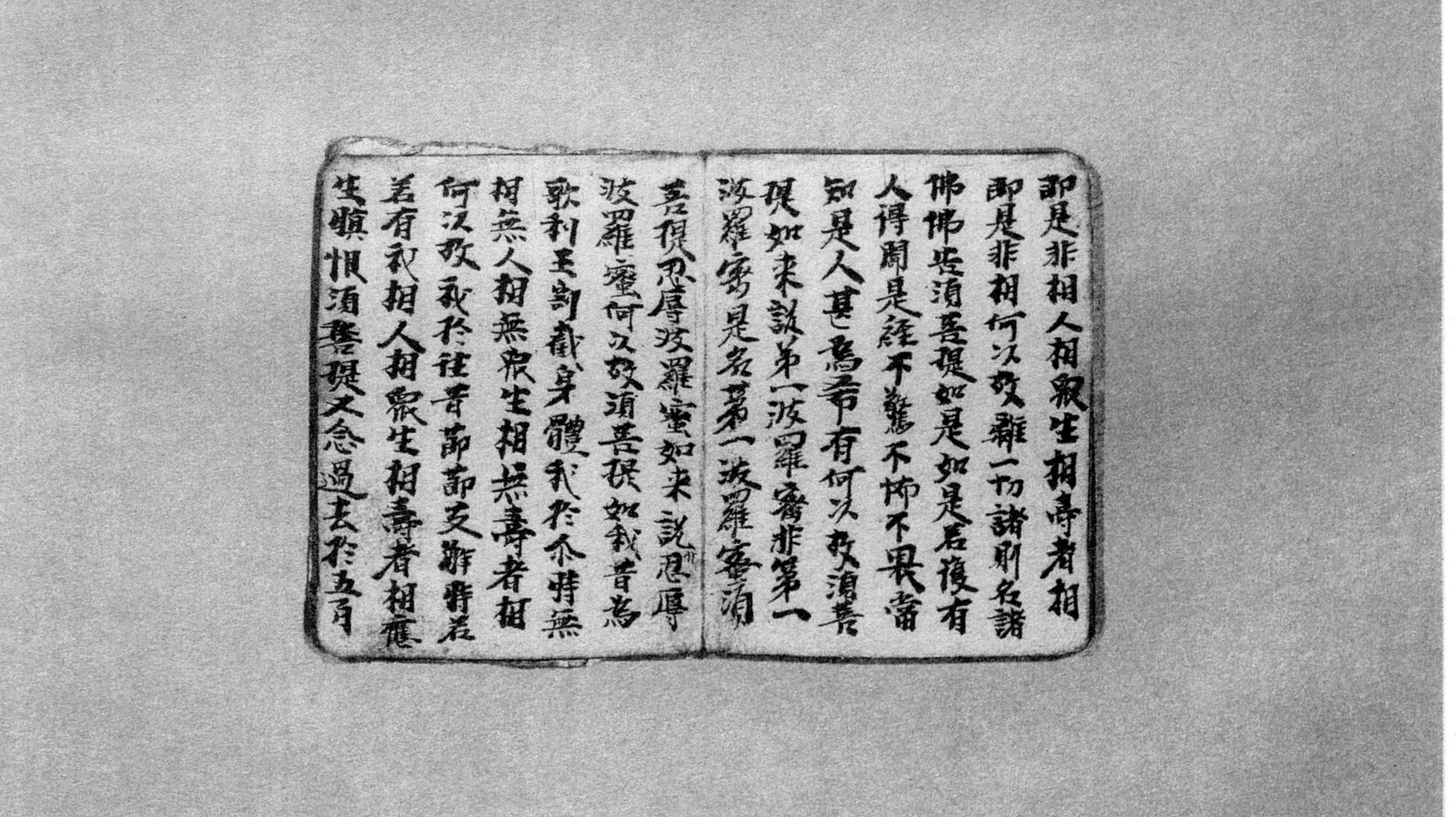

即是非相人相衆生相壽者相
即是非相何以故離一切諸則名諸
佛佛告須菩提如是如是若復有
人得聞是經不驚不怖不畏當
知是人甚為希有何以故須菩
提如来說第一波羅蜜非第一
波羅蜜是名第一波羅蜜須
菩提忍辱波羅蜜如来說忍辱
波羅蜜何以故須菩提如我昔為
歌利王割截身體我於尒時無
相無人相無衆生相無壽者相
何以故我於往昔節節支解時若
若有我相人相衆生相壽者相應
生瞋恨須菩提又念過去於五百

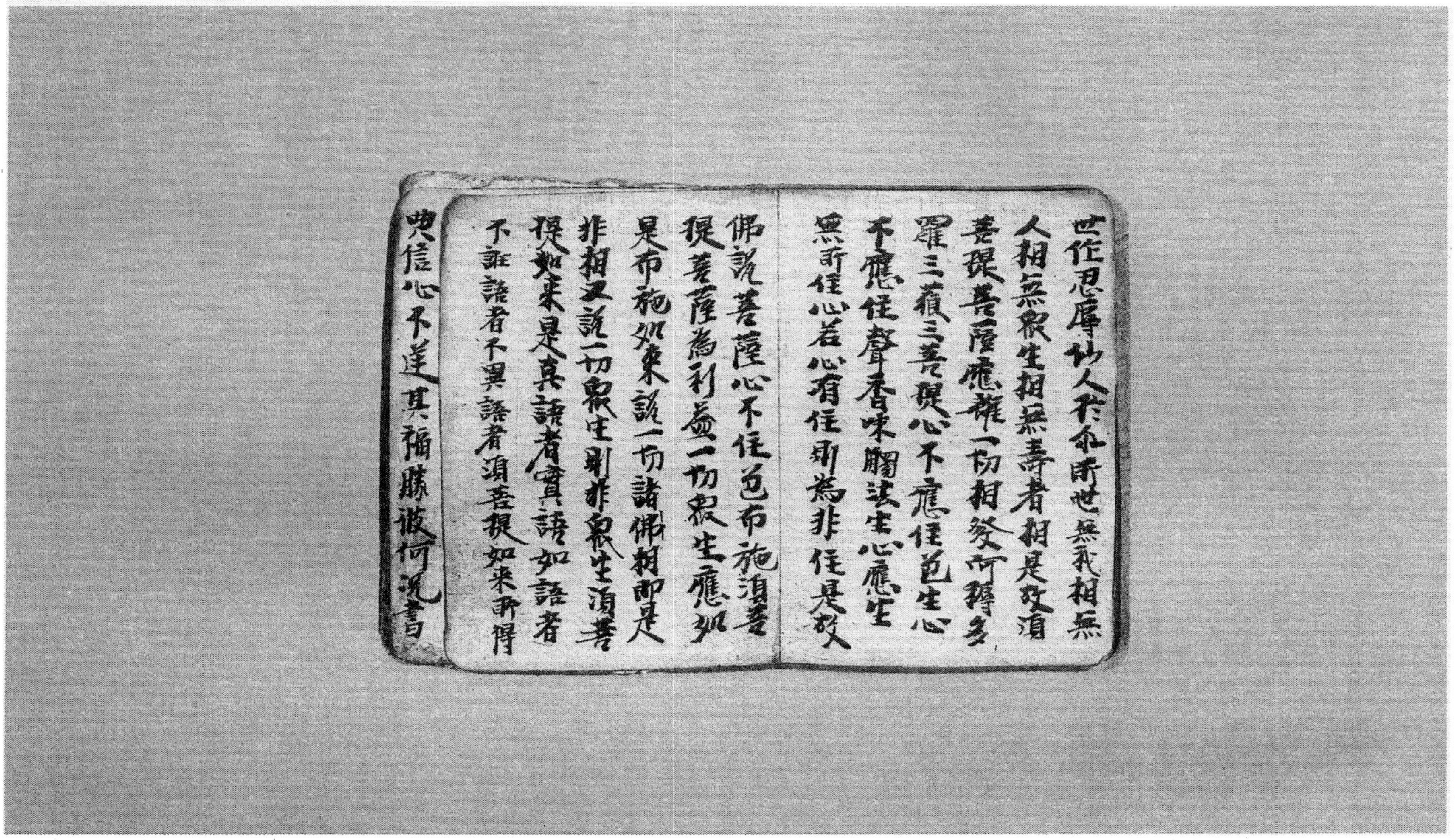

世作忍辱仙人於尔所世無我相無
人相無衆生相無壽者相是故須
菩提菩薩應離一切相發阿耨多
羅三藐三菩提心不應住色生心
不應住聲香味觸法生心應生
無所住心若心有住則為非住是故
佛說菩薩心不住色布施須菩
提菩薩為利益一切衆生應如
是布施如來說一切諸相即是
非相又說一切衆生則非衆生須菩
提如來是真語者實語者如語者
不誑語者不異語者須菩提如來所得
典信心不逆其福勝彼何況書

BD14644 號 A　金剛般若波羅蜜經（三十二分本）　（21–16）

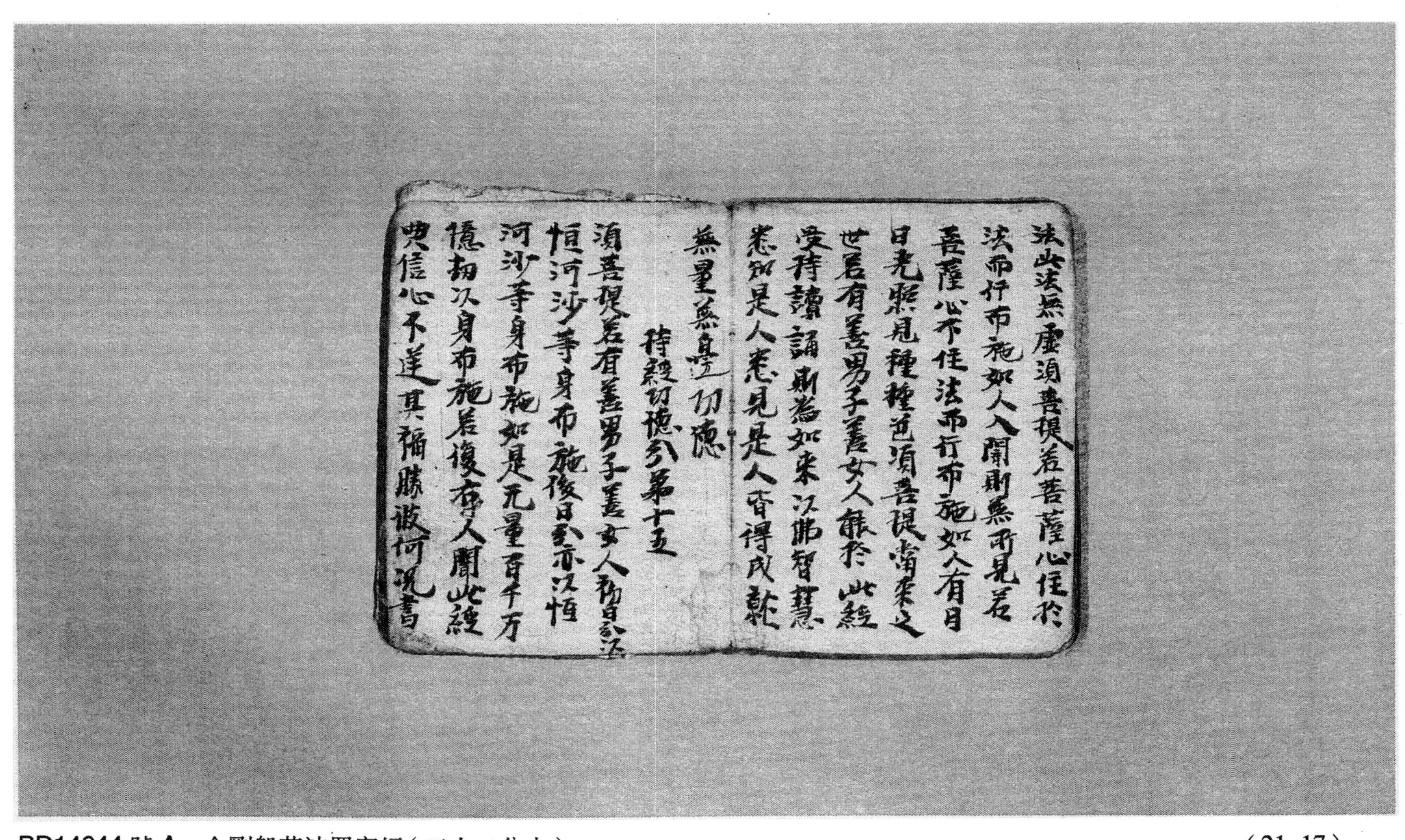
法此法無實無虛須菩提若菩薩心住於
法而行布施如人入闇則無所見若
菩薩心不住法而行布施如人有目
日光明照見種種色須菩提當來之
世若有善男子善女人能於此經
受持讀誦則為如來以佛智慧
悉知是人悉見是人皆得成就
無量無邊功德
持經功德分第十五
須菩提若有善男子善女人初日分以
恒河沙等身布施後日分亦以恒
河沙等身布施如是无量百千万
億劫以身布施若復有人聞此經
典信心不逆其福勝彼何況書

BD14644 號 A　金剛般若波羅蜜經（三十二分本）　（21–17）

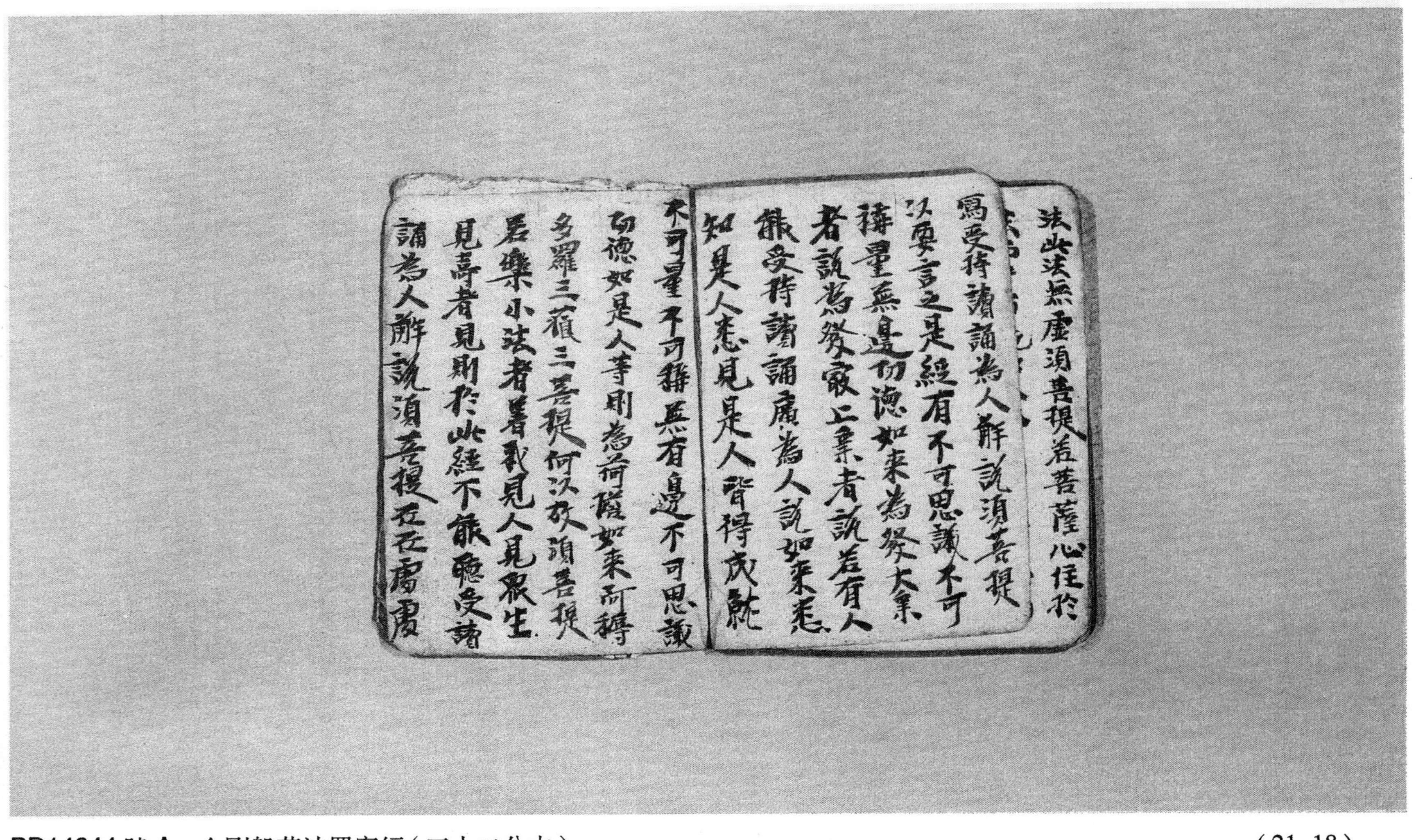

BD14644 號 A　金剛般若波羅蜜經（三十二分本）　　（21–18）

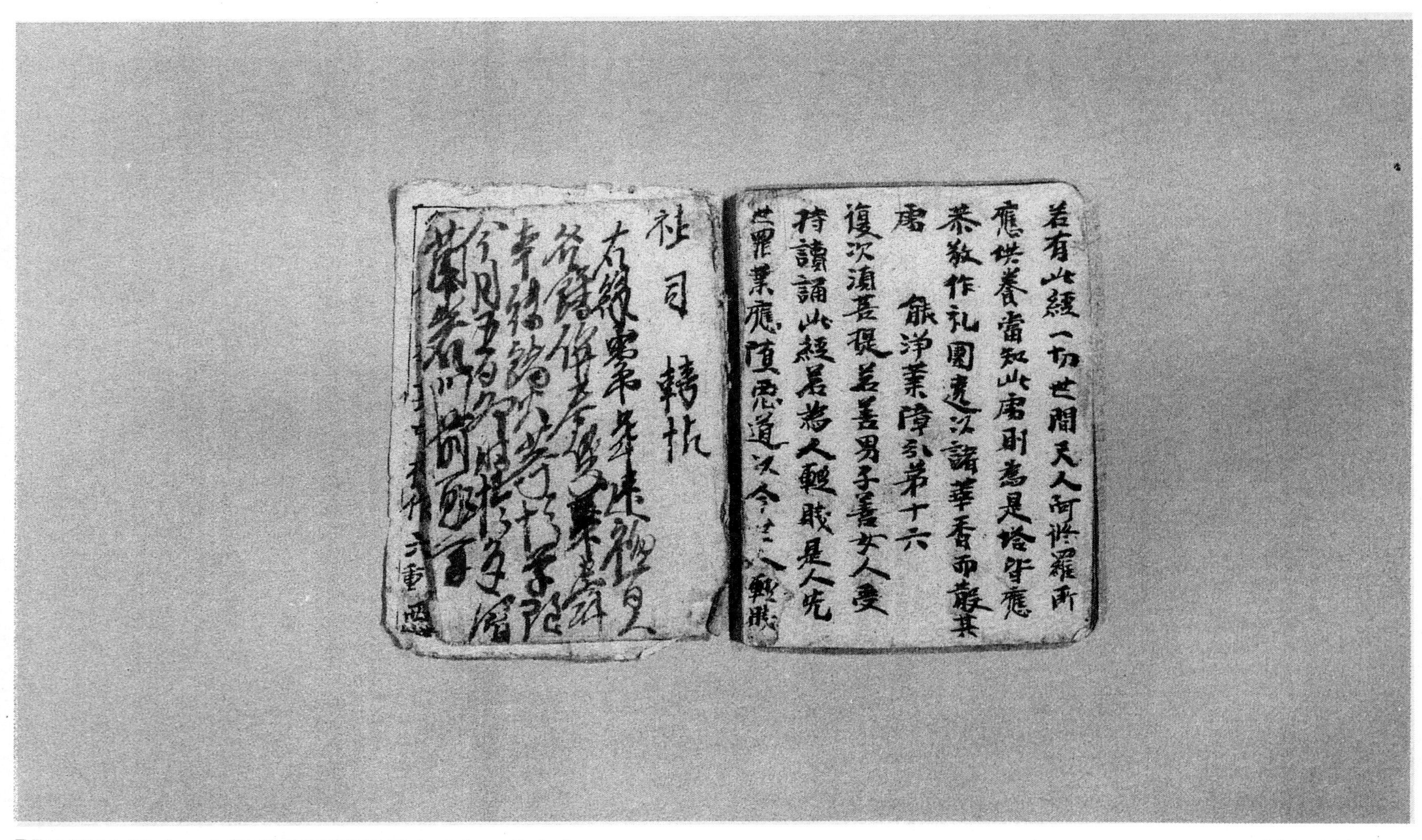

BD14644 號 A　金剛般若波羅蜜經（三十二分本）　　（21–19）
BD14644 號 C　社司轉帖

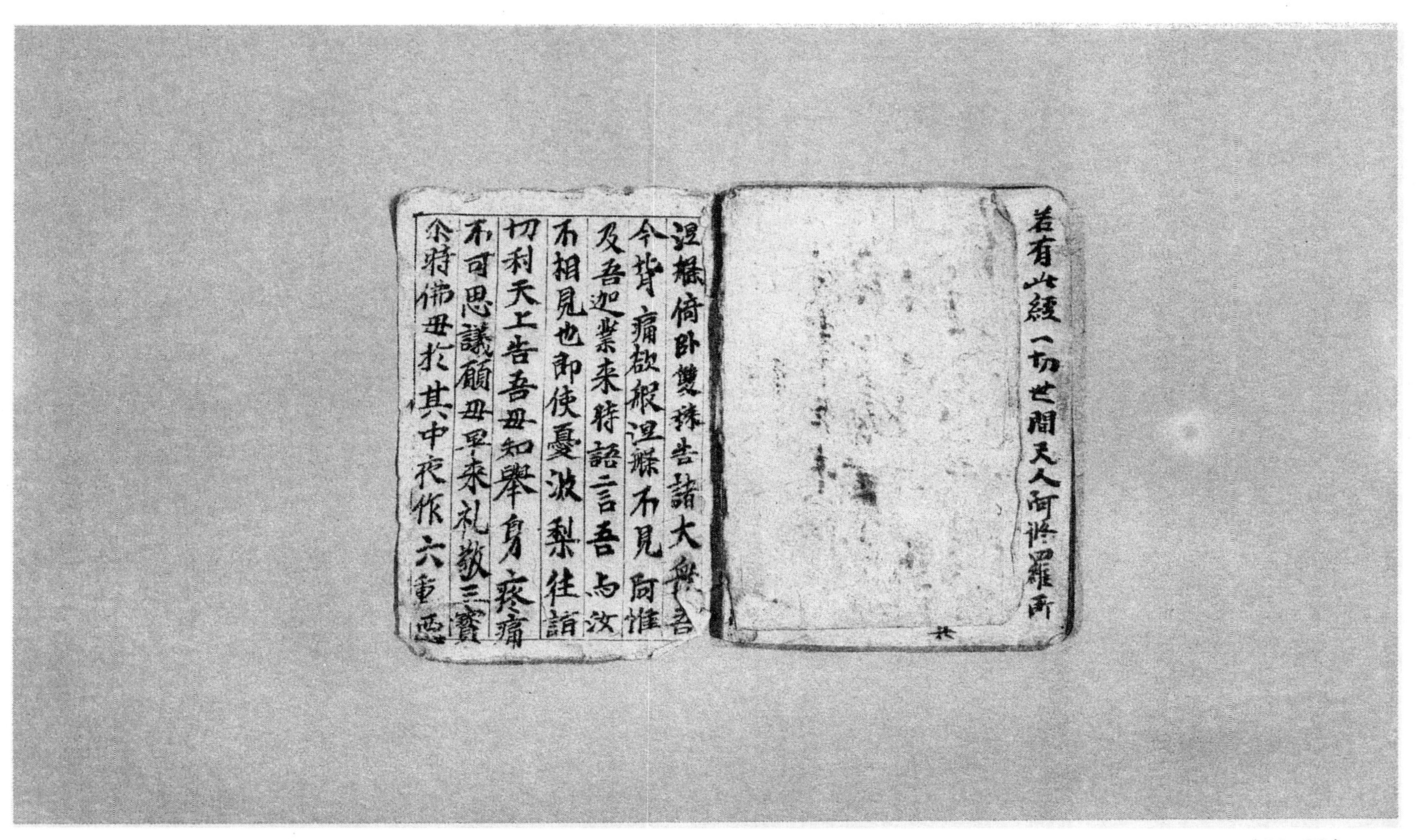

BD14644 號 B　佛母經（異本四）　　（21–20）
BD14644 號 C　社司轉帖

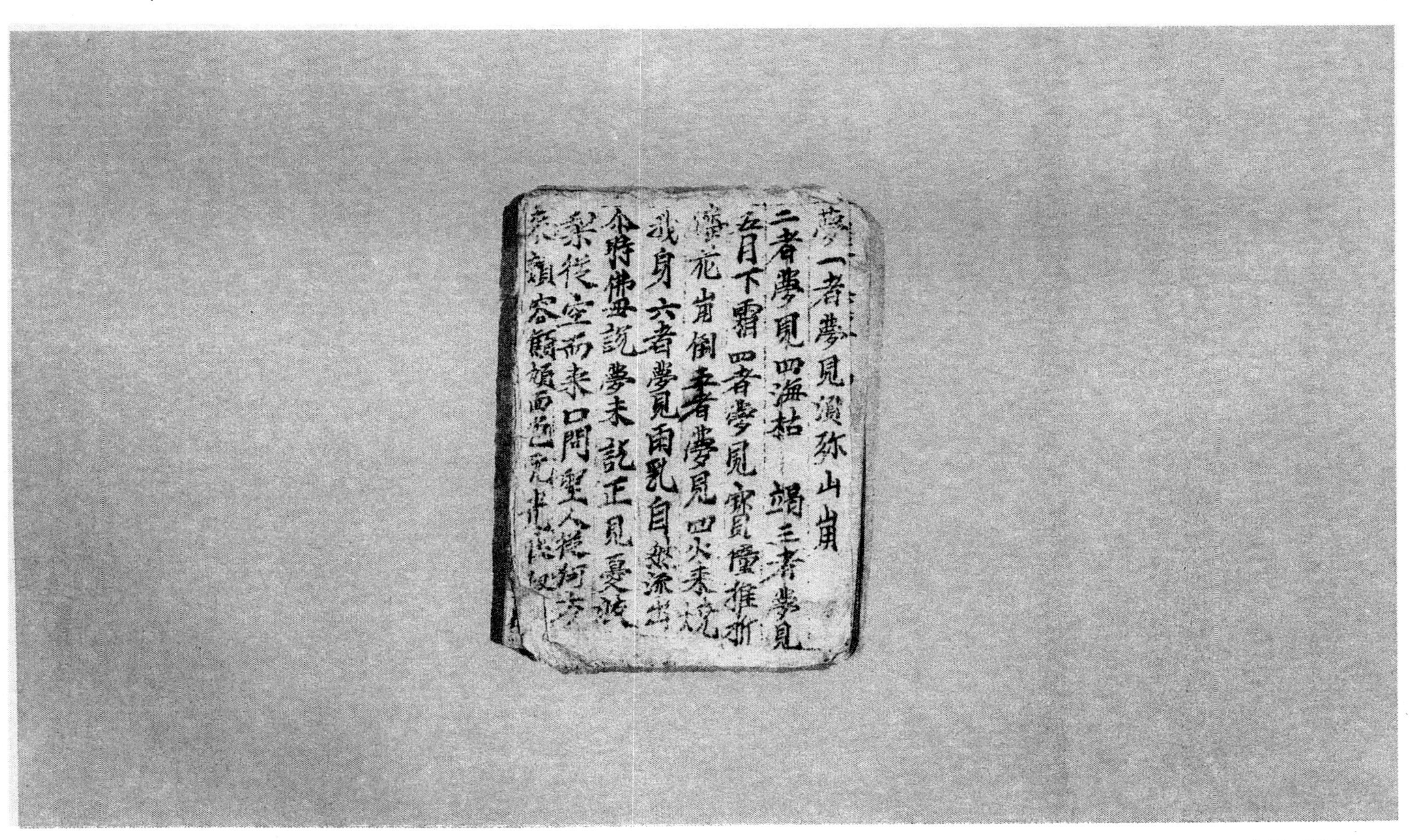

BD14644 號 B　佛母經（異本四）　　（21–21）

BD14645 號背　護首　（1–1）

三

復次須菩提善男子善女人受持讀誦此經
若為人輕賤是人先世罪業應墮惡道以今
世人輕賤故先世罪業則為消滅當得阿耨

BD14645 號　金剛般若波羅蜜經　（4–1）

復次須菩提善男子善女人受持讀誦此經
若為人輕賤是人先世罪業應墮惡道以今
世人輕賤故先世罪業則為消滅當得阿耨
多羅三藐三菩提須菩提我念過去无量阿
僧祇劫於然燈佛前得值八百四千万億那
由他諸佛悉皆供養承事无空過者若復有
人於後末世能受持讀誦此經所得功德於我
所供養諸佛功德百分不及一百千万億分
乃至筭數譬喻所不能及須菩提若善男子
善女人於後末世有受持讀誦此經所得功
德我若具說者或有人聞心則狂亂狐疑不信須
菩提當知是經義不可思議果報亦不可思議
尒時須菩提白佛言世尊善男子善女人發阿
耨多羅三藐三菩提心云何應住云何降伏其
心佛告須菩提善男子善女人發阿耨多羅
三藐三菩提者當生如是心我應滅度一切
眾生滅度一切眾生已而无有一眾生實滅
度者何以故若菩薩有我相人相眾生相壽
者相則非菩薩所以者何須菩提實无有
法發阿耨多羅三藐三菩提者須菩提於意
云何如來於然燈佛所有法得阿耨多羅三
藐三菩提不不也世尊如我解佛所說義佛
於然燈佛所无有法得阿耨多羅三藐三菩
提佛言如是如是須菩提實无有法如來
得阿耨多羅三藐三菩提須菩提若有法如
來得阿耨多羅三藐三菩提者然燈佛則不
與我受記汝於來世當得作佛号釋迦牟尼以

BD14645號　金剛般若波羅蜜經　（4–2）

云何如來於然燈佛所有法得阿耨多羅三
藐三菩提不不也世尊如我解佛所說義佛
於然燈佛所无有法得阿耨多羅三藐三菩
提佛言如是如是須菩提實无有法如來
得阿耨多羅三藐三菩提須菩提若有法如
來得阿耨多羅三藐三菩提者然燈佛則不
與我授記汝於來世當得作佛号釋迦牟尼以
實无有法得阿耨多羅三藐三菩提是故然
燈佛與我授記作是言汝於來世當得作佛
号釋迦牟尼何以故如來者即諸法如義若
有人言如來得阿耨多羅三藐三菩提須菩提
實无有法佛得阿耨多羅三藐三菩提須菩
提如來所得阿耨多羅三藐三菩提於是中
无實无虛是故如來說一切法皆是佛法須
菩提所言一切法者即非一切法是故名一切
法須菩提譬如人身長大須菩提言世尊如
來說人身長大則為非大身是名大身須
菩提菩薩亦如是若作是言我當滅度无量
眾生則不名菩薩何以故須菩提實无有法名
為菩薩是故佛說一切法无我无人无眾生无
壽者須菩提若菩薩作是言我當莊嚴佛
土是不名菩薩何以故如來說莊嚴佛土者即
非莊嚴是名莊嚴須菩提若菩薩通達无我
法者如來說名真是菩薩

BD14645號　金剛般若波羅蜜經　（4–3）

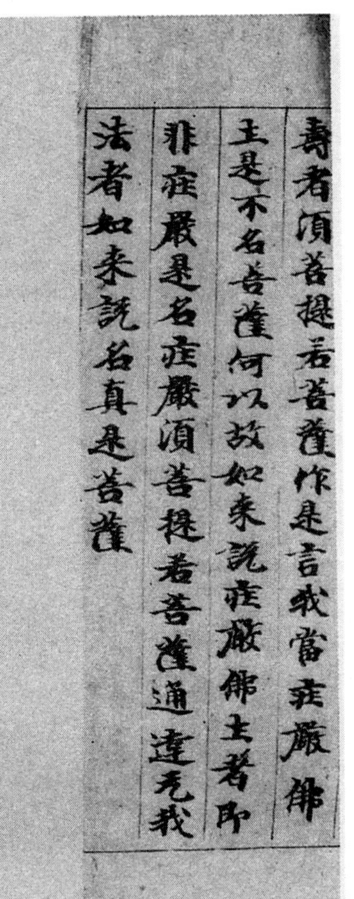

壽者須菩提若菩薩作是言我當莊嚴佛
土是不名菩薩何以故如來說莊嚴佛土者即
非莊嚴是名莊嚴須菩提若菩薩通達无我
法者如來說名真是菩薩

BD14645 號　金剛般若波羅蜜經　（4–4）

尒時彌勒菩薩摩訶薩及无數諸菩薩等心
生疑惑恠未曾有而作是念云何世尊於少
時間教化如是无量无邊阿僧祇諸大菩薩
令住阿耨多羅三藐三菩提即白佛言世尊
如來為太子時出於釋宮去伽耶城不遠坐
於道場得成阿耨多羅三藐三菩提從是已
來始過四十餘年世尊云何於此少時大作
佛事以佛勢力以佛功德教化如是无量大
菩薩衆當成阿耨多羅三藐三菩提世尊此
大菩薩衆假使有人於千万億劫數不能盡
不得其邊斯等久遠已來於无量无邊諸佛
所殖諸善根成就菩薩道常脩梵行世尊如
此之事世所難信譬如有人色美髮黑年二
十五指百歲人言是我子其百歲人亦指年
少言是我父生育我等是事難信佛亦如是
得道已來其實未久而此大衆諸菩薩等已
於无量千万億劫為佛道故勤行精進善入
出住无量百千万億三昧得大神通久脩梵

BD14646 號　妙法蓮華經卷五　（2–1）

此之事世所難信譬如有人色美髮黑年二
十五指百歲人言是我子其百歲人亦指年
少言是我父生育我等是事難信佛亦如是
得道已來其實未久而此大衆諸菩薩等已
於无量千万億劫為佛道故勤行精進善入
出住无量百千万億三昧得大神通久脩梵
行善能次第習諸善法巧於問荅人中之寶
一切世間甚為希有今日世尊方云得佛道
時初令發心教化示導令向阿耨多羅三藐
三菩提世尊得佛未久乃能作此大功德事
我等雖復信佛隨宜所說佛所出言未曾虛
妄佛所知者皆悉通達然諸新發意菩薩於
佛滅後若聞是語或不信受而起破法罪業
因緣唯然世尊願為解說除我等疑及未來
世諸善男子聞此事已亦不生疑尒時彌勒
菩薩欲重宣此義而說偈言
佛昔從釋種　出家近伽耶　坐於菩提樹　尒來尚未久
此諸佛子等　其數不可量　久已行佛道　住神通智力
善學菩薩道　不染世間法　如蓮華在水　從地而踊出
皆起恭敬心　住於世尊前　是事難思議　云何而可信
佛得道甚近　所成就甚多　願為除衆疑　如實分別說
譬如少壯人　年始二十五　示人百歲子　髮白而面皺

BD14646號　妙法蓮華經卷五　（2–2）

敦皇鳴沙山古三界寺石室寫经
以他卷有年代者證定此種碻為元魏
人書非唐人所能為也可寶之　承熹記

四者遠離善根故五者惡業鄣隔故六者親
近惡知識故復有五事浚三惡道何等為五
一者於比丘邊作非法故二者比丘尼邊作
非法故三者自在用僧鬘物故四者母邊作
非法故五者於五部僧互生是非故復有五
事浚三惡道何等為五一者常說无善惡果
故二者殺發菩提心衆生故三者憙說法師
過失故四者法說非法非法說法故五者為
求法過而聽受故復有三事浚三惡道何等

BD14647號　大般涅槃經（北本）卷三二　（3–1）

一者於[illegible]
非法故三者自在用僧鬘物故四者毋邊作
非法故五者於五部僧互生是非故復有五
事墮三惡道何等為五一者常說无善惡果
故二者殺發菩提心衆生故三者憙說法師
過失故四者法說非法非法說法故五者為
求法過而聽受故復有三事墮三惡道何等
為三一謂如來无常永滅二謂正法无常遷
變三謂僧寶可滅壞故是故常墮三惡道中
第二人者發意欲度生死大河斷善根故墮
不能出所言出者親近善友則得信心是信
心者信施施果信善善果信惡惡果信生死
苦无常敗壞是名為信以得信心脩集淨戒
受持讀誦書寫解說常樂惠施善脩智慧以
鈍根故復遇惡友不能脩集身戒心慧聽受
耶法或値惡時處惡國土斷諸善根斷善根
故常墮生死如恒河邊第二人也第三人者
發意欲度生死大河斷善根故於中沈沒親
近善友得名為出信於如來是一切智常恒
无變為衆生故說无上道一切衆生悉有佛
性如來非滅法僧亦尒无有滅壞一闡提等
不斷其法然不能得阿耨多羅三藐三菩提
要當遠離然後乃得以信心故脩集淨戒脩
淨戒已受持讀誦書寫解說十二部經為諸
衆生廣宣流布樂於惠施脩集智慧以利根
故堅信慧心无退轉如恒河邊第三人也第
四人者發意欲度生死大河斷善根故於沈
沒親近善友故得信心是名為出得信故受
持讀誦書寫解說廿二部經為衆生故廣宣
流布樂於惠施脩集智慧以利根故堅住信慧

BD14647號　大般涅槃經（北本）卷三二　（3–2）

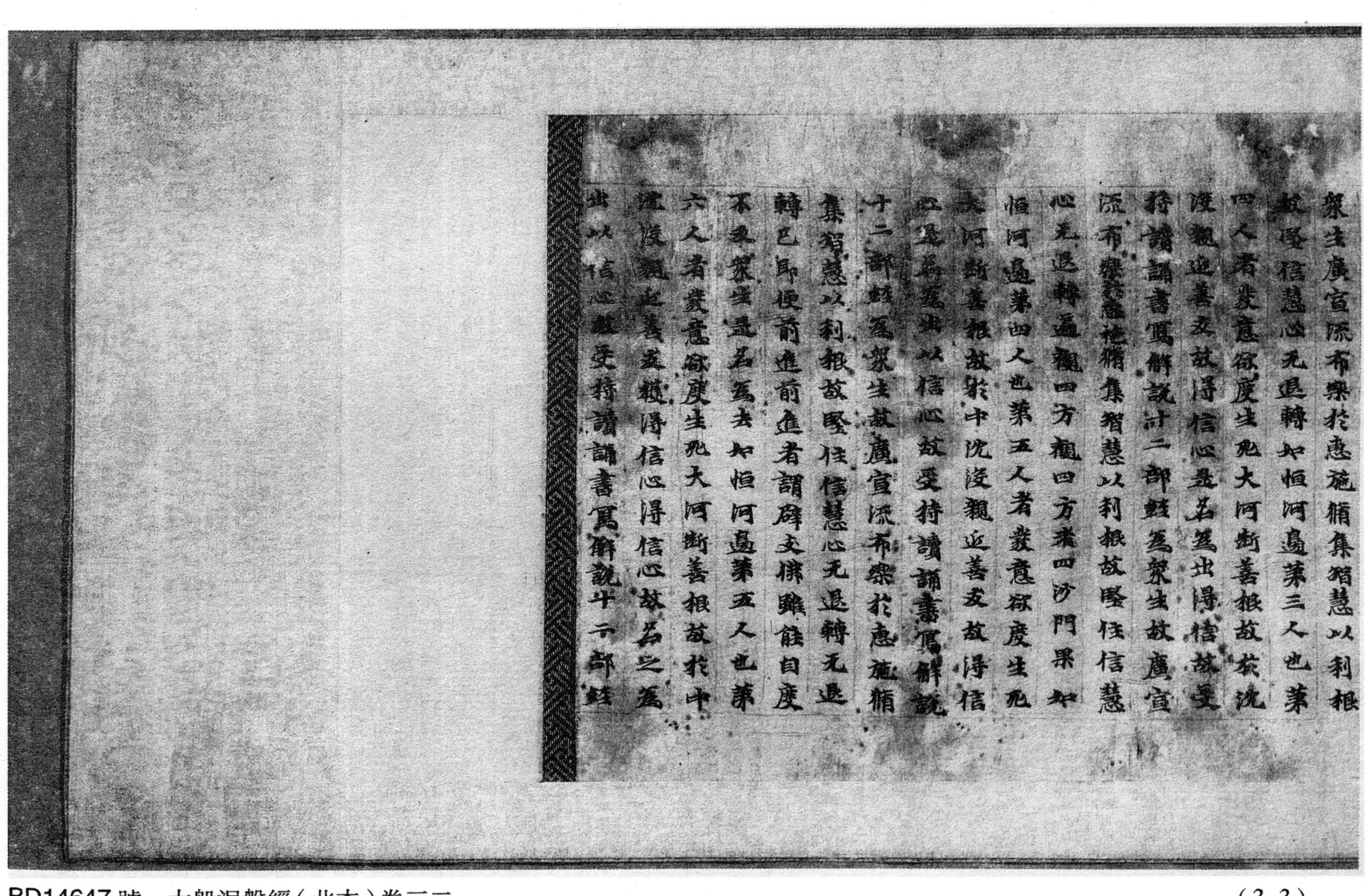

衆生廣宣流布樂於惠施脩集智慧以利根
故堅信慧心无退轉如恒河邊第三人也第
四人者發意欲度生死大河斷善根故於沈
沒親近善友故得信心是名為出得信故受
持讀誦書寫解說廿二部經為衆生故廣宣
流布樂於惠施脩集智慧以利根故堅住信慧
心无退轉遍觀四方觀四方者四沙門果如
恒河邊第四人也第五人者發意欲度生死
大河斷善根故於中沈沒親近善友故得信
心是名為出以信心故受持讀誦書寫解說
十二部經為衆生故廣宣流布樂於惠施脩
集智慧以利根故堅住信慧心无退轉无退
轉已即便前進前進者謂辟支佛雖能自度
不及衆生是名為去如恒河邊第五人也第
六人者發意欲度生死大河斷善根故於中
沈沒親近善友故得信心得信心故名之為
出以信心故受持讀誦書寫解說十二部經

BD14647號　大般涅槃經（北本）卷三二　（3–3）

何菩薩摩訶薩与般若波羅蜜等得阿耨多
羅三藐三菩提佛告須菩提菩薩摩訶薩与
般若波羅蜜等不增不減何以故如法性實
際不增不減故所以者何般若波羅蜜非一
非異故若菩薩聞如是般若波羅蜜相心不
驚不沒不畏不怖不疑須菩提當知是菩薩
摩訶薩行般若波羅蜜當知是菩薩摩訶薩
必住阿鞞跋致地中須菩提白佛言世尊般
若波羅蜜空无所有不堅固是行般若波羅
蜜不不也須菩提世尊離空更有法行般若
波羅蜜不不也須菩提世尊是般若波羅蜜
行般若波羅蜜不不也須菩提世尊離般若
波羅蜜行般若波羅蜜不不也須菩提世尊
色是行般若波羅蜜不不也須菩提世尊受想
行識是行般若波羅蜜不不也須菩提世尊
六波羅蜜是行般若波羅蜜不不也須菩提世

BD14648號　摩訶般若波羅蜜經（異卷）卷十八　（3–1）

行般若波羅蜜行般若波羅蜜不不也須菩提世尊離般若
波羅蜜行般若波羅蜜不不也須菩提世尊
色是行般若波羅蜜不不也須菩提世尊受想
行識是行般若波羅蜜不不也須菩提世尊
六波羅蜜是行般若波羅蜜不不也須菩提世
尊四念處乃至十八不共法是行般若波羅
蜜不不也須菩提世尊色空相虛誑不實无
所有不堅固相色如相法相法住法位實際
是行般若波羅蜜不不也須菩提世尊受想
行識乃至十八不共法空相虛誑不實无所
有不堅固相如法相法住法位實際是行般
若波羅蜜不不也須菩提世尊若是諸法皆
不行般若波羅蜜云何行名菩薩摩訶薩行
般若波羅蜜佛告須菩提於汝意云何汝見
有法行般若波羅蜜者不不也世尊須菩提
汝見般若波羅蜜菩薩摩訶薩可行處不不
也世尊須菩提汝所不見法是法可得不不
也世尊須菩提若法不可得是法當生不不
也世尊須菩提是名菩薩摩訶薩无生法忍
菩薩摩訶薩成就是忍得受阿耨多羅三藐
三菩提記須菩提是名諸佛无所畏无导智
菩薩摩訶薩行是法懃精進若不得大智一
切種智所謂阿耨多羅三藐三菩提智无有
是處何以故是菩薩摩訶薩得无生法忍故

BD14648號　摩訶般若波羅蜜經（異卷）卷十八　（3–2）

三菩提記須菩提是名諸佛无所畏无导智
菩薩摩訶薩行是法懃精進若不得大智一
切種智所謂阿耨多羅三藐三菩提智无有
是處何以故是菩薩摩訶薩得无生法忍故
乃至阿耨多羅三藐三菩提不減不退須菩
提白佛言世尊諸法无生相得阿耨多羅三
藐三菩提記不不也須菩提世尊諸法生相
得阿耨多羅三藐三菩提記不不也須菩提
世尊諸法非生非不生相得阿耨多羅三藐
三菩提記不不也須菩提世尊諸菩薩摩訶
薩云何知諸法得阿耨多羅三藐三菩提記
佛告須菩提汝見有法得阿耨多羅三藐三
菩提記不不也世尊我不見有法得阿耨多
羅三藐三菩提記我亦不見法有得者得處
佛言如是如是須菩提名菩薩摩訶薩於一
切法无所得時不作是念我當得阿耨多羅
三藐三菩提用是事得阿耨多羅三藐三菩
提是阿耨多羅三藐三菩提處何以故諸菩
薩摩訶薩行般若波羅蜜无諸憶想分別所
以者何般若波羅蜜无諸分別憶想故
摩訶般若波羅蜜菩薩共住品第六十二

BD14648號　摩訶般若波羅蜜經（異卷）卷十八　（3–3）

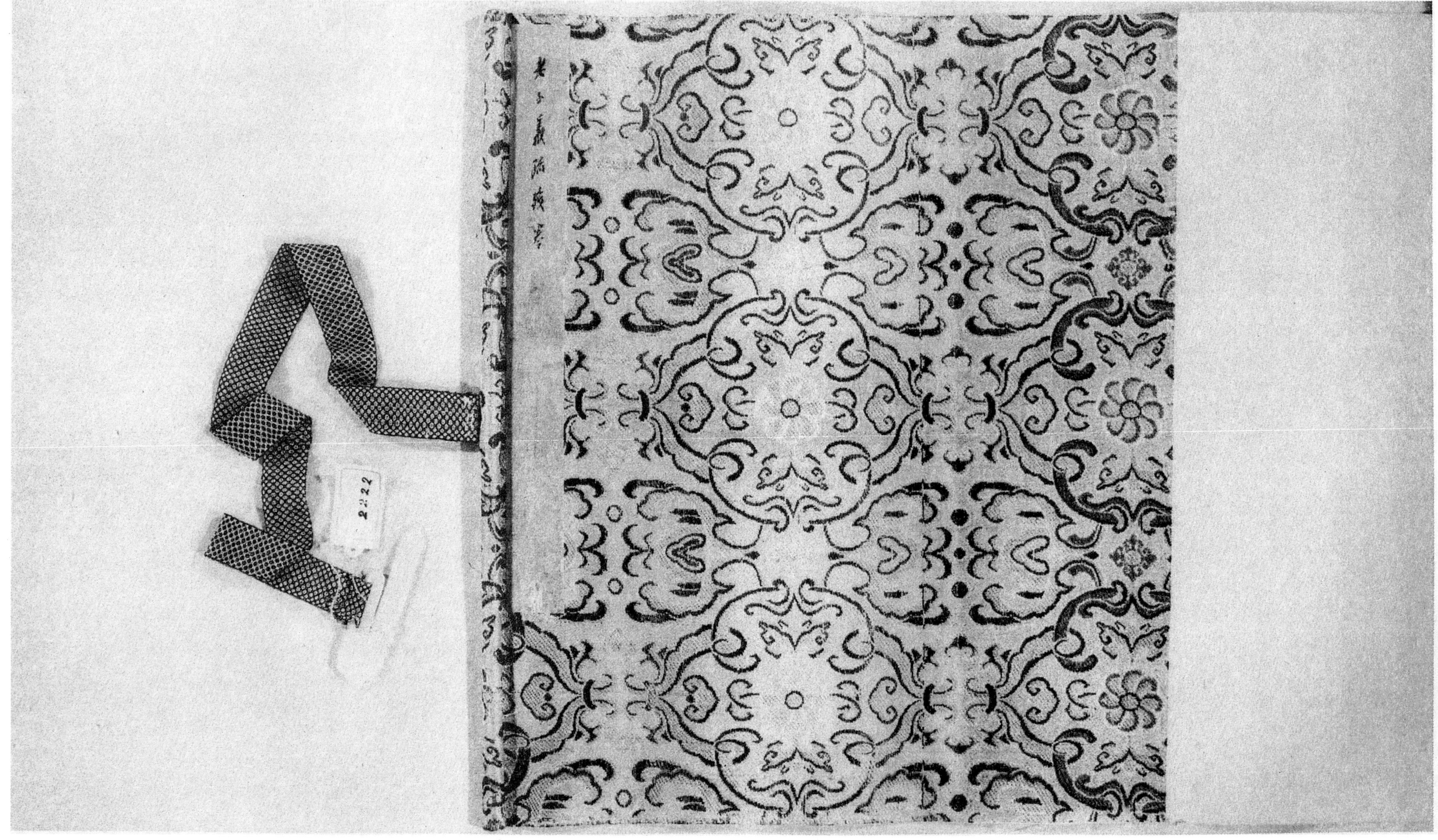

BD14649號背　護首　　（1–1）

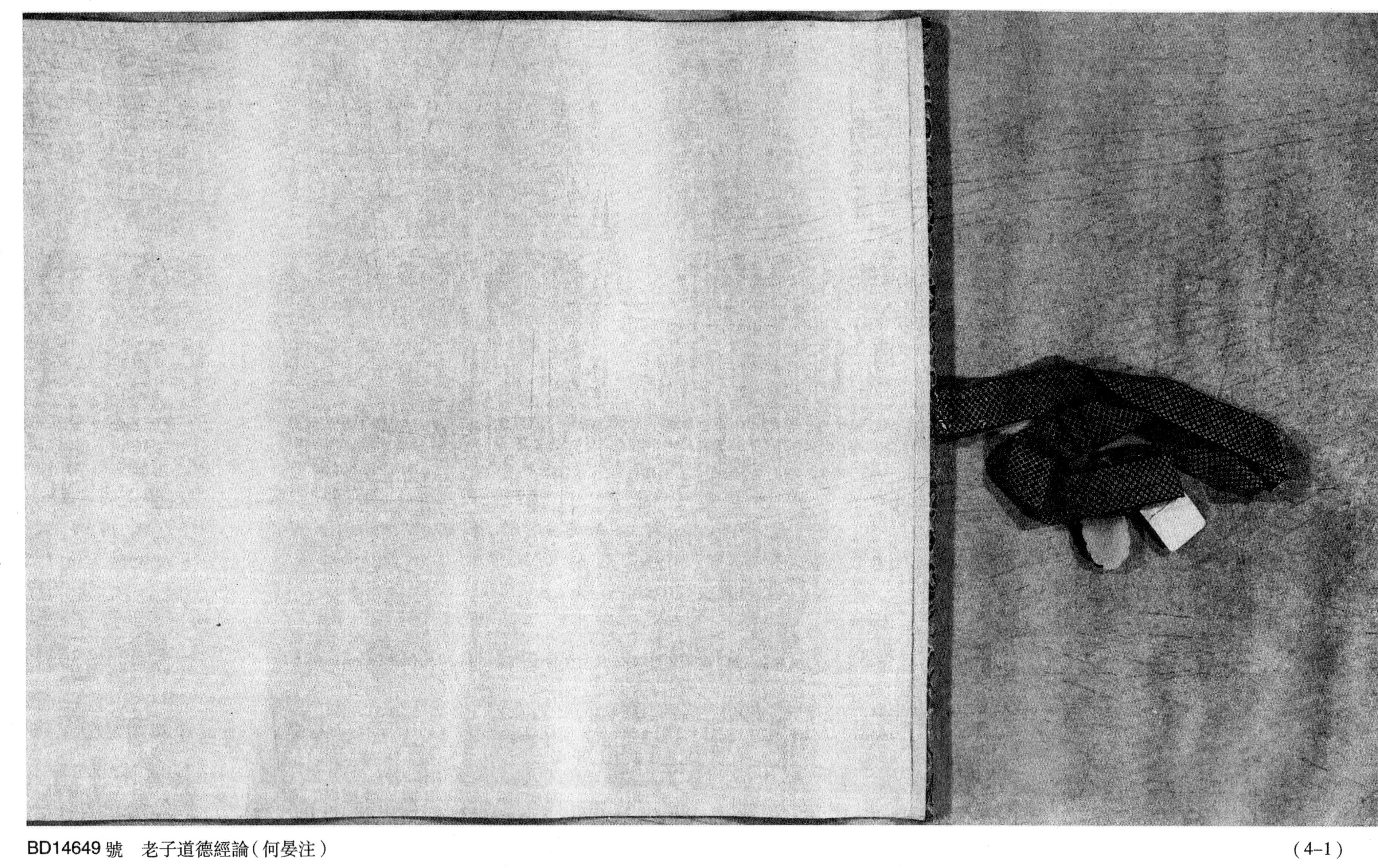

BD14649號　老子道德經論（何晏注）　（4–1）

以會道也是使百行並跱而風
[illegible]曰盛而所漸俞薄故孔子曰章
[illegible]物其類襄世之意乎及數禮運
詎賊此者耶
昔之得一者天得一以清地得一以寧神得
一以靈谷得一以盈侯王得一以為天下貞
其致之也天無以清將恐裂地無以寧將恐
發神無以靈將恐歇谷無以盈將恐竭侯王
無以貴而高將恐蹷故貴以賤為本高以下
為基是以侯王自謂孤寡不穀是其以賤為
本與非也故致數輿無輿也不欲祿祿如玉
落落如石
天下莫不由致一以成功改異端而斯害也
夫能恒以壹德則其道自至故天壹渾而皆

本與非也故致數輿無輿也不欲祿祿如玉
落落如石
天下莫不由致一以成功殊其端而斯害也
夫能恒以壹德則其道自至故天壹渾而皆
復故道自暉光地壹澄而道自無蘊神壹徹
而道自無方谷一虛而道自復隍君壹德而
道乂康故善不壹不足以自成惡不壹不足
以自亡高者壹於下之所積也貴者壹於賤
之所推也推進不壹其本必傷於外而反家
積外不壹其基則困乎上而反下故祿祿而
杌之不如石之可久致數而用之不如無之
常有故曰既載弃輔則輸尓載由致數其
用不餘其力終踰絶險故無輿也是以君
子早以自牧不忘乎生之言所以長守其
一也
反者道之動弱者道之用天下之物生於
有有生於無
一陰一陽之謂道剛柔相易之謂反夫乾
粹精之象也故動反直而剛健夫坤作成物
之形也故道反靜而柔順有天地然後有万
物萬物生有而終於無天地由無以生於有
人雖賤弱而爭强道反以柔而變剛故退爲
坤下者反泰亢乎天德者反衰由此言之弱
可用矣
上士聞道勤而行之中士聞道若存若亡下
士聞道大笑之不笑之以爲道是以建

人雖賤弱而爭強道反以柔而變剛故退為
坤下者反泰亢乎天德者反喪由此言之弱
可用矣
上士聞道勤而行之中士聞道若存若亡下
士聞道大笑之不笑之不足以為道是以建
言有之曰明道若昧進道若退夷道若纇大
白若辱上德若谷廣德若濡質真若渝大方
無隅大器晚成大音希聲大象無形道隱無
名夫唯道善始且成
物無其道誠無以善善而專之亦何以成天
下患得之難而成之又不易故善登者隕於
重崖善水者葬於蛟螭龍亢陽則有悔甫
出幽則見議苟有擅以自容孰與無能之內
重哉故唯此十三道之全也故建言而論之
而使上中下士聞之也有之者言生之徒凡
有此十三而已一日以昧養明二日以退審
進三日以纇致平四日以辱藏絜五日以虛褱
貴六日以狭守廣七日以懦畜健八日以渝
鞱真九日以無隅受其方十日以晚成成其
大十一日以希聲粹其音十二日以無形祖
其象十三日以無名懿其道夫四體九俟十
三而成人當碁含閏十三而成歲五行八
風十三而成用故十三者道之小成也能

BD14649號　老子道德經論（何晏注）　（4–4）

已
先國以民為基民以食為
民以礼為本｜所以大帝之
之典使人知礼讓家給
而蔭俗誅豪恤弱雖負
之謹對

問安慰窮弱以遏豪強修何異術使無侵犯
其對其聞遏强禁暴在国之恒規撫弱恤貧先王之令
典至如怯夫懦劣之輩茕獨飢寒之徒浔豪貴之侵
陵被富强之抑奪無由自雪何以獨存若不優矜交懸
罟刻必須懃加慰撫親省風謡使無犯豪釐安其本
業遣離茕之類重浔来蘇凶暴之徒懲其有犯勵壯夫
於耕耜勸老弱於蚕綿必使家給民豐調租俱足自然豪
貴自摟寠弱無虞邑邑州州稱濟濟唐堯之治未敢
玄前舜禹之都何曾比擬蓋堯之見斯而已哉謹對
問帝王感瑞不同

於耕稲勸者弱於蚕績必使家給户豊調租俱是自然豪
貴自擾寠弱無虞邑邑州州稱濟濟唐堯之治未敢
玄前舜禹之都何曾比擬萱蓂之見斯而已武謹對
問帝王感瑞不同
問聖王御世皆受天符衆右臨朝承膺乾命至於動雲
降礼理有不同或白狼銜鈎或玄龜負字或丹鳳巢閣或
赤雀集鄷行有何殊而能異感
某對某聞洛龜負字之徵何龍銜圖之瑞大禽巢於
阿閣仁獸集於丘囿榮光耀彩之奇休氣浮空之瑞魚入
白面之美龍馬赤文之徵玄鳥化玉之形赤雀銜書之異遂
帝王而出沒膺指右而時來故人非常人瑞非常瑞或託生
右脇或頂上受胎或感電光而有身或吞鷰卵而懷孕雖
日握圖不二而稟有異端乃受籙是同而隨因有各至如乾
象無改陰陽之氣乃差帝錄不殊而罰系之行斯別或恩
沾草木則玄芝与秬稃連葉或惠及山陵則瑤瑀与白玉俱
至或澤臨毛羽則麒麟与鸞鳳並臻豈直殷帝白狼周王
赤雀而已謹對
問武勇猛人
問夫人受質稟有不同往古以來誰稱勇健剛毅武猛斯
乃何人宜陳所能以怯未悞
某對某聞共氏觸山傾天陷地殷王大力索鐵申鈎烏獲戴
鼎之奇石蓄負沙之異孟君扶柜之勇許生怒目之威吴漢
故周之右長驅万人之[illegible]

問夫人受質稟有不同往古以來詳稱勇健思毅武猛其
乃何人冝陳所能以怯未悉
某對某聞共氏觸山傾天陷地毀王大力索鐵申鈎烏獲戴
鼎之奇石蕃負沙之異孟君扶柜之勇許生怒目之威吴漢
獻國之名張飛万人之譽或發憤而壯趺衝冠或嗔眸而電
光出眼或叱吒而烟霞舒卷或震吼而河海奔流斯並皷氣風
馳收唇霧縠轟轟礚礚豈紙筆之能陳者也謹對
進士無大才
問諸州進士無復住昔之人昔則博綜群經該羅史籍為
是人無厚德為是舉不得人二三審察情所未悉幸子明
釋以慰虛衿
某對某聞春陽一照叢竹抱虛節而抽萌夏雨纔臨紅蓮捧
心而出沼況於人也寧不馳名者哉昔子寧越專經周威許
為上宰承宮頓學漢明用以侍中竊見近代舉人職不逾
於九品豈獨量才有薄亦乃班爵無優謹對
栝放客戶還鄉
問住者臣遭寇乱流散外邦年月既淹各成忘本今
聖上慈育重造生臣使無弃憤陵旋其本邑即欲栝還
桑梓於启理云何冀尔明言以陳臣領
某對某聞瘦狐將殞尚解首丘瞻危臨殂猶知望坂況於
人也寧無眷戀者哉往以大運告終豺狼荐食荊揚人物之
所翻為麋鹿之邦鄴洛喧嘩之都俄成戰場之地百姓因
茲離散蒼生為不此安今蒙舜日照臨堯風遠扇使臣

柰梓於啓理云何異尒明言以陳已領
某對某聞疲狝將須尚解首丘踶危臨殂猶知望坂況於
人也寧無眷戀者哉往以大運告終豺狼荐食荊楊人物之
所翻爲麋鹿之邦瀍洛喧嘩之都俄成戰場之地白姓回
茲離散蒼生爲不此安今蒙聖日照臨堯風遠扇使臣
敦舊業墳陵有重掃之期許放還鄉九族有再親之義可
謂馬無北思鳥絶南枝等傚子之歸周同漢高之過沛桑榆
再造俗詠來蘇若子卿之入漢朝兹丹之歸本國舞蹈美
矣何樂加之者乎謹對
問音樂所感
問雅樂管絃其來已久比雖傳習終無感物之徵如有能宜陳所善
某對某聞五音六律上帝嘉歆雅樂歌詩先王之令範至如
叅邑雉尾之曲定鍾律於漢朝師延濮水之音發哀媱乎衛
室雍門在齊之林孟嘗有悲嘉之聲高離入秦之絃秦君
有悵中之歎子晉調笙管翔鳳於是輪迴州夜撫其清
絃衆鳥於焉鳴舞豈獨長沙鼓袖之美加其三郡之能亡
乃近年累亮之音遂得紫蓋之寵可謂下逮擒烏上感天
心猶稱無感之徵何期謬也謹對
三代官名多少
問三代迄茲官名繁者更何損益理合時宜達尒嘉言
莫爲遊説
某對某聞舜帝權圖官纔五十湯王御曆員少白人周日

三代官名繁少

問三代迭莅官名繁省更何損益理合時宜遑不嘉言

莫爲遊説

某對某聞舜帝樘圖官纔五十湯王御歷員亦白人周日

立於三公之官秦興郡縣之職漢加特進之号魏起尚書之

名故知繁省不同隨帝王而釐革官名改轉逐時政而刪治

夫國大而員多國微而位少某以披求千古各有異端甫度白

王非無折衷況我皇功格上皇之上光逾羲日之光同火帝而

臨民等雲師而施職麟爲畜養鳳作鷄鶩黄河累歲而

清朱草連年而茂衆祥雜沓万瑞蒋羅官忝周漢之官職選

魏秦之職故宰牧思簡令漢僚清廉燮理陰陽憂心白

姓宰龍漢魏芭括殷周繁省之事唯宜損益之科備矣謹對

審官授爵

問或甲門而德茂或陛蔭而人凡爵貴上古稱難選人方今不

易若爲品藻使得其人

某對某聞織錦成文良資五色鯉皇祁寓理藉賢明夫色

惡而錦昏臣愚而主暗必須授受無濫爵貴以人便能迭贊

皇規彝倫帝道昔齊桓管仲高宗傅説方之舟檝寔曰塩

梅蜀葛孔明楚昭奚恤可稱梁棟得号股肱斯乃英靈降

世之臣後哲迭時之寔必須人才稱職前審後行不可虚

陛高門陛官舊蔭至如伊尹媵臣終堪輔國甯戚和角遂

揔朝端豈曰高門非高門也然相龍駒於酒肆拣英俊於山

林得龍馬者可以汗四追風得賢臣者可以興邦定國必須

陞高門陞官舊蔭至如伊尹媵臣終堪輔國寧咸和角遂
捴朝端豈曰高門非高門也並相龍駒於酒肆様英俊於山
林淂龍馬者可以汗四追風淂賢臣者可以興邦定國必須
詳審量淂其人爵不輕人〻無愧爵斯乃　皇猷允暢
其在茲乎謹對
隱居不仕爲是無才爲不遇時
問夫隱遁栖巖自稱高尚爲是無才可仕爲是仕不遇時
爲是性愛林泉爲是不貪榮顯豈有欽祿韶弃簪纓貴蓋
蕪賤華者捐玉食甑糟糠理有或焉佇聞嘉說
某對某聞微蔓小草順四序而敷榮藥識黔黎遂昔因而
受報所以龍興雲舉虎嘯風生故如植業不同行有乖殊者
也昔莊周被召乃起犧牛之悲任永淂徵遂託青盲之疾
高鳳被漢明之五召不變松筠王犢降齊宣之五臨無虧介操
於是許由聞乎帝位遂洗耳於箕川務光淂以上公乃投河而
自殞並傳芳歆於曩代稱美譽於當今豈有才不昇朝寵
身巖谷者也謹對
問後人聰辯
問古來後又聰哲異人爲是握錐掛䟦之勤爲是天然奕邁
爲是博通經史爲復辯出心神子既該聞宜陳佳德
某對某聞六度所攝隨報以而不同植業異端遂種子而差別
稟五常之氣皆以因其所因受四大之軀並以果其前果故如
明暗不等愚瑁懸殊者也至如甘羅十二處丞相之尊張綖

爲是博通經史爲復辯出心神子既談聞宜陳佳德

某對某聞六度所攝隨報分而不同植業異端遂種子而差別

稟五常之氣皆以因其所因受四大之軀並以果其前果故如

明暗不等愚智懸殊者也至如甘羅十二處丞相之尊張[illegible]

此年任侍中之重昔士季九歲明於五經仲宣十二通經善史葛

元遜之神辯吴國見而銜唇秦子敕之謳談蜀朝聞而結舌至

如崔琰九歲杜對越於漢朝楊氏此年訓吝驚乎晉日何必懸

頭判服遂著金箱亡乃辯出無端傳茲玉匱謹對

僧尼犯法

問仏道二衆尚在研精數息清虚思禪靖默比見出家之士流宕

俗塵或犯奸非或躭酒宍或覓財賄或畜妻房若爲懲斷

使能清肅

某對某聞玄黄啻作則教戒於是彝興二門啓塗訓導之方着

矣然則閻浮五慾尚在色聲道乃學似牛毛成如麟角且人之

異也所好不同譬若箕星皎而風生畢星興而雨起或思禪而

樂道或嗜酒而貪婬宜加勒三經嚴持錧主若有清齋潔素

遠色離聲不雜俗塵無干世務即遣隨其行業錄上申臺嘉

其清善之功重彼懇誠之志可以在所官物資給衣粮使香燭

無虧幡燈具足以四弘之力薰被國王行六度之功莊嚴率土

若有老弱之輩適其酒藥之方如其碌碌之徒雖無精行灼

然宜令自守若犯奸貨酒宍不憚憲章公行穢雜之流仰令

適上並依俗律盡住推繩使影正景端源清流潔智燈重

無虧幡燈長足以四弘之力薰被國王行六度之功莊嚴尊主
若有老弱之輩通其酒藥之方如其祿祿之徒雖無精行灼
然宜令自守若犯斷貨酒宍不憚惡章公行穢雜之流仰令
通上並依俗律盡住推繩使影正影端源清流潔焰燈重
顯惠日加暉法鼓鏗鏘法雲駿擬人知迴向俗稟菩提佇見
精誠何憂塵點謹對

斷貪濁

問夫以官人在任貪濁者多躬自治民觀行大罪若為懲斷
使清浔廉

某對某聞設官分職尚在浔人用非其才則妨賢蠹政臣
川可滿卮漏難盈濁馬無讓水之心餓虎爲守宍之志求牛
覓馬寧可浔乎達坂之丸未之聞也夫欲傳斷理在銓衡至
如京師白劫之時元補吏部之日懼四知之士無可勝階畏三惑
之賓將何進祿自我皇濰澆風而布有道蕩貪穢而舉賢才
豈假胡質貞廉名彰晉室羊茂清謹譽重漢朝邦除李盛
之謠國無袁毅之說欽自然清肅絶彼貪婪者哉謹對

書籍帳

問籍帳之體貫編户丁三年一書恐繁文筆若爲折衷以利君臣
某對某聞六書著矣墳籍於是轡興八肸斯陳史傳於焉
煥爛所以貫編丁户帳錄軍臣品其貧富之差明其少老之
異斯乃陳其鄉里顯以名年恐其增減之僭防其除附之失
或將生而代死或取富而爲貧或世而次男或六十而求養改

其董其間六書者矣墳籍於是鬱興八騁其陳史傳於斯
煥爛所以貫編丁戶帳錄軍戶品其負畱之者明其少者之
異斯乃陳其鄉里頭以名年慜其增減之懲防其除附之失
或將生而代死或取畱而爲負或世而次男或六十而求養改
張漏妄竒　多若非寧牧懃心令長加意精研簡邑嚴
勒薄書豈不以彼竒非防其狡猾故三年一籍上稽嘉謀
每年手實先王上策繁之尚猶躁漏者之除削轉滋愚見
管聞宜依舊之謹對
菌苑
問古者置園其来　久如有奇名異處子可詳焉
某對某聞靈崐巳茂漢靈帝造靈崐苑大尉楊賜上書以苑勞民力楊賜上書五苑豈
成應食致請秦時天飢應侯請發五苑給民王曰賞有功無功復賞也申明以之供孝申明孝養種菜
供侍二親楚王聞之名爲左司馬王煥藉此養身河内人常傾雖國不文也利菟園饒邯鄲之
賔二世菟園覆水離合昭春早臭邯鄲裹園嚴人莚往闕雞走菟之也上林多騎射之士漢上林苑廣三白里今丞左
右廚養白獸無數至秋冬射獵谷万騎千乘之豈直素柰朱李獨獻梁王梁孝王東苑三白里甚足李棕
亡乃丹橘紅桃使供晉右晉併陽宮有園圉靈芝園石祠園之桃橘之也謹對
山石　天地無言資四時而成歲聖人端拱仰百彭以和年
問岌嶺葠嘗非人所置高巖峙疊豈曰人功既逐天地而
義成寸造化而同久曰何名號誰所居焉子乃練古知今宜陳委實
某對某聞華山之上仍生千葉之蓮出吴華山記九嶷巖中還
起九峯之勢出皇覽冢記此乃曰華立號遂數興名昔堯齊
首陽之阿巢許箕山之曲七賢逸乎晉嶺四皓潛於華
山四皓出篇蓮瓊臺之首鹿苛乃見出晉大學帝用凌覺之

某對某聞華山之上仍生千葉之蓮（出吴華山記）九抝巖中還

起九峯之勢（出皇覽冢記）此乃回華立号遂歎興名昔堯齊

首陽之阿巢許箕山之曲七賢遁乎晉嶺四皓潛於華

山（四皓出三秦記）禹遊霞釜之崗龍符乃見（出晉太康記）穆帝羽陵之（堯生）

所嘉蘭仍逢能使漢武清齋登乎玉女之室（巖山頭有秦始皇祠不爾）

（哉不得上故漢武帝齋乃上有仙人玉女宫室之也）列長求道便逢石髓之泥（列長休一即鄴人与）

（嵇康善入太行山隱東北雷聲住視見山破石中有孔尺許有青泥流出列取摶之隨手即堅味如秔米飯也列食九投歸与康皆為青石拍作銅鳴李神山立）

（白嵗一開其中有髓服之与天地同畢之）斯並上哲前蹤後賢繼軌其山名也如此

某登陟者如彼謹對

善治術

問古来宰政治民循何異術物詠其蘊有何清素而能致感

某對某聞子產鄭邦敷休風而訓俗政無刑罰路不拾

遺時生浮蓄積之名田子乃送牛之美故景異在任民

繈負而爭歸桓公佐時獸投河而去境至若岑君除其枳

棘仇氏化以鴟梟交州起賈父之歌南陽興杜母之謍豈

獨虞延放囚之德起自漢年亡乃謝明踵此遺風傳

香晉室謹對

問曰何曰山仁者所愛有何靈協誼感其嵌子既博聞碮

能嘉説

某對某聞山者產也生乎万物鳥獸依為吐納風雲成

乎鎮岳出乎寶貝富國興邦故仁者以安人山者以養人

則仁人愛矣暴棄道喪堯山乃崩幽厲德衰祿山便

能囂試

某對某聞山者產也生乎万物鳥獸依焉吐納風雲成
乎鎮岳出乎寶貝富國興邦故仁者以人安人山者以人養人
則仁人愛矣㚖桀道喪堯山乃崩幽厲德乖祿山便
壞（桀厲昔府怖興出隨巢子）越王築壘怖焯忽來（范蠡復城記怖山一夜從東海中来百姓怖之故曰怖山）
（出吳越春秋也）黑帝興悲鬼哭山陷（出易通也）然河東王屋隴西鳥鼠
弘農熊耳南郡荊山並栖賢集焆之方盤龍巢鳳之
所豈直華太桓霍嵩高巖麗者哉謹對

問山用岳為宗水以海為主五岳之名既別四海之号應
羌山以載負稱仁海據何能顯德宜陳所在無俟游辭

某對某聞孟子之說觀海數水遊聖難言　子而陳
水莫大海不可為量故曰海者晦也以乎濁穢故黑而
晦君乗土德海水于是故稱仁也然東海之東碧海斯
而不醎蓬萊溟海無風自波此乃海之異也鯨鯢涌而鼓
洪濤鯤鴻舉而曳雲翼可稱壯也万川歸之而不溢江河
注之而不盈故可稱其深也靈積應期而不爽之可稱其
信也其焆非通聖人異景終身無尺水之才詎識溟波
之量聊沸布皷冒應雷門悵忽迷神周悼不具謹對

地

問地之四極並至何方之別相去復應幾里東西南北並
有何名既括綜典墳宜明指說

某對某聞秦遠居東傳之孔載邠國西處其來邈
焉北與既東之名南關徐踰之号（出爾）南北二億三万五

問地之四極並至何方々別相去復應幾里東西南北並
有何子名既括綜典墳宜明指說
其對某聞秦遠居東傳之孔載邠國西震其來邈
為北典就粟之名南閩濮鈫之号（出尔雅）南北二億三万五
千餘里東西二億三万三千里乎（出涌圖括象）齊州以南戴日為
丹穴之鄉北極戴斗寔日峒崆之地（出尔雅）昔桓公問地數
於管々子々陳之以里名其識謝前規才非天性猥蒙提
獎添預賓王䏍不諫身為能度主嘗閱前典傍採遐
書輕敢述為何訓万一戰惶交爭悚悖多罪謹對

江河

問水以海為宗外苞容而為德至如江河浩汗猶注滄
溟未委江河若為苞異如有靈貺子可陳為
其對某聞泜江鼓浪著乎山海之經曰　奔涌出於尋
揚之記所以淮南歎四江水肥仁養稻寔美前書姜詩
之母好為傳於列女之說遂使魏文悵望万騎亭驂（魏文帝出東觀漢記）
（廣陵欲伐吳歎曰吳據洪流旦夕糧槩魏雖武騎千隊魏可用之乃也　伯達揚州刺史當行部別駕四江有五胥神不可渡禹曰子胥忠臣也知刺史銜命必收波之也）張禹勤公單舟觸浪（曰張禹事）河乃崑崙所出尔雅之
所著為馬賴騰波郭生（郭璞）之所注矣主弱臣強之兆斯
而乃闘世道當應濁亂其水使昏豈虛言哉非虛言
也（言出京房易傳記）自我皇膺籙河乃頻清五色挾天三光動
地龜龍獻瑞玄石呈祥海出明珠江輸見紛綸雜
沓難可言哉瞻惟吉凶並其靈也謹對

而乃闘世道當應濁乱其水便昏豈虛言哉非虛言也（言出京房易傳記）自我皇膺籙河乃頻清五色挾天三光動地龜龍獻瑞玄石呈祥海出明珠江輸巨貝紛綸雜沓難可言哉瞻惟吉凶並其靈也謹對

請雨

問天雨不降禾稼燋萎施何異方而能感澤

某對某聞雲興礎潤陰陽之氣和（春秋元命苞曰陰陽和為雨之名）霧宿三朝神圖之欲降（帝王世紀曰黃帝時天大霧三日帝遊洛水見大魚煞五牲醮之天甚雨七日七夜魚流淂圖書今附圖視萌蕩是也文士傳曰霧三日必甚大雨自此為始）楚歌繞奏秦国滂沲（蜀王本記曰秦王枉誅其子蜀侯煇綜知無罪迎葬咸陽而三月道路不通因葬成都能興風雨蜀人請雨祠食以楚歌〻之名曰天晃輒有報應也）天撽特感魏朝洪瀉（魏管輅別傳曰清河光府君問輅今旱何時雨輅曰天撽名五星宣布眞符命雷公電父風伯雨師十月向暮了無家象眾共嗤輅〻月樹上已少女微風樹間已有陰陽鳥和鳴若少男及風陰鳥亂翔其應至矣日未東北雷起一更中大雨洪注流溢）廣漢斐軀之士遂獲奔流（涼輔字漢儒廣漢人也白五官掾㬎旱出禱連日無効乃積薪自焚自旦至隅中山氣轉起雷雨大作一郡沾潤〻也）洛陽騾體之人便蒙數浪（長沙舊傳曰祝良字石卿為洛陽令時旱天子祈雨不淂良乃騾身階庭自晨至中紫雲轉起甘雨大〻降也）豈暇曰傍赤氣即致風雨（漢東方朔別傳曰武帝曰旁有赤雲如冠泪上占太史曰恐有兵氣吏問朔〻曰太史言非也紫不有大風即有大雨後數日果大風暴雨賜朔帛五十疋）亡以牛血塗牛終歸大雨（頤微廣州記曰欝林祈山東南有池有石牛民祠之歲旱煞牛以牛血和泥〻石牛背天祀畢天即大雨洗牛背泥盡後睦之）閬中之齊息供主簿之火傳薪（益部耆舊傳曰漢中趙瑤字元珪為閬中令遭旱掾史齊讀四年旱張喜主簿壹山宗等積柴自焚大雨也）但使令長慜心何憂不降者也謹對

衆衆共嗟鵒鵒月樹上已少女微風樹間已有陰陽鳥和鳴若少男又風陰鳥亂翔

其應至矣日未東北雷起

一更中大雨洪注流溢 廣漢樊𩨨之士遂獲奔流 涼輔字漢儒廣漢人也白五官掾息旱

出禱連日無効乃積薪自焚自旦至隅中 洛陽驟體之人便蒙鼓浪

山氣轉起雷雨大作一郡沾潤之也

長沙舊傳曰祝良字石卿為洛陽令時旱天子祈雨不得 豈暇日傍赤氣即

良乃暴身階庭自晨至中紫雲黯起甘雨大大降也

致風雨 漢東方朔別傳曰武帝曰旁有赤雲如羽渭上白太史曰恐有兵氣東向

朔朔曰太史言非也紫不有大風即有大雨後數日果大風暴雨賜朔旱五十匹

無以牛血塗牛終歸大雨 須微廣州記曰鬱林祈山東甫有池有石牛民祠之歲

旱煞牛以牛血和泥泥石牛背天祀畢天即大雨洗牛

背泥盡 閬中之齋息供主薄之火傳薪 益部耆舊傳曰漢中趙瑤

後眭之 字元珪為閬中令遭旱舉

掾史齋讀四年旱張喜主薄

宣山宗等積柴自焚大雨也 但使令長慇心何憂不降者也謹對

前蜀王鍇寫經殘葉

丁未臘尾潼川太守韓小亭寄贈

大興劉位坦題於都門[illegible]

BD14651 號背　護首　　（1–1）

壽命因誰起　復因誰退滅　猶如旋火輪　初後不可知

智者能觀察　一切有无常　諸法空无我　永離一切相

衆報隨業生　如夢不真實　念念常滅壞　如前後亦爾

世間所見法　但以心爲主　隨解取衆相　顛倒不如實

世間所言論　一切是分別　未曾有一法　得入於法性

能緣所緣力　種種法出生　速滅不暫停　念念悉如是

爾時文殊師利菩薩問德首菩薩言佛子如來所悟唯是一

法云何乃說无量諸法現无量刹化无量衆演无量音示

无量身知无量心現无量神通普能震動无量世界示現

无量殊勝莊嚴顯示无邊種種境界而法性中此差別相皆

不可得時德首菩薩以頌荅曰

佛子所問義　甚深難可了　智者能知此　常樂佛功德

BD14651 號　大方廣佛華嚴經（唐譯八十卷本）卷一三　　（3–1）

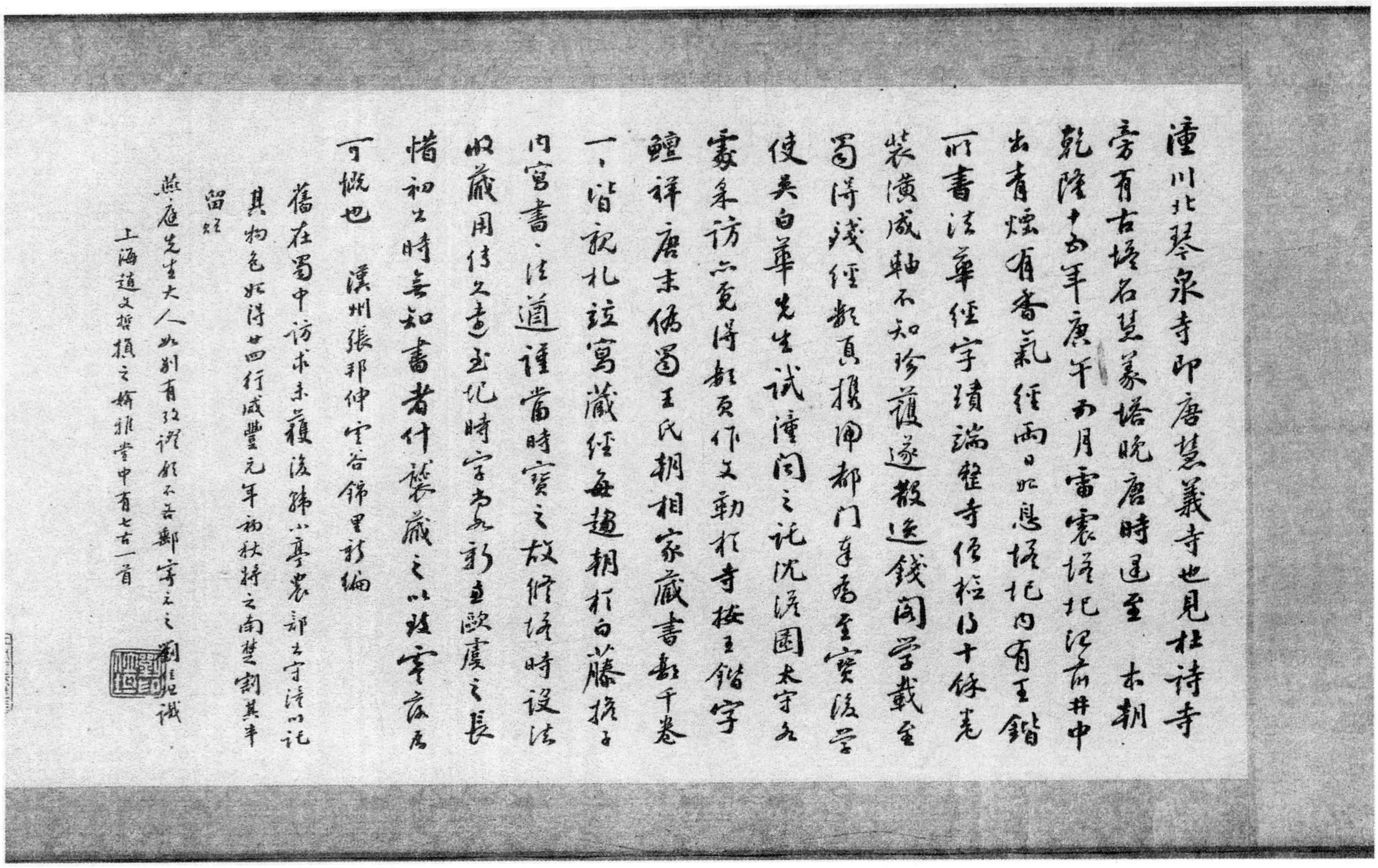

潼川北琴泉寺即唐慧義寺也見杜詩寺
旁有古塔名慧義塔晚唐時建至　本朝
乾隆十五年庚午五月雷震塔圮汲前井中
出青煙有香氣經兩日始息塔圮內有王鍇
所書法華經字蹟端楷寺僧拾得十餘卷
裝潢成軸不知珍護遂散逸錢閣學載至
蜀得殘經數頁攜歸都門李香室寶後學
使吳白華先生試潼閱之記沈浮園太守九
霰來訪亦覓得數頁作文勒於寺按王鍇字
鱣祥唐末仕蜀王氏拜相家藏書數千卷
一一皆親札並寫藏經每趨朝於白藤擔子
內宮書法遒謹當時寶之故修塔時設法
收藏用傳久遠也圮時字為新主歐虞之長
惜初出時無知書者什襲藏之以致零落
可慨也　漢州張邦伸雲谷錦里新編
舊在蜀中訪求未獲後歸小亭農部太守清以託
其物色始得廿四行咸豐元年初秋持之南楚割其半
留貽
燕庭先生大人如刻有跋識祈不吝鄉寄之之　劉[illegible]識
上海道文哲損之婿非堂中有七古一首

BD14651號　大方廣佛華嚴經（唐譯八十卷本）卷一三　（3–2）

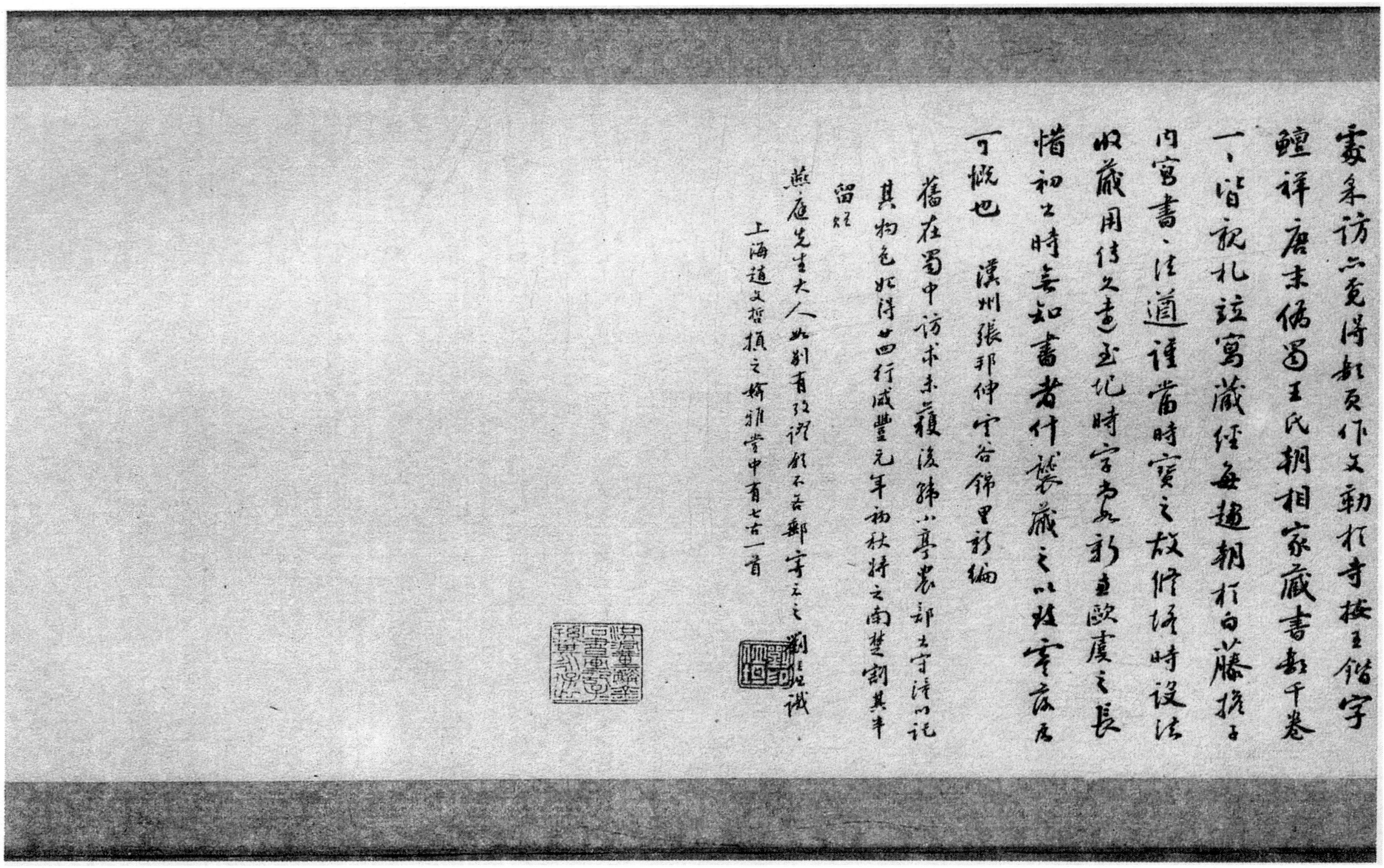

霰來訪亦覓得數頁作文勒於寺按王鍇字
鱣祥唐末仕蜀王氏拜相家藏書數千卷
一一皆親札並寫藏經每趨朝於白藤擔子
內宮書法遒謹當時寶之故修塔時設法
收藏用傳久遠也圮時字為新主歐虞之長
惜初出時無知書者什襲藏之以致零落
可慨也　漢州張邦伸雲谷錦里新編
舊在蜀中訪求未獲後歸小亭農部太守清以託
其物色始得廿四行咸豐元年初秋持之南楚割其半
留貽
燕庭先生大人如刻有跋識祈不吝鄉寄之之　劉[illegible]識
上海道文哲損之婿非堂中有七古一首

BD14651號　大方廣佛華嚴經（唐譯八十卷本）卷一三　（3–3）

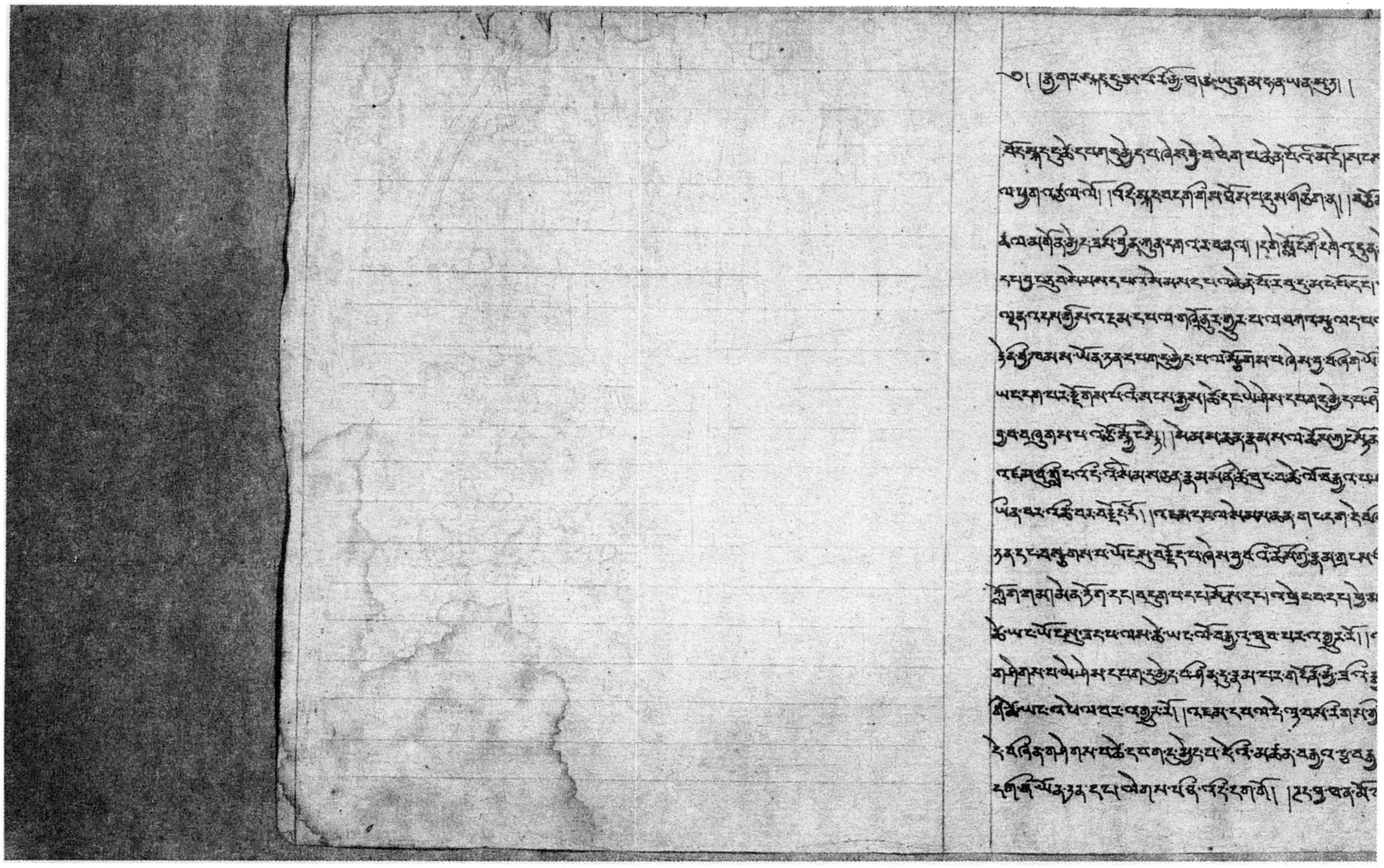

BD14652 號　藏文（無量壽宗要經甲本）　　（8–1）

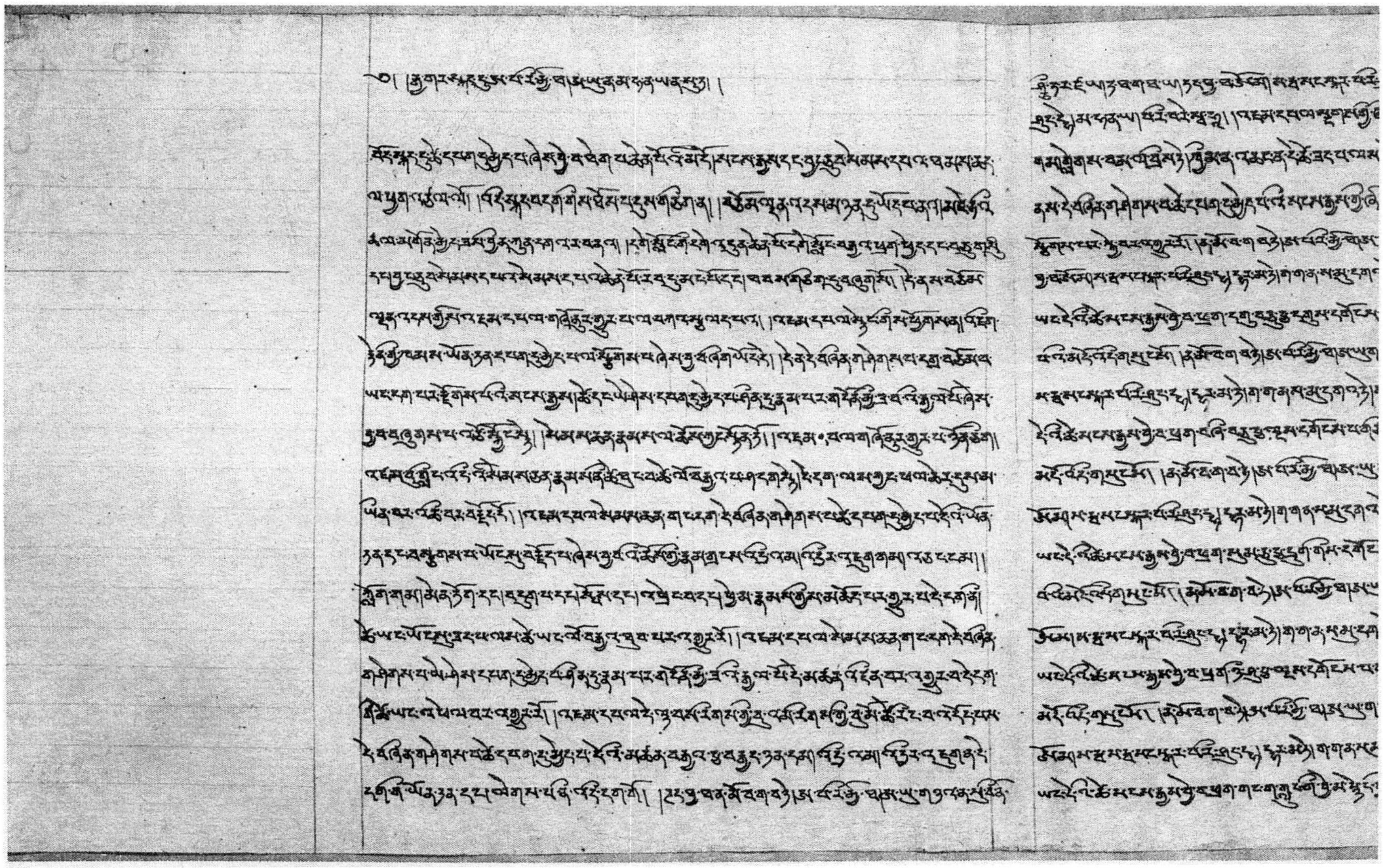

BD14652 號　藏文（無量壽宗要經甲本）　　（8–2）

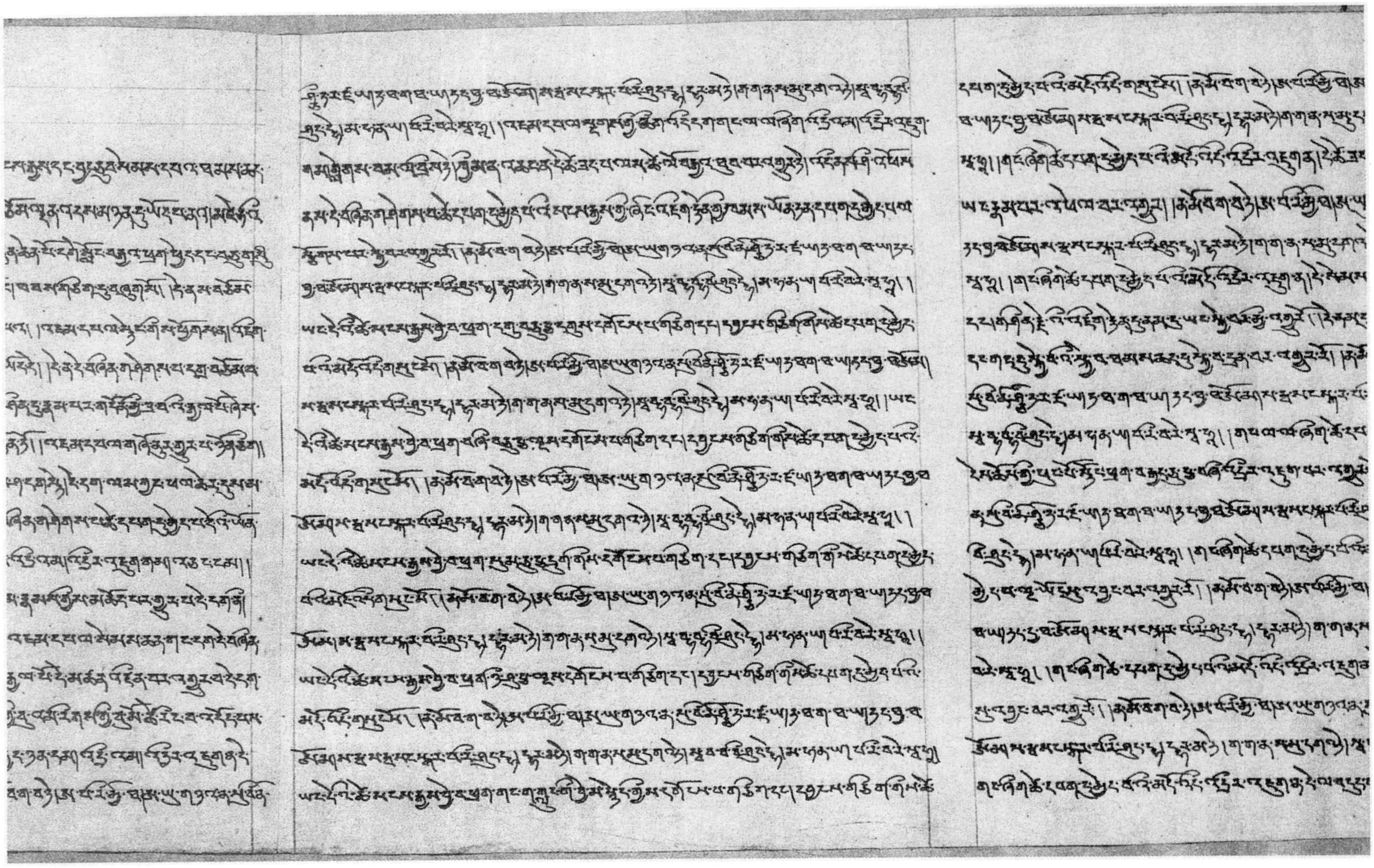

BD14652號　藏文（無量壽宗要經甲本）　　（8–3）

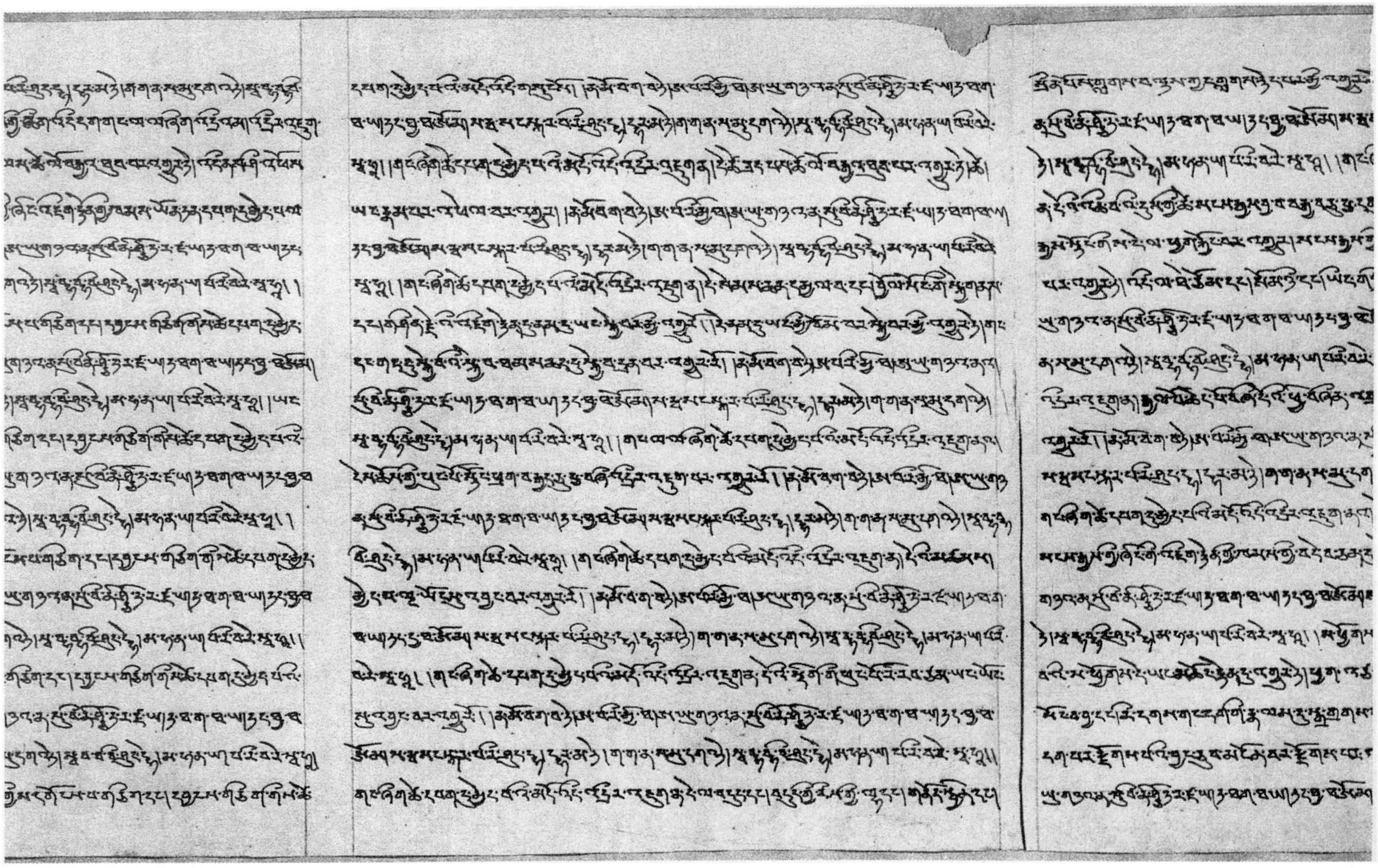

BD14652號　藏文（無量壽宗要經甲本）　　（8–4）

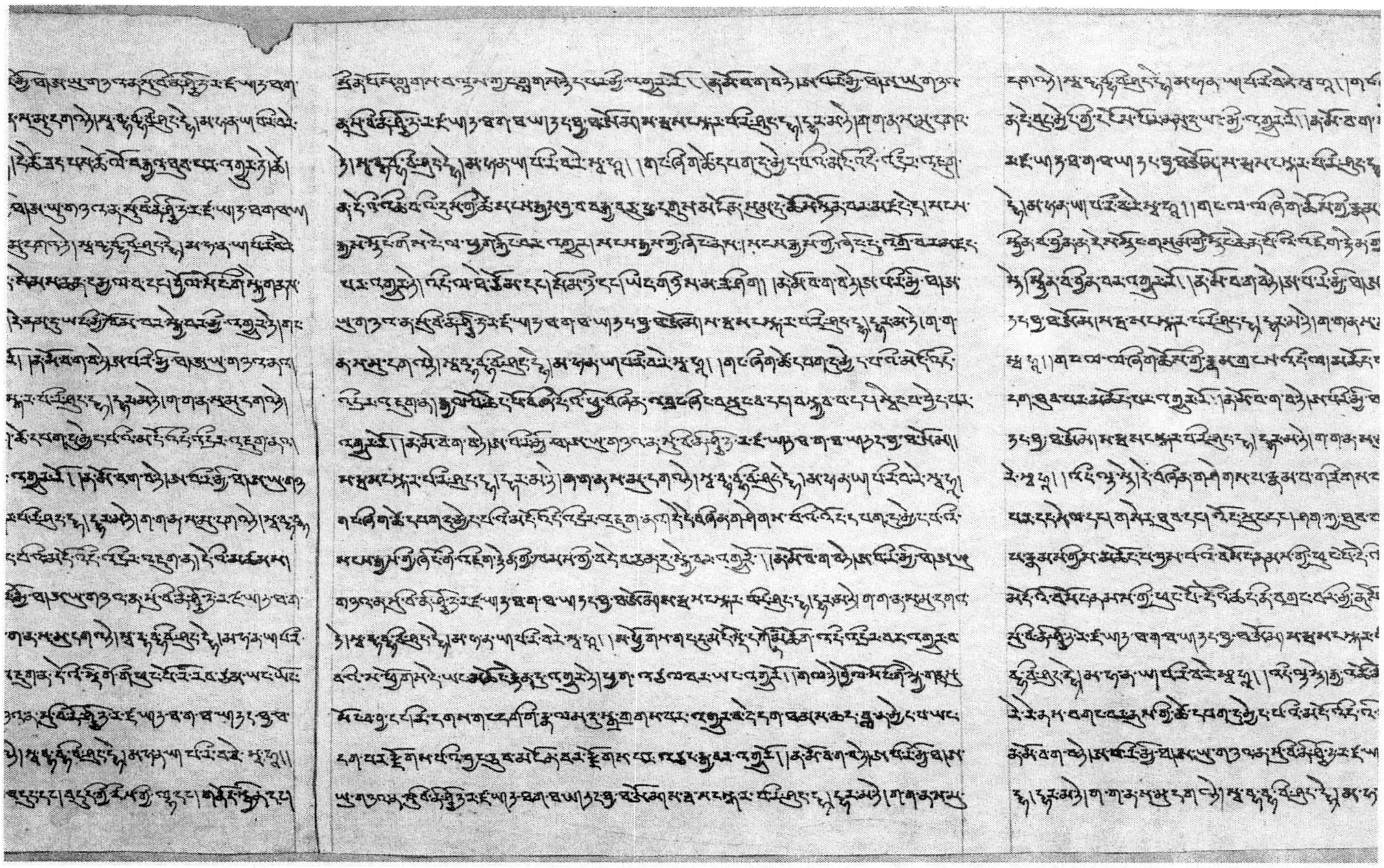

BD14652號　藏文（無量壽宗要經甲本）　　　　（8–5）

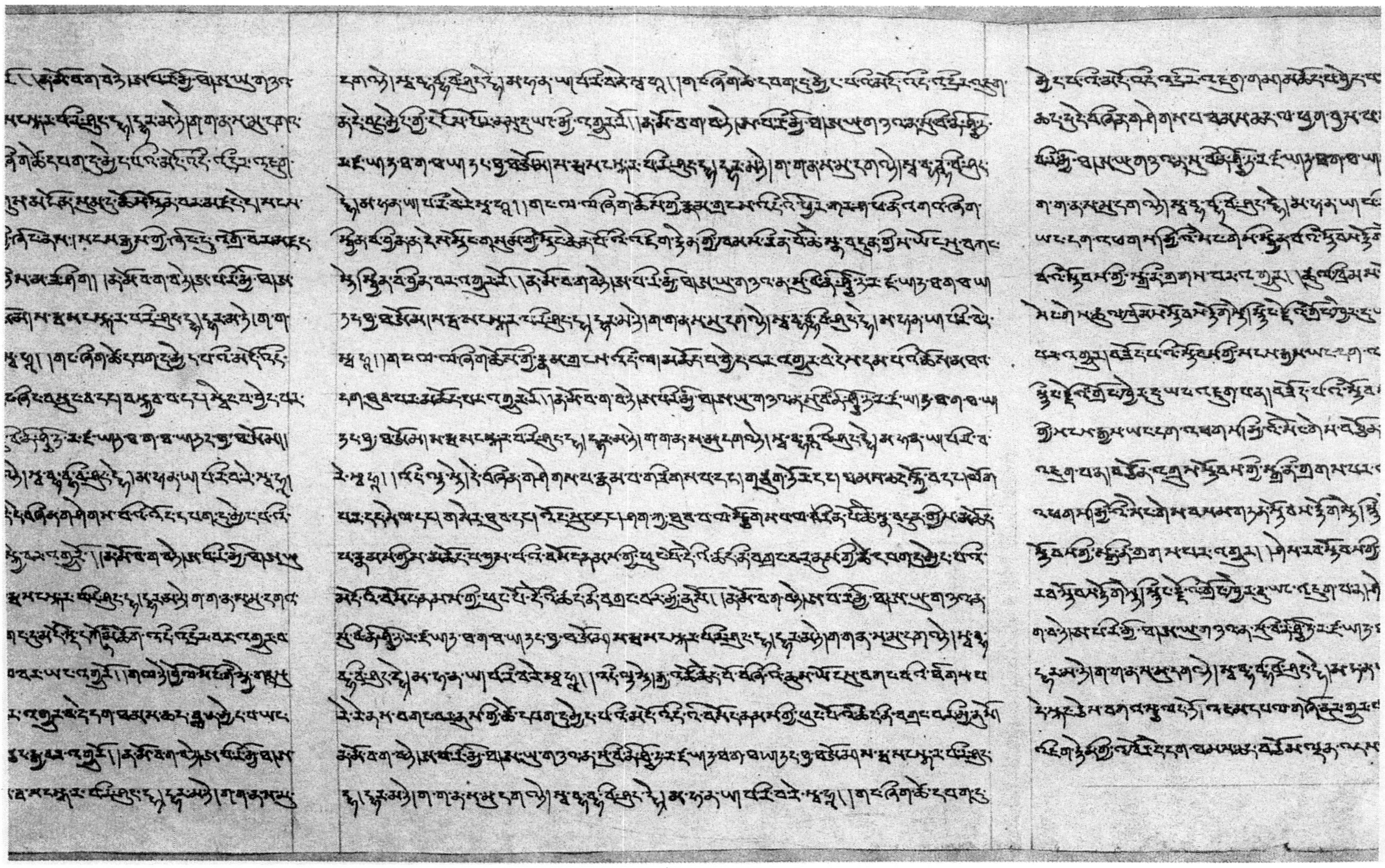

BD14652號　藏文（無量壽宗要經甲本）　　　　（8–6）

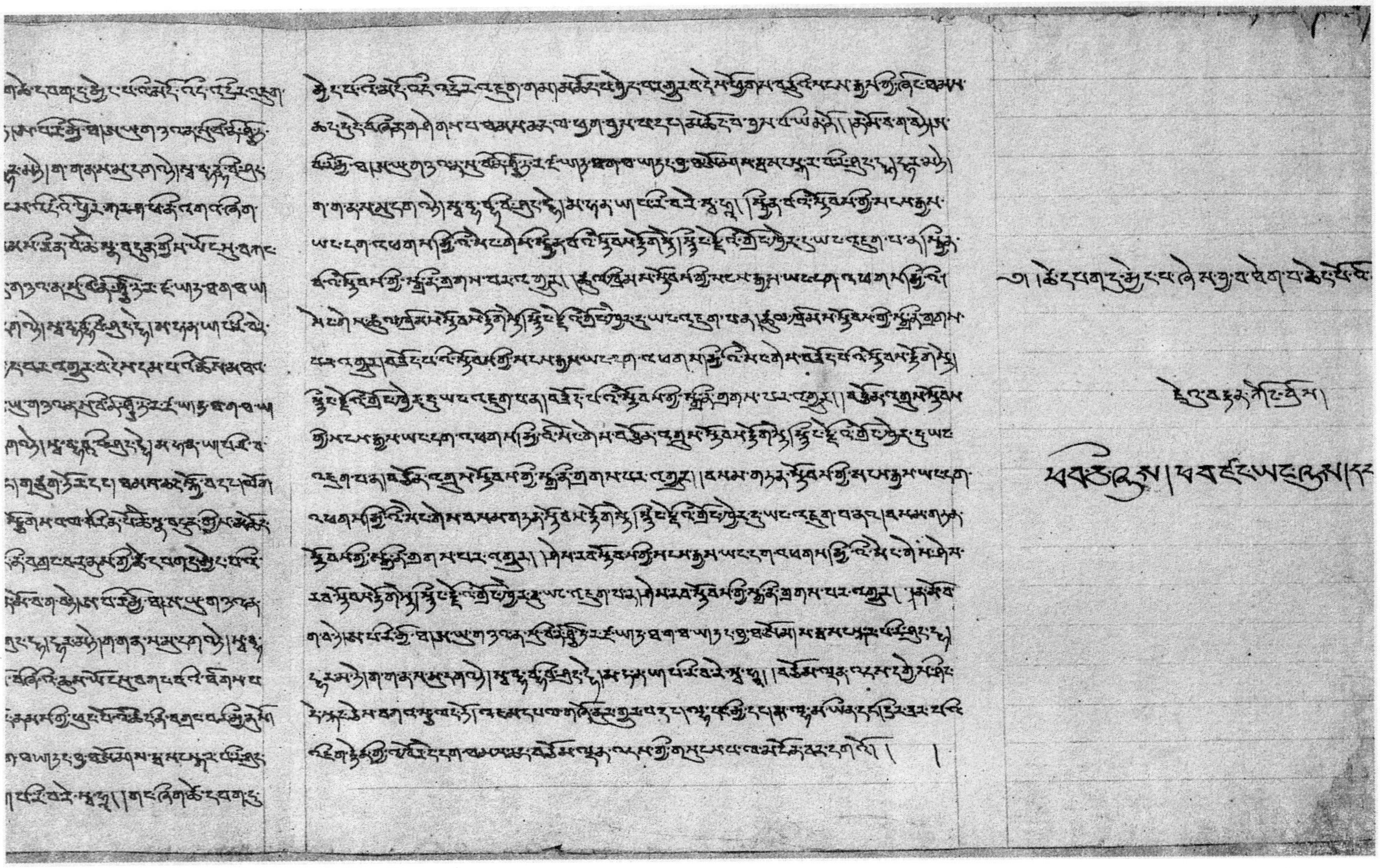

BD14652 號　藏文（無量壽宗要經甲本）　　（8–7）

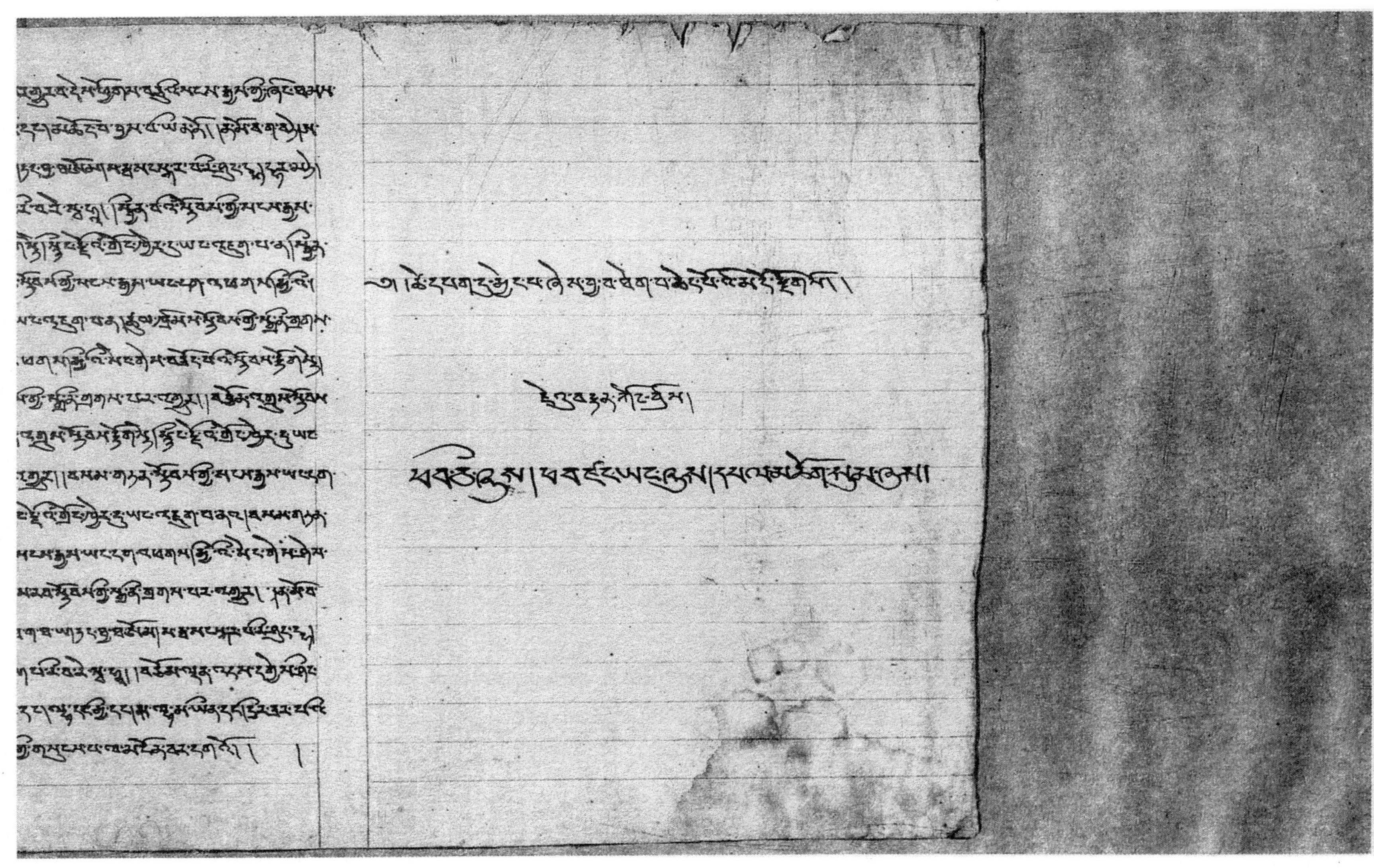

BD14652 號　藏文（無量壽宗要經甲本）　　（8–8）

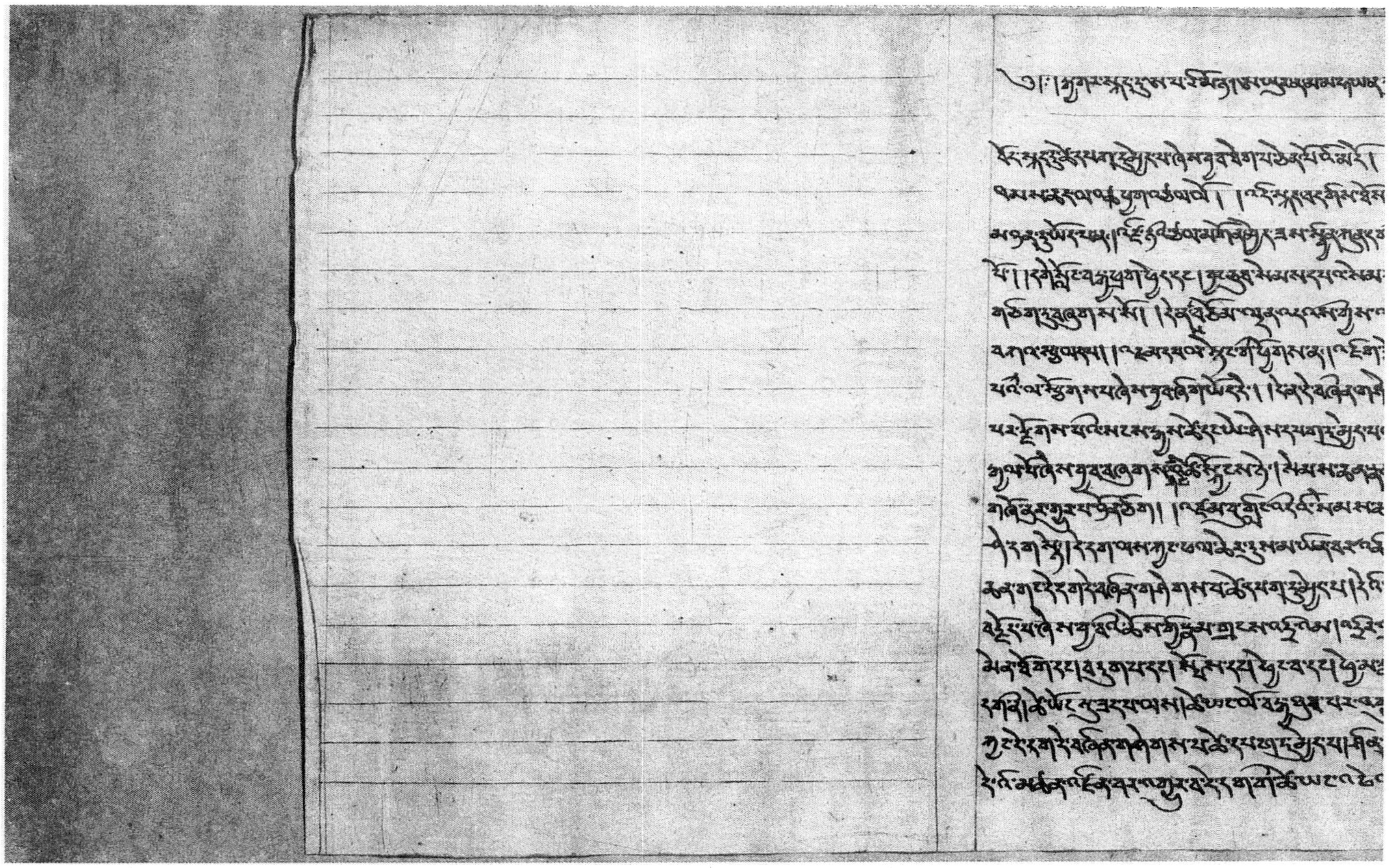

BD14653 號　藏文（無量壽宗要經乙本）　　（8–1）

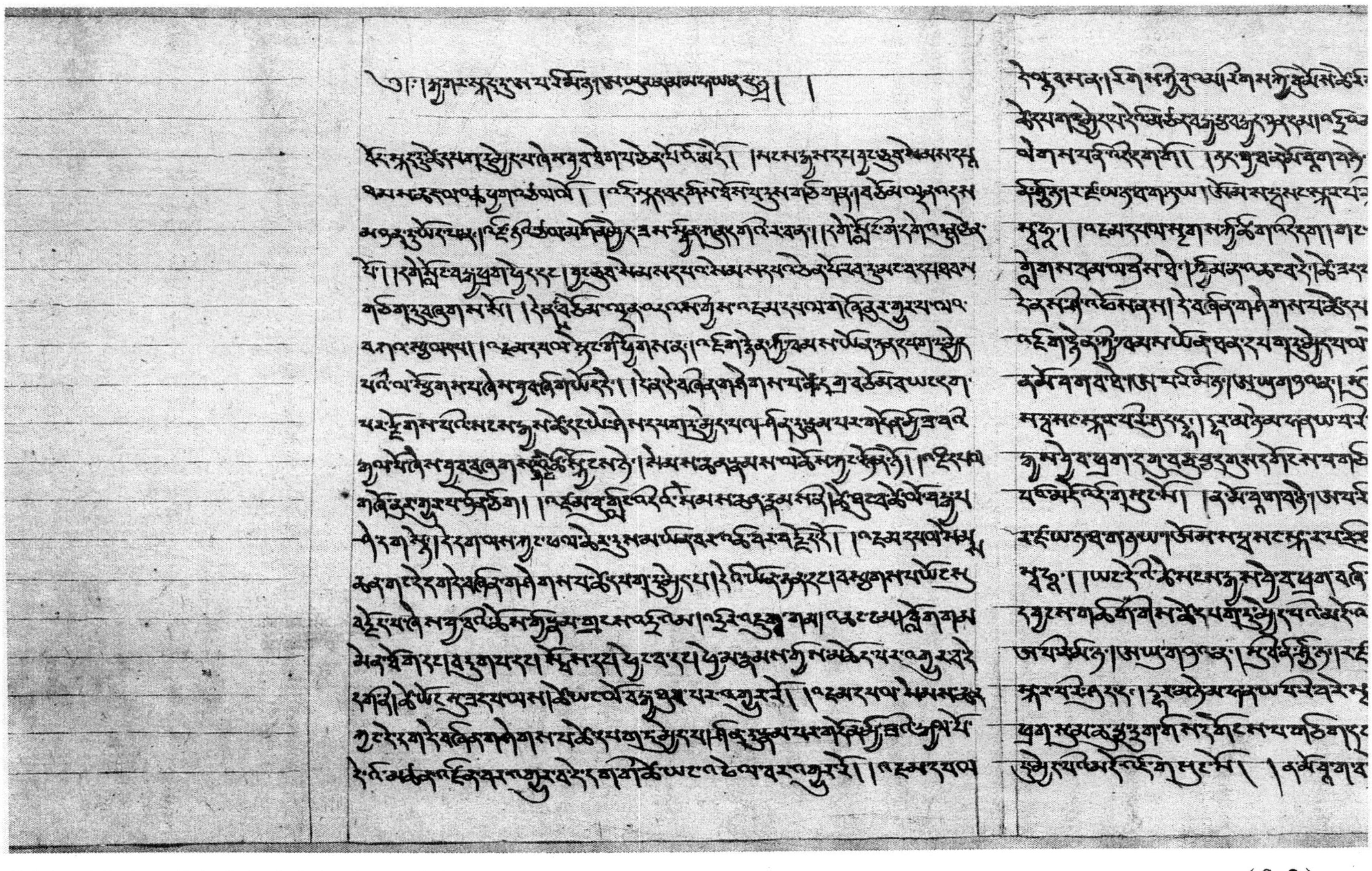

BD14653 號　藏文（無量壽宗要經乙本）　　（8–2）

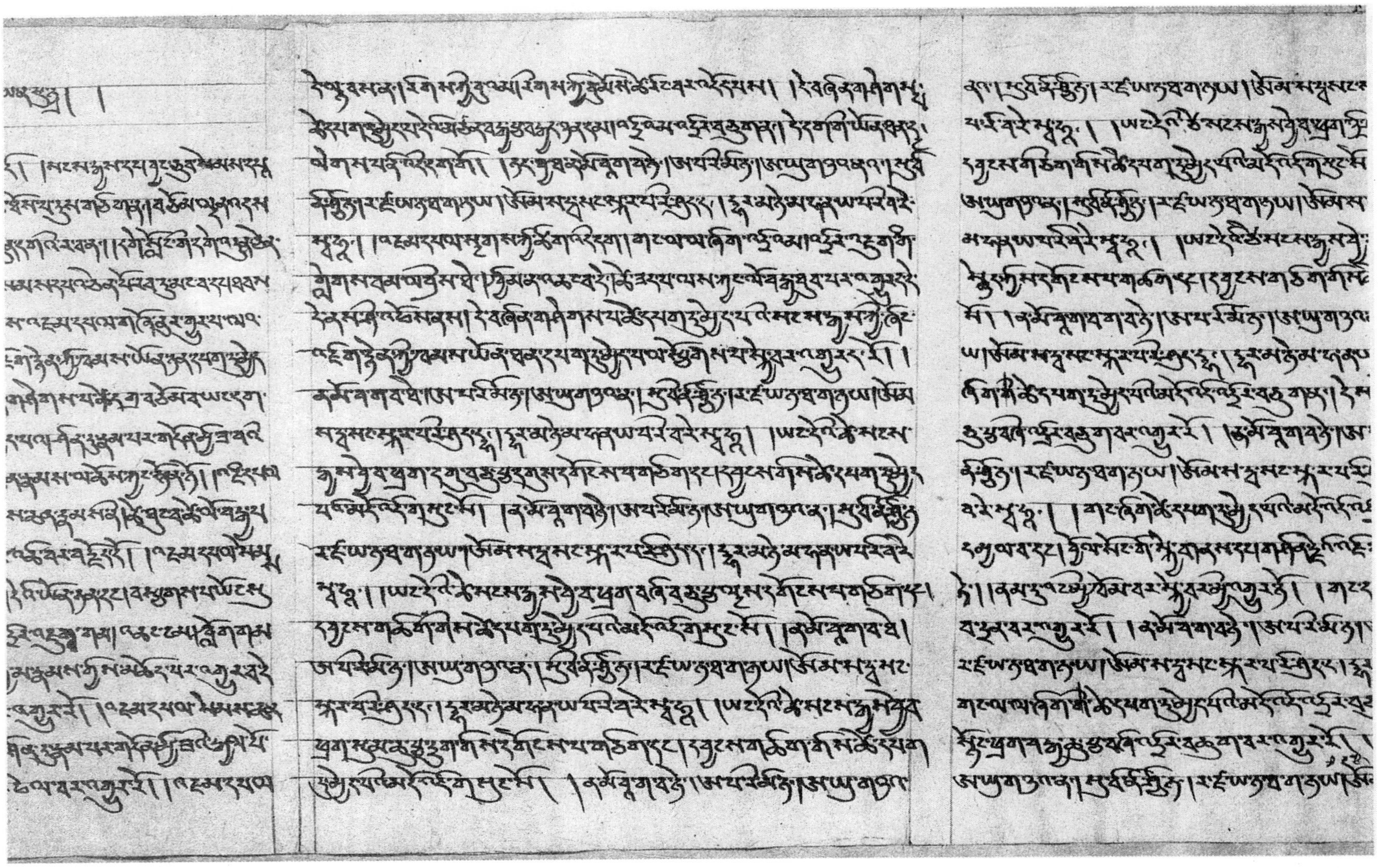

BD14653號　藏文(無量壽宗要經乙本)　　(8–3)

BD14653號　藏文(無量壽宗要經乙本)　　(8–4)

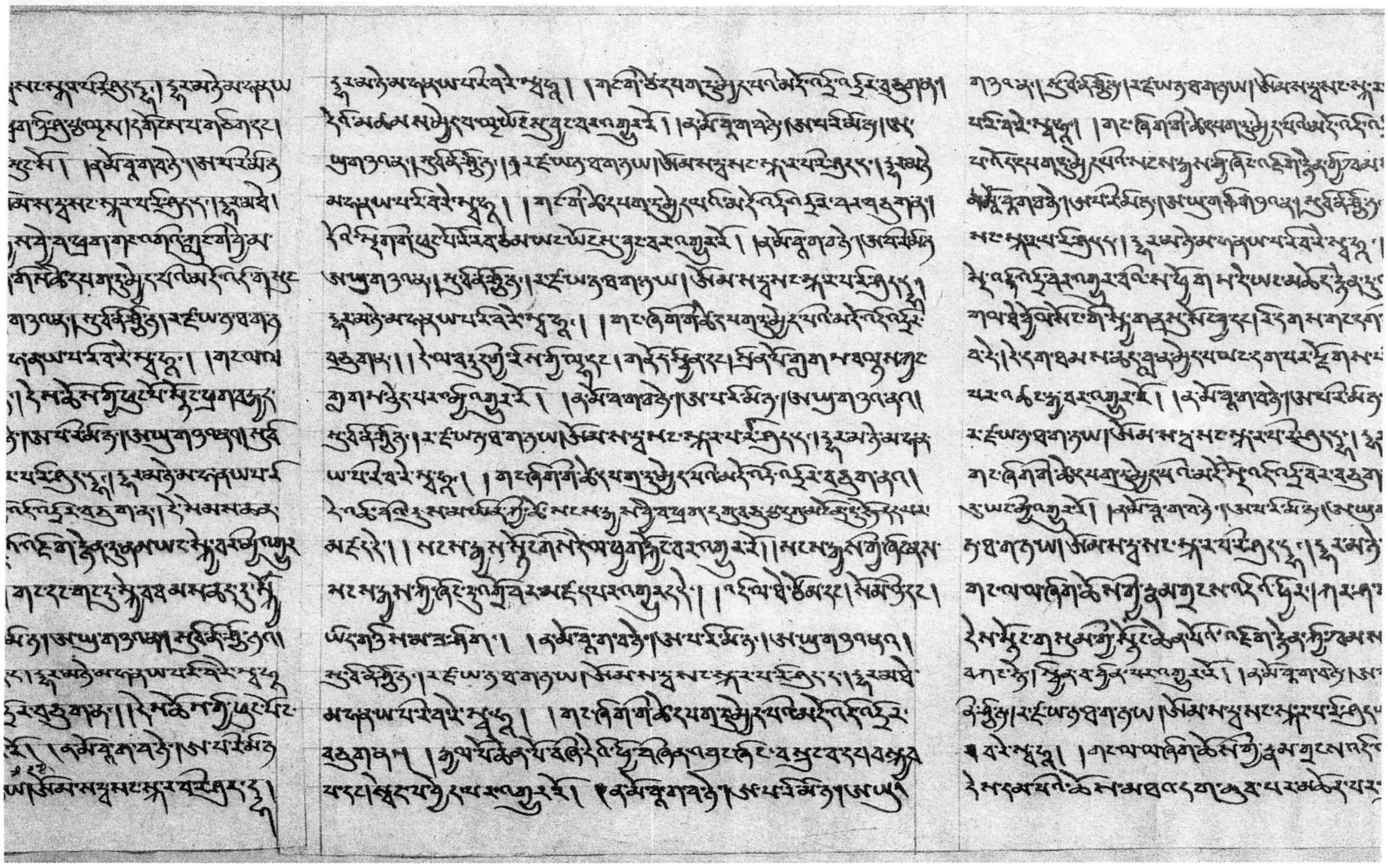

BD14653號　藏文（無量壽宗要經乙本）　　（8–5）

BD14653號　藏文（無量壽宗要經乙本）　　（8–6）

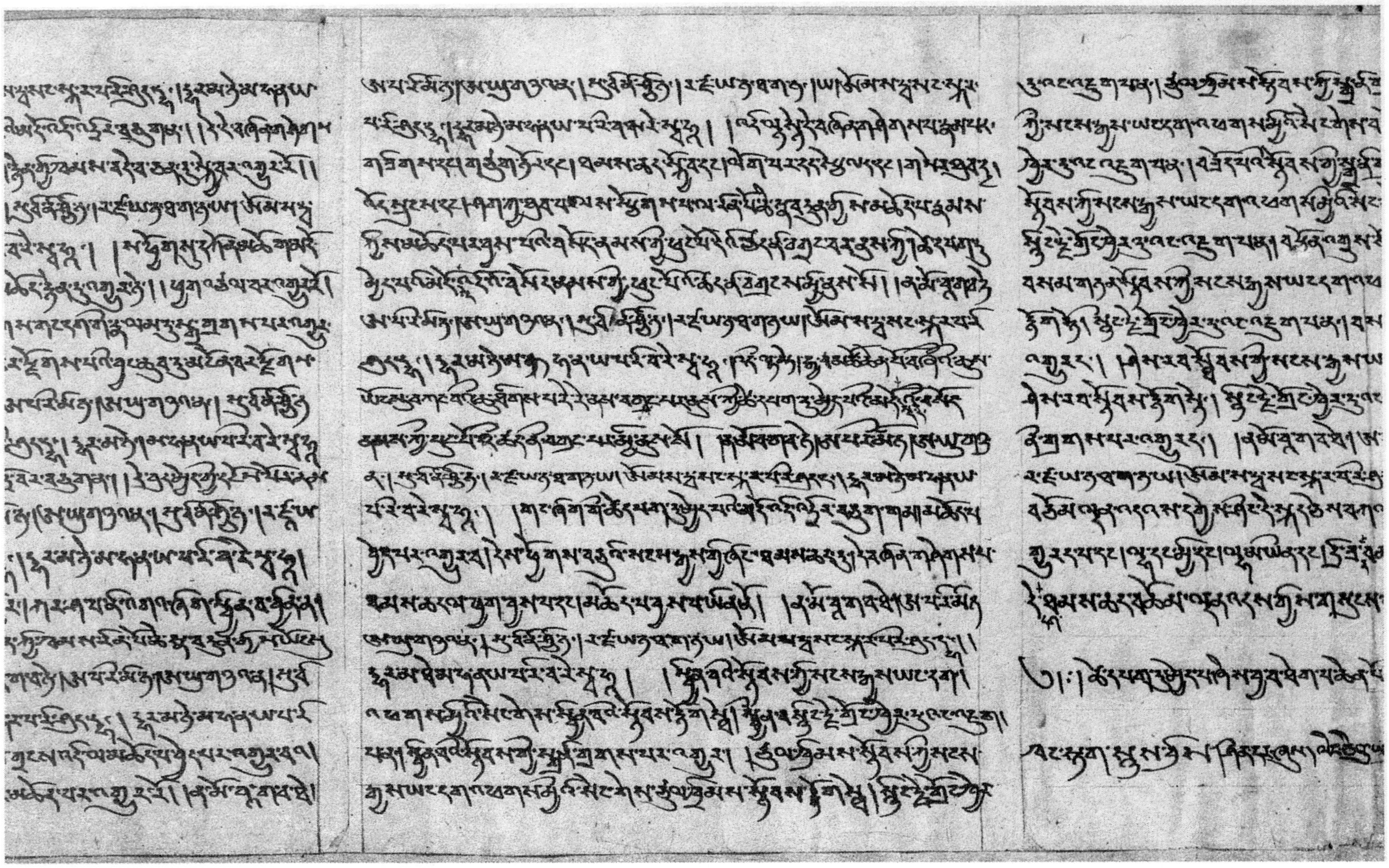

BD14653 號　藏文（無量壽宗要經乙本）　　（8–7）

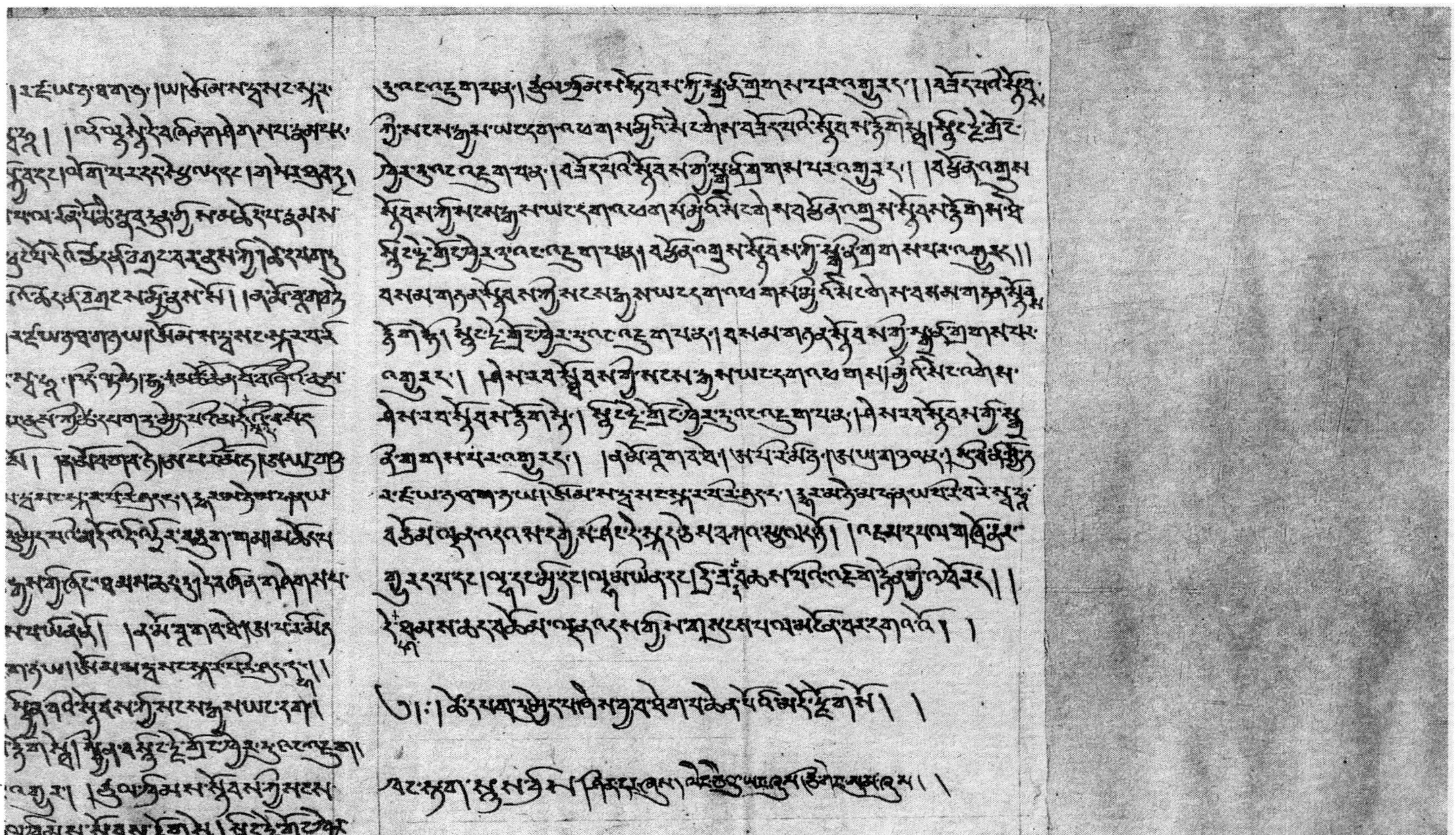

BD14653 號　藏文（無量壽宗要經乙本）　　（8–8）

BD14654號　藏文（無量壽宗要經甲本）　　（6–1）

BD14654號　藏文（無量壽宗要經甲本）　　（6–2）

BD14654 號　藏文（無量壽宗要經甲本）　（6–3）

BD14654 號　藏文（無量壽宗要經甲本）　（6–4）

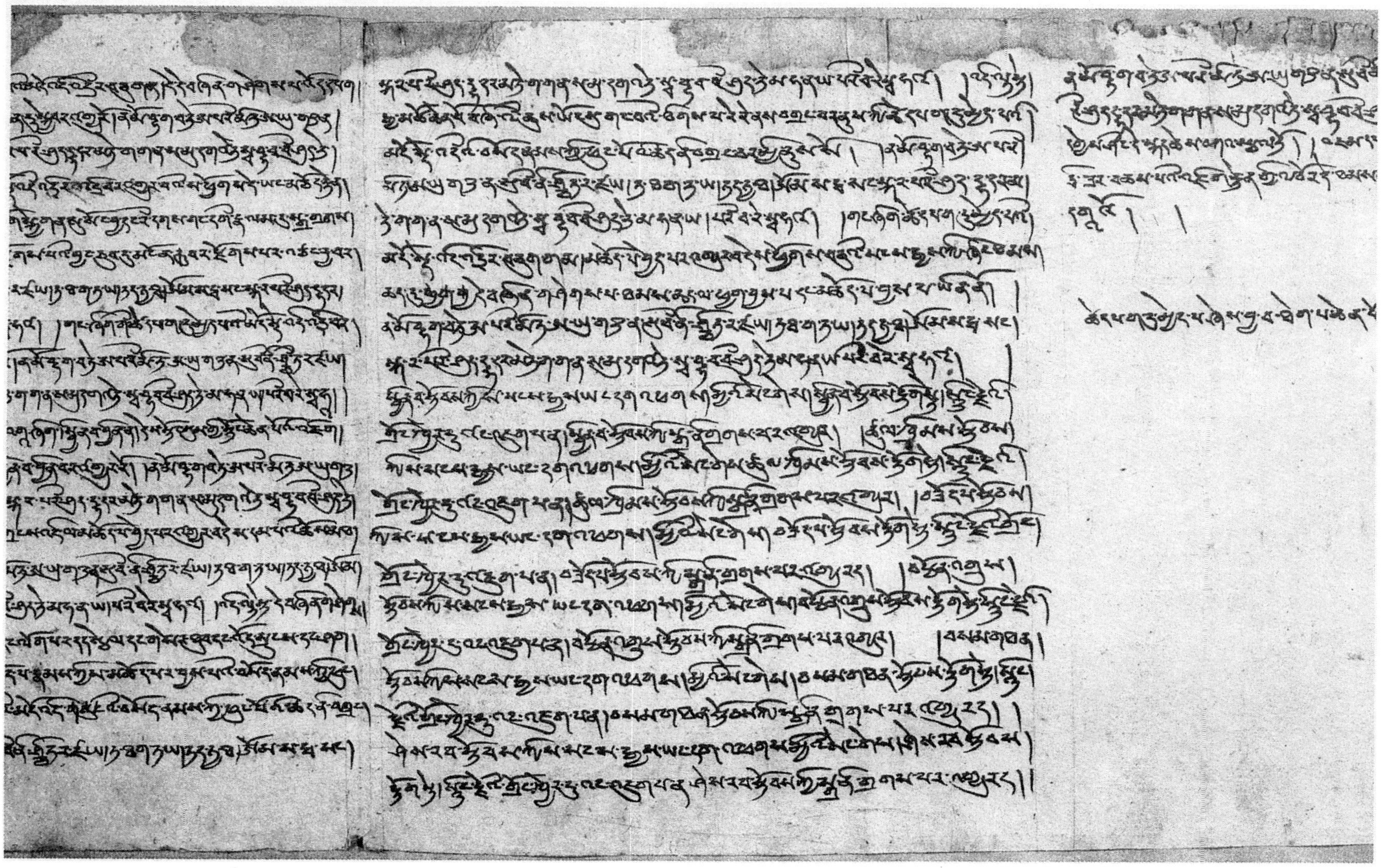

BD14654號　藏文（無量壽宗要經甲本）　　（6–5）

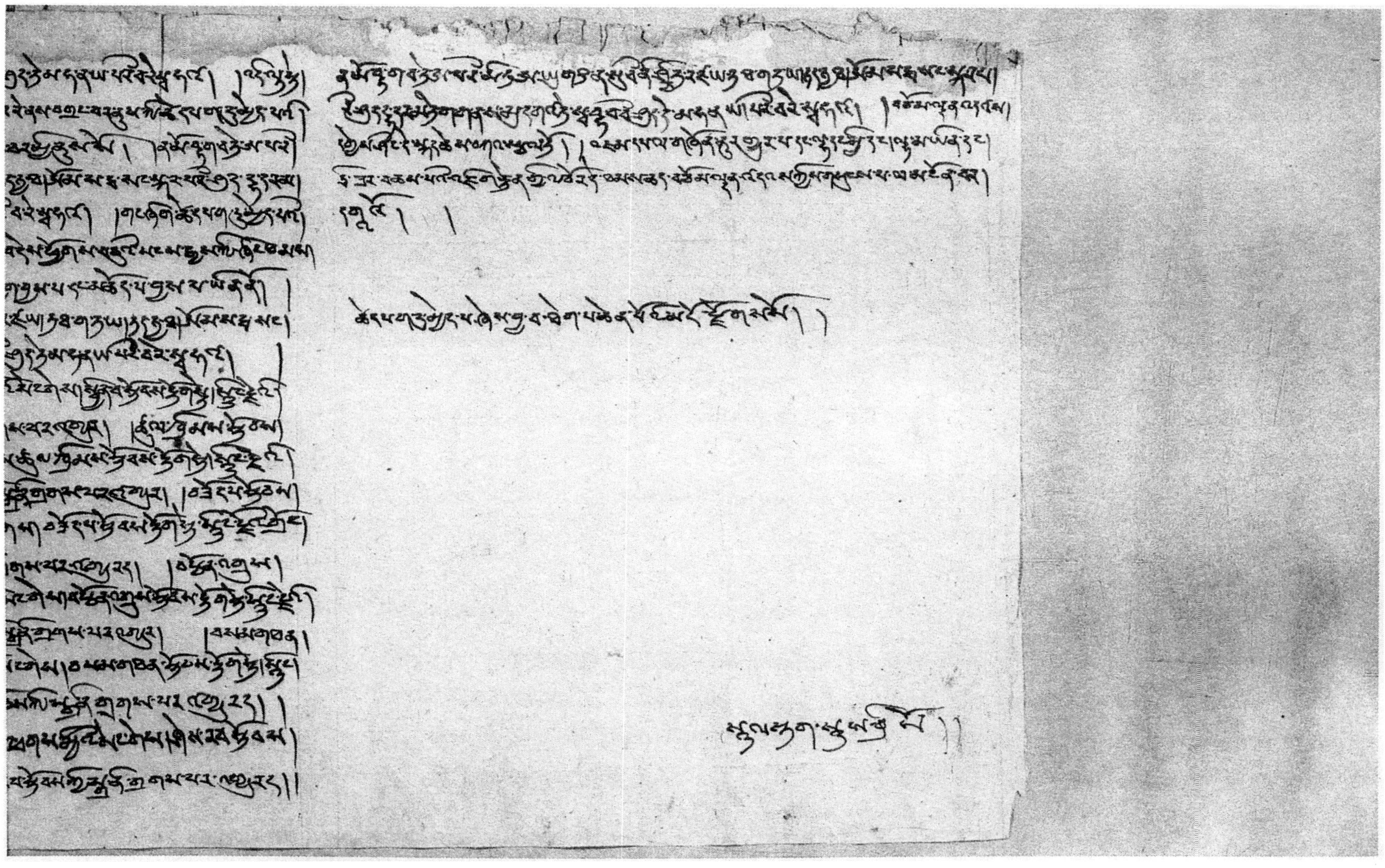

BD14654號　藏文（無量壽宗要經甲本）　　（6–6）

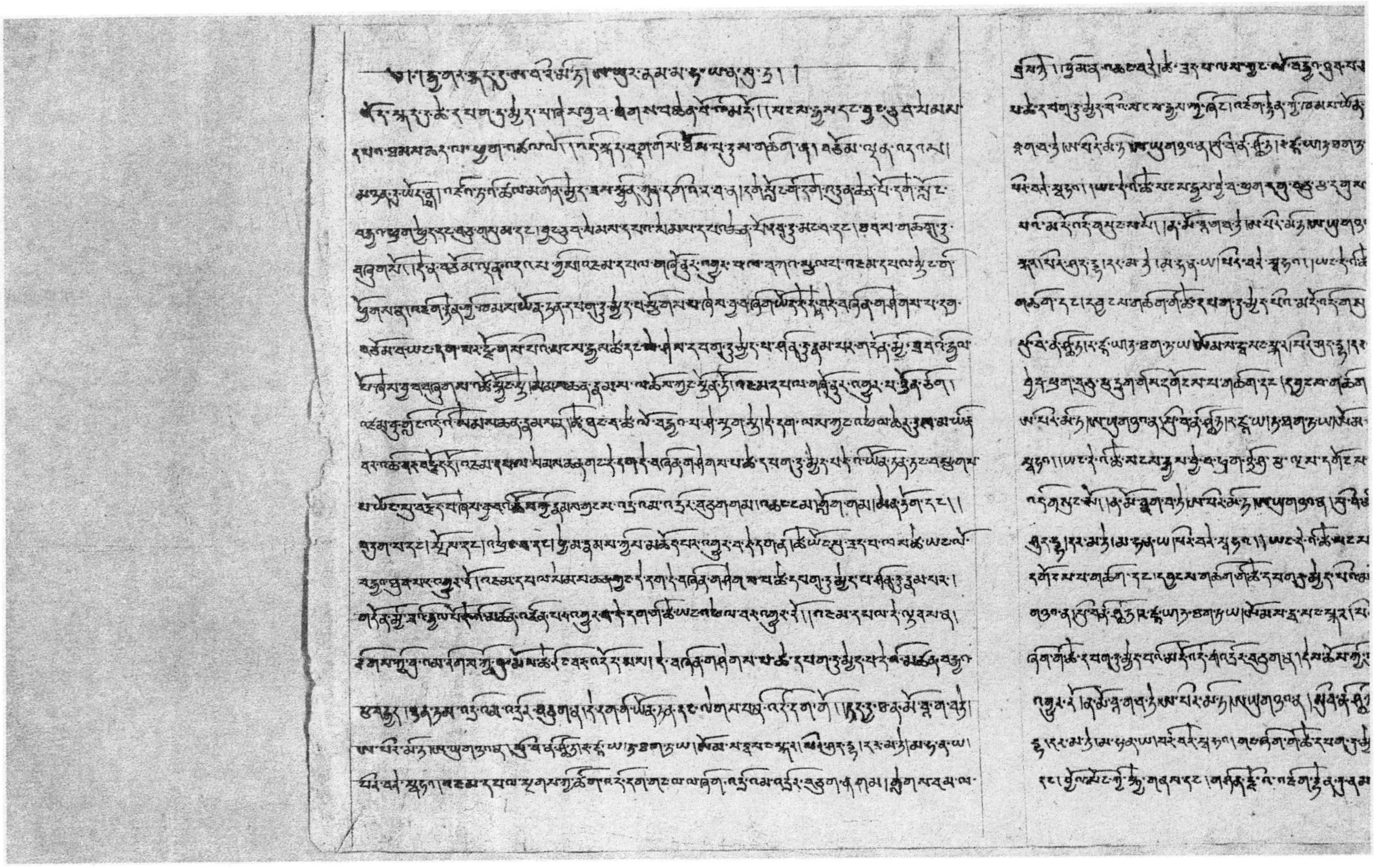

BD14655號　藏文（無量壽宗要經乙本）　（6–1）

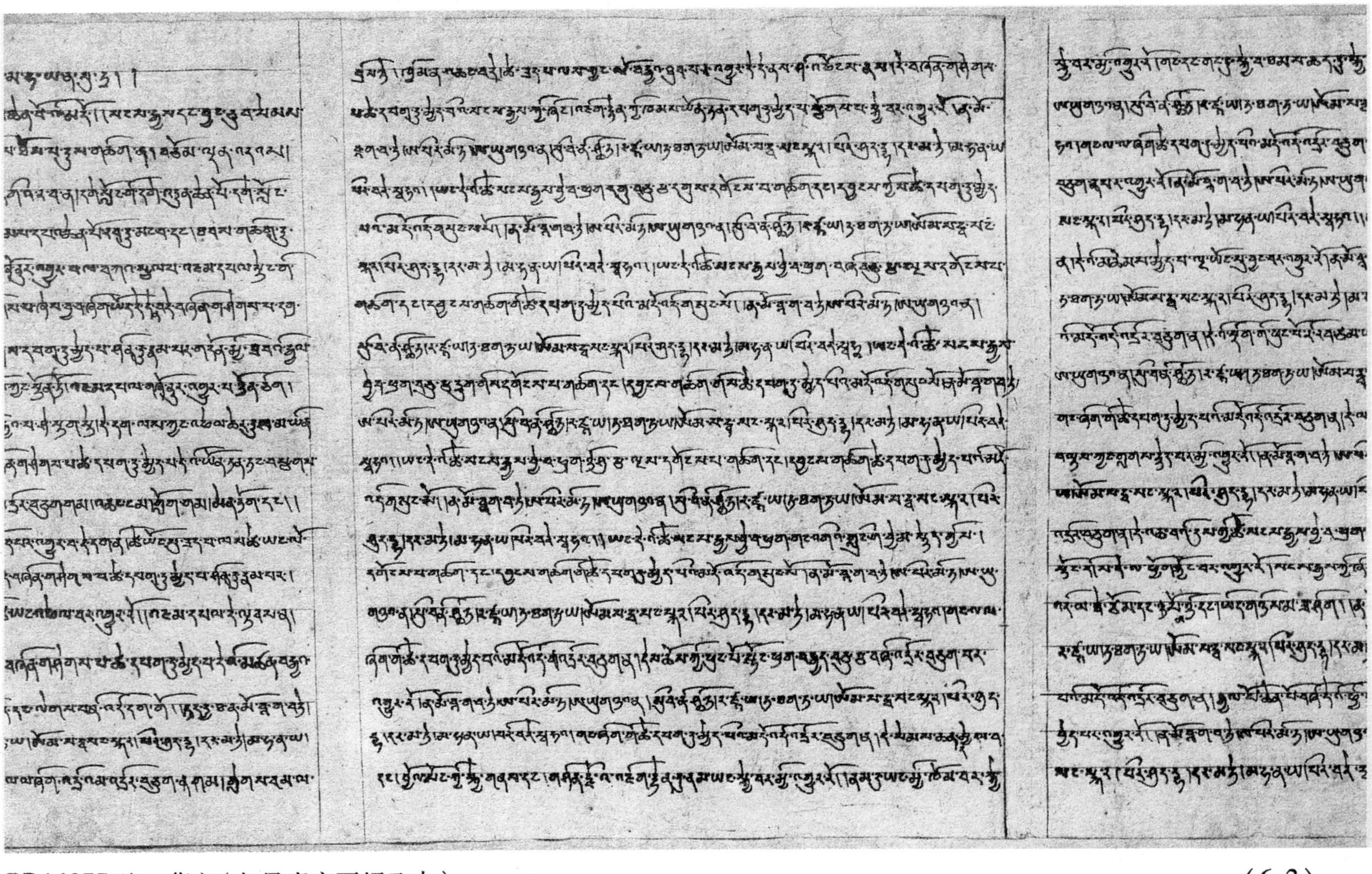

BD14655號　藏文（無量壽宗要經乙本）　（6–2）

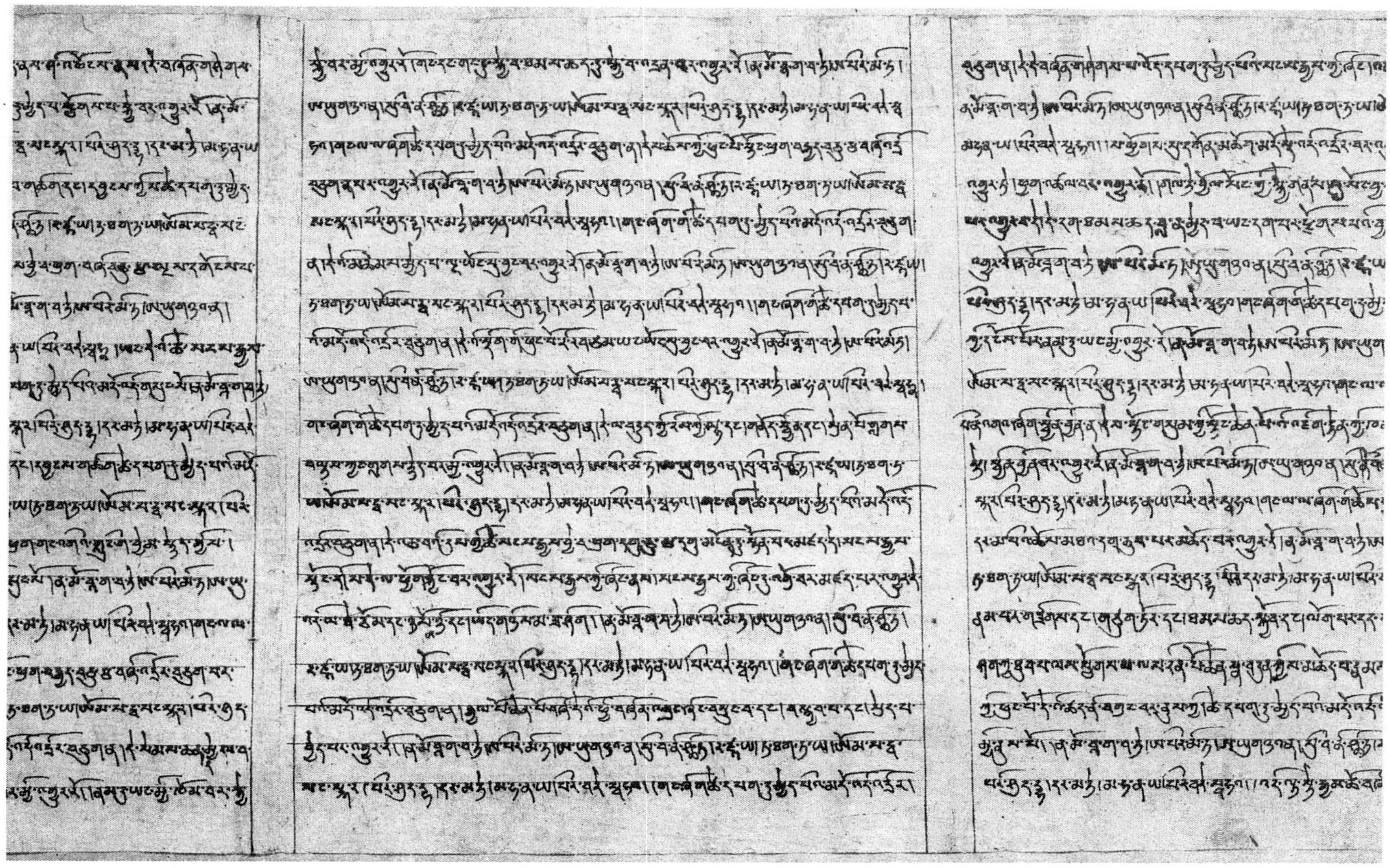

BD14655 號　藏文（無量壽宗要經乙本）　　（6–3）

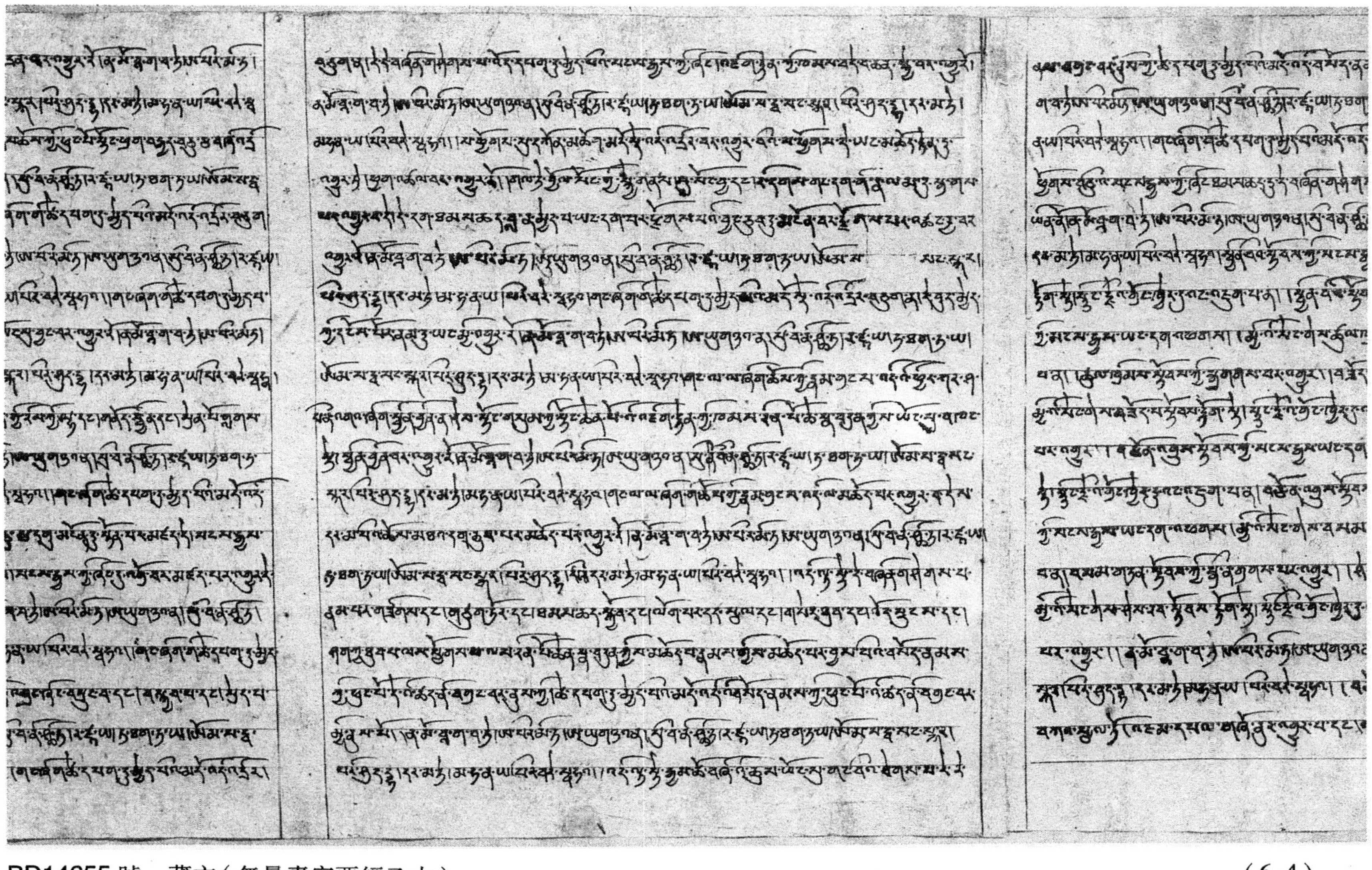

BD14655 號　藏文（無量壽宗要經乙本）　　（6–4）

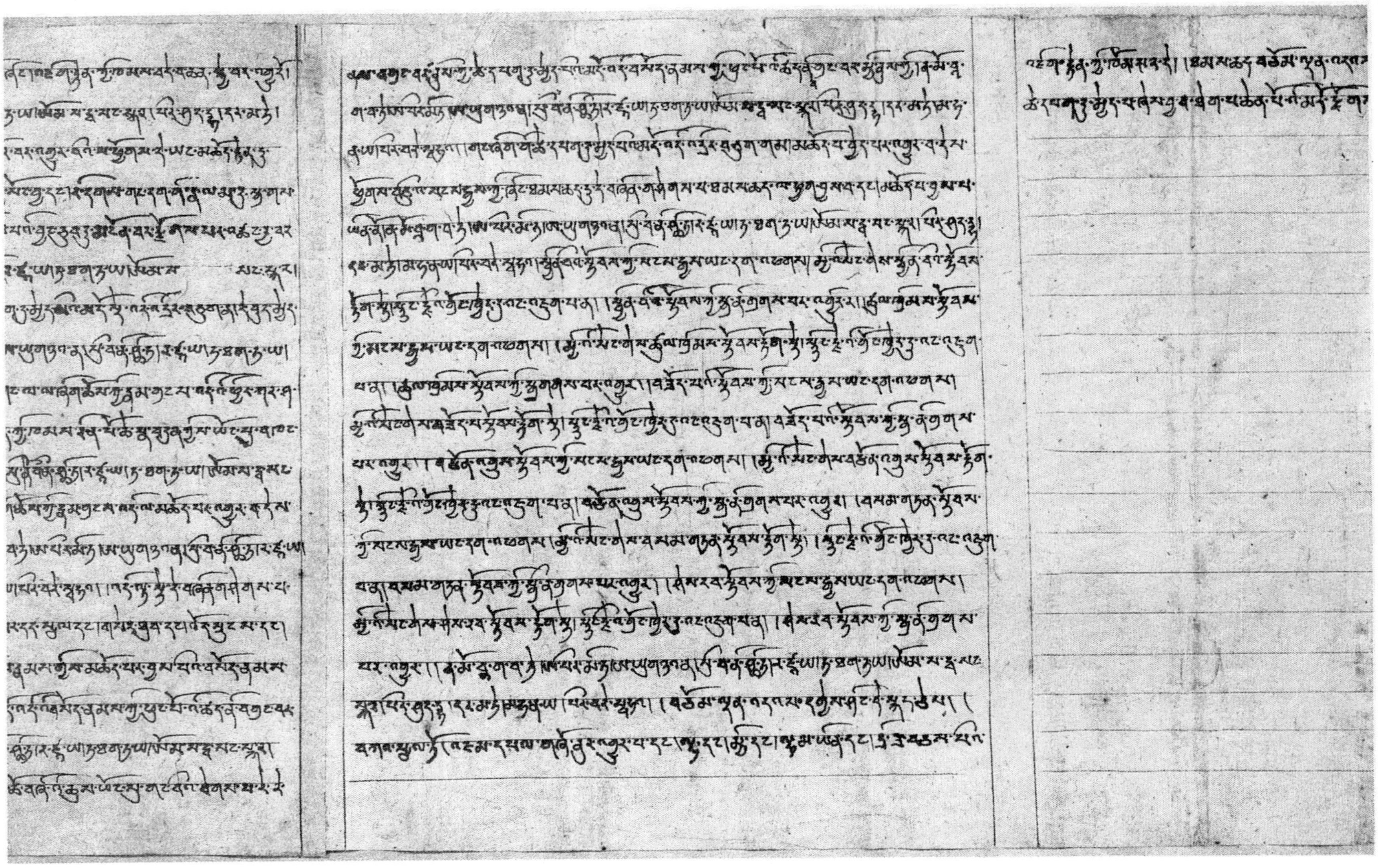

BD14655 號　藏文（無量壽宗要經乙本）　　（6–5）

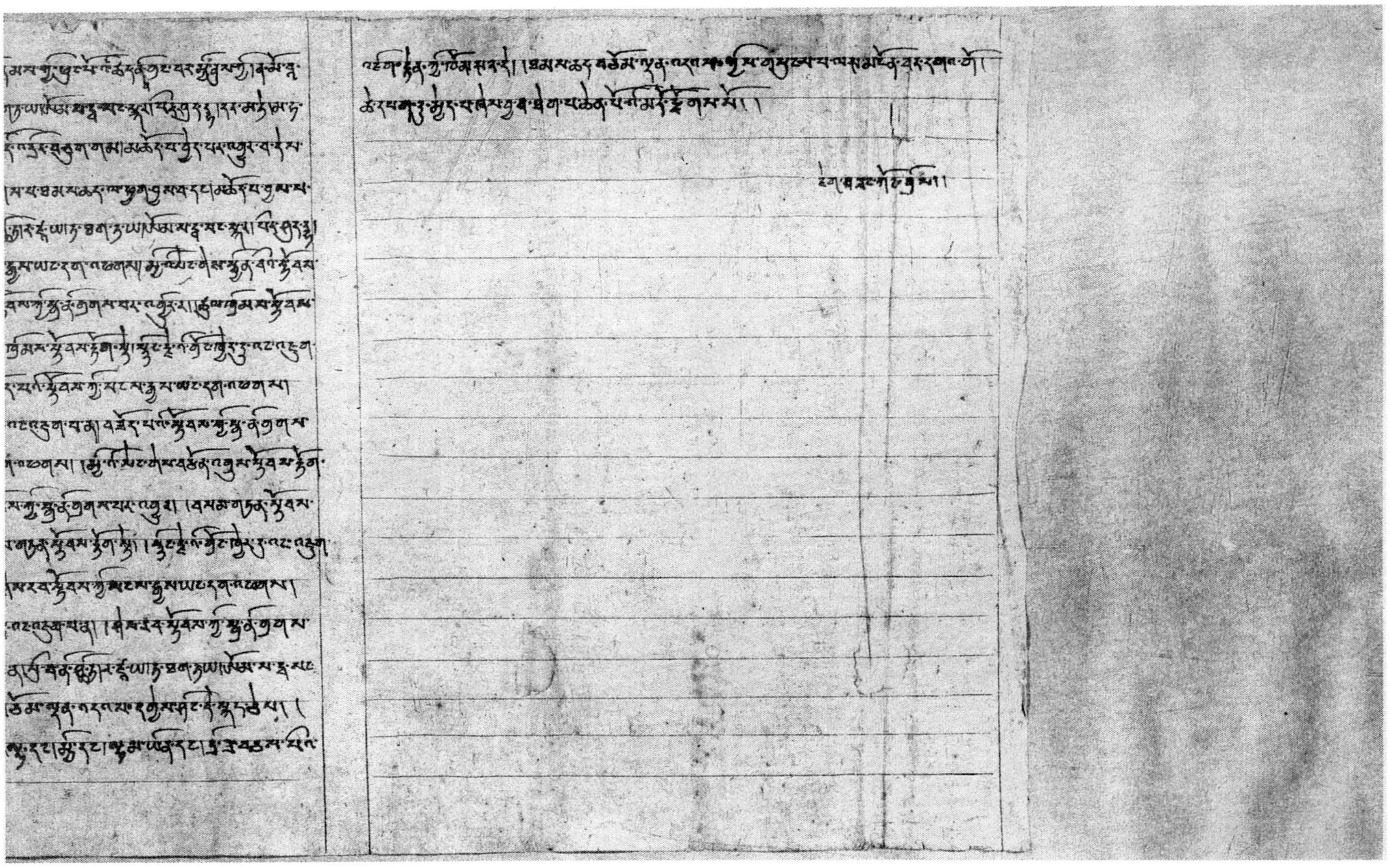

BD14655 號　藏文（無量壽宗要經乙本）　　（6–6）

BD14656 號　藏文（無量壽宗要經甲本）　（6–1）

BD14656 號　藏文（無量壽宗要經甲本）　（6–2）

BD14656 號　藏文（無量壽宗要經甲本）　　（6–3）

BD14656 號　藏文（無量壽宗要經甲本）　　（6–4）

BD14656 號　藏文（無量壽宗要經甲本）　（6–5）

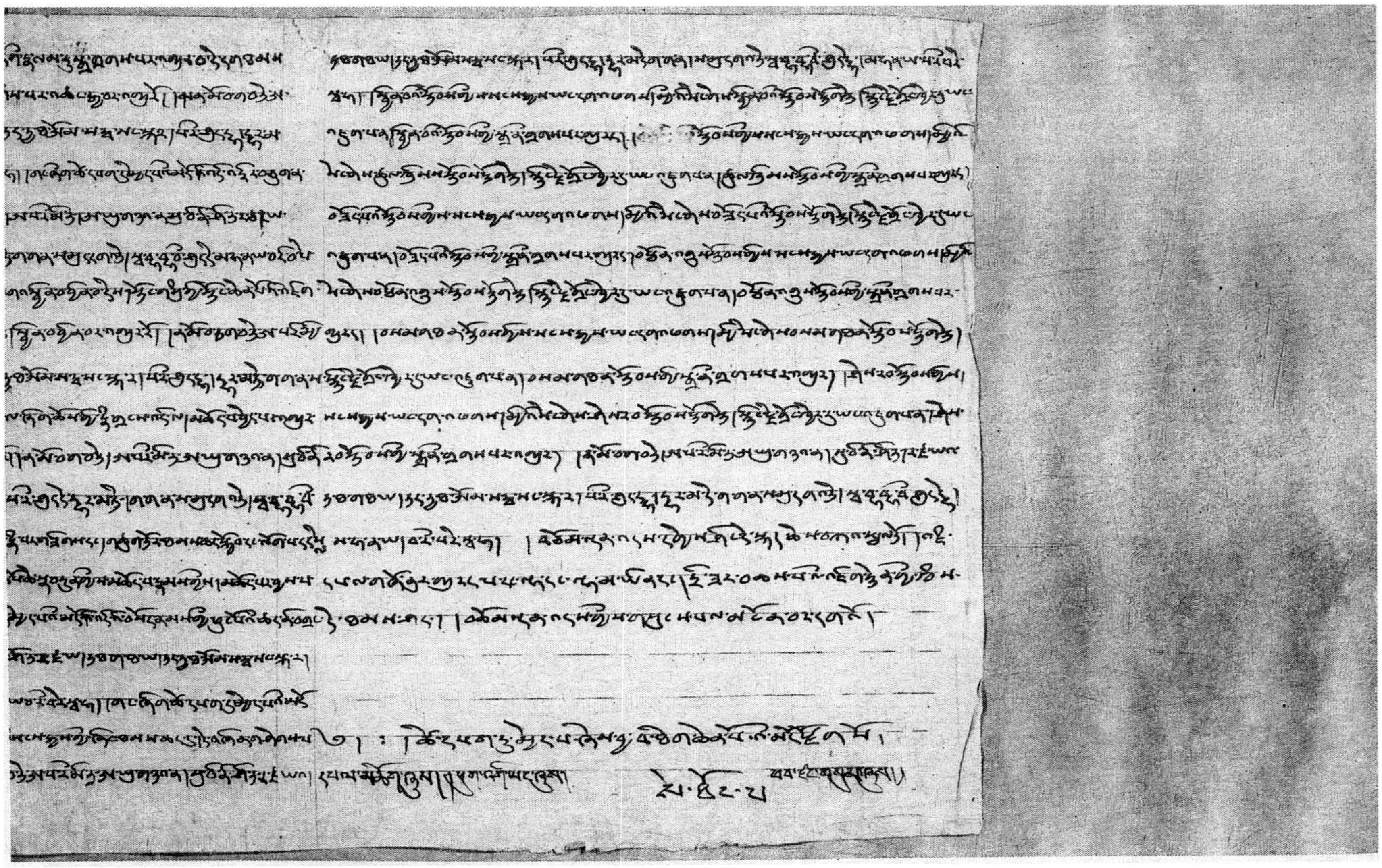

BD14656 號　藏文（無量壽宗要經甲本）　（6–6）

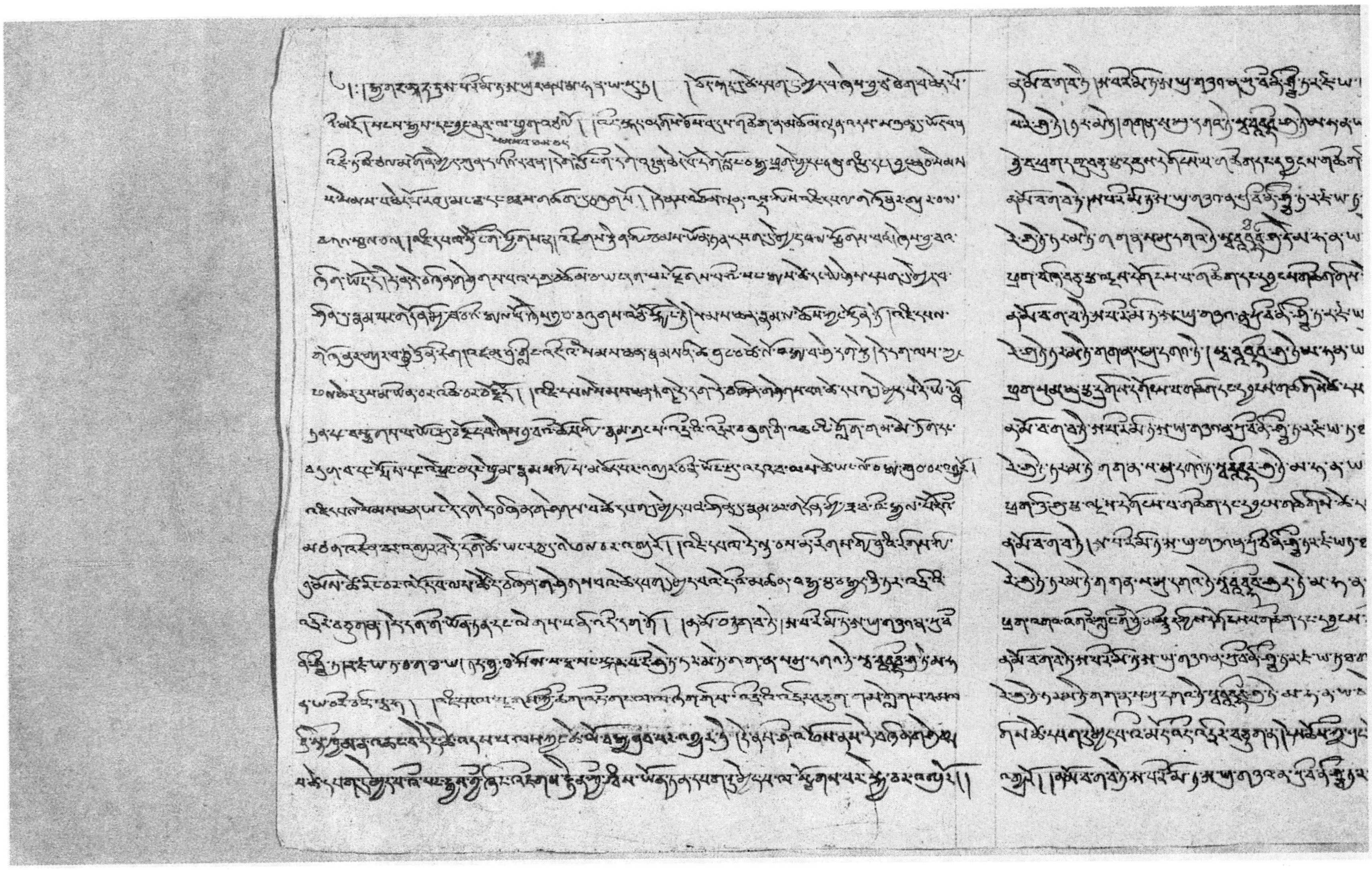

BD14657 號　藏文（無量壽宗要經甲本）　（6–1）

BD14657 號　藏文（無量壽宗要經甲本）　（6–2）

BD14657 號 藏文（無量壽宗要經甲本） （6–3）

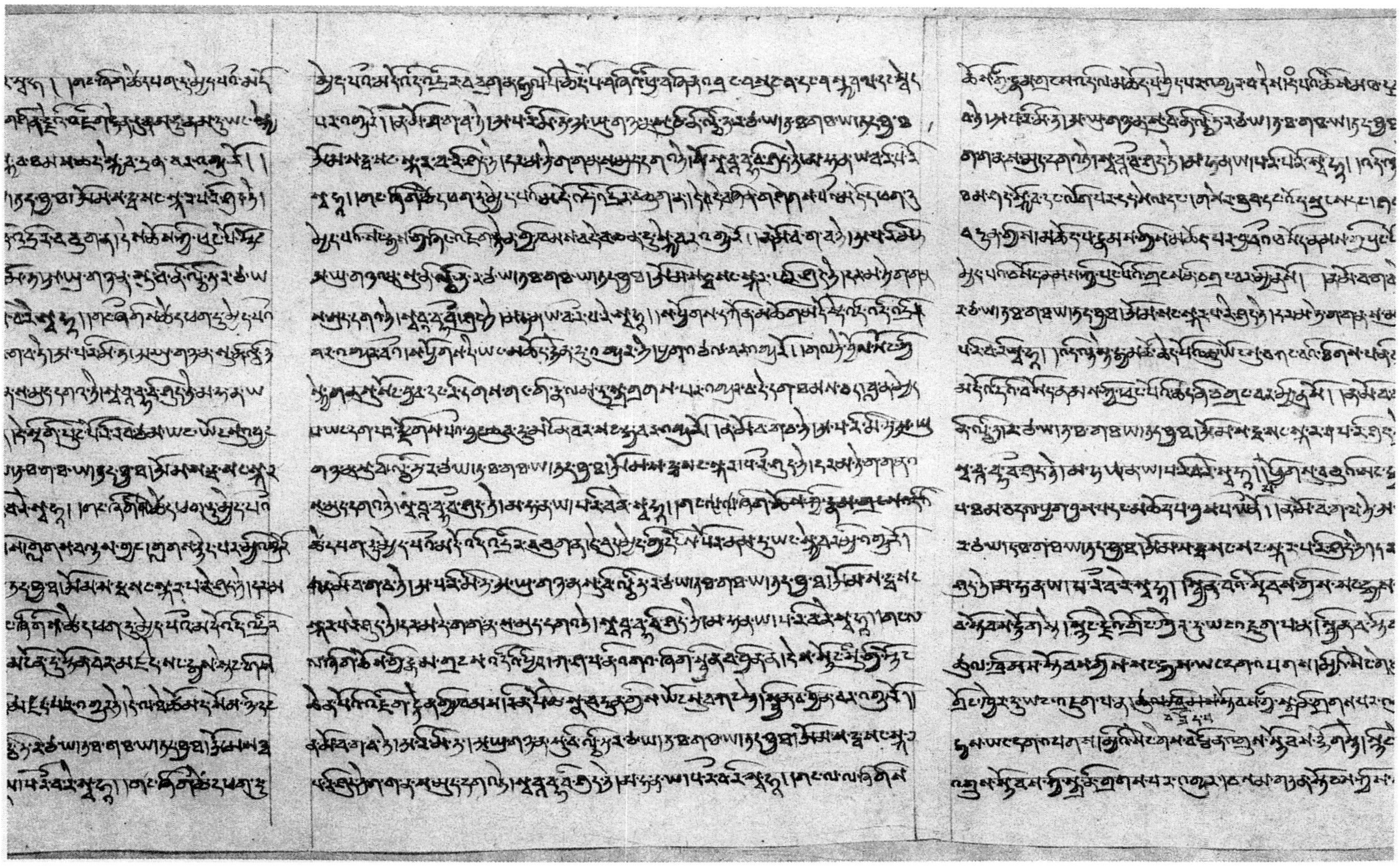

BD14657 號 藏文（無量壽宗要經甲本） （6–4）

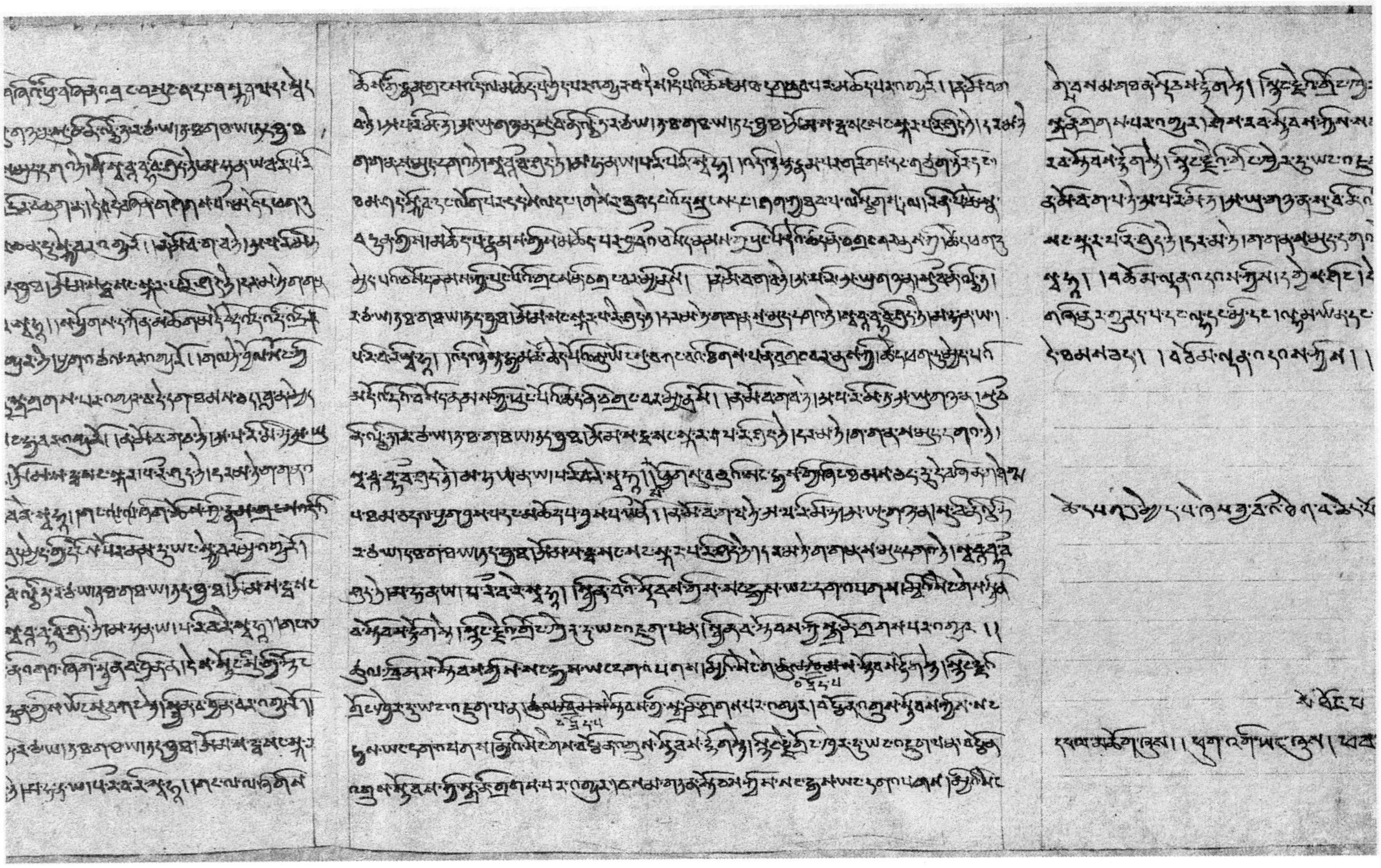

BD14657 號　藏文（無量壽宗要經甲本）　　（6–5）

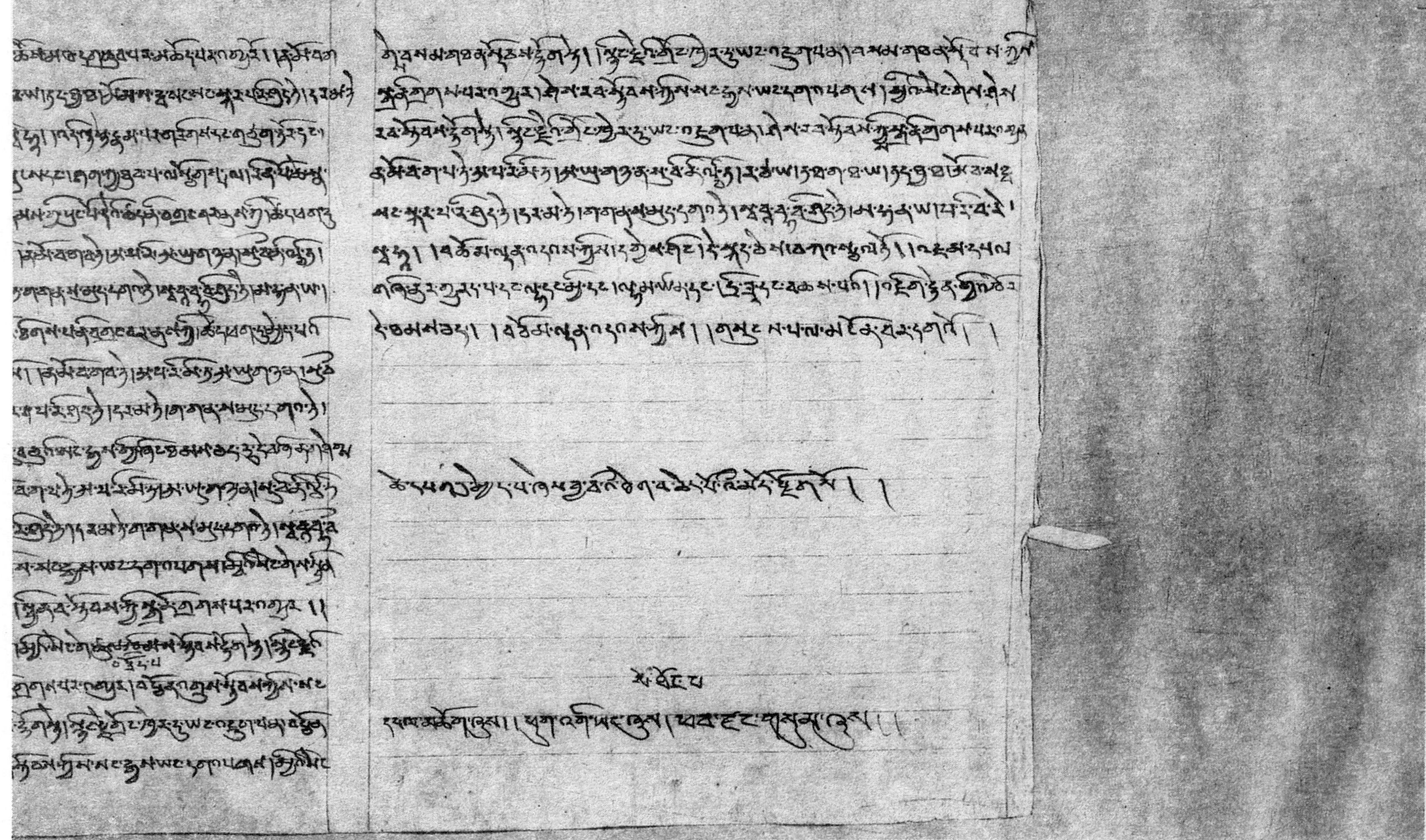

BD14657 號　藏文（無量壽宗要經甲本）　　（6–6）

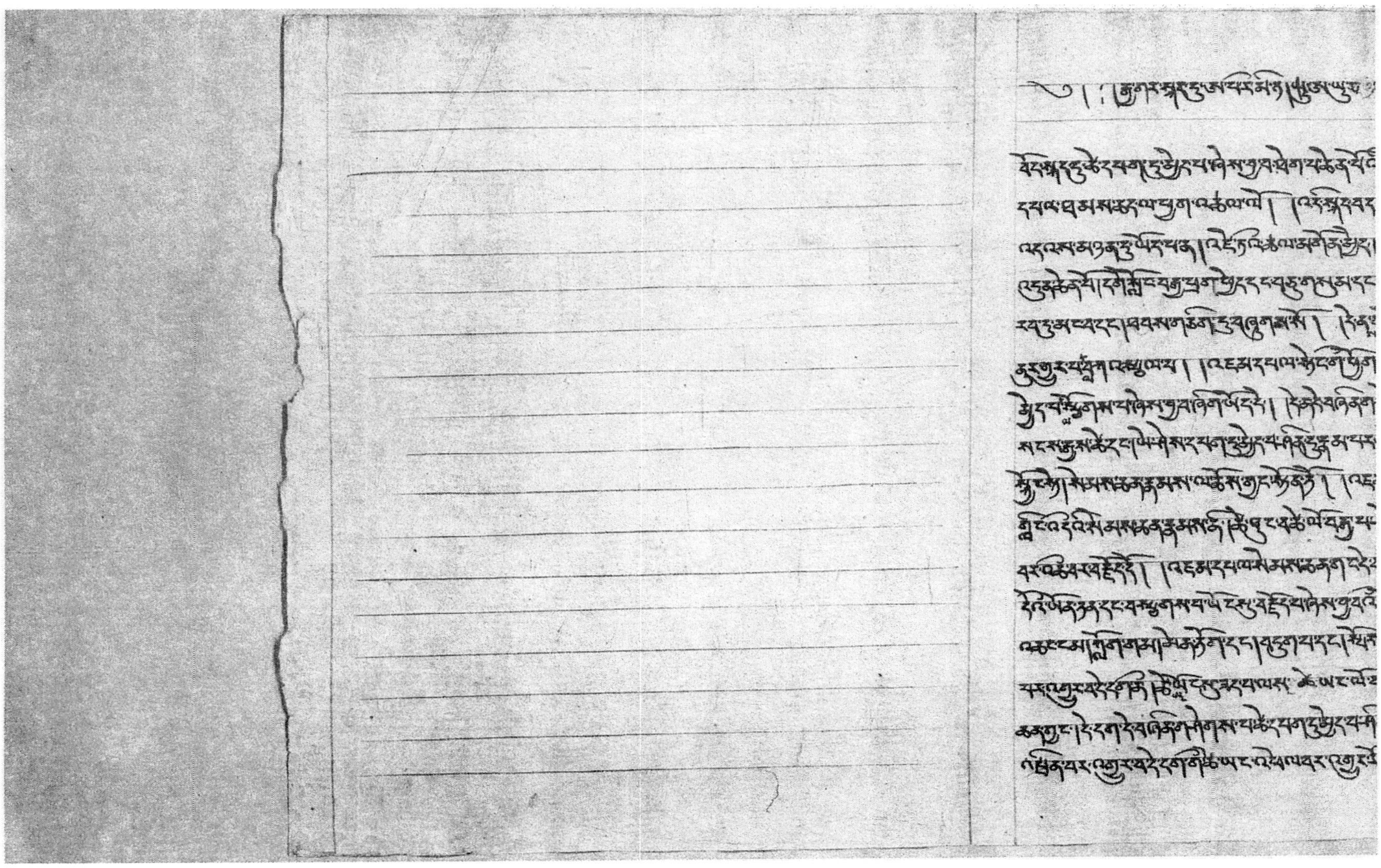

BD14658 號　藏文（無量壽宗要經乙本）　　（8–1）

BD14658 號　藏文（無量壽宗要經乙本）　　（8–2）

BD14658號　藏文（無量壽宗要經乙本）　　（8–3）

BD14658號　藏文（無量壽宗要經乙本）　　（8–4）

BD14658號　藏文（無量壽宗要經乙本）　　（8–5）

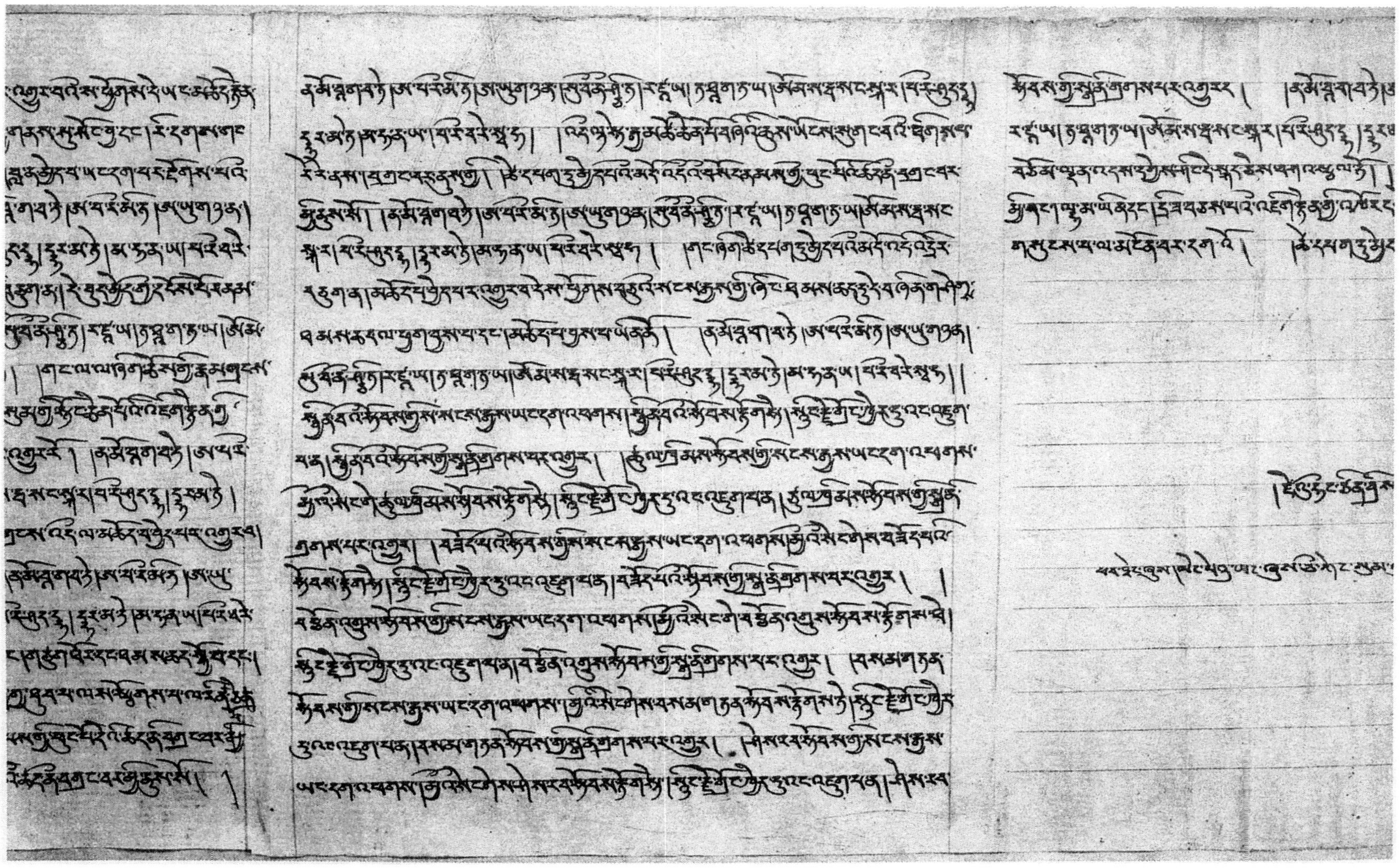

BD14658號　藏文（無量壽宗要經乙本）　　（8–6）

BD14658 號　藏文（無量壽宗要經乙本）　　（8–7）

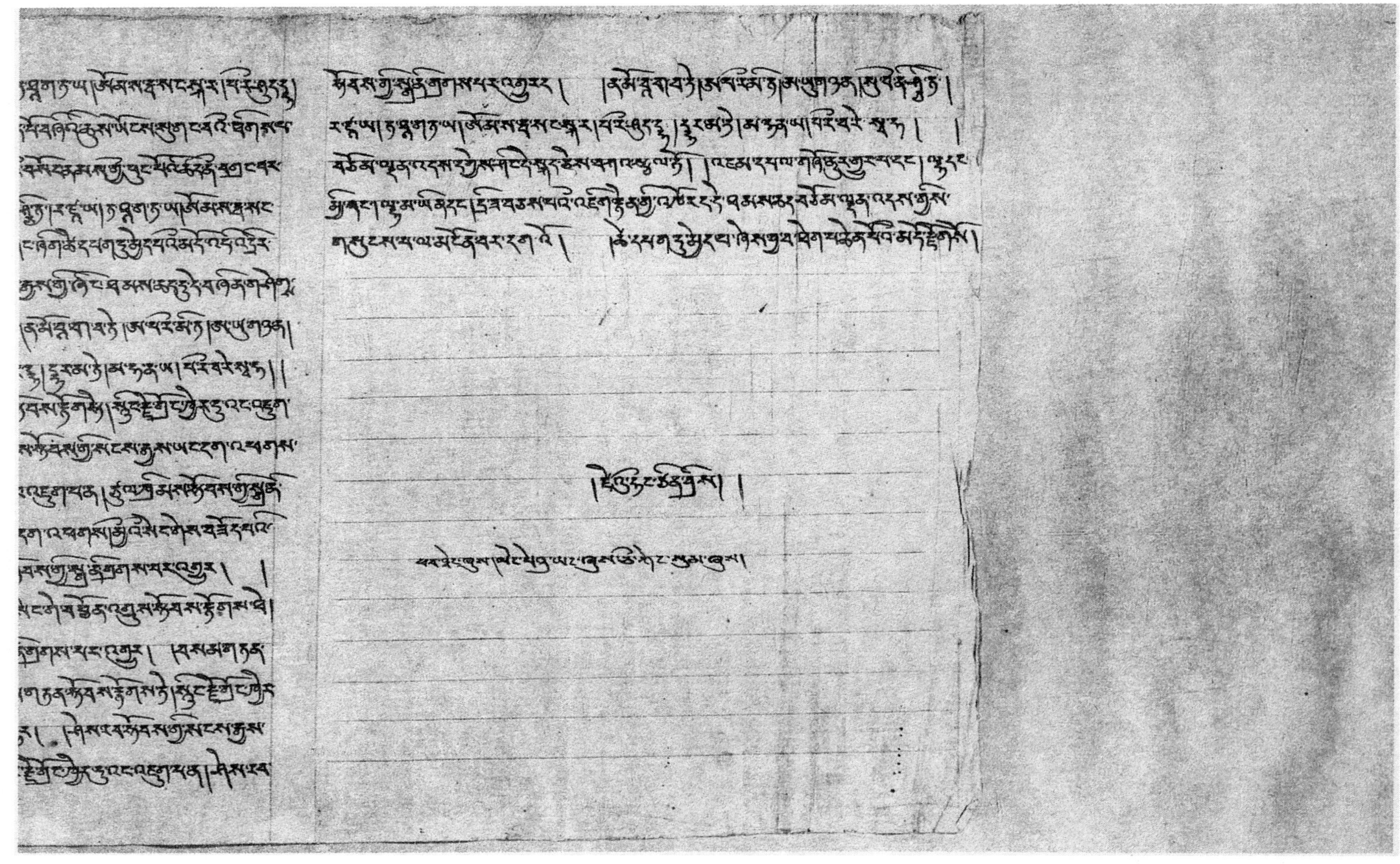

BD14658 號　藏文（無量壽宗要經乙本）　　（8–8）

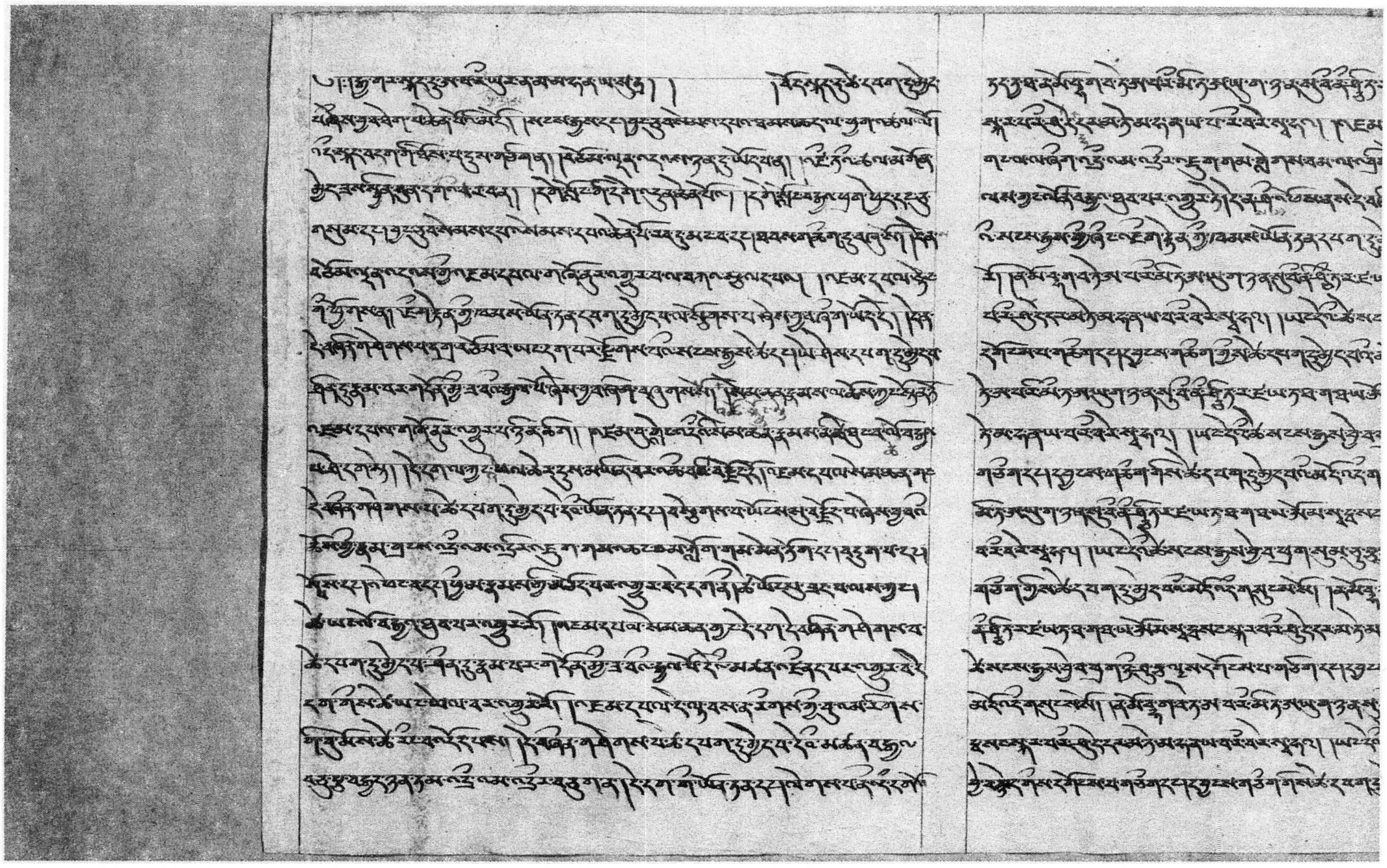

BD14659號　藏文（無量壽宗要經乙本）　（6–1）

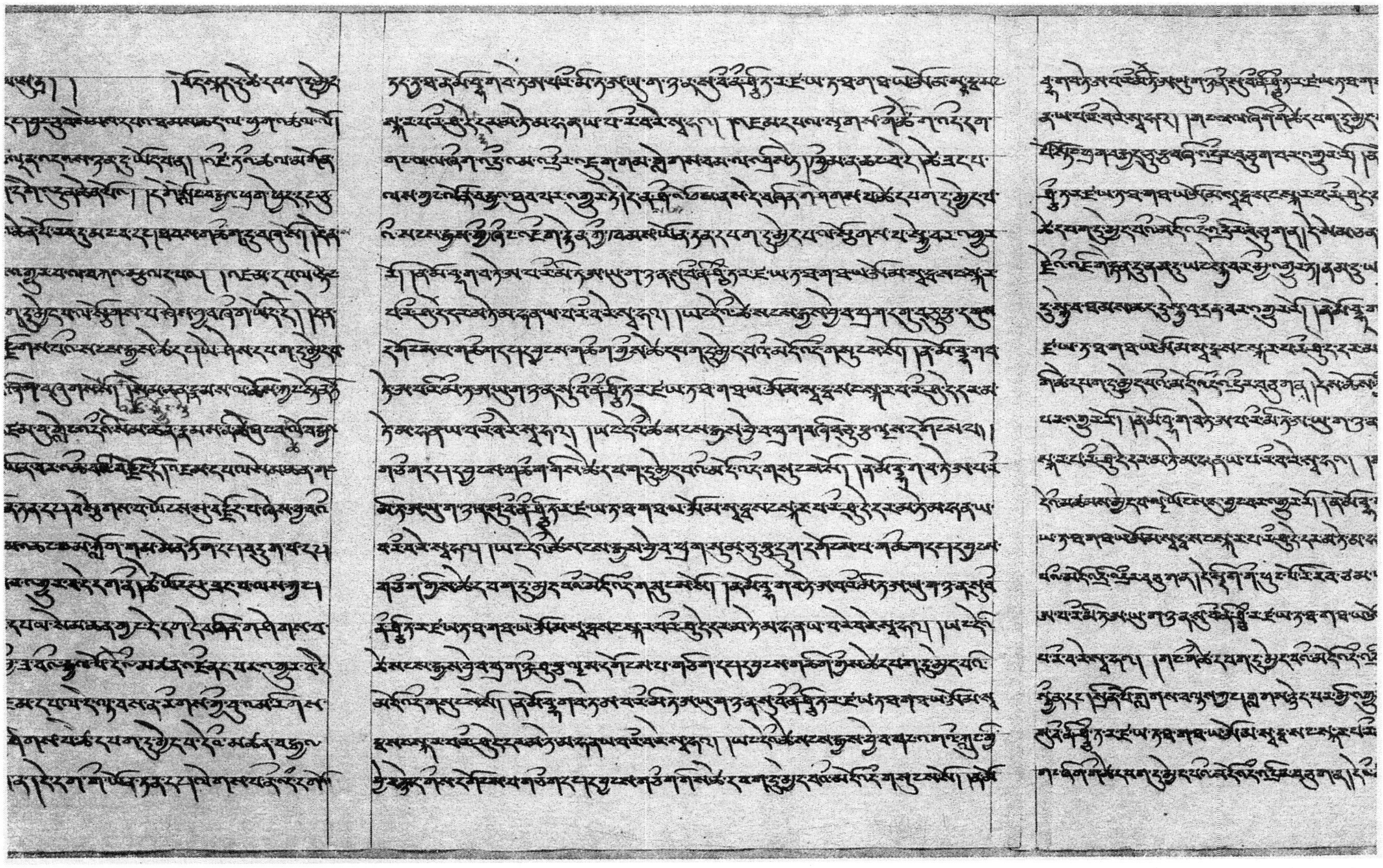

BD14659號　藏文（無量壽宗要經乙本）　（6–2）

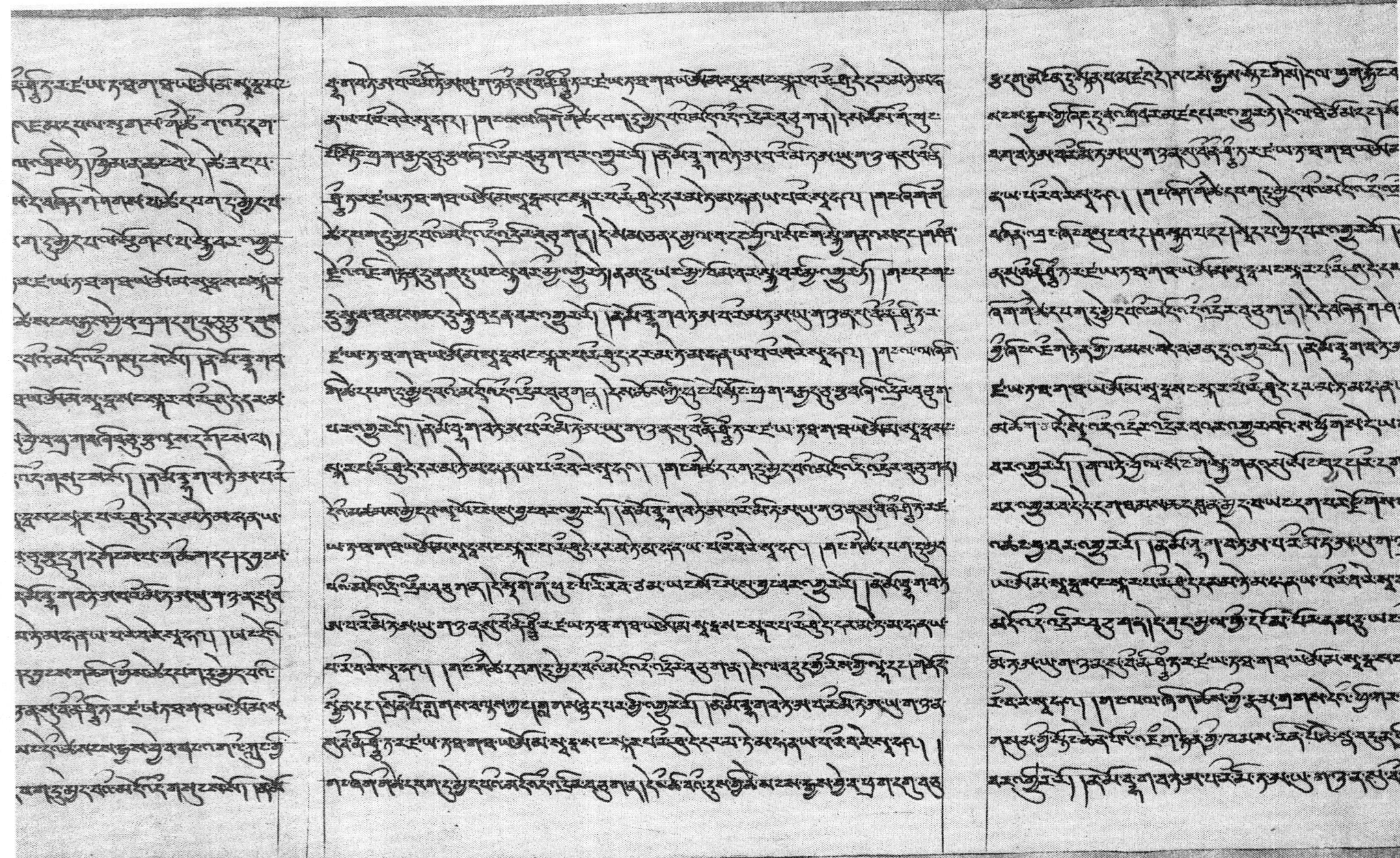

BD14659 號　藏文（無量壽宗要經乙本）　　（6–3）

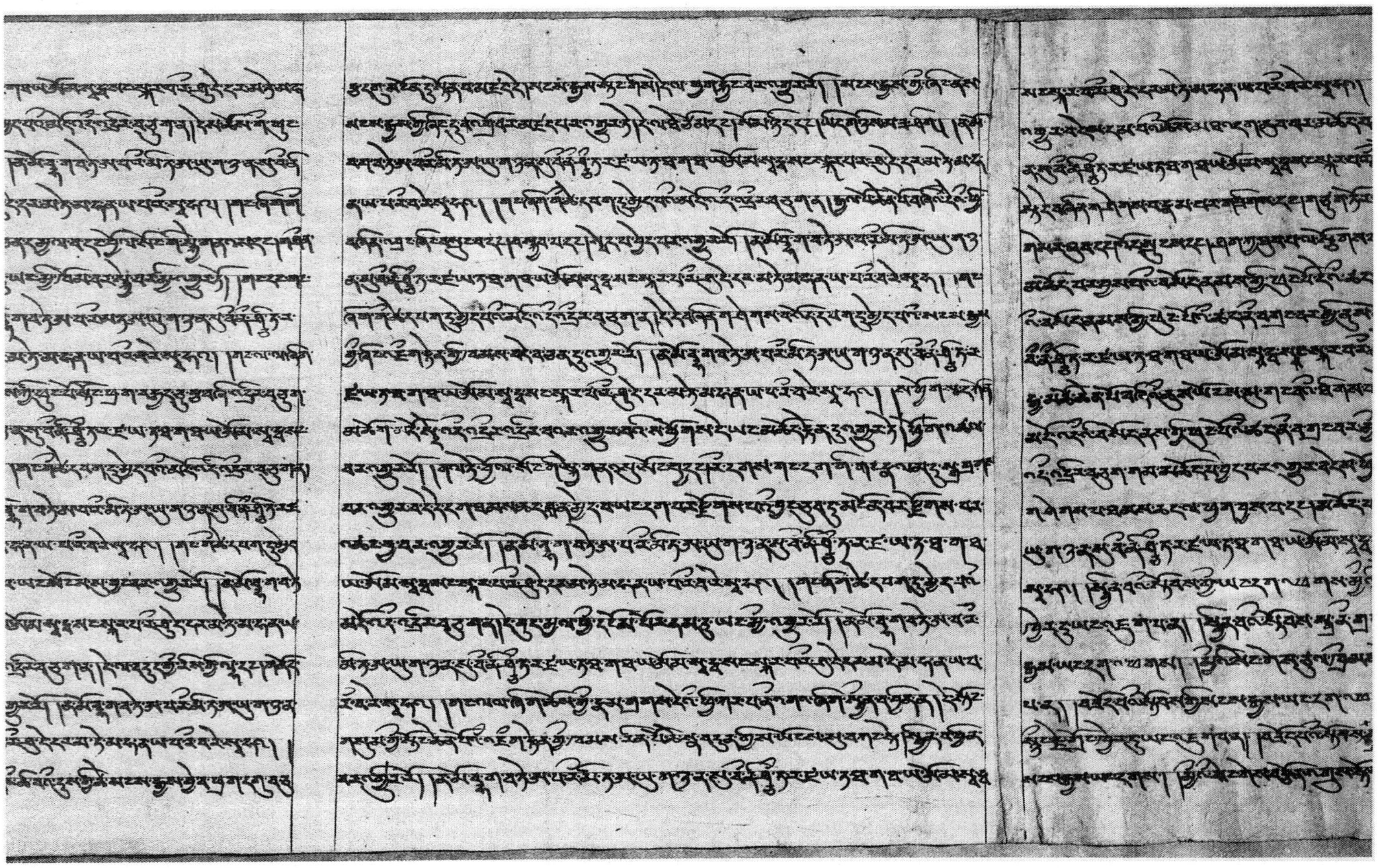

BD14659 號　藏文（無量壽宗要經乙本）　　（6–4）

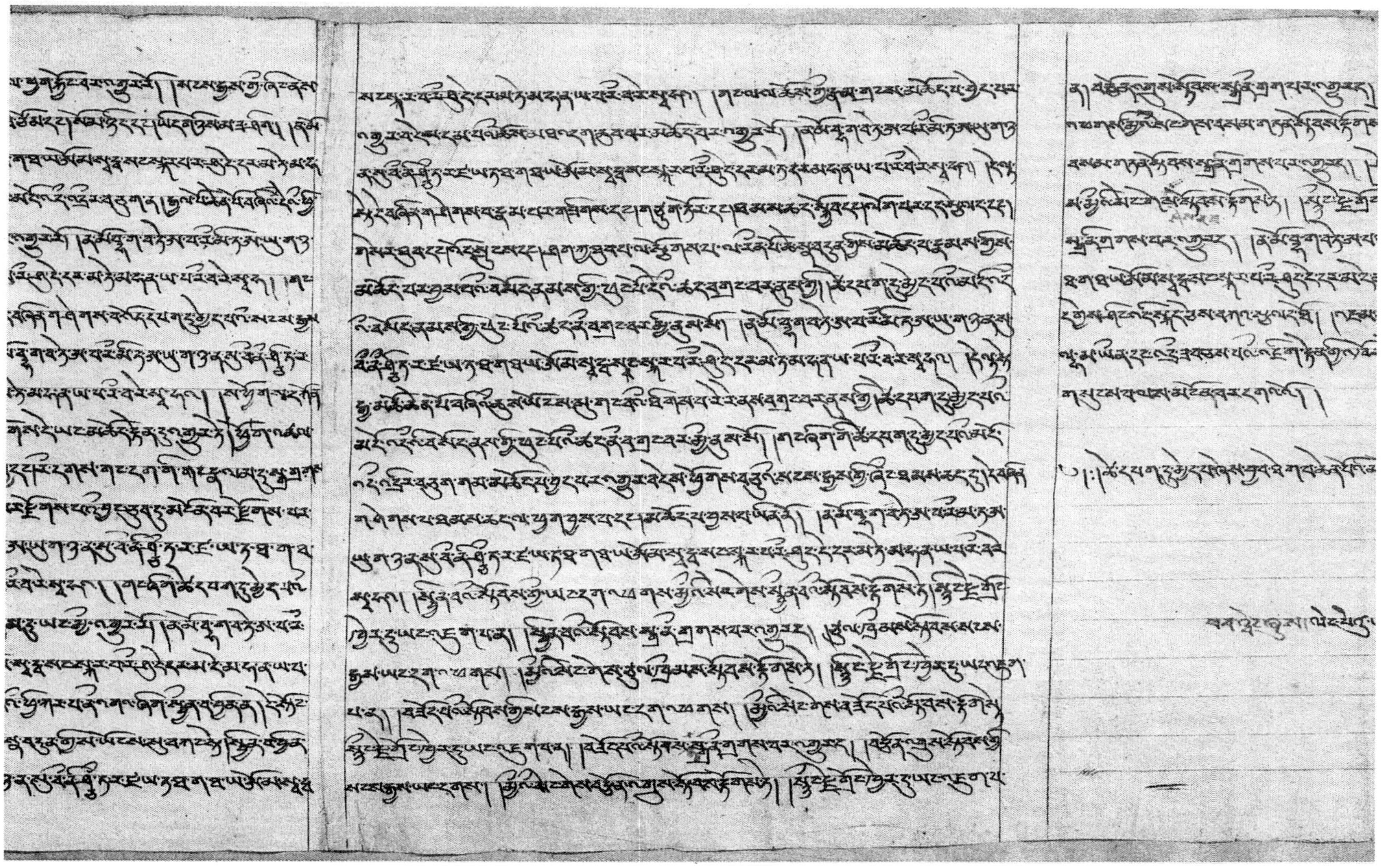

BD14659 號　藏文（無量壽宗要經乙本）　　（6–5）

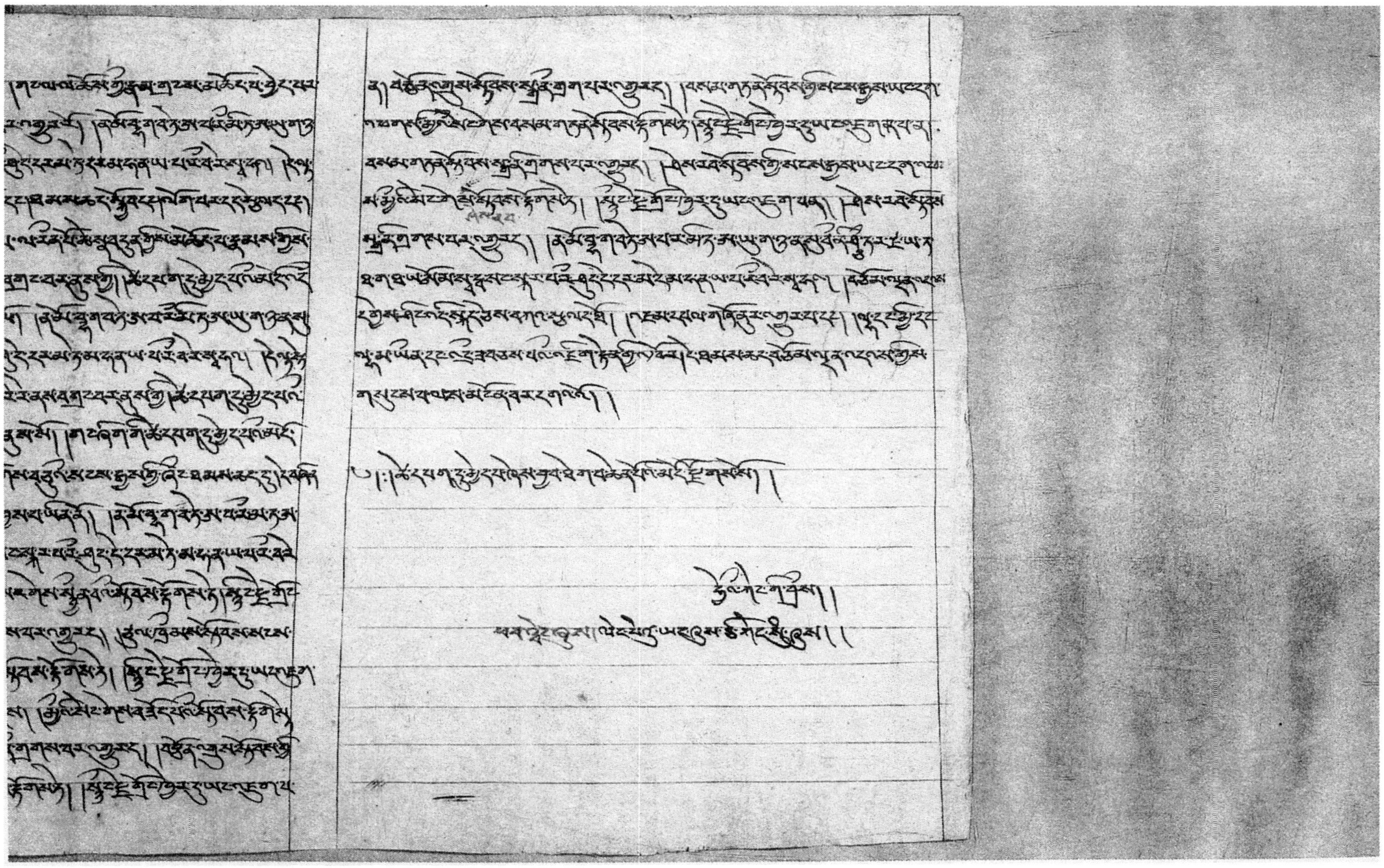

BD14659 號　藏文（無量壽宗要經乙本）　　（6–6）

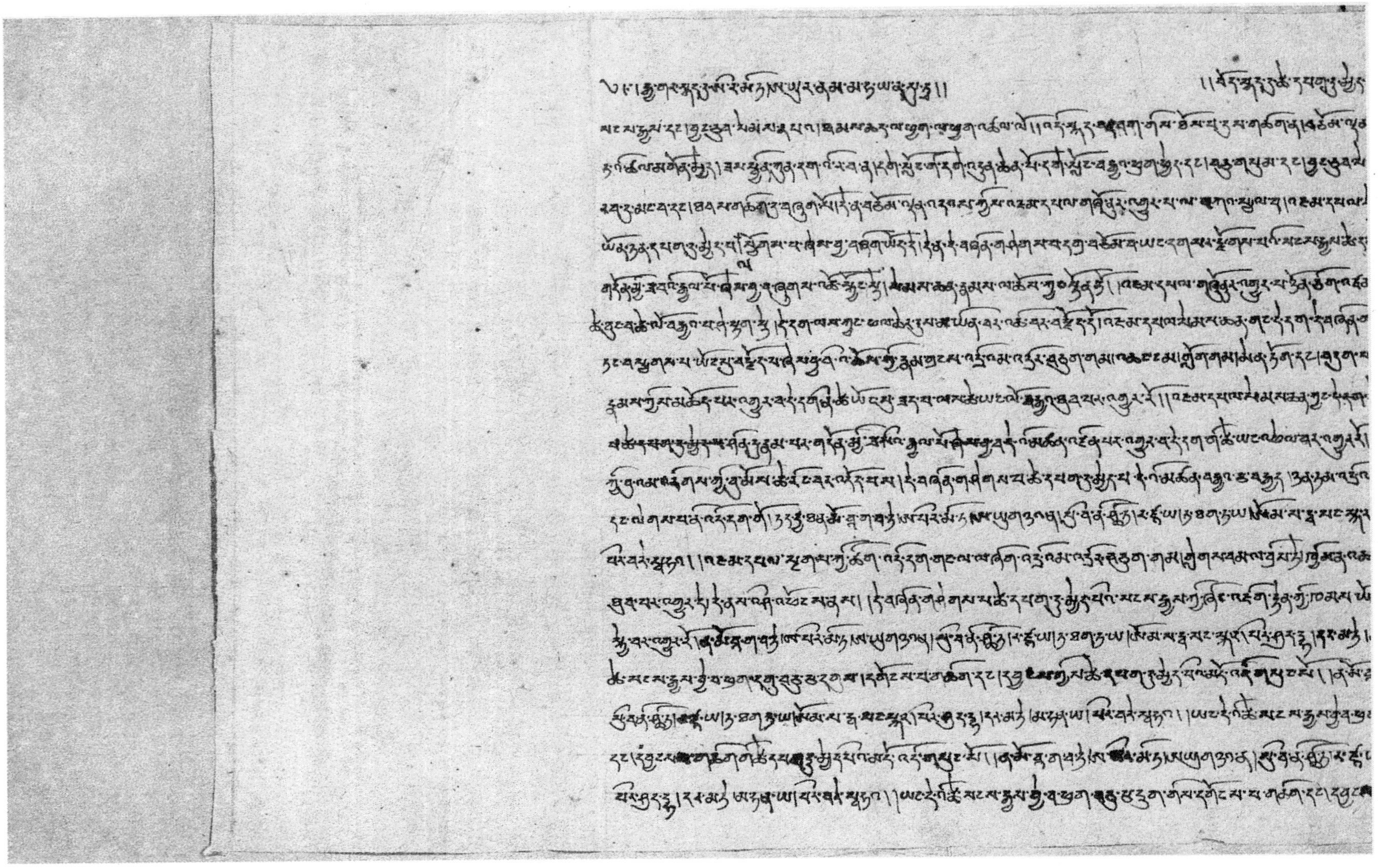

BD14660 號　藏文（無量壽宗要經乙本）　　（6–1）

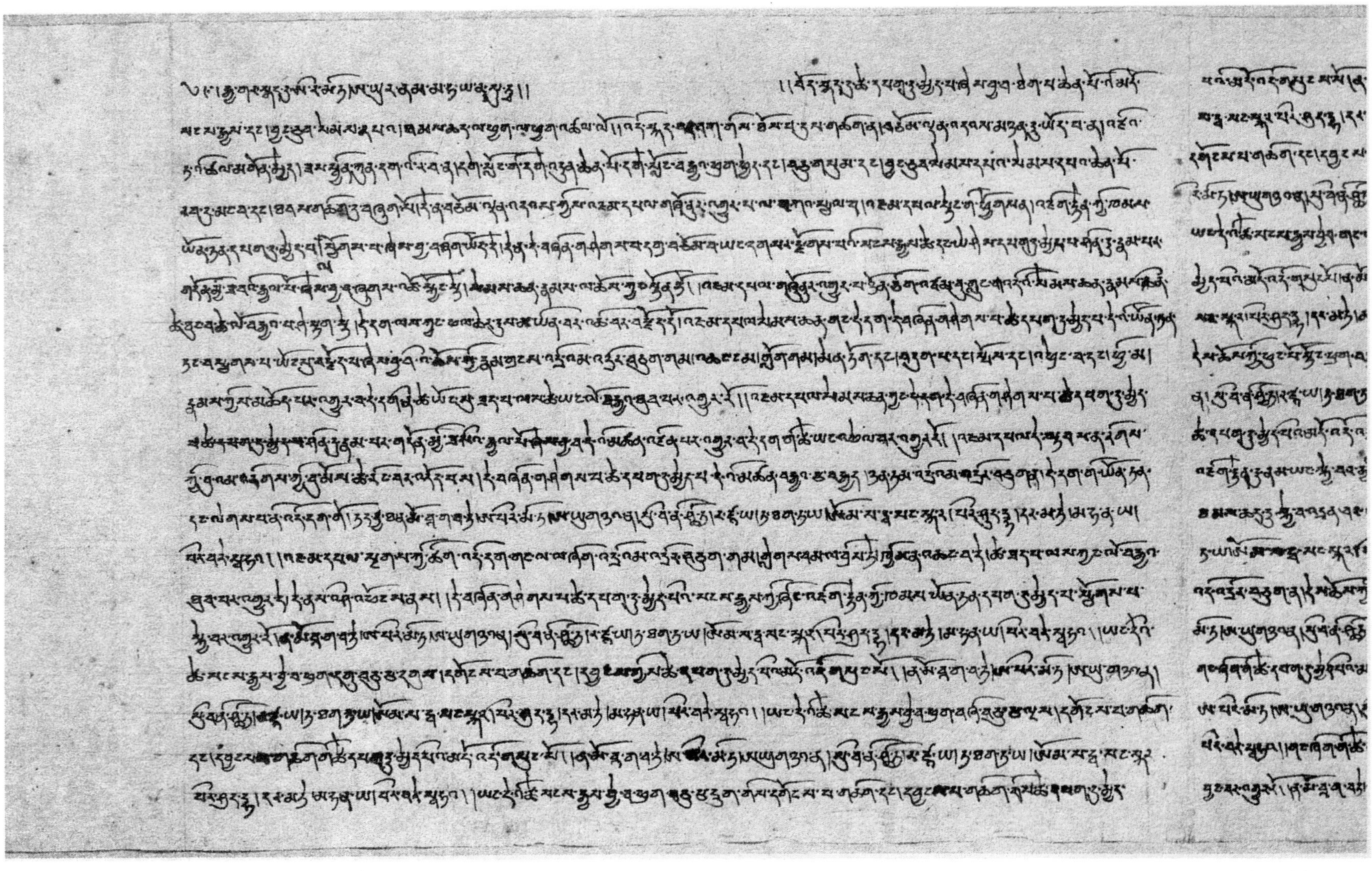

BD14660 號　藏文（無量壽宗要經乙本）　　（6–2）

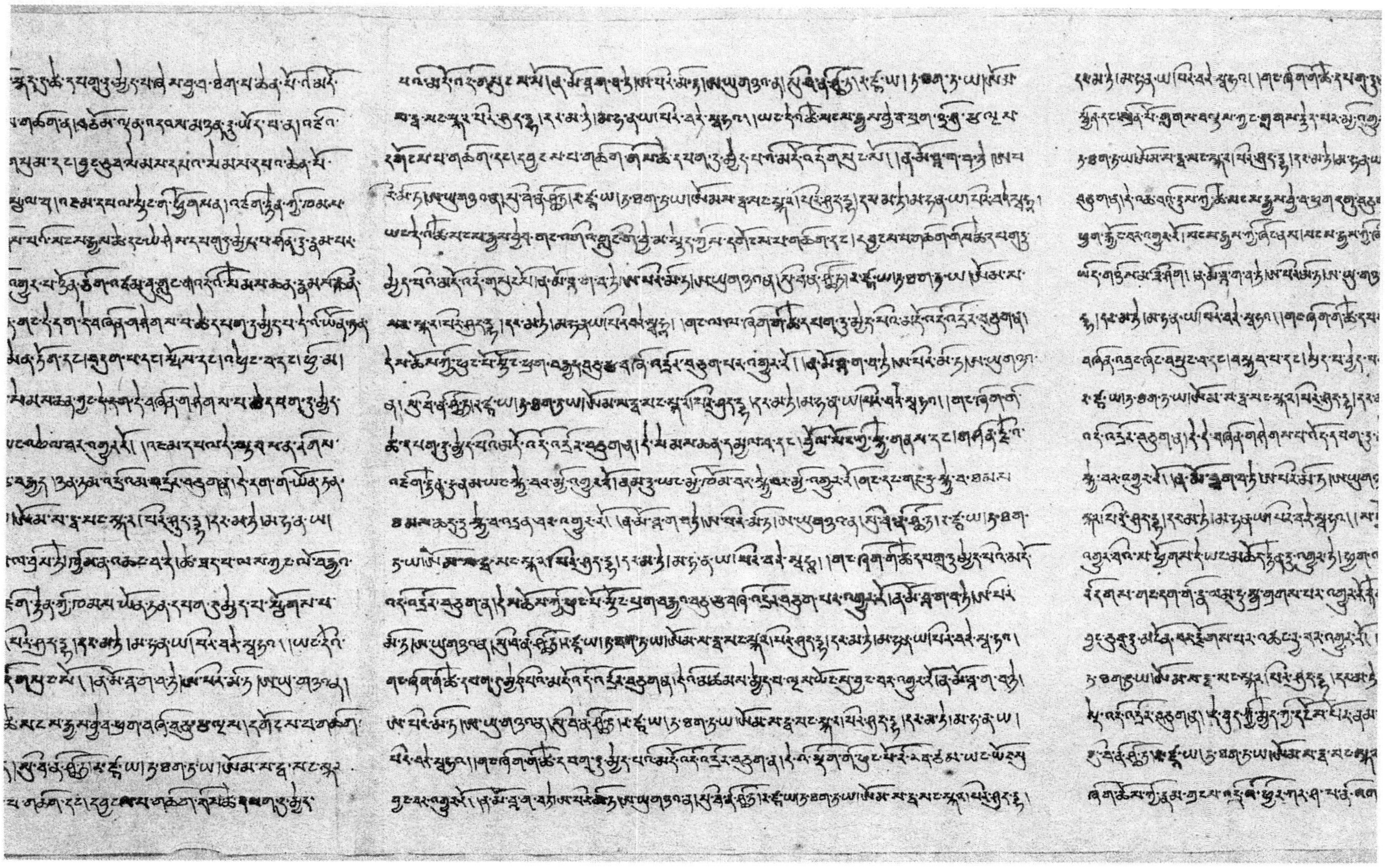

BD14660 號　藏文（無量壽宗要經乙本）　　（6–3）

BD14660 號　藏文（無量壽宗要經乙本）　　（6–4）

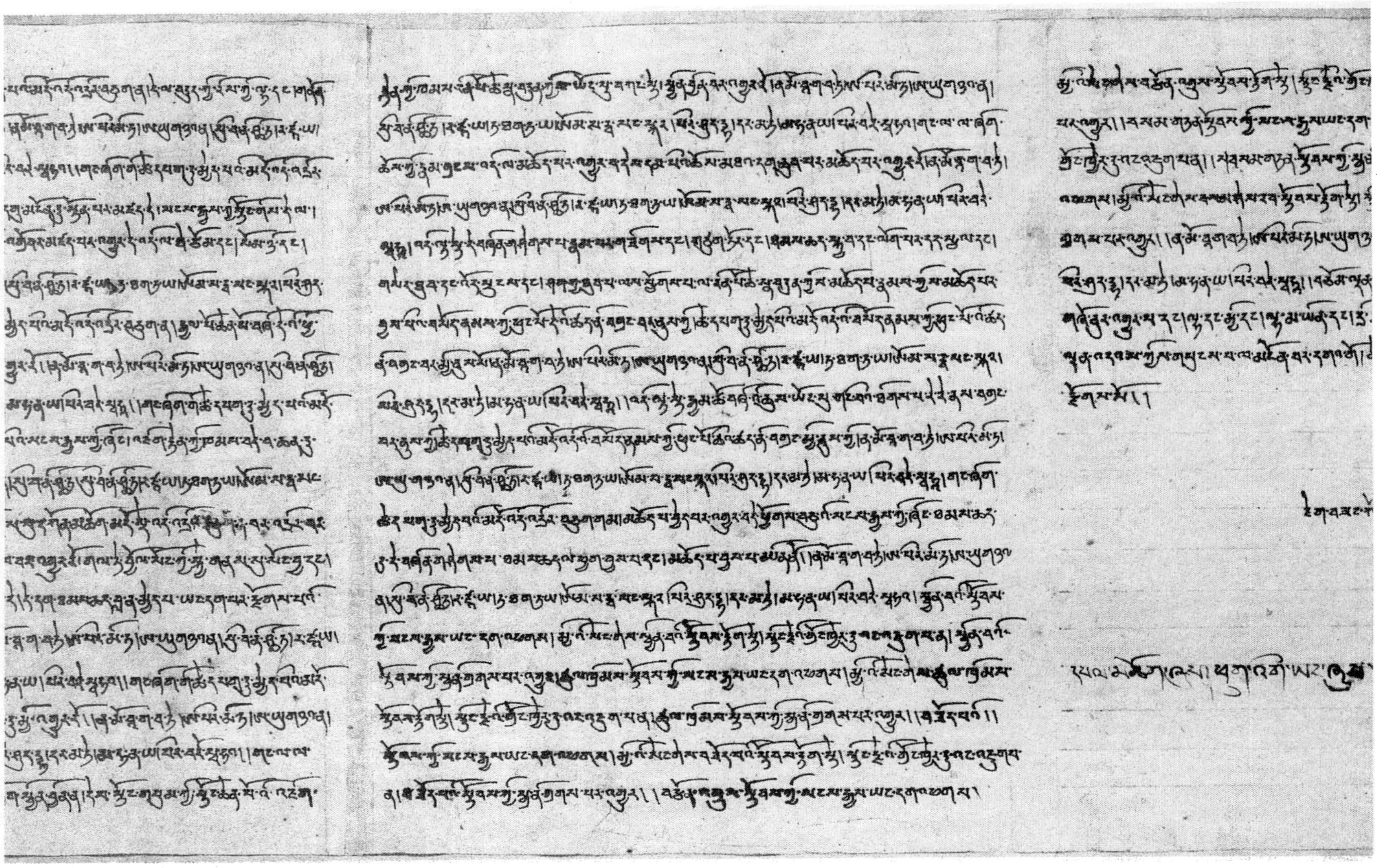

BD14660 號　藏文（無量壽宗要經乙本）　　（6–5）

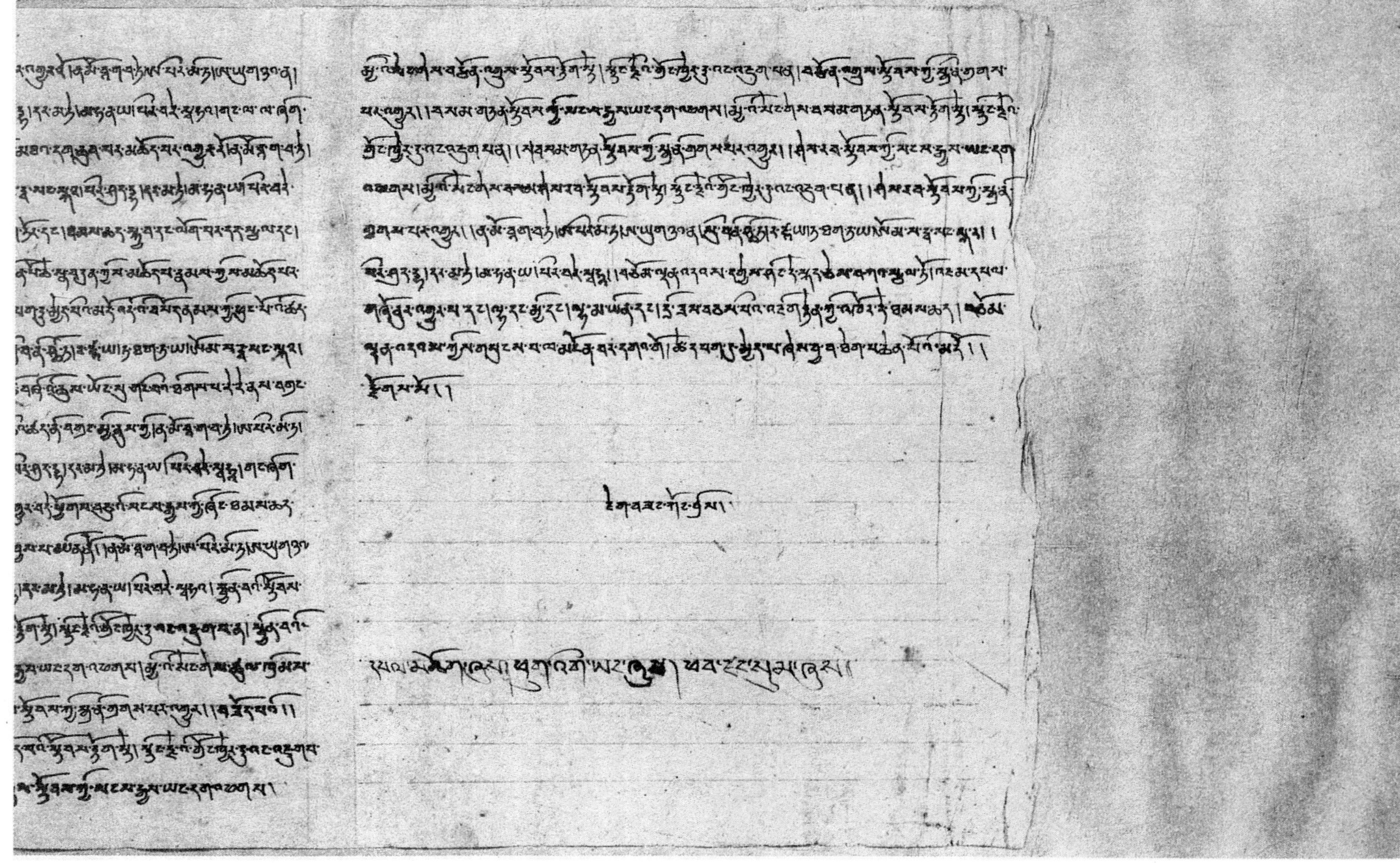

BD14660 號　藏文（無量壽宗要經乙本）　　（6–6）

BD14661 號　藏文（無量壽宗要經甲本）　　　　（6–1）

BD14661 號　藏文（無量壽宗要經甲本）　　　　（6–2）

BD14661 號　藏文（無量壽宗要經甲本）　　　　（6–3）

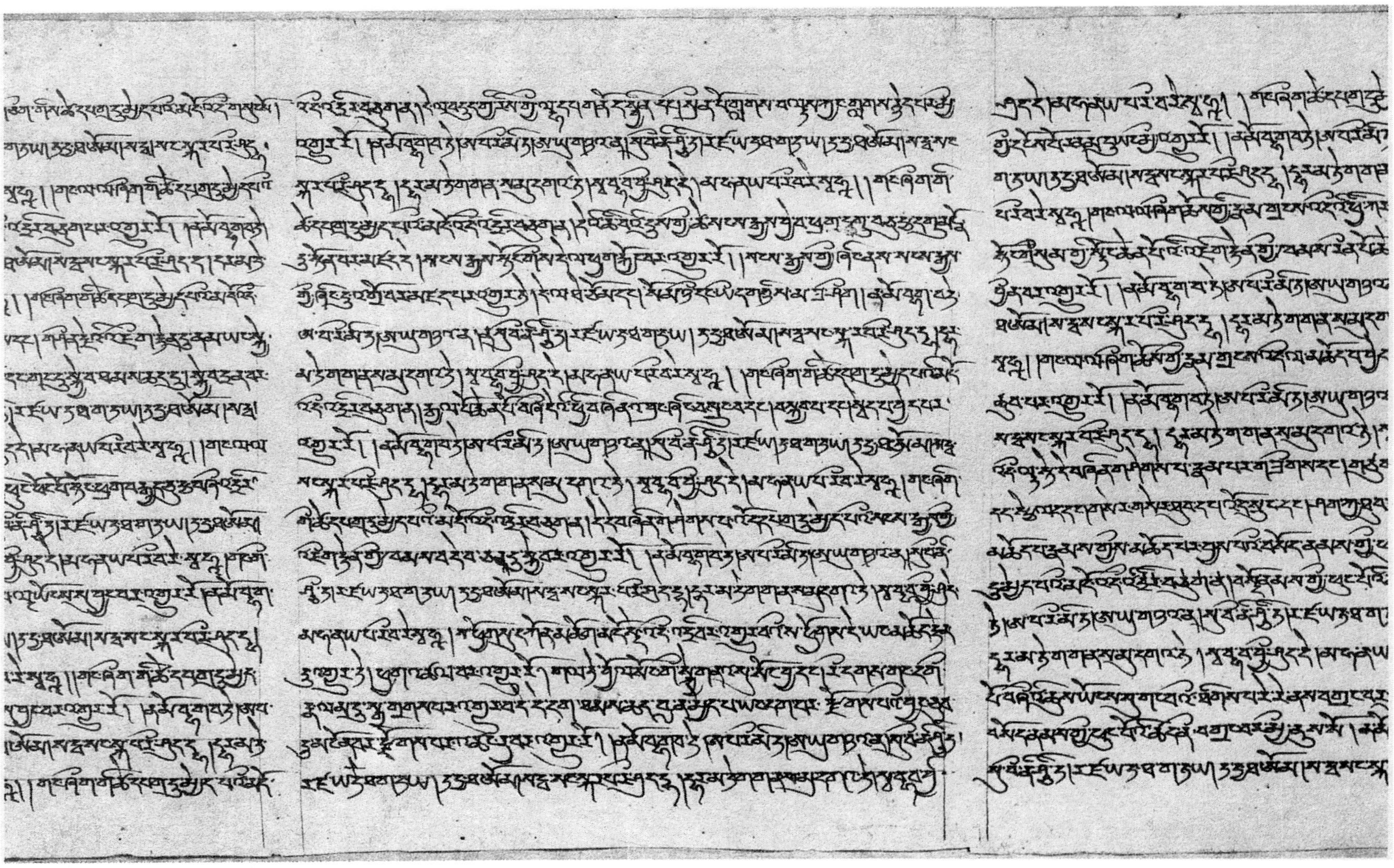

BD14661 號　藏文（無量壽宗要經甲本）　　　　（6–4）

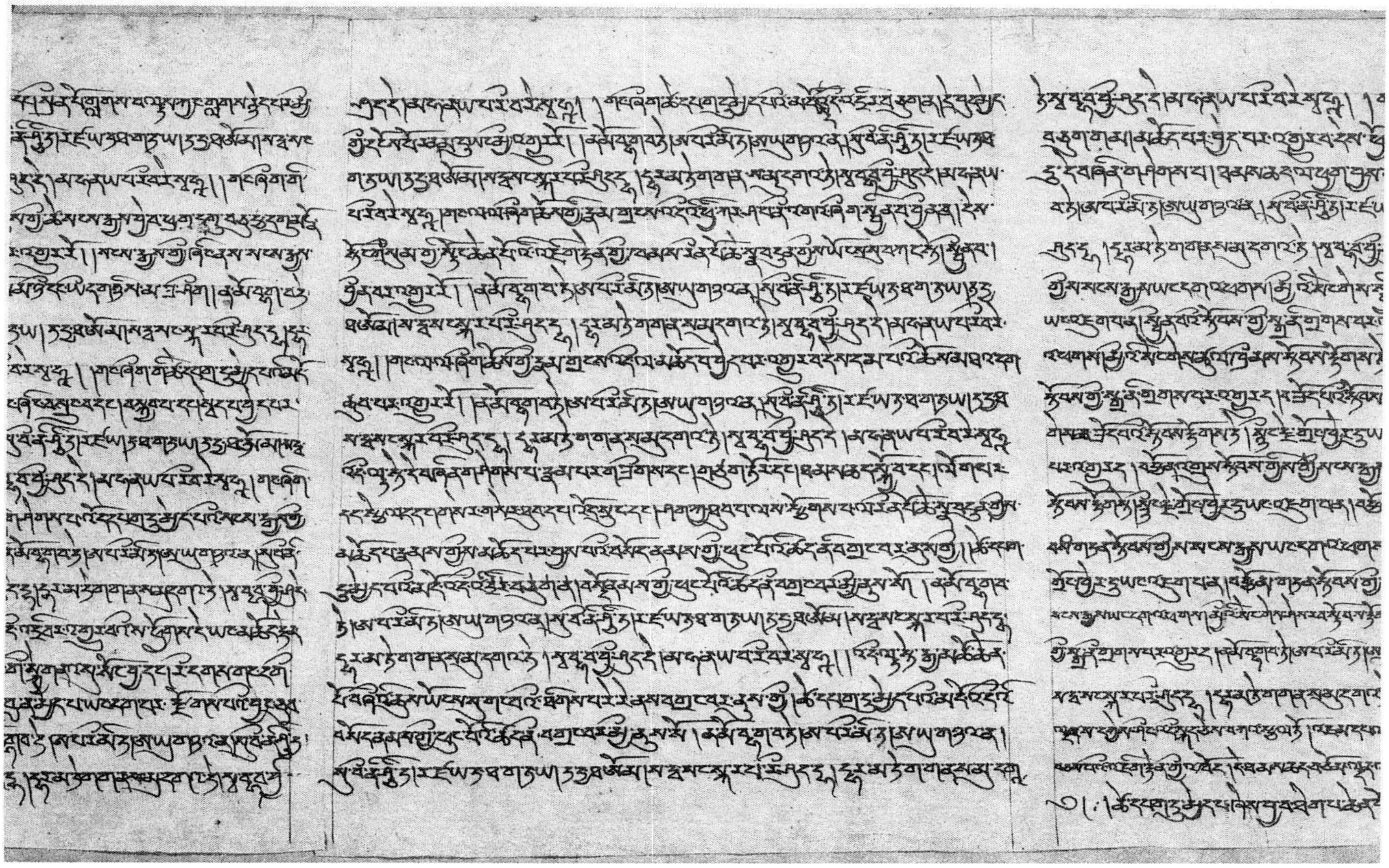

BD14661號　藏文(無量壽宗要經甲本)　　（6–5）

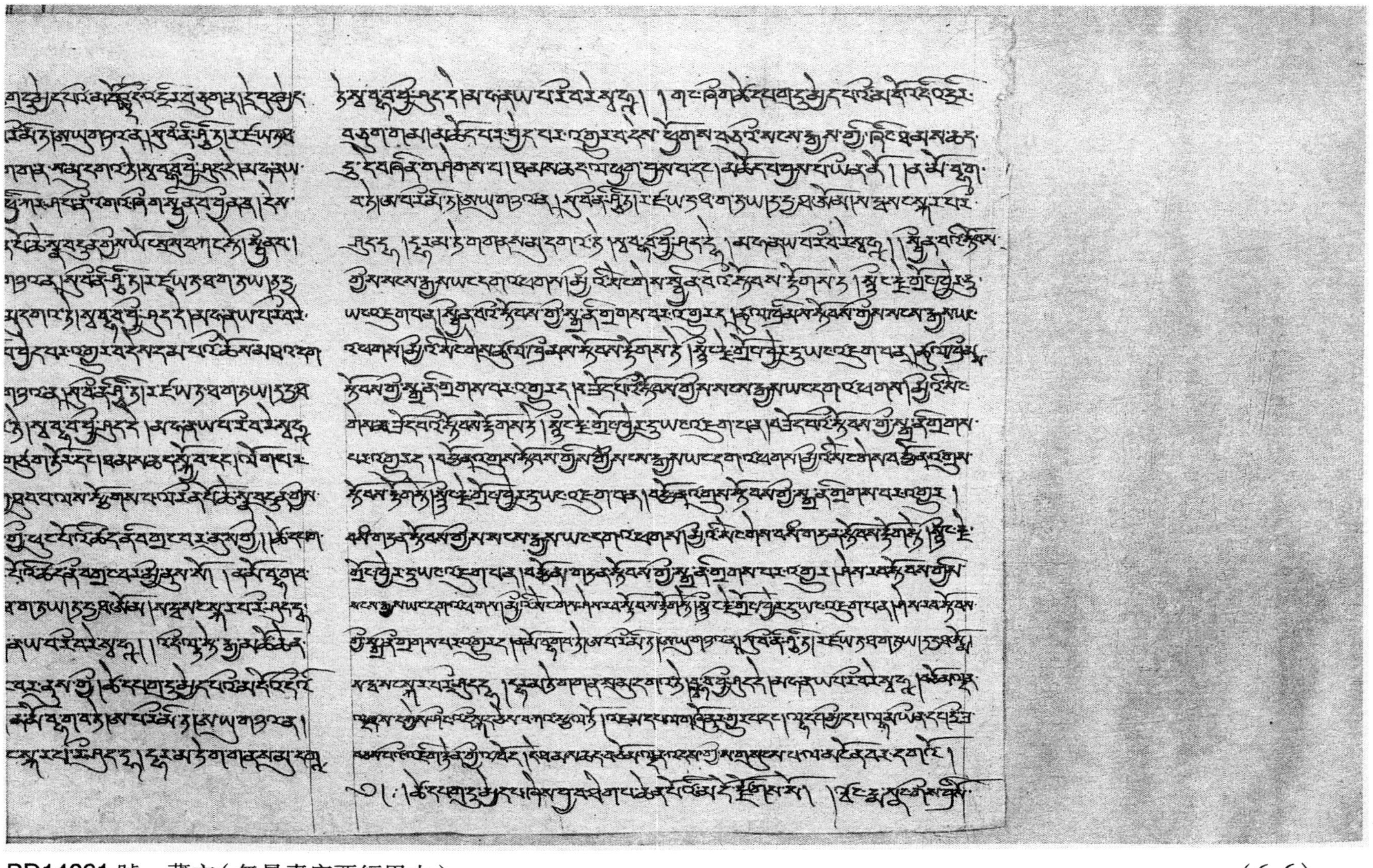

BD14661號　藏文(無量壽宗要經甲本)　　（6–6）

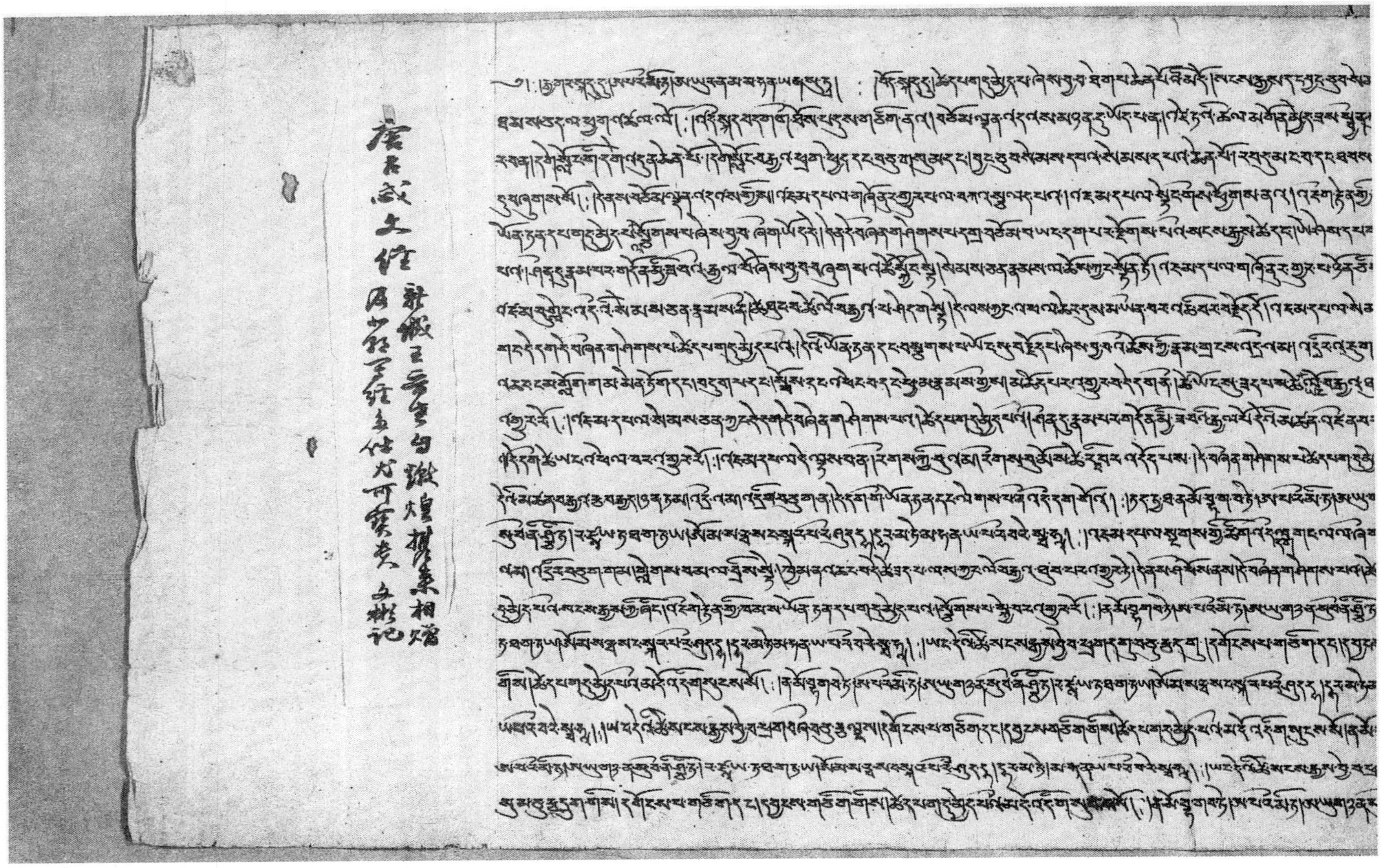

BD14662 號　藏文（無量壽宗要經乙本）　　　　（6–1）

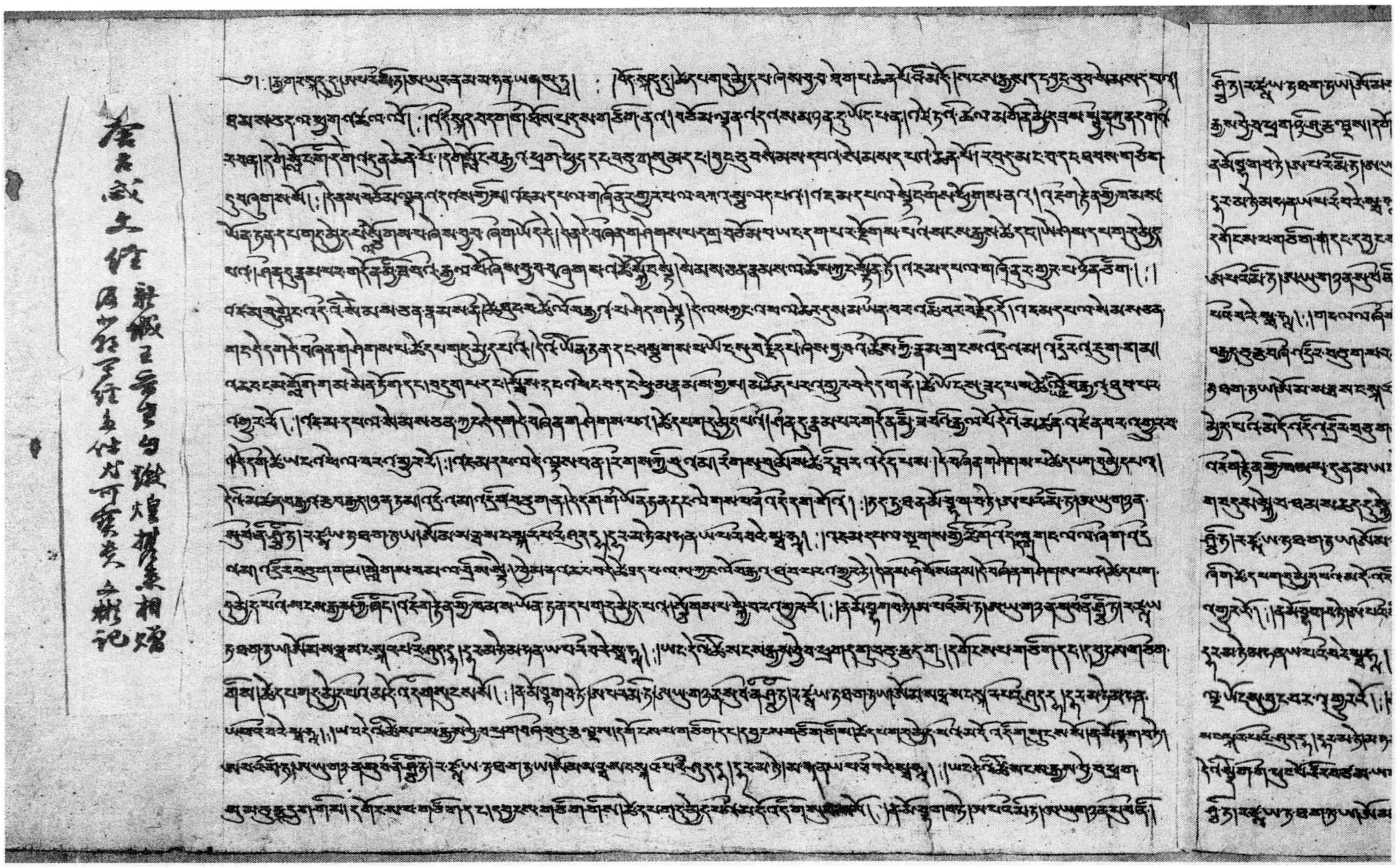

BD14662 號　藏文（無量壽宗要經乙本）　　　　（6–2）

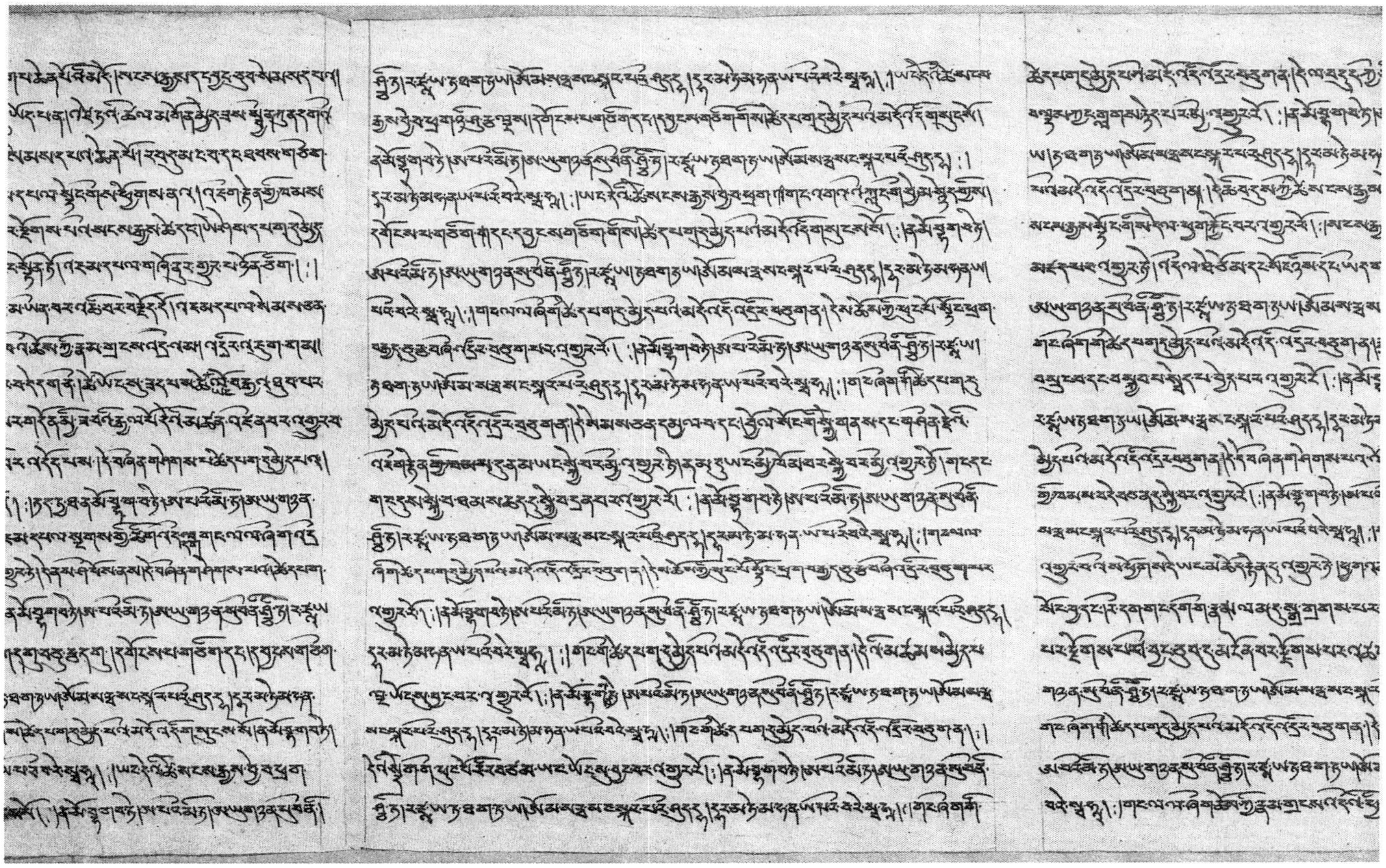

BD14662 號　藏文（無量壽宗要經乙本）　（6–3）

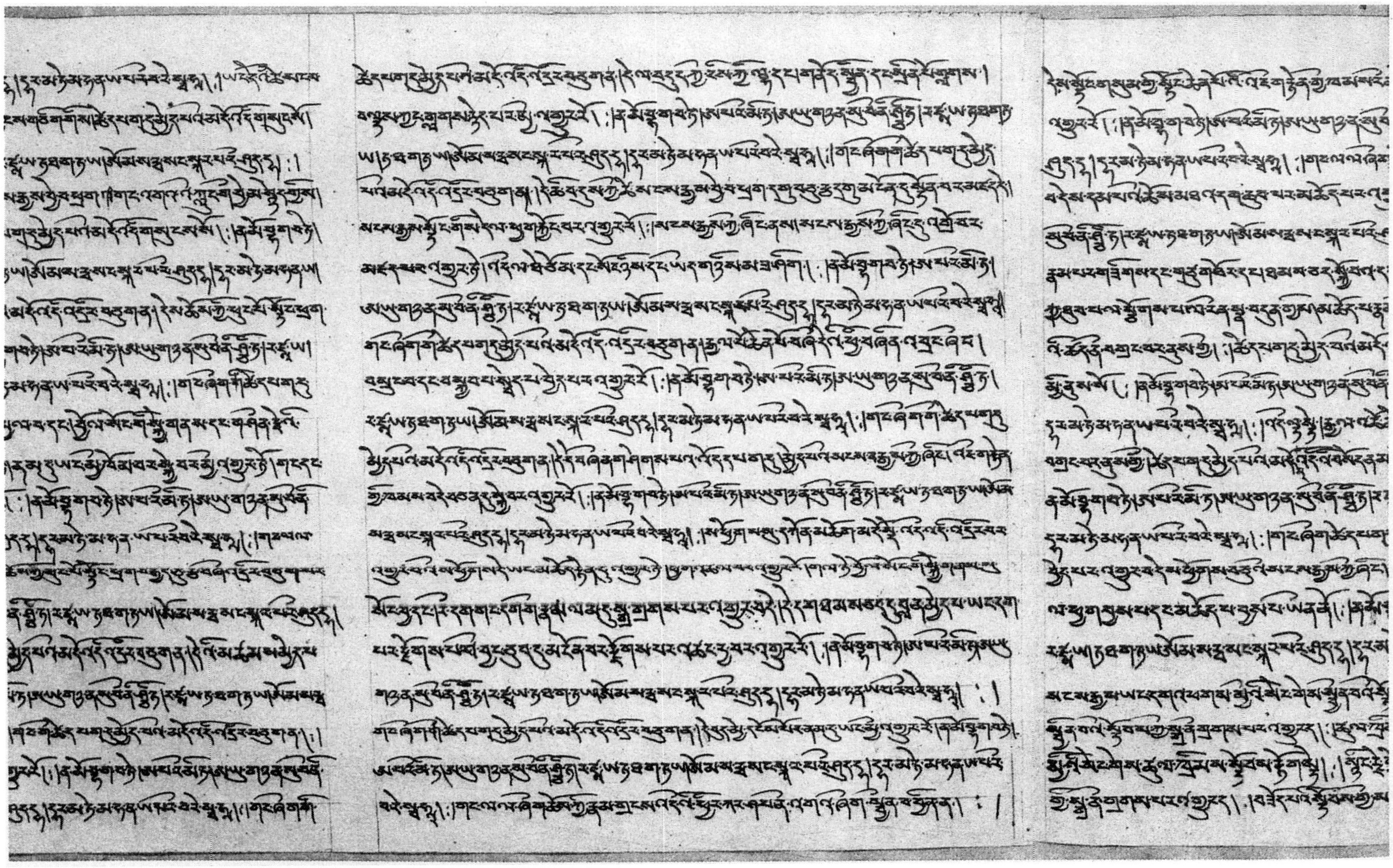

BD14662 號　藏文（無量壽宗要經乙本）　（6–4）

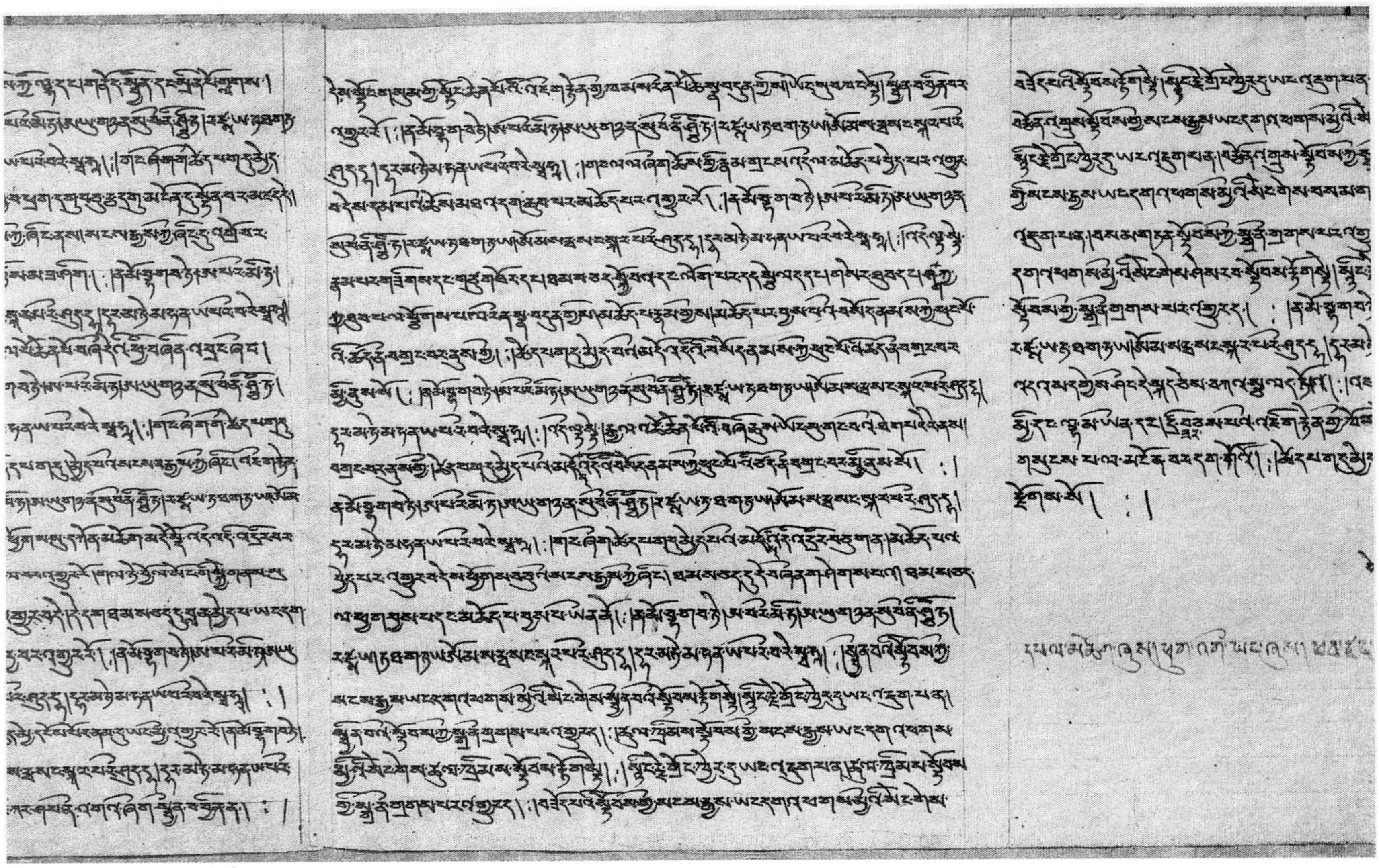

BD14662 號　藏文（無量壽宗要經乙本）　　（6–5）

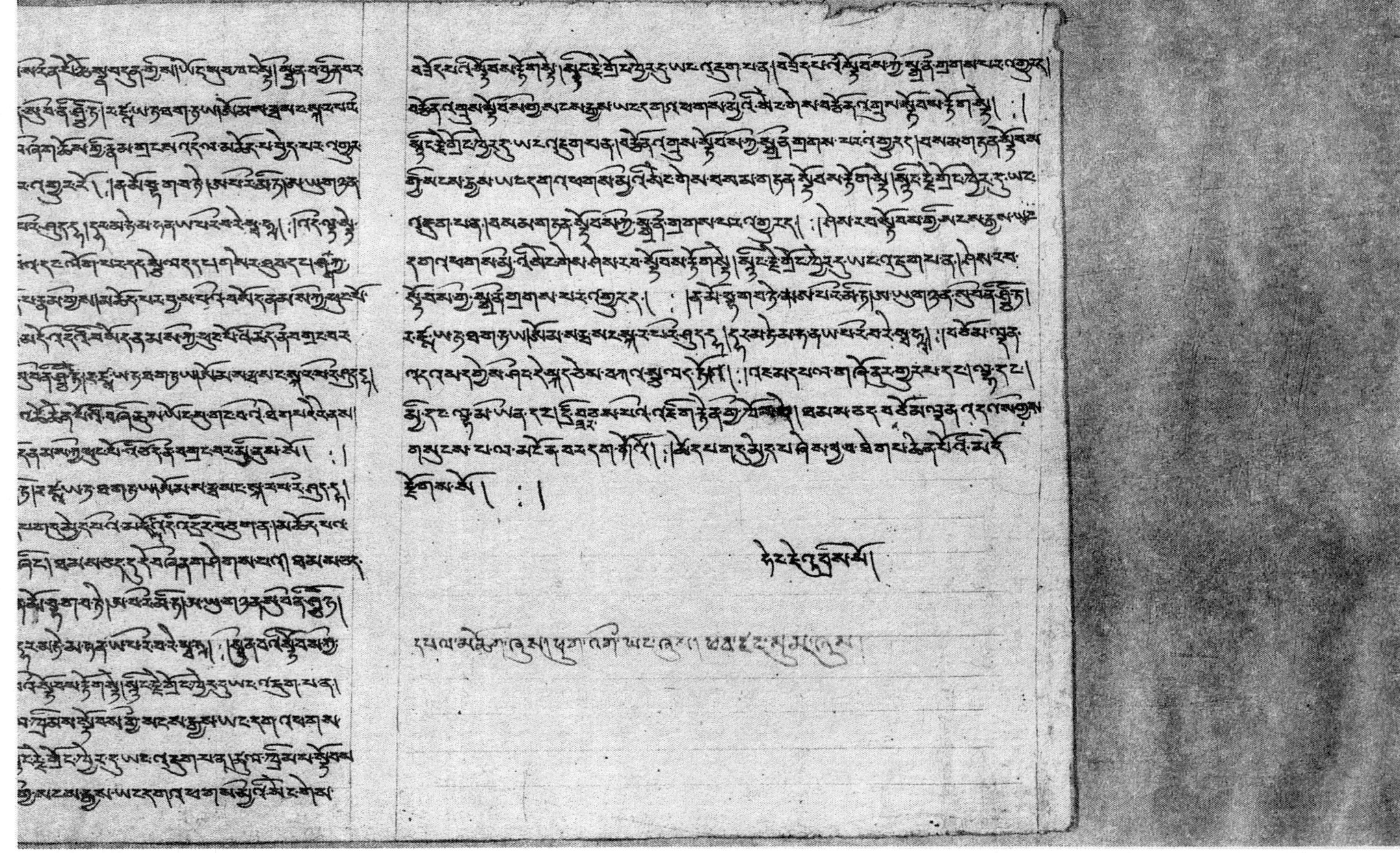

BD14662 號　藏文（無量壽宗要經乙本）　　（6–6）

唐蕃書佛經
香嚴精舍護持

BD14663號背　護首　　（1–1）

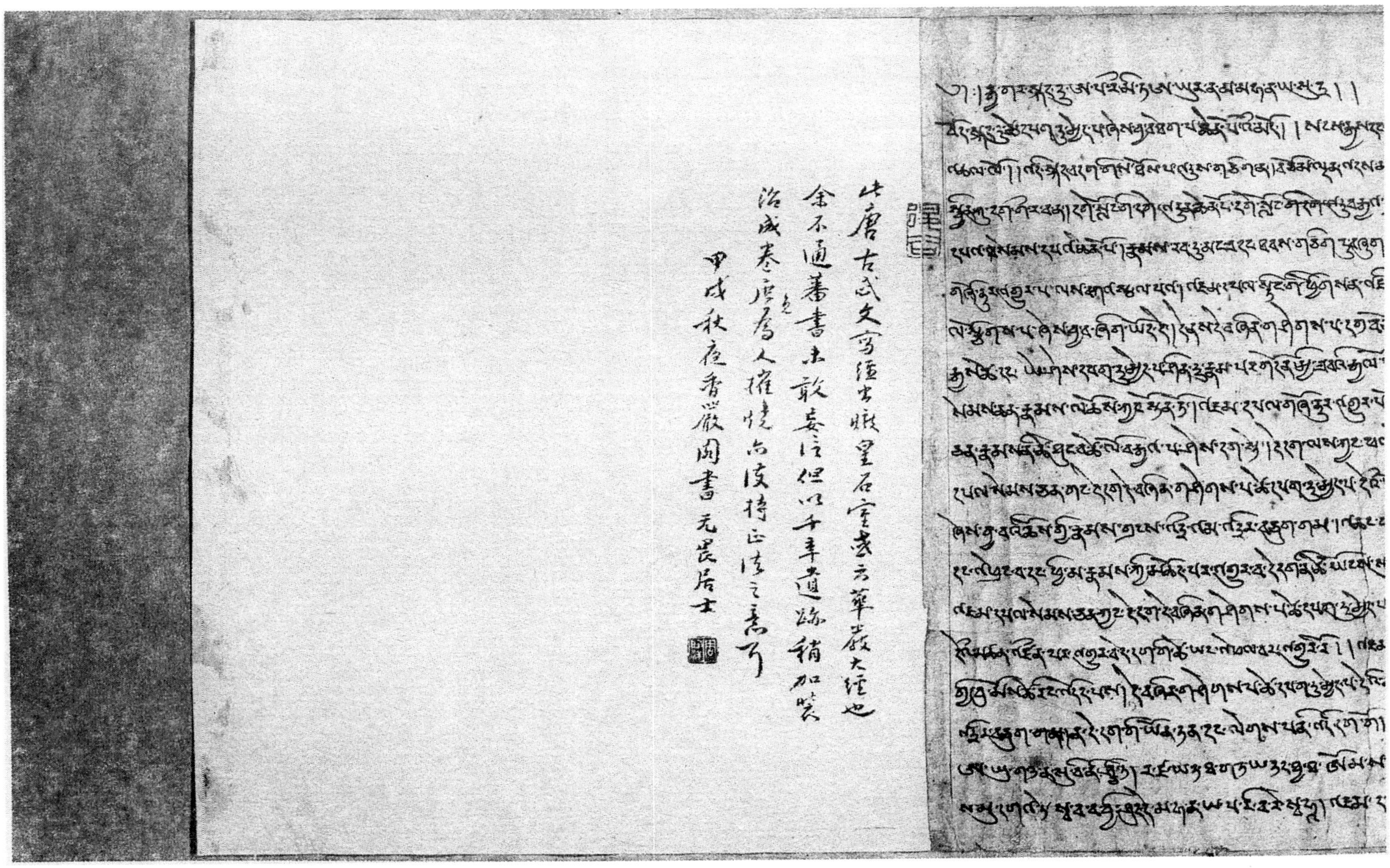

此唐古忒文寫經出燉煌石室或云華嚴大經也
余不通蕃書未敢妄定但以千年遺跡稍加裝
治成卷庶為人擁護尚復持正法之意可
甲戌秋夜香嚴閣書　元晨居士

BD14663號　藏文（無量壽宗要經甲本）　　（8–1）

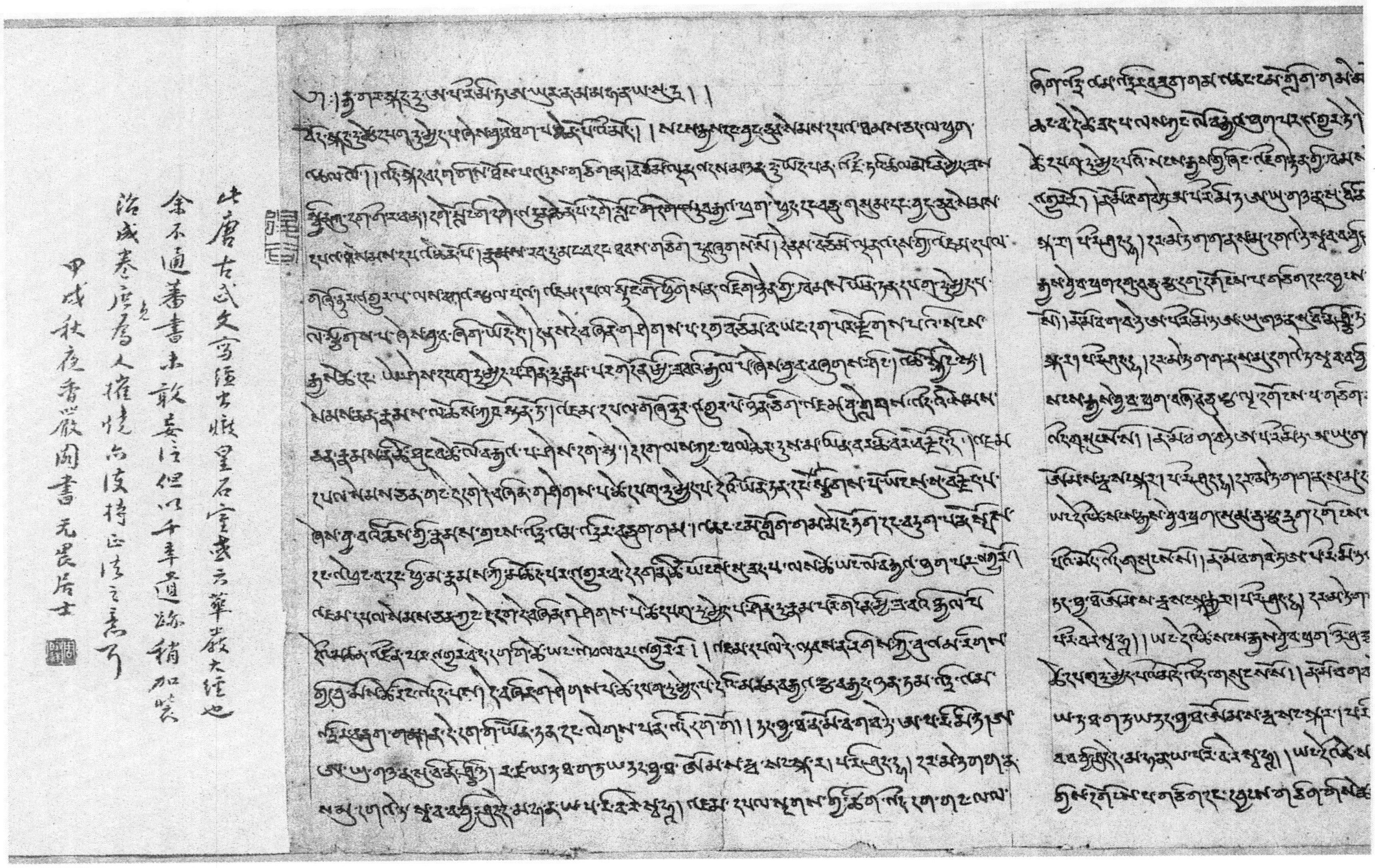

此唐古忒文寫經出燉煌石室或云華嚴大經也
余不通番書未敢妄注但以千年遺跡稍加裝
治成卷庶為之人擁護尚俟持正諸高可
甲戌秋夜香嚴閣書 无畏居士

BD14663 號　藏文（無量壽宗要經甲本）　　（8–2）

BD14663 號　藏文（無量壽宗要經甲本）　　（8–3）

BD14663號　藏文（無量壽宗要經甲本）　　（8–4）

BD14663號　藏文（無量壽宗要經甲本）　　（8–5）

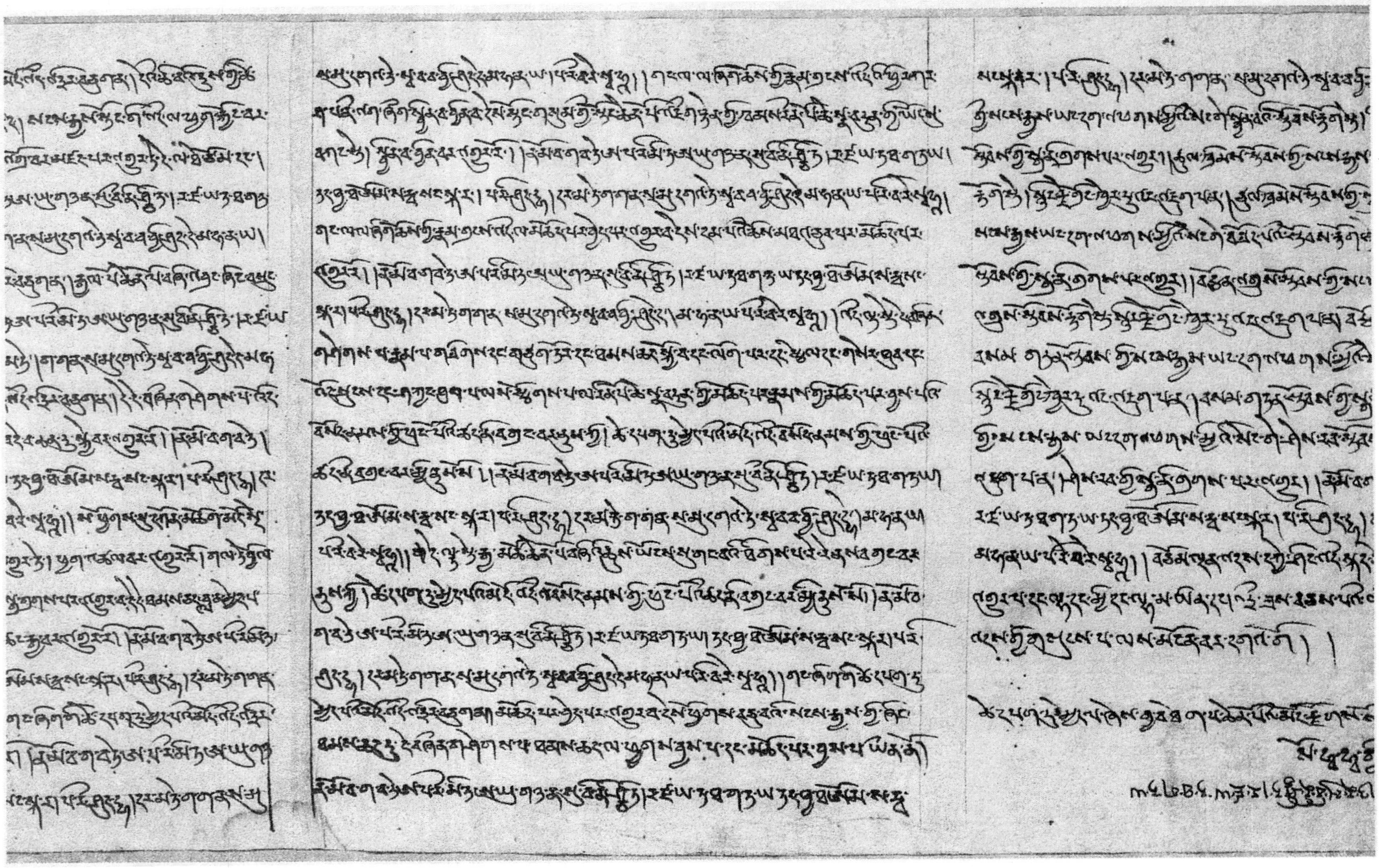

BD14663 號　藏文（無量壽宗要經甲本）　　（8–6）

BD14663 號　藏文（無量壽宗要經甲本）　　（8–7）

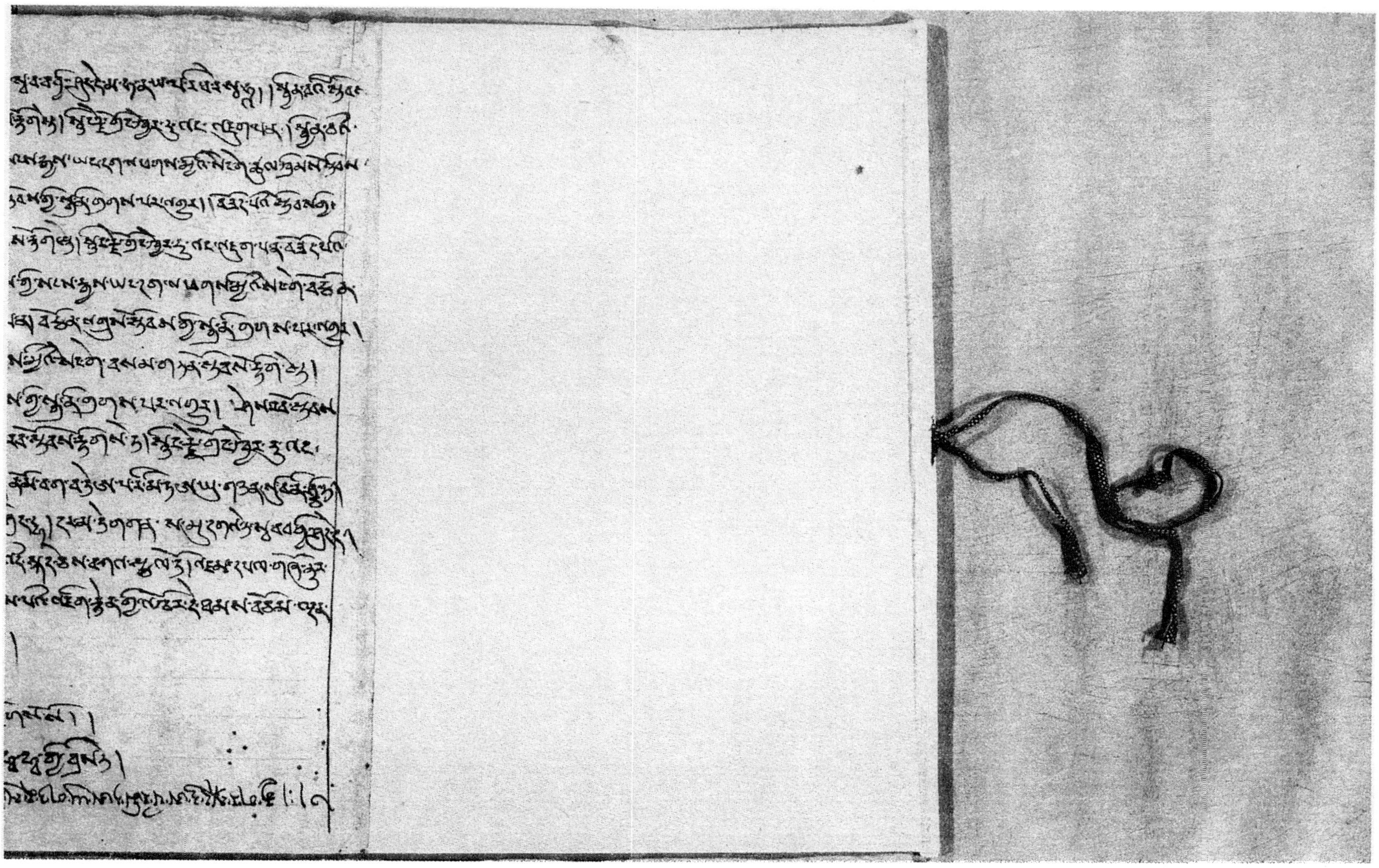

BD14663 號　藏文（無量壽宗要經甲本）　　（8–8）

BD14664 號背　護首　　（1–1）

BD14664 號　藏文（無量壽宗要經乙本）　　　　（8–1）

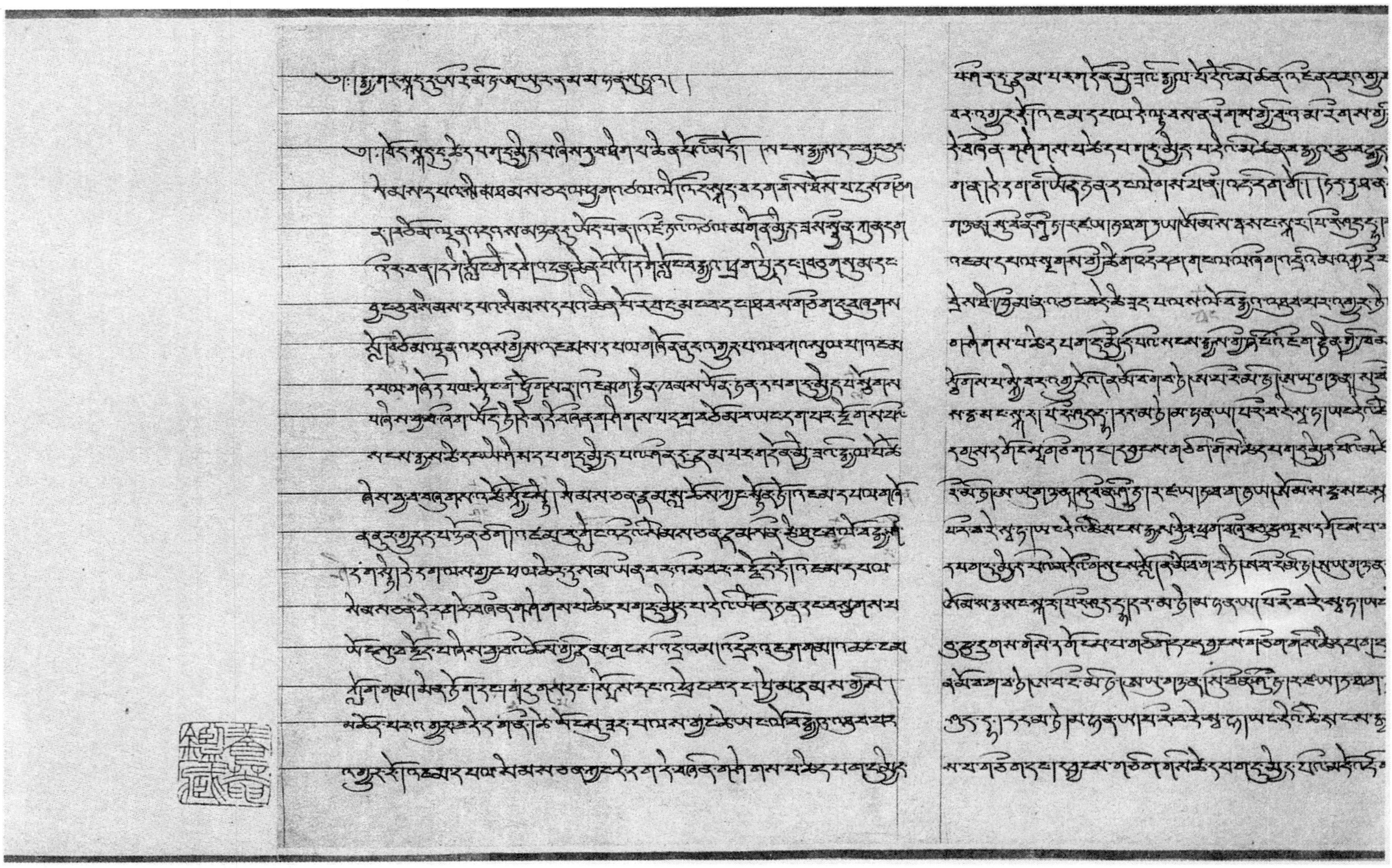

BD14664 號　藏文（無量壽宗要經乙本）　　　　（8–2）

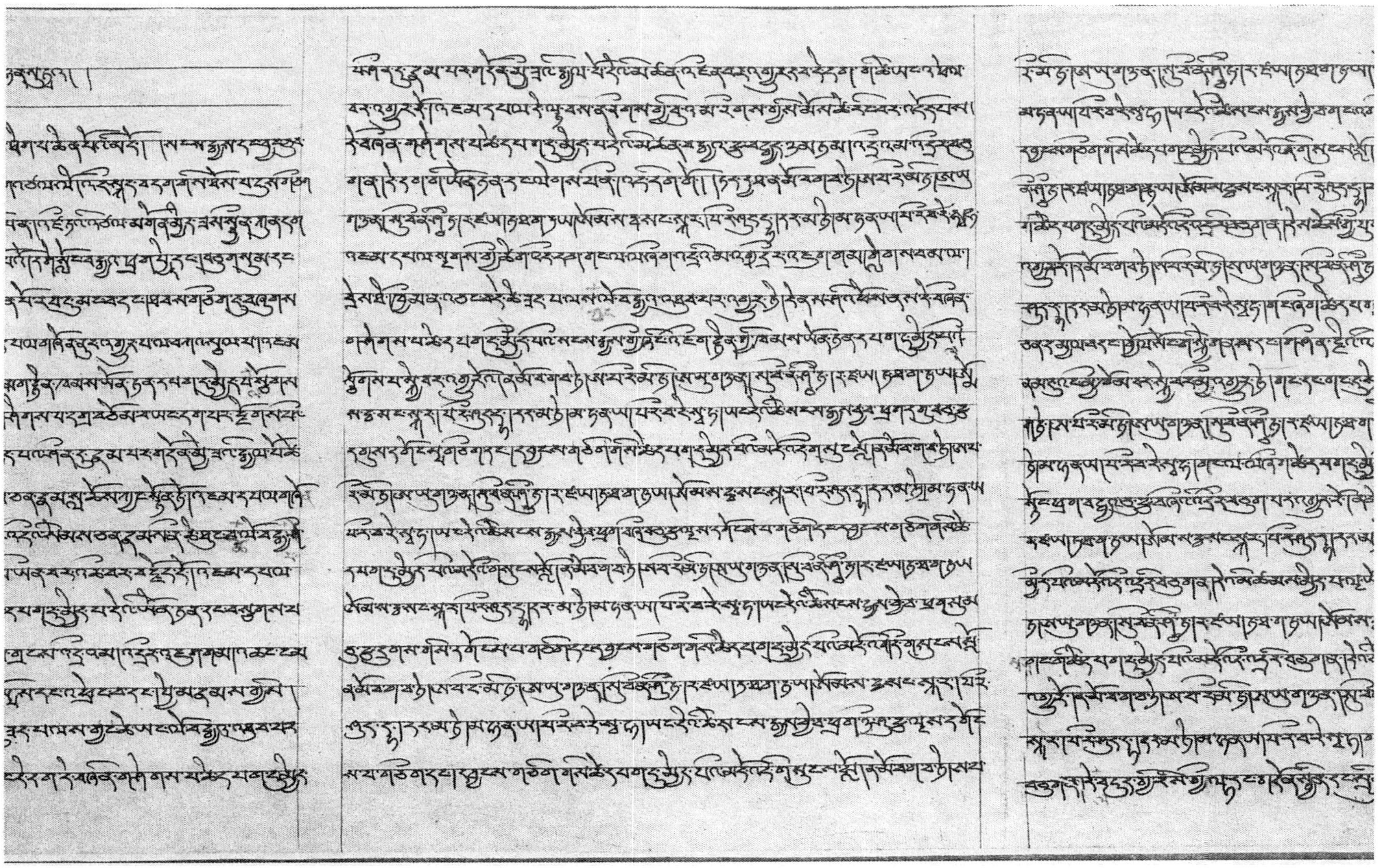

BD14664 號　藏文（無量壽宗要經乙本）　　（8–3）

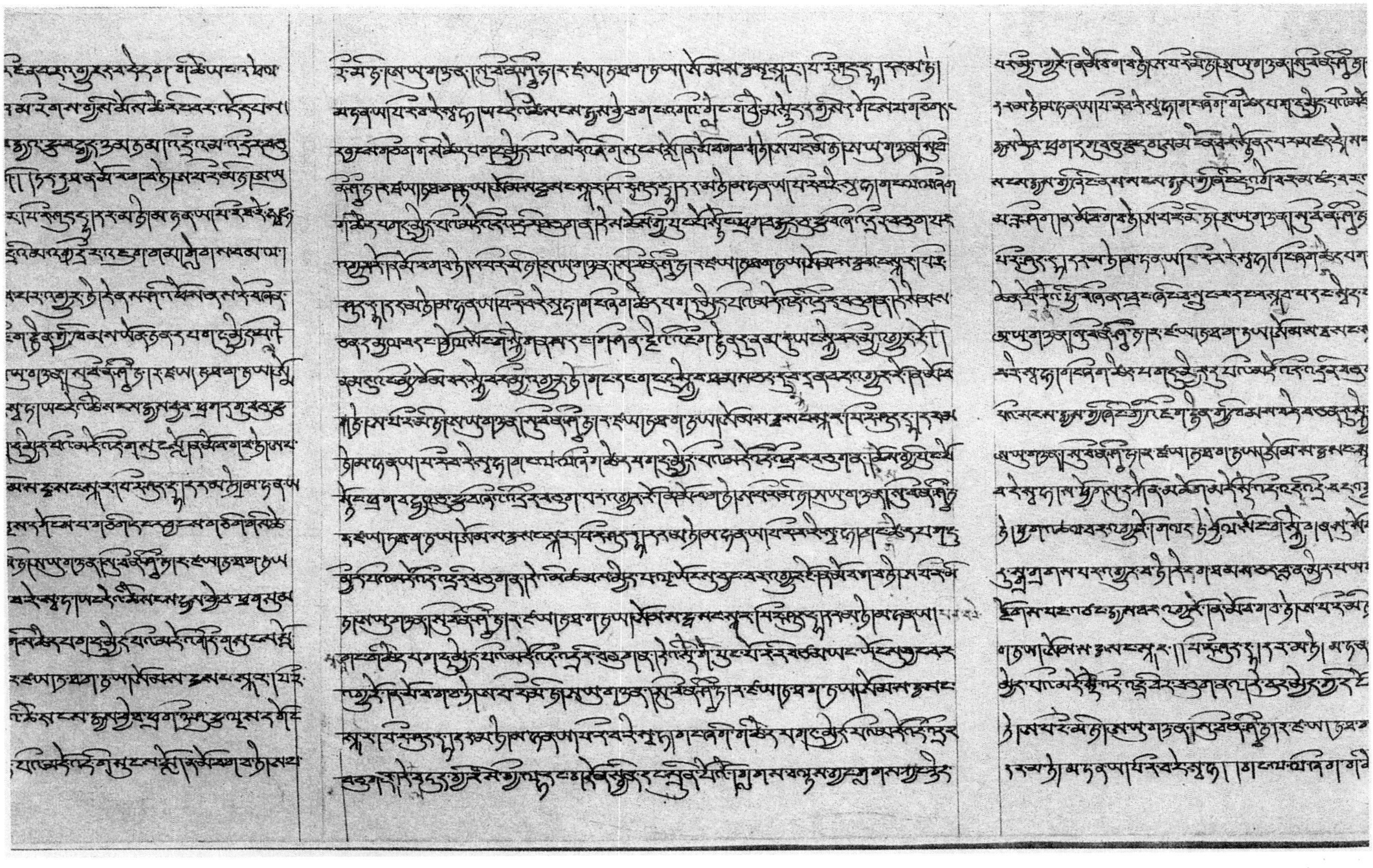

BD14664 號　藏文（無量壽宗要經乙本）　　（8–4）

BD14664號　藏文（無量壽宗要經乙本）　　（8–5）

BD14664號　藏文（無量壽宗要經乙本）　　（8–6）

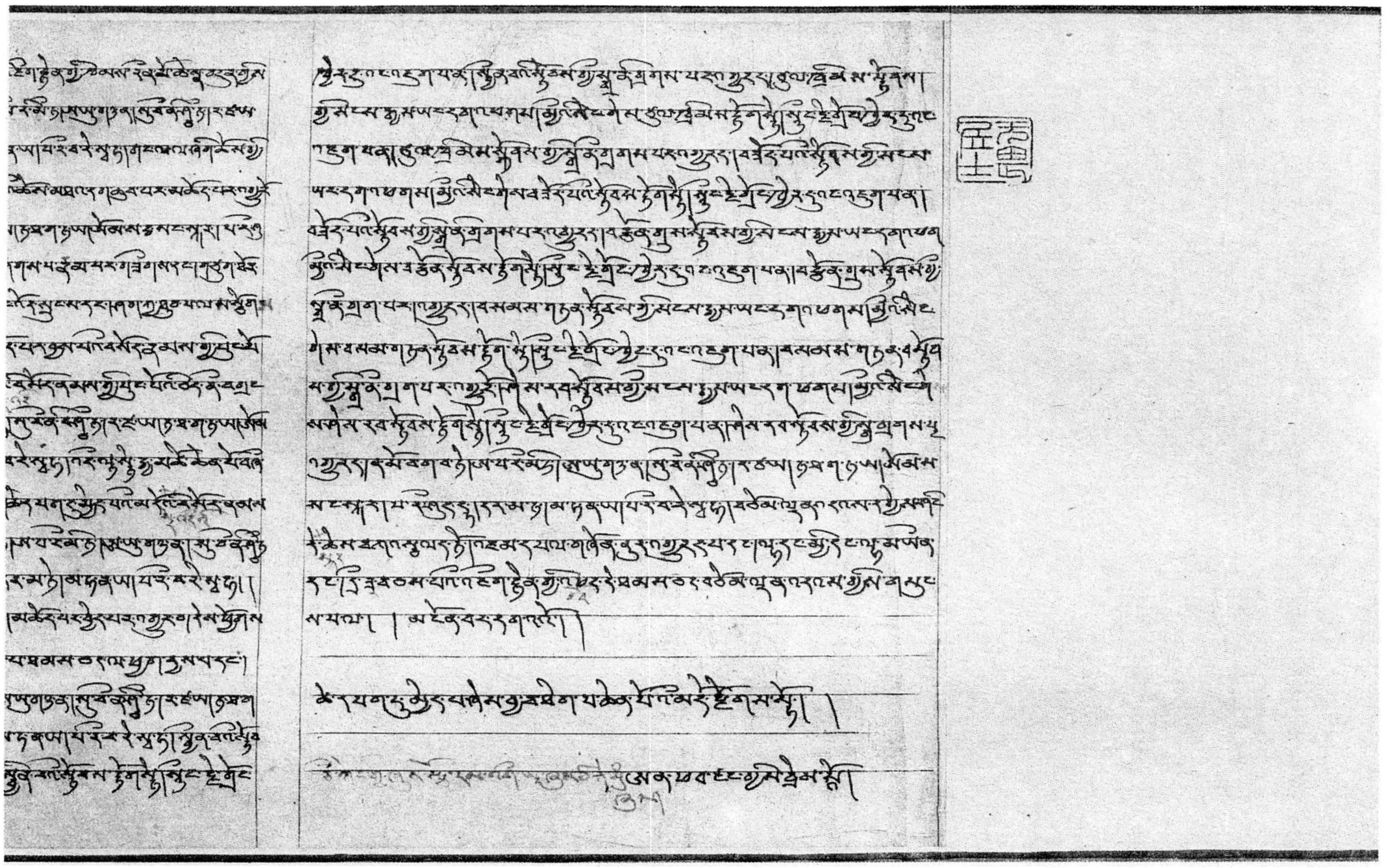

BD14664 號　藏文（無量壽宗要經乙本）　（8–7）

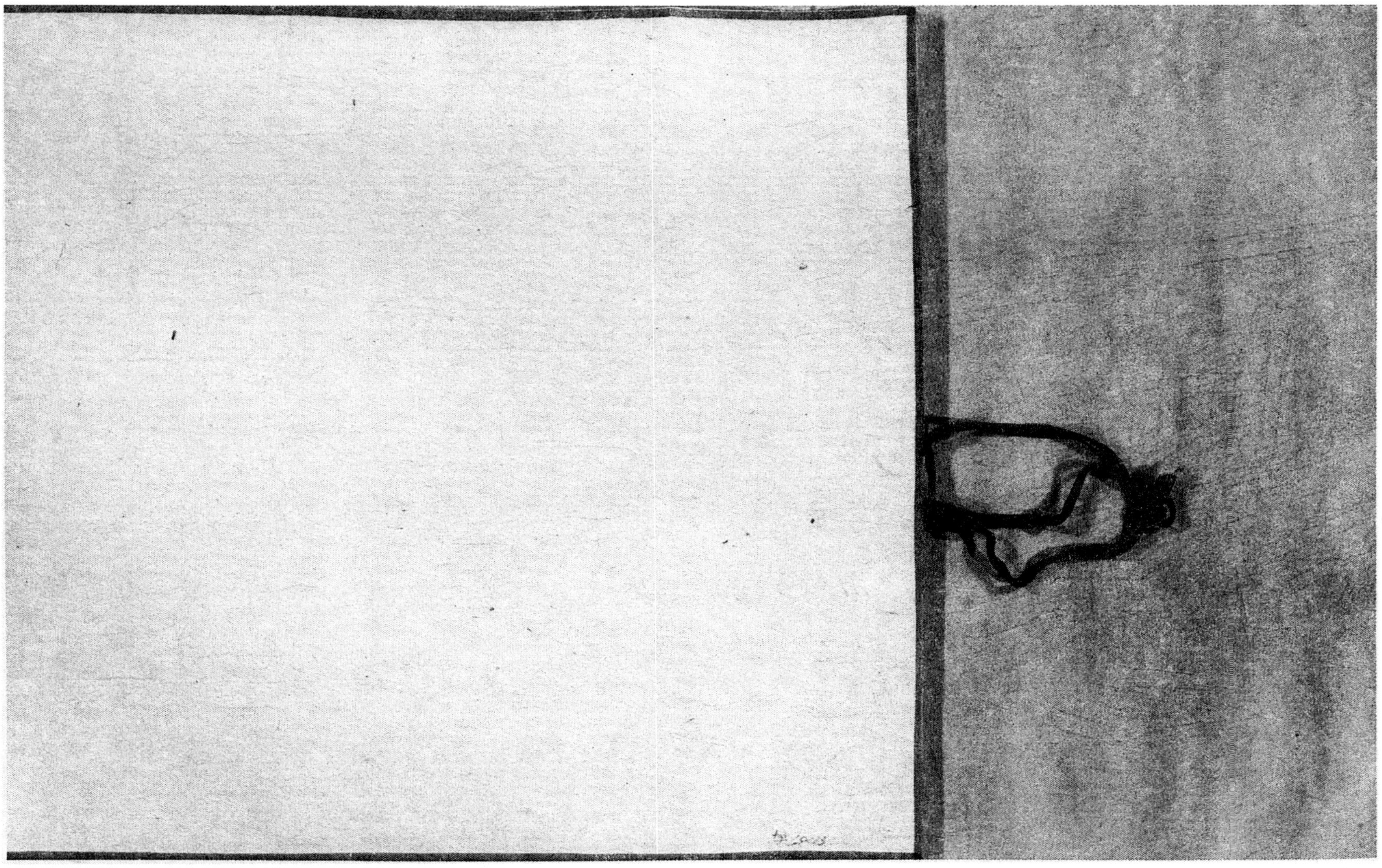

BD14664 號　藏文（無量壽宗要經乙本）　（8–8）

來入秦
乍曰燕客蔡澤天下俊雄弘辯智士也
君侯應侯使人召蔡澤澤入揖應侯固不快
使因讓之曰子常宣言欲代我相秦乎
應侯曰請聞其說蔡澤曰吁君何見之晚
春去未成者至君祿位貴盛私家之富
臣之代君不亦宜乎諺曰日中則移月滿日
之常數進退盈縮聖人常道昔齊桓
天下至葵丘之會有驕矜之色叛者九國吳王夫差
於天下輕諸侯陵齊晉遂以殺身亡國夏育太史敫
三軍然而身死庸夫王威而不返道理也
為孝公平權衡正度重決所陌教人耕戰
動而地廣兵休而國富故秦無敵於天下立威於諸
戎矣遂以車裂楚地持戟百万白起師數万之衆
戰一戰舉鄢郢而燒夷陵南并蜀漢有功魏韓而
北坑馬服誅屠卌餘万之衆盡流成川沸聲若雷
帝業自是之後趙楚懾服不敢攻秦者白起之力
身所伏者七十餘城功已成矣死杜郵吳起為楚悼
罷無能廢無用損不急之事塞私門之請一楚國之俗
收揚越北并陳蔡破横散縱說使馳說之士無所開其

於天下輕諸侯陵齊晉遂以殺身亡國夏育太史噭

三軍然而身死庸夫　　至盛而不返道理也

為孝公平權衡正度　　量決阡陌教人耕戰

動而地廣兵休而國富故秦無敵於天下立威於諸

賤矣遂以車裂楚地持戟百万白起師數万之衆

戰一戰舉鄢郢而燒夷陵南并蜀漢有功魏韓而

北坑馬服誅屠卌餘万之衆血流成川沸聲若雷

帝業自是之後趙楚懾服不敢攻秦者白起之

身所伏者七十餘城功已成矣死杜郵吳起為楚悼

罷無能廢無用損不急之事塞私門之請一楚國之俗

收楊越北并陳蔡破橫散蹤說使馳說之士無所開其

口功以成矣卒被支解大夫種為越剗草刱邑辟地殖

穀帥四方之士盡忠貞之力以禽勁吳而立霸功〻成而不賞

句踐終而煞之此四子者功成而不去禍至而不知此所謂

能申而不能屈知往而不返者也范蠡之超然避世長

為陶朱公君獨不觀於博者乎或欲大投或欲分功此皆

之所明知也今君相秦計不下席謀不出廊廟坐制諸侯施

三川以實宜陽之險塞太行之道斬范中行之道斬中行之徒

行合從栈道千里　　蜀漢天下皆畏秦〻之欲得

功極矣此亦　　斋君白公吳起

羿乎　　受之必有伯

日天子訪[illegible]……也若欲得福[illegible]下入室

不得必其訪覓金[illegible]見在州[illegible]襄得來妻答曰吾

食雞之[illegible]留與夫主當時自知[illegible]雞恐被誅責謂其妻曰莫道

此語欲覓我欲煞之妻曰君但去終不責君當食雞之時君來

[illegible]妾諂得君惡言翻作好語夫家因妻之言將此金鉤帶

[illegible]應之漢祖封為上相遂謂此人曰卿之官由妻能言

而得也故語云婦人不合治人是以貴鄉之妻隨夫貴也

云能言能語解人鉤帶不解言不解語此一生患害也

[illegible]也　昔劉季嫂以季不作活計心裏憎嫌

季与客益食其嫂遂將杓刮釜[illegible]云釜言盡季知[illegible]

羹心懷怨恨後得天位遂不与嫂子之官嫂謂兒曰汝妳合治

國位何不索一官兒遂聞母之言向妳乞一官季遂封嫂

刮羹侯不識此官歸家問其母曰自省与季刮羹

之嫂遂往至季邊諫過始封為淮南王時出劉季

之子為刮羹侯此之為也　昔有陽香者弘農

父於田中採斫被虎欲傷唱聲大叫女在家聞叫

闘奔走[illegible]見[illegible]乞欲傷其[illegible]

BD14665號背　類書（擬）

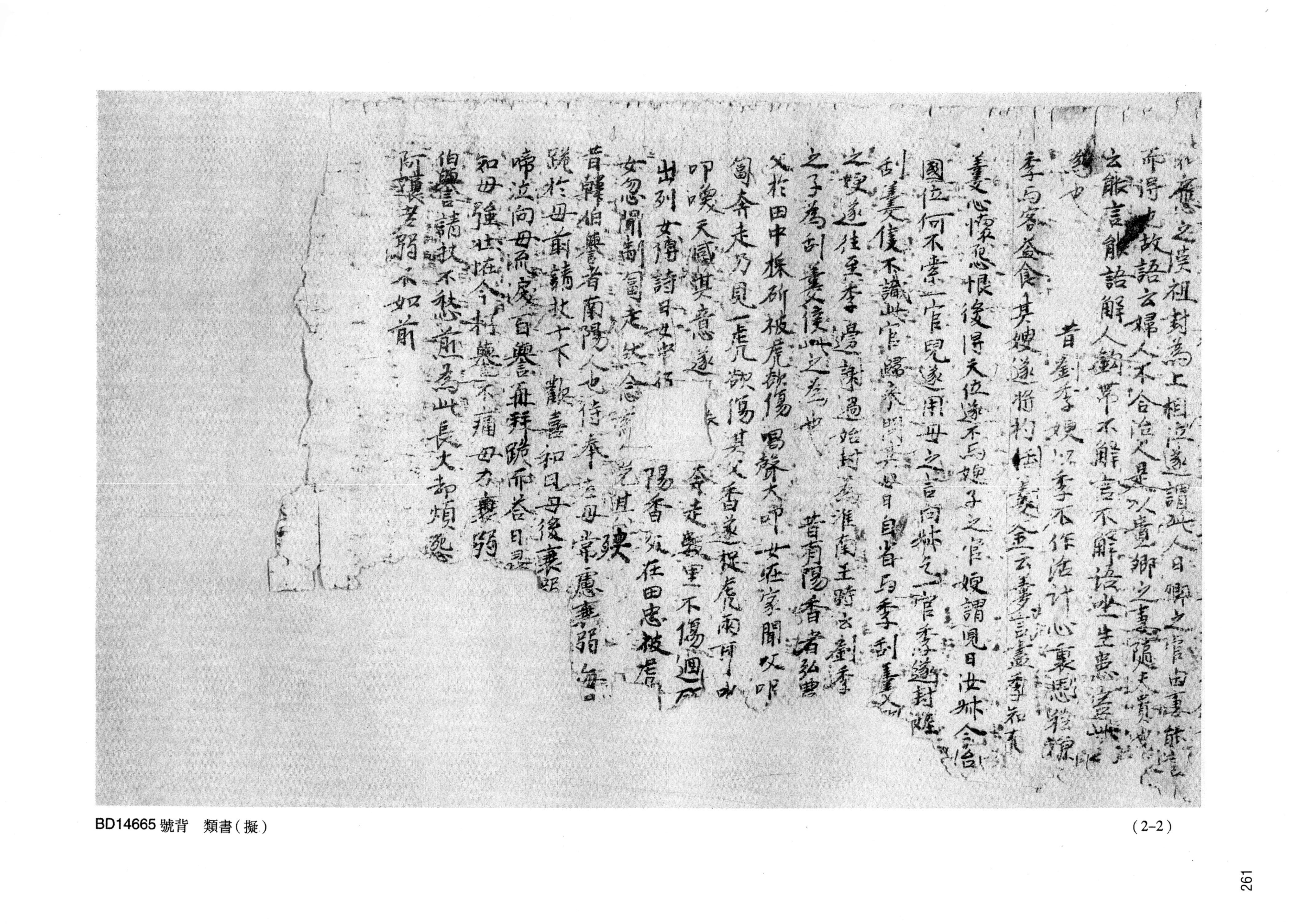

BD14665號背　類書（擬）

（2–2）

BD14666號 李陵變文（擬）

（5–1）

不打如何自死。單于人從後放火，其煙蓬逹撩爤焰竪天，大將軍後底火來如何
免死。李陵問火去此間近遠，左右報言：火去七(?)間一里。軍中有大石，忽急手出火
燒前頭草。後底火來他自定，前頭火着後底火滅。看李陵共單于火中戰
處若爲：
陵軍嚴嚴向前催　虜騎芬芬遂後來　陣雲海內初交合　殺氣黃(?)南望不開
六將把盡兵初鈍(?)　早已戰他人氣破　邊被單于放火燒　敗走知從右邊過
爪中定是將(?)根毛　風裹吹來夜迮(?)毛　紅焰炎炎傳[illegible]　一迴吹起一迴高
白雲芬芬卒(?)紫塞　黑煙漭漭總宜真　前頭草盡不相連　後底火來他自定
傳聞將漢昔家陳　慣在長城多苦辛　十万軍由不怕死　現當陵有五[illegible]
軍中有事須成援　數將同行不同戰　遥奔遥北我自知　滅跡掃除
平生願學小色功　山塞方知火幕空　聖主侄饒今日下　可得知陵[illegible]　中
其時將軍遭路薄　在後遺兵我遣收　卧鼓若重從撓去　韃虜輕騎將任者
逢水且須和麪喫　逢冰莫使咽人喉　陽是虜庭沒身命　損敗無過死[illegible]
國中聖主何年見　臺上慈親拜未由　今朝死在胡天鷹　万里飛來向霸(?)[illegible]
單于鄣左右曰：入他漢界，早行二千，收兵壽迴，各自穩便。語由未訖，陵下有一
官，決果管敢，校尉緣極授，振惟李陵嗔，打五下，更作増(?)皮，揎拔斬，欽令軍
營，敢怕李陵斬之。背軍逃走，直至單于帳前，處分見轉備，道風聲口稱死罪。
單于問是甚沒人，李陵官決果管敢。單于言作甚沒來，管敢啓陛下：李陵兵
馬箭盡弓折，糧用俱無，去走絕近，大王何不收取。單于見管敢投來，大喚可可。
喚言左右曰：更行三三百里，李陵自伏作奴。單于聞語便趁李陵，即張弩射之，衆騎
召蕃王左眼着。單于怕急，不敢登前，馬上迍迍，無(?)左右曰：急守趂賊，來大家病之。
雖行千里，約讀(?)万人，縱得漢兵，知得何用，不如早迴。爲左右對曰：大王自將十万
人來覆五千，不益其葉，返恥推穆拓迴，放後庭墨來小弱，不誅大必有患。陛下
更戰，漢必敗降，不至午時，陵軍走敗。單于聞語，即李陵箭盡弓折，糧用俱無，
赤心求於寸刃。李陵處分左右，火急交人折車，人執一根車輻棒，打着從頭面
梅(?)沙。李陵共單于鬭戰第三陣處若為陳說：
杜胡地上振天崖　大漢南行路上懸　交兵欲風頭便　對敵生冒日景劍
後軍事急難去戰　漢將懸知力不加　不敢弓刀渾用盡　遂擲空身左右遮
臨時用快無過棒　火急交人折破車　人執一根車輻棒　着者從頭面[illegible]沙
登時草木遭霜萎　是日山川被血染　夜望胡皇兇似電　朝着煞氣大如霞
今日爲將黃馴虜　盡罷同赤背鷂　如何營敵行非里　遣我將軍不見家
今朝塞外渾輸失　更將何面見京華
戰已了，首須更黃昏，各自至當夜潦，也没陵自出來，喚左右曰：吾今不死者，非壯士也。左
右啓大將軍曰：自從東殘達劫，單于一入虜庭二千餘里，誓檄平於沙漠，檄絕蹈座桔(?)
此微功用，將明主豈謂將軍失利，將士殘殺，負特恃恐乖為本願，當今日下實是孤
危，翻遭鑊中鵠巢幕下鼎，煩魚爛，暮動巢傾，勢既不全，理難存立。大將軍本意
莫枉勞人，幸請方圖，擬求生路。陵曰：吾文高文皇帝親處世万衆託征意，上用於
平城，其時猛將如雲，謀臣若雨，一入單于之境，三軍數万大行一迴，賴得陳平鞋(?)太女(?)
誰他幸而獲免，況我今日五千步卒，敵十万之軍，何异文為[illegible]

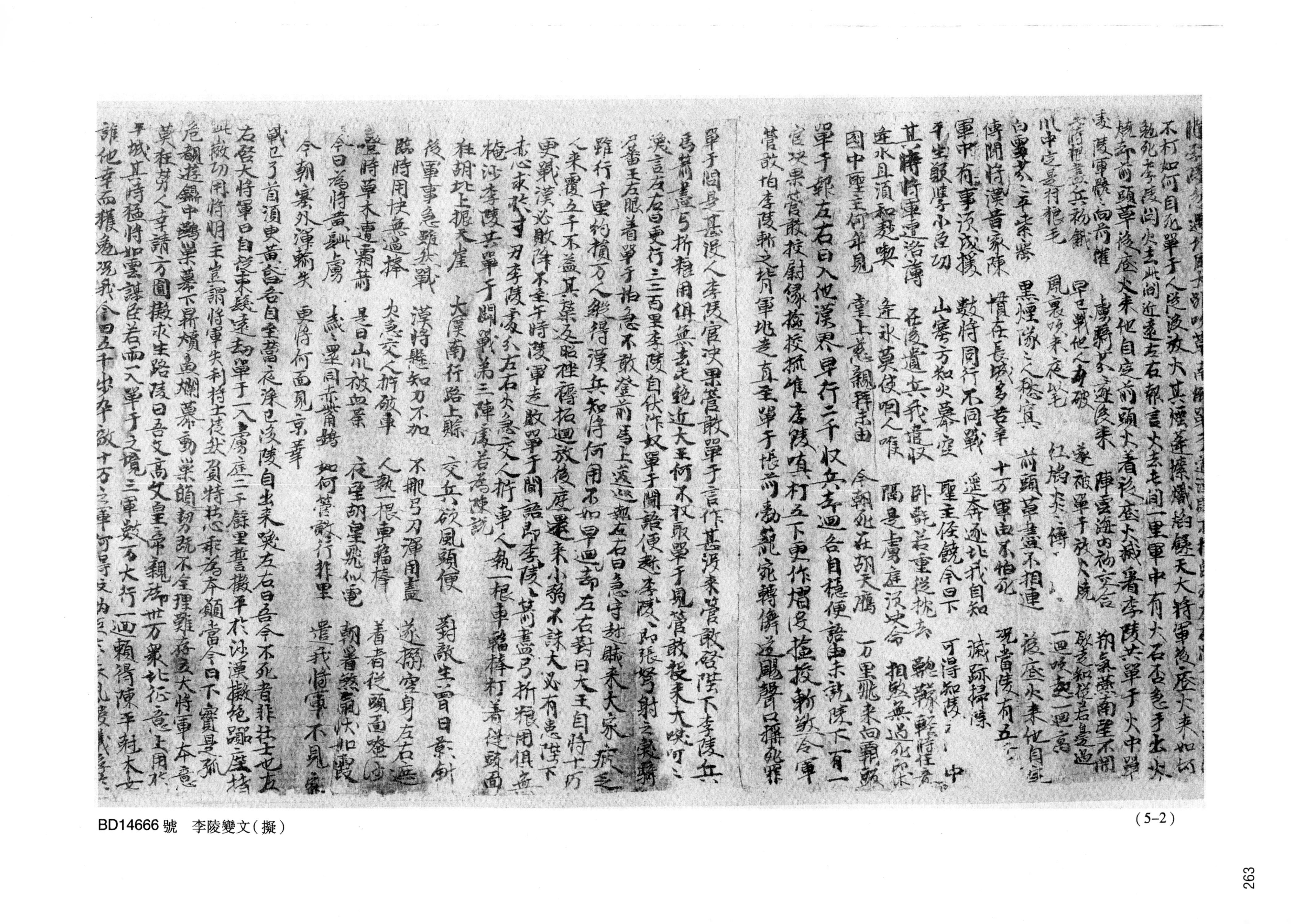

BD14666號　李陵變文(擬)

(5–2)

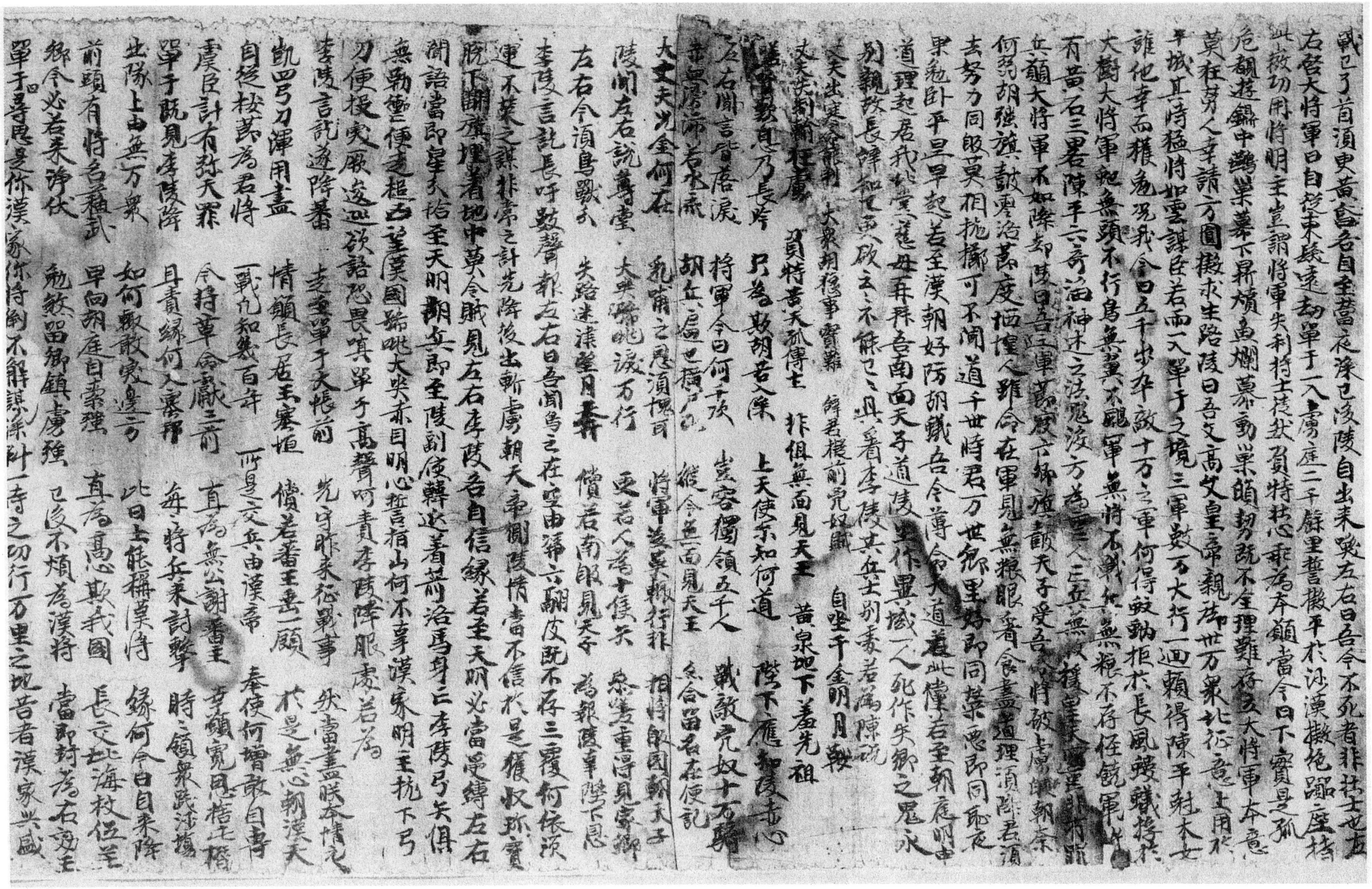

BD14666號　李陵變文（擬）

（5–3）

BD14666號　李陵變文（擬）　（5–4）

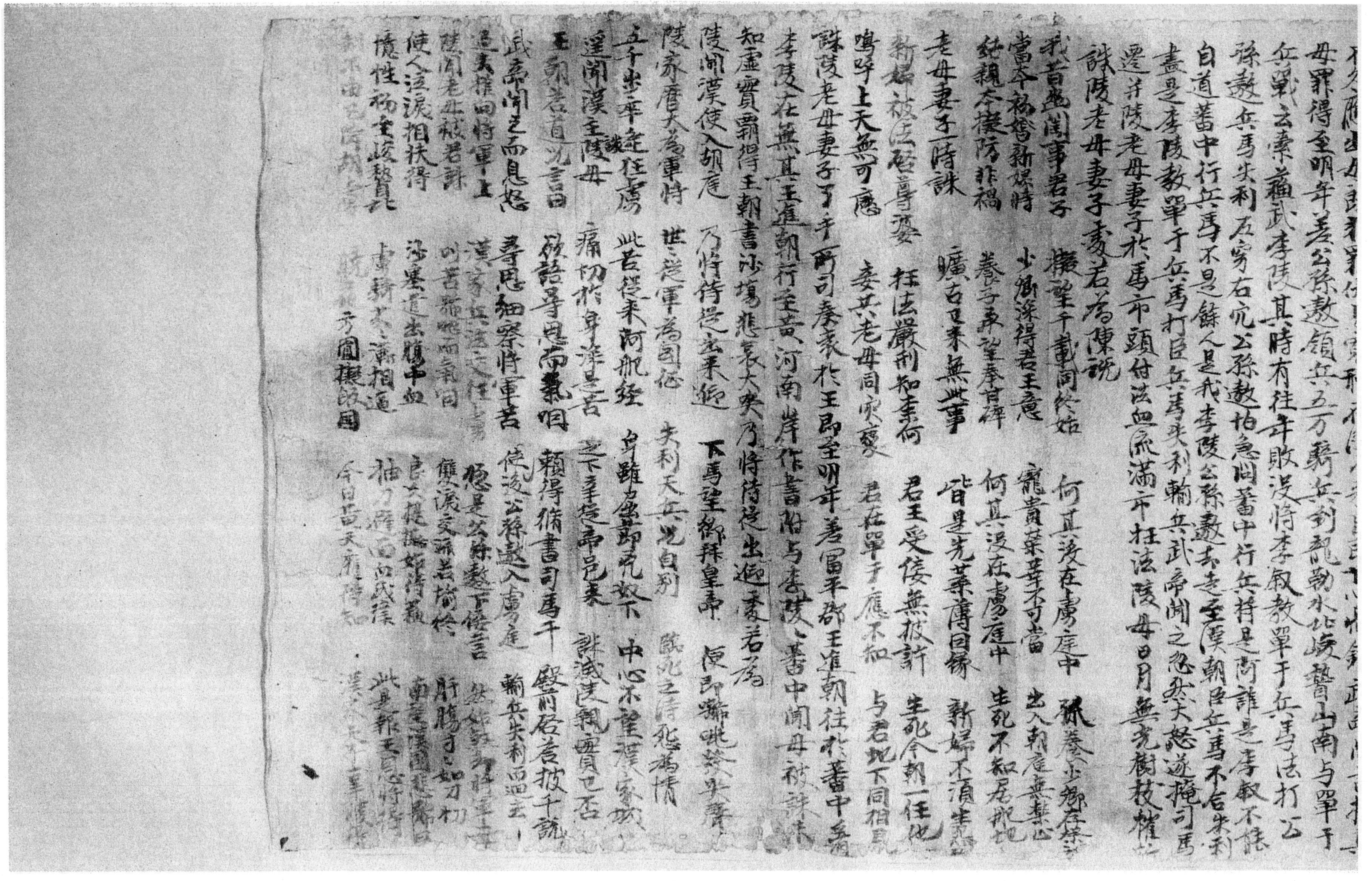

BD14666號　李陵變文（擬）　（5-5）

BD14666號背1　齋意文稿（擬）

（5–1）

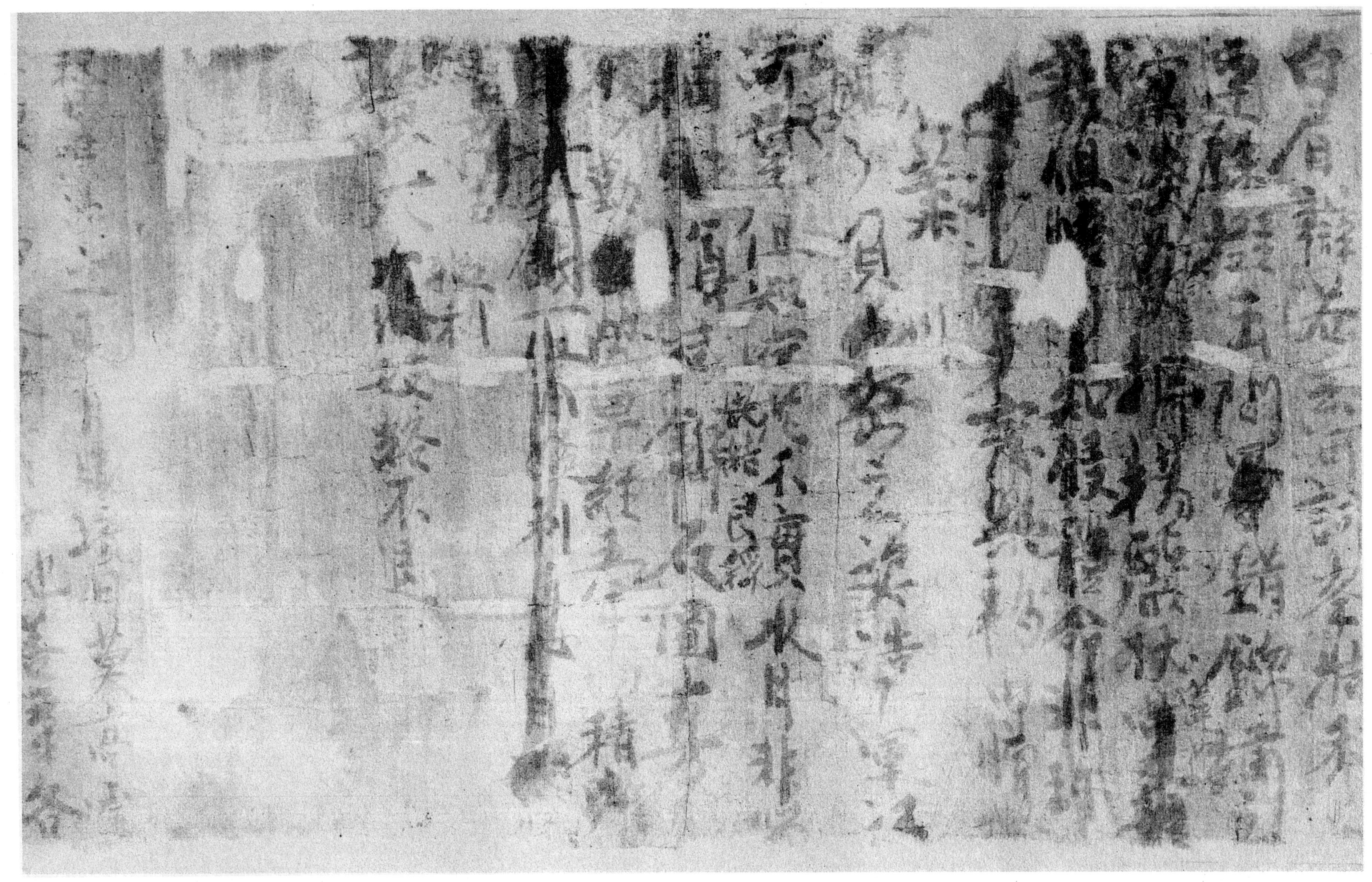

BD14666號背 1　齋意文稿（擬）

BD14666號背 2　劉薩何與莫高窟（擬）

（5–2）

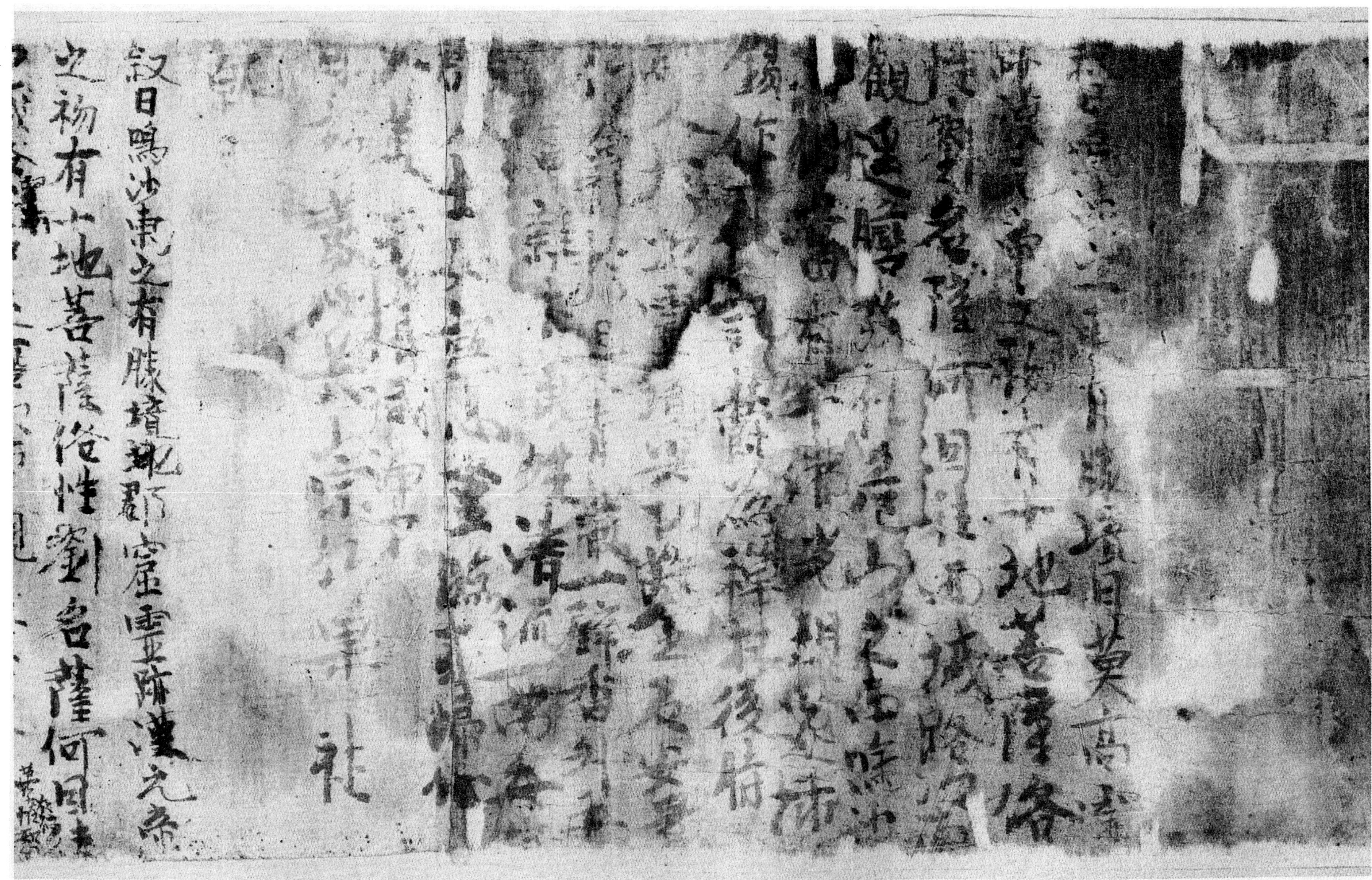

BD14666號背2　劉薩何與莫高窟（擬）　（5–3）

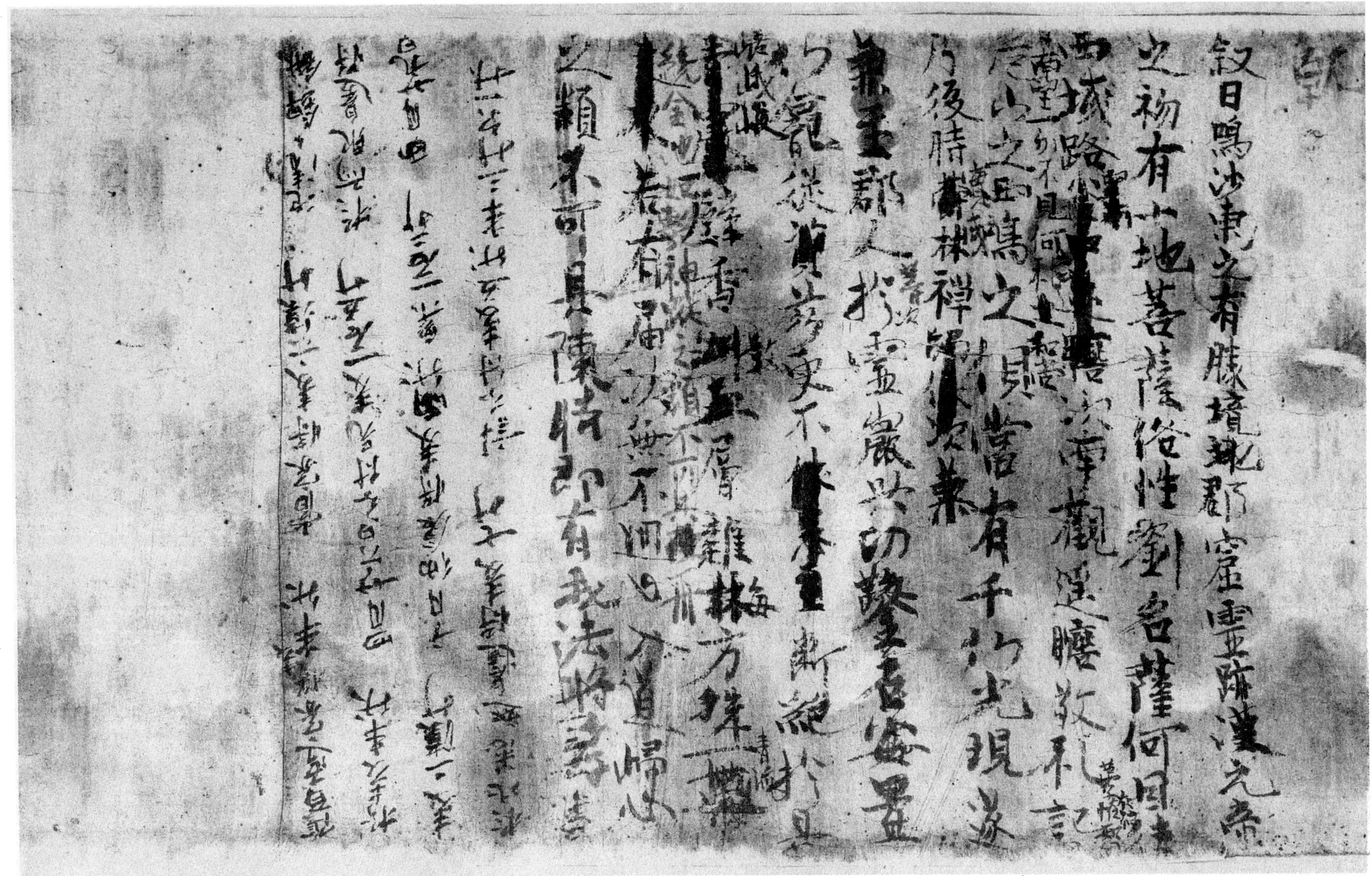

BD14666號背 3　劉薩何與莫高窟稿（擬）　（5–4）

BD14666號背 4　糧食歷（擬）

BD14666號背5　信函稿（擬）

BD14666號背6　氾奴子戌年不入作歷（擬）

（5–5）

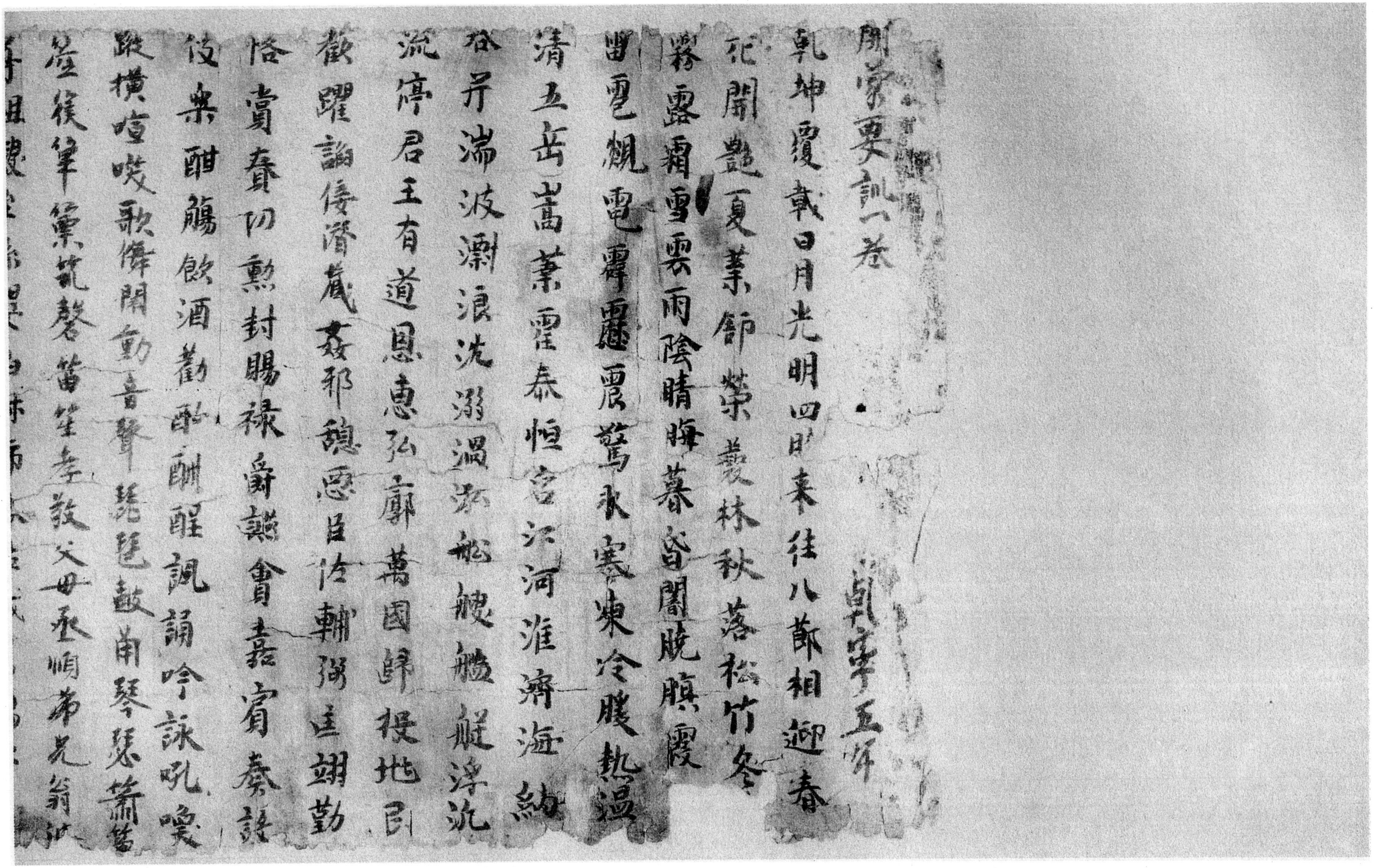

開蒙要訓一卷 [illegible]五作

乾坤覆載日月光明四時來往八節相迎春

花開艷夏葉舒榮藂林秋落松竹冬

霧露霜雪雲雨陰晴晦暮昏闇朧朣霞

雷雹靚電霹靂震驚氷寒凍冷暖熱溫

清五岳嵩華霍泰恒宮江河淮濟海納

谷弃湍波瀾浪洸溺渦淤舩艘艦艇浮沉

流停君王有道恩惠弘廓萬國歸投地邑

歡躍謳傍潛藏姦邪魍[illegible]呂佐輔弼匡翊勤

恪貢賚功勳封賜祿爵讌會嘉賓奏謌

伎樂酣觴飲酒勸酬酬醒諷誦吟詠吼嘆

蹤橫喧咲歌儛閑動音聲琵琶鼓角琴瑟簫笛

箜篌篳篥鼙笛笙孝敬父母丞順弟兄翁[illegible]

BD14667號　開蒙要訓

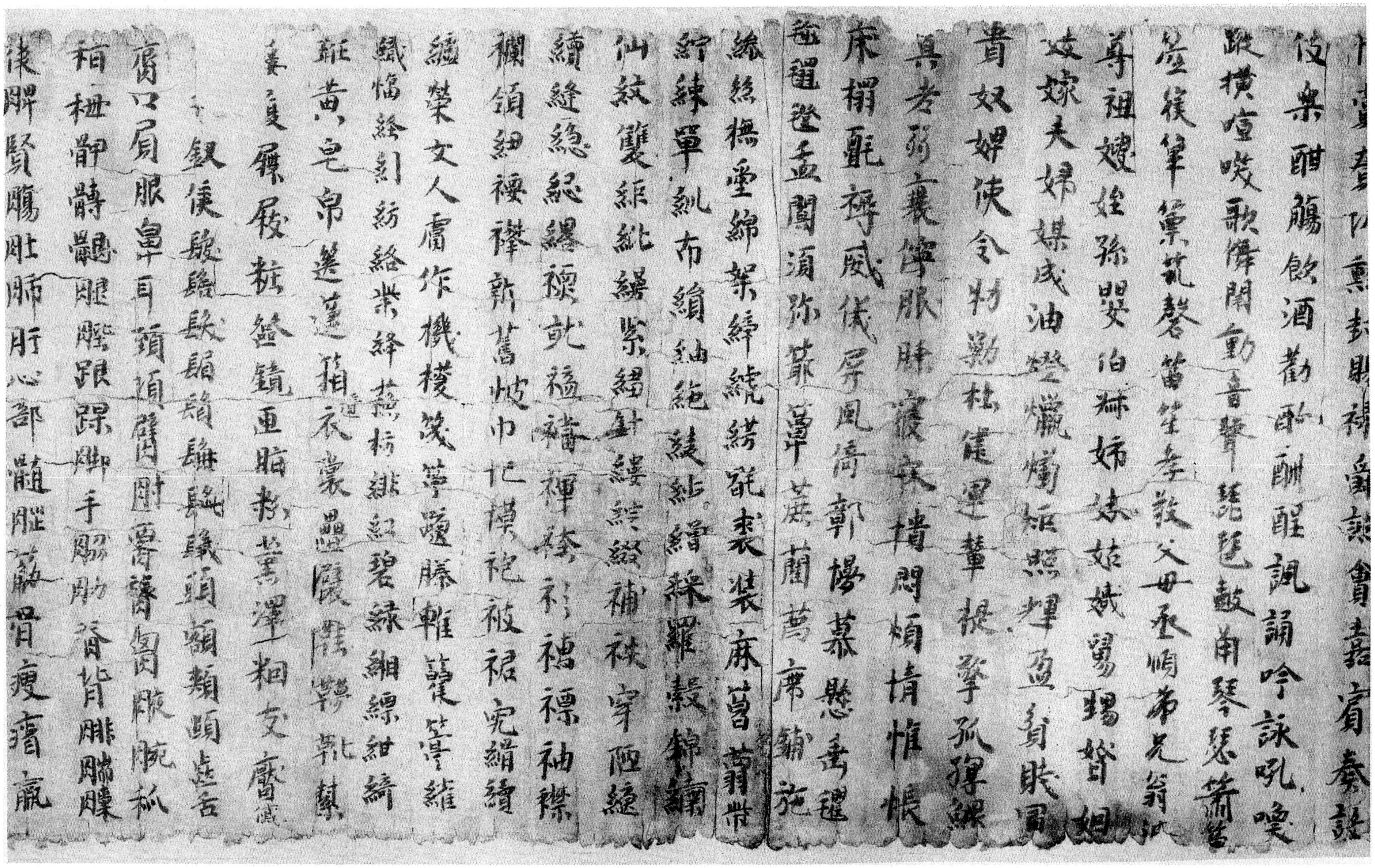
[illegible]奠陪熏封賜禮爵頒賞嘉賓奏謁
伎樂酣觴飲酒勸酌酬酲諷誦吟詠叱嗅
蹤橫喧咳歌舞閙動音聲琵琶鼓角琴瑟簫管
箜篌筆篥箏磬笛笙竽鼓父母慈順弟兄翁嫗
尊祖嫂姪孫嬰伯叔姊妹姑姨甥舅婿姻
妓嫁夫婦媒娍油燈熾燭炬照燀盈貧賤富
貴奴婢使令物勳枯健遲輩提攀孤獨鰥
寡老弱囊儜服肆寢食嘈悶煩情惟帳
床榻氈褥威儀屏風倚郭楊幕懸垂幔
毯氍毾孟闌須彌茸葦蘭蔥席鋪施
綫絲繰蠶綿絮緯繞綺毹裘裝麻葛蒲帶
紵練單紕布縐紬絁綾紕縉綵羅縠錦繡
仙紋雙綵紕縵紫綃針縷綻綴補袂穿縫
續縫總紀縲褸乾褞襦褌襖衫禫褾袖襟
襴領紐襻新舊帔巾帊襆袍被裾兜緝續
纏縈文人畫作機樓箋箏蘆藤鞵韉筐籮
織惱絡剝紡絡紫絳蘇枯緋紅碧綠緗縹紺綺
䌷黃皂帛褰褳裲衣裳疊覆[illegible]鞾韈
養三度[illegible]屐粧鐙鏡重脂粉黛澤胭支膏[illegible]
手釵鬢髮髻鬟髻鬚鬢鬢頭額顋頭齒舌
唇口肩眼鼻耳頸項臂肘胸腋腕杌
[illegible]梗腳髀腿髕跟踝腳手腳胻脊背腓腨臏
[illegible]脾腎腸肚肺肝心部髓[illegible]骨瘦瘠羸

BD14667號　開蒙要訓　　（4–2）

BD14667號　開蒙要訓

（4–3）

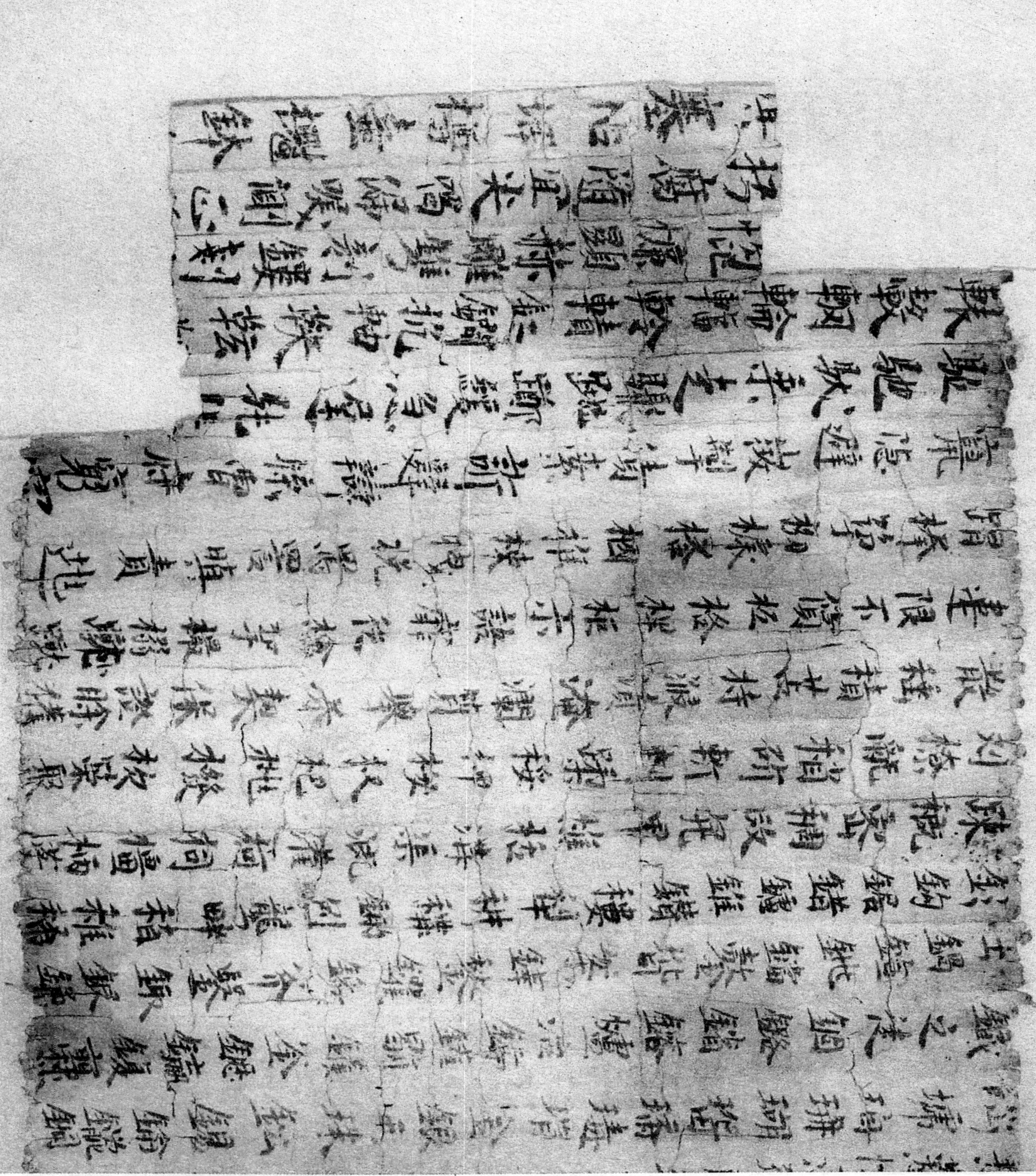

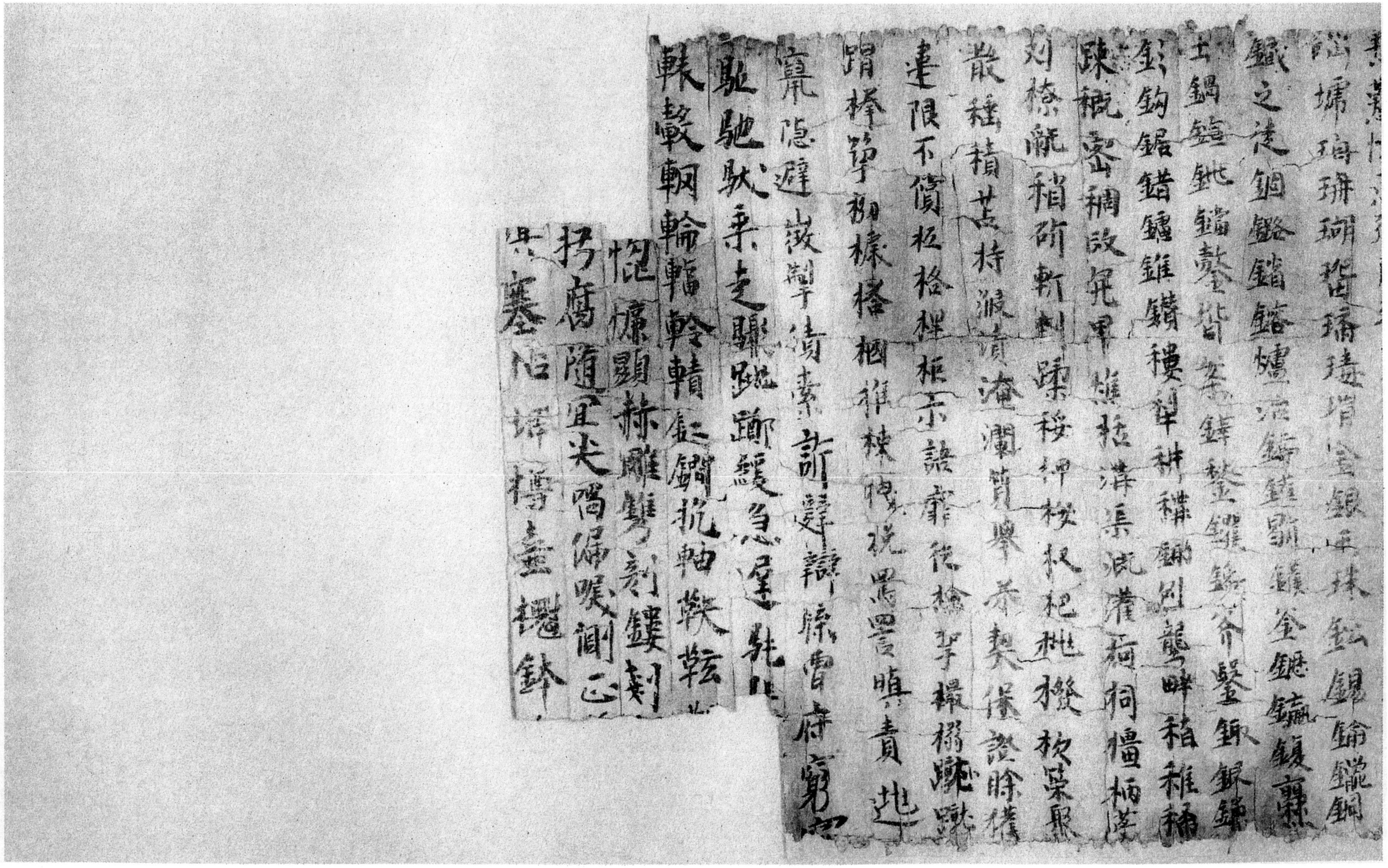

（4–4）

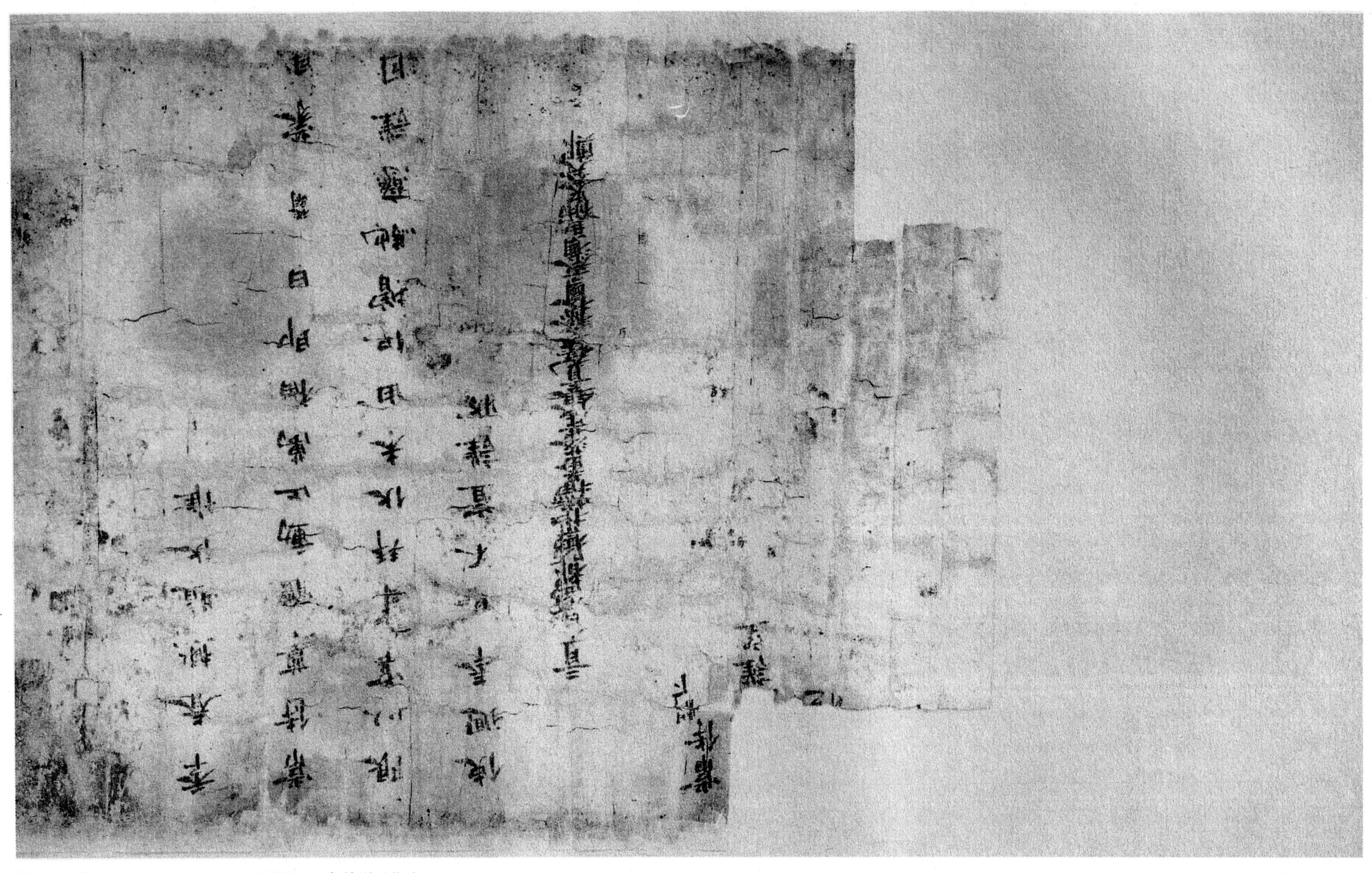

BD14667號背1　三月十八日鄭從嗣上常侍狀（擬）　（4-1）

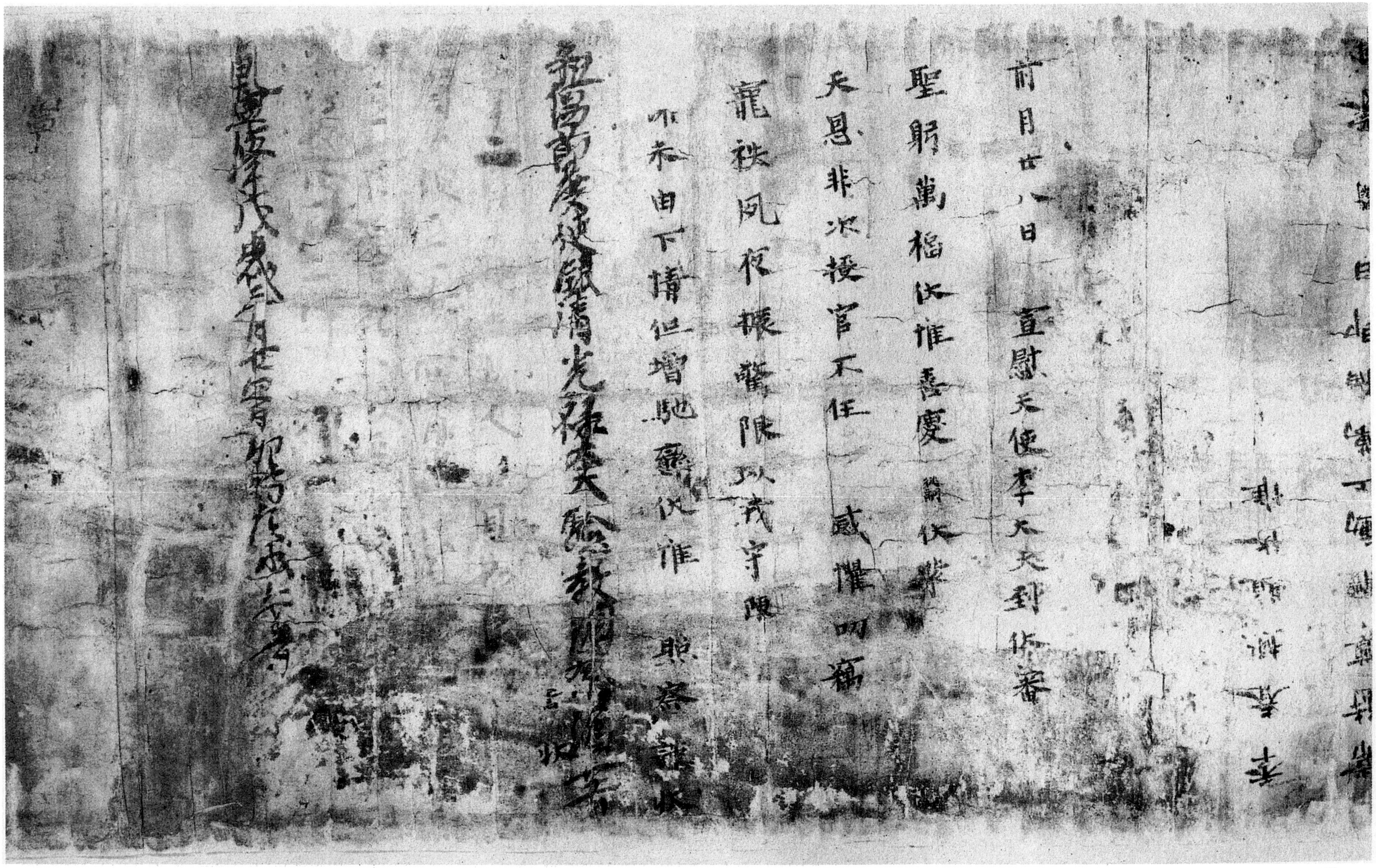

(4–2)

BD14667 號背 2　勅河西節度使銀青光祿大夫檢校國子祭酒從嗣狀（擬）

BD14667 號背 3　便糧食歷（擬）

BD14667 號背 4　乾寧五年（898）永安寺條記（擬）

BD14667號背5　進尚書狀（擬）　（4–3）

BD14667號背6　名錄（擬）

（4–4）

BD14668號背　包布　（1–1）

律藏初分第三

佛在羅閱祇耆闍堀山中時慈地比丘從耆闍堀山下見大
羊行婬見已自相謂言此羝羊即是沓婆摩羅子母羊即是慈
比丘尼我今當語諸比丘言我先已聞无根法謗沓婆摩羅子我等
今親自眼見沓婆摩羅子實与慈比丘尼行不淨即便往諸詣比丘所言
我等前已聞无根波羅夷謗沓婆摩羅子今親自眼見沓婆摩羅
子与慈地比丘尼行婬諸比丘言此事云何汝等莫以无根法謗沓婆摩羅
子〻梵行人以无根法謗梵行人得罪重尒時慈地比丘得諸比丘詰問
已便作是言沓婆摩羅子无有此事是清淨人我等向者從耆闍
堀山下見諸羝羊与母羊行婬我等即自相謂言此羝羊是沓婆
摩羅子母羊是慈地比丘尼我等今日自見之當向諸比丘說言我本
以聞无根法謗沓婆摩羅子今眼自見共慈地比丘尼行婬若沓婆摩羅
子是清淨人實无此事諸比丘聞已中有少欲知足行頭陀樂學戒知
慚愧者嫌責慈地比丘汝等云何以異分无根婆羅夷謗沓婆摩羅
子清淨人諸比丘即往世尊所頭面禮足在一面坐以此因緣具白世尊
以此因緣集比丘僧以无數方便呵責慈地比丘汝等所為非威儀非淨

BD14668號　四分律（異卷）初分卷三　（28–1）

[illegible]自相謂言此羖羊是沓婆

摩羅子母羊是慈地比丘尼我等今日目自見之當向諸比丘說言我本

以聞无根法謗沓婆摩羅子今眼自見共慈地比丘尼行婬并沓婆摩羅

子是清淨人實无此事諸比丘聞已中有少欲知足行頭陀樂學戒知

慙愧者嫌責慈地比丘汝等云何以異分无根婆羅夷謗沓婆摩羅

子清淨人諸比丘即往世尊所頭面礼足在一面坐以此因緣具白世尊世尊

以此因緣集比丘僧以无數方便呵責慈地比丘汝等所爲非威儀非淨

行非隨順行所不應爲沓婆摩羅子有梵行人汝等云何以異分无根波

羅夷謗沓婆摩羅子清淨人也呵責已告諸比丘慈地比丘癡人多種

有漏處最初犯戒自今已去与諸比丘結戒集十句義乃至正法久住欲

說戒者當如是說若比丘以瞋恚故於異分事中取片非波羅夷比丘

以无根波羅夷法謗欲壞彼清淨行汝於異時若問若不問知是異分事

中取片是比丘自言我瞋恚故作是語僧伽婆尸沙比丘義如上瞋恚如上

說異分者若比丘不犯波羅夷言見犯波羅夷以无根異分法謗若比丘

不犯波羅夷謂犯僧伽婆尸沙以无根異分謗犯波羅夷僧伽婆尸沙

若比丘不犯波羅夷波見犯波逸提波羅提提舍尼偷蘭遮突吉羅

惡說以異分事无根波羅夷法謗僧伽婆尸沙若比丘犯僧伽婆尸

沙波言犯波羅夷以異分无根波羅夷法謗僧伽婆尸沙若比丘犯僧

伽婆尸沙波謂犯波逸提波羅提提舍尼偷蘭遮突吉羅惡說以異

分事无根波羅夷法謗僧伽婆尸沙不、清、淨、人、相似名同姓同相

同以此人事謗汝以異分无根波羅夷法謗僧伽婆尸沙若不清淨人与

清淨人相似名同姓同相同以此人事謗汝以異分无根波羅夷法謗僧伽

婆尸沙若清淨人与不清淨人相似名同姓同相同以此人事謗汝以異

分无根波羅夷法謗僧伽婆尸沙若：清：淨：人：相似名同姓同相同以

此人事謗汝以異分无根波羅夷法謗僧伽婆尸沙若見本在家時

犯婬盜五錢若過五錢若殺人便語人言我見比丘犯婬盜五錢若過五

錢若殺人以異分无根波羅夷法謗僧伽婆尸沙若聞本在家時犯婬盜

聞五錢若過五錢聞殺人聞稱得上人法彼便作是言我聞汝犯婬

聞盜五錢若過五錢斷人命自稱得上人法以異分无根波羅夷法謗

僧伽婆尸沙若比丘自語聞[illegible]聞殺我犯婬聞盜五錢若過五錢斷

犯婬盜五錢若過五錢若殺人便語人言我比丘犯婬盜五錢若過五
錢若殺人以異分无根波羅夷法謗僧伽婆尸沙若聞本在家時犯婬盜
聞五錢若過五錢聞殺人聞稱得上人法波便作是言我聞汝犯婬
聞盜五錢若過五錢斷人命自稱得上人法以異分无根波羅夷法謗
僧伽婆尸沙若比丘自語聞疑聞ゝ𢞒我犯婬聞盜五錢若過五錢斷
人命自稱得上人法以異分无根波羅夷法謗比丘說而了ゝ者比丘
以ゝ異分无根四事法謗比丘說而了ゝ者僧伽婆尸沙若說而不了ゝ者
偷蘭遮若指印若書若使若作知相說而了ゝ者僧伽婆尸沙不了ゝ者
偷蘭遮除四波羅夷以餘无根非比丘法謗言汝犯邊罪乃至二形如
上說而了ゝ者僧伽婆尸沙不了ゝ者偷蘭遮若指印若書若使若作
知相了ゝ者僧伽婆尸沙不了ゝ者偷蘭遮除上事更以餘異分无根
法謗比丘隨前所犯若比丘以異分无根八波羅夷法謗比丘尼說而了ゝ
者僧伽婆尸沙不了ゝ者偷蘭遮除八波羅夷以餘異分非比丘尼法
謗說而了ゝ者僧伽婆尸沙不了ゝ者偷蘭遮若指印若書若使
若作知相了ゝ者僧伽婆尸沙不了ゝ者偷蘭遮除非比丘尼法更以餘
異分无根法謗比丘尼隨所犯除謗比ゝ丘ゝ尼以異分无根法謗餘人
者突吉羅比丘尼僧伽婆尸沙式叉摩那沙ゝ弥ゝ尼突吉羅是謂爲
犯不犯者見根聞根疑根說實聞知說戲ゝ說若獨說夢中說若
欲說此錯說波无犯ゝ者如初未制戒癡狂心亂痛惱所纏也　第九竟
佛在釋翅搜國阿奴夷界時諸豪族釋子氣信牢固從世尊
來出家時有釋種子兄弟二人一名阿那律次名摩訶男
阿那律者其母愛念常不離目前其母與設三時殿春夏冬
使ゝ與諸綵女五欲自恣共相娛樂時摩訶男釋子語阿那律言今諸
釋種豪族子孫盡以信堅固從世尊來出家而我一門都无出家
者兄可知家業公私之事一以相付弟欲出家若不能者弟當持家
業兄可出家阿那律言我今不能出家所能可去摩訶男如是再三
語阿那律亦再三報言我不能出家摩訶男語阿那律言若不能
出家者我今當自先持家業事處典領從人騎治屋宅奉

釋種豪族子孫盡以信堅固從世尊求出家而我一門无出家
者只可知家業公私之事一以相付弟欲出家若不然者弟當持家
業兄可出家阿律那言我今不能出家可去摩呵男如是再三
語阿那律亦再三報言我不能出家摩呵男語阿那律言若不能
出家者我今當自出家持家業事產典簡傭人調治屋宇宅舍奉
望貴勝及諸知親出入王所威儀禮節其事如是耕田種作對及時節
阿那律報言卿所說極煩碎我所不堪何不說言於五欲中共相娛
樂所居業之事卿自為之我欲以信從世尊求出家摩訶男報言
兄可辭母時阿那律即詣母所白言聽子所說當知諸釋種子皆
共出家而我居門獨无出家者我今欲往詣世尊所求出家若母
聽許便當出家脩清淨行其母報言吾正有汝等二人憂念情深
於汝不欲離目前今云何令汝出家也乃至於死猶不欲相離況當生別
時阿那律如是再三白母欲求出家其母亦再三答然不放汝時阿
那律再三從母求出家母即自思念當以何方便令子不出家尋復
念言釋種子跋提其母甚愛念必不聽出家當語阿那律言若
跋提母放出子家我亦放汝出家念已即語時阿那律聞母此語
已往跋提所語言卿今知不諸釋種子盡出家此義等未有出家者我
等二人可共出家跋提報言我不能出家卿欲出家任意阿那律如
是再三勸之跋提亦再三報言我不出家阿那律報言我今日出家之
事一以由汝報汝言卿去何以出家之事一以見由阿那律報言我辭母出
家母報言我汝若能令跋提出家者當放汝出家是以相由耳跋提
報言卿且止須我往白母時跋提子即往母所長跪白母言母今
知不諸釋種子盡出家唯我一門獨无我今信樂欲從世尊
求出家唯母見聽其母報言我不聽汝出家何以故我正有汝一
子心甚愛念不欲須臾離目前乃至於死猶不欲相離況生別跋
提如是再三白母唯見聽許其母亦再三報子不聽出家其母見
兒心至篤自念言我當以何方便令子不出家時母思惟阿那
律母甚愛其子必然不聽出家若復聽出家者我亦當放子
出家念已即語跋提言若阿那律母聽子出家我當放汝時跋
提子往阿那律所語言我母已聽我出家我等今可且復自停

提知是再三白母唯見聽許其母亦再三報子不聽出家其母見
兒心至篤自念言我當以何方便令子不出家時母思惟阿那
律母甚愛其子必不聽出家若彼聽出家者我亦當放子
出家念已即詣跋提言若阿那律母聽子出家我當放汝時婆
提子往阿那律所語言我母已聽我出家我等今可且復自享
受在家七年五欲極意共相娛樂然後出家阿那律報言七年
極遠人命無常跋提復言若不能七年者可六年若五四三二一
年在家五欲自娛乘阿那律報言今年極遠我不堪忍人命
無常跋提復言若不能一年可七月中五欲自娛乘阿那律報言
七月極遠我不堪忍人命無常跋提言若不能七月可六月
五四三二一月共相娛樂乘阿那律言一月極遠我不堪忍人命
無常跋提子言若不能七月者可七日之中共相娛樂乘阿那律
報言七日不遠若七日竟能出家者善若不出家我當出家時
釋子七日之中極意五欲共相娛樂滿七日已時阿那律釋子跋
提釋子難提釋子金毗羅釋子難陀釋子跋難陀釋子阿難陀
釋子調達釋子受須離剃髮師第八各常洗浴以香塗身嚴
飾鬚髮著瓔珞乘大象馬出迦毗羅衛城時國人民見
諸釋子自相謂言此諸釋子先洗浴其身著瓔珞具乘大馬
馬入園遊觀亦如今日時諸釋子乘大象齊其界內下象脫衣服瓔
珞具并象與優波離語言汝常依我等以自存活我等今者出家
以此寶衣并大象與汝用自資生時諸釋子即前進至阿㝹夷界
至國優波離在後心自思念我本由此釋子得自存活今日以信樂
捨我從世尊出家我今寧可隨逐出家若彼有所得我亦當得時
優波離即以所得寶衣瓔珞以白疊裹之懸著高樹念言其有
來取者與之於是便往詣諸釋子所白諸釋子言汝等未後我
即念主我常依諸釋子得自生活今日諸釋子以信樂從世尊求
捨家而求我不隨逐出家所諸釋子所得我亦當得之時諸釋子及優
波離相將詣世尊所頭面禮足卻住一面白佛言世尊我等父母已聽
出家願大德聽我出家唯願世尊先度優波離何以故我等有憍
慢除憍慢故爾時世尊即先度優波離次度阿那律次跋提釋
子次難提釋子次金毗羅釋子次難陀釋子優波離受大戒最居
上坐時有大上坐名毗羅釋子禁別度釋子何難陀餘次上坐度跋

BD14668號　四分律（異卷）初分卷三　（28–5）

汝離相將詣世尊所頭面禮足却住一面白佛言世尊我等父母已聽
出家願大德聽我出家唯願世尊先度憂波離何以故我等有憍
慢欲除憍慢故爾時世尊即先度憂波離次度阿那律次跋提釋
子次難提釋子次金毗羅釋子次難陀釋子憂波離受大戒最在
上坐時有大上坐名毗羅釋子案別受釋子阿難陀餘次上坐受跋
難陀提婆達多爾時亦世尊受諸釋子已進詣占婆國爾時諸釋
子受世尊及諸上坐教已往彼國各自思惟證增上地提婆達得神
足證時跋提釋子獨在阿蘭若處樹下冢間思惟剋過已高
聲稱言甚樂甚樂其身諸比丘聞此言此跋提比丘本在俗時恒王
邵自娛樂捨家出家今直獨在阿蘭若處樹下冢間於剋
過已而自稱言甚樂甚樂此跋提釋子將無自念本在家時五欲自娛而
自稱言甚樂甚樂耶時諸比丘將是詣世尊所頭面禮足在一面坐以此因
緣具白世尊世尊勅一比丘汝可速喚跋提比丘來比丘受教即便往喚
跋提比丘言世尊喚汝來時跋提比丘即詣世尊所頭面禮足已在一面
坐世尊知而故問云何跋提汝審獨在阿蘭若處冢間樹下至閑中剋自
稱言甚樂甚樂耶跋提答言實爾世尊佛言跋提汝觀察何義而自稱言
甚樂甚樂耶跋提白佛言我在家時常以刀杖而自衛護如是衛護猶有恐
怖懼有外怨賊而來侵奪我命今我獨在阿蘭若處冢間樹下至於
中剋无有恐懼身毛不竪大德我念出離之樂是故自稱言甚樂甚樂耳
世尊告言善哉善哉族姓子是汝所應以信出家樂修禪行爾時世尊在羅
閱者祇闍崛山中時瓶沙王无子時王即集眾相婆羅門令占相諸
夫人語言汝占此諸夫人何者應生子婆羅門占相言此最小夫人當生子而
是王怨王聞是已於其剋與此夫人交會即便有身誕生男顏貌端政
未生王怨時婆羅門記言當是王怨因此立字名未生怨此王子年漸長
大提婆達以神通力使王子信樂提婆達念言我欲畜徒眾爾時世尊
在拘睒毗國時彼國中有人名迦休拘羅子命終未久生化自在天中時迦
休天子中夜時來至大目揵連所頭面禮足在一面立白目連言提婆達心欲
為惡而生念言我欲畜徒眾時迦休天子作此語已頭面禮足遶竟即沒
不現時目連知過已往世尊所頭面禮足在一面坐以此因緣具白世尊問目
連言汝意云何如迦休天子所言審爾不錯耶目連白佛言審爾世尊言目連
莫作是說我不見諸天世人諸魔梵王沙門婆羅門所說如實无異唯除如
來言不虛也佛告目連世有五事罪尊如後所說爾時提婆達往王太子阿闍

BD14668號　四分律（異卷）初分卷三

不現時目連知已往世尊所頭面禮足在一面坐以此因緣具白世尊世尊問目
連言汝意云何如迦休天子所言盡爾不錯耶目連白佛言盡爾世尊佛言目連
莫作是說我不見諸天世人諸魔梵王沙門婆羅門所說如實無異唯除如
來言不虛也佛告目連世有五事難等如後所說爾時提婆達往至太子阿闍
世所以神通力飛在空中或現身說法或隱身說法或現半身說法
或不現半身說或身出烟或身出火或變身作嬰孩身著瓔珞
在太子抱上轉側嗽太子指時太子阿耆貰見此變恐懼身毛爲豎
時提婆達知太子恐懼即語言勿懷恐懼太子問曰汝是何人答言我是
提婆達太子言汝審是提婆達者還作汝身尋即現身見已即增信樂
既信樂已更增所供養時阿闍貰日將從五百乘車朝暮問訊并供
五百釜飲食時諸比丘聞阿闍貰日從五百乘車朝暮問訊提婆達
并供五百釜飲食即至世尊所頭面禮足在一面坐以此因緣具白世
尊世尊爾時告諸比丘汝等自攝心莫生貪著提婆達利養也何以
故正使阿闍貰日從五百乘車朝暮問訊并供五百釜飲食正可增
益提婆達惡心譬如男子打惡狗鼻而令狗更增惡比丘當知
此亦如是正使阿闍貰日從五百乘車朝暮問訊并供五百釜飲食
正可增益提婆達惡心時摩竭國王瓶沙聞阿闍貰日從五百乘
車朝暮問訊提婆達并供五百釜飲食時王瓶沙日將從七百
乘車朝暮問訊世尊并供七百釜飲食爾時提婆達聞瓶沙王將
從七百乘車朝暮問訊世尊并供七百釜飲食聞已以利養故生嫉
妬心即失神通便作是念我今當伺候佛大衆會時往至佛所
求衆請言世尊年已老邁壽過於人學道亦久宜居閑靜嘿
然自守世尊是諸法之主宜可以僧付囑我我當將護爾時提
婆達伺大衆集即如所念具白世尊佛告言我尚不以僧付舍利
弗目連況汝癡人涕唾之身豈可付囑時提婆達生此念今世尊
於大衆中乃言我愚癡涕唾之身即生不忍心如是瞋恚於此生
中最初於世尊所生不忍心時提婆達往阿闍貰所語言王
以正法治國得長壽汝父死後乃得作王年已老不得久在五欲中
而自娛樂汝可殺父我當殺佛於摩竭國界有新王新佛治
國教化不亦樂耶王子報言可爾即問提婆達汝須何等答言我須
人衆即便與人時提婆達即遣二人往殺佛教言汝往殺佛已
更從餘道來遣二人去後復更遣四人語言汝逢彼二人者得便殺

BD14668號　四分律（異卷）初分卷三　（28–7）

以正法治者得長壽汝父死後乃得住王年已盡其不得久在五中
衆而自娛樂汝可殺父然我當殺佛於摩竭國界有新王新佛治
國教化不亦樂耶王子勅言可爾即問提婆達汝須何等答言我須
人衆即便與人時提婆達即遣二人往彼問佛教言汝往殺佛已
更從餘道來後復更遣四人語言汝等殺二人若得便殺
更從餘道來後復遣八人語言汝等殺四人若於中路得便殺之更從
餘道來如是轉倍遣人乃至六十四人如是根本斷滅不可分別不
知誰害世尊爾時在耆闍崛山窟中坐從此窟出於山叢下經行佛自念言
此義亦以緣對已期於今日時二人受提婆達教即著鎧執持刀杖
往趣世尊彼二人心念我欲害佛適生此念即時不能得前念言世尊有
大神通威力無量無邊弟子亦有神力我等豈能得害世尊適生此念
即便得往遙見世尊顏貌端政諸根寂定得上調伏第一方識諸根陛
固如調龍象意不錯亂猶水澄靜內外清徹見已歡喜心即捨刀杖
置在一處前詣世尊所頭面作禮在一面坐世尊漸漸與二人說妙法使發
歡喜勸令循善說施說戒說生天福訶欲不淨讚嘆出離二人即於
坐上諸塵垢盡得法眼淨見法得法自歸言自今已往受三自歸
依佛歸依法歸依僧作優婆塞自今已去盡形壽不殺生乃至不
飲酒時世尊告二人言汝所從道來者乃更從汝道去莫從此道即從坐
起頭面禮佛遶佛三帀而去到提婆達所語言世尊有大神德威力
無量弟子亦有神力我等豈能害世尊時提婆達言汝失去滅去
何用汝為去何二人不能殺一人提婆達乘此惡意自往耆闍崛山手
執大石遙擲世尊時有天即接石置山頂上從彼石邊有小迸小石片來
打佛足指傷血出時世尊即右顧猶如大龍作如是語未曾有瞿曇
乃作是事時世尊即還入室自襞僧伽梨四襵右脇臥猶如師子腳腳
相累極患疼痛一心忍之時眾多比丘聞提婆達遣人害佛右右皆執石
杖杖遶窟高聲大喚佛從窟出語諸比丘汝等何為執此杖石遶窟大喚
如捕魚者得魚喚聲諸比丘白佛言向聞提婆達欲來害佛是故我等手
執石杖來至窟所恐怨家來害世尊佛告比丘汝等者還所止專意修道
諸佛常法無所護何以故以勝諸怨故汝等比丘當知轉輪聖王若為外
怨所害無有是處如來亦復如是若有眾來害無有是處若諸比丘
世有五種尊何謂五或有尊戒不清淨自稱戒清淨諸弟子親
近如實知之言今我師戒不清淨自稱戒清淨我若向諸白衣說彼
則不喜若彼不喜則不應說置令受人施後自當知如是諸比丘

BD14668號　四分律（異卷）初分卷三　（28–8）

新石枝來至蓐所恐怨家來害世尊頻告比丘汝等[illegible]
諸佛常法无所護何以故以勝諸怨故汝等比丘當知轉輪聖王若彥外
怨逼所害无有是處如來亦復如是若有衆惡來害无有是處汝諸比丘
世有五種尊何謂五比丘有尊戒不清淨自稱我戒清淨諸弟子親
近如實知之言今我師戒不清淨自稱戒清淨我若向諸白衣說汝
則不喜若汝不喜則不應說置令受人施後自當知如是諸比丘
汝世尊聞法弟子居戒主護師求弟子護二者諸比丘或有命不
清淨自稱我命清淨如上說三者諸比丘或有見慧不清淨亦自稱
我見慧清淨如上說四者或有言說不清淨自稱言我言說清淨
如上說五者或有於法律外而自稱言我於法律內清淨如上說如是
諸比丘世有是五種以尊諸比丘我今持戒清淨亦自稱言我持戒
清淨不令弟子護我亦不求弟子護如是諸比丘我命清淨自稱
言我命清淨如上說如是諸比丘我見慧清淨自稱言我見慧清淨
如上說諸比丘我言說清淨自稱言我言說清淨如上說諸比丘我於法
律內自稱言我於法律內如上說時世尊告諸比丘汝等可羨舍利弗後
告諸白衣大衆若提婆達所居事者則非佛法僧事是提婆達所作
應作白二羯磨當羨堪能羯磨人如上作如是白大德僧聽若僧時到
僧忍聽今羨舍利弗比丘向諸白衣大衆說提婆達所居事者非佛法僧
當知是提婆達所作白如是大德僧聽今羨舍利弗比丘向諸白衣大衆
說提婆達所作事非佛法僧是提婆達所作誰諸長老忍僧今羨舍利弗向諸
白衣大衆諸說提婆達所作非佛法僧者嘿然誰不忍者說僧已忍羨舍
利弗向白衣大衆說提婆達所作事非佛法僧竟僧忍嘿然故如是持
舍時利弗聞此語已心難即往至世尊所頭面禮足在一面坐白佛言世尊
我當云何在白衣衆中說其惡何以故我本向諸白衣說讚嘆其善言大
姓出家聰明有大神力大姓出家顏相端政佛告舍利弗汝先讚嘆提婆達
聰明有大神力大姓出家實不以不誉言大德實亦是故舍利弗汝今
應往至白衣大衆中語言提婆達先時如是今復如是當知提婆達
所作非佛法僧是提婆達所作爾時舍利弗承佛教已往白衣大衆中語
言提婆達先時如是今日如是提婆達所作者非佛法僧是提婆達所
作時大衆中忍可提婆達者即言沙門釋子以其養故生嫉妬心不喜提
婆達得其養故便於大衆中說言提婆達所作非佛法僧是提婆達
所作耳中有信樂佛者便作此言提婆達或能已作或方當作時阿闍
貰太子自衣裏帶刀疾疾入宮傍宮其入時守門者覺搜表身上得刀問

所作非佛法僧是提婆達所作爾時舍利弗受佛教已往白衣大眾中語
言提婆達先時如是今日如是提婆達所作若非佛法僧是提婆達所
作時大眾中不可提婆達者即言沙門釋子以利養故生嫉妬心不喜提
婆達得供養故便於大眾中說言提婆達所作非佛法僧是提婆達
所作耳中有信樂佛者便作此言提婆達或能已作或方當作時阿闍
貰審自衣裏帶刀疾疾入宮懷畏其入時守門者覺捜身上得刀問
言執此欲作何等報言我欲入宮害王守門者聞言誰教汝乃生此心耶答
言提婆達教我時守門者即將詣諸大臣所語言阿闍貰欲害王諸
大臣聞言誰教汝答言提婆達教我眾中有臣言沙門釋子皆作此事
盡應當殺或有臣言諸沙門釋子不盡皆惡不應盡殺唯是王子
提婆達所作今當殺之或有臣言此沙門釋子不盡皆惡但提婆達阿
闍貰所作誰應死不應殺何以故王是法王聞必不悅時即衛守將詣
瓶沙王所白王言此阿闍貰欲害於王王問誰教汝耶答言是提婆達
中有大臣言沙門釋子一切皆惡盡應殺之王聞此言心甚不悅中有臣
言沙門釋子一切皆惡盡應殺之不盡皆惡不應盡殺但提婆達阿闍
貰所作王應殺之王聞此言心亦不悅中有大臣言沙門釋子不盡皆惡
不應盡殺是故提婆達阿闍貰所作今誰應死不應殺何以故王是法
王必聞必不悅時王瓶沙悅可此語告諸臣言此一切沙門釋子不必皆惡
是故不應盡殺是提婆達阿闍貰所作亦不應殺何以故佛先令舍利
弗於大眾中說言提婆達所作者非佛法僧是提婆達所作可是故不
應殺時父王呵責太子阿闍貰已告諸大臣可與太子阿闍貰時即尋放
去時諸臣皆共嘉歎言阿闍貰所為事大應死云何小爾呵責便放去
耶爾時提婆達即教人言害佛復教阿闍貰害父又惡名流布利養斷
絕時提婆達通己五人家家乞食一名三聞達二名騫荼達三名拘婆
離四名迦留羅提舍及其身為五時諸比丘聞提婆達教人害佛教阿
闍貰害父又惡名流布利養斷絕通己五人家家乞食往世尊所頭面
禮足在一面坐以此因緣具白世尊世尊即集大眾知而故問提婆達言汝審將
四人家家乞食耶答言如是世尊爾時以無數方便呵責提婆達汝所為非非威儀
非淨行非隨順行所不應作汝云何別將四人家家乞食耶我無數方便說應
慈愍白衣家汝今云何別將四人家家乞食耶時世尊以無數方便呵責提
婆達已即告諸比丘自今以去不得別眾食聽齊三人食所以然者有二事
利故為攝難調故為慈愍白衣家故何以故恐難調人自結別
眾以憐愍眾僧提婆達即生此念今未曾有瞿曇沙門乃斷人口食我寧

BD14668號　四分律（異卷）初分卷三　（28–10）

四人家家乞食耶答如是世尊爾時以無數方便呵責提婆達汝所為非非威儀
非淨行非隨順行所不應為汝云何別將四人家家乞食耶以無數方便說應
慈愍白衣家汝今云何別將四人家家乞食耶時世尊以無數方便呵責提
婆達已即告諸比丘自今以去不得別眾食聽齊三人食所以然者有二事
利故為攝難調故為慈愍白衣家故何以故恐難調人自結別
眾以惱眾僧提婆達即生念未曾有瞿曇沙門乃斷人口食我寧
可破彼僧輪我身滅後可得名稱言沙門瞿曇有大神力智慧
無等而提婆達能破彼僧輪時提婆達即往伴律比丘所語言我等
今可共破彼僧輪我等死後可得名稱言沙門瞿曇有大神力智
慧無等而提婆達能破彼僧輪時提婆達伴三聞達多智慧高
才辯言沙門瞿曇有大神力及其弟子諸眾亦復如是我等
云何能得破彼僧輪提婆達言如來常稱說頭陀少欲知足樂出
離者我今有五法亦是頭陀勝法少欲知足樂出離者盡形壽
乞食盡形壽著糞掃衣盡形壽露坐盡形壽不食酥鹽
盡形壽不食魚及肉我今持此五法教諸比丘足令信樂當語
諸比丘言世尊無數方便嘆譽頭陀少欲知足樂出離者我等今
有五法亦是頭陀勝法盡形壽乞食乃至不食魚及肉可行
行之年少比丘新學受教上座比丘恐不信受由此方便故得破其
（僧）輪時三聞達多語提婆達言若作如是得破彼僧輪時提
婆達即以五法教諸比丘言世尊無數方便嘆譽頭陀少欲知足
樂出離者我等今有五法亦是頭陀少欲知足樂出離者勝法
我等盡形壽乞食盡形壽著糞掃衣盡形壽露坐盡形壽
不食酥鹽魚及肉爾時眾多比丘聞提婆達以五法如是教諸
比丘令其信樂廣說如上諸比丘聞已往至世尊所頭面禮足在一面
坐以此因緣具白世尊佛告諸比丘提婆達今日欲斷四聖種何等四
我常以無數方便說衣服趣得知足我亦嘆說衣服趣得知足
我亦以無數方便說飲食牀臥具病瘦醫藥趣得知足亦嘆說
飲食牀臥具病瘦醫藥趣得知足比丘當知提婆達今日欲斷四
聖種爾時世尊以此因緣集比丘僧知而故問提婆達言汝審以五
法教諸比丘不廣說如上對曰如是世尊世尊以無數方便呵責
汝云何以五法教諸比丘廣說如上提婆達汝莫斷四聖種[illegible]
四如上所說提婆達汝今莫方便破和合僧堅持不捨汝當與僧和
合歡喜不諍同一水乳於佛法中安樂住是故提婆達當知破和合僧甚

聖種尒時世尊以此因緣集比丘僧知而故問提婆達言汝寔以五
法教諸比丘不實說耶上對曰如是世尊尒時以无數方便呵責
汝云何以五法教諸比丘實說如上提婆達汝莫斷四聖種
四如上所說提婆達汝今莫方便破和合僧膠持不捨汝當與僧和
合不鬪諍同一水乳於佛法中安樂住是故提婆達當知破和合僧甚
惡難得大重罪破和合僧亦從衆中一劫受罪不可療救時世
尊以方便令提婆達破僧心滅息以无數方便呵責提婆達已告諸
比丘聽僧與提婆達呵諫捨此事故白四羯磨衆中應差堪能羯
磨者如上作如是白大德僧聽此大德提婆達欲方便破和合僧膠
持不捨若僧時到僧忍聽與作呵諫捨此事故提婆達汝莫破和合
僧膠持不捨汝提婆達當與僧和合歡喜不諍同一水乳於佛法中安
樂住白如是大德僧聽此提婆達欲受破和合僧膠持不捨今僧與呵
諫捨此事故汝莫破和合僧膠持不捨汝提婆達當與僧和合歡喜不
諍同一水乳於佛法中安樂住誰諸長老忍僧與呵諫提婆達捨此事者
嘿然若不忍說是初羯磨第二第三亦如是說僧已與提婆達呵諫捨此事
竟僧忍嘿然故如是持應作如是呵諫白四羯
磨諸比丘以此事白世尊世尊言若有餘比丘方便欲破和合僧者亦當以此
白四羯磨呵諫自今以去與比丘結戒集十句義乃至正法久住欲說戒
者當如是說若比丘欲壞和合僧方便受壞和合僧法堅持不捨彼比丘應
諫是比丘大德莫壞和合僧莫方便壞和合僧莫受破僧法堅持不捨大德
應與僧和合與僧和合歡喜不諍同一師學如水乳合於佛法中有增益安
樂住是比丘如是諫時堅持不捨彼比丘應三諫捨此事故乃至三諫捨者善
不捨者僧伽婆尸沙比丘義如上說和合者一羯磨同一說戒僧者四比丘若五
若十乃至无數破者有十八事法非法律非律犯不犯若輕若重有殘无
殘麤惡非麤惡常所行非常所行制非制說非說是爲十八住破僧法
者所住此十八事是若比丘方便欲破和合僧受破僧法堅持不捨彼比丘
當諫此比丘言大德莫方便欲破和合僧受破僧法堅持不捨大德應與
僧和合歡喜不諍同一水乳於佛法中有增益安樂住大德可捨此事莫
令僧作呵諫而犯重罪若用語者善若不用語復令比丘尼優婆塞優
婆夷王若王大臣種種異道沙門婆羅門若餘方比丘聞知其言人信用
（未若用言者善若不用言者應）
言者應作白已應更求大德我已白竟有羯磨在汝今可捨此事莫令
僧爲汝作羯磨更犯重罪若用語者善（不用語者）應作初羯磨作初羯磨已

BD14668號　四分律（異卷）初分卷三

僧和合歡喜不諍[illegible]

令僧作呵諫而犯重罪。若用語者善；若不用語，復令比丘、比丘尼、優婆塞、優婆夷、

若王、若大臣、種種異道沙門婆羅門、若餘方比丘聞知其言人語用

言者善；若不用言者，應作白；作白已，應更求：大德，我已白竟，有羯磨在，汝今可捨此事，莫令（若用言者善，若不用言者應）

僧與汝作羯磨更犯重罪。若用語者善；若不用語者，應作初羯磨；作初羯磨已，

應更求：大德，我已白、作初羯磨竟，餘有二羯磨在，汝可捨此事，莫令僧

更與汝作羯磨而犯重罪。若用語者善；若不用語者，應作第二羯磨；作第二羯磨已，

應更求：大德，我已作白、第二羯磨竟，餘有一羯磨在，汝可捨此事，莫

令僧更與汝作羯磨而犯重罪。若能捨者善；若不捨者，與說第三羯磨

竟，僧伽婆尸沙。作白二羯磨竟捨者，三偷蘭遮；作白一羯磨竟捨者，

二偷蘭遮；作白竟捨者，一偷蘭遮；若初白未竟捨者，突吉羅；若一切未白，

方便欲破和合僧，受破僧法，堅持不捨，一切突吉羅。若僧破僧，教人作

呵諫羯磨時，有比丘教言莫捨，此比丘偷蘭遮；若未呵諫，突吉羅。若比丘

尼教言莫捨，尼偷蘭遮；未呵諫，尼教莫捨，突吉羅。除比丘、比丘尼，更有餘人教

莫捨，盡突吉羅。比丘尼僧伽婆尸沙；式叉摩那、沙彌、沙彌尼突吉羅，是謂

為犯。不犯者：初語便捨，若非法別眾作呵諫，非法和合眾作呵諫，法別眾、法

相似別眾、法相似和合眾；非法非律非佛所教。若一切未作呵諫，若破惡友

知識，若方便欲破僧者遮令不破，若破方便助破僧者二三人羯磨，

若欲作非法非比尼羯磨，若為僧、為塔、為和上、同和上、阿闍梨、

同阿闍梨、知識作損減、作無住處，破者是謂不犯。不犯者，初未制戒，癡狂心亂、

惱所纏。第十竟

佛在羅閱祇耆闍崛山中。時提婆達

故執此五法順法教諸比丘言：世尊無數方便常歎說頭陀少欲知足樂出

離者，盡形壽乞食、著糞掃衣、露坐、不食酥鹽、不食魚及肉。時諸比丘

語提婆達：汝莫破和合僧，莫樂破僧，堅持不捨。何以故？與僧

和合歡喜不諍，同一水乳，於佛法中有增益安樂住。時提婆達伴黨

方便助破和合僧黨。諸比丘言：汝莫呵提婆達，所說提婆達是法

語比丘、律語比丘。提婆達所說我等可忍。諸比丘聞，中有少欲知足行頭

陀樂學戒知慚愧者，嫌責提婆達伴黨比丘：汝等云何言提婆達是

法語比丘、律語比丘，提婆達所說我等忍可？諸比丘嫌責已，往世尊

所，頭面禮足在一面坐，以此因緣具白世尊。世尊以此因緣集比丘僧，無數方

便呵責提婆達伴黨比丘：汝所為非，非威儀，非沙門法，非淨行，非隨順行，

所不應作。云何諸比丘言：莫呵提婆達，提婆達所言是法語比丘、

律語比丘，提婆達所說我等忍可？時世尊以無數方便呵責提婆達

[illegible]
所頭面禮足在一面坐以此因緣具白世尊世尊以此因緣集比丘僧無數方
便呵責提婆達伴黨比丘汝所為非非威儀非沙門法非淨行非隨順行
所不應作云何語諸比丘言莫呵提婆達提婆達所說是法語比
律語比丘提婆達所說我等忍可爾時世尊以無數方便呵責提婆達
伴黨比丘已告諸比丘聽僧與提婆達伴黨比丘作呵諫捨此法故白
四羯磨眾中當差堪能羯磨者如上作如是白大德僧聽此提婆達
伴黨比丘順從提婆達作如是言汝等諸比丘莫呵提婆達何以故提婆
達是法語比丘律語比丘提婆達所說我等忍可若僧時到僧忍聽僧
今與提婆達伴黨比丘作呵諫捨此事故汝等莫言提婆達是法語
比丘律語比丘提婆達所說我等忍可提婆達非法語比丘非律語
比丘汝等莫欲壞和合僧汝等當助和合僧大德與僧和合歡喜不諍同一水
乳於佛法中有增益安樂住白如是大德僧聽此提婆達伴黨
比丘順從提婆達作是語汝等諸比丘莫呵提婆達是法語比丘
律語比丘提婆達所說我等忍可僧今為提婆達伴黨比丘作呵諫
捨此事故大德莫作如是語提婆達是法語比丘律語比丘提婆達所
說我等忍可而提婆達非法語比丘非律語比丘汝等莫壞和合僧
汝等當助和合僧大德與僧和合歡喜不諍同一水乳於佛法中有增
益安樂住誰諸長老忍僧呵諫提婆達伴黨比丘令捨此事者默然
若不忍者說是初羯磨第二第三亦如是說僧已忍呵諫提婆達伴黨比丘
令捨此事竟僧忍默然故是事如是持當作如是呵諫提婆達伴黨比丘於
四羯磨諸比丘白佛佛告諸比丘自今已去若有如是伴黨相助壞和合
僧者亦當作如是呵諫白四羯磨自今已去與諸比丘結戒集十句義乃至
正法久住欲說戒者當如是說若比丘有餘伴黨若一若二若三乃至無數彼比丘
語是比丘言大德莫諫此比丘是法語比丘律語比丘此比丘所說我等喜樂
此比丘所說我等忍可彼比丘言大德莫作是說言此比丘是法語比丘律
語比丘此比丘所說我等忍可然此比丘非法語比丘非律語比丘大德莫欲
破壞和合僧汝等當樂欲和合僧大德與僧和合歡喜不諍同一師學
如水乳合於佛法中有增益安樂住是比丘如是諫時堅持不捨彼比丘
應三諫捨此事故乃至三諫捨者善不捨者僧伽婆尸沙比丘義如上說
伴黨者有二種法伴黨衣食伴黨法者以法教授增益戒心
增慧諷誦承受也衣食者給與衣被飲食床臥具病瘦醫藥
彼伴黨者若四若過四人助伴黨語者若一若二若三若眾多也若比丘作

進二諫捨此事故乃至三諫捨者善不捨者僧伽婆尸沙比丘義如上
順從者有二法順從法順從衣食順從法者以法教授增戒增心
增慧諷誦承受衣食順從者給與衣被飲食牀座臥具病瘦醫藥
也伴黨者若四若過四人助伴黨說者若一若二若三若衆多也若比丘作
非法群黨語諸比丘言大德汝莫諫此比丘此比丘是法語比丘律語比丘此比丘所
說我等忍可汝莫作是言此比丘是法語比丘律語比丘此比丘所說我等
可而此比丘非法語比丘非律語比丘汝等莫欲壞和合僧當樂欲和合僧大德與
僧和合歡喜不諍同一水乳於佛法中有增益安樂住可捨此事勿為僧
所呵更犯重罪若隨語者善不隨語者當作白作白已當語言我已作白餘有
羯磨在汝可捨此事勿為僧所呵更犯重罪若隨語者善不隨語者當
作初羯磨作初羯磨已當語彼人言我已作初羯磨餘有二羯磨在汝可捨此事勿為
僧所呵更犯重罪若隨語者善不隨語者當作第二羯磨作二羯磨已當語彼人言
已作二羯磨餘有一羯磨在汝可捨此事勿為僧所呵更犯重罪若隨語者善
不隨語者作三羯磨竟僧伽婆尸沙作白二羯磨竟捨者三偷蘭遮作白竟
一羯磨竟捨者二偷蘭遮作白竟捨者一偷蘭遮若未白竟捨者突吉羅若未白一切

隨破僧伴黨盡突吉羅若比丘諫群黨比丘時更有餘比丘語莫捨此比丘
偷蘭遮若未作呵諫者突吉羅若比丘尼諫群黨比丘時比丘尼語莫捨者
尼偷蘭遮若未作諫尼言莫捨突吉羅除比丘比丘尼餘人言盡突吉羅比丘
尼僧伽婆尸沙式叉摩那沙彌沙彌尼突吉羅是謂為犯不犯者初語時捨非法
別衆非法和合衆法別衆法相似別衆法相似和合衆非法非律非佛所教
若一切未作呵諫不犯不犯者最初未制戒癡狂心亂痛惱所纏也　第十一竟
爾時佛在舍衛國祇樹給孤獨園時羈連有二比丘一名阿濕婆二名富那婆娑
在羈連行惡行污他家亦見亦聞行惡行亦見亦聞彼作如是非法行自種華樹
教人種華樹自溉灌教人溉灌自摘華教人摘華自作華鬘教人作華鬘自以綖
貫若鬘教人綖貫若鬘自持華教人持華自持華鬘與人教人持華鬘與人若於村
落中有婦女若童女共同一牀坐起同一器飲食言語戲笑或自歌舞倡伎或他
作己唱和或俳說或彈鼓簧吹貝作孔雀鳴或作衆鳥鳴或走或揚或跛行或
嘯或自作弄身或受雇戲笑時有衆多比丘從迦尸國漸漸遊行至羈連止宿明日清朝
著衣持鉢入村乞食法服齊整行步庠序低目直前不左右顧視次第乞食
時諸優婆塞見已自相謂言此是何人低目而行不左右顧視亦不言笑亦不周接亦不
善言問訊我等不應與其飲食我等阿濕婆富那婆娑二人亦不低目而行左
右顧視與人周接善言問訊應與飲食時彼比丘在羈連乞食困乃得
言彼自念言此住處惡比丘在此住彼作如是惡行乃至受雇戲笑知時

著衣持鉢入村乞食諸根寂定行步庠序低目直前不左右顧視以次乞食
時諸居士見已自相謂言此是何人低目而行不左右顧視亦不言談亦不周接亦不
善言問訊我等不應與其飲食我等阿濕婆富那婆娑二人亦不低目而行左
右顧視與人周接善言問訊應與飲食彼比丘在羈連乞食困乃得
之彼自念言此住處惡〻比丘在此住彼作如是惡行乃住至受歲訖知時
諸比丘即從羈連往至舍衛城到世尊所頭面禮足在一面坐爾時世尊慰問客
比丘言汝等住止安樂不眾僧和合不〻以飲食為苦耶諸比丘白世尊大德住
止安樂眾僧和合我等從迦尸國遊行至羈連以上因緣具白世尊爾時以無
數方便呵責阿濕婆富那婆娑二比丘所為非〻威儀非沙門法非
淨行非隨順行所不應為云何阿濕婆富那婆娑在羈連汙他家行惡
行汙他家亦見亦聞行惡行亦見亦聞乃至受歲訖時世尊以無數方便呵
責已告舍利弗目連言汝等二人往羈連與阿濕婆富那婆娑作驅擯
何以故是汝等弟子故往白四羯磨應如是作集僧已為汝二人作舉〻已為
作憶〻念〻已應與罪眾中應差堪能羯磨人如上說作如是白大德僧聽此
此阿濕婆富那婆娑在羈連汙他家行惡行汙他家亦見亦聞行惡行亦見
亦聞若僧時到僧忍聽今僧為阿濕婆富那婆娑作擯羯磨汝等
汙他家行惡行汙他家亦見亦聞行惡行亦見亦聞汝等行惡行去不應
在此住白如是大德僧聽此阿濕婆富那婆娑在羈連汙他家行惡行
汙他家亦見亦聞行惡行亦見亦聞今僧與阿濕婆富那婆娑作擯
羯磨此二人汙他家行惡行汙他家亦見亦聞行惡行汙他家亦見亦聞
汝等汙他家去不應在此住誰諸長老忍僧為此二人作擯羯磨者
嘿然誰不忍者說是初羯磨第二第三亦如是說僧已與阿濕婆
富那婆娑作擯羯磨竟僧忍故嘿然如是持時舍利弗目連聞佛教
已即從坐起禮佛足遶三匝而去舍利弗目連著衣持鉢與五百大比丘
眾俱從迦尸國遊行至羈連時阿濕婆富那婆娑聞舍利弗目連將
五百大比丘眾從迦尸國遊行來至羈連欲為我等作擯羯磨彼二人即
往至諸居士所語言今有二比丘來一名舍利弗二名目連其一比丘善能
呪術能行虛空第二比丘行惡自能說法汝等好自觀察莫為彼所
惑時舍利弗目連從迦尸國漸〻遊行來至羈連止宿晨朝著衣持
鉢入村乞食大目連現神足身登虛空中舍利弗親自說法時諸居士
見已自相謂言此二比丘一善知呪術能行空中第二比丘行惡而自說法
時舍利弗目連即為羈連諸居士說法令得信樂時尊者舍利弗目連念
乞食鉢還至住處以此因緣集比丘僧集僧已為阿濕婆富那婆娑作〻

或時舍利弗目連從迦尸國漸漸遊行來至羈連止宿晨朝著衣持
鉢入村乞食大目連現神足身虛空中舍利弗親自說法時諸居士
見已自相謂言此二比丘一善知占術飛行空中第二比丘行無所自說法
時舍利弗目連即為羈連諸居士說法令得信樂時尊者舍利弗目連食
訖洗鉢還至住處以此因緣集比丘僧集僧已為阿濕婆富那婆娑作
舉舉已為作憶念憶念已與罪時舍利弗在衆中即作羯磨如上說
時阿濕婆富那婆娑僧為作羯磨時作是言衆僧有愛有恚有
怖有癡更有餘同犯罪比丘有驅者有不驅者而獨驅我時舍利弗
目連在羈連為阿濕婆富那婆娑作羯磨已還舍衛國祇樹給孤
獨園至世尊所頭面禮足在一面坐已白佛言我等已於羈連與阿濕婆富那
婆娑作驅羯磨已衆僧作驅羯磨時阿濕婆富那婆娑作如是
言衆僧有愛有恚有怖有癡有如是同罪比丘有驅者有不驅
者爾時世尊以無數方便呵責阿濕婆富那婆娑所為非非威
儀非淨行非隨順行所不應為云何衆僧與作擯羯磨時言衆僧有愛
有恚有怖有癡有如是同罪比丘有驅者有不驅者世尊以無數方便
呵責已告諸比丘自今以去聽僧與阿濕婆富那
婆娑作呵諫白四羯磨衆中應差堪能羯磨人如上應作如是白
大德僧聽此阿濕婆富那婆娑在羈連僧與作擯羯磨時便作是
言僧有愛有恚有怖有癡有如是同罪比丘有驅者有不驅者若僧
時到僧忍聽今僧與阿濕婆富那婆娑作呵諫捨此事故汝等莫作
是言僧有愛有恚有怖有癡有如是同罪比丘有驅者有不驅者而諸
比丘不愛不恚不怖不癡汝等污他家行惡行污他家亦見亦聞行惡行亦
見亦聞汝等污他家行惡行白如是大德僧聽此阿濕婆富那婆娑在羈
連僧與作擯羯磨時便作如是言僧有愛有恚有怖有癡有如是同
罪比丘有驅者有不驅者僧今與阿濕婆富那婆娑作呵諫捨此事故汝
等莫作是言僧有愛有恚有怖有癡有如是同罪比丘有驅者有不驅者而諸
比丘不愛不恚不怖不癡汝等污他家行惡行污他家亦見亦聞行惡行亦見亦聞
汝等污他家行惡行誰諸長老忍僧與阿濕婆富那婆娑作呵諫捨
此事者默然誰不忍者說是初羯磨第二第三亦如是說僧與阿濕婆富
那婆娑作呵諫捨此事竟僧忍默然故是事如是持如是與阿濕婆
富那婆娑作呵諫白四羯磨已時諸比丘往白佛佛言若有餘比丘若僧已
僧若僧時若未僧作如是言僧有愛有恚有怖有癡不應如是與
[illegible]

BD14668號　四分律（異卷）初分卷三　（28–17）

此事者黙然不忍者説是初羯磨第二第三亦如是説僧已忍与阿濕婆富
那婆娑作呵諫捨此事竟僧忍黙然故是事如是持如是与阿濕婆
富那婆娑作呵諫白四羯磨已時諸比丘往白佛佛言若有餘比丘若僧已
儐若儐時若未儐作如是言僧有愛有恚有怖有癡不應如是与
作呵諫白四羯磨呵諫自今已去与比丘結戒集十句義乃至正法久住欲
説戒者當如是説若比丘依聚落若城邑住污他家行惡行污他家亦
見亦聞行惡行亦見亦聞諸比丘當語是比丘言大德污他家行惡行污
他家亦見亦聞行惡行亦見亦聞大德汝污他家行惡行今可遠此聚落
去不須住此是比丘語彼比丘作如是語大德諸比丘有愛有恚有怖有
癡有如是同罪比丘有驅者有不驅者諸比丘報言大德莫作是語有愛
有怖恚有怖有癡有如是同罪比丘有驅者有不驅者而諸比丘不愛不
恚不怖不癡大德污他家行惡行污他家亦見亦聞行惡行亦見亦聞
是比丘如是諫時堅持不捨者彼比丘應再三諫捨此事故乃至三諫捨者善
若不捨者僧伽婆尸沙比丘義如上村落者有四種如上説聚落城邑者屬王
也家者有男有女污他家者有四種事依家污家依利養污家依親友
污家依僧伽藍污家云何依家污家從一家得物与一家所得物處聞之
不喜所与物處思當報恩即作是言若有与我者我當報之若不与我者
我何故与是為依家污家云何依利養污家若比丘如法得利乃至鉢中之餘
或与一居士不与一居士彼得者即生此念我當報其恩其有与我者我當
報之若不与我我何故与是為依利養污家云何依親友污家若比丘依王若
大臣或為一居士或不為一居士所為者即思報恩其為我者我當供養不為
我者不供養是為依親友污家云何依僧伽藍污家若比丘取僧華菓
菓与一居士不与一居士即作是念其有与我者我當供養不与我者我不
供養是為依僧伽藍污家以此四事故污家是故言污他家行惡行者自種
華樹教人種華樹乃至受雇戲笑如上説若比丘依聚落住污他家行惡行
污他家亦見亦聞行惡行亦見亦聞彼比丘諫此比丘言大德污他家亦見亦
聞行惡行亦見亦聞大德污他家行惡行可捨此事莫為僧所呵更犯重罪
若隨語者善若不隨語應作白作白已應求言大德以作白餘有三羯磨在可
捨此事莫為僧所呵更犯重罪若能捨者善若不捨者應作初羯磨作初羯磨已應
更求大德已作白初羯磨竟餘有二羯磨在大德可捨此事莫為僧
所呵更犯重罪若隨語者善若不隨語者應作白二羯磨竟作白二羯磨已應更求大
德以作第二羯磨已餘有一羯磨在大德可捨此事莫為僧所呵更犯重

BD14668號　四分律（異卷）初分卷三　　（28–18）

若隨語者善若不隨語應作白白已應求言大德已作白餘有三羯磨在
捨此事莫為僧所呵更犯重罪若便捨者善若不捨者應作初羯磨作初羯磨已應
更求大德已作白作初羯磨竟餘有二羯磨在大德可捨此事莫為僧
所呵更犯重罪若隨語者善若不隨語者應作白二羯磨已應更求大
德以作第二羯磨已餘有一羯磨在大德可捨此事莫為僧所呵更犯重
罪若隨語者善若不隨語者作第三羯磨竟已僧伽婆尸沙若白二羯磨
捨者三偷蘭遮若白一羯磨捨者二偷蘭遮若白竟捨者一偷蘭遮若初白
未竟捨者突吉羅若未白前言僧有愛有恚有怖有癡一切突吉羅更
有餘比丘教莫捨比丘偷蘭遮若未作呵諫者突吉羅
若僧作呵諫時有比丘尼教莫捨尼偷蘭遮若未作呵諫前教者尼突吉
羅除比丘比丘尼餘人教莫捨呵不呵盡突吉羅若不堪者住突吉羅若為
白衣作信使突吉羅比丘尼僧伽婆尸沙式叉摩那沙彌沙彌尼突吉羅是謂
為犯不犯者初語時捨非法別眾非法和合眾法別眾法相似別眾法
相似和合眾非法非律非佛所說若一切未作呵諫前若與父母若與病人與小
兒與妊身婦女與牢獄繫人與寺中客者不犯若種華樹復教人種供
養佛法僧教人取華供養佛法僧自造華鬘教人造供養佛法僧自以
綖貫華教人貫供養佛法僧自持華教人持供養佛法僧自以綖貫
華鬘教人貫持供養佛法僧皆不犯若人舉手欲打若被賊若象熊
羆師子虎狼來恐難之處若擔刺來於中走避者不犯若渡河溝
渠坑跳躑者不犯若同伴行在後還顧不見而嘯喚者不犯若為父母
若為病若為閉在獄若為篤[?]信優婆塞有病若閉在獄看書往
若為塔若為僧若為病比丘事持書往反者一切不犯不犯者最初未制戒癡狂
心亂痛惱所纏也　第十二竟
爾時佛在拘睒毗國瞿師羅園時尊者闡陀比丘惡性不受人語諸比丘
言汝莫語我若好若惡我亦不語諸大德若好若惡諸大德止莫有所說
何用教我為我應教諸大德何以故我聖主得正覺故譬如大水初來漂諸
草木積在一處諸大德亦復如是種種姓種種名種種家出家集在一處
亦如大風吹諸草木集在一處諸大德亦復如是種種名種種姓種種家出
家集在一處是故諸大德不應教我我應教諸大德何以故我聖主得
正覺故時諸比丘聞中有少欲知足行頭陀樂學戒知慚愧者嫌責
闡陀比丘云何惡性不受人語諸比丘言諸大德莫語我若好若惡我亦
不語諸大德若好若惡諸大德且止莫有所說何用教我為我應
教諸大德何以故我聖主得正覺故譬如大水初來漂諸草木集

BD14668號　四分律（異卷）初分卷三　（28–19）

家集在一處是故[illegible]
正覺故時諸比丘聞中有少欲知足行頭陀樂學戒知慚愧者嫌責
闡陀比丘云何惡性不受人語語諸比丘言諸大德莫語我若好若惡我亦
不語諸大德若好若惡諸大德且止莫有所說何用教授我為我應
教諸大德何以故我聖主得正覺故譬如大水初來漂諸草木集
在一處亦如大風吹諸草木聚在一處諸大德亦復如是種種姓種種名
種種家出家集在一處是故我應教諸大德諸大德不應教授我何以故我
聖主得正覺故時諸比丘往到世尊所頭面禮足在一面坐以此因緣具白
世尊世尊爾時以此因緣集比丘僧以無數方便呵責闡陀比丘汝所為非非
威儀非淨行非隨順行所不應為云何闡陀比丘惡性不受人語廣說如上乃
至我聖主得正覺時世尊呵責闡陀已告諸比丘聽僧與闡陀比丘作呵諫
白四羯磨如是呵諫僧中應差堪能羯磨者如上說作如是白大德僧聽
此闡陀比丘惡性不受人語諸比丘以戒以律如法教授自作不可共語諸比丘言
大德莫語我若好若惡我亦不語諸大德若好若惡大德且止不須教我
若僧時到僧忍聽僧今與闡陀比丘作呵諫捨此事故汝闡陀莫自作不
可共語（當自作可共語）闡陀汝應如法諫諸比丘比丘亦當如法諫汝如是佛弟子眾得增益展
轉相教展轉相諫展轉懺悔白如是大德僧聽此闡陀比丘惡性不可
受人語諸比丘以戒律語比丘如法教授自作不可共語諸比丘言大德莫語
我若好若惡我亦不語諸大德若好若惡大德且止不須數教我今僧與闡
陀比丘作呵諫捨此事故汝闡陀莫自作不可共語當作可共語汝當如
法諫諸比丘比丘亦當如法諫汝（如是佛）弟子眾得增益展轉相教展轉相諫展
轉懺悔誰諸長老忍僧為闡陀比丘作呵諫捨此事者默然不忍者說是
初羯磨第二第三亦如是說僧已與闡陀比丘作呵諫捨此事竟僧忍默然故是事
如是持當如是呵諫僧與闡陀比丘作呵諫白四羯磨令捨此事已諸比丘白
佛佛言若有餘比丘惡性不受人語者僧亦當作如是呵諫白四羯磨
自今已去與比丘結戒集十句義乃至正法久住欲說戒者當如是說若比
丘惡性不受人語於戒法中諸比丘如法諫已自身作不受諫語言諸大德
莫向我說若好若惡我亦不向諸大德說若好若惡諸大德且止莫諫我
彼諫是比丘言大德莫自身不受諫語大德自身當受諫語大德如法諫
諸比丘比丘如法諫大德如是佛弟子眾得增益展轉相教展轉相諫展
轉懺悔是比丘如是諫時堅持不捨彼比丘應三諫捨是事乃至三諫捨
者善不捨者僧伽婆尸沙比丘義如上說惡性不受人語者不忍不受人
教誨也以戒律如法教授者有七犯聚波羅夷僧伽婆尸沙波逸提波

彼諫是比丘言大德莫自身不受諫語大德自身當受諫語大德如法諫
諸比丘諸比丘如法諫大德如法如是佛弟子眾得增益展轉相教展轉相諫展
轉懺悔是比丘如是諫時堅持不捨彼比丘應三諫捨是事乃至三諫捨
者善不捨者僧伽婆尸沙比丘義如上說惡性不受人語者不忍不受人
教誨也以戒律如法教授者有七犯聚波羅夷僧伽婆尸沙波逸提波
羅提提舍尼偷羅遮突吉羅惡說也如法者如法如律如佛所教若比丘
惡性不受人語語比丘以戒律如法教授自身作不可共語大德莫語
我若好若惡我亦不語諸大德若好若惡大德止不須諫我彼比丘
諫此比丘言大德莫自作不可共語當作可共語大德如法諫諸比丘亦當
如法諫大德如是佛弟子眾得增益展轉相教展轉相諫展轉懺悔
大德可捨此事莫為僧所呵更犯重罪隨語者善不隨語者應作白白已
應更求大德已作白竟餘有三羯磨在大德可捨此事勿為僧所呵
更犯重罪若隨語者善若不隨語者作初羯磨初羯磨已應更求言大德
我已作白初羯磨竟餘有二羯磨在大德可捨此事勿為僧所呵更犯重
罪若隨語者善不隨語者當為說第二羯磨羯磨已應更求大德已作白二
羯磨竟餘有一羯磨在大德可捨此事勿為僧所呵更犯重德若隨語
者善不隨語者為說第三羯磨竟僧伽婆尸沙白二羯磨竟三偷蘭遮
白一羯磨二偷蘭遮白竟一偷蘭遮作白未竟捨者突吉羅未白前惡性不
受人語盡突吉羅若僧惡性作呵諫時若有餘比丘教言莫捨此比丘偷
蘭遮若未作呵諫而語者突吉羅若比丘尼教言莫捨比丘尼偷蘭遮
若未呵諫突吉羅除比丘比丘尼餘人教莫捨呵不呵盡突吉羅比丘尼僧伽
婆尸沙式叉摩那沙彌沙彌尼突吉羅是為犯不犯者初語時捨非法別眾
非法和合眾法相似別眾法相似和合眾非法非律非佛所說若一切未作呵
諫前不犯若為無智人呵諫時語彼如是言汝和上阿闍梨所行亦如是
汝可更學問誦經若其事如是若戲笑語若疾疾語若獨語若夢中
語欲說此錯說彼是謂不犯不犯者最初未制戒癡狂心亂痛惱所纏也　第十三竟
爾時世尊在舍衛國祇樹給孤獨園迦留陀夷先白衣時有親友有婦名曰齋優
婆私顏相端政迦留陀夷亦顏相端政迦留陀夷繫意在彼彼優婆私亦繫意
在迦留陀夷時迦留陀夷到時著衣持鉢詣齋優婆私家與共獨屏覆處
坐時迦留陀夷與齋優婆私語時有毗舍佉母有小緣事往毗舍佉遙聞迦
留陀夷語聲此優婆私有信樂心之聞比丘語聲作是念或能說法即就倚
壁而聽但聞說非法語聲復念言聞比丘說非法言比丘不應作如是語即
闚看之見迦留陀夷與齋優婆私共床坐作非法語見已便作是念此比丘在非法

汝和顏報謝迦留陁夷亦顏相報此迦留陁
念迦留陁夷時迦留陁夷到時著衣持鉢詣齋優婆私家與共獨屏覆處
坐時迦留陁夷與齋優婆私語時有毗舍佉母有小緣事汝住毗舍遙聞迦
留陁夷語聲此優婆私有信樂心之聞而比丘語聲作是念或能說法即靜倚
壁而聽但聞說非法語聲復念言聞比丘靜而說非法言比丘不應作如是語即
闚看之見迦留陁夷與齋優婆私共牀坐作非法語見已便作是念此比丘在非法
處坐又說非法言若此夫主見當呵罵其婦生不信心時優婆私非即還出其舍疾
往世尊所頭面禮足在一面立以此因緣具白世尊已頭面禮足遶三帀而去時世尊
集比丘僧知而故問迦留陁夷言汝審與齋優婆私獨在屏覆處坐耶答言實爾
世尊世尊以無數方便呵責汝所爲非非威儀非淨行非隨順行所不應爲汝今云何與齋優婆
私獨在屏覆處坐耶時世尊以無數方便呵責迦留陁夷已告諸比丘迦留陁夷愚
人多種有漏處最初犯戒自今已去與比丘結戒集十句義乃至正法久住欲說
戒者當如是說若比丘共女人獨在屏處覆處障處可作淫處坐說非法語
有住信優婆私於三法中一一法說若波羅夷若僧伽婆尸沙若波逸提是坐比丘自言
我已犯是罪於三法中應一一治若波羅夷若僧伽婆尸沙若波逸提如住信優婆私
所說應如法治是比丘是名不定法比丘義如上說女人者人女有智未命終獨者一比
丘一女人也屏處者二種一者見屏處二聞屏處也見屏處者若塵若霧若黑闇
中不相見也聞屏處者乃至常語不聞處覆處者若樹若牆壁若籬
若衣及餘物障可作淫處者得行淫處說非法語者說淫欲法住信優婆
私者信佛法僧歸依佛法僧不殺不盜不邪淫不妄語不飲酒善憶持事不錯
所說真實而不妄坐者比丘自言所趣向處自言到處自言坐自言臥自言作即
應如比丘所語治若比丘自言所趣向處自言所到處自言坐自言臥不自言作
應如優婆私所說治若比丘自言所趣向處自言所到處自言坐不自言臥不自
言作應如優婆私所說治若比丘自言所趣向處自言所到處不自言坐不自言臥
不自作言應如優婆私所說治若比丘自言所趣向處不自言所到處不自言坐不
自言臥不自言作應如優婆私所說治若比丘不自言趣所向處不自言所到處不
自言坐不自言臥不自言作應如優婆私所說治是中无定之法故言不定
爾時佛在舍衛國祇樹給孤獨園時迦留陁夷先白衣時有知友婦名曰齋顏根
端政迦留陁夷亦復端政迦留陁夷常繫意在齋優婆私齋優婆私亦繫意在迦留
陁夷時尊者迦留陁夷到時著衣持鉢往至齋優婆私家二人俱露現
處坐共語時毗舍佉母以小因緣往到毗舍遙聞迦留陁夷語聲作是念
言或能說法即就倚壁而聽但聞在內說非法語聲復自念言聞比丘聲而說非
法言比丘不應作如是語即闚看之見迦留陁夷與齋優婆私俱露現處共坐

尒時佛在舍衛國祇樹給孤獨薗時迦留陀夷先白衣時有知友婦名曰齋顏貌
端政迦留陀夷亦復端政迦留陀夷常繫意在齋優、婆私、亦繫意在迦留
陀夷時尊者迦留陀夷到時著衣持鉢往至齋優婆私家二人俱露現
處坐共語時毗舍佉母以小因緣往到彼舍遙聞迦留陀夷語聲作是念
言或能說法即能倚壁而聽但聞在內說非法語聲復自念言聞比丘聲而說非
法言比丘不應作如是語即闚看之見迦留陀夷与齋優婆私俱露現處共坐
說非法語見已作是念今此比丘坐既非處又說非法之語夫主見者當呵罵其
婦生不信心時優婆私即還出其家疾疾往至世尊所頭面礼足在一面立以此
因緣具白世尊世尊已頭面礼足遶三帀而去時世尊知而故問迦留陀夷如審与齋
優婆私在露現處坐共言語不答言實尒世尊世尊以无數方便呵責言汝所為
非、威義非淨行非隨順行所不應為汝今云何与齋優婆私在露現處共坐
說非法之事耶時世尊以无數方便呵責迦留陀夷已告諸比丘迦留陀夷癡人多
種有漏處最初犯戒自今已去与比丘結戒集十句義乃至正法久住欲說戒者
當如是說若比丘共女人在露現處坐不可作婬處坐作麁惡語住信優婆夷
於二法中以一一法說若僧伽婆尸沙若波逸提是坐比丘自言犯是事二法中應
一一法治若僧伽婆尸沙若波逸提如住信優婆私所說應如法治是比丘是名
不定法比丘義如上露現處者无牆壁若樹木无根障及餘物障也不可作
婬處者不容行婬處也麁惡語者說婬欲不淨行說者讚歎二道好惡也信
樂優婆私者信佛法僧歸依佛法僧不殺不盜不邪婬不妄語不飲酒善
憶持事不錯所說真實而不虛妄若比丘自言所趣向處自言所到處自言坐
自言臥即應如比丘語治若比丘自言所趣向處自言所到處自言坐不自言臥應
如憂婆私所說治若比丘自言所趣向處自言所到處不自言坐不自言臥應如
憂婆私所說治若比丘自言所趣向處不自言所到處不自言坐不自言臥應
如憂婆私所說治若比丘不自言所趣向處不自言所到處不自言坐不自言臥應
如憂婆私所說治是中不定法故言不定

二不定竟

尒時佛在舍衛國祇樹給孤獨薗世尊聽諸比丘持三衣不得長時六群比丘畜長
衣或早起衣或中時衣或晡時衣彼常莊嚴如是衣服藏舉諸比丘見已
譏六群比丘言佛聽持三衣不得長此是誰衣答言是我等長衣諸比丘聞其中有
少欲知足行頭陀樂學戒知慚愧者嫌責六群比丘言如來聽持三衣汝等云何畜
長衣早起衣著中時晡時諸比丘即往至世尊所頭面礼足在一面坐以此因緣具
白世尊世尊尒時以此因緣集比丘僧以无數方便呵責六群比丘汝所為非、威儀非
淨行非隨順行所不應為云何六群比丘如來聽持三衣汝等畜長衣以无數方便
呵責已告諸比丘六群比丘癡人多種有漏處最初犯戒自今以去与比丘結戒

BD14668號　四分律（異卷）初分卷三　（28–23）

諸六羣比丘言佛聽持三衣不得長此是誰衣答言是我等長衣諸比丘聞其中有
少欲知足行頭陀樂學戒知慚愧者嫌責六羣比丘言如來聽持三衣汝等云何畜
長衣早起衣中時衣晡時衣諸比丘即往至世尊所頭面禮足在一面坐以此因緣具
白世尊爾時以此因緣集比丘僧以無數方便呵責六羣比丘汝所為非非威儀非
淨行非隨順行所不應為云何六羣比丘如來聽持三衣汝等畜長衣以無數方便
呵責已告諸比丘六羣比丘癡人多種有漏處最初犯戒自今已去為比丘結戒
集十句義乃至正法久住欲說戒者當如是說若比丘畜長衣者尼薩耆波逸提
如是世尊與比丘結戒時阿難從人得一貴衣（賈）糞掃衣欲以奉大迦葉常頭陀著此
衣故（而）迦葉不在阿難作是念世尊與（諸）比丘結戒若比丘畜長衣者尼薩耆波逸提
我今得此貴價糞掃衣欲以奉大迦葉常頭陀著此衣而不在不知云何即往（至）佛所頭
面禮足在一面立白佛言世尊與諸比丘結戒若比丘畜糞掃（長）衣尼薩耆波逸提我
今得一貴（賈）糞掃衣欲以奉大迦葉常頭陀著糞掃衣佛問阿難迦葉何時當
還阿難白佛言却後十日當還世尊以此因緣集比丘僧與諸比丘隨順說法
無數方便說少欲知足行頭陀樂出離者諸已告諸比丘自今已去聽畜長衣齊
十日欲說戒者當如是說若比丘衣已竟迦絺那衣已出畜長衣經十日不
淨施得畜若過十日尼薩耆波逸提比丘義如上衣竟者三衣迦絺那衣
已出者有十種施衣劫貝衣欽婆羅衣芻摩衣讖摩衣扇那衣麻衣翅夷
羅衣鳩羅毛衣讖羅半尼衣長衣者若長如來八指若廣四指是若比
丘（言）得衣畜二日得衣乃至十日得衣畜至十一日明相出一切尼薩耆若比丘一日
得衣二日不得衣三日得衣四日得如是乃至十日得衣至十一日明相出九日中所得衣
盡尼薩耆若比丘一日得衣二日得衣三日不得四日得（如是展轉乃至十日不得衣作句亦如上）若比丘一日得衣
二日三日不得四日得乃至十日得衣至十一日明相出八日中所得（衣）盡尼薩耆若比丘一日
得衣二日得衣三日四日不得五日得（如是展轉乃至九日十日不得衣作句亦如上）若比丘一日得衣衣二日三日四
不得衣五日得衣乃至十日得衣十一日明相出七日中所得衣盡尼薩耆若比丘得衣二
日得衣三日四日五日不得衣六日得衣（如是展轉乃至八日九日十日不得衣作句亦如上）若比丘一日得衣二日三日四
五日不得衣六日得衣乃至十日得衣十一日明出六日中所得衣盡尼薩耆若比丘一日得
衣二日得衣三日四日五日六日不得七日得衣（如是展轉乃至七日八日九日十日不得衣作句亦如是）若比丘一日得衣
二日三日四日五日六日不得衣七日得衣乃至十日得衣至十一日明相出五日中所得衣盡
尼薩耆若比丘一日得衣二日得衣三日四日五日六日七日不得衣八日得（如是展轉乃至十日七日八日九日十日不得衣作句亦如上）
若比丘一日得衣二日三日四日五日六日七日不得衣八日得衣乃至十日得衣十一日明相出四日中
所得衣盡尼薩耆若比丘一日得衣二日得衣三日四日五日六日七日八日不得衣九日得（如是展轉）
（乃至五日六日七日八日九日十日不得衣作句亦如上也）若比丘一日得衣二日三（得衣）四日五日六日七日八日不得衣九日十日得衣
三日中所得衣至十一日明相出盡尼薩耆若比丘（日）得衣二日得衣三日四日五日六日七日八日

尼薩耆若比丘一日得衣二日得衣三日四日五日六日七日不得衣八日得（如是展轉乃至六七日八日九日十日不得衣作句亦然）
若比丘一日得衣二日三日四日五日六日七日不得衣八日得衣乃至十日得衣十一日明相出四日中
所得衣盡尼薩耆若比丘一日得衣二日得衣三日四日五日六日七日八日不得衣九日得（如是展轉）
（乃至五日六日七日八日九日十日不得衣作句亦如上也）若比丘一日得衣二日三日四日五日六日七日八日不得衣九日十日得衣
三日中所得衣至十一日明相出盡尼薩耆若比丘得衣二日得衣三日四日五日六日七日八日
九日不得衣十日得衣（如是展轉乃至四日五日六日七日八日九日十日不得衣作句之如是也）若比丘一日得衣二日三日四日五日六日七
日八日九日不得衣十日得衣十一日明相出二日中所得衣盡尼薩耆若比丘一日得衣二日得衣
三日四日五日六日七日八日九日十日不得衣（如是展轉乃至三日四日五日六日七日八日九日福得衣作句亦如上也）若比丘一日得衣二日
三日四日五日六日七日八日九日十日不得衣十一日明相出一日中所得衣盡尼薩耆若比丘
一日得衣不淨施二日得衣淨施三日得乃至十日得衣不淨施至十一日明相出九日中
所得衣盡尼薩耆若比丘一日得衣二日得衣不淨施三日得衣淨施四日得衣不淨
施（如是展轉乃至十日得衣淨施不淨施作句之如上也）如是若遣與人（句亦如上）若失衣（句亦如上）若故壞（句亦如上）若作非衣（句亦如上）
若作親厚意取若忘去（句亦如上）盡尼薩耆若捨衣不捨持更貿餘衣一尼薩耆
波逸提一突吉羅此捨衣應捨與僧若眾多人若一人不得別眾捨若捨不
成捨突吉羅捨與僧時往僧中偏露右肩脫革屣向上座禮胡跪合掌當
作是語大德僧聽我某甲比丘故畜衣過十日犯捨墮今捨與僧汝捨
衣竟當懺悔受懺悔人當白然後受懺如是白大德僧聽此某甲比丘故畜
長衣犯捨墮今捨與僧若僧時到僧忍聽我受某甲比丘懺悔白如是作
此白已然後受懺悔當語彼人言自責汝心答言爾若眾僧多難集此比丘
若因緣事若欲遠行應問言汝此衣與誰隨汝語與便與僧應即還此比丘
衣白二羯磨應如是與僧中當差堪能羯磨人如上說作如是白大德僧
聽某甲比丘故畜犯許長衣犯捨墮今捨與僧若僧時到僧忍聽持此衣與某
甲比丘當還此比丘白如是大德僧聽此某甲比丘故畜犯許長衣犯捨墮
今捨與僧僧持此衣與彼某甲比丘當還此比丘誰諸長老忍僧持此衣與
彼某甲比丘當還此比丘者默然誰不忍便說僧已與某甲比丘衣竟僧忍默
然故是事如是持是比丘於僧中捨衣竟不還者突吉羅若還時有人言莫
還突吉羅若作淨施若遣與人若持作三衣若作波利迦羅衣若
故壞若燒若作非衣若數數著壞者盡突吉羅比丘尼尼薩耆波逸提
式叉摩那沙彌沙彌尼突吉羅是謂為犯不犯者齎十日內若轉淨施若遣
與人若賊奪想若失想若燒想若漂想不淨施不遣與人不犯若奪衣
失衣燒衣漂衣取著若他與著若他與作被不犯若彼受寄衣者若
命終若遠出去若休道若為賊將去若為惡獸所害若為水漂

BD14668號　四分律（異卷）初分卷三　（28–25）

故壞若燒若作非衣若數數著壞者盡突吉羅比丘尼尼薩耆波逸提
式叉摩那沙彌沙彌尼突吉羅是謂為犯不犯者齎十日內若轉淨施若遺
與人若賊奪想若失想若燒想若漂想不淨施不遺與人不犯若奪衣
失衣燒衣漂衣取著若他與著若他與作被不犯若彼受寄衣者若
命終若遠出若休道若為賊將去若為惡獸害若為水漂
溺如此不作淨施不遺與人不犯不犯者最初未制戒癡狂心亂痛惱所纏　初竟　卅事
爾時佛在舍衛國祇樹給孤獨園時六群比丘持衣付囑親友比丘往人
間遊行受寄衣比丘得此衣數數在日中曬諸比丘見已便問言佛聽比丘
畜三衣不得長此是誰衣彼即答曰此六群比丘衣是我親友寄我遊行
人間恐虫壞故曬耳諸比丘聞中有少欲知足樂學戒知慚愧者嫌責六群比丘
汝等云何以衣付囑親友比丘離衣人間遊行嫌責已往世尊所頭面禮足在一面坐以此
因緣具白世尊世尊以此因緣集比丘僧呵責六群比丘言汝所為非非威儀非淨行非隨順
行所不應為云何以衣付囑親友比丘離衣人間遊行世尊以無數方便呵責已告諸比丘
六群比丘癡人多種有漏處最初犯戒自今已去與比丘結戒集十句義乃至正法久住欲說
戒者當如是說若比丘衣已竟迦絺那衣已捨三衣中若離一一衣異處宿尼薩耆波逸提
如是世尊與比丘結戒時有比丘有乾痟病有糞掃僧迦梨重此比丘有因緣事欲
遊行人間不堪持行復自思念言世尊與比丘結戒不得離衣宿尼薩耆波逸提而我
乾痟病有糞掃僧伽梨極重有因緣事欲往人間行不堪持行我今當云何即語
同伴比丘世尊與諸比丘結戒若比丘三衣已竟迦絺那衣已出比丘三衣中若離一一衣宿尼薩耆
波逸提而我有病此衣極重有因緣事欲人間行不堪持行我今云何諸大德為我
往白世尊有所教勅我當奉行時諸比丘往世尊所頭面禮足已在一面坐以此因緣具白世
尊即集諸比丘告言今聽僧與此病比丘結不失衣白二羯磨應往
至僧中偏露右肩脫革屣向上座禮互跪合掌當作是說大德僧聽我某甲比丘得乾
痟病此糞掃僧伽梨衣重有因緣欲人間行不堪持行我今從僧乞結不失衣法慈愍故
乃至三僧中當差堪能羯磨者人如上作如是白大德僧聽此某甲比丘得乾痟病有
糞掃僧伽梨衣重有因緣事欲人間行不堪持行從僧乞結不失衣法若僧時
到僧忍聽與此比丘結不失衣法白如是大德僧聽此比丘得乾痟病有糞掃
僧伽梨衣重有因緣事欲人間行不堪持行今從僧乞結不失衣法今

乃至三僧中當差堪能羯磨人如上作如是白大德僧聽某甲比丘得乾痟病有
糞掃僧伽梨衣重有因緣事欲人間行不堪持行從僧乞結不失衣法若僧時
到僧忍聽與此比丘結不失衣法白如是大德僧聽某甲比丘得乾痟病有糞掃
僧伽梨衣患重有因緣事欲人間行不堪持行今從僧乞結不失衣法今
僧與某甲比丘結不失衣法誰諸長老忍僧與某甲比丘結不失衣法者默然若不忍者
說僧已與某甲比丘結不失衣法竟僧忍默故是事如是持自今以去當如是說戒若比丘
衣已竟迦絺那衣已出三衣中離一一衣異處宿除僧羯磨者尼薩耆波逸提比丘義
如上說衣已竟者三衣也迦絺那衣已出也三衣者僧伽梨鬱多羅僧安陀會衣者
有十種如上說僧者一說戒一羯磨不失衣者僧伽藍裏有一界失衣者僧伽藍
裏有若干界不失衣者樹有一界失衣者樹有若干界不失衣者場有一界失衣
者場有若干界不失衣者車有一界失衣者車有若干界不失衣者船有一界
失衣者船有若干界不失衣者村有一界失衣者村有若干界不失衣者舍有一
界失衣者舍有若干界不失衣者堂有一界失衣者堂有若干界不失衣者庫藏
有一界失衣者庫藏有若干界不失衣者倉有一界失衣者倉有若干界僧伽
藍者有四種如上樹者與人等足蔭覆結跏趺坐場者於中治五穀處車
者若車迴轉處船者若船迴轉處村者有四種如上堂者多閑露庫者
積藏諸車乘輦轝財貨之物倉者儲積米穀僧伽藍界者
者此僧伽藍界非彼僧伽藍界此僧伽藍界非彼樹界乃至庫藏界非
彼庫藏界亦如是此樹界非彼樹界乃至庫藏界僧伽藍界亦如是
此場界非彼場界乃至僧伽藍界樹界亦如是餘者作句亦如是僧伽藍界
者在僧伽藍邊以中人若用石若用塼擲所及處是名界乃至庫藏界
亦如是若比丘置衣在僧伽藍內乃在樹下宿明相未出若捨衣若手捉衣若至
擲石所及處若不捨衣若不手捉衣若不至擲石所及處明相出隨所離衣宿
尼薩耆波逸提除三衣若離餘衣突吉羅若比丘留衣著僧伽藍內往場處宿明
相未出若捨衣若手捉衣若至擲石所及處若不捨衣若不至擲石所及處明相
出隨所離衣宿尼薩耆波逸提乃至庫藏宿一一句亦如是若比丘留衣樹下往場處宿
乃至庫藏僧伽藍處宿亦如是不失衣者若阿蘭若處無界八樹中間一樹間
七弓遮摩梨國作弓法長中肘四肘若比丘於無村阿蘭若處留衣著此八樹間
異處宿明相未出不捨衣不手捉若不至擲[illegible]

BD14668號　四分律（異卷）初分卷三　（28–27）

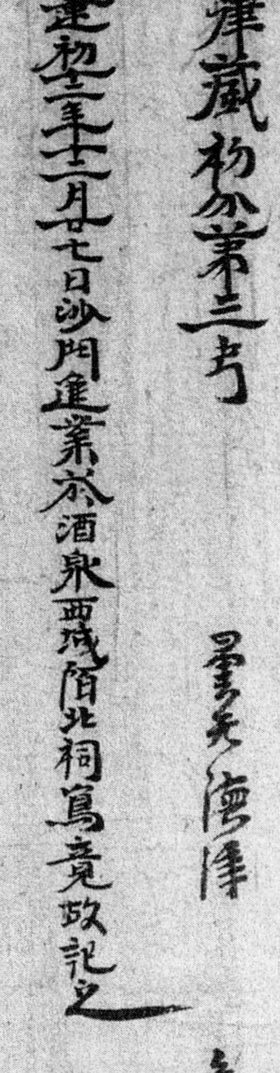

初分弟三

……十二竟

律藏初分第三卷

建初十二年十二月廿七日沙門進業於酒泉西城門北祠寫竟故記之

進業也

BD14668號　四分律（異卷）初分卷三　（28–28）

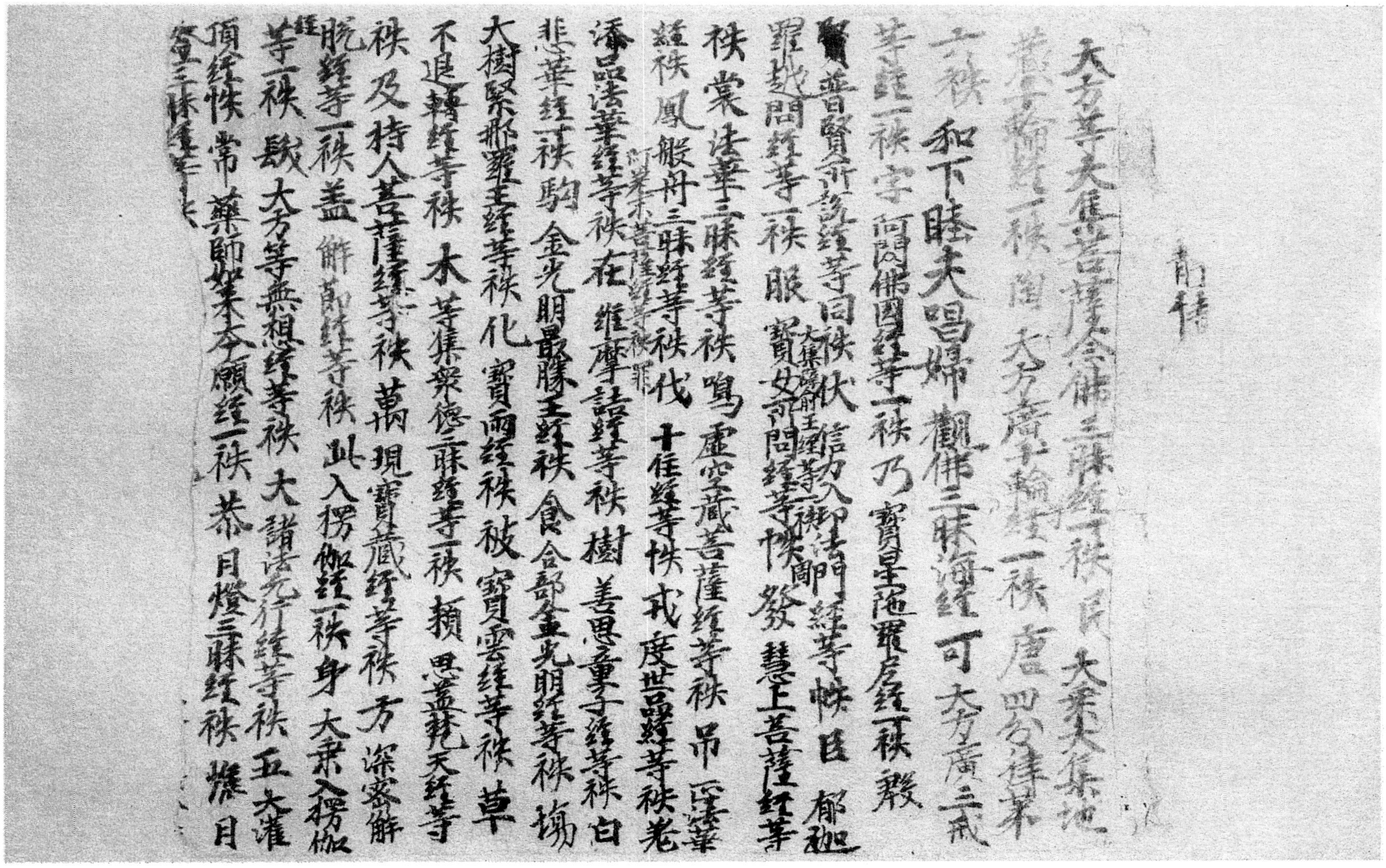

BD14669號　藏内雜經錄（擬）

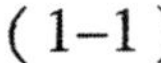

（1–1）

BD14669號背　雜寫

（1–1）

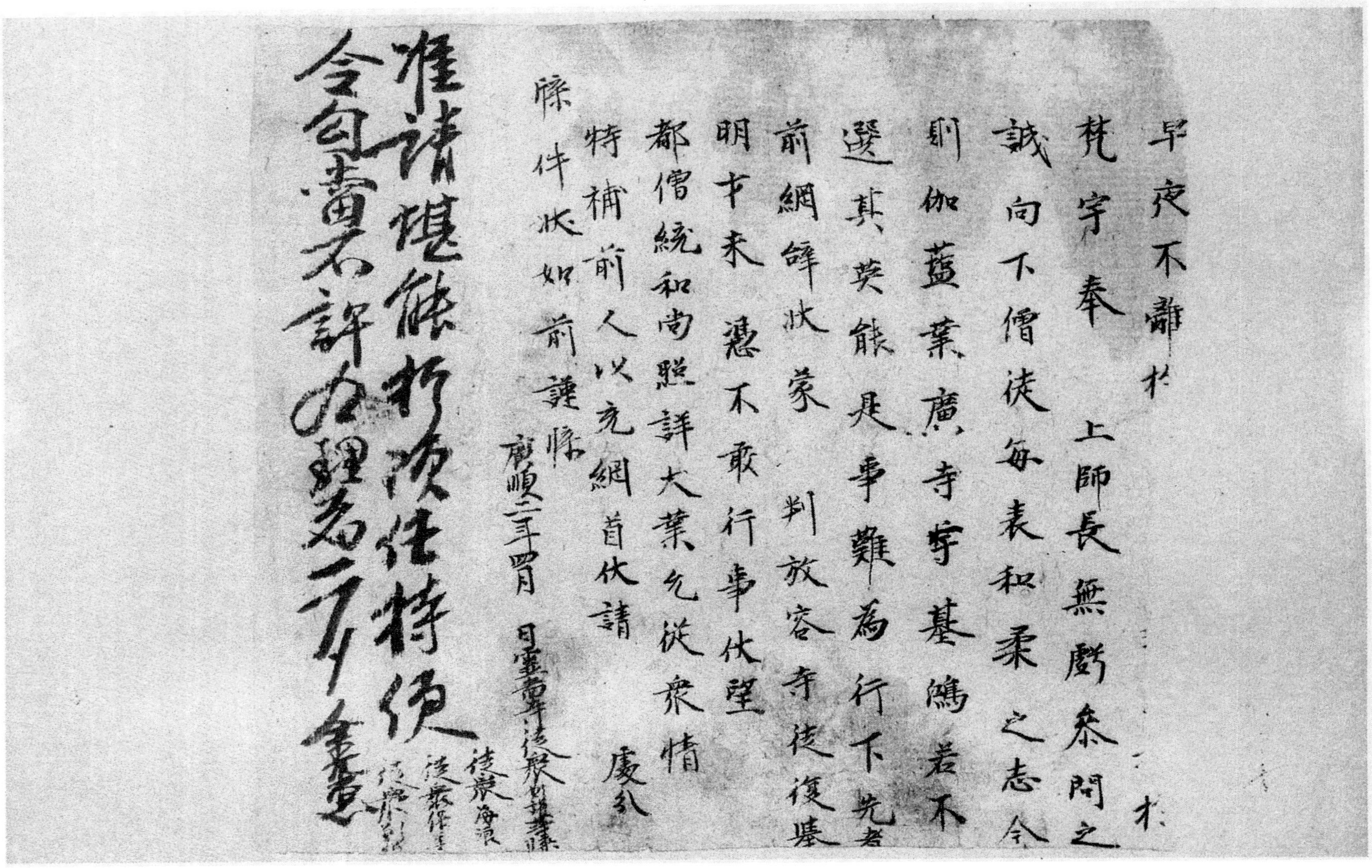

早夜不離於　　　　　　　　　　　　　於
梵宇奉　上師長無虧恭問之
誠向下僧徒每表和柔之志今
則伽藍業廣寺宇基鴻若不
選其英能是事難爲行下先者
前綱辭狀蒙　判放容寺徒復舉
明中來憑不敢行事伏望
都僧統和尚照詳大業允從衆情
特補前人以充綱首伏請　處分
牒件狀如前謹牒
廣順二年四月　日靈圖寺徒衆[illegible]謹牒
徒衆海滾
徒衆保[illegible]
徒衆[illegible]
准請堪能於僧徒特使
令句當不許[illegible]理爲一[illegible]　金[illegible]

BD14670號　靈圖寺徒衆舉綱首牒及都僧統金光惠判詞（擬）　　（1–1）

玄奘大師譯經序頌

BD14671號　大乘百法明門論開宗義記

（1–1）

人投託欲吉慶之事

者有口舌縣官之事 六合辰上來者有婚姻和合

未卯有田宅諍訟勾連之事 青龍午上來者有喜慶增益事

子上來者有婦女合和陰私之事 太陰亥上來者私閉匿

武弋上有亡遺盜賊失物之事 太常酉上來者有衣

貞慶賀之事 白虎申上來有死喪鬪諍傷兵之事

空未上來者有欺詐虛無實之事 假令常

將加卜時若太一神在加日辰者有坊意多往

日天一在大吉下有人在大吉上來坐者勾

貝之事 寅上坐者宜為縣

有死喪疾病鬪諍之事

上坐者卯為朱雀向太常酉為有衣常財物

上坐者辰為六合向玄武戌為有逃 三遺失物

人事 巳上坐者巳為勾陳太陰亥為有訴勾連之事

午上坐者午為青龍向天后子為有婦女私密之事

者未為天空向天一丑為有求 慶之事

BD14672號 占卜文書（擬） （2–1）

人事 巳上坐者巳為勾陳太陰孝為有訃速之事
午上坐者午為青龍向天吉子為有婦女私秘密之事
者未為天空向天一丑為有求 慶之事
申為白虎向螣蛇寅為有驚 陷懼官之事
酉上坐者酉為太常向朱雀卯為有口舌諍訟之事
戌上坐者戌為玄向六合辰為有酒食婚姻之事
亥上坐者亥為太陰向勾陳巳為有婦女留連之事
子上坐者子為天吉向青龍午為有吉求悕
丑上坐者丑為天一為有退遂不赦之事
人法假令正月 寅日時加寅時皆亦
正月天魁為歸坐皆依此法亦
天魁為歸坐 二月從魁為歸坐 三月傳送為歸坐
四月小吉為歸坐 五月勝光為歸坐 六月太乙天吉為歸坐
七月大冲為歸坐 八月太衝為歸坐 九月功曹為歸坐
十月大吉天吉為歸坐 十一月神吉為歸坐 十二月徵明為歸坐
寅日為太常有在太常上坐向歸坐者為大事衣裳求官之事
卯日為白虎有在白虎上坐者為鬪訟賊之事
辰日為天空有在天空上坐者為有欺詐之事
巳為青龍有在青龍上坐者為有慶賀之事
午日為勾陳有在勾陳上坐者為女婦訟諍之事
未日為六合有在六合上坐者為有婚姻酒食之事
申日為朱雀有在朱雀上坐者為有口舌 之事
酉日為螣蛇上坐者為有驚恐失火急速之事

不陽於

盖非空引亦而亘道垂

極未酬根賊身希求濟拔故能散香煙於法界

諸業迸流雅梵於荒田望神仙而引接用此功德

莊嚴亡者去識惟願超茲火宅居淨土之金臺

越此危墜入花林之仙園遊々七覺獨步虛々

金池綴蕚玉蘂飛居資振身褱靈臺足蹈蓮花

明見仏

勝眼　日月易流奄經三載哀

々父母生我劬勞泣血終身莫能上報慈顏一去再覩

無期堂宇寂寂帷帳摧絕禮章有限俗曲難違服制

載終除凶就吉可請空床頻遣之志難窮靈凡口

昊天罔極故於是日就此家庭屈請聖凡設齋追福

公膺於寶

BD14673號　齋意文（擬）

（1–1）

善〻
嫉姤我慢貢高〻
羅用無價衣履〻
一〻求神煞生殺
僻寄資私竹自用恒懷惡
須臾壞滅若不拔濟定〻
注入心中〻腸燋爛灌渴
鐵網鐵輪銅猵鐵虵〻
人抱鐵叉怒目切齒牙如釼
食噉百千万死万生受苦無
受餓鬼身形其形大小五百由旬頭如
如針孔滴水不通渴若飢寒身〻噉無
怕怖不安恐此命終墮彼地獄今日今時投〻
三寶爲拔肝露膽志誠懺悔不敢覆藏一懺已後
永斷相續盡未來際更不敢造唯願十方諸仏
證明弟子罪障消滅敬礼常住三寶〻

戌日為天一有在天一上者　又有求官職位爵禄之事
亥日為天后有在天后上坐者為有婦人同宴陰私之事
子日為太陰有在太陰上坐者有葬屬隱賢之事
丑日為玄武有在玄武上坐者為有盜賊亡遺失物之事
右件十二月所以加周而復始皆放此
假令有人居螣蛇酉上坐向白虎卯為有死喪亡疾病之事
有人來卜居朱雀申上坐向太常寅為有衣裳財物吉慶喜之事
有人來卜居六合未上坐向玄武丑為有隱私盜賊失物之事
有人來卜居勾陳午上坐向太陰子為葬屬隱賢之事
有人來卜居青龍巳上坐向天后亥為婦女行來求之事
有人來卜居天空辰上坐向天戌為祈慶吉賀之事
有人來卜居白虎卯上坐向螣蛇酉為縣口舌失火之事
有人來卜居太常寅上坐向朱雀申為口舌相誹謗之事　合
有人來卜居天后亥上坐向青龍巳為求官吉慶賀之事
有人來卜居太陰子上坐向勾陳午為婦女相連鬬訟之事
有人來卜居天戌上坐向天空辰為退逃不求之事
太歲辰未卯日辰為謟日相生為吉事相剋為憂愛之事
太歲干為陽事辰為干為陰事　辰陽干相生禄易失祈陰

有人來卜居天倉爻上坐向青龍巳為求官吉慶賀之事
有人來卜居天太陰子上坐向勾陳午為婦女相連鬭訟之事
有人來卜居天戊上坐向天空辰為退遠不求之事
太歲辰來未加日辰為詔曰相生為吉事相剋為憂之事
太歲干為陽事辰為干為陰事辰陽干相生秼陽夫所陰
辰相扶嫁娶做所欲此皆尔為陽辰陽干男夫之事陰
辰陰干婦女之事假令太歲加日辰者居日辰上坐者為州郡
所在呼相生狀為善事相剋為惡事月數月建加日辰之居
辰上坐者之為郡縣所在呼相剋狀為吏之遷相尅為惡事
凡占人來欲卜先舉左手足善候之所知其人卜意坐與來因盲
坐乾上先舉左手向面憂死■ 先舉右手向面憂諍訟
婚姻口舌善家長病事 赤 坐坎上先舉右手向面憂縣官
事 先舉左手向面憂小兒墮疾之事 坐艮上先
舉左手向面憂婦女小兒 先舉右手向面憂良友或失
衣被欲求人意有諍訟之事 坐震上先舉右手向面憂欲
移徙有所離說 先舉左手向面憂子病痛之事
坐巽上先舉右左手向面憂欲移徙相言諍曲直之事
舉左手向面憂欲相害諍曲直移徙之事 坐離上先舉
左手向面憂欲寄居 先居右手向面憂死喪之事 坐坤上先
舉左手向面憂婦女若長母病 先舉左手向面憂父長當
之事 坐兌上先舉右手向面憂財失物或枉繫若婦女長
穷 先舉左手向面憂他欲盜人財物事
一乾上先舉左足憂男子若縣官事欲來
坐乾足憂財物或是婦人私事 坎上立者先
憂財物或婦女私事諍訟縣官善諍訟之事
有口舌 先舉右足憂任身婦女傷胎失子之事
立艮上先舉左足憂縣官事 先舉右足憂任身婦女事
立震上先舉左足憂欲移徙 先舉右足憂婦女娠妬往之事

BD14675號　占卜文書（擬）　（4–2）

BD14675號　占卜文書（擬）

（4–3）

BD14675號　占卜文書(擬)

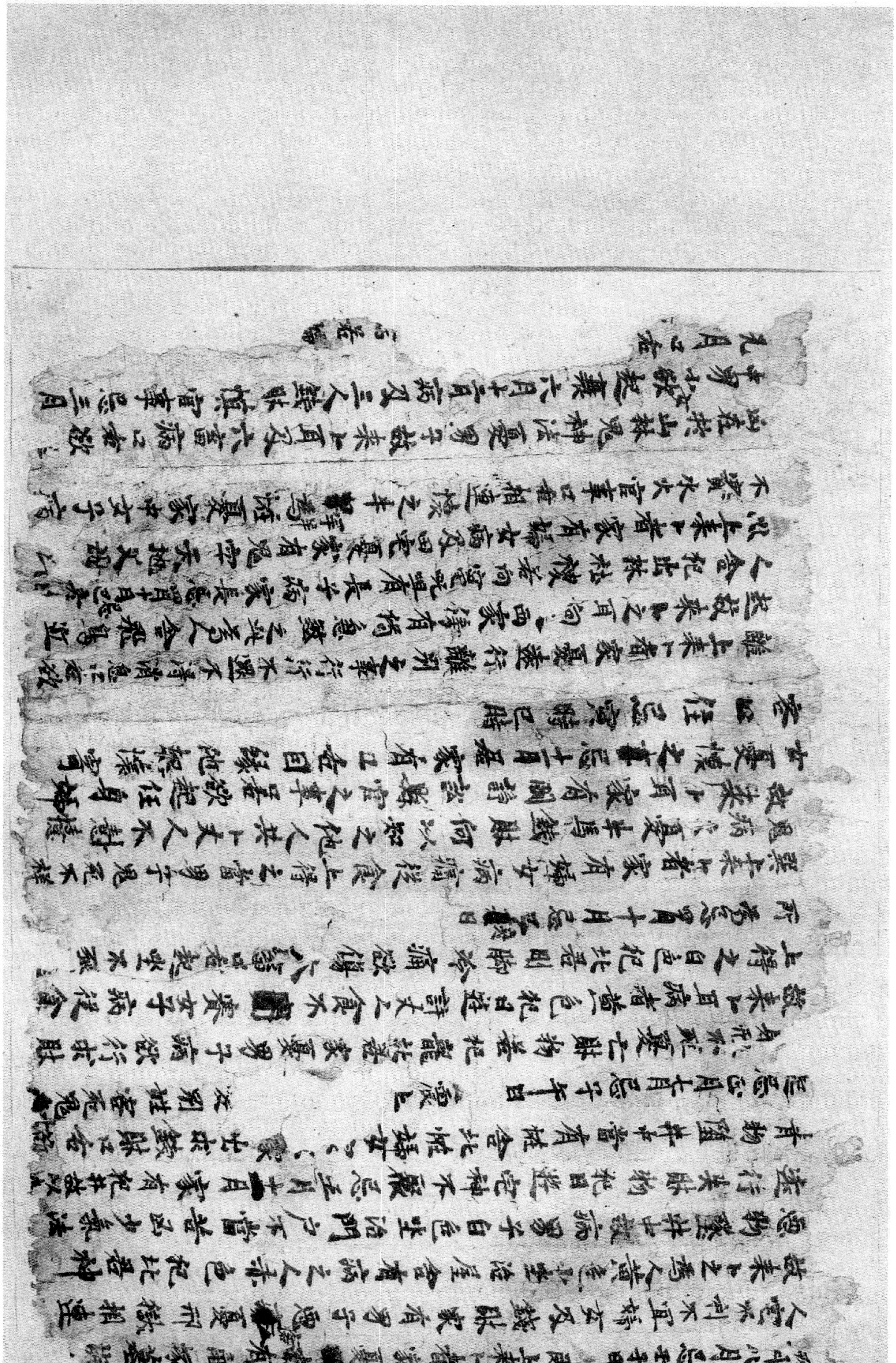

(4–4)

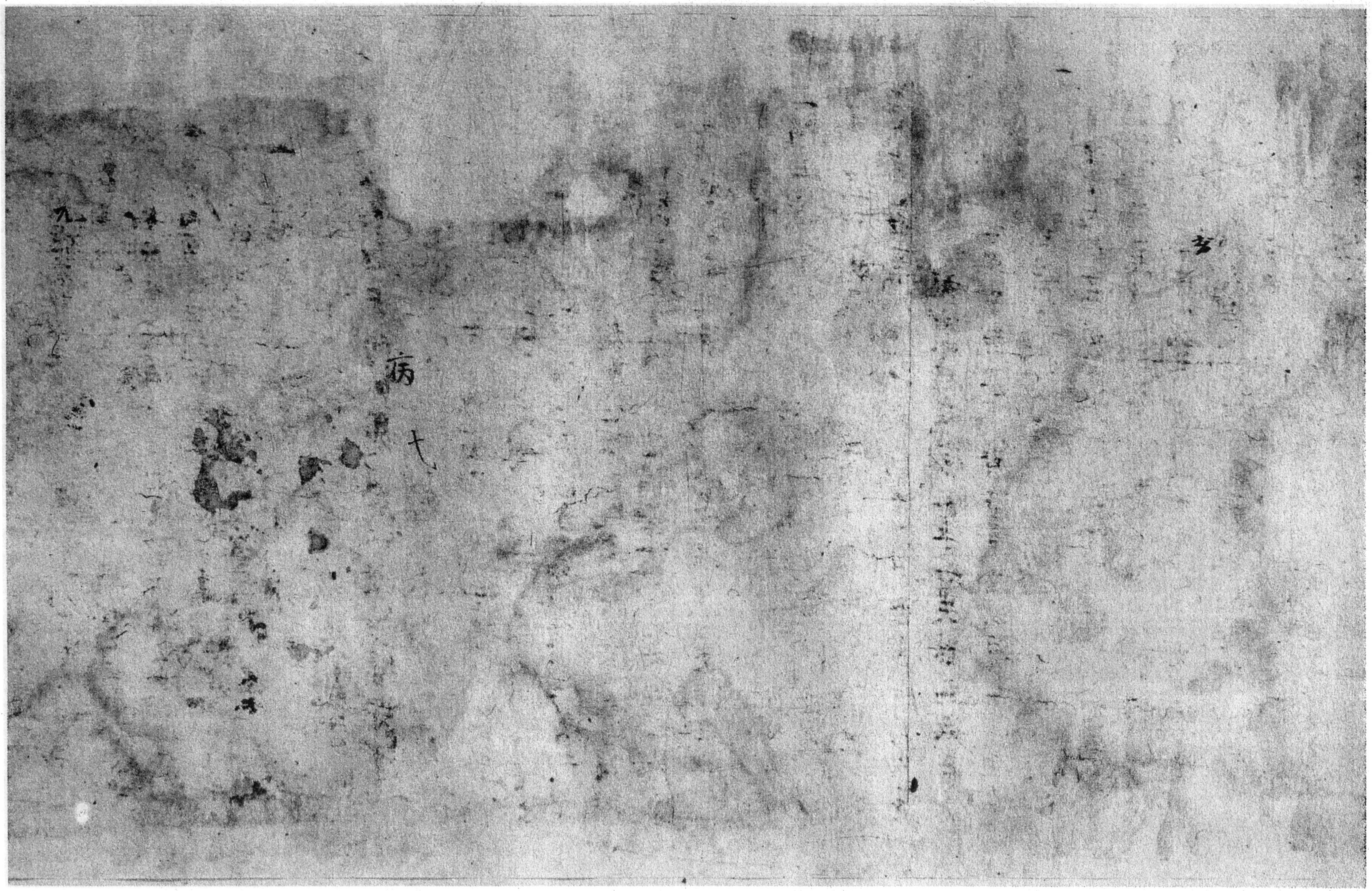

（1–1）

弘□……

寶雲……

經五卷　密迹金剛力士經五卷 有二經同袟 大雲經六卷　僧伽

吒經四卷　大吉義神呪經二卷 三經同袟 無所有菩薩經四卷

觀察諸法經四卷　佛藏經四卷 有三經同袟 菩薩本行經三卷

力莊嚴三昧經三卷　大方廣三界經三卷 有三同袟 大方廣如來

性起微密藏經二卷　超日明三昧經二卷　七仏神呪經四卷

大方廣如來祕藏經二卷 有四經同袟 諸仏要集經二卷　蓮花面經

二卷　阿閦仏國經三卷　大乘同性經二卷 有四經同袟 文殊師利問經

二卷　仁王般若經二卷　不思議功德經二卷　文殊師利佛土嚴

淨經二卷 有四經同袟 法界體性無分別經二卷　寶梁經二卷　密迹

金剛力士經二卷　梵網經二卷　善臂菩薩所問經二卷 有五經同袟

未曾有因緣經二卷　無上依經二卷　移識經二卷　迦葉經二卷

孔雀王陀羅尼呪經二卷 有五經同袟 決定毗尼經　不必定入定

入印經　菩薩內戒經　摩達經 有四經同袟 諸仏心陀羅尼經

頭無邊佛土功德經　勝幢臂印陀羅尼經　拔濟苦難陀

羅尼經　八名普密陀羅尼經　持世陀羅尼經　佛地經

BD14676 號 1　靈圖寺藏經目（擬）

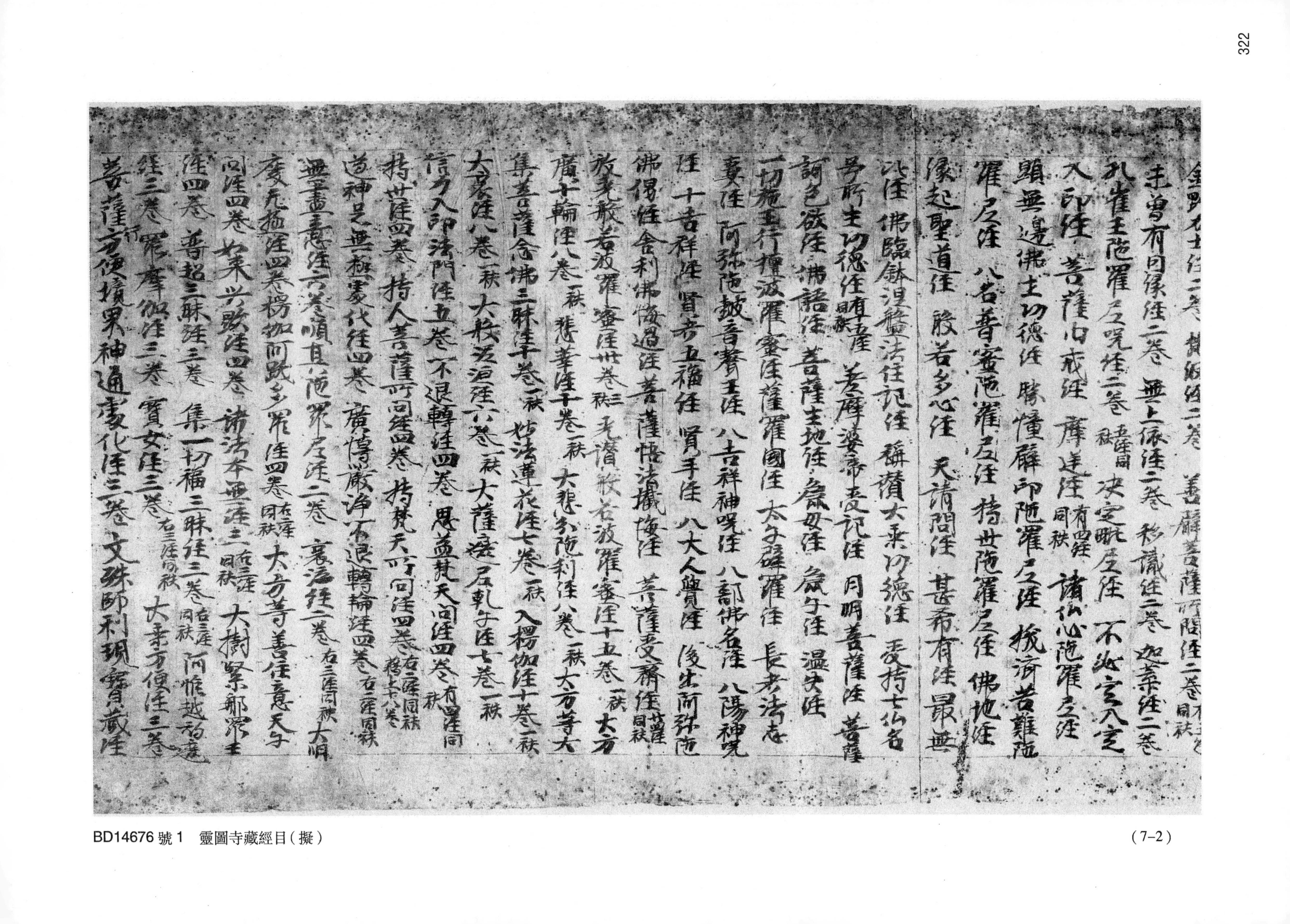

BD14676號1　靈圖寺藏經目（擬）　（7–2）

度无極經四卷 楞伽阿跋多羅經四卷 右二經同秩 大方等善住意天子
問經四卷 如來興顯經四卷 諸法本無經三卷 右二經同秩 大樹緊那羅王
經四卷 普超三昧經三卷 集一切福德三昧經三卷 右三經同秩 阿惟越致遮
經三卷 羅摩伽經三卷 寶女經三卷 右三經同秩 大乘方便經三卷
菩薩行方便境界神通變化經三卷 文殊師利現寶藏經
三卷 等集衆德三昧經三卷 右三經同秩 大方廣寶篋經三卷
順權方便經二卷 四童子三昧經三卷 阿闍世王經二卷
無量清淨平等覺經二卷 右五經同秩 寶如來三昧經二卷
奮迅王問經二卷 自在王經二卷 慧上菩薩問大善權經二卷 右五經同秩
維摩經三卷 大莊嚴法門經二卷 方等般泥洹經二卷 諸法
无行經二卷 佛昇忉利天爲母說法經二卷 右五經同秩 樂瓔珞莊嚴方便
經 虛空藏經 金剛上味陀羅尼經 金剛場陀羅尼經
慧印三昧經 一切法高王經 決定總持經 彌勒成佛經 轉女身經
右五經同秩 術遂白摩尼寶經 大淨法門經 大方等大雲請雨經
象腋經 虛空藏菩薩神呪經 大雲請問經 郁伽羅越問菩薩行經
大寶積經 郁伽長者所問經 无所希望經 右十經同秩 无垢施菩
薩分別應辯經 阿闍貰王女阿述達菩薩經 清淨毗尼方廣
經 文殊師利淨律經 无盡藏持法門經 无極寶三昧經
味搯菩薩所問經 得无垢女經 无畏得女經 離垢施女經 右經同秩
藥師瑠璃光如來本願功德經 分別緣起經 不[illegible]崇經
藥師如來本願經 不空羂索神呪經 緣生經 右六經同秩 菩薩本業經
大方等頂王經 大乘頂王經 文殊師利巡行經 尊勝菩薩所
問經 金剛般若波羅蜜多經 孔雀王呪經 七經同秩 乳光仏經
逝童子經 菩薩逝經 文闍城十二因緣經 貝多樹思惟十二因
緣經 腹中女聽法經 无垢賢女經 无量門微密持經
錄色女經 太子和休經 太子刷護經 阿闍世受決經
[illegible]

BD14676 號 1　靈圖寺藏經目（擬）　（7–3）

大方等頂王經　大乘頂王經　文殊師利巡行經　尊勝菩薩所
問經　金剛般若波羅蜜多經　孔雀王呪經 七經同袟　乳光仏經
逝童子經　菩薩逝經　文闍城十二因緣經　貝多樹思惟十二因
緣經　賴吒女聽法經　无垢賢女經　无量門微密持經
銀色女經　太子和休經　太子刷護經　阿闍世受決經
採花違王上仏經　師子奮迅菩薩所問經　花積陀羅尼神呪經
花聚陀羅尼呪經　教餘經　灌洗經 已上十八經同袟
計大乘經一千五百廿八
己後小乘經
增一阿含經五十卷 五袟　中阿含經六十卷 六袟　雜阿含經五十卷 五袟
長阿含經廿卷 二袟　別譯雜阿含經廿卷 二袟　雜寶藏經八卷 一袟
賢愚經十三卷 一袟　菩曜經八卷 一袟　修行道地經六卷 一袟　生經五卷
處處經　泥洹經　僧護因緣經　五百弟子自說本起經 已上五經同袟
開解梵志阿颰經　雜藏經　大愛道般泥洹經　七處三觀經
鴦崛髻羅經　四諦經　雜阿含經　十支居士八城人經 右八經同袟
比丘避女惡名欲自殺經　阿難問事仏吉凶經　鴦迦羅越
六向拜經　瞿曇彌記果經　蓱沙王五願經　般泥洹後灌臘經
頂生王故事經　一切流攝守因經　罪福報應經　報恩奉盆經
阿律耶八念經　餓鬼報應經　七仏父母姓字經　摩登女解形
中六事經　沙彌羅經　鬼問目連經　玉耶經　阿遬達經
古來世時經　摩鄧女經　緣本致經 右廿經同袟　比丘阿仏多優婆塞命
終經　轉法輪經　閻羅王五天使者經　阿那邠祁化七子經
是法非法經　四未曾有經　力士移山經　戒相應法經
譬喻經　孫多耶致經　諸法本經　聖法印經　禪行法想經　五陰
增一阿含經　戒德香經　比丘聽施經　行七行現報經　馬有八
態經　馬有三相經　醎水喻經　不自守意經　八正道經
七知經　九橫經　放牛經　須達經　阿難同學經 右卅七經同袟
計小乘經二百九十九卷
己後小乘律

譬喻經 孫多耶致經 諸法本經 聖法印經 禪行卅七品經
增一阿含經 戒德香經 比丘聽施經 行七行現報經 馬有八
態經 馬有三相經 鹹水喻經 不自守意經 八正道經
七知經 九橫經 放牛經 須達經 阿難同學經 右卅七經同袟
計小乘經二百九十九卷
已後小乘律
四分律六十卷六袟 僧祇律卌卷四袟 十誦律六十卷六袟 彌沙塞
律卅卷三袟 善見律十八卷二袟 鼻奈耶律十卷一袟 毗尼母八卷一袟
計小乘律二百廿六卷
已後大乘論
大智度論一百卷十袟 顯揚聖教論廿卷二袟 般若燈論十五卷一袟
十住毗婆沙論十四卷一袟 大莊嚴論十五卷一袟 攝大乘論十五
卷一袟 攝大乘无性菩薩釋十卷一袟 攝大乘論十卷世親菩薩
釋一袟 廣百論十卷一袟 十地經論十二卷一袟 菩薩地持十卷一袟
佛地經論七卷一袟 菩提資粮論六卷 仏阿毗談經論兩卷
入大乘論兩卷 右三論同袟 佛性論四卷 中論四卷 百論兩卷 右三論同袟
究竟一乘寶性論四卷 中邊分別論兩卷 順中論兩卷
大丈夫論二卷 右四論同袟
計大乘論二百六十六卷
已後小乘論
阿毗達磨大毗婆沙論二百卷廿袟蕃藉上二百卷 阿毗達磨順正理論八十卷八袟
阿毗達磨顯宗論卌卷四袟 阿毗達磨俱舍論卅卷三袟
阿毗曇毗婆沙論六十卷六袟 阿毗曇八犍度論卅卷三袟
解脫道論十二卷一袟 舍利弗阿毗曇論廿卷二袟 發智論廿卷二袟
出曜論廿卷二袟 成實論廿卷二袟 阿毗達磨識身足論十六卷一袟
蕃藉六卷 品類足論十八卷二袟 集異門足論廿卷二袟 鞞婆沙阿毗曇
論十四卷一袟蕃藉上十卷 衆事分阿毗曇十二卷一袟 雜阿毗曇心論十一卷一袟
立世阿毗曇論十卷一袟蕃藉上廿卷 尊婆須蜜所集論十卷一袟
計小乘論六百卅三卷
賢聖集傳

BD14676 號 1　靈圖寺藏經目（擬）

BD14676 號 2　處分吳和尚經論錄（擬）

（7–6）

迦論玄門百例卷
耆根本部律攝頌疏壹卷　又對法論并律攝頌開徑
壹卷　十地經疏夾壹重　法數并小論壹卷　又辯中邊
論頌并疏叁本共壹卷并經帙　又金剛百論壹卷并
帙　又花嚴論壹卷　十地經并解深密經共壹卷
又對辯照識論壹卷　寶吉經壹卷　尼律疏壹卷
并帙　阿毗達磨集論并釋論壹卷并帙　迦葉所問
經壹卷　宗論論并道行經疏壹卷　又十地經疏壹卷
五蘊論釋等壹卷　十地經疏壹卷　瑜伽論壹卷
攝釋中邊論釋陸卷　十地論壹部　成唯識論兩卷共
成壹部　大莊嚴論兩卷共壹部　中觀論肆卷共成
壹卷　攝大乘論釋壹部　又攝大乘論釋兩卷共壹
部上下合五卷　十藏經壹部　大寶積經壹部共
陸卷內肆卷有綿帙　解深密疏兩卷內壹卷有白綿帙
諸雜小乘經無頭尾壹卷　諸雜僧經無頭尾壹
榼子壹　大木盆壹　小盆子壹

前　伏

BD14676號2　處分吳和尚經論錄（擬）　（7–7）

དཀྱིལ་བར་འཁྱུད་ནས་རྒྱང་སྤྲས་ཞེ་ན་ཡང་དཔྱལ་སྐྱལ་རྒྱ་རྗེ་མ་ལྷུམ་ནས་དཀྲུས་ལོང་དུ་བྱུང་། །
རྒྱལ
དེ་ནས་ལྷ་ཙི་རྒྱ་ཤིང་དུ་བཙན་ནི་འགྲུ་དེ་སྲིད་ནས་འཛིག་ཅིང་རྒྱག་ནས་ལྷས་སྐྱེས་རྒྱ་བཟང་རྗེ་ཤིན
དུ་གྱི་དག་བང་བྱུར། །ཁྱིར་དུ་ཕྱིན་པར་ལྷ་ནི་དཔང་པོ་བཅུ་ཕྱེན་གར་ཀྱི་མས་ནས་འཛིགས
རྗེ་འགའ་བཙན་བཅུ་ཕྱིན་ཁང་པ་ལ་བྱུག

淪没如下方乃清昇
已前名為无名道五氣已後名有名道
得云有名時一切无名即是有名若詺
无名是以自躰行教德用自在无鄣
一章者此依天地之大數故以四乘九五九
九五九卅五天數也所以道經有卅六德經有卅五二經八十一
一章道經卅六者即是法廿八宿与八風言廿八宿所以劉紀四
方八風所以皷育万物故以為况德經卅五者法廿四氣十二
辰与九州廿四氣者鋭緒四時以成天道十二辰者孝比歲事
九州者万民所歸人王所住故因以立章為 今就此八十一章
内大判有三段義門謂始從道可道非常道訖至致虛極
章末已来有十六章明大道躰无鄣㝵義 第二從太上下
知有之章已下訖卷末廿章已来明大道相 一鄣㝵成就自
在義 第三從上德不德章訖卷末卅五章已来明大道化
用淳樂无鄣㝵義 復就前躰无鄣㝵章内曲分還有四小
段義 初道可道一章明人法兩門自躰根本義 次天下皆知

章末已来有十六章明大道體无鄣㝵義　第二從太上下
知有之章已下訖卷末廿章已来明大道相　一鄣㝵成就自
在義　第三從上德不德章訖卷末卅五章已来明大道作
用淳歎无鄣㝵義　復就前體无鄣㝵章内曲分還有四小
段義　初道可道一章明人法兩門自體根本義　次天下皆知
一章明有為无為二種自相義　次不尚賢一章明用融无鄣
㝵體性平等義以此三章准下七十八章類皆可知　復就第
四段十三章内曲分還有三子段義　初兩章明成就自體平等
相用无二義　次谷神訖六章末已来明依法成就實相義
從五色令人已下有五章訖初段末已来明舉體用无鄣㝵
成就自體義　次釋文　今就道可道章内曲分有四子段義
一顯人法二出體根三同凡聖四啓玄門今言道可道非常道
此之一句明法也心也通也就此法内有三段義其三者　初字
明法體　次兩字明法相　下三字明法用　次釋文
者法也但法體无名故聖人欲使群有依法成聖强與立名
名之曰道道者逾也如世間道路貴賤同行遠近俱達无為
法者亦如斯能令凡聖同脩各得果報无有差失以此為逾故
云道　道者明有為无為俱有可法故稱為相非常道
者即是无過大用曠周三界无法不法在善為善法在
惡為惡法无在无不在一切俱含言說所不加軌用无
去用不可定一而取故曰非常道
相用從體論相時體用從相論
法而非體一相一切相則无
用舉此一法則一切可知
體三種謂聖人體相用　初字

[illegible]用不可定一而取故曰非常道
相用從躰，論相時躰用從相論
法而非躰，一相一切相，則无
用，舉此一法，則一切可知
明三種，謂聖人體相用　初字
[illegible]人相　下三字明聖人用　次釋文
在聖人名，但聖躰无名，因凡故名，是以経云无名天地始，故
知依无名立有名　者，凡聖兩位俱有可名，因之得稱，故
曰可名　者，但聖人用周三界，形无不在，在有不異无，
在无不異有，有无平等，无鄣无㝵，常在有无，如无定所名，
所不能名，不可一名而定，故曰非常名，緣起名義，一如前釋
无名天地始　者，欲明行法二躰，躰非名相，是以聖用自在依
无名立有名，有名是天地，故知无名是有名之始，此句亦明行
法躰本，故云无名天地始　有名万物母　者，謂從天地立有名
之始，因有名起，則万物名生，如世間母能生於子，取之為況，
故云万物母　常无欲以　者，言一切凡聖躰性非深，故云无欲　觀其
者，觀照也，妙，妙也，正以无欲真心妙，妙難見，唯聖照知，故
云觀其妙　又解云躰照真明稱之曰觀　常有欲　者，言凡夫
妄情取著，故云有欲　者，正以妄情取著，如凡夫常用
不覺，故聖人常在有為用，如常容无鄣无㝵，能知妄相流
轉躰空不實，所歸所趣，莫不監知，故云觀其徼，此一句明其
用　此兩者　即是有欲无欲兩心，故云兩者　同　者，同是一心，故
云同　出　者，生也　者，正以有欲出生名異，聖无欲出
生名異凡，故云異名　者，玄天也，天者淨也，亦云深
也，言聖人達有欲无欲同是一心，淨无相深不可測，故謂

轉躬空不實而歸而起莫不皆矣故云觀其徼此日明之
用此兩者即是有欲无欲兩心故云兩者同者同是一心故
云同出者生也 者一以有欲出生名異聖无欲出
生名異凡故云異名 者玄天也天者淨也亦云深
也言聖人達有欲无欲同是一心、淨无相深不可測故謂
之玄 又一解云擭凡望聖名日高遠擭聖望凡名日深玄
如外書云上日高祖下日玄孫即類可知故日玄玄之者明凡
夫望脩捨穢得淨故日玄之後玄者明聖人真脩即穢是淨
此是淨中勝淨故日後玄衆妙之門 者衆多也妙勝也門通
也明一切群賢衆聖行門雖多要達成道不出此淨穢兩門
通凡成聖故云衆妙之門
今就天下章內有廿句 初十句明有爲門 後十句明无爲門
就前十句內有二子段 初四句是有爲䏂 次六句明有爲互无相 次釋文
天下皆知美之爲美者此明一切兆民皆自美已善名也斯
惡已者斯此也此明貪有爲美名損已故云斯惡已皆知善
之爲善者此明滐著美名故云善、美俱是貪有爲榮名
也不煩多釋斯不善已 者斯此也言人滐貪榮利損害處
多故云斯不善已 者此明有爲乎无䏂性自空
皆无定法達有名无不達名有二名乎生故日相生難易
相成者此明相待假䏂非是實相待而成故云難易相
成長短相形者相待方顯此是乎无也高下相傾音聲
相和前後相隨 者義同上釋此上六句明有爲相內乎无
義次下十句明无爲䏂相是以聖人治處无爲之事者此
爲之言作此明聖人舉无作心勸脩也行不言之教者此
勸脩无爲行教非是世俗廣說有爲言教故云不言之
教万物作 者作動作也言一切万物有爲兆民各自改

義次下十句明无為髀相是以聖人治處无為之事者
為之言作此明聖人舉无作心勸循也行不言之教者此
勸循无為行教非是世俗廣說有為言教故云不言之
教万物作者作動作也言一切万物有為兆民各自改
變伏其本性故云万物作焉而不辭者明自家滿足不
辭於上　又一解云言聖人不以能化之功生辭勞也故云不辭
生而不有者生之言解明自解虛家不隨於有故云不有
又一解云髀性本實非今始有故云不有為而不恃者言聖
人所作施為化物平等不恃己功故曰不恃功成而弗居者
弗不也居住著也明聖人雖成就一切功德而不住著故云弗居
夫唯弗居者正以髀无住著故云弗居是以不去者正以髀
无住著道德不離故云不去
就此第三用驗无㝵髀性平等章內文有四意　初兩句明凡聖
不殊　次兩句明有无同髀　次兩句結上四句髀會平等　下句
歎平等行成義　次釋文
不尚賢者正以髀會平等不見聖異凡故云不尚賢使
民不爭者正以平等稱悅不見凡異聖故云不爭不貴難
得之貨者貨金玉也況自髀難見如金玉難得令明平
等取捨情息故云不貴難得之貨使民不盜者盜貪也正
以取捨情息无復貪著故云不盜不見可欲者結上四句
髀性平等妙絕分別取捨情盡故云不見可欲使心不亂者
正以取捨情盡心无蕑雜故云使心不亂是以聖人治者以用
也治循理自髀也此已上六句髀會相應故云治虛其心者有
无情盡故云虛其心　實其腹者道德充滿故云實其腹
弱其志者自髀和柔故云弱其志　強其骨者正以道德滿足

眫性平等妙絶分別取捨情盡故云不見可欲使心不亂者
正以取捨情盡心无簡雜故云使心不亂 是以聖人治 者以用
也治循理自眫也此已上六句眫會相應故云治 虛其心 者有
无情盡故云虛其心 者道德充滿故云實其腹
者自眫和柔故云弱其志 者正以道德滿足
深心牢固故云強其骨 者令一切兆民泯於二見故云
无知 者希求无息故云无欲 使知者不敢為 者令有无二
見人不復起見故云不敢為 則无不治 者循治也言人循治自
眫平等則无耶如不正故云无不治
義 次谷神不死以下訖六章末來明依法成就實相義 下從
此已下第四段文就中有三 初兩章明成就自眫平等相用无二
五色章訖初大段末已來舉眫无鄣尋成就自眫義 就前道沖
章內有四段義 初三句論自眫殊能義 次四句明相用殊能无鄣
尋義 次句明眫非增減義 下兩句明根本无原義 次釋文
者明循道居子眫會正法也沖深也用化也正以
前行成君子眫會平等化用深法故云道沖而用之 或不盈
者或不定常也盈傏溢也正以眫會平等不化用不傏溢故云
不盈 淵似万物宗 者淵深也似如也宗本也正以深法化用平
等能与万物作本故云宗 挫其銳 者挫正也銳刃中利器況
貪也明聖人常在有為无貪不貪不正而自息故云挫銳 解
其忿 者解散也忿瞋也明聖人常在有為无瞋不瞋不除而
自散故云解其忿 和其光 者和合也光智光也言聖人神遊
世界与万類而合智故云和其光 同其塵 者言形滿世界无
染而不同故云同其塵 湛似常存 者湛定也明眫用常定无
有增減故云常存 者吾我也知分別也誰彼也

BD14677號　老子道德經義疏（擬）　（8–6）

世界与万類而合智、故云和其光 同其塵 者、言形滿世界、无
染而不同、故云同其塵 者、湛寂也、明體用常寂、无
有增減、故云常存 者、吾我也、知分別也、誰彼也、
子證也、言老君自云我證道已來、體无彼此、永息分別、故云
吾不知誰子 象帝之先 者、象法象也、帝實也、言法實體
本、是一切万法先元、故云先
就天地不仁章内、有三段文意 初四句、明體用平等義
次四句、明用无鄣寻義 下兩句、明攝用歸本義 次釋文
者、仁恩也、明天地法道自然、體用不二、无有彼此恩
惠相与、故云不仁 者、以用化也、芻狗无情物也、
无情之物、則无彼此、言天地无心施化、取之為况、故云芻狗 聖
者、即是与天地合德人、故云不仁 以百姓為芻狗
者、義同前釋、况人君體用平等、化无彼此、故况芻狗 天地
之間 者、即是三界之内、故云天地之間 其猶橐籥 者、猶喻
也、橐裏出氣、籥内出聲、但此二物、體无情欲、聲氣自
然、况天与人君體用平等、无心施恩、如恩轉多、故云其猶
橐籥 虛而不屈 者、虛空也、屈少也、况天地与聖人虛心恩
化、无時少乏、故云不屈 動而踰出 者、况體用无窮、故云動
而踰出 多言數窮 者、窮盡息也、勸學道君子息文守
本、故云數窮 不如守中 者、中理當也、正以息文守本體
會理當、故云守本
就谷神章内、有三段文意 初句、明法之与人體非生滅
自體家相 下兩句、明相自家 次釋文 次三句、明
谷神不死 者、谷喻法空虛也、神人神也、死滅也、言神与空法體
是不滅、故云谷神不死 是謂玄牝 者、玄青實也、牝雌[illegible]

BD14677號　老子道德經義疏(擬)　(8–7)

槖籥 者，虛空也，屈少也，況天地与聖人虛心恩
化，无時少乏，故云不屈 者，況䏻用无窮，故云動
而踰出 者，窮盡息也，勸學道君子息文守
本，故云數窮 者，中理當也，正以息文守本，䏻
會理當，故云守本
就谷神章內，有三段文意 初一句，明法之与人，䏻非生滅 次一句，明
自䏻家相 下兩句，明相自家 次釋文
者，谷喻法空虛也，神人神也，死滅也，言神与空法䏻
是不滅，故云谷神不死 者，玄清虛也，牝雌即寧
靜也，言神得虛靜，故云玄牝 者，門通也，言人得虛
靜，能通凡成聖，故云玄門 者，明清虛寧靜，能生天
地，即是其根，故下文云天得一以清，地得一以寧，即其事也
者，綿綿長生，舒緩之狠，明真性微妙，䏻非生滅，故云存
者，明聖人德用自在，常處有為，化物不以為勞，故
云用之不懃
就天長章內，有三段文意 初五句，明聖人与天地，依法自然，
故得長生義 次有五句，明依法成行，後身身存義 下兩句，明上

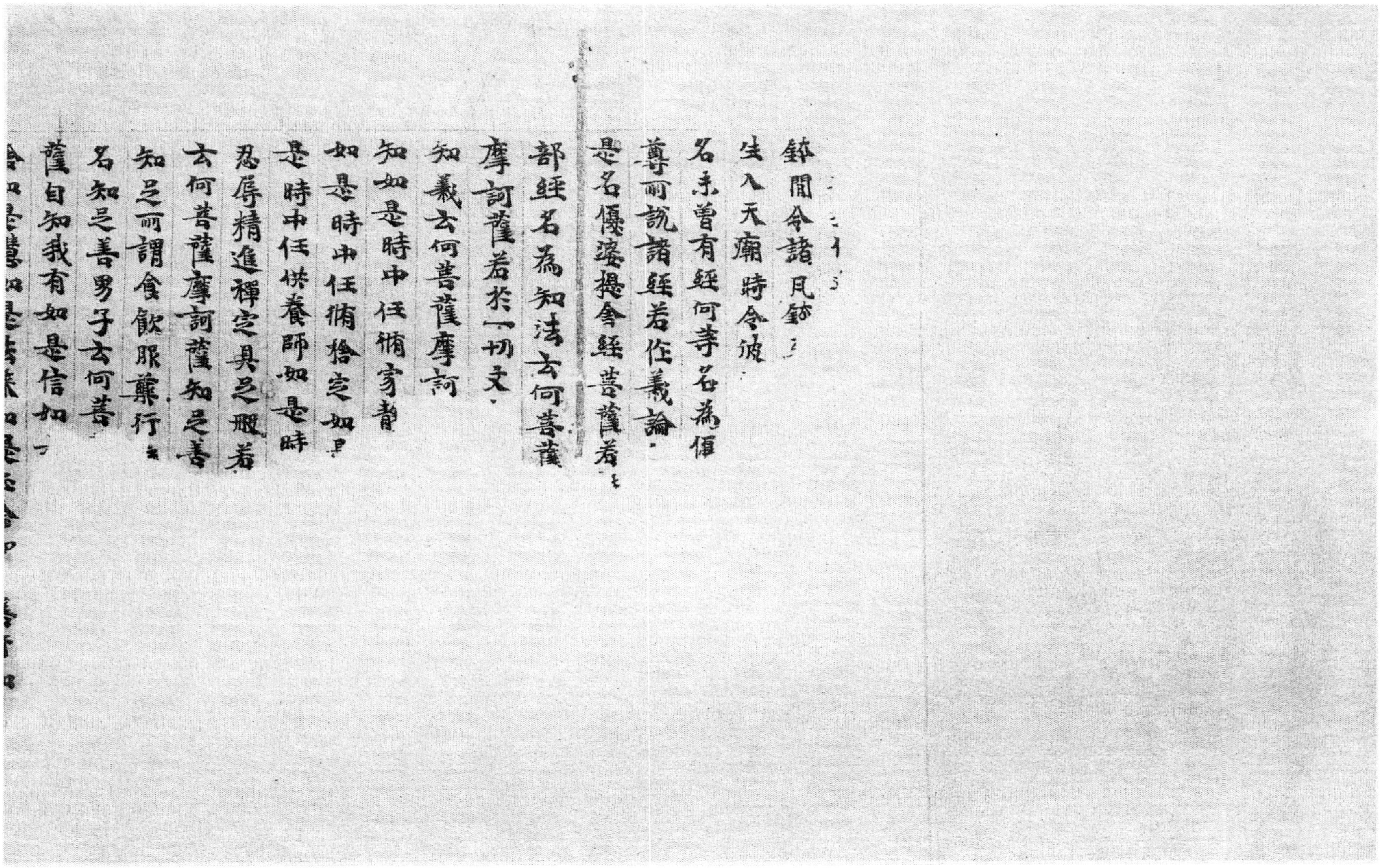

鉢聞令諸凡鉢ミ
生入天廟時令彼
名未曾有經何等名為佛
尊所說諸經若作義論
是名優婆提舍經菩薩若ミ
部經名為知法云何菩薩
摩訶薩若於一切文、
知義云何菩薩摩訶
知如是時中任脩寂靜
如是時中任脩捨定如是
是時中任供養師如是時
忍辱精進禪定具足般若
云何菩薩摩訶薩知足善
知足所謂食飲服藥行ミ
名知足善男子云何菩
薩自知我有如是信如ミ

BD14678號　大般涅槃經（北本）卷一四　　（3–1）

忍辱精進禪定具足般若
云何菩薩摩訶薩知足善
知足所謂食飲服藥行ミ
名知足善男子云何菩
薩自知我有如是信如ミ
捨如是慧如是去來如是正念如　善行如
是問如是答是名自知云何菩薩摩訶薩知
眾善男子是菩薩知如是等是剎利眾婆羅
門眾居士眾沙門眾應於是眾如是行來如
是坐起如是說法如是問答是名知眾善男
子云何菩薩摩訶薩知人尊卑善男子人有
二種一者信二者不信菩薩當知信者是善
其不信者不名為善復次信有二種一者常
往僧坊二者不往菩薩當知其往者善ミ
往者不名為善往僧坊者復有二種一者
二不禮拜菩薩當知禮拜者善不禮
者不名為善其禮拜者復有二種一者聽
二者不聽菩薩當知聽法者善不聽法ミ
名為善其聽法者復有二種一至心聽二
至心菩薩當知至心聽者是則名善不ミ
者不名為善至心聽法復有二種一者思義
二不思義菩薩當知思義者善不思義者不
名為善其思義者復有二種一如說脩行二
不如說行如說行者是名為善不如說行不名
為善如說行者復有二種一求聲聞不能利
安饒益一切苦惱眾生二者迴向无上大乘
利益多人令得安樂菩薩若知能利多人得
安樂者最上最善善男子如諸寶中如意寶

BD14678號　大般涅槃經（北本）卷一四　　（3–2）

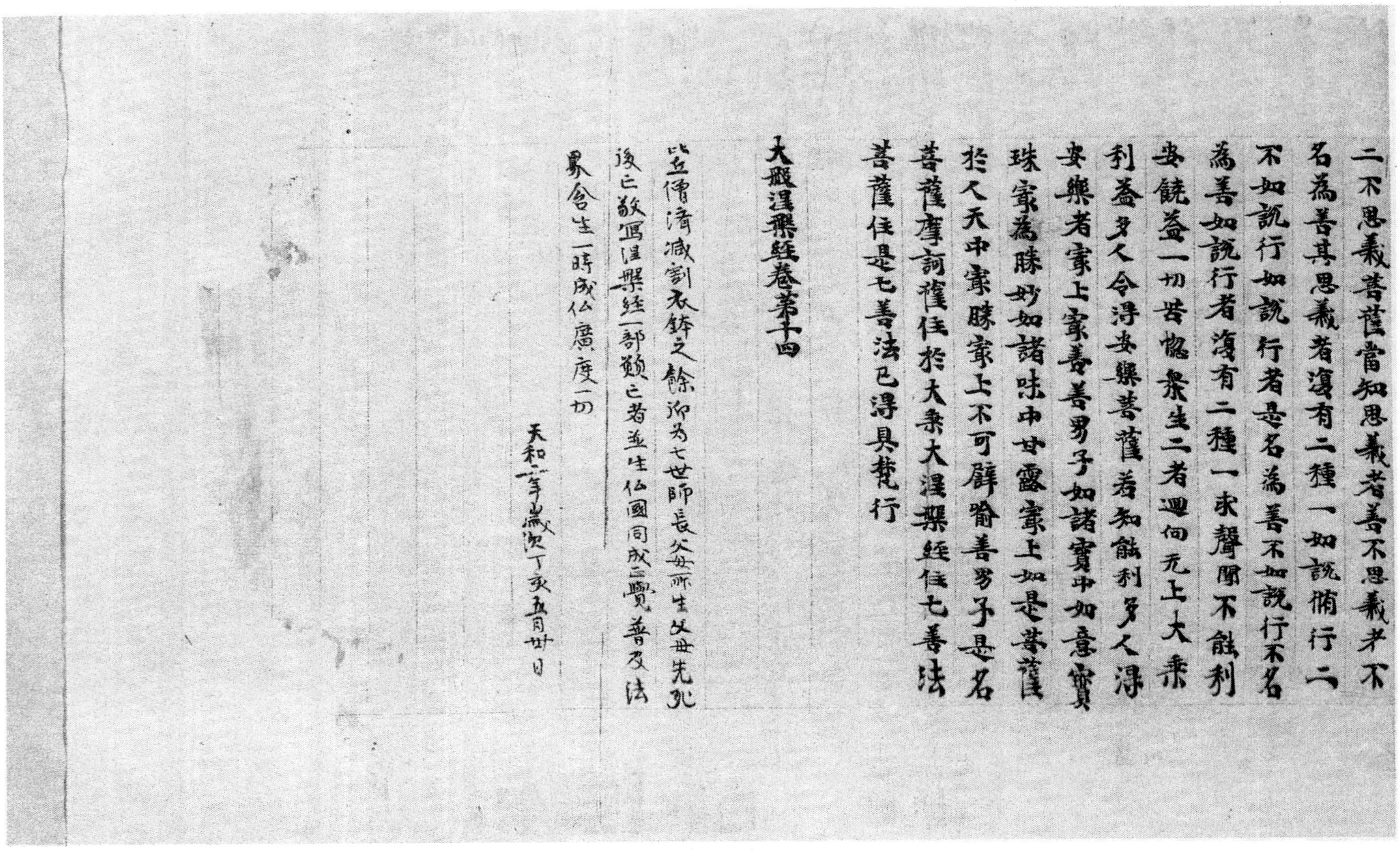

二不思義菩薩當知思義者善不思義者不
名為善其思義者復有二種一如說脩行二
不如說行如說行者是名為善不如說行不名
為善如說行者復有二種一求聲聞不能利
安饒益一切苦惱衆生二者迴向无上大乘
利益多人令得安樂菩薩若知能利多人得
安樂者最上最善善男子如諸寶中如意寶
珠最為勝妙如諸味中甘露最上如是菩薩
於人天中最勝最上不可譬喻善男子是名
菩薩摩訶薩住於大乘大涅槃經住七善法
菩薩住是七善法已得具梵行

大般涅槃經卷第十四

比丘僧濟減割衣鉢之餘仰為七世師長父母所生父母先死
後亡敬寫涅槃經一部願亡者並生佛國同成正覺普及法
界含生一時成佛廣度一切

天和二年歲次丁亥五月廿日

BD14678 號　大般涅槃經（北本）卷一四　（3–3）

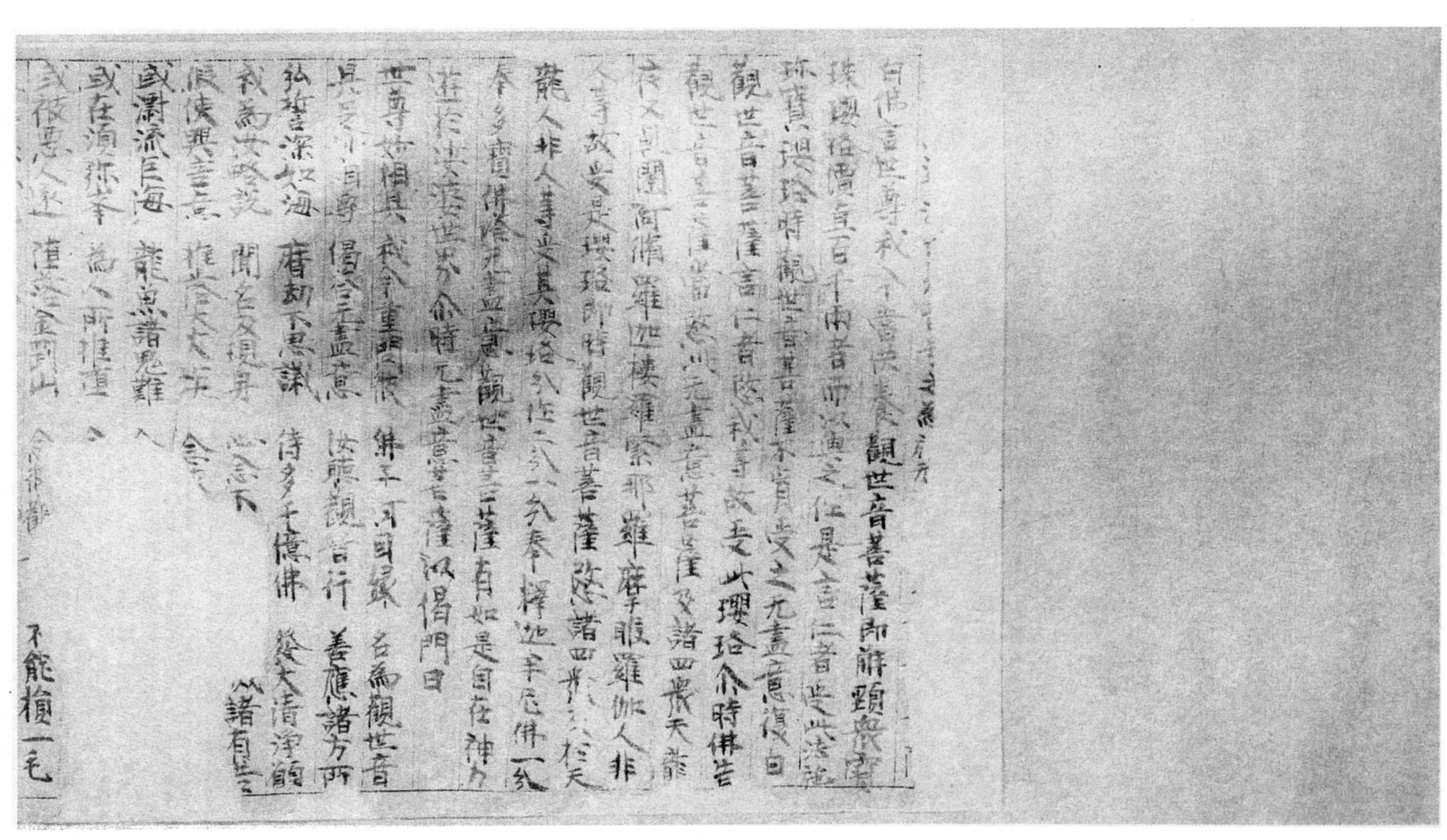
白佛言世尊我今當供養觀世音菩薩即解頸眾寶
珠瓔珞價直百千兩金而以與之作是言仁者受此法施
珍寶瓔珞時觀世音菩薩不肯受之無盡意復白
觀世音菩薩言仁者愍我等故受此瓔珞爾時佛告
觀世音菩薩當愍此無盡意菩薩及四眾天龍
夜叉乾闥婆阿修羅迦樓羅緊那羅摩睺羅伽人非
人等故受是瓔珞即時觀世音菩薩愍諸四眾及於天
龍人非人等受其瓔珞分作二分一分奉釋迦牟尼佛一分
奉多寶佛塔無盡意觀世音菩薩有如是自在神力
遊於娑婆世界爾時無盡意菩薩以偈問曰
世尊妙相具　我今重問彼　佛子何因緣　名為觀世音
具足妙相尊　偈答無盡意　汝聽觀音行　善應諸方所
弘誓深如海　歷劫不思議　侍多千億佛　發大清淨願
我為汝略說　聞名及見身　心念不空過　能滅諸有苦
假使興害意　推落大火坑　念彼
或漂流巨海　龍魚諸鬼難
或在須彌峰　為人所推墮
或被惡人逐　墮落金剛山　念彼觀音力　不能損一毛

BD14679 號　觀世音經（血書）　（4–1）

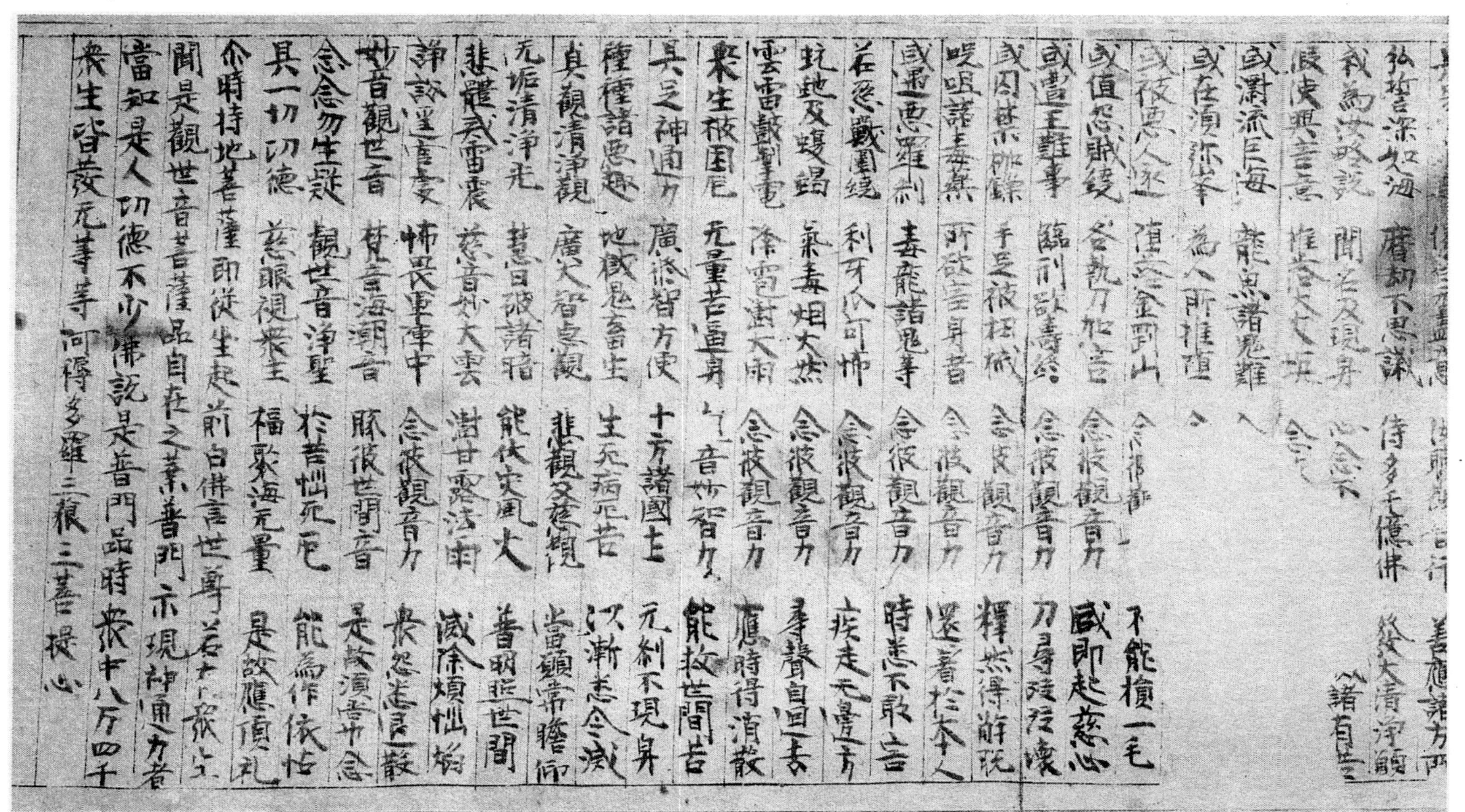

[illegible]偈答無盡意 汝聽觀音行 善應諸方所
弘誓深如海 歷劫不思議 侍多千億佛 發大清淨願
我為汝略說 聞名及見身 心念不[illegible]
假使興害意 推落大火坑 念[illegible]
或漂流巨海 龍魚諸鬼難 [illegible]
或在須彌峯 為人所推墮 [illegible]
或被惡人逐 墮落金剛山 念彼觀音力 不能損一毛
或值怨賊繞 各執刀加害 念彼觀音力 咸即起慈心
或遭王難苦 臨刑欲壽終 念彼觀音力 刀尋段段壞
或囚禁枷鎖 手足被杻械 念彼觀音力 釋然得解脫
呪詛諸毒藥 所欲害身者 念彼觀音力 還著於本人
或遇惡羅剎 毒龍諸鬼等 念彼觀音力 時悉不敢害
若惡獸圍繞 利牙爪可怖 念彼觀音力 疾走无邊方
蚖蛇及蝮蠍 氣毒煙火然 念彼觀音力 尋聲自迴去
雲雷鼓掣電 降雹澍大雨 念彼觀音力 應時得消散
眾生被困厄 无量苦逼身 觀音妙智力 能救世間苦
具足神通力 廣修智方便 十方諸國土 无剎不現身
種種諸惡趣 地獄鬼畜生 生老病死苦 以漸悉令滅
真觀清淨觀 廣大智慧觀 悲觀及慈觀 常願常瞻仰
无垢清淨光 慧日破諸闇 能伏災風火 普明照世間
悲體戒雷震 慈意妙大雲 澍甘露法雨 滅除煩惱焰
諍訟經官處 怖畏軍陣中 念彼觀音力 眾怨悉退散
妙音觀世音 梵音海潮音 勝彼世間音 是故須常念
念念勿生疑 觀世音淨聖 於苦惱死厄 能為作依怙
具一切功德 慈眼視眾生 福聚海无量 是故應頂禮
尒時持地菩薩即從坐起 前白佛言世尊若有眾生
聞是觀世音菩薩品自在之業普門示現神通力者
當知是人功德不少 佛說是普門品時 眾中八万四千
眾生皆發无等等阿耨多羅三藐三菩提心

BD14679 號　觀世音經（血書）　（4–2）

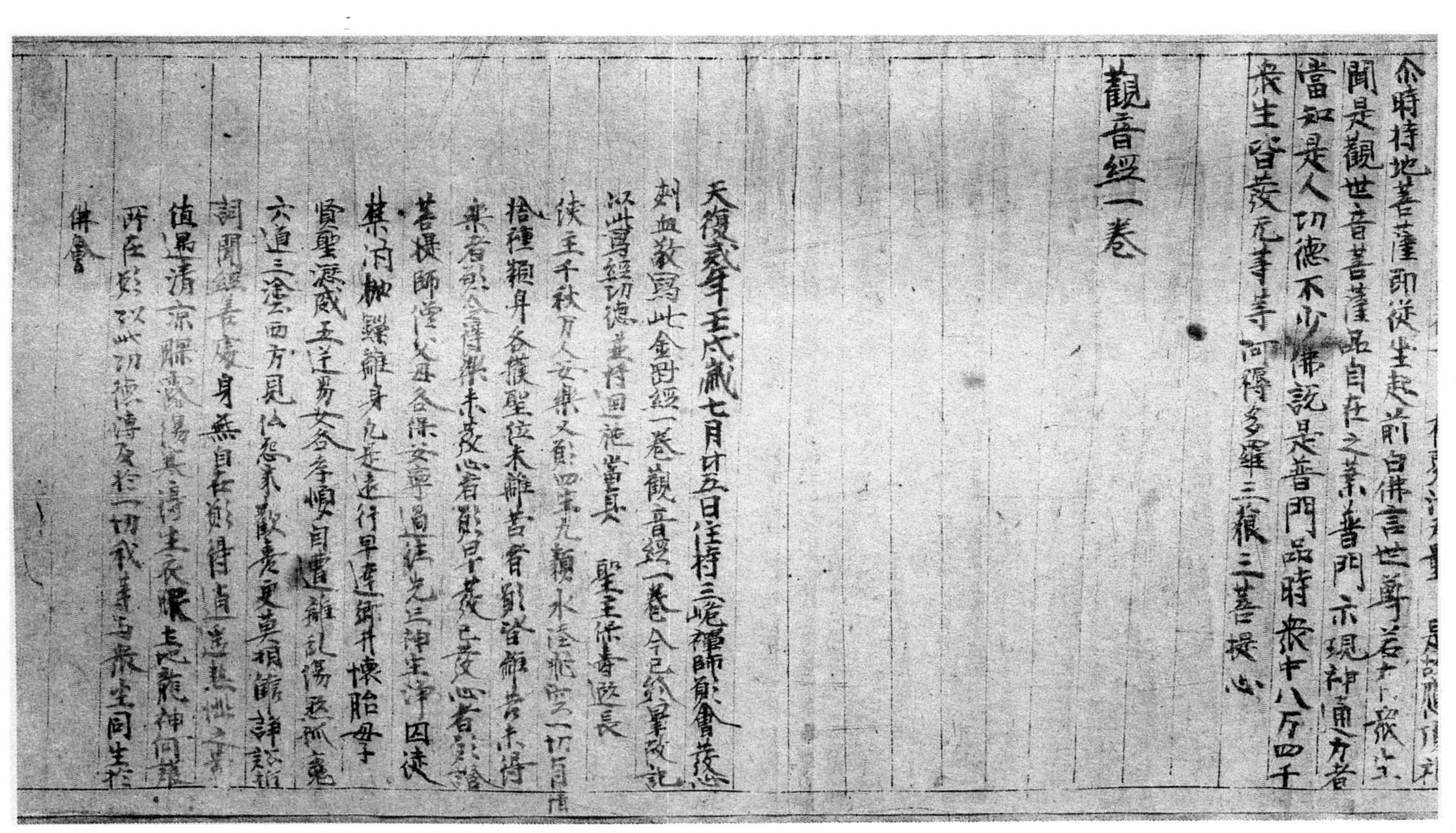

[illegible]福聚海无量 是故應頂禮
尒時持地菩薩即從坐起 前白佛言世尊若有眾生
聞是觀世音菩薩品自在之業普門示現神通力者
當知是人功德不少 佛說是普門品時 眾中八万四千
眾生皆發无等等阿耨多羅三藐三菩提心

觀音經一卷

天復貳年壬戌歲七月廿五日住持三峗禪師[illegible]會發心
刺血敬寫此金剛經一卷觀音經一卷今已終畢故記
以此寫經功德並將迴施當今　聖主保壽遐長
使主千秋万人安樂又願四生九類水陸飛空一切有情
捨禋類身各獲聖位未離苦者願皆離苦未得
樂者願令得樂未發心者願早發心已發心者願證
菩提師僧父母各保安寧過往先亡神生淨國使
某內伽鑼離身已從遠行早達錦井懷胎母子
賢聖感威五逆男女各孝順自遭離亂傷死孤魂
六道三塗西方見佛怨家歡喜更莫相讎諍訟
詞聞經善處身無自在願得首道[illegible]
值遇清涼[illegible]
所在[illegible]以此功德溥及於一切我等與眾生同生於
佛會

BD14679 號　觀世音經（血書）　（4–3）

BD14679 號　觀世音經（血書）　（4–4）

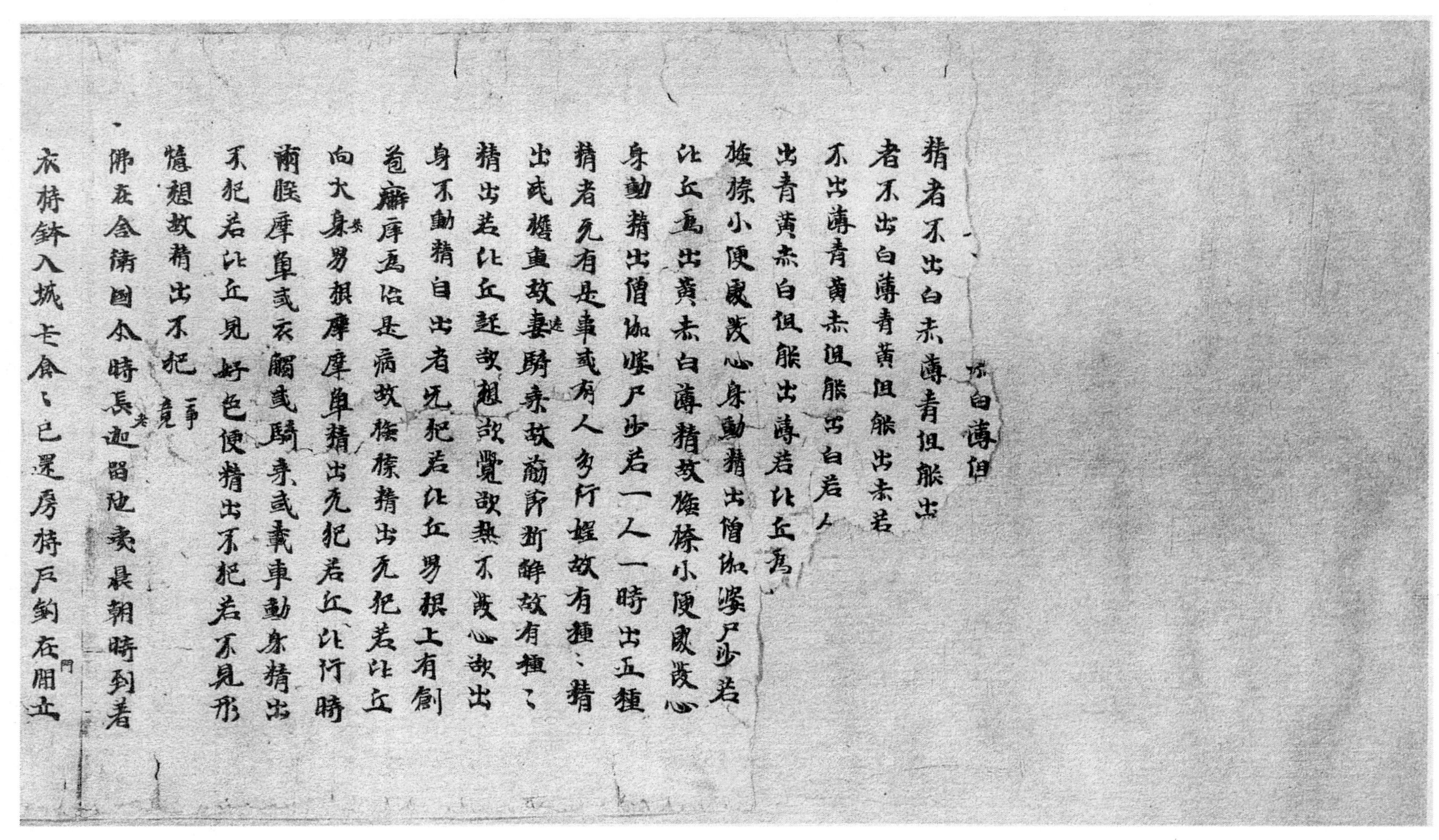

BD14680 號　十誦律卷三　（13–1）

謂睡摩捫或衣觸或騎乘或載車事動身精出
不犯若比丘見好色便精出不犯若不見形
隨想故精出不犯竟　一事
佛在舍衛國尒時長老迦留陀夷晨朝時到著
衣持鉢入城乞食食已還房持戶鉤在門立
作如是念若有女人欲來入僧坊看房舍
者我當示諸房舍時迦留陀夷遙見衆
女人來便言姊妹來我當示汝諸房舍處
少多示已將至自房摩捫嗚抱是衆女中有
喜者嘿然不喜者即出房外語諸比丘言
大德法應不犯亦安隱處更有恐怖諸比
丘言云何安隱處有更恐怖衆女人廣說上
事諸比丘言如汝所說安隱處更有恐怖
時諸比丘種種為諸女人說法示教利喜
頭面禮足還去不久諸比丘詣佛所頭面禮足
在一面坐向佛廣說佛以是事集比丘僧知
而故問迦留陀夷汝實作是事不答言實作世
尊佛以種種因緣呵責迦留陀夷汝所作事
非沙門法不隨順道不清淨行出家之人不
應作汝癡人不知我以種種因緣呵欲欲想
種種因緣稱讚離欲除滅欲想我常說法
教人離欲汝常不應生心何況乃作起
欲恚癡結縛根本不淨惡業佛種種因
緣呵已語諸比丘木利故白諸比丘以十利
故與諸比丘結戒從是今是戒應如是說
若比丘欲盛變心故觸女人身若捉手若捉
臂若捉髮若一一身分上下摩觸僧伽婆尸

欲恚癡結縛根本不淨惡業佛種種因
緣呵已語諸比丘木利故白諸比丘以十利
故與諸比丘結戒從是今是戒應如是說
若比丘欲盛變心故觸女人身若捉手若捉
臂若捉髮若一一身分上下摩觸僧伽婆尸
沙欲盛者即名變心亦名貪心染心繫心或
有變心非欲盛心亦非貪心染心繫心如狂
人亂心人病壞心人是名變心非欲盛心染
心繫心女人者有大有中有小童女非童女
想作婬欲觸者共在一處手者從腕及指臂
者從腕至肩髮者名頭髮若封具毳納頭髻
一一身分者咽耳鼻等是中犯者有九種上
摩下摩若挽若捉若牽若推若舉若下若摩
小便處若比丘欲盛變心上下摩觸乃至女
人頭僧伽婆尸沙若摩面咽胸腹脇脊腰
大小便處髀膝蹲僧伽婆尸沙如是抱捉牽
推舉下摩小便處亦如是若比丘從地舉乃
至女人著土々墼々上々著踞々牀々上々
著牀々坐々牀々上々著大々牀々上々著輦 鳥々上々著
々上々著車々上々著馬々上々著臺々上
々乃至從小下處著小高處僧伽婆尸沙若
比丘欲盛變心從臺上舉充衣女人著鳥々
上々著馬々上々著車々上々著象々上々
著大々牀々上々著牀々坐々牀々上々著
踞牀々上々著土々墼々上々著地乃至小
高處著小下處僧伽婆尸沙若比丘欲盛變

上々着馬々上々着車々上々着象々上々
着大々牀々上々着獨々坐々牀々上々着
踞牀々上々着土々埵々上々着地乃至小
高處着小下處僧伽婆尸沙若比丘欲盛變
心上下摩觸有衣女人頭偷蘭遮若摩面咽
句肩腹勒脊脊腰大小便處胜髀蹲偷蘭
遮如是抱捉牽推舉下摩小便處偷蘭遮
若比丘欲盛變心從地舉有衣女人着土埵上
乃至從小下處着小高處偷蘭遮若比丘
欲盛變心從埵上舉着衣女人着鳥上乃
至小高處舉着小下處偷蘭遮若女人欲
盛變心上下摩鼻无衣比丘頭比丘有欲心
身動憂細滑僧伽婆尸沙若摩面咽句腹勒
脊脊腰大小便處胜髀蹲比丘有欲心身動
憂細滑僧伽婆尸沙如是抱捉牽推舉下摩
小便處比丘有欲心身動憂細滑僧伽婆尸
沙若女人欲盛變心從地舉无衣比丘着土
埵上乃至小下處舉着小高處比丘欲心身動
憂細滑僧伽婆尸沙若女人埵欲盛變心從
埵上舉无衣比丘着鳥上乃至小高處舉着
小下處比丘有欲心身動憂細滑僧伽婆尸
沙若女人欲盛變心上下摩鼻有衣比丘頭
比丘有欲心身動憂細滑偷蘭遮若摩面咽
句脊腰腹勒脊大小便處胜髀蹲比丘有欲心
身動憂細滑偷蘭遮如是抱捉牽推舉下摩小
便處比丘有欲心身動憂細滑偷蘭遮若女
人欲盛變心從地舉有衣比丘着土埵上乃至

BD14680號　十誦律卷三　（13–4）

句脊腰腹勒脊大小便處胜髀蹲比丘有欲心
身動憂細滑偷蘭遮如是抱捉牽推舉下摩小
便處比丘有欲心身動憂細滑偷蘭遮若女
人欲盛變心從地舉有衣比丘着土埵上乃至
小下處舉着小高處比丘有欲心身動憂細
滑偷蘭遮若女人欲盛變心從埵上舉有衣
比丘着鳥上乃至小高處舉着小下處比丘
欲心身動憂細滑偷蘭遮若一比丘摩一女人一
比丘一僧伽婆尸沙若一比丘摩一二三四女人僧
伽婆尸沙若二丘比摩二三四一女人僧伽
婆尸沙若三比丘摩三四一二女人伽婆尸
沙若四比丘摩四一二三女人僧伽婆尸沙
女人所女人想摩僧伽婆尸沙女人所男想
黃門想二根想摩僧伽婆尸沙男所男想黃
門想二根想女人想偷蘭遮黃門所黃門想々
想二根想女想男想黃門想摩偷蘭遮二根所二根
想女想男想黃門想摩偷蘭遮若是事人女
邊僧伽婆尸沙即是事非女々人邊偷蘭遮
若是事人女邊偷蘭遮即是事非人女邊突
吉羅若母想姉妹想女想摩身女人身不犯
若賊火難水難刀難若墮高處惡虫難惡鬼
難不犯若无染心身不犯　三事竟
佛在舍衛國尒時迦留陁夷晨朝時到著衣
持鉢入城乞食々已還房戶鈎在門間立
作如是念若有女人欲來入僧坊有房舍者
我當示諸房舍處尒時迦留陁夷遥見衆女

BD14680號　十誦律卷三　（13–5）

難不犯若先聚心卑不犯　竟
佛在舍衛國尒時迦留陀夷晨朝時到著衣
持鉢入城乞食食已還房取戶鉤在門間立
作如是念若有女人欲來入僧坊看房舍者
我當示諸房舍尒時迦留陀夷遙見眾女
便言姊妹來我當示汝諸房舍少多示已將
至自房中作不淨惡語眾女中有喜者嘿然
有不喜者出外語諸比丘大德法應尒乖乞安
隱處更有恐怖諸比丘言云何安隱處更有
恐怖諸女廣說上事諸比丘言如汝所說乞
安隱處更有恐怖時諸比丘種種因緣為眾
女說法示教利喜頭面禮足遶去不久諸比
丘以是因緣向佛廣說佛以是事集比丘僧
知而故問迦留陀夷汝實作是事不答言實
作世尊佛以種種因緣呵嘖迦留陀夷汝所
作事非沙門法不隨順道不靜清行出家之
人所不應作汝癡人不知我以種種因緣呵欲欲想以種種因緣稱
讚離欲滅除欲熱我常說法教人離欲汝尚
不應生心何況乃作起欲恚癡結縛根本不
淨惡業種種因緣呵已語諸比丘以十
利故與諸比丘結戒從今是戒應如是說若
比丘欲盛變心女人前不淨惡語隨婬欲法
說者僧伽婆尸沙不淨惡語者隨收羅毀事
隨僧伽婆尸沙事雖一切罪皆名為惡但此
重罪因緣故名為惡語隨婬欲法者二身共
會說者如年少男女婬欲盛故具說惡語是
中犯者有九種讚毀乞願問反問辯教罵讚
者比丘在女人前讚歎三瘡門形色端政

BD14680號　十誦律卷三　　（13–6）

說者僧伽婆尸沙不淨惡語者隨收羅毀事
隨僧伽婆尸沙事雖一切罪皆名為惡但此
重罪因緣故名為惡語隨婬欲法者二身共
會說者如年少男女婬欲盛故具說惡語是
中犯者有九種讚毀乞願問反問辯教罵讚
者比丘在女人前讚歎三瘡門形色端政不
大不小不麁不細乃至百語一一語中僧伽
婆尸沙毀者比丘在女人前毀呰三瘡門形
色不好或大或小或麁或細乃至百語一一
語中僧伽婆尸沙乞者比丘在女人前乞言
汝三瘡門中隨意與我我於三瘡門中隨汝
意作乃至百語一一語中僧伽婆尸沙願者
比丘在女人前願言若人得汝三瘡門者是
福德果人能三瘡門中隨汝意作乃至作百
語一一語中僧伽婆尸沙問者比丘問女人
言汝夫於三瘡門中幾種絶時作乃至百語
一一語中僧伽婆尸沙反問者比丘問女人
言汝夫於三瘡門中不如如是如是作耶乃至
百語一一語中僧伽婆尸沙辯者以比丘在
女人前言我辯酒食饌案花香瓔珞末香敷
塗香敷好床褥汝若來者我於三瘡門中隨
汝意作乃至百語一一語中僧伽婆尸沙教
者比丘教女人言汝三瘡門中隨意與男子者則為男子
所愛乃至百語一一語中僧伽婆尸沙罵者
比丘罵女人有二種麁罵細罵乃至百語一
一語中僧伽婆尸沙若女人在比丘前言三
瘡門形色端政乃至百語是比丘隨順其心
多少語出一一語中僧伽婆尸沙若女人在

BD14680號　十誦律卷三　　（13–7）

者比丘教女人言汝三創門中隨意与男子者則爲茅
所愛乃至百語一々語中僧伽婆尸沙罵者
比丘罵女人有二種麁罵細罵乃至百語一
々語中僧伽婆尸沙若女人在比丘前言三
創門形色端政乃至百語是比丘隨煩其心
多少語出一々語中僧伽婆尸沙若女人在
比丘前毀呰三創門形色不好乃至百語是
比丘隨煩其心少多語出一々語中僧伽婆
尸沙若女人在比丘前乞三創門中隨我意
作我隨汝意与乃至百語是比丘隨煩其心
少多語出一々語中僧伽婆尸沙若女人在
比丘前須言若人得我三創門者是福德臬
人我能隨意与乃至百語是比丘隨煩其心
少多語出一々語中僧伽婆尸沙若女人在
比丘前問言汝於三創門中能幾種作幾時
作乃至百語是比丘隨煩其心少多語出一
々語中僧伽婆尸沙若女人在比丘前反問
言汝於三創門中不如是作邪乃至百語是
比丘隨煩其心少多語出一々語中僧伽婆
尸沙若女在比丘前稱讚酒食衆寶香花瓔
珞末香塗香敷好坐處汝能來者三創門中
隨汝意作乃至百語是比丘隨煩其心少多
語出一々語中僧伽婆尸沙若女人在比丘
前教言汝能三創門中隨意作者則爲女人
所愛乃至百語是比丘隨煩其心少多語出
一々語中僧伽婆尸沙若女人在比丘前罵
是比丘麁罵細罵乃至百語是比丘隨煩其

語出一々語中僧伽婆尸沙若女人在比丘
前教言汝能三創門中隨意作者則爲女人
所愛乃至百語是比丘隨煩其心少多語出
一々語中僧伽婆尸沙若女人在比丘前罵
是比丘麁罵細罵乃至百語是比丘隨煩其
心少多語出一々語中僧伽婆尸沙若一比
丘向二三四女人不淨惡語僧伽婆尸沙若
二比丘向二三四一女人不淨惡語僧伽婆
尸沙若三比丘向三四一二女人不淨惡語
僧伽婆尸沙若四比丘向四一二三女人不
淨惡語僧伽婆尸若比丘女人所女人想不
淨惡語僧伽婆尸沙女人所男想黃門想二
根想不淨惡語僧伽婆尸沙男所男想不淨
惡語偷蘭遮男所黃門想二根想女想不淨
惡語偷蘭遮黃門所黃門想不淨惡語偷蘭
遮黃門所二根想女想男想不淨惡語偷蘭
遮二根所二根想不淨惡語偷蘭遮二根所
男想女想黃門想不淨惡語偷蘭遮若是事
人女邊僧伽婆尸沙即是事非人女邊偷蘭
遮若是事人女邊偷蘭遮即是事非人女邊
突吉羅　三事竟
佛在舍衛國尒時長老迦留陀夷晨朝時到
着衣持鉢入城乞食々已還自房將戶鉤在
門間立作如是念若有女人欲來入僧坊者
諸房舍者我當示諸房舍尒時迦留陀夷遙
見衆女來便言姊妹來我當示汝房舍少多

著衣持鉢入城乞食食已還自房持戶鉤在
門間立作如是念若有女人欲來入僧坊看
諸房舍者我當示諸房舍爾時迦留陀夷
見衆女來便言姊妹來我當示汝房舍少多
示已將至自房向女人讚歎婬欲供養己身
是衆女中有喜者嘿然有不喜者出外語諸
比丘大德法應爾耶先安隱處更有恐怖諸
比丘言云何安隱處更有恐怖諸女廣說上
事諸比丘言如汝所說先安隱處更有恐怖
時諸比丘以種種因緣與衆女說法示教利
喜頭面禮足還去不久諸比丘以是因緣向
佛廣說佛以是事集諸比丘僧知而故問迦
留陀夷汝實作是事不答言實作世尊佛以
種種因緣呵責汝所作事非沙門法不隨順
道不清淨行出家之人所不應作汝癡人不
知我以種種因緣呵欲欲想種種因緣讚歎
離欲除滅欲熱我常說法教人離欲汝尚不
應生心何況乃作起欲惡麤縛根本不淨
惡業佛以種種因緣呵已語諸比丘以十利
故與諸比丘結戒從今是戒應如是說若比
丘欲盛變心在女人前讚歎己身供養作如
是言汝能以身供養持戒行善梵行人者諸
供養中第一供養僧伽婆尸沙以身供養者
比丘語女人言能以身作婬欲供養者諸供
養中第一供養持戒者大戒律法盡能受持
行善者正見忍辱故梵行者二身不共會故

BD14680號　十誦律卷三

(13-10)

供養中第一供養僧伽婆尸沙以身供養者
比丘語女人言能以身作婬欲供養者諸供
養中第一供養持戒者大戒律法盡能受持
行善者正見忍辱故梵行者二身不共會故
是中犯者有九種謂上大勝巧善妙福好快
上者若比丘語女人言汝能以身作婬欲供
養持戒人者諸供養中是上供養僧伽婆尸
沙若比丘語女人言汝能以身作婬欲供養
行善人者是上供養僧伽婆尸沙若比丘語
女人言汝能以身作婬欲供養梵行人者是
上供養僧伽婆尸沙若比丘語女人言汝能
以身供養持戒行善人持戒梵行人行善梵
行人持戒行善梵行人者是上供養僧伽婆
尸沙若比丘語女人言汝能以身作婬欲供
養不大持戒人者是上供養僧伽婆尸沙若
比丘語女人言汝能以身作婬欲供養不大
脩梵行人者是上供養僧伽婆尸沙若比丘
語女人言汝能以身作婬欲供養不大持戒
行善人不大持戒梵行人不大行善梵行人
不大持戒行善梵行人者是上供養僧伽婆
尸沙若比丘語女人言不以自身作婬欲供
養持戒人者是上供養偷蘭遮若比丘語女
人言不以自身作婬欲供養行善人者是上
供養偷蘭遮若比丘語女人言不以自身作
婬欲供養梵行人者是上供養偷蘭遮若比
丘語女人言不以自身作婬欲供養持戒行
善人持戒梵行人行善梵行人持戒行善梵

BD14680號　十誦律卷三

(13-11)

供養偷蘭遮若比丘語女人言不以自身作
婬欲供養梵行人者是上供養偷蘭遮若比
丘語女人言不以自身作婬欲供養持戒行
善人持戒梵行人行善梵行人持戒行善梵
行人者是上供養偷蘭遮若比丘語女人言
不以自身作婬欲供養不大持戒人者是上
供養偷蘭遮若比丘語女人言不以自身作
婬欲供養不大行善人者是上供養偷蘭遮
若比丘語女人言不以自身作婬欲供養不
大脩梵行人者是上供養偷蘭遮若比丘語
女人言不以自身作婬欲供養不大持戒行
善人不大持戒梵行人不大行善梵行人不
大持戒行善梵行人者是上供養偷蘭遮
如是大勝巧善妙福好快供養亦如是若比
丘語女人言妙能以身作婬欲供養持戒人
者是上大供養僧伽婆尸沙若言上勝上巧善
上妙上福上好上快供養僧伽婆尸沙若言
大勝大巧大善大妙大好大福大快供養僧
加婆尸沙若言勝巧勝善勝妙勝福勝好勝
快供養僧伽婆尸沙若言巧善巧妙巧福巧
好巧快供養僧伽婆尸沙若言善妙善福善
好善快供養僧伽婆尸沙若言妙福妙好妙
快供養僧伽婆尸沙若言妙福妙好妙快供
養僧伽婆尸沙若言福好福快供養僧伽婆
尸沙若言好快供養僧伽婆尸沙若言上大
勝上大巧上大善上大妙上大福上大好上
大快供養僧伽婆尸沙若言大勝巧大勝善

上妙上福上好上快供養僧伽婆尸沙若言
大勝大巧大善大妙大好大福大快供養僧
加婆尸沙若言勝巧勝善勝妙勝福勝好勝
快供養僧伽婆尸沙若言巧善巧妙巧福巧
好巧快供養僧伽婆尸沙若言善妙善福善
好善快供養僧伽婆尸沙若言妙福妙好妙
快供養僧伽婆尸沙若言妙福妙好妙快供
養僧伽婆尸沙若言福好福快供養僧伽婆
尸沙若言好快供養僧伽婆尸沙若言上大
勝上大巧上大善上大妙上大福上大好上
大快供養僧伽婆尸沙若言大勝巧大勝善
大勝妙大勝福大勝好大勝快供養僧伽婆
尸沙若言勝巧善勝巧妙勝巧福勝巧好勝
巧快供養僧伽婆尸沙若言巧善妙巧善福
巧善好巧善快供養僧伽婆尸沙若言善妙
福善妙好善妙快供養僧伽婆尸沙若言妙
福好妙福快供養僧伽婆尸沙若言福好快
供養僧伽婆尸沙若言上大勝巧上大勝妙
上大勝福上大勝好上大勝快供養僧伽婆
尸沙若言上大勝巧善上大勝巧妙上大勝

一九方而
邕 昭亦明協
言天下衆民
欽若昊天歷象日月星
和氏世掌天地四時之官故
氣辰大星四方中星辰日月所
授民也
序之 分命羲仲宅嵎夷一
地稱嵎夷暘明也日出於谷而天下明故稱
暘谷暘谷嵎夷一也羲仲居治東方之官 宙
寅敬賓導秩序也歲起於東而就始
東作 方之官敬導出日平均次序東作
日中星鳥以殷仲春 日永謂春分之也日
七宿殷正也春分之昏鳥
以正仲春之氣節轉以 厥民析鳥獸孶尾 冬
並
植季盖則可知也
春事既起丁壯就功厥其也言其人
老壯分析乳化日字交接日乳也 申命羲叔宅南交一
申重也南交言夏與春交舉一 平秩南僞敬致 僞化
夏
隅以見之此居治南方之官
序南方化育之事敬行其教以 日永星火以正仲夏
致其功四時同 亦舉一隅也
之曰火蒼龍之中星舉中則七星見可 厥民因鳥獸
知也以正仲夏之氣節季孟亦可知也
因謂老弱因就在田之丁壯以助農
也夏時鳥獸毛羽希少改易也革改 分命和仲宅西曰

申重也南交言夏与春交舉一平秩南偽敬致偽化
隅以見之此居治南方之官 夏
序南方化育之事敬行其教以日永星火以正仲夏
致其功四時同亦舉一隅也
之日火蒼龍之中星舉中則七星見可厥民因鳥獸
知也以正仲夏之氣節季夏亦可知也
因謂老弱因就在田之丁壯以助農分命和仲宅西曰
也夏時鳥獸毛羽希少改易也革改
昧冥也日入于谷而天下冥故曰昧谷昧谷日西則寅餞納日
嵎夷東可知也此居治西方之官掌秋天之政也
平秩西成餞送也日出言導日入言送因事之宜宵中星
也秋西方萬物成平序其政助成物也
虛以殷仲秋宵夜也春言日秋言夜互相備也虛玄武之
中星亦言七星皆以秋分日見以正三秋也
厥民夷鳥獸毛毨夷平也老壯在田與夏申命和叔宅
平毨理也毛更生整理
幽都平在朔易北稱朔亦稱方言一方則三方見
矣北稱幽則南稱明從可知也都
易謂歲改易於北方也平均在察其政以順
天常言羲和敬順昊天此分別仲叔各有所掌也日短星
昴以正仲冬日短冬至之日也昴白虎之中星
亦以七星並見正冬之三節也厥民隩鳥獸氄
毛隩室也民改歲入此室處以避風
寒鳥獸皆生耎毳細毛以自溫焉帝曰咨汝羲曁和朞三
百有六旬有六日以閏月定四時成歲咨嗟曁與也匝四
時曰朞一歲十二
月月三十日正三百六十日也除小月六為六日是為一歲有餘十
二日未盈三歲足得一月則置閏焉以定四時之氣節成一歲之歷
象允釐百工庶績咸熙允信釐理工官績功咸皆熙廣也言
也定四時成歲歷以告時授事則能信
理百官眾功皆帝曰疇咨若時登庸疇誰庸用誰能咸熙
廣歎其善也庶績順是事者將登
用放齊曰胤子朱啓明帝曰吁嚚訟可乎放齊臣名胤國
之子爵朱名啓開
也疑怪之辭言不忠信為帝曰疇咨若予采采事也復求
又好爭訟可乎言不可也誰能順我事者
驩兜曰都共工方救僝功驩兜臣名都於歎美之
辭共工官稱救聚僝見
也歎共工能方帝曰吁靜言庸違象龔滔天靜謀
方聚見其功
滔漫也言共工自為謀言起用行事而背違帝曰咨

也

疑怡之辭言不忠信為

又好爭訟可乎言不可也 帝曰疇咨若予采 采事也復求

誰能順我事者

驩兜曰都共工方救僝功 驩兜臣名都於歎美之

辭共工官稱救聚僝見

也歎共工能方 帝曰吁靜言庸違象龔滔天 靜

方聚見其功 讒

滔漫也言共工自為謀言起用行事而背違

之貌象恭敬而心傲很若漫天不可用也 帝曰令

四岳 四岳即上羲和四子也分 湯湯洪

掌四岳之諸侯故稱焉也

流貌洪大割害言 蕩蕩懷山襄陵

大水方方為害

言水奔突有所滌除也懷苞襄上

苞山上陵浩浩盛大若漫天

俾使乂治言民咨嗟憂愁病

乂 皆故問四岳有能治者將使

也鯀崇伯之名 帝曰吁咈哉方

臣舉之也

咈戾圮毀族類也言鯀性很戾

此方名命而行事輒毀敗善類

乃已 异已已退也言餘人盡已

唯鯀可試無成乃退之也

水命使敎其事堯知其性很戾

明其所能而衆舉言可試故遂用之也

弗成 載年也三考九年 帝曰咨四岳朕在位七

功用不成則放退

十載 堯年十六以唐侯升為天子在位七 汝能庸

十年則時年八十六老將求代也

命遜朕位 遜順也言四岳能用帝命 岳曰否德

故欲使順行帝位之事

忝帝位 否不也忝辱 曰明明揚側陋 堯知子不肖有

也辭不堪也 禪位之志故明

舉明人在側陋 師錫帝曰有鰥在下曰虞舜 師

者廣求賢也 衆

錫與也無妻曰鰥虞氏舜名在下民之中衆臣知

舜聖賢恥己不若故不舉乃不獲已而言之也

帝曰俞予聞如何 俞然然其所舉也言我 岳曰瞽

亦聞之其德行如何

子父頑母嚚象傲 無目曰瞽舜父有目不能分

別好惡故時人謂之瞽配字

者廣求賢也

錫與也無妻曰鰥虞氏舜名在下巳之中衆臣知舜聖賢耻已弗若故不舉乃不獲已而言之也

帝曰俞予聞如何 俞然然其所舉也言我亦聞之其德行如何 岳曰瞽

子父頑母嚚象傲 無目曰瞽舜父有目不能分別好惡故時人謂之瞽配字曰瞍瞍無目之稱心不測德義之經為頑象舜弟之字慠慢不友言並惡 克諧以孝烝

烝乂不格姦 諧和烝進也言能以至孝和諧頑嚚昏慠使進進以善自治不至於姦惡

帝曰我其試哉 言欲試舜觀其行迹 女于時觀厥刑于二女 女妻刑法也堯於是以二女妻舜觀其法度接二女以治家觀治國

釐降二女于媯汭

嬪于虞 降下嬪婦舜為匹夫能以義理下帝女之心於所居媯水之汭使行婦道於虞氏

帝曰欽哉 歎舜能脩已行敬以安人則其所能者大矣

舜典第二　虞書　孔氏傳

虞舜側微 為庶人故微賤 堯聞之聰明將使嗣位歷試諸難 嗣繼也試以治巳之難事 作舜典 典之義與堯同

曰若稽古帝舜 亦言其順考古道而行之 曰重華協于帝 華謂文德言其光文重合於堯俱聖明也 濬哲文

明溫恭允塞 濬深哲智也舜有深智文明溫恭之德信充塞四表上下也 玄德升

聞乃命以位 玄謂幽潛潛行道德升聞天朝遂見徵用也 慎徽五典五典

克從 徽美也五典五常之教父義母慈兄友弟恭子孝也舜慎美篤行斯道舉八元布使之於四方五教能從無違命也 納于百揆百揆時敘 揆度也度百事總百官納舜於此官

舜舉八凱使揆度百事百事時敘無廢事業 賓于四門四門穆穆 穆穆美也四門四方之門舜流四凶族四方諸侯來朝者舜賓迎之皆有美德無凶人也 納于大麓烈風雷

雨弗迷 麓錄也納舜使大錄萬機之政陰陽和風雨時各以其節不有迷錯愆伏明舜之德合於

BD14681號　古文尚書傳　（11-4）

從無違命也納于百揆百揆時敘揆度也度百事總百官納舜於此官
舜舉八凱使揆度百事
百事時敘無廢事業 賓于四門四門穆穆 穆穆美也四門四方
之門舜流四凶族四方諸侯來朝
者舜賓迎之皆有美德無凶人也 納于大禄烈風雷
雨弗迷 禄錄也納舜使大錄萬機之政陰陽和風雨
時各以其節不有迷錯愆伏明舜之德合於
天也 帝曰格汝舜詢事考言乃言底可績三載汝
陟帝位 格來詢謀也乃汝底致陟升也堯呼舜曰
來汝所謀事我考汝言致可以立功三年
矣三載考績故命使 舜讓于德弗嗣 辭讓於德不
升帝位將禪之也 堪不能嗣成
帝功 正月上日受終于文祖 上日朔日也終謂堯終帝
之事文祖者堯文德之祖
廟也 在璿璣玉衡以齊七政 在察也璿美玉也璣衡王
者正天文之器也可運轉
者七政日月五星各異其政舜察 肆類于上帝 堯不
天文齊七政以審已當天与否也 聽舜
讓使之攝位舜察天文考七政而當天心故行其
事肆遂也類謂攝位事類遂以攝告天及五帝 禋
于六宗 精意以享謂之禋宗尊也所尊者祭其祀
有六謂四時也寒暑也日也月也星辰也
水旱也祭 望于山川徧于羣臣 九州名山大川五
亦以告攝 岳四瀆之屬皆一
時望祭之羣臣謂丘陵 揖五瑞既月乃日覲四岳
墳衍古之聖賢皆祭之
羣牧班瑞于羣后 揖斂既盡覲見班還后君也舜
斂公侯伯子男之瑞珪璧盡以
正月中乃日日見四岳及九州牧 歲二月東巡狩
監還五瑞於諸侯与之更始
諸侯為天子守土故稱狩巡行
至于岱宗柴 之既班瑞之明月順春東巡狩
岱宗泰山為四岳宗 望秩于山川 東岳諸侯境內
燔柴祭天告至也 名山大川如其
秩次望祭之謂五岳牲礼視三公 肆覲東后 遂
四瀆視諸侯其餘視伯子男也 見
東方之 叶時月正日同律度量衡 合四時氣月節
國君也 之大小日之甲
乙使齊一也律法制度及尺 修吉凶賓
丈斛斗斤兩皆鈞同也 修五禮五玉 軍嘉之禮

燔柴祭天告至也 望秩于山川 名山大川如其秩次望祭之謂吾岳牲礼視三公四瀆視諸侯其餘視伯子男也 肆覲東后 遂見東方之國君也 叶時月正日同律度量衡 合四時氣節月之大小日之甲乙使齊一也律法制度丈尺斗斛斤兩皆鈞同也 修五禮五玉 修吉凶賓軍嘉之禮五等諸侯執其玉也 三帛二牲一死贄 三帛諸侯世子執纁公之孤執玄附庸之君執黃二生卿執羔大夫執鴈一死士執雉玉帛生死所以為贄以見之也 如五器卒乃復 卒終復還也器謂圭璧也如五器禮終則還之三帛生死則否也

五月南巡狩至于南岳如岱禮 南岳衡山也自東岳南巡五月至也 八月西巡狩至于西岳如初 西岳華山初謂岱宗 十有一月朔巡狩至于北岳如西禮 北岳恒山 歸格于藝祖用特 巡守四岳然後歸告至文祖之廟藝文也言祖則考著特一牛也

五載一巡狩羣后四朝 各會朝于方岳凡四處故曰四朝將說敷奏之事故申言之堯舜同道舜攝則然堯又何知 敷奏以言明試以功車服以庸 敷陳奏進也諸侯四朝各使陳進治化之言明試其言以要其功功成則錫車服以表顯其能用

肇十有二州 肇始也禹治水之後舜分冀州為幽州并州分青州為營州始置十二州 封十有二山濬川 封大也每州之名山殊大者以為其州之鎮有流川則深之使通利也

象以典刑 象法也法用常刑用不越法也 流宥五刑 宥寬也以流放之法寬五刑 鞭作官刑 以鞭為理官事之刑 朴作教刑 朴榎楚也不勤道業則撻之也 金作贖刑 金黃金也誤而入刑出金以贖罪也 眚災肆赦怙終賊刑 眚過災害肆緩賊煞也過而有害當緩赦之怙姦自終當刑煞之

欽哉欽哉惟刑之卹哉 舜陳典刑之義勑天下使敬之憂欲得中也 流共工于幽州 象恭滔天足以惑世故流放之幽州北裔也水中可居者

官事之刑　扑教作刑　道業則撻之也　金作贖刑　誤而入刑出金以贖罪也

眚災肆赦怙終賊刑　眚過災害肆緩賊殺也過而有害當緩赦之怙姦自終當刑殺之

欽哉欽哉惟刑之恤哉　舜陳典刑之義敕天下使敬之憂欲得中也

流共工于幽州　象恭滔天足以惑世故流放之幽州北裔也水中可居者曰洲

放驩兜于崇山　黨於共工罪惡同崇山南裔也

竄三苗于三危　三苗國名縉雲氏之後為諸侯號饕餮三危西裔

殛鯀于羽山　方命圮族績用不成殛竄放流皆誅也異其文述作之體羽山東裔在海中也

四罪而天下咸服　皆服舜用刑當其罪故作者先敘典刑而連引四罪明皆徵用所行於此總見之

二十有八載帝乃殂落　殂落死也堯年十六即位七十載求禪試舜三載自正月上日至崩二十八載堯凡壽百一十七歲也

百姓如喪考妣　考妣父母也言百官感德思慕也

三載四海遏密八音　遏絕也密靜也八音金石絲竹匏土革木也四夷絕音三年則華夏可知言盛德恩化所及者遠也

月正元日舜格于文祖　月正正月也元日上日也舜服堯喪三年畢將即政故復至文祖告也

詢于四岳闢四門　謀政治於四岳開闢四方之門未開者廣致眾賢也

明四目達四聰　廣視聽於四方使天下無壅塞也

咨十有二牧曰食哉惟時　咨亦謀也所重在於民食惟當敬授民時也

柔遠能邇惇德允元　柔安邇近惇厚也元善之長言當安遠乃能安近厚行德信使足長善也

而難任人蠻夷率服　任佞難拒也佞人斥遠之則忠信昭於四夷皆相率而來服也

舜曰咨四岳有能奮庸熙帝之載　奮起庸功載事也訪群臣有能起發其功廣堯之事者

使宅百揆亮采惠疇　亮信惠順也求其人使居百揆之官信立其功順其事者誰也

僉曰伯禹作司空　四岳皆同辭而對

人斥遠之則忠信明於
四夷皆相率而來服也舜曰咨四岳有能奮庸
熙帝之載奮起庸功載事也訪羣臣有能起發其功廣堯之事者言舜曰以別
堯也使宅百揆亮采惠疇亮信惠順也求其人使居百揆之官信立
其功順是事者誰乎僉曰伯禹作司空四岳皆同辭而對也禹代鯀為崇伯崇伯
入為天子司空治洪水有成功言可用也帝曰俞咨禹汝平水土惟時
懋哉然其所舉稱禹前功以命之懋勉也惟居是百揆勉行之禹拜稽首讓
于稷契臮咎繇居稷官者弃也契咎繇二臣名稽首首至地也帝曰俞
汝往哉然其所推之賢不許其讓勑使往宅百揆帝曰弃黎民阻飢
汝后稷播時百穀阻難播布也衆民之難在於飢汝后稷布種是百穀以濟
之美其前功以勉之也帝曰契百姓不親五品不遜五品謂五常遜
順也汝作司徒敬敷五教五教在寬布五常之教務在寬所以得民
心亦美其前功也帝曰咎繇蠻夷猾夏寇賊姦宄猾亂
也夏華夏也羣行攻劫曰寇殺人曰賊在外曰姦在內曰宄言無教之致也汝作士
明于五刑有服士理官也五刑墨劓剕宮大辟也服從也言得輕重之中正也五
服三就既從五刑謂服罪也行刑當就三處大罪於原野大夫於朝士於市也五流
有宅五宅三居謂不忍加刑則流放之若四凶者五刑之流各有所居五居之差有三等
之居大罪四裔次九州之外次千里之外也惟明克允言咎繇能明信五刑施之遠近
蠻夷猾夏使咸信服無敢犯者因禹讓三臣故歷述之也帝曰疇若予工僉
曰垂哉問誰能順我百工事者朝臣舉垂垂臣名也帝曰俞咨垂汝作共
共謂供其職也垂拜稽首讓于殳斨臮伯與受斨伯與二臣名也
帝曰俞往哉汝諧汝能諧帝曰疇若予上下草

者因禹讓三臣故歷述之也
曰垂哉問誰能順我百工事者朝臣舉垂垂臣名也帝曰俞垂汝作共
共謂供其職也垂拜稽首讓于殳斨臮伯與殳斨伯與二臣名也
帝曰俞往哉汝諧汝能諧此官也帝曰疇若予上下草
木鳥獸僉曰益哉上謂山下謂澤順為施其政教取之有時用之有節言伯益能
帝曰俞咨益汝作朕虞虞掌山澤之官益拜稽首讓于
朱虎熊羆帝曰俞往哉汝諧朱虎熊羆二臣名垂益所讓四
人皆在元凱之中也帝曰咨四岳有能典朕三禮僉曰伯夷
三禮天地人之禮也伯夷臣名姜姓也帝曰俞咨栢𡰥汝秩宗秩序宗尊
也主郊廟之官夙夜惟寅直哉惟清夙早也早夜敬其職典禮施政教使正直
而清明也伯拜稽首讓于夔龍夔龍二臣名也帝曰俞欽哉然其
賢不許讓帝曰夔命汝典樂教冑子冑子長也謂元子以下至卿大夫子
弟也以歌詩蹈之舞之教長國子忠和極肅孝友也直而溫寬而栗教之正直而溫和寬
弘而能莊栗剛而無虐簡而無傲剛失入虐簡失入傲教之以防其失詩
言志歌詠言謂詩言志以導之歌詠其義以長其言也聲依詠律
和聲聲謂五聲宮商角徵羽律謂六律六呂十二月之音氣言當依聲律以和樂也八
音克諧無相奪倫神人以和倫理也八音能諧理不錯奪則神人
咸和命夔使勉之夔曰於予擊石拊石百獸率舞石磬也磬
音之清者拊亦擊也舉清者和則其餘皆從矣樂感百獸使相率而舞則神人和可知也帝
曰龍朕堲讒說殄行震驚朕師堲疾殄絕震動也言我疾
讒說之人絕君子之行而動驚我眾欲遏絕之也命汝作納言夙夜出

BD14681號　古文尚書傳

（11–9）

咸和命夔使勉之 夔曰於予擊石拊石百獸率舞 石磬也
音之清者拊亦擊也擊清者和則其餘皆從矣樂感百獸使相率而舞則神人和可知也 堲疾殄絕震 帝
曰龍朕堲讒說殄行震驚朕師 動也言我疾
讒說之人絕君子之行而動驚我衆欲遏絕之也
命汝作納言夙夜出
納朕命惟允 納言喉舌之官也聽下言納於帝 上受上言宣於下必以信也
曰咨汝二十有二人 禹垂益伯夷夔龍六人新命有職四岳十二牧凡二
十二人特勑命之也 欽哉惟時亮天功 各敬其職事唯是乃能信立天下之
功也 三載考績三考黜陟幽明 三年有成故以考功九歲則能否幽
明有別黜退其幽者升進其明者 庶績咸熙分北三苗 考績法明衆功皆廣
三苗幽闇君臣善否分北流之不令相從善惡明矣也 舜生三十徵庸 言其
始見試時 三十在位 歷試三年攝位二十八年也 五十載陟方乃死
方道也舜即位五十年升道南方巡狩死於蒼梧之野而葬焉三十徵用三十在位服喪三年其一在三十之數為天子五十年凡壽百一十二歲也
帝釐下土方設
居方 言舜理四方諸侯各設其官居其方也 別生分類 生姓也別其姓
族分其種類使相從也 作汩作 汩治作興也言其治臣之功興故為汩作之篇
巳
九恭九篇槀飫 槀勞飫賜也凡十一篇皆亡也

尚書卷第一

功也**三載考績三考黜陟幽明**三年有成故以考功九歲則能否幽

明有別黜退其幽者外遷其明者**庶績咸熙分北三苗**考績法明衆功皆廣

三苗幽闇君臣善否分北流之不令相從善惡明矣也**舜生三十徵庸**言其

始見試時**三十在位**歷試三年攝位二十八年也**五十載陟方乃死**

方道也舜即位五十年升道南方巡狩死於蒼

梧之野而葬焉三十徵用三十在位服喪三年

其一在三十之數為天子五十

年凡壽百一十二歲也**帝釐下土方設**

居方言舜理四方諸侯各設其官居其方也**別生分類**生姓也別其姓

族分其種類使相從也**作汩作**汩治作興也言其治臣之功興故為汩作之篇

亡**九共九篇槀飫**槀勞飫賜也凡十一篇皆亡也

尚書卷第一

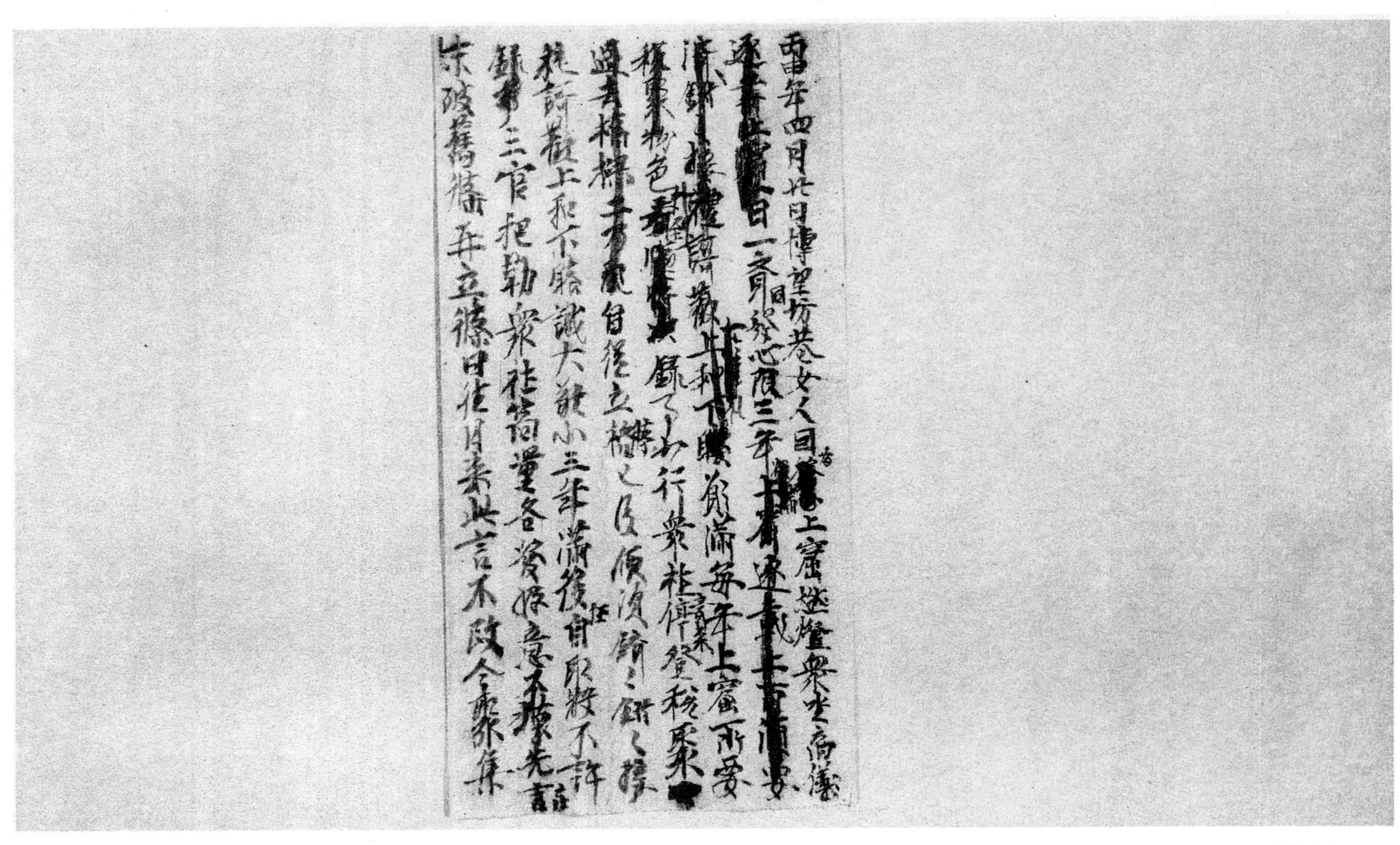

BD14682 號　博望坊巷女社規約（稿）　　（2–1）

BD14682 號　博望坊巷女社規約（稿）　　（2–2）

BD14683號　書契殘卷（擬）　（1–1）

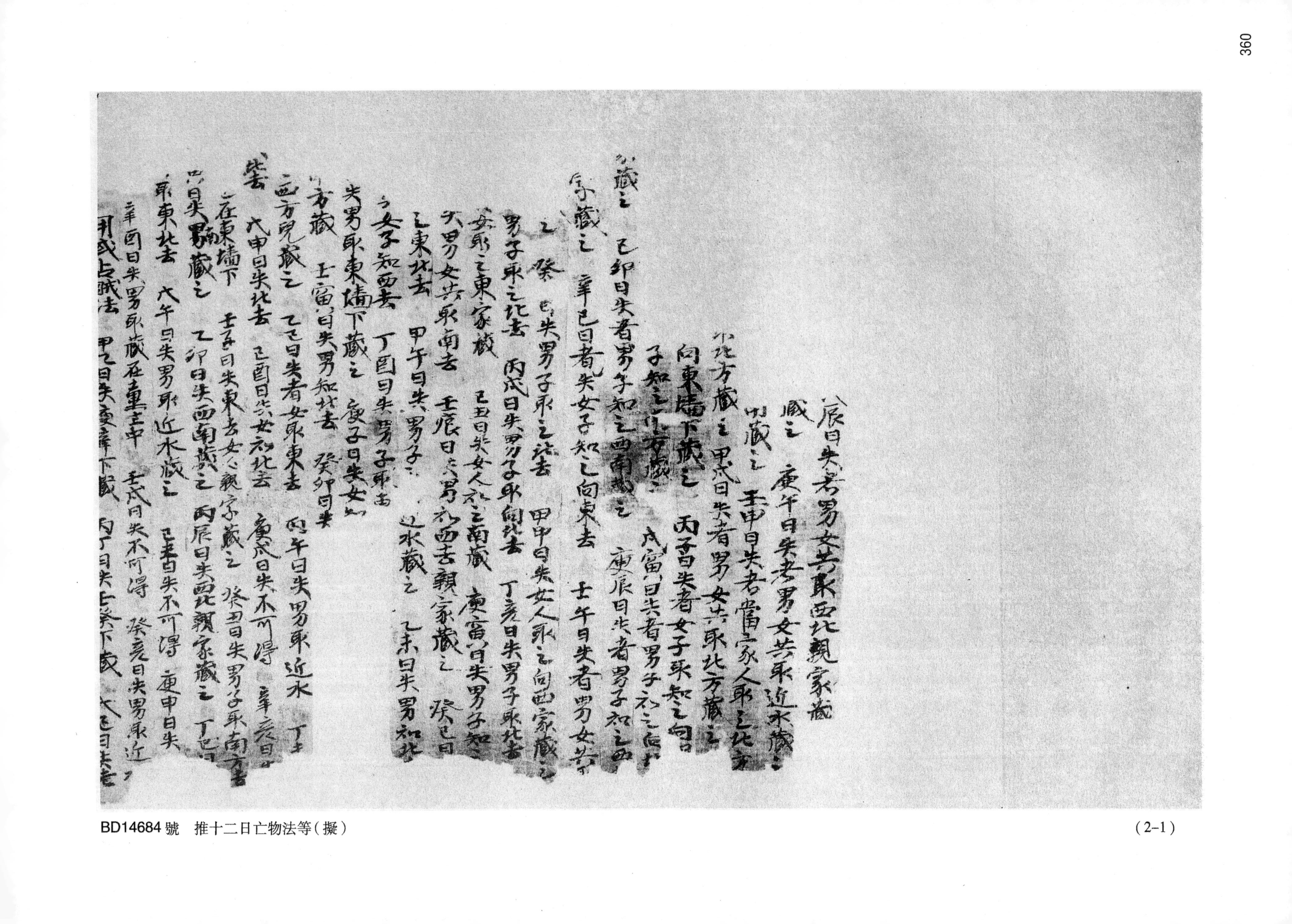

BD14684號　推十二日亡物法等（擬）　（2–1）

[illegible]男[illegible]女人[illegible]

男子取之北去　丙戌日失男子取向北去　丁亥日失男子取北去

女取之東家藏　己丑日失女人取之南藏　庚寅日失男子知之

失男女共取南去　壬辰日失男取西去親家藏之　癸巳日

之東北去　甲午日失男子之　近水藏之　乙未日失男知之

女子知西去　丁酉日失男子取西去

失男取東墻下藏之　庚子日失女知

市藏　壬寅日失男知北去　癸卯日失

西方兒藏之　乙巳日失者女取東去　丙午日失男取近水　丁未

去　戊申日失北去　己酉日失女知北去　庚戌日失不可得　辛亥日失

在東墻下　壬子日失東去女人親家藏之　癸丑日失男子取南方去

日失男取藏之　乙卯日失西南藏之　丙辰日失西北親家藏之　丁巳

取東北去　戊午日失男取近水藏之　己未日失不可得　庚申日失

辛酉日失男取藏在東北中　壬戌日失不可得　癸亥日失男取近

用戌占賊法　甲乙日失庚辛下藏　丙丁日失壬癸下藏　戊己日失甲乙

下藏　庚辛日失丙丁下藏　壬癸日失戊己下藏亦可四墓下藏

削齒者盜賊難得　又春閉在丑　齒在巳　夏閉在辰　齒在申　秋閉在未

在亥　冬閉在戌　齒在寅　又春獄在申　夏獄在亥　秋獄在寅

亡上四絶亡者不脫

日失行藏在劉楊盧葛徒山林作笑為事為戲遊人青黑色失可得暮

失為人所覺懸官物日月期卯日得　日日失者西南行藏在宗李家

孤獨共居舍北有枯樹木多人取之二奇牛見之可得暮失難期丑未日得

日失東南行陶家史家其人赤色衣親[illegible]得之衣春夏難得秋冬可得

巳日可得多不得即難可得　卯日失藏在李孔家臨水魚菜為事

其人惡中[illegible]遊宜毛毛作事春夏難得秋冬可得為人所覺當向去子日

得之

辛為事臨樹木春夏可得秋冬　辰日失北行東南行不

至夜隨侯夢見小兒復持珠
其珠乃在床前得奉之獻
伏羲者中山人也甚能作千日酒
劉玄石善能飲酒詣伏羲家沽
与昔相飲之而去石至家内郎一
經今三年往到其家訪問玄石〃
伏羲曰本共我飲酒計石不合〃
看其石面上白汗流張口開目而言作
得玄石酒氣吞醉臥三箇月時人異哉
〃王孫權時有李純者襄陽紀南人也〃
行坐隨後將犬向楚城過婦家飲酒醉
〃其時襄陽郡太守鄭遐出獵見山地蕤〃
遂放火燒之然純犬見火來遍遂以口曳純
相六十步許有澗水流其犬乃入水中究轉洛〃
復草〃不著故救純得命其主覺於犬斃
之其致死太守乃鄉人見之咸悉嗟嘆犬猶能
掬衣食而葬之今紀南有義犬塚高三丈有餘
孝子傳　漢書云郭巨者河内人也
爐槵養母臣時婦共母常減槵与之臣謂
其兒遣母抱將钁穿墓遂得黃金一釜
私我不得寢棄官不得取也
〃也其母合
列女傳云姜詩妻
水哭

[illegible]少欲知足
如法而住猶於正道得正解脫得已復能轉為人說
是故應當次歸依僧若能禮拜如是三寶來迎去
送尊重讚嘆如法而住信之不疑是則名為供養
三寶若有人能觀三寶已唯受戒斷一切惡修一切善
雖復在家如法而住是亦得名為優婆塞若有說言
无不歸依佛法僧寶當知是人不得戒者是義不然
何以故如我先說善來比丘是貴未得歸依三寶而
其戒律悉得具足或有說言若不具受則不得戒
八戒齋法亦復如是義不然何以故若不具受不
得戒者求有優婆塞云何得戒實是得戒但不具
八戒齋法若不具受唯一不名齋可得名善男子若
淨潔身口意業受優婆塞戒是名五陰云何五
陰不受邪見不說邪見信受正見說於正見邪
斤正法是名五陰受三歸已造作殺業[illegible]
法自誑天語以是因緣失於三歸若人莫[illegible]

BD14686號　優婆塞戒經卷五　（2–1）

[illegible]
无不歸依佛法僧寶當知是人不得戒者是義不然
何以故如我先說善來比丘是貴未得歸依三寶而
其戒律悉得具足或有說言若不具受則不得戒
八戒齋法亦復如是義不然何以故若不具受不
得戒者求有優婆塞云何得戒實是得戒但不具
八戒齋法若不具受唯一不名齋可得名善男子若
淨潔身口意業受優婆塞戒是名五陰云何五
陰不受邪見不說邪見信受正見說於正見邪
斤正法是名五陰受三歸已造作殺業[illegible]
法自誑天語以是因緣失於三歸若人莫[illegible]
无墮貪常脩慚愧少欲知足見之人不[illegible]
身若有造作種種雜業為受樂故[illegible]事
如市易法其心不能調惡來去如是之人不得
三歸若人為護舍宅身命祠祀諸神是人不[illegible]
歸依法若人至心信其能救一切怖畏禮拜外道
是人則失三歸依法若聞諸天[illegible]見佛功德
勝己禮拜供養是不失人未歸依[illegible]
自在天主應如禮拜世間諸王長者[illegible]
有德如是之人亦復[illegible]復禮拜[illegible]
[illegible]是之[illegible]身命

BD14686號　優婆塞戒經卷五　（2–2）

BD14687 號背　護首　（1–1）

摩訶般若波羅蜜品第七十
須菩提白佛言世尊是般若波羅蜜甚深世尊
諸菩薩摩訶薩不得衆生而為衆生求阿耨多
羅三藐三菩提是為甚難世尊譬如人欲於虛
空中種樹是為甚難世尊菩薩摩訶薩亦如是
為衆生故求阿耨多羅三藐三菩提衆生亦不
可得佛告須菩提如ゝ是ゝ諸菩薩摩訶薩所
為甚難為衆生故求一切種智得一切種智已
度計我顛倒衆生須菩提譬如人種樹不識樹
根莖枝葉華菓而懃護溉灌漸ゝ長大華葉菓
實成就皆得用之如ゝ是ゝ須菩提諸菩薩摩
訶薩為衆生故求阿耨多羅三藐三菩提漸ゝ
行六波羅蜜得一切種智成就佛樹以葉華菓

BD14687 號　摩訶般若波羅蜜經（思溪本）卷二四　（26–1）

度計我顛倒衆生須菩提譬如人種植不諦擇
根莖枝葉華菓而護溉灌漸〻長大華葉菓
實成就皆得用之如〻是〻須菩提諸菩薩摩
訶薩爲衆生故求阿耨多羅三藐三菩提漸〻
行六波羅蜜得一切種智成就佛樹以葉華菓
益於衆生須菩提何等爲葉益衆生因菩薩摩
訶薩得離三惡道是爲葉益衆生何等爲華益
衆生因菩薩得生剎利大姓婆羅門大姓居士
大家四天王天處乃至非有想非無想天處是
爲華益衆生何等爲菓益衆生是菩薩得一切
種智令衆生得須陁洹果斯陁含果阿那含果
阿羅漢果辟支佛道佛道是衆生漸〻以三乘
法於無餘涅槃而般涅槃是爲菓益衆生是菩
薩摩訶薩不得衆生實法而度衆生令離著我
顛倒作是念一切諸法中無衆生我所爲衆生
求一切種智是衆生實不可得須菩提白佛言
世尊當知是菩薩爲如佛何以故是菩薩因緣
故斷一切地獄種一切畜生種一切餓鬼種斷一
切諸難斷一切貧窮下賤道斷一切欲界色界
無色界佛言如〻是〻須菩提當知是菩薩摩
訶薩爲如佛須菩提若菩薩摩訶薩不發心求
阿耨多羅三藐三菩提世間則無過去未來現
在佛諸世間亦無辟支佛阿羅漢阿那含斯陁
含須陁洹三惡道及三界亦無斷時須菩提如
汝所說是菩薩摩訶薩當知如佛如〻是〻須
菩提當知是菩薩實如佛何以故以如故說如

BD14687號　摩訶般若波羅蜜經（思溪本）卷二四　（26–2）

在佛諸世間亦無辟支佛阿羅漢阿那含斯陁
含須陁洹三惡道及三界亦無斷時須菩提如
汝所說是菩薩摩訶薩當知如佛如〻是〻須
菩提當知是菩薩實如佛何以故以如故說如
來以如故說辟支佛阿羅漢一切賢聖以如故
說色乃至識以如故說一切法乃至有爲性無
爲性是諸如〻實無異以是故說名爲如諸菩
薩摩訶薩學是如得一切種智得名如來以是
因緣故說菩薩摩訶薩當知如佛以如相故如
是須菩提菩薩摩訶薩應學如般若波羅蜜學
菩薩如般若波羅蜜學則能學一切法如學一
切法如則得具足一切法如具足一切法已於
一切法如得自在於一切法如得自在已善知
一切衆生根善知一切衆生根已知一切衆生
根具足亦知一切衆生業因緣知一切衆生業
因緣已得願智具足得願智具足已淨三世尊慧
淨三世慧已饒益一切衆生饒益一切衆生已
淨〻佛〻世〻界〻已得〻一〻切〻種〻智
〻已轉〻法〻輪〻已安立衆生於三乘令入
無餘涅槃如是須菩提菩薩摩訶薩欲得一切
功德自利〻人應發阿耨多羅三藐三菩提心
須菩提白佛言世尊是諸菩薩摩訶薩能如說
行般若波羅蜜一切世間天及人阿脩羅應當
爲作禮佛告須菩提如〻是〻菩薩摩訶薩能
如是說行般若波羅蜜一切世間天及人阿脩

BD14687號　摩訶般若波羅蜜經（思溪本）卷二四　（26–3）

功德日劫〻人應發阿耨多羅三藐三菩提心
須菩提白佛言世尊是諸菩薩摩訶薩能如説
行般若波羅蜜一切世間天及人阿脩羅應當
爲作礼佛告須菩提如〻是〻菩薩摩訶薩能
如是説行般若波羅蜜一切世間天及人阿脩
羅應當爲作礼世尊是初發意菩薩摩訶薩爲
衆生故求阿耨多羅三藐三菩提得幾所福佛
告須菩提若三千世界中衆生皆發聲聞辟支佛
意於汝意云何其福多不須菩提言甚多无量
佛告須菩提其福不如初發意菩薩摩訶薩百
倍百億万倍乃至筭數譬喻所不能及何以故
發聲聞辟支佛意者皆因菩薩出故菩薩終不
因聲聞辟支佛出二千世界三千大千世界中
亦如是置是三千大千世界中衆生求聲聞辟
支佛地者若三千大千世界中衆生皆住乾慧
地其福多不須菩提言甚多无量佛言不如初發
意菩薩百倍千倍百億万倍乃至筭數譬喻所
不能及置是住乾慧地衆生若三千大千世界
中衆生皆住性地八人地見地薄地離欲地已
辦地辟支佛地是一切福德欲比初發意菩薩
百倍千倍百億万倍乃至筭數譬喻所不能及
須菩提若三千大千世界中初發意菩薩不如
入法位菩薩百千万億百億万倍乃至筭數譬
喻所不能及若三千大千世界中入法位菩薩
不如向佛道菩薩百千万倍百億万億乃至筭
數譬喻所不能及若三千大千世界中向佛道

BD14687號　摩訶般若波羅蜜經（思溪本）卷二四　（26–4）

須菩提若三千大千世界中初發意菩薩不如
入法位菩薩百千万億百億万倍乃至筭數譬
喻所不能及若三千大千世界中入法位菩薩
不如向佛道菩薩百千万倍百億万億乃至筭
數譬喻所不能及若三千大千世界中向佛道
菩薩不如佛功德百千万倍百億万倍乃至筭
數譬喻所不能及須菩提白佛言世尊初發意
菩薩摩訶薩當念何等法佛言應念一切種智
須菩提言何等是一切種智一切種智何等緣
何等增上何等行何等相佛告須菩提一切種
智无所有无念无生无示如須菩提問一切種
智何等緣何等增上何等行何等相須菩提一
切種智无法緣念爲增上寂滅爲行无相爲相
須菩提是名一切種智緣增上行相須菩提白
佛言世尊但一切種智无法色受想行識亦无
法内外法亦无法四禪四无量心四无色定四
念處四正懃四如意足五根五力七覺分八聖
道分空三昧无相三昧无作三昧八背捨九次
第定佛十力四无所畏四无导智十八不共法
大慈大悲大喜大捨初神通第二第三第四第
五第六神通有爲相无爲相亦无法佛告須菩
提色亦无法乃至有爲相无爲相亦无法須菩
提言世尊何因緣故一切種智无法色无法乃
至有爲相无爲相亦无法佛言一切種智自性
无法若法自无性是名无法色乃至有爲无爲
相亦如是世尊何因緣故諸法自性无佛言諸

BD14687號　摩訶般若波羅蜜經（思溪本）卷二四　（26–5）

至有為相无為相亦无法佛言一切種智自性
无法若法自无性是名无法色乃至有為无為
相亦如是世尊何因緣故諸法自性无佛言諸
法和合因緣生法中无自性若无和合生法自
性是名无法是故須菩提菩薩摩訶薩當知一
切法无性何以故一切法性空故以是故當知
一切法无性須菩提白佛言世尊若一切法无
性初發意菩薩以何等方便力能行檀那波羅
蜜淨佛世界成就衆生能行尸羅波羅蜜羼提
波羅蜜毗梨耶波羅蜜禪那波羅蜜般若波羅
蜜行初禪乃至第四禪行慈心乃至捨心行空處
乃至非有想非无想處內空乃至无法有法空
四念處乃至八聖道分空三昧无相三昧无
作三昧八背捨九次第定佛十力四无所畏四无
导智十八不共法大慈大悲能行一切種智淨佛
世界成就衆生佛告須菩提菩薩摩訶薩能
學諸法无性亦能淨佛世界成就衆生知世界
衆生亦无性即是方便力須菩提是菩薩摩訶
薩行檀那波羅蜜循學佛道行尸羅波羅蜜循
學佛道羼提波羅蜜毗梨耶波羅蜜禪那波羅
蜜般若波羅蜜循學佛道乃至行一切種智循
學佛道亦知佛道无性是菩薩摩訶薩行六波
羅蜜循學佛道乃至未成就佛十力四无所畏
四无导智十八不共法大慈大悲一切種智是
為循學佛道能具足是佛道因緣已以一念相

BD14687 號　摩訶般若波羅蜜經（思溪本）卷二四　　（26–6）

學佛道亦知佛道无性是菩薩摩訶薩行六波
羅蜜循學佛道乃至未成就佛十力四无所畏
四无导智十八不共法大慈大悲一切種智是
為循學佛道能具足是佛道因緣已以一念相
應慧得一切種智尒時一切煩惱習氣以不
生故是時以佛眼觀三千大千世界无法尚不
可得何況有法如是須菩提菩薩摩訶薩應行
无性般若波羅蜜須菩提是名菩薩摩訶薩方
便力无法尚不可得何況有法須菩提是菩薩
摩訶薩布若施時布施无法尚不知何況有法
覺者乃至菩薩心无法尚不知何況有法乃至一
切種智无所有亦不智得者得法得處无法尚
不知何況有法何以故一切法本性尒非佛作非
聲聞辟支佛作亦非餘人作一切法无作者故
須菩提白佛言世尊諸法諸法性離佛言如〻
是〻諸法性諸法性離世尊若諸〻法〻〻性離亦
何離法能知離法若有若无何以故无法不能
知无法有法不能知有〻法〻不能知无〻法
〻不能知有法世尊如是一切法无所有相云
何菩薩摩訶薩作是分別是法若有若无佛言
菩薩摩訶薩以世諦故示衆生若有若无非以
弟一義世尊世尊諦弟一義諦有果報須菩提世
諦弟一義諦无果也何以故世諦如即是弟一
義諦如以衆生不知不見是如故菩薩摩訶薩
以世諦示若有若无復次須菩提衆生於五受
陰中有著相故不知无所有為是衆生故示若

BD14687 號　摩訶般若波羅蜜經（思溪本）卷二四　　（26–7）

義諦如以衆生不知不見是如故菩薩摩訶薩
以世諦示若有若无像次須菩提衆生於五受
陰中有著相故不知无所有為是衆生故示若
有若无令知淨〃清无所有如是須菩提菩薩摩
訶薩應當作是行般若波羅蜜

摩訶般若波羅蜜品第七十三

須菩提白佛言世尊說菩薩行何等是菩薩行
佛言菩薩行者為阿耨多羅三藐三菩提行
是名菩薩行世尊云何菩薩摩訶薩為阿耨
多羅三藐三菩提行佛言若菩薩摩訶薩行色
空行受想行識空行眼空乃至意行色空乃至法
行眼界空乃至意識界行檀那波羅蜜尸羅波
羅蜜羼提波羅蜜毗梨耶波羅蜜禪那波羅蜜
般若波羅蜜行內空行外空行內外空行第一
義空行空空有為空无為空畢竟空无始空散
空諸法空性空自相空无法空有法空无法有
法空行初禪第二第三第四禪行慈悲喜捨行
无量空處无量識處无所有處非有想非无想處
行四念處四正懃四如意足五根五力七覺分
八聖道分空〃行三昧行无相无作三昧行八背
捨九次第定行佛十力四无所畏行四无碍智
行十八不共法行大慈大悲行淨佛世界行成
就衆生行諸辯才行文字入文字无文字行諸
陀羅尼行有為性行无為性如阿耨多羅三藐
三菩提不作二如是須菩提菩薩摩訶薩行般

BD14687號　摩訶般若波羅蜜經（思溪本）卷二四　（26–8）

行十八不共法行大慈大悲行淨佛世界行成
就衆生行諸辯才行文字入文字无文字行諸
陀羅尼行有為性行无為性如阿耨多羅三藐
三菩提不作二如是須菩提菩薩摩訶薩行般
若波羅蜜是名為阿耨多羅三藐三菩提行須
菩提白佛言世尊世尊說言佛何義故名佛〃
告須菩提知諸佛法實義故名為佛復次得諸
法實相故名為佛復次通達實義故名為佛復
次如實知一切法故名為佛須菩提言何義故
菩提須菩提空義是菩提義如義法性義實際
義是菩提義復次須菩提名相言說是菩提須
菩〃提〃實義不可壞不可分別是菩提義復
次須菩提諸法實相不誑不異是菩提義以是
故名菩提復次須菩提是菩提是諸佛所有故
名菩提復次須菩提諸佛正遍知故名菩提須
菩提白佛言世尊若菩薩摩訶薩為是菩提行
六波羅蜜乃至行一切種智於諸法何得何失
何增何減何生何滅何垢何淨佛告須菩提若
菩薩摩訶薩為菩提行六波羅蜜乃至行一切
種智於諸法无得无失无增无減无生无滅无
垢无淨何以故菩薩摩訶薩所行般若波羅蜜
不為得失增減生滅垢淨故出須菩提言世尊
若菩薩摩訶薩所行般若波羅蜜不為得失乃至
不為垢淨故出菩薩摩訶薩云何行般若波
羅蜜能取檀那波羅蜜尸羅波羅蜜羼提波羅
蜜毗梨耶波羅蜜禪那波羅蜜般若波羅蜜云

BD14687號　摩訶般若波羅蜜經（思溪本）卷二四　（26–9）

不為垢淨故，是菩薩摩訶薩云何行般若波羅蜜能具檀那波羅蜜尸羅波羅蜜羼提波羅蜜毗梨耶波羅蜜禪那波羅蜜般若波羅蜜云何行內空乃至无法有法空乃至行禪无量心无色定云何行四念處乃至八聖道分云何行空无相无作解脫門云何行佛十力四无所畏四无导智十八不共法大慈大悲云何行菩薩十地云何過聲聞辟支佛道地入菩薩位中佛告須菩提菩薩摩訶薩行般若波羅蜜時不以二法故行檀那波羅蜜尸羅波羅蜜羼提波羅蜜毗梨耶波羅蜜禪那波羅蜜般若波羅蜜不以二法故乃至行一切種智須菩提言世尊若菩薩摩訶薩不以二法故行檀那波羅蜜乃至般若波羅蜜不以不二法故乃至行一切種智菩薩從初發意乃至後意云何善根增益佛告須菩提若行二法善根不得增益何以故一切凡夫皆依二法善根不得增益菩薩摩訶薩行不二法從初發意乃至後意於其中間善根增益以是故菩薩摩訶薩一切世間天及人阿脩羅无能伏无能壞其善根令墮聲聞辟支佛地及諸惡不善法不能制菩薩令不行檀那波羅蜜增益善根乃至般若波羅蜜亦如是須菩提菩薩摩訶薩應如是行般若波羅蜜世尊菩薩摩訶薩為善根故行般若波羅蜜不佛言不也須菩提菩薩不為善根故行般若波羅蜜亦不為非善根故行般若波羅蜜何以故須菩提菩薩摩訶薩法未供養諸佛未具足善

世尊菩薩摩訶薩為善根故行般若波羅蜜不佛言不也須菩提菩薩不為善根故行般若波羅蜜亦不為非善根故行般若波羅蜜何以故須菩提菩薩摩訶薩法未供養諸佛未具足善根未得真知識不能得一切種智須菩提言世尊云何菩薩摩訶薩供養諸佛具足善根得真知識能得一切種智佛告須菩提菩薩摩訶薩從初發意供養諸佛諸佛所說十二部經脩妬路乃至優婆提舍是菩薩聞持誦利心觀了達了達故得陀羅尼得陀羅尼故能起无导智无导智故所生處乃至薩婆若終不忘失亦於諸佛所種善根為是善根所護故終不墮惡道諸難以是善根因緣故得心深清淨深心清淨故能淨佛世界成就眾生以善根所護故常不離真知識所謂諸佛諸菩薩摩訶薩及諸聲聞能讚嘆佛法眾者如是須菩提菩薩摩訶薩應供養諸佛種善根親近善知識

摩訶般若波羅蜜品第七十三

須菩提白佛言世尊菩薩摩訶薩若不供養諸佛不具足善根不得真知識當得薩婆若不佛告須菩提菩薩摩訶薩供養諸佛種善根得真知識一切種智尚難得何況不供養諸佛不種善根不得真知識須菩提白佛言世尊菩薩摩訶薩供養諸佛種善根得真知識何以故難得一切種智佛告須菩提是菩薩摩訶薩遠離方便力不從諸佛聞方便力所種善根不具足不常

善根不得具知識須菩提白佛言世尊菩薩摩
訶薩供養諸佛種善根得具知識何以故難得一
切種智佛告須菩提是菩薩摩訶薩遠離方便
力不從諸佛聞方便力所種善根不具足不常
隨善知識教世尊何等是方便力菩薩摩訶薩
行是方便力得一切種智佛言菩薩摩訶薩從
初發意行檀那波羅蜜應薩婆若念布施佛若
辟支佛若聲聞若人若非人是時不生布施想
受者想何以故觀一切法自想空无生无定相无
所轉入諸法實相所謂一切法无作无起相菩
薩以方便力故增益善根增益善根故行檀那
波羅蜜淨佛世界成就衆生布施不受世間報
但欲救度一切衆生故行檀那波羅蜜復次須
菩提菩薩摩訶薩從初發意行尸羅波羅蜜應
薩婆若念持戒時不聞淫怒癡中亦不聞諸煩
惱纏縛及諸不善破道法着(嫉)貪着(破)戒瞋恚慳
怠亂意愚癡慢大慢慢〻我慢增上慢不如
慢心見若聲聞心若辟支佛心何以故是菩薩
摩訶薩觀一切法自相空无生无定相无所轉
入諸法實相所謂一切法无作无起相菩薩成
就是方便力故增〻益〻善〻根〻故行尸羅
波羅蜜淨佛世界成就衆生持戒不受世間果
報但欲救度一切衆生故行尸羅波羅蜜復次
須菩提菩薩摩訶薩從初發意行羼提波羅蜜
應薩婆若念方便力成就故行見諦道思惟道

報但欲救度一切衆生故行尸羅波羅蜜復次
須菩提菩薩摩訶薩從初發意行羼提波羅蜜
應薩婆若念方便力成就故行見諦道思惟道
亦不取須陀洹果斯陀含果阿那含果阿羅漢
果何以故是菩薩摩訶薩知諸法自性空无生
无定相无所轉離行是助道法而過聲聞辟支
佛地須菩提是名菩薩无生法忍復次須菩提
菩薩摩訶薩從初發意行毗梨耶波羅蜜入初
禪乃至入第四禪入四无量心四无色定雖以
入諸禪而不受果報何以故是菩薩成就方便
力故知諸禪定自相空无生无定相无所轉淨
佛世界成就衆生精進不受世間果報但欲救
度一切衆生故行毗梨耶波羅蜜復次須菩提
菩薩摩訶薩從初發意行禪那波羅蜜應薩婆
若念入八背捨九次第定亦不證須陀洹果乃
至不證阿羅漢果何以故是菩薩摩訶薩知諸
法自相空无生无定相无所轉復次須菩提菩
薩摩訶薩從初發意行般若波羅蜜學佛十力
四无所畏四无导智十八不共法大慈大悲乃
至未得一切種智未成(淨)佛世界未成就衆生於
其中間應如是學何以故是菩薩摩訶薩知諸
法自相空无生无定相无所轉須菩提菩薩摩
訶薩應如是行般若波羅蜜不受果報

摩訶般若波羅蜜品第七十四

爾時須菩提白佛言世尊是菩薩摩訶薩大智
慧成就行是深法亦不受果報佛告須菩提如

法日相空无生无定相无所讚須菩提菩薩摩
訶薩應如是行般若波羅蜜不受果報
摩訶般若波羅蜜品第七十四
尒時須菩提白佛言世尊是菩薩摩訶薩大智
慧成就行是深法亦不受果報佛告須菩提如
〻是〻菩薩摩訶薩大智慧成就行是深般若
波羅蜜亦不受果報何以故是菩薩摩訶薩諸
法性中不動故世尊何等諸法性中不動佛言
於无所有性中不動須菩提菩薩摩訶薩
色性中不動受想行識性中不動檀那波羅蜜
性中不動尸羅波羅蜜羼提波羅蜜毗梨耶波
羅蜜禪那波羅蜜般若波羅蜜性中不動四禪
性中不動四无量心性中不動四无色定性中
不動四念處性中不動乃至八聖道分性中不
動空三昧无相无作三昧乃至大慈大悲性中
不動何以故須菩提諸法〻性即是无所有須
菩提以无所有法不能得无所有法須菩提言
世尊所有法能得所有法不佛言不也世尊所
有法能得无所有法不佛言不也世尊无所有
法能得无所有法不佛言不也世尊若无所有
不能得所有所有不能得所有所有不能得无
〻所〻有〻不能得无所有持无世尊不得道
耶佛言有得不以此四句世尊云何有得佛言有所
有非无所有无諸戲論是名得道須菩提白佛
言世尊何等是菩薩摩訶薩戲論佛告須菩提
菩薩摩訶薩觀色若常若无常是戲論觀受

〻所〻有〻不能得无所有持无世尊不得道
耶佛言有得不以此四句世尊云何有得佛言有所
有非无所有无諸戲論是名得道須菩提白佛
言世尊何等是菩薩摩訶薩戲論佛告須菩提
菩薩摩訶薩觀色若常若无常是戲論觀受
想行識若常若无常是為戲論觀色若苦若
樂受想行識若苦若樂是為戲論觀色若我若非
我受想行識若我若非我色若寂滅若不寂滅
受想行識若寂滅若不寂滅是為戲論是聖諦
應見集聖諦應斷滅聖諦應證道聖諦應脩是
為戲論應脩四禪四无量心四无色定是為戲
論應脩四念處四正懃四如意足五根五力七
覺分八聖道分是為戲論應脩空解脫門无相
解脫門无作解脫門是為戲論應脩八背捨九
次第定是為戲論我當過須陀洹果斯陀洹含
阿那含果阿羅漢果辟支佛道是為戲論我當
具足菩薩十地是為戲論我當入菩薩位是為
戲論我當淨佛世界是為戲論我當成就衆生
是為戲論我當生佛十力四无所畏四无导智
十八不共法是為戲論我當得一切種智是為
戲論我當斷一切煩惱習是為戲論須菩提是
菩薩摩訶薩行般若波羅蜜時色若常若无常
不可戲論故菩薩摩訶薩不戲論受想行識若
常若无常不可戲論故菩薩摩訶薩不戲論
乃至一切種智不可戲論故菩薩摩訶薩不戲
論何以故性不戲論性无性不戲論无性離性无
性是无法可得所有戲論[illegible]

不可戲論故菩薩摩訶薩不戲論受想行識若
常若无常不可戲論故菩薩摩訶薩不可戲論
乃至一切種智不可戲論故菩薩摩訶薩不戲
論何以故性不戲論性无性不戲論无性離性无
性更无法可得所謂戲論者戲論法戲論處以
是故須菩提色无戲論受想行識乃至一切種
智无戲論如是須菩提菩薩摩訶薩應行无戲
論般若波羅蜜須菩提白佛言世尊云何色不
可戲論乃至一切種智不可戲論佛告須菩提
色性无乃至一切種智性无須菩提若法性无
即是无戲論以是故色不可戲論乃至一切種
智不可戲論須菩提若菩薩摩訶薩能如是行
无戲論般若波羅蜜是時得入菩薩位須菩提
白佛言世尊若諸法无有性菩薩行何等道入
菩薩位為用聲聞道為用辟支佛道為用佛道
佛告須菩提不以聲聞道不以辟支佛道不以
佛道得入菩薩位菩薩摩訶薩遍學諸佛道得
入菩薩位須菩提譬如八人先學諸道然後入
正位未得果而先生果道菩薩亦如是先遍學
諸道而然入菩薩位亦未得一切種智而先生金
剛三昧尒時以一念相應慧得一切種智須菩
提白佛言世尊若菩薩摩訶薩遍學諸道入菩
薩位者行八人向須陀洹得須陀洹向斯陀含
得斯陀含向阿那含得阿那含向阿羅漢得阿
羅漢辟支佛道佛道是諸道各各異世尊若菩

薩位者行八人向須陀洹得須陀洹向斯陀含
得斯陀含向阿那含得阿那含向阿羅漢得阿
羅漢辟支佛道佛道是諸道各各異世尊若菩
薩摩訶薩遍學諸道然後入菩薩位者是菩薩
若生八道應作八人生見道應作須陀洹生思惟
道應作斯陀含作阿那含作阿羅漢若生辟支
佛道應作辟支佛世尊若菩薩摩訶薩作八人
然後入菩薩位无有是處不入菩薩位得一切
種智亦无是處作須陀洹乃至作辟支佛然後
入菩薩位亦无是處不入菩薩位得一切種智
亦无是處世尊我云何當知菩薩摩訶薩遍學
諸道得入菩薩位佛告須菩提如〻是〻若善
薩摩訶薩作八人得須陀洹果乃至得阿羅漢
果得辟支佛道然後入菩薩位无有是處不入菩
薩位當得一切種智无有是處須菩提菩薩摩
訶薩從初發意行六波羅蜜時以智觀過八地
何等八地乾慧地性地八人地見地薄地離色
地已辦地辟支佛地以道種智入〻菩〻薩〻位〻
已以一切種智斷一切煩惱習須菩提是八人
若智若斷是菩薩无生法忍須陀洹若智若斷
斯陀含若智若斷阿那含若智若斷阿羅漢若
智若斷辟支佛若智若斷皆是菩薩无生法忍
菩薩學是聲聞辟支佛道以道種智入菩薩位
入菩薩位已以一切種智斷一切煩惱習得佛
道如是須菩提菩薩摩訶薩遍學諸道具足應

智若斷辟支佛若智若斷皆是菩薩无生法忍
菩薩學是聲聞辟支佛道以道種智入菩薩位
入菩薩位已以一切種智斷一切煩惱習得佛
道如是須菩提菩薩摩訶薩遍學諸道具足應
得々阿々耨々多々羅々三々藐々三々菩々
提々已以果饒益眾生須菩提白佛言世尊世
尊所說道聲聞道辟支佛道佛道何等是
菩薩道種智佛告須菩提菩薩摩訶薩應生一
切道種淨智須菩提何等是道種淨智若諸
法相貌所可顯示法菩薩應悉遍々知々已為他
演說開示令諸眾生得解是菩薩摩訶薩應解
一切音聲語言以是音聲說法遍滿三千大千
世界如響相以是故須菩提菩薩摩訶薩應先
具足學一切道々智具足已應分別知眾生
深心所謂地獄眾生地獄道地獄因地獄果應
知應斷畜生餓鬼道畜生餓鬼因畜生餓鬼果
應知應斷諸龍鬼神揵闥婆緊那羅摩睺羅伽
阿脩羅道因果應知應斷人道因果應知諸
天道因果應知四天王天三十三天夜摩天兜
率陀天化樂天他化自在天梵天光音天遍
淨天廣果天无想天阿婆羅呵天无熱天易見
天善見天阿迦尼吒天道因果應知无邊虛空
處无邊識處无所有處非有想非无想處道因
果應知四念處四正勤四如意足五根五力七
覺分八聖道分因果應知空解脫門无相解脫
門无作解脫門佛十力四无所畏四无礙智十

處无邊識處无所有處非有想非无想處道因
果應知四念處四正勤四如意足五根五力七
覺分八聖道分因果應知空解脫門无相解脫
門无作解脫門佛十力四无所畏四无礙智十
八不共法大慈大悲因果應知菩薩以是道令
眾生入須陀洹道乃至阿羅漢辟支佛道乃至
阿耨多羅三藐三菩提道須菩提是名菩薩摩
訶薩淨道種智菩薩學是道種智已入眾生深
心相入已隨眾生心如應說法所言不虛何以
故是菩薩摩訶薩善知眾生根相知一切眾生
心々數法死生所趣須菩提菩薩摩訶薩應如
是行道種般若波羅蜜何以故一切諸善助道
法皆入般若波羅蜜中諸菩薩摩訶薩聲聞辟
支佛所應行須菩提白佛言世尊若四念處乃
至阿耨多羅三藐三菩提是一切法皆不合不
散无色无形无對一相所謂无相世尊云何是
助道法能取阿耨多羅三藐三菩提世尊是不
合不散无色无形无對一相所謂无相法无所
取无所捨譬如虛空无取无捨佛言如々是々
須菩提諸法自相空无所取无所捨須菩提有
眾生不知諸法自性相空為是眾生故顯示助道
法能至阿耨多羅三藐三菩提復次須菩提所
有色受想行識所有檀那波羅蜜尸羅波羅蜜
羼提波羅蜜毗梨耶波羅蜜禪那波羅蜜般若
波羅蜜所有內空外空乃至无法有法空初禪
乃至非有想非无想處四念處乃至八聖道分

有色受想行識所有檀那波羅蜜尸羅波羅蜜
羼提波羅蜜毗梨耶波羅蜜禪那波羅蜜般若
波羅蜜所有內空外空乃至无法有法空初禪
乃至非有想非无想處四念處乃至八聖道分
三解脫門八背捨九次第定佛十力四无所畏
四无导智十八不共法大慈大悲一切種智善
諸法於是聖法中皆不合不散无色无形无對
一切所謂无相以世俗法故為衆生解說令解非
以第一義須菩提於是一切法中菩薩摩訶薩
以知見如法應覺〻已分別諸法應用不應用
須菩提言世尊何等法菩薩分別已應用不應
用佛言聲聞辟支佛法分別知不應用一切種智
分別知應用如是須菩提菩薩摩訶薩於是聖
法中應學般若波羅蜜須菩提白佛言世尊何
以故說名聖法何等是聖法佛告須菩提諸聲
聞辟支佛菩薩摩訶薩及諸佛於欲瞋癡不合
不散身見戒取疑不合不散欲染瞋恚不合不
散色染无色染調悔无明不合不散初禪乃至
第四禪不合不散慈悲喜捨虛空處乃至非有
想非无想處不合不散四念處乃至八聖道分
不合不散內空乃至大慈大悲有為性无為性
不合不散何以故是一切法皆无色无形无對
一相所謂无相无色法與无色法不合不散无
形法與无形法不合不散无對法與无對法不
合不散一相法與一相法不合不散无相法與
无相法不合不散須菩提是无色无形无對一

BD14687號　摩訶般若波羅蜜經（思溪本）卷二四　（26–20）

一相所謂无相无色法與无色法不合不散无
形法與无形法不合不散无對法與无對法不
合不散一相法與一相法不合不散无相法與
无相法不合不散須菩提是无色无形无對一
相所謂无相般若波羅蜜諸菩薩摩訶薩應學
〻已不得諸法相須菩提白佛言世尊菩薩摩
訶薩不學色相耶不學受想行識相耶不學眼
相乃至意相不學法色相乃至法相不學地種相
乃至識種相不學檀那波羅蜜相尸羅波羅蜜
羼提波羅蜜毗梨耶波羅蜜禪那波羅蜜般若
波羅蜜相不學內空乃至无法有法空不學初
禪相乃至第四禪相不學慈相乃至捨相不學
无邊空相乃至非有想非无想相不學四念處
相乃至八聖道分相不學空三昧相无相乃至无作
三昧相不學八背捨九次第定相佛學佛十力
相四无所畏相四无导智相十八不共法相大
慈大悲相不學苦聖諦相集盡道聖諦相不學
逆順十二因緣相不學有為性相无為性相耶
世尊若不學諸法相不學作業相亦不學菩薩
摩訶薩云何學諸法相若有為若為无學已過
聲聞辟支佛地若不過聲聞辟支佛地云何入
菩薩位若不入菩薩位云何當得一切種智若
不得一切種智云何當轉法輪若不轉法輪云
何以三乘度衆生〻无佛告須菩提若諸法實
有相菩薩應學是相須菩提以一切法實无相

BD14687號　摩訶般若波羅蜜經（思溪本）卷二四　（26–21）

聲聞辟支佛地若不過聲聞辟支佛地云何入
菩薩位若不入菩薩位云何當得一切種智若
不得一切種智云何當轉法輪若不轉法輪云
何以三乘度衆生〻死佛告須菩提若諸法實
有相菩薩應學是相須菩提以一切法實无相
无色无形无對一相所謂无相以是故須菩提
菩薩摩訶薩不學相不學无相何以故有佛无
佛諸法一相性常住須菩提白佛言世尊若一
切法非有相非无相菩薩摩訶薩云何脩般若
波羅蜜若不脩般若波羅蜜不能過聲聞辟支
佛地若不過聲聞辟支佛佛地不能入菩薩位
若不入菩薩位不能得无生法忍若不得无生法
忍不能得諸菩薩神通若不能得諸菩薩神通
不能淨佛世界成就衆生若不淨佛世界成就
衆生不能得一切種智若不得一切種智不能
轉法輪若不轉法輪不能令衆生得須陀洹果
斯陀含阿那含阿羅漢果辟支佛道不能令得
阿耨多羅三藐三菩提亦不能令衆生令得布
施福亦不能令得持戒脩定福佛告須菩提如〻
是〻諸法无相非一相非異相若脩无相是脩
般若波羅蜜須菩提言世尊云何脩无相是脩
般若波羅蜜佛言脩諸法壞是脩般若波羅蜜
世尊云何脩諸法壞是脩般若波羅蜜佛言脩
色壞是脩般若波羅蜜脩受想行識壞是脩般
若波羅蜜脩眼壞耳鼻舌身意法壞是脩般若
波羅蜜脩色壞聲香味觸法壞是脩般若波羅

BD14687號　摩訶般若波羅蜜經（思溪本）卷二四　　（26–22）

世尊云何脩諸法壞是脩般若波羅蜜佛言脩
色壞是脩般若波羅蜜脩受想行識壞是脩般
若波羅蜜脩眼壞耳鼻舌身意法壞是脩般若
波羅蜜脩色壞聲香味觸法壞是脩般若波羅
蜜脩不淨觀壞是脩般若波羅蜜脩初禪第二第
三第四禪壞脩是般若波羅蜜脩慈悲喜捨壞
是脩般若波羅蜜脩无邊空處无邊識處无所
有處非有想非无想處壞是脩般若波羅蜜脩
念佛念法念僧念戒念捨念天念滅念阿那般
那壞是脩般若波羅蜜脩无常相苦相无我相
空相集相因相生相緣相閑相滅相妙相出相
道相正相跡相離相壞是脩般若波羅蜜脩十
二因緣壞我相衆生壽命相分至知者見者相
壞是脩般若波羅蜜脩常相樂相淨相我相壞
是脩般若波羅蜜脩四念處分至八聖道分壞
是脩般若波羅蜜脩空三昧无相三昧无作三
昧壞是脩般若波羅蜜脩八背捨九次第定壞
是脩般若波羅蜜脩有覺有觀三昧无覺有觀
三昧无覺无觀三昧壞是脩般若波羅蜜脩苦
聖諦集諦聖盡聖諦道聖諦壞是脩般若波羅
蜜脩苦智盡智集智道智壞是脩般若波羅蜜
脩盡智无生智壞是脩般若波羅蜜脩法智比
智世智他心智壞是脩般若波羅蜜脩檀那波
羅蜜壞是脩般若波羅蜜脩尸羅波羅蜜羼提
波羅蜜毗梨耶波羅蜜禪那波羅蜜般若波羅蜜
壞是脩般若波羅蜜脩內空外空內外空空

BD14687號　摩訶般若波羅蜜經（思溪本）卷二四　　（26–23）

禪盡智无生智壞是禪般
智世智他心智壞是禪般若波羅蜜禪檀那波
羅蜜壞是禪般若波羅蜜禪尸羅波羅蜜羼提
波羅蜜毗梨耶般羅蜜禪那波羅蜜般若波羅蜜
壞是禪般若波羅蜜禪內空外空內外空空空
大空第一義空有為空无為空畢竟空无始空
散空性空諸法空自相空不可得空无法空有
法空无法有法空壞是禪般若波羅蜜禪佛十
力四无所畏四无㝵智十八不共法壞是禪般
若波羅蜜禪須陀洹果斯陀含果阿那含果阿
羅漢果辟支佛道壞是禪般若波羅蜜禪一切
種智壞是禪般若波羅蜜禪斷一切煩惱習壞是
禪般若波羅蜜須菩提白佛言世尊云何名禪
色壞乃至禪斷一切煩惱習壞是禪般若波羅
蜜佛告須菩提菩薩摩訶薩行般若波羅蜜時
不念色有法是禪般若波羅蜜不念有受想行
識乃至不念斷一切煩惱習有法是為禪般若
波羅蜜何以故有法念者不禪般若波羅蜜須
菩提有法念者不禪檀那波羅蜜尸羅波羅蜜
羼提波羅蜜毗梨耶波羅蜜禪那波羅蜜般若
波羅蜜何以故須菩提是人著法不行檀那波
羅蜜乃至般若波羅蜜如是著者无有解脫无
有道无有涅槃有法念者不禪四念處四正懃
四如意足五根五力七覺分八聖道分不禪空
三昧乃至不禪一切種智何以故是人著法故
須菩提白佛言世尊何等是有法何等是无法
佛告須菩提二是有法不二是无法世尊何等

BD14687號　摩訶般若波羅蜜經（思溪本）卷二四　（26–24）

四如意足五根五力七覺分八聖道分不禪空
三昧乃至不禪一切種智何以故是人著法故
須菩提白佛言世尊何等是有法何等是无法
佛告須菩提二是有法不二是无法世尊何等
是二佛言色相是二受想行識相是二眼相是二
乃至意相是二色相乃至法相是二檀那波
羅蜜乃至佛相阿耨多羅三藐三菩提相有為
性无為性相是二須菩提一切法相皆是二一切二
皆是有法適有法便有生死適有生死不得離
生死（衰死）病死憂悲苦以是因緣故須菩提當知
二相者无有檀那波羅蜜乃至般若波羅蜜
无有道无有果乃至无有順忍何況見色相乃
至見一切種智相若无須道云何得須陀洹果
乃至阿羅漢果辟支佛道阿耨多羅三藐三菩
提亦斷一切煩惱習

大品卷廿四

BD14687號　摩訶般若波羅蜜經（思溪本）卷二四　（26–25）

至見一切種智相若无㨿道云何得須陀洹果
乃至阿羅漢果辟支佛道阿耨多羅三藐三菩
提亦斷一切煩惱習

大品卷廿四

BD14687號　摩訶般若波羅蜜經（思溪本）卷二四　（26–26）

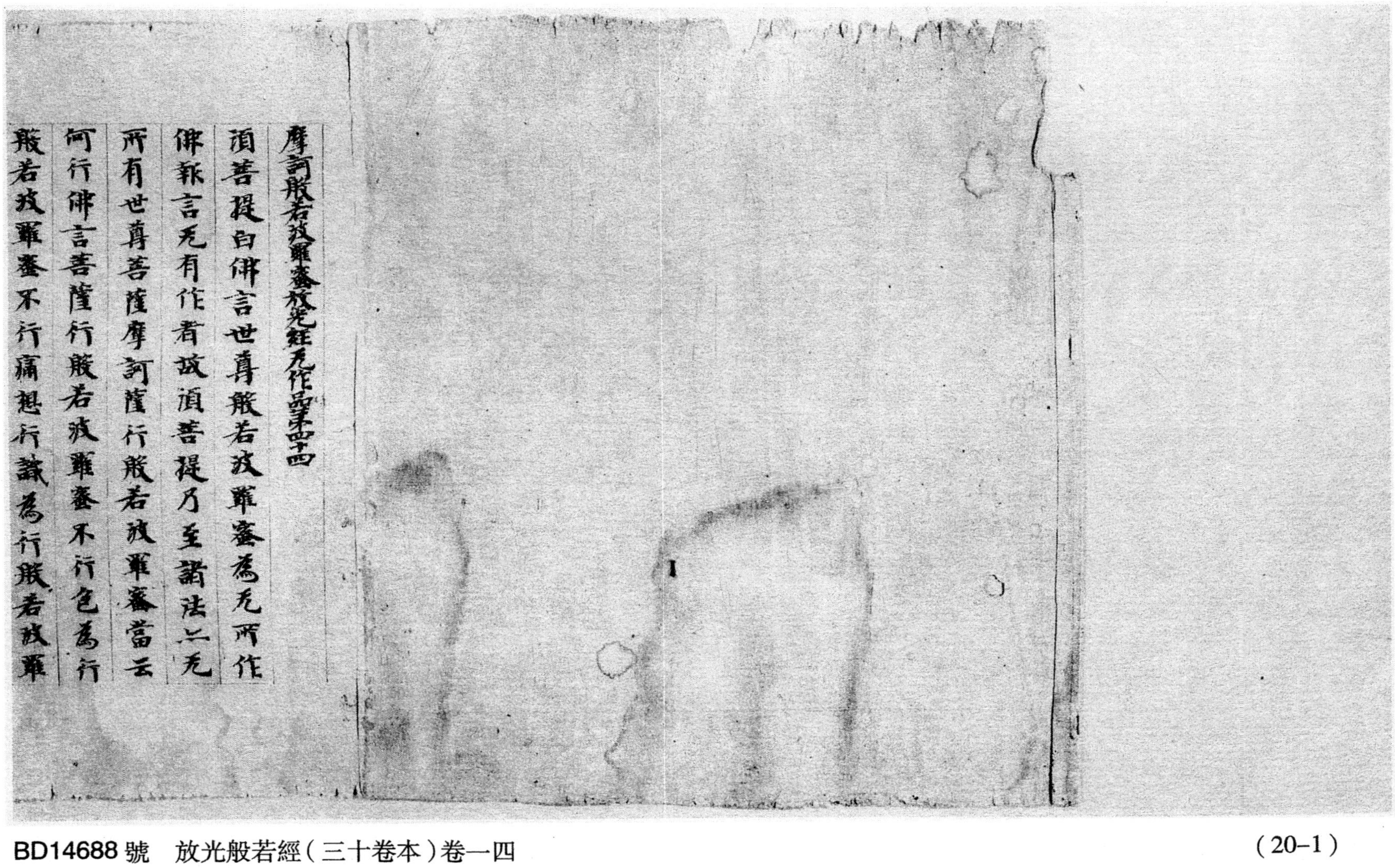

摩訶般若波羅蜜放光經无作品第卌四

須菩提白佛言世尊般若波羅蜜為无所作

佛報言无有作者故須菩提乃至諸法亦无

所有世尊菩薩摩訶薩行般若波羅蜜當云

何行佛言菩薩行般若波羅蜜不行色為行

般若波羅蜜不行痛想行識為行般若波羅

BD14688號　放光般若經（三十卷本）卷一四　（20–1）

摩訶般若波羅蜜放光經无作品第四十四
須菩提白佛言世尊般若波羅蜜為无所作
佛報言无有作者故須菩提乃至諸法亦无
所有世尊菩薩摩訶薩行般若波羅蜜當云
何行佛言菩薩行般若波羅蜜不行色為行
般若波羅蜜不行痛想行識為行般若波羅
蜜乃至薩云若无所行為行般若波羅蜜於
五陰不念有常无常為行般若波羅蜜乃至
薩云若亦不念有常无常為行般若波羅蜜
於五陰无苦无樂為行般若波羅蜜乃至薩
云若亦无苦无樂為行般若波羅蜜於五陰
不有我无我為行般若波羅蜜乃至薩云若
亦不有我无我為行般若波羅蜜於五陰无
淨无不淨為行般若波羅蜜乃至薩云若亦
无淨无不淨為行般若波羅蜜何以故五陰
者亦不見有常无常亦不見有苦有樂有我
者亦不見有常无常亦不見有苦有樂有我
无我好不好乃至薩云若亦復如是復次須
菩提菩薩行般若波羅蜜不具足行五陰為
行般若波羅蜜乃至薩云若不具足行為行
般若波羅蜜何以故五陰不具足為非五陰
不作是行為行般若波羅蜜乃至薩云若不
具足為非薩云若不作是行為行般若波羅
蜜須菩提白佛言世尊甚可奇特行菩薩道
者善說菩薩者佛告言如是如是如來无所

BD14688號　放光般若經（三十卷本）卷一四　（20–2）

不作是行為行般若波羅蜜乃至薩云若不
具足為非薩云若不作是行為行般若波羅
蜜須菩提白佛言世尊甚可奇特行菩薩道
者善說菩薩者佛告言如是如是如來无所
著等正覺善說菩薩著不著事復次須菩提
菩薩於五陰无所著為行般若波羅蜜眼耳
鼻口身意於六情无所著為行般若波羅蜜
於六波羅蜜无所著為行般若波羅蜜乃至
薩云若不著為行般若波羅蜜須菩提菩薩
作如是行者便知五陰著不著亦復知薩云
若著不著知須陁洹道著不著知脊闍辟支
佛道著不著知三耶三菩佛道著不著須菩
提白佛言世尊甚奇甚特法甚深乃尒說亦
不增亦不减不說亦不增亦不减佛告須菩
提如是如是如汝所言須菩提譬如諸如來
无所著等正覺盡壽稱譽虛空亦不增若謗
毀虛空亦不减譬如稱譽幻人亦不增若毀
訕幻人亦不减聞善亦不喜聞惡亦不愁須菩
提諸法之法亦復如是若說若不說亦不增
亦不减須菩提白佛言世尊菩薩行般若波
羅蜜念般若波羅蜜甚難甚難世尊菩薩行
般若波羅蜜不恐不却應阿耨多羅三耶三
菩不復動轉何以故世尊念般若波羅蜜者
為欲念虛空虛空亦无有六波羅蜜虛空亦
无有五陰亦无內外空及有无空亦无三十
七品亦无十力亦无四无所畏亦无十八法

BD14688號　放光般若經（三十卷本）卷一四　（20–3）

般若波羅蜜[illegible]
菩不復動轉何以故世尊念般若波羅蜜者
為欲念虛空虛空亦无有六波羅蜜虛空亦
无有五陰亦无內外空及有无空亦无三十
七品亦无十力亦无四无所畏亦无十八法
亦无須陀洹道亦无斯陀含道亦无阿那含
道亦无阿羅漢道亦无辟支佛道虛空亦无三
耶三佛道世尊菩薩摩訶薩作是僧那僧涅
者當應為作礼世尊為衆生精進為衆生展
力為衆生鬪為衆生作要誓者為欲為空作
精進為欲為空作要誓世尊為衆生作要誓
者為欲度空是菩薩為大要誓為虛空等衆
生作要誓者為欲舉空著虛空中諸菩薩摩
訶薩發阿耨多羅三耶三菩意者為遂大精
進力世尊菩薩為衆生發阿耨多羅三耶三
菩意者為遂大誓已世尊是菩薩摩訶薩為
大勇猛為虛空等衆生發阿耨多羅三耶三
菩何以故世尊假令三千大千剎土其中所
有盡為如來譬如葦林千蔗竹葦稻麻草木
藂菓諸稠盡為如來一一諸佛各說經法或
至一劫復過一劫一一如來各度衆生无數
數衆不可復計不覺衆生之性有增有減何
以故衆生无所有所故世尊置是三千大千
國土十方恒邊沙一沙為一佛國尒所佛國
其中所有皆為如來教化衆生不可計量不

BD14688號　放光般若經（三十卷本）卷一四　（20–4）

數衆不可復計不覺衆生之性有增有減何
以故衆生无所有所故世尊置是三千大千
國土十方恒邊沙一沙為一佛國尒所佛國
其中所有皆為如來教化衆生不可計量不
可稱度衆生之性无增无減所以者何一切
衆生皆空寂故是故衆生无始无終與空等
故世尊以是故我作是說欲度衆生者為欲
度空耳有異比丘意念言當為般若波羅蜜
作字於般若波羅蜜中亦无法可生者亦无
法可滅者而於中有戒性三昧性智慧性解
脫性見解脫慧性而於其中現有須陀洹斯
陀含阿那含阿羅漢辟支佛三耶三佛而有
三寶有轉法輪於是釋提桓因語須菩提善
薩習般若波羅蜜為習何等耆年須菩提報
釋提桓因言學般若波羅蜜者為習空釋提
桓因白佛言若善男子善女人受持般若波
羅蜜諷誦讀念習行中事者世尊我當為作
何等護須菩提語釋提桓因言拘翼汝頗見
法有可護者不唯尊者賢不見法有可護者
須菩提言拘翼善男子善女人知般若波羅
蜜教住者則為已得護不離般若波羅蜜教
若人若非人終不得其便知般若波羅蜜教
住者當知是善男子善女人終不離般若波
羅蜜若有人言我欲護菩薩摩訶薩者當知

BD14688號　放光般若經（三十卷本）卷一四　（20–5）

若人若非人終不得其便知般若波羅蜜教
住者當知是善男子善女人終不離般若波
羅蜜若有人言我欲護菩薩摩訶薩者當知
是人為欲護空拘翼寧能護夢及熱時炎幻
化影響寧能護是輩事不釋提桓因言不能
護拘翼若菩薩行般若波羅蜜亦如是拘翼
寧能護佛及佛所化不釋提桓因言不能菩
薩行般若波羅蜜亦无能與作護也拘翼能
護法性真際不可思議能與作護不誰須菩
提不能菩薩行般若波羅蜜亦復如是无能
與作護者釋提桓因問須菩提菩薩行般若
波羅蜜當云何覺知夢法幻法熱時之炎法
響法化法而不貢高須菩提言拘翼菩薩行
般若波羅蜜亦不念五陰於五陰不貢高至
薩云若亦不念亦不貢高於夢法乃至化亦
不念亦不貢高佛之威神令三千大千國土
諸四天王乃至首陀會天各持天上破末旃
檀逢散佛上散已來詣佛所頭面著地為佛
作禮却住一面爾時諸四天王諸釋提桓因
諸梵天王及諸首陀會天承佛威神各各意
念今我曹等當請十方面各千佛佛演轉般
若波羅蜜品諸四天王釋梵諸尊天適作是
念已應時十方面各千佛應時悉現皆說般
若波羅蜜品其弟子者亦知須菩提其難問
者皆如釋提桓因亦知是問釋迦文尼佛說

BD14688號　放光般若經（三十卷本）卷一四　（20–6）

若波羅蜜品諸四天王釋梵諸尊天適作是
念已應時十方面各千佛應時悉現皆說般
若波羅蜜品其弟子者亦知須菩提其難問
者皆如釋提桓因亦知是問釋迦文尼佛說
般若波羅蜜等无差特佛言弥勒菩薩摩訶
薩亦當於是處成阿耨多羅三耶三菩成阿惟
三佛亦當於是處說般若波羅蜜是賢劫中
當來諸佛亦當於是處成阿耨多羅三耶三
佛亦當於是處說般若波羅蜜須菩提白佛
言以何事以何像以何意弥勒菩薩摩訶薩
成阿耨多羅三耶三佛說般若波羅蜜佛告
須菩提言弥勒菩薩摩訶薩成作佛時亦不
說五陰有常无常亦不說五陰有苦有樂有
淨不淨有我无我好不好亦不說五陰有縛
有解亦不說五陰有過去當來今現在五陰
常淨當說五陰常淨乃至薩云若淨當說薩
云若常淨須菩提白佛言般若波羅蜜清淨
世尊佛言以五陰清淨故般若波羅蜜清淨
世尊云何以五陰清淨故般若波羅蜜清淨
佛言五陰亦不生亦不滅亦不著亦不斷以
是故五陰清淨須菩提虛空清淨故般若波
羅蜜清淨世尊云何虛空清淨般若波羅蜜
清淨佛言虛空不生不滅无所有是故虛空
清淨世尊云何虛空无所有般若波羅蜜清
淨佛言虛空不可獲持故般若波羅蜜清淨

BD14688號　放光般若經（三十卷本）卷一四　（20–7）

羅蜜清淨世尊云何虛空清淨般若波羅蜜
清淨佛言虛空不生不滅无所有是故虛空
清淨世尊云何虛空无所有般若波羅蜜清
淨佛言虛空不可獲持故般若波羅蜜清淨
如虛空事故般若波羅蜜清淨世尊云何如
虛空事故般若波羅蜜清淨佛言如虛空无
二寂以是事般若波羅蜜清淨佛言如虛空
无行般若波羅蜜清淨世尊云何虛空无行
般若波羅蜜清淨佛言以虛空无所行故般
若波羅蜜清淨佛言以虛空无所猗般若波
羅蜜清淨世尊云何虛空无所猗般若波羅
蜜清淨佛言如虛空无所累故般若波羅蜜
清淨須菩提以諸法不生不滅不著不斷故
般若波羅蜜清淨世尊云何諸法不生不滅
不著不斷故般若波羅蜜清淨佛言以諸法
常清淨故般若波羅蜜清淨須菩提白佛言
世尊若善男子善女人持般若波羅蜜諷誦
讀習行中事者是善男子善女人終不病目
目鼻无病雖身有老終不久兼隨其壽終終
時不亂身意安隱終不夭病誤妄惡死常有
諸天隨侍擁護諸四天王至有阿會天常皆
隨護善男子善女人為法師者若月十四日
十五日說般若波羅蜜時尒時諸天皆悉來
會善男子善女人作是說般若波羅蜜時所
得功德不可復計不可復稱量不可思議佛

BD14688號　放光般若經（三十卷本）卷一四　（20–8）

隨護善男子善女人為法師者若月十四日
十五日說般若波羅蜜時尒時諸天皆悉來
會善男子善女人作是說般若波羅蜜時所
得功德不可復計不可復稱量不可思議佛
告須菩提善男子善女人若六齋以說般若
波羅蜜時諸天來會所得功德不可計量所
以者何般若波羅蜜者極大珍寶須菩提於
般若波羅蜜珍寶中斷三惡趣斷人中貧施
人天道人道使一切人得生大姓梵志長者
家得生四天王上至三十二天施人須陀洹
道斯陀含阿那含阿羅漢辟支佛道施人阿
耨多羅三耶三菩道何以故於般若波羅蜜
中廣說十善事於中學已便知有剎利梵志
大姓長者知有四天王上至三十二天便知
有須陀洹道聲聞辟支佛道便知有三耶三
佛道便知有四禪四等及四空定三十七品
佛十種力及十八法四无所畏便知有六波
羅蜜知有內外空及有无空便知有薩云若
以是故名為珍寶度名為般若波羅蜜於珍
寶廣中亦无生者亦无滅者亦无著者亦无
斷者亦无取者亦无棄者所以者何亦无有
法有生滅者有著斷者有取放者須菩提般
若波羅蜜无有善法亦无惡法亦无道法亦
无俗法亦无漏不漏亦无有為法亦无无為

BD14688號　放光般若經（三十卷本）卷一四　（20–9）

亦者亦无取者亦无棄者所以者何亦无有
法有生滅者有著斷者有取放者須菩提般
若波羅蜜无有善法亦无惡法亦无道法亦
无俗法亦无漏不漏亦无有為法亦无无為
法以是故須菩提珎寶波羅蜜无所猗是珎
寶波羅蜜无有法能染者无有法能逮者所
以者何不可得法與相近者是故无能染者
佛告須菩提若有菩薩行般若波羅蜜若不
作是知不作是念不作是猗不作是猷為行
般若波羅蜜為念般若波羅蜜為礼諸如來
无所著等正覺從佛國至佛國供養承事礼
敬諸佛教化衆生淨佛國土須菩提是般若
波羅蜜无有法可見者无有不可見者亦不
取亦不放亦不生亦不滅亦不著亦不斷亦
不增亦不減亦不過去當來今現在亦不使
欲界過亦不使住亦不使形界過亦不使住
亦不使无形界過亦不使住亦不與人六波
羅蜜亦不教人棄亦不與人内外空及有无
空亦不棄亦不與人三十七品亦不棄亦不
與人十力及十八法亦无所棄亦不持聲聞
辟支佛上至薩云若有所與亦不使棄須大
須菩提般若波羅蜜者亦不持羅漢法有所
與亦不棄凡人法亦不持辟支佛法有所與
亦不棄羅漢法亦不持佛法有所與亦不棄
辟支佛法亦不持佛法有所與有所棄須菩

須菩提般若波羅蜜者亦不持羅漢法有所
與亦不棄凡人法亦不持辟支佛法有所與
亦不棄羅漢法亦不持佛法有所與亦不棄
辟支佛法亦不持佛法有所與有所棄須菩
提般若波羅蜜亦不持无為法有所與亦不
棄有為法何以故有佛无佛法性住如故法
性者則是法身亦不以忘住亦不以損住是
時諸天衆於虛空歡喜踊躍大咲持天憂鉢
華拘勿投華分陁利華而散佛上俱發聲言
我等今於閻浮提再見法輪轉所以者何无
數天子於空中得无所從生法忍故佛告
須菩提轉法輪亦不二亦不一般若波羅蜜
者亦不為法故轉亦不有所為故不轉以有
无空故須菩提白佛言何等有无空故般若
波羅蜜有所轉有所逮佛言六波羅蜜空以
六波羅蜜空空内外空以内外空空及有无
空以有无空空三十七品空以三十七品空
空十力空以十力空空佛十八法空以十八
法空空聲聞辟支佛空以聲聞辟支佛空空
薩云若空以薩云若空空須菩提白佛言般
若波羅蜜所謂空者是菩薩之大度菩薩有
般若波羅蜜一切空故得成阿耨多羅三耶
三菩阿惟三佛亦无所逮覺而轉法輪亦无
有法可為轉者亦不復轉還亦不見法何以
故諸法可為轉者亦不可得以諸法常无所

若波羅蜜所謂空者是菩薩之大度菩薩有
般若波羅蜜一切空故得成阿耨多羅三耶
三菩阿惟三佛亦无所逮覺而轉法輪亦无
有法可爲轉者亦不復轉還亦不見法何以
故索法可爲轉者亦不可得以諸法常无所
有故何以故空无想无願亦无所轉亦无所
還者般若波羅蜜有是教說有是施設有是
分別分部有是宣示分流般若波羅蜜有是
教者如是爲大清淨教般若波羅蜜教亦无
說者亦无受者亦无取證者若无說无受无
證如是爲无般泥洹者若无般泥洹者於是
教法中亦爲无有尊祐福田

摩訶般若波羅蜜放光經等品第四十五

須菩提白佛言世尊是般若波羅蜜无有底
荅言虛空无有際故世尊波羅蜜等荅言諸
法等故世尊波羅蜜寂淨佛言常空故世尊
波羅蜜无能伏者佛言諸法无所有故世尊
種種波羅蜜空荅言亦无字亦无身故世尊
波羅蜜空荅言呼吸出入不可見故世尊波
羅蜜无有事行荅言无所覺无所行故世尊
波羅蜜无有字荅言痛想念不可見故世尊
波羅蜜无有去荅言諸法无有來故世尊波
羅蜜无有等佛言諸法无所取故世尊波羅
蜜消荅言以諸法常盡故世尊波羅蜜不生
荅言諸法无所生故世尊波羅蜜无所爲荅

BD14688號　放光般若經（三十卷本）卷一四　（20–12）

波羅蜜无有去荅言諸法无有來故世尊波
羅蜜无有等佛言諸法无所取故世尊波羅
蜜消荅言以諸法常盡故世尊波羅蜜不生
荅言諸法无所生故世尊波羅蜜无所爲荅
言无有作者故世尊波羅蜜无有智佛言智
者不可見故世尊波羅蜜无所越荅言索生
死不可見故世尊波羅蜜无所敗荅言諸法
无有壞故世尊波羅蜜如夢荅言夢中所有
不可見故世尊波羅蜜如響荅言无有聞聲
故世尊波羅蜜如光影荅言面像不可見故
世尊波羅蜜如炎荅言水流不可得故世尊
波羅蜜如幻荅言術事不可得故世尊波羅
蜜无著佛言蛸不可見故世尊波羅蜜不斷
荅言无有蛸故世尊波羅蜜不出荅言无有
窟故世尊波羅蜜不猒荅言諸猒已滅故世
尊波羅蜜无貢高荅言諸貢高已滅故世尊
波羅蜜不動轉荅言法性住故世尊波羅蜜
无住荅言諸法審尒等故世尊波羅蜜无所
住立荅言諸法无念故世尊波羅蜜寂荅言
諸法想行不可見故世尊波羅蜜无煙荅言
煙不可見故世尊波羅蜜无恚荅言无有恚
不可見故世尊波羅蜜不癡荅言滅諸冥故
世尊波羅蜜无有垢荅言无有狐疑故世尊
波羅蜜非衆生荅言无有衆生故世尊波羅蜜

BD14688號　放光般若經（三十卷本）卷一四　（20–13）

如不可見故世尊波羅蜜无慧答言无積慧
不可見故世尊波羅蜜不癡答言滅諸冥故
世尊波羅蜜无有垢答言无有狐疑故世尊
波羅非衆生答言无有衆生故世尊波羅蜜
无所除答言諸法无所處故世尊波羅蜜兩
際不滅答言離於際故世尊波羅蜜不破答
言諸法不受故世尊波羅蜜无所擬答言度
諸聲聞辟支佛地故世尊波羅蜜无所分
別答言諸法无有擇故世尊波羅蜜无有限
答言諸法不可平相故世尊波羅蜜虛空答
言諸法不可計故世尊波羅蜜无常佛言諸
法壞敗故世尊波羅蜜若答言諸法无有薑
與師子戲故世尊波羅蜜无有我答言諸法
无所入故世尊波羅蜜空答言諸法不可見
故世尊波羅蜜无有想答言諸法无所出生
故世尊波羅蜜内空答言内空不可得故世
尊波羅蜜外空答言外空法不可見故世尊波
羅蜜内外空答言内外空不可見故世尊波
羅蜜空空答言空空不可見故世尊波羅蜜
大空答言諸法不可見故世尊波羅蜜至竟
空答言无爲法不可見故世尊波羅蜜有爲
空答言有爲法空不可見故世尊波羅蜜常
空答言常空故世尊波羅蜜无有際空答言
无有際不可見故世尊波羅蜜所作事空答
言所作事不可見故世尊波羅蜜性空答言

BD14688號　放光般若經（三十卷本）卷一四　　（20–14）

空答言有爲法空不可見故世尊波羅蜜常
空答言常空故世尊波羅蜜无有際空答言
无有際不可見故世尊波羅蜜所作事空答
言所作事不可見故世尊波羅蜜性空答言
有爲性法不可見故世尊波羅蜜諸法空答
言内外空不可見故世尊波羅蜜自相空答
言自相弃故世尊波羅蜜有无空答言有
无空不可得故世尊四意止波羅蜜答言身
痛意法不可見故世尊四意斷波羅蜜答言
善惡法不可見故世尊神通波羅蜜答言四
神足不可見故世尊五根波羅蜜答言五根
不可見故世尊波羅蜜力答言五力不可得
見故世尊波羅蜜覺答言七覺意不可見故
世尊波羅蜜道答言八字不可見故世尊波
羅蜜无顚答言顚不可見故世尊波羅蜜空
答言空事弃不可見故世尊波羅蜜无想答
答言靜事不可見故世尊波羅蜜願答言八
惟无不可見故世尊波羅蜜定答言九次第
禪不可見故世尊波羅蜜檀答言妬嫉不可
見故世尊波羅蜜戒答言惡戒不可見故世
尊波羅蜜羼答言忍不可見故世尊波羅蜜
惟逮答言精進懈怠不可見故世尊波羅蜜
禪答言定亂不可見故世尊波羅蜜慧答
言惡智與慧不可見故世尊波羅蜜十力答
言諸法无有可伏故世尊波羅蜜无畏答言

BD14688號　放光般若經（三十卷本）卷一四　　（20–15）

惟逮吾言精進懈怠不可見故世尊波羅蜜
禪吾言定亂不可見故世尊波羅蜜慧吾
言惡智與慧不可見故世尊波羅蜜十力吾
言諸法无有可伏故世尊波羅蜜勇悍吾言
道事慧不可見故世尊波羅蜜分別智吾言
一切慧无导故世尊佛法波羅蜜吾言遍諸
法故世尊如來波羅蜜吾言所說无有異故
世尊波羅蜜自然吾言般若波羅蜜自然諸
法中得自在故世尊佛法波羅蜜吾言諸法
事阿惟三佛故

摩訶般若波羅蜜真知識品第四十六

尒時釋提桓因意念善男子善女人聞般若
波羅蜜過耳者皆是過去佛時作功德人爲
已與真知識相得何况受持諷誦讀說行中
事者是人已更供養若干諸佛能爲人問能
爲人解令復受持般若波羅蜜如其中教善
男子善女人聞般若波羅蜜不恐不怖者其
人已於若干百千劫中行六波羅蜜中事所
致舍利弗白佛言世尊若有善男子善女人
聞深般若波羅蜜不恐不怖不却不懼聞已
便能受持諷誦行其中事當視視華菩薩當
知阿惟越致何以故般若波羅蜜甚深故未
能行六波羅蜜者終不能解如是世尊若復
有善男子善女人欲誹謗般若波羅蜜者其

聞深般若波羅蜜不恐不怖不却不懼聞已
便能受持諷誦行其中事當視視華菩薩當
知阿惟越致何以故般若波羅蜜甚深故未
能行六波羅蜜者終不能解如是世尊若復
有善男子善女人欲誹謗般若波羅蜜者其
人本以輕易般若波羅蜜已所以者何聞說
深般若波羅蜜不信樂故未曾從佛及弟子
衆聞行六波羅蜜所致不聞內外空及有无
空所致不聞三十七品佛十種力及十八法
所致釋提桓因問舍利弗般若波羅蜜有何
等奇持新學菩薩聞深般若波羅蜜云何解
六波羅蜜云何解內外空及有无空云何解
三十七品十種力十八法釋提桓因語舍利
弗言般若波羅蜜者有大名稱諸不恭敬般
若波羅蜜者爲不恭敬薩云若慧佛告釋提
桓因言如是拘翼不恭敬般若波羅蜜者爲
不恭敬薩云若慧何以故諸佛如來薩云若
慧皆於中生拘翼善男子善女人欲住薩云
若者當住般若波羅蜜欲發道慧者當習行
般若波羅蜜善男子善女人欲離諸習緒當
習行般若波羅蜜欲轉諸佛法輪者當習行
般若波羅蜜善男子善女人欲得須陀洹斯
陀含阿那含阿羅漢辟支佛道三耶三佛道
者當習行般若波羅蜜欲攝持比丘僧者當
習行般若波羅蜜釋提桓因白佛言菩薩云

般若波羅蜜善男子善女人欲得須陁洹斯
陁含阿那含阿羅漢辟支佛道三耶三佛道
者當習行般若波羅蜜欲捴持比丘僧者當
習行般若波羅蜜釋提桓因白佛言菩薩云
何住六波羅蜜云何習六波羅蜜云何行般
若波羅蜜習內外空及有无空云何行三十
七品四无所畏十八法佛告釋提桓因言善哉
善哉拘翼承佛威神乃能作是問如來无所
著等正覺佛言菩薩行般若波羅蜜者不住
於五陰如五陰不住者為習五陰不住於眼
耳鼻口身意不住於色聲香味細滑法不住
十二衰者為習十二衰不住六波羅蜜者為
習六波羅蜜不住內外空及有无空者為習
內外有无空不住三十七品四无所畏十力
至十八法者為習十八法何以故不見五陰
有可住可習者乃至十八法亦不見可住
可習者復次拘翼菩薩於五陰不合者為習
五陰乃至佛十八法不合者為習佛十八法
何以故菩薩索過去五陰不可得見當來五
陰不可得見現在五陰亦不可得見乃至佛
十八法亦如是舍利弗白佛言般若波羅蜜
甚深佛言五陰如尒甚深舍利弗乃至十八
法如亦甚深世尊般若波羅蜜甚深難持難
受佛言五陰難持難受故般若波羅蜜難持

BD14688號　放光般若經（三十卷本）卷一四　（20–18）

十八法亦如是舍利弗白佛言般若波羅蜜
甚深佛言五陰如尒甚深舍利弗乃至十八
法如亦甚深世尊般若波羅蜜甚深難持難
受佛言五陰難持難受故般若波羅蜜難持
難受乃至十八法難持難受故般若波羅蜜
難持難受世尊般若波羅蜜不可平相佛言
五陰不可平相故般若波羅蜜不可平相乃
至十八法不可平相故般若波羅蜜不可平
相佛告舍利弗若菩薩行般若波羅蜜不行
深五陰為行般若波羅蜜乃至十八法深不
行為行般若波羅蜜何以故以五陰深為非
五陰乃至十八法甚深為非十八法佛言若
菩薩行般若波羅蜜不行五陰難持難受為
行般若波羅蜜何以故若五陰難持難受者
為非五陰若十八法難持難受者為非十八
法舍利弗菩薩行般若波羅蜜不行不可平
相五陰為行般若波羅蜜何以故若五陰不
可平相者為非五陰乃至佛十八法不可平
相者為非十八法舍利弗白佛言般若波羅
蜜甚深難解不可平相不當於新學菩薩前
說是深般若波羅蜜聞者或恐或怖狐疑作
导不信不樂當為阿惟越致菩薩摩訶薩說
是深般若波羅蜜聞是終不恐不怖終不疑
导聞則信解釋提桓因問舍利弗正使於新

BD14688號　放光般若經（三十卷本）卷一四　（20–19）

BD14688 號　放光般若經（三十卷本）卷一四　　（20–20）

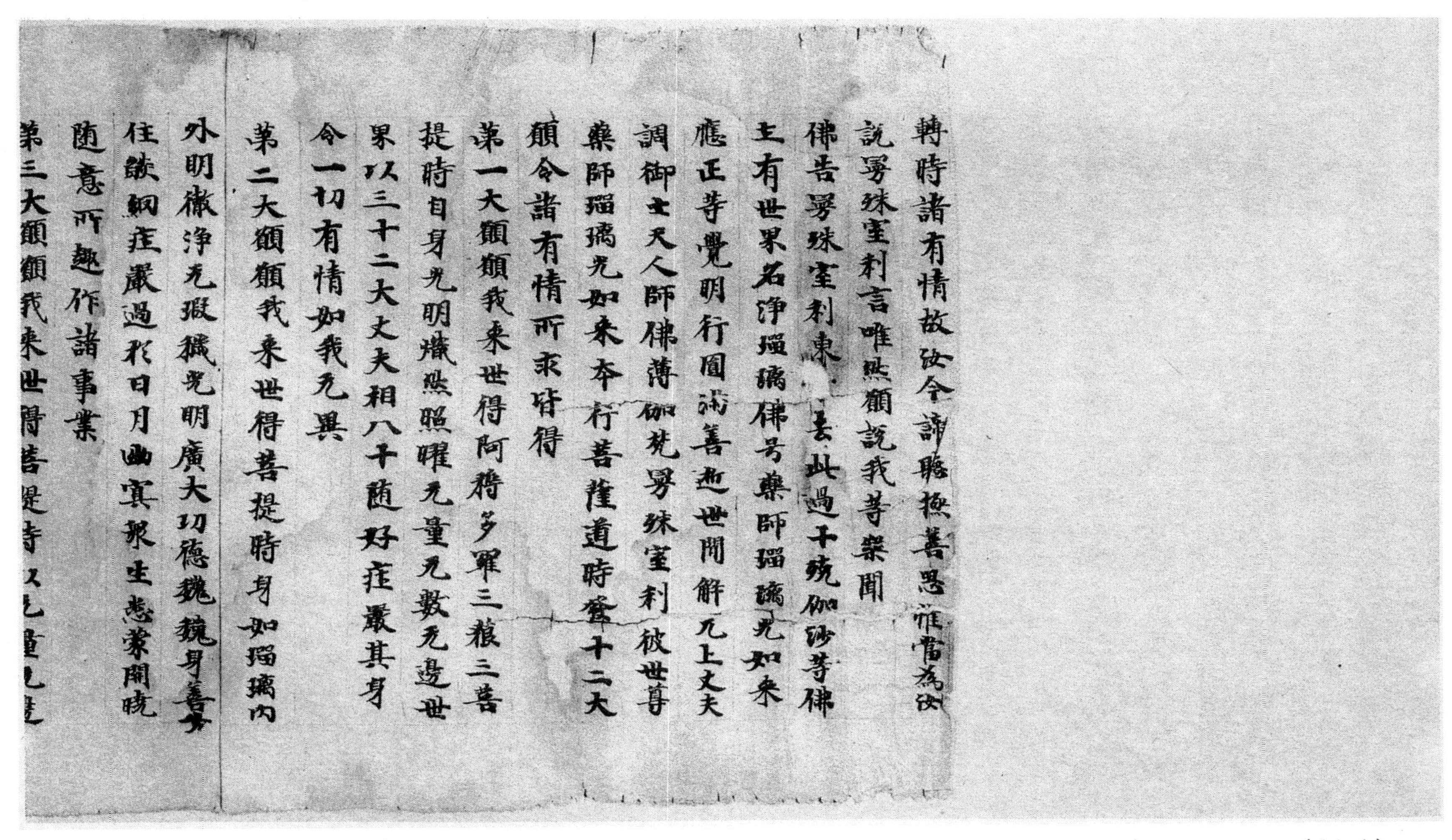

BD14689 號　藥師琉璃光如來本願功德經　　（14–1）

第二大願願我來世得菩提時身如瑠璃內
外明徹淨无瑕穢光明廣大功德巍巍身善安
住燄網莊嚴過於日月幽冥衆生悉蒙開曉
隨意所趣作諸事業
第三大願願我來世得菩提時以无量无邊
智慧方便令諸有情皆得无盡所受用物
莫令衆生有所乏少
第四大願願我來世得菩提時若諸有情行
邪道者悉令安住菩提道中若行聲聞獨覺
乘者皆以大乘而安立之
第五大願願我來世得菩提時若有无量无
邊有情於我法中脩行梵行一切皆令得不
缺戒具三聚戒設有毀犯聞我名已還得
清淨不墮惡趣
第六大願願我來世得菩提時若諸有情其
身下劣諸根不具醜陋頑愚盲聾瘖瘂攣躄
背僂白癩癲狂種種病苦聞我名已一切皆得
端正黠慧諸根完具无諸疾苦
第七大願願我來世得菩提時若諸有情衆
病逼切无救无歸无醫无藥无親无家貧
窮多苦我之名号一經其耳衆病悉除身心安
樂家屬資具悉皆豐足乃至證得无上菩提
第八大願願我來世得菩提時若有女人爲
女百惡之所逼惱極生厭離願捨女身聞我
名已一切皆得轉女成男具丈夫相乃至證
得无上菩提

BD14689號　藥師琉璃光如來本願功德經　（14–2）

樂家屬資具悉皆豐足乃至證得无上菩提
第八大願願我來世得菩提時若有女人爲
女百惡之所逼惱極生厭離願捨女身聞我
名已一切皆得轉女成男具丈夫相乃至證
得无上菩提
第九大願願我來世得菩提時令諸有情出
魔羂網解脫一切外道纏縛若墮種種惡見
稠林皆當引攝置於正見漸令脩習諸菩
薩行速證无上正等菩提
第十大願願我來世得菩提時若諸有情王
法所錄縲縛鞭撻繫閉牢獄或當刑戮及
餘无量災難陵辱悲愁煎迫身心受苦若聞
我名以我福德威神力故皆得解脫一切憂苦
第十一大願願我來世得菩提時若諸有情
飢渴所惱爲求食故造諸惡業得聞我名專
念受持我當先以上妙飲食飽足其身後以法
味畢竟安樂而建立之
第十二大願願我來世得菩提時若諸有情
貧无衣服蚊虻寒熱晝夜逼惱若聞我名專
念受持如其所好即得種種上妙衣服亦得
一切寶莊嚴具華鬘塗香鼓樂衆伎隨心所
翫皆令滿足
曼殊室利是爲彼世尊藥師瑠璃光如來應
正等覺行菩薩道時所發十二微妙上願
復次曼殊室利彼世尊藥師瑠璃光如來行
菩薩道時所發大願及彼佛土功德莊嚴

BD14689號　藥師琉璃光如來本願功德經　（14–3）

曼殊室利是為彼世尊藥師瑠璃光如來應
正等覺行菩薩道時所發十二微妙上願
復次曼殊室利彼世尊藥師瑠璃光如來行
菩薩道時所發大願及彼佛土功德莊嚴
我若一劫若一劫餘說不能盡然彼佛土一向
清淨无有女人亦无惡趣及苦音聲瑠璃為
地金繩界道城闕宮閣軒窻羅網皆七寶成
亦如西方極樂世界功德莊嚴等无差別於
其國中有二菩薩摩訶薩一名日光遍照二
名月光遍照是彼无量无數菩薩衆之上首
悉能持彼世尊藥師瑠璃光如來正法寶
藏是故曼殊室利諸有信心善男子善女人
等應當願生彼佛世界
尒時世尊復告曼殊室利童子言曼殊室利
有諸衆生不識善惡唯懷貪悋不知布施及
施果報愚癡无智闕於信根多聚財寶勤加
守護見乞者來其心不喜設不獲已而行施
時如割身宍深生痛惜復有无量慳貪有情
積集資財於其自身尚不受用何况能與父
母妻子奴婢作使及來乞者彼諸有情從此
命終生餓鬼界或傍生趣由昔人間曾得蹔
聞藥師瑠璃光如來名故今在惡趣蹔得憶
念彼如來名即於念時從彼處沒還生人中
得宿命念畏惡趣苦不樂欲樂好行惠施讚
歎施者一切所有悉无貪惜漸次尚能以頭

BD14689號　藥師琉璃光如來本願功德經　（14–4）

聞藥師瑠璃光如來名故今在惡趣蹔得憶
念彼如來名即於念時從彼處沒還生人中
得宿命念畏惡趣苦不樂欲樂好行惠施讚
歎施者一切所有悉无貪惜漸次尚能以頭
目手足血宍身分施來求者况餘財物
復次曼殊室利若諸有情雖於如來受諸
學處而破尸羅有雖不破尸羅而破軌則有
於尸羅軌則雖得不壞然毀正見有雖不毀正
見而棄多聞於佛所說契經深義不能解
了有雖多聞而增上慢由增上慢覆蔽心故自
是非他嫌謗正法為魔伴黨如是愚人自行
邪見復令无量俱胝有情墮大險坑此諸有
情應於地獄傍生鬼趣流轉无窮若得聞
藥師瑠璃光如來名号便捨惡行脩諸善法
不墮惡趣設有不能捨諸惡行脩行善法
墮惡趣者以彼如來本願威力令其現前蹔聞
名号從彼命終還生人趣得正見精進善調
意樂便能捨家趣於非家如來法中受持學
處无有毀犯正見多聞解甚深義離增上慢
不謗正法不為魔伴漸次脩行諸菩薩行速
得圓滿
復次曼殊室利若諸有情慳貪嫉妬自讚毀
他當墮三惡趣中无量千歲受諸劇苦受劇
苦已從彼命終還生人間作牛馬駝驢恒被
鞭撻飢渴逼惱又常負重隨路而行或得為

BD14689號　藥師琉璃光如來本願功德經　（14–5）

復次曼殊室利若諸有情慳貪嫉妬自讚毀
他當墮三惡趣中无量千歲受諸劇苦受劇
苦已從彼命終還生人間作牛馬駝驢恒被
鞭撻飢渴逼惱又常負重隨路而行或得為
人生居下賤作人奴婢受他驅役恒不自在若
昔人中曾聞世尊藥師瑠璃光如来名号由
此善因今復憶念至心歸依以佛神力衆苦
解脫諸根聰利智慧多聞恒求勝法常遇
善友永斷魔羂破无明殼竭煩惱河解脫一
切生老病死憂悲苦惱
復次曼殊室利若諸有情好喜乖離更相
鬪訟惱亂自他以身語意造作增長種種惡
業展轉常為不饒益事互相謀害告召山林
樹塚等神殺諸衆生取其血肉祭祀藥叉羅
刹婆等書怨人名作其形像以惡呪術而呪
咀之厭媚蠱道呪起屍鬼令斷彼命及壞其
身是諸有情若得聞此藥師瑠璃光如来名
号彼諸惡事悉不能害一切展轉皆起慈心
利益安樂无損惱意及嫌恨心各各歡悅於自
所受生於喜足不相侵陵互為饒益
復次曼殊室利若有四衆苾芻苾芻尼鄔波
索迦鄔波斯迦及餘淨信善男子善女人等
有能受持八分齋戒或經一年或復三月受
持學處以此善根願生西方極樂世界无量
壽佛所聽聞正法而未定者若聞世尊藥師
瑠璃光如来名号[illegible]

BD14689 號　藥師琉璃光如來本願功德經　（14–6）

索迦鄔波斯迦及餘淨信善男子善女人等
有能受持八分齋戒或經一年或復三月受
持學處以此善根願生西方極樂世界无量
壽佛所聽聞正法而未定者若聞世尊藥師
瑠璃光如来名号臨命終時有八菩薩乘神
通来示其道路即於彼界種種雜色衆寶
華中自然化生或有因此生於天上雖生天中
而本善根亦未窮盡不復更生諸餘惡趣天
上壽盡還生人間或為輪王統攝四洲威德
自在安立无量百千有情於十善道或生剎
帝利婆羅門居士大家多饒財寶倉庫盈溢
形相端嚴眷屬具足聰明智慧勇健威猛
如大力士若是女人得聞世尊藥師瑠璃光
如来名号至心受持於後不復更受女身
尒時曼殊室利童子白佛言世尊我當誓於
像法轉時以種種方便令諸淨信善男子善
女人等得聞世尊藥師瑠璃光如来名号乃
至睡中亦以佛名覺悟其耳世尊若於此經
受持讀誦或復為他演說開示若自書若使
人書恭敬尊重以種種華香塗香抹香燒香
花鬘瓔珞幡蓋伎樂而為供養以五色綵作
囊盛之掃灑淨處敷設高座而用安處尒
時四大天王與其眷屬及餘无量百千天衆皆
詣其所供養守護世尊若此經寶流行之處
有能受持以彼世尊藥師瑠璃光如来本願
功德及聞名号當知是處无復橫死亦復不

BD14689 號　藥師琉璃光如來本願功德經　（14–7）

四大天王與其眷屬及餘无量百千天衆皆
詣其所供養守護世尊若此經寶流行之處
有能受持以彼世尊藥瑠璃光如來本願
功德及聞名号當知是處无復横死亦復不
為諸惡鬼神奪其精氣設已奪者還得如
故身心安樂
佛告曼殊室利如是如是如汝所說曼殊室
利若有淨信善男子善女人等欲供養彼
尊藥師瑠璃光如來者應先造立彼佛形像
敷清淨座而安處之散種種花燒種種香以
種種幢幡莊嚴其處七日七夜受八分齋戒
食清淨食澡浴香潔著新淨衣應生无垢
濁心无怒害心於一切有情起利益安樂慈悲
喜捨平等之心鼓樂歌讚右遶佛像復應
彼如來本願功德讀誦此經思惟其義演
說開示隨所樂願一切皆遂求長壽得長壽
富饒得富饒求官位得官位求男女得男女
若復有人忽得惡夢見諸惡相或怪鳥來集
或於住處百怪出現此人若以衆妙資具恭
敬供養彼世尊藥師瑠璃光如來者惡夢惡
相諸不吉祥皆悉隱沒不能為患或有水火
刀毒懸嶮惡象師子虎狼熊羆毒蛇惡蠍蜈
蚣蚰蜒蚊虻等怖若能至心憶念彼佛恭敬供養
一切怖畏皆得解脫若他國侵擾盜賊反亂
憶念恭敬彼如來者亦皆解脫

BD14689號　藥師琉璃光如來本願功德經　（14–8）

刀毒懸嶮惡象師子虎狼熊羆毒蛇惡蠍蜈
蚣蚰蜒蚊虻等怖若能至心憶念彼佛恭敬供養
一切怖畏皆得解脫若他國侵擾盜賊反亂
憶念恭敬彼如來者亦皆解脫
復次曼殊室利若有淨信善男子善女人等
乃至盡形不事餘天唯當一心歸佛法僧受
持禁戒若五戒十戒菩薩四百戒苾芻二百
五十戒苾芻尼五百戒於所受中或有毀犯
怖墮惡趣若能專念彼佛名号恭敬供養者
必定不受三惡趣生或有女人臨當產時受
諸極苦若能至心稱名礼讚恭敬供養彼如
來者衆苦皆除所生之子身分具足形色端
正見者歡喜利根聰明安隱少病无有非人
奪其精氣
尒時世尊告阿難言如我稱揚彼佛世尊藥
師瑠璃光如來所有功德此是諸佛甚深行
處難可解了汝為信不阿難白言大德世尊
我於如來所說契經不生疑惑所以者何一
切如來身語意業无不清淨世尊此日月輪
可令墮落妙高山王可使傾動諸佛所言无
有異也世尊有諸衆生信根不具聞說諸佛
甚深行處作是思惟云何但念藥師瑠璃光
如來一佛名号便獲尒所功德勝利由此不
信返生誹謗彼於長夜失大利樂墮諸惡趣
流轉无窮佛告阿難是諸有情若聞世尊
藥師瑠璃光如來名号至心受持不生疑惑墮

BD14689號　藥師琉璃光如來本願功德經　（14–9）

如来一佛名号便獲尒所功德勝利由此不
信返生誹謗彼於長夜失大利樂墮諸惡趣
流轉无窮佛告阿難是諸有情若聞世尊
藥師瑠璃光如来名号至心受持不生疑惑墮
惡趣者无有是處阿難此是諸佛甚深所行
難可信解汝今能受當知皆是如来威力阿
難一切聲聞獨覺及未登地諸菩薩等皆悉
不能如實信解唯除一生所繫菩薩阿難人
身難得於三寶中信敬尊重亦難可得得聞
世尊藥師瑠璃光如来名号復難於是阿難彼
藥師瑠璃光如来无量菩薩行无量巧方便无
量廣大願我若一劫若一劫餘而廣說者劫可
速盡彼佛行願善巧方便无有盡也尒時衆
中有一菩薩摩訶薩名曰救脫即從座起偏袒
一肩右膝著地曲躬合掌而白佛言大德世
尊像法轉時有諸衆生為種種患之所困厄長
病羸瘦不能飲食喉脣乾燥見諸方暗死相
現前父母親屬朋友知識啼泣圍遶然彼
自身卧在本處見琰魔使引其神識至于琰
摩法王之前然諸有情有俱生神隨其所作
若罪若福皆具書之盡持授與琰魔法王尒
時彼王推問其人筭計所作隨其罪福而處
斷之時彼病人親屬知識若能為彼歸依世
尊藥師瑠璃光如来請諸衆僧轉讀此經然
七層之燈懸五色續命神幡或有是處神識
得還如在夢中明了自見或經七日或二十

時彼王推問其人筭計所作隨其罪福而處
斷之時彼病人親屬知識若能為彼歸依世
尊藥師瑠璃光如来請諸衆僧轉讀此經然
七層之燈懸五色續命神幡或有是處神識
得還如在夢中明了自見或經七日或二十
一日或三十五日或四十九日彼識還時如從夢
覺皆自憶知善不善業所得果報由自證
見業果報故乃至命難亦不造作諸惡之業
是故淨信善男子善女人等皆應受持藥師
瑠璃光如来名号隨力所能恭敬供養
尒時阿難問救脫菩薩曰善男子應云何恭
敬供養彼世尊藥師瑠璃光如来續命幡燈
復云何造救脫菩薩言大德若有病人欲脫病
苦當為其人七日七夜受持八分齋戒應以飲
食及餘資具隨力所辦供養苾芻僧晝夜
六時礼拜供養彼世尊藥師瑠璃光如来讀
誦此經四十九遍然四十九燈造彼如来形像
七軀一一像前各置七燈一一燈量大如車輪
至四十九日光明不絕造五色綵幡長四十九
搩手應放雜類衆生四十九可得過度危厄
之難不為諸横惡鬼所持
復次阿難若刹帝利灌頂王等灾難起時所
謂人衆疾疫難他國侵逼難自界叛逆難星
宿變怪難日月薄蝕難非時風雨難過時不
雨難彼刹帝利灌頂王等尒時應於一切有
情起慈悲心赦諸繫閉依前所說供養之法
供養彼世尊藥師瑠璃光如来由此善根及

謂人衆疾疫難他國侵逼難自界叛逆難
宿變怪難日月薄蝕難非時風雨難過時不
雨難彼刹帝利灌頂王等尒時應於一切有
情起慈悲心赦諸繫閉依前所說供養之法
供養彼世尊藥師瑠璃光如來由此善根及
彼如來本願力故令其國界即得安隱風雨順
時穀稼成熟一切有情无病歡樂於其國中
无有暴惡藥叉等神惱有情者一切惡相皆
即隱沒而刹帝利灌頂王等壽命色力无病
自在皆得增益阿難若帝后妃主儲君王子
大臣輔相中宮綵女百官黎庶為病所苦及
餘厄難亦應造立五色神幡然燈續明放諸
生命散雜色華燒衆名香病得除愈衆難解
脫尒時阿難問救脫菩薩言善男子云何已盡
之命而可增益救脫菩薩言大德汝豈不聞
如來說有九横死耶是故勸造續命幡燈脩
諸福德以脩福故盡其壽命不經苦患阿難
問言九横云何救脫菩薩言若諸有情得病
雖輕然无醫藥及看病者設復遇醫授以非
藥實不應死而便横死又信世間邪魔外道妖
蘖之師妄說禍福便生恐動心不自正卜問
覓禍殺種種衆生解奏神明呼諸魍魎請
乞福祐欲兾延年終不能得愚癡迷惑信邪
倒見遂令横死入於地獄无有出期是名初横
二者横被王法之所誅戮三者畋獵嬉戲耽
婬嗜酒放逸无度横為非人奪其精氣四者

BD14689號　藥師琉璃光如來本願功德經　（14–12）

乞福祐欲兾延年終不能得愚癡迷惑信邪
倒見遂令横死入於地獄无有出期是名初横
二者横被王法之所誅戮三者畋獵嬉戲耽
婬嗜酒放逸无度横為非人奪其精氣四者
横為火焚五者横為水溺六者横為種種惡
獸所噉七者横墮山崖八者横為毒藥厭禱
呪咀起屍鬼等之所中害九者飢渴所困不
得飲食而便横死是為如來略說横死有此九
種其餘復有无量諸横難可具說
復次阿難彼琰魔王主領世間名籍之記若
諸有情不孝五逆破辱三寶壞君臣法毀
於信戒琰魔法王隨罪輕重考而罰之是故我
今勸諸有情然燈造幡放生脩福令度苦厄
不遭衆難
尒時衆中有十二藥叉大將俱在會坐所謂
宮毗羅大將　伐折羅大將　迷企羅大將　安底羅大將
頞儞羅大將　珊底羅大將　因達羅大將　波夷羅大將
摩虎羅大將　真達羅大將　招杜羅大將　毗羯羅大將
此十二藥叉大將一一各有七千藥叉以為眷
屬同時舉聲白佛言世尊我等今者蒙佛
威力得聞世尊藥師瑠璃光如來名号不復
更有惡趣之怖我等相率皆同一心乃至盡
形歸佛法僧誓當荷負一切有情為作義利
饒益安樂隨於何等村城國邑空閑林中若
有流布此經或復受持藥師瑠璃光如來名
号恭敬供養者我等眷屬衛護是人皆使解

BD14689號　藥師琉璃光如來本願功德經　（14–13）

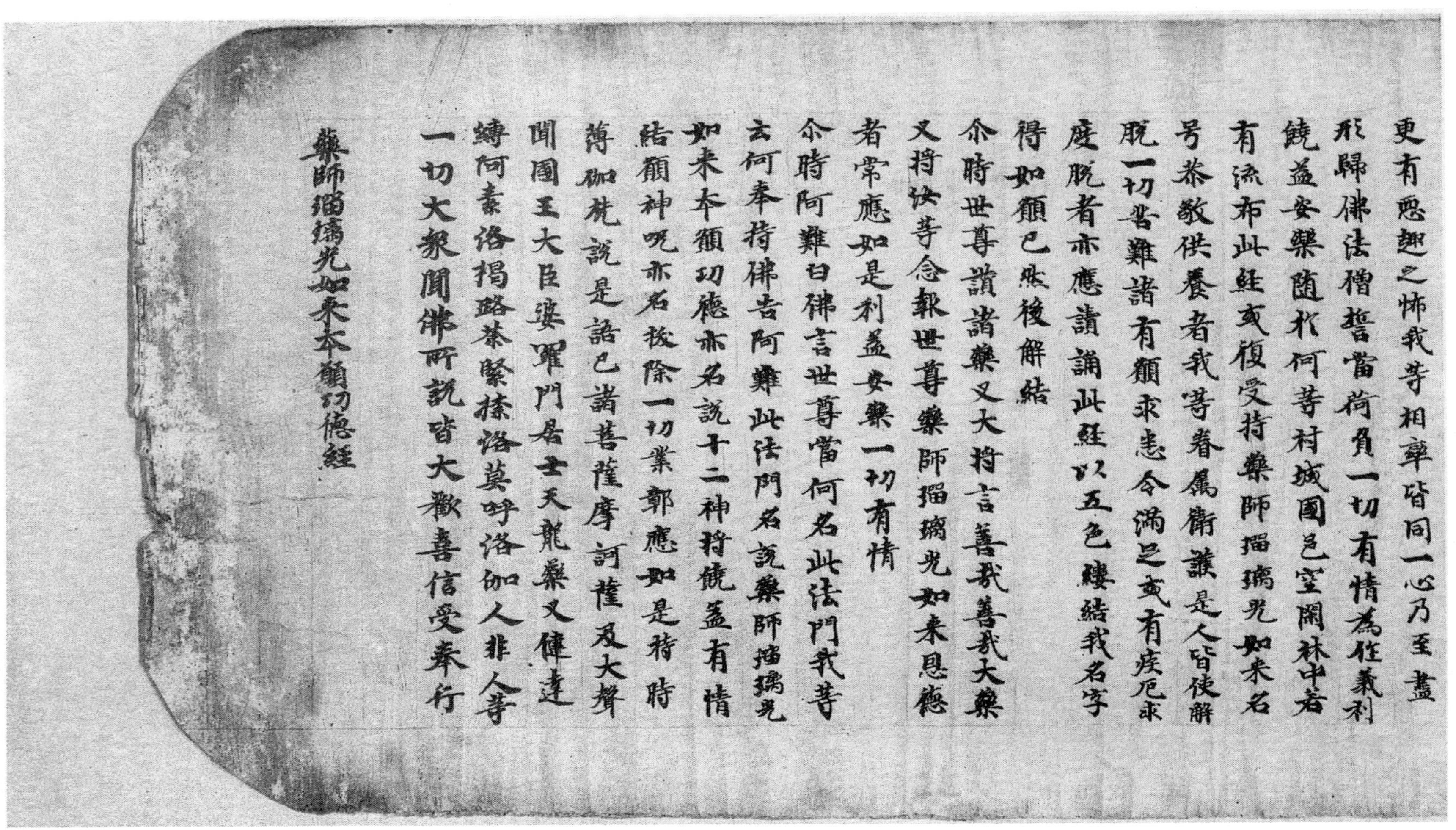
更有惡趣之怖我等相率皆同一心乃至盡
形歸佛法僧誓當荷負一切有情為作義利
饒益安樂隨於何等村城國邑空閑林中若
有流布此經或復受持藥師瑠璃光如來名
号恭敬供養者我等眷屬衛護是人皆使解
脫一切苦難諸有願求悉令滿足或有疾厄求
度脫者亦應讀誦此經以五色縷結我名字
得如願已然後解結
尒時世尊讚諸藥叉大將言善哉善哉大藥
叉將汝等念報世尊藥師瑠璃光如來恩德
者常應如是利益安樂一切有情
尒時阿難白佛言世尊當何名此法門我等
云何奉持佛告阿難此法門名說藥師瑠璃光
如來本願功德亦名說十二神將饒益有情
結願神呪亦名拔除一切業鄣應如是持時
薄伽梵說是語已諸菩薩摩訶薩及大聲
聞國王大臣婆羅門居士天龍藥叉健達
縛阿素洛揭路荼緊捺洛莫呼洛伽人非人等
一切大眾聞佛所說皆大歡喜信受奉行
藥師瑠璃光如來本願功德經

BD14689 號　藥師琉璃光如來本願功德經　（14–14）

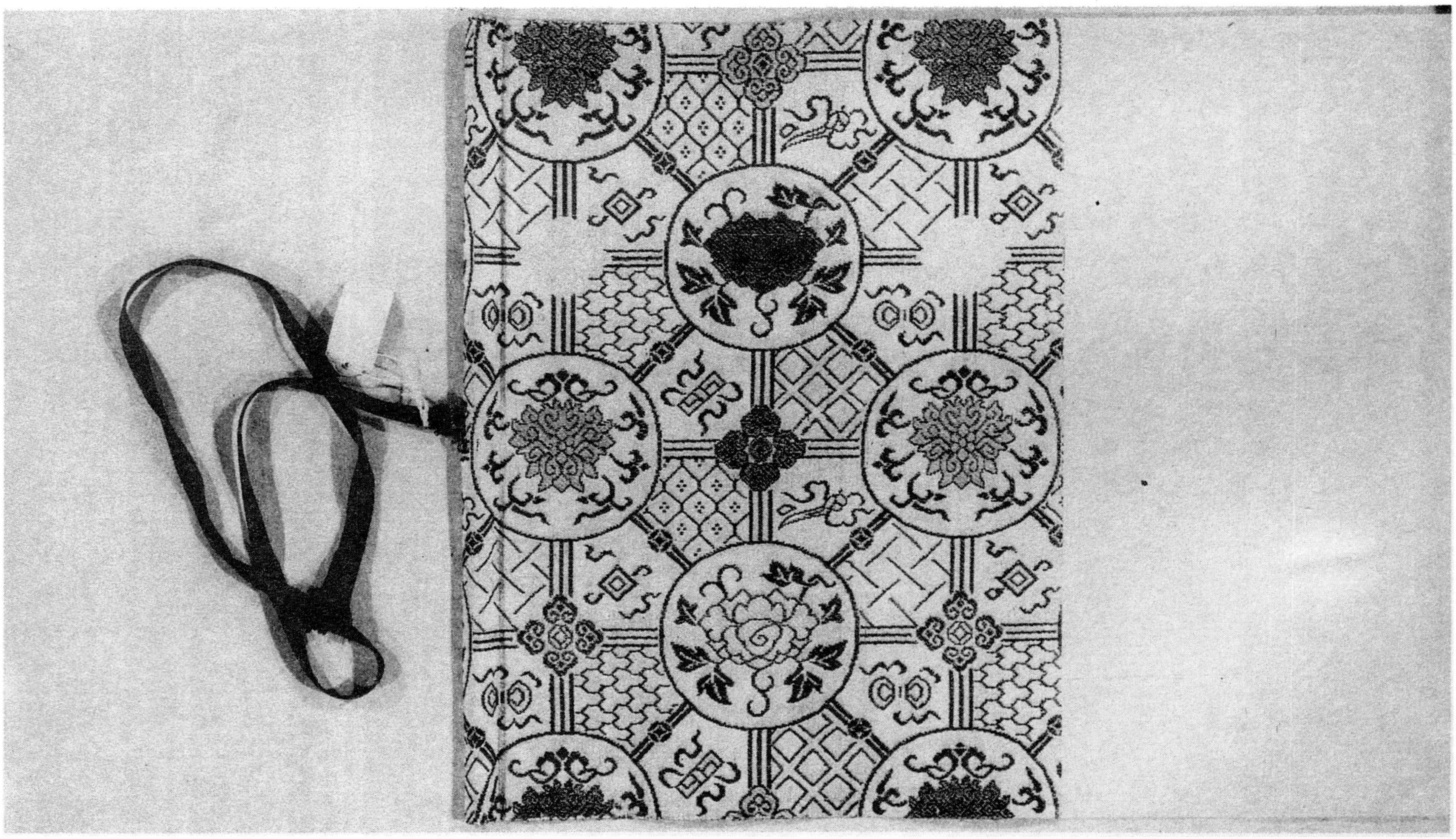

BD14690 號背　護首　（1–1）

法皆悉明了通達又得菩薩淨三昧日星宿
三昧淨光三昧淨色三昧淨照明三昧長莊
嚴三昧大威德藏三昧於此三昧亦悉通達
尒時彼佛欲引導妙莊嚴王及愍念衆生故
說是法華經時淨藏淨眼二子到其母所合
十指爪掌白言願母往詣雲雷音宿王華智
佛所我等亦當侍從親近供養礼拜所以者
何此佛於一切天人衆中說法華經宜應聽
受母告子言汝父信受外道深著婆羅門法
汝等應往白父與共俱去淨藏淨眼合十指
爪掌白母我等是法王子而生此耶見家母
告子言汝等當憂念汝父為現神變若得見
者心必清淨或聽我等往至佛所於是二子
念其父故踊在虛空高七多羅樹現種種神
變於虛空中行住坐臥身上出水身下出大
身下出水身上出火或現大身滿虛空中而

BD14690號　妙法蓮華經卷七　（10–1）

告子言汝等當憂念汝父為現神變若得見
者心必清淨或聽我等往至佛所於是二子
念其父故踊在虛空高七多羅樹現種種神
變於虛空中行住坐臥身上出水身下出大
身下出水身上出火或現大身滿虛空中而
復現小小復現大於空中滅忽然在地入地
如水履水如地現如是等種種神變令其父
王心淨信解時父見子神力如是心大歡喜
得未曾有合掌向子言汝等師為是誰誰之
弟子二子白言大王彼雲雷音宿王華智佛
今在七寶菩提樹下法座上坐於一切世間天
人衆中廣說法華經是我等師我是弟子父
語子言我今亦欲見汝等師可共俱往於是
二子從空中下到其母所合掌白母父王今
已信解堪任發阿耨多羅三藐三菩提心我
等為父已作佛事願母見聽於彼佛所出家
脩道尒時二子欲重宣其意以偈白母
願母放我等　出家作沙門　諸佛甚難值　我等隨佛學
如優曇鉢華　值佛復難是　脫諸難亦難　願聽我出家
母即告言聽汝出家所以者何佛難值故於
是二子白父母言善哉父母願時往詣雲雷
音宿王華智佛所親近供養所以者何佛
難得值如優曇鉢羅華又如一眼之龜值浮木
孔而我等宿福深厚生值佛法是故父母當
聽我等令得出家所以者何諸佛難值時亦

BD14690號　妙法蓮華經卷七　（10–2）

[illegible]
音宿王華智佛所親近供養所以者何佛
難得值如優曇鉢羅華又如一眼之龜值浮木
孔而我等宿福深厚生值佛法是故父母當
聽我等令得出家所以者何諸佛難值時亦
難遇彼時妙莊嚴王後宮八万四千人皆悉
堪任受持是法華經淨眼菩薩於法華三昧
久已通達淨藏菩薩已於无量百千万億劫
通達離諸惡趣三昧欲令一切衆生離諸惡
趣故其王夫人得諸佛集三昧能知諸佛秘
密之藏二子如是以方便力善化其父令心
信解好樂佛法於是妙莊嚴王與羣臣眷屬
俱淨德夫人與後宮采女眷屬俱其王二子
與四万二千人俱一時共詣佛所到已頭面
礼足繞佛三帀却住一面尒時彼佛為王說
法示教利喜王大歡悅尒時妙莊嚴王及其
夫人解頸真珠瓔珞價直百千以散佛上於
虛空中化成四柱寶臺臺中有大寶牀敷百
千万天衣其上有佛結加趺坐放大光明尒
時妙莊嚴王作是念佛身希有端嚴殊特成
就第一微妙之色時雲雷音宿王華智佛告
四衆言汝等見是妙莊嚴王於我前合掌立
不此王於我法中作比丘精勤脩習助佛道
法當得作佛号娑羅樹王國名大光劫名大
高王其娑羅樹王佛有无量菩薩衆及无量

BD14690 號　妙法蓮華經卷七　（10–3）

不此王於我法中作比丘精勤脩習助佛道
法當得作佛号娑羅樹王國名大光劫名大
高王其娑羅樹王佛有无量菩薩衆及无量
聲聞其國平正功德如是其王即時以國付
弟與夫人二子并諸眷屬於佛法中出家脩
道王出家已於八万四千歲常勤精進脩行
妙法華經過是已後得一切淨功德莊嚴三昧
即昇虛空高七多羅樹而白佛言世尊此我
二子已作佛事以神通變化轉我耶心令得
安住於佛法中得見世尊此二子者是我善
知識為欲發起宿世善根饒益我故來生我
家尒時雲雷音宿王華智佛告妙莊嚴王
言如是如是如汝所言若善男子善女人種
善根故世世得善知識其善知識能作佛事
示教利喜令入阿耨多羅三藐三菩提大王
當知善知識者是大因緣所謂化導令得見
佛發阿耨多羅三藐三菩提心大王汝見此
二子不此二子已曾供養六十五百千万億
那由他恒河沙諸佛親近恭敬於諸佛所受
持法華經愍念耶見衆生令住正見妙莊嚴
王即從虛空中下而白佛言世尊如來甚希
有以功德智慧故頂上肉髻光明顯照其眼
長廣而紺青色眉間豪相白如珂月齒白齊
密常有光明脣色赤好如頻婆果尒時妙莊
嚴王讚歎佛如[illegible]

BD14690 號　妙法蓮華經卷七　（10–4）

王即從虛空中下而白佛言世尊如來甚希
有以功德智慧故頂上肉髻光明顯照其眼
長廣而紺青色眉間豪相白如珂月齒白齊
密常有光明脣色赤好如頻婆果尒時妙莊
嚴王讚歎佛如是等无量百千万億功德已
於如來前一心合掌復白佛言世尊未曾有
世如來之法具足成就不可思議微妙功德
教戒所行安隱快善我從今日不復自隨心
行不生邪見憍慢瞋恚諸惡之心說是語已
礼佛而出佛告大衆於意云何妙莊嚴王豈
異人乎今華德菩薩是其淨德夫人今佛前
光照莊嚴相菩薩是哀愍妙莊嚴王及諸眷
屬故於彼中生其二子者今藥王菩薩藥上
菩薩是是藥王藥上菩薩成就如此諸大功
德已於无量百千万億諸佛所殖衆德本成
就不可思議諸善功德若有人識是二菩薩
名字者一切世間諸天人民亦應礼拜佛說
是妙莊嚴王本事品時八万四千人遠塵離
垢於諸法中得法眼淨
妙法蓮華經普賢菩薩勸發品第廿八
尒時普賢菩薩以自在神通力威德名聞與
大菩薩无量无邊不可稱數從東方來所經
諸國普皆震動雨寶蓮華作无量百千万億
種種伎樂又與无數諸天龍夜叉乾闥婆阿
脩羅迦樓羅緊那羅摩睺羅伽人非人等大

BD14690號　妙法蓮華經卷七

（10–5）

尒時普賢菩薩以自在神通力威德名聞與
大菩薩无量无邊不可稱數從東方來所經
諸國普皆震動雨寶蓮華作无量百千万億
種種伎樂又與无數諸天龍夜叉乾闥婆阿
脩羅迦樓羅緊那羅摩睺羅伽人非人等大
衆圍繞各現威德神通之力到娑婆世界耆
闍崛山中頭面礼釋迦牟尼佛右繞七帀白
佛言世尊我於寶威德上王佛國遙聞此娑
婆世界說法華經與无量无邊百千万億諸
菩薩衆共來聽受唯願世尊當為說之若善
男子善女人於如來滅後云何能得是法華
經佛告普賢菩薩若善男子善女人成就四
法於如來滅後當得是法華經一者為諸佛護
念二者殖衆德本三者入正定聚四者發救
一切衆生之心善男子善女人如是成就
四法於如來滅後必得是經尒時普賢菩薩
白佛言世尊於後五百歲濁惡世中其有受
持是經典者我當守護除其衰患令得安隱
使无伺求得其便者若魔若魔子若魔女若
魔民若為魔所著者若夜叉若羅剎若鳩槃
茶若毗舍闍若吉蔗若富單那若韋陀羅等
諸惱人者皆不得便是人若行若立讀誦此
經我尒時乘六牙白象王與大菩薩衆俱詣
其所而自現身供養守護安慰其心亦為供
養法華經故是人若坐思惟此經尒時我復

BD14690號　妙法蓮華經卷七

（10–6）

諸惱人者皆不得便是人若行若立讀誦此
經我爾時乘六牙白象王與大菩薩眾俱詣
其所而自現身供養守護安慰其心亦為供
養法華經故是人若坐思惟此經爾時我復
乘白象王現其人前其人若於法華經有所
忘失一句一偈我當教之與共讀誦還令通
利爾時受持讀誦法華經者得見我身甚大
歡喜轉復精進以見我故即得三昧及陀羅
尼名為旋陀羅尼百千万億旋陀羅尼法音
方便陀羅尼得如是等陀羅尼世尊若後世
後五百歲濁惡世中比丘比丘尼優婆塞優婆
夷求索者受持者讀誦者書寫者欲修習
是法華經於三七日中應一心精進滿三七
日已我當乘六牙白象與无量菩薩而自圍
繞以一切眾生所喜見身現其人前而為說
法示教利喜亦復與其陀羅尼呪得是陀羅
尼故无有非人能破壞者亦不為女人之所
惑亂我身亦自常護是人唯願世尊聽我說
此陀羅尼呪即於佛前而說呪曰
阿檀地途賣反一 檀陀婆地二 檀陀婆帝三 檀陀鳩舍
隸四 檀陀修陀隸五 修陀隸六 修陀羅婆底七 佛
馱波羶禰八 薩婆陀羅尼阿婆多尼九 薩婆婆
沙阿婆多尼十 修阿婆多尼十一 僧伽婆履叉尼十二
僧伽涅伽陀尼十三 阿僧祇十四 僧伽波伽地十五 帝
隸阿惰僧伽兜略盧遮反 阿羅帝波羅帝十六 薩

BD14690號　妙法蓮華經卷七　（10–7）

沙阿婆多尼十 修阿婆多尼十一 僧伽婆履叉尼十二
僧伽涅伽陀尼十三 阿僧祇十四 僧伽波伽地十五 帝
隸阿惰僧伽兜略盧遮反 阿羅帝波羅帝十六 薩
婆僧伽三摩地伽蘭地十七 薩婆達磨修波利
刹帝十八 薩婆薩埵樓馱憍舍略阿㝹伽地十九 辛
阿毗吉利地帝二十
世尊若有菩薩得聞是陀羅尼者當知普賢
神通之力若法華經行閻浮提有受持者應
作此念皆是普賢威神之力若有受持讀誦正
憶念解其義趣如說修行當知是人行普賢
行於无量无邊諸佛所深種善根為諸如來
手摩其頭若但書寫是人命終當生忉利天
上是時八万四千天女作眾伎樂而來迎之
其人即著七寶冠於婇女中娛樂快樂何
況受持讀誦正憶念解其義趣如說修行若
有人受持讀誦解其義趣是人命終為千佛
授手令不恐怖不墮惡趣即往兜率天上彌
勒菩薩所彌勒菩薩有三十二相大菩薩眾所
共圍繞有百千万億天女眷屬而於中生有
如是等功德利益是故智者應當一心自書
若使人書受持讀誦正憶念如說修行世尊
我今以神通力故守護是經於如來滅後閻
浮提內廣令流布使不斷絕爾時釋迦牟尼
佛讚言善哉善哉普賢汝能護助是經令多

BD14690號　妙法蓮華經卷七　（10–8）

我今以神通力故守護是經於如來滅後閻
浮提內廣令流布使不斷絕尒時釋迦牟尼
佛讚言善哉善哉普賢汝能護助是經令多
所衆生安樂利益汝已成就不可思議功德深
大慈悲從久遠來發阿耨多羅三藐三菩提
意而能作是神通之願守護是經我當以神
通力守護能受持普賢菩薩名者普賢
若有受持讀誦正憶念脩習書寫是法華經
者當知是人則見釋迦牟尼佛如從佛口聞
此經典當知是人供養釋迦牟尼佛當知是
人佛讚善哉當知是人為釋迦牟尼佛手摩
其頭當知是人為釋迦牟尼佛衣之所覆如是
之人不復貪著世樂不好外道經書手筆亦
復不喜親近其人及諸惡者若屠兒若畜
猪羊雞狗若獵師若衒賣女色是人心意質
直有正憶念有福德力是人不為三毒所惱
亦不為嫉妬我慢邪慢增上慢所惱是人少
欲知足能脩普賢之行普賢若如來滅後後
五百歲若有人見受持讀誦法華經者應作
是念此人不久當詣道場破諸魔衆得阿耨
多羅三藐三菩提轉法輪擊法鼓吹法螺雨法
雨當坐天人大衆中師子法座上普賢若於
後世受持讀誦是經典者是人不復貪著衣
服卧具飲食資生之物所願不虛亦於現世

多羅三藐三菩提轉法輪擊法鼓吹法螺雨法
雨當坐天人大衆中師子法座上普賢若於
後世受持讀誦是經典者是人不復貪著衣
服卧具飲食資生之物所願不虛亦於現世
得其福報若有人輕毀之言汝狂人耳空作是
行終无所獲如是罪報當世世无眼若有供
養讚歎之者當於今世得現果報若復見受
持是經者出其過惡若實若不實此人現世
得白癩病若輕笑之者當世世牙齒踈缺醜
脣平鼻手脚繚戾眼目角睞身體臭穢惡瘡
膿血水腹短氣諸惡重病是故普賢若見受
持是經典者當起遠迎當如敬佛說是普
賢勸發品時恒河沙等无量无邊菩薩得百
千万億旋陀羅尼三千大千世界微塵等諸
菩薩具普賢道佛說是經時普賢等諸菩薩
舍利弗等諸聲聞及諸天龍人非人等一切
大會皆大歡喜受持佛語作礼而去

妙法蓮華經卷第七

次第乞已還至本處飯食訖收衣鉢洗足
已敷座而坐時長老須菩提在大衆中即從
坐起偏袒右肩右膝著地合掌恭敬而白佛
言希有世尊如來善護念諸菩薩善付囑
諸菩薩世尊善男子善女人發阿耨多羅三藐
三菩提心應云何住云何降伏其心佛言善哉
善哉須菩提如汝所說如來善護念諸菩薩
善付囑諸菩薩汝今諦聽當為汝說善男
子善女人發阿耨多羅三藐三菩提心應如是
住如是降伏其心唯然世尊願樂欲聞
佛告須菩提諸菩薩摩訶薩應如是降伏
其心所有一切衆生之類若卵生若胎生若濕
生若化生若有色若无色若有想若无想
若非有想非无想我皆令入无餘涅槃而滅
度之如是滅度无量无數无邊衆生實无衆生
得滅度者何以故須菩提若菩薩有我相
人相衆生相壽者相即非菩薩
復次須菩提菩薩於法應无所住行於布施
所謂不住色布施不住聲香味觸法布施須
菩提菩薩應如是布施不住於相何以故若

BD14691 號　金剛般若波羅蜜經　（12–1）

度之如是滅度无量无數无邊衆生實无衆生
得滅度者何以故須菩提若菩薩有我相
人相衆生相壽者相即非菩薩
復次須菩提菩薩於法應无所住行於布施
所謂不住色布施不住聲香味觸法布施須
菩提菩薩應如是布施不住於相何以故若
菩薩不住相布施其福德不可思量須菩
提於意云何東方虛空可思量不不也世尊
須菩提南西北方四維上下虛空可思量不
不也世尊須菩提菩薩无住相布施福德亦
復如是不可思量須菩提菩薩但應如所教
住須菩提於意云何可以身相見如來不不
也世尊不可以身相得見如來何以故如來所
說身相即非身相佛告須菩提凡所有相
皆是虛妄若見諸相非相則見如來
須菩提白佛言世尊頗有衆生得聞如是
言說章句生實信不佛告須菩提莫作是
說如來滅後後五百歲有持戒脩福者於此章
句能生信心以此為實當知是人不於一佛二
佛三四五佛而種善根已於无量千万佛所
種諸善根聞是章句乃至一念生淨信者須
菩提如來悉知悉見是諸衆生得如是无量
福德何以故是諸衆生无復我相人相衆生
相壽者相无法相亦无非法相何以故是諸
衆生若心取相為著我人衆生壽者若取
法相即著我人衆生壽者何以故若取非法

BD14691 號　金剛般若波羅蜜經　（12–2）

種諸善根聞是章句乃至一念生淨信者須
菩提如來悉知悉見是諸衆生得如是无量
福德何以故是諸衆生无復我相人相衆生
相壽者相无法相亦无非法相何以故是諸
衆生若心取相爲著我人衆生壽者若取
法相即著我人衆生壽者何以故若取非法
相即著我人衆生壽者是故不應取法不應
取非法以是義故如來常說汝等比丘知我
說法如筏喻者法尚應捨何况非法
須菩提於意云何如來得阿耨多羅三藐三
菩提耶如來有所說法耶須菩提言如我解
佛所說義无有定法名阿耨多羅三藐三菩
提亦无有定法如來可說何以故如來所說
法皆不可取不可說非法非非法所以者何
一切賢聖皆以无爲法而有差別
須菩提於意云何若人滿三千大千世界七
寶以用布施是人所得福德寧爲多不須菩
於意云何可以三十二相見如來不不也世尊
何以故如來說三十二相即是非相是名三十
二相須菩提若有善男子善女人以恒河
河沙等身命布施若復有人於此經中乃至
受持四句偈等爲他人說其福甚多
尒時須菩提聞說是經深解義趣涕淚悲泣
而白佛言希有世尊佛說如是甚深經典我
從昔來所得慧眼未曾得聞如是之經世尊
若復有人得聞是經信心清淨則生實相當
知是人成就第一希有功德世尊是實相者

BD14691號　金剛般若波羅蜜經　（12–3）

受持四句偈等爲他人說其福甚多
尒時須菩提聞說是經深解義趣涕淚悲泣
而白佛言希有世尊佛說如是甚深經典我
從昔來所得慧眼未曾得聞如是之經世尊
若復有人得聞是經信心清淨則生實相當
知是人成就第一希有功德世尊是實相者
則是非相是故如來說名實相世尊我今得
聞如是經典信解受持不足爲難若當來世
後五百歲其有衆生得聞是經信解受持
是人則爲第一希有何以故此人无我相人相
衆生相壽者相所以者何我相即是非相人
相衆生相壽者相即是非相何以故離一切
諸相則名諸佛佛告須菩提如是如是若復
有人得聞是經不驚不怖不畏當知是人甚
爲希有何以故須菩提如來說第一波羅蜜
非第一波羅蜜是名第一波羅蜜
須菩提忍辱波羅蜜如來說非忍辱波羅蜜
何以故須菩提如我昔爲歌利王割截身體
我於尒時无我相无人相无衆生相无壽者相
相何以故我於往昔節節支解時若有我相
人相衆生相壽者相應生瞋恨須菩提又念
過去於五百世作忍辱仙人於尒所世无我相
无人相无衆生相无壽者相是故須菩提
菩薩應離一切相發阿耨多羅三藐三菩提
心不應住色生心不應住聲香味觸法生心應
生无所住心若心有住則爲非住是故佛說
菩薩心不應住色布施須菩提菩薩爲利

BD14691號　金剛般若波羅蜜經　（12–4）

菩薩應離一切相發阿耨多羅三藐三菩提
心不應住色生心不應住聲香味觸法生心應
生无所住心若心有住則為非住是故佛說
菩薩心不應住色布施須菩提菩薩為利
益一切衆生應如是布施如来說一切諸相
即是非相又說一切衆生則非衆生須菩提
如来是真語者實語者如語者不誑語者不
異語者須菩提如来所得法此法无實无虛
須菩提若菩薩心住於法而行布施如人入
闇則无所見若菩薩心不住於法而行布施如
人有目日光明照見種種色須菩提當来
之世若有善男子善女人能於此經受持讀
誦則為如来以佛智慧悉知是人悉見是人
皆得成就无量无邊功德
須菩提若有善男子善女人初日分以恒河
沙等身布施中日分復以恒河沙等身布施
後日分亦以恒河沙等身布施如是无量百
千万億劫以身布施若復有人聞此經典信
心不逆其福勝彼何況書寫受持讀誦為人
解說須菩提以要言之是經有不可思議不
可稱量无邊功德如来為發大乘者說為發
最上乘者說若有人能受持讀誦廣為人說
如来悉知是人悉見人皆成就不可量不
可稱无有邊不可思議功德如是人等則為
荷擔如来阿耨多羅三藐三菩提何以故須
菩提若樂小法者著我見人見衆生見壽

最上乘者說若有人能受持讀誦廣為人說
如来悉知是人悉見人皆成就不可量不
可稱无有邊不可思議功德如是人等則為
荷擔如来阿耨多羅三藐三菩提何以故須
菩提若樂小法者著我見人見衆生見壽
者見則於此經不能聽受讀誦為人解說須菩
提在在處處若有此經一切世間天人阿脩羅
羅所應供養當知此處則為是塔皆應恭
敬作礼圍遶以諸華香而散其處
復次須菩提善男子善女人受持讀誦此經
若為人輕賤是人先世罪業應墮惡道以今
世人輕賤故先世罪業則為消滅當得阿耨
多羅三藐三菩提須菩提我念過去无量阿
僧祇劫於然燈佛前得值八百四千万億那
由他諸佛悉皆供養承事无空過者若復有
人於後末世能受持讀誦此經所得功德於
我所供養諸佛功德百分不及一千万億分
乃至筭數譬喻所不能及須菩提若善男
子善女人於後末世有受持讀誦此經所得
功德我若具說者或有人聞心則狂亂狐疑
不信須菩提當知是經義不可思議果報亦
不可思議
尒時須菩提白佛言世尊善男子善女人發
阿耨多羅三藐三菩提心云何應住云何降
伏其心佛告須菩提善男子善女人發阿耨
多羅三藐三菩提者當生如是心我應滅度

不可思議
尒時須菩提白佛言世尊善男子善女人發
阿耨多羅三藐三菩提心云何應住云何降
伏其心佛告須菩提善男子善女人發阿耨
多羅三藐三菩提者當生如是心我應滅度
一切衆生滅度一切衆生已而无有一衆生
實滅度者何以故若菩薩有我相人相衆生
相壽者相即非菩薩所以者何須菩提實
无有法發阿耨多羅三藐三菩提者
須菩提於意云何如来於然燈佛所有法得
阿耨多羅三藐三菩提不不也世尊如我解
佛所說義佛於然燈佛所无有法得阿耨
多羅三藐三菩提佛言如是如是須菩提實
无有法如来得阿耨多羅三藐三菩提須菩
提若有法如来得阿耨多羅三藐三菩提然
燈佛則不與我受記汝於来世當得作佛号
釋迦牟尼以實无有法得阿耨多羅三藐三菩
提是故然燈佛與我受記作是言汝於来世
當得作佛号釋迦牟尼何以故如来者即
諸法如義若有人言如来得阿耨多羅三藐三
菩提須菩提實无有法佛得阿耨多羅三藐
三菩提須菩提如来所得阿耨多羅三藐三
菩提於是中无實无虛是故如来說一切法
皆是佛法須菩提所言一切法者即非一切
法是故名一切法須菩提譬如人身長大須
菩提言世尊如来說人身長大則為非大身

BD14691 號　金剛般若波羅蜜經　（12–7）

三菩提須菩提如来所得阿耨多羅三藐三
菩提於是中无實无虛是故如来說一切法
皆是佛法須菩提所言一切法者即非一切
法是故名一切法須菩提譬如人身長大須
菩提言世尊如来說人身長大則為非大身
是名大身須菩提菩薩亦如是若作是言
我當滅度无量衆生則不名菩薩何以故須
菩提實无有法名為菩薩是故佛說一切法
无我无人无衆生壽者須菩提若菩薩作
是言我當莊嚴佛土是不名菩薩何以故如来
說莊嚴佛土者即非莊嚴是名莊嚴 須菩
提若菩薩通達无我法者如来說名真 是
菩薩須菩提於意云何如来有肉眼不如是世
尊如来有肉眼須菩提於意云何如来有天
眼不如是世尊如来有天眼須菩提於意云何
如来有慧眼不如是世尊如来有慧眼須菩
提於意云何如来有法眼不如是世尊如来
有法眼須菩提於意云何如来有佛眼不如
是世尊如来有佛眼須菩提於意云何恒河
中所有沙佛說是沙不如是世尊如来說是
沙須菩提於意云何如一恒河中所有沙有
如是等恒河是諸恒河所有沙數佛世界如
是寧為多不甚多世尊佛告須菩提尒所國
土中所有衆生若干種心如来悉知何以故如
来說諸心皆為非心是名為心所以者何須
菩提過去心不可得現在心不可得未来
心不可得須菩提於意云何若有人滿三千

BD14691 號　金剛般若波羅蜜經　（12–8）

是寧為多不甚多世尊佛告須菩提尒所國
土中所有衆生若干種心如来悉知何以故如
来說諸心皆為非心是名為心所以者何須
菩提過去心不可得現在心不可得未来
心不可得須菩提於意云何若有人滿三千
大千世界七寶以用布施是人以是因緣得
福多不如是世尊此人以是因緣得福甚多
須菩提若福德有實如来不說得福德多
福德无故如来說得福德多
須菩提於意云何佛可以具足色身見不不
也世尊如来不應以具足色身見何以故如
来說具足色身即非具足色身是名具足
色身須菩提於意云何如来可以具足諸相
見不不也世尊如来不應以具足諸相見何
以故如来說諸相具足即非具足是名諸
相具足須菩提汝勿謂如来作是念我當
有所說法即為謗佛不能解我所說故須菩
提說法者无法可說是名說法
須菩提白佛言世尊佛得阿耨多羅三藐
三菩提為无所得耶如是如是須菩提我
於阿耨多羅三藐三菩提乃至无有少法可
得是名阿耨多羅三藐三菩提復次須菩提
是法平等无有高下是名阿耨多羅三藐三
菩提以无我无人无衆生无壽者脩一切善法
則得阿耨多羅三藐三菩提須菩提所言善
法者如来說非善法是名善法

得是名阿耨多羅三藐三菩提復次須菩提
是法平等无有高下是名阿耨多羅三藐三
菩提以无我无人无衆生无壽者脩一切善法
則得阿耨多羅三藐三菩提須菩提所言善
法者如来說非善法是名善法
須菩提若三千大千世界中所有諸須弥山
王如是等七寶聚有人持用布施若人以此
般若波羅蜜經乃至四句偈等受持為他人
說於前福德百分不及一千万億分乃至
筭數譬喻所不能及
須菩提於意云何汝等勿謂如来作是念
我當度衆生須菩提莫作是念何以故實无有
衆生如来度者若有衆生如来度者如来則
有我人衆生壽者須菩提如来說有我者
則非有我而凡夫之人以為有我須菩提凡夫
者如来說則非凡夫須菩提於意云何可以
三十二相觀如来不須菩提言如是如是以三
十二相觀如来佛言須菩提若以三十二
相觀如来者轉輪聖王則是如来須菩提白
佛言世尊如我解佛所說義不應以三十二
相觀如来尒時世尊而說偈言
若以色見我　以音聲求我　是人行耶道　不能見如来
須菩提汝若作是念如来不以具足相故得
阿耨多羅三藐三菩提須菩提莫作是念如
来不以具足相故得阿耨多羅三藐三菩提
須菩提汝若作是念發阿耨多羅三藐三菩
提心者說諸法斷滅莫作是念何以故發阿

須菩提汝若作是念如來不以具足相故得
阿耨多羅三藐三菩提須菩提莫作是念如
來不以具足相故得阿耨多羅三藐三菩提
須菩提汝若作是念發阿耨多羅三藐三菩
提者說諸法斷滅相莫作是念何以故發阿
耨多羅三藐三菩提者於法不說斷滅相須
菩提若菩薩以滿恒河沙等世界七寶布施
若復有人知一切法無我得成於忍此菩薩勝
前菩薩所得功德須菩提以諸菩薩不受
福德故須菩提白佛言世尊云何菩薩不受
福德須菩提菩薩所作福德不應貪著是
故說不受福德須菩提若有人言如來若來
若去若坐若卧是人不解如來所說義何以故
如來者無所從來亦無所去故名如來須菩
提若善男子善女人以三千大千世界碎為
微塵於意云何是微塵衆寧為多不甚多
世尊何以故若是微塵衆實有者佛則不說
是微塵衆所以者何佛說微塵衆則非微塵
衆是名微塵衆世尊如來所說三千大千世
界則非世界是名世界何以故若世界實有
者則是一合相如來說一合相則非一合相是
名一合相須菩提一合相者則是不可說但
凡夫之人貪著其事須菩提若人言佛說
我見人見衆生見壽者見須菩提於意云何
是人解我所說義不世尊是人不解如來所
說義何以故世尊說我見人見衆生見壽者

BD14691號　金剛般若波羅蜜經　（12–11）

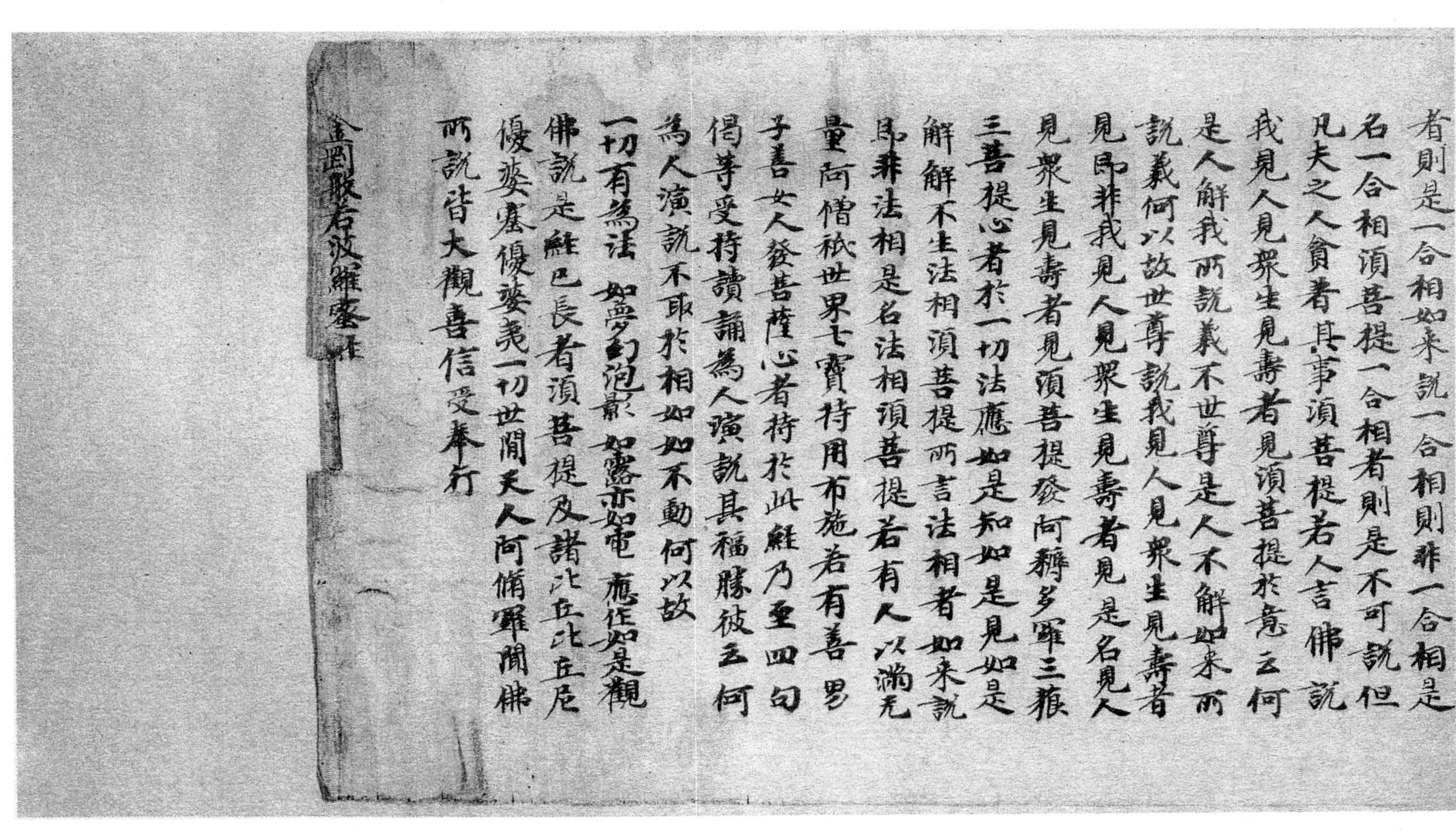

者則是一合相如來說一合相則非一合相是
名一合相須菩提一合相者則是不可說但
凡夫之人貪著其事須菩提若人言佛說
我見人見衆生見壽者見須菩提於意云何
是人解我所說義不世尊是人不解如來所
說義何以故世尊說我見人見衆生見壽者
見即非我見人見衆生見壽者見是名我見人
見衆生見壽者見須菩提發阿耨多羅三藐
三菩提心者於一切法應如是知如是見如是
解解不生法相須菩提所言法相者如來說
即非法相是名法相須菩提若有人以滿無
量阿僧祇世界七寶持用布施若有善男
子善女人發菩薩心者持於此經乃至四句
偈等受持讀誦為人演說其福勝彼云何
為人演說不取於相如如不動何以故
一切有為法　如夢幻泡影　如露亦如電　應作如是觀
佛說是經已長者須菩提及諸比丘比丘尼
優婆塞優婆夷一切世間天人阿脩羅聞佛
所說皆大歡喜信受奉行

金剛般若波羅蜜經

BD14691號　金剛般若波羅蜜經　（12–12）

BD14691 號背　雜寫　　（1–1）

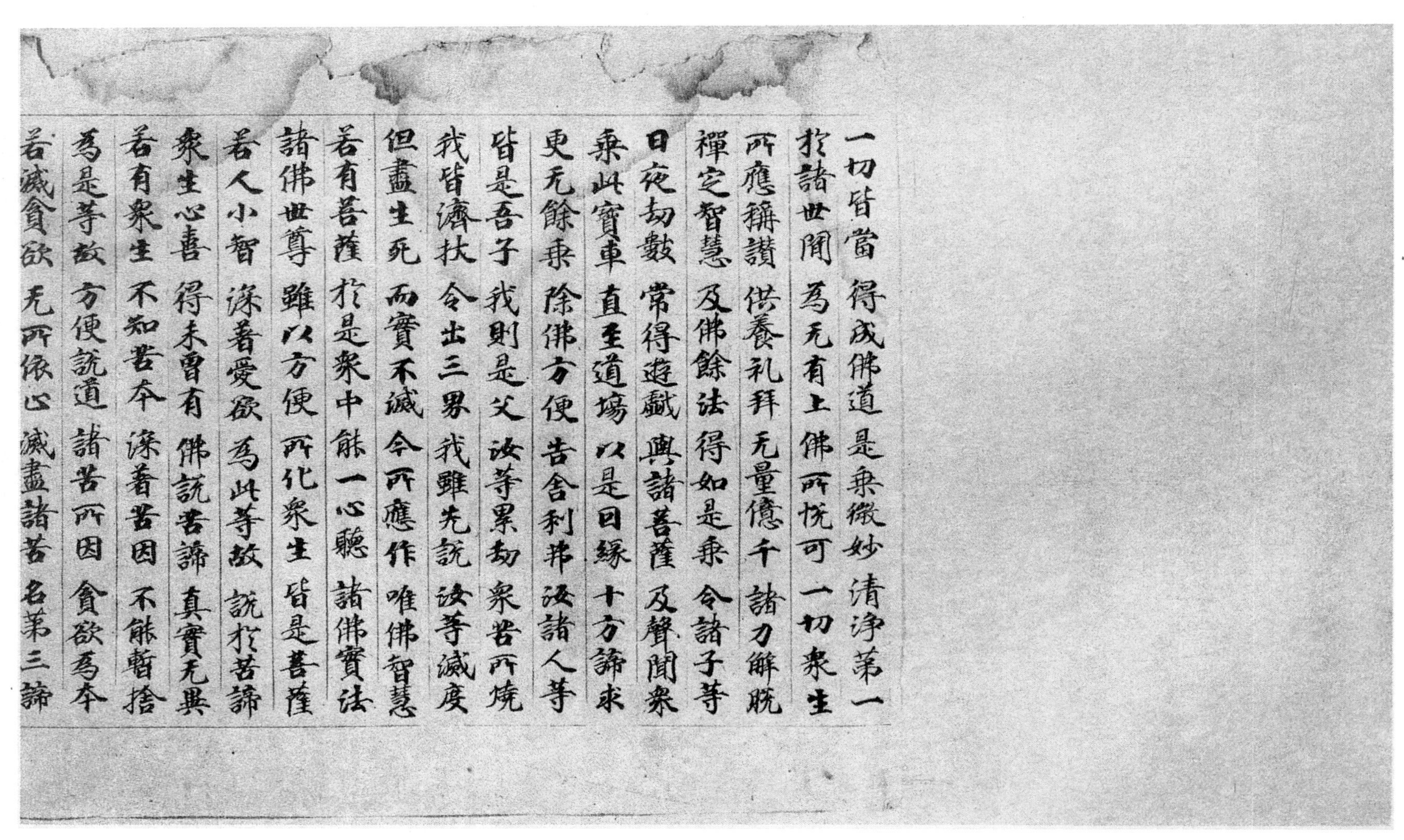

一切皆當　得成佛道　是乘微妙　清淨第一
於諸世間　為无有上　佛所悅可　一切衆生
所應稱讚　供養礼拜　无量億千　諸力解脫
禪定智慧　及佛餘法　得如是乘　令諸子等
日夜劫數　常得遊戲　與諸菩薩　及聲聞衆
乘此寶車　直至道場　以是因緣　十方諦求
更无餘乘　除佛方便　告舍利弗　汝諸人等
皆是吾子　我則是父　汝等累劫　衆苦所燒
我皆濟拔　令出三界　我雖先說　汝等滅度
但盡生死　而實不滅　今所應作　唯佛智慧
若有菩薩　於是衆中　能一心聽　諸佛實法
諸佛世尊　雖以方便　所化衆生　皆是菩薩
若人小智　深著愛欲　為此等故　說於苦諦
衆生心喜　得未曾有　佛說苦諦　真實无異
若有衆生　不知苦本　深著苦因　不能暫捨
為是等故　方便說道　諸苦所因　貪欲為本
若滅貪欲　无所依止　滅盡諸苦　名第三諦

BD14692 號　妙法蓮華經卷二　　（14–1）

諸佛世尊　雖以方便　所化衆生　皆是菩薩
若人小智　深著愛欲　爲此等故　說於苦諦
衆生心喜　得未曾有　佛說苦諦　真實无異
若有衆生　不知苦本　深著苦因　不能暫捨
爲是等故　方便說道　諸苦所因　貪欲爲本
若滅貪欲　无所依止　滅盡諸苦　名第三諦
爲滅諦故　脩行於道　離諸苦縛　名得解脫
是人於何　而得解脫　但離虛妄　名爲解脫
其實未得　一切解脫　佛說是人　未實滅度
斯人未得　无上道故　我意不欲　令至滅度
我爲法王　於法自在　安隱衆生　故現於世
汝舍利弗　我此法印　爲欲利益　世間故說
在所遊方　勿妄宣傳　若有聞者　隨喜頂受
當知是人　阿鞞跋致　若有信受　此經法者
是人已曾　見過去佛　恭敬供養　亦聞是法
若人有能　信汝所說　則爲見我　亦見於汝
及比丘僧　并諸菩薩　斯法華經　爲深智說
淺識聞之　迷惑不解　一切聲聞　及辟支佛
於此經中　力所不及　汝舍利弗　尚於此經
以信得入　況餘聲聞　其餘聲聞　信佛語故
隨順此經　非已智分　又舍利弗　憍慢懈怠
計我見者　莫說此經　凡夫淺識　深著五欲
聞不能解　亦勿爲說　若人不信　毀謗此經
則斷一切　世間佛種　或復顰蹙　而懷疑惑
汝當聽說　此人罪報　若佛在世　若滅度後
其有誹謗　如斯經典　見有讀誦　書持經者
輕賤憎嫉　而懷結恨　此人罪報　汝今復聽

BD14692 號　妙法蓮華經卷二　（14–2）

聞不能解　亦勿爲說　若人不信　毀謗此經
則斷一切　世間佛種　或復顰蹙　而懷疑惑
汝當聽說　此人罪報　若佛在世　若滅度後
其有誹謗　如斯經典　見有讀誦　書持經者
輕賤憎嫉　而懷結恨　此人罪報　汝今復聽
其人命終　入阿鼻獄　具足一劫　劫盡更生
如是展轉　至无數劫　從地獄出　當墮畜生
若狗野干　其形顇瘦　黧黮疥癩　人所觸嬈
又復爲人　之所惡賤　常困飢渴　骨肉枯竭
生受楚毒　死被瓦石　斷佛種故　受斯罪報
若作駱駝　或生驢中　身常負重　加諸杖捶
但念水草　餘无所知　謗斯經故　獲罪如是
有作野干　來入聚落　身體疥癩　又无一目
爲諸童子　之所打擲　受諸苦痛　或時致死
於此死已　更受蟒身　其形長大　五百由旬
聾騃无足　宛轉腹行　爲諸小虫　之所唼食
晝夜受苦　无有休息　謗斯經故　獲罪如是
若得爲人　諸根闇鈍　矬陋攣躄　盲聾背傴
有所言說　人不信受　口氣常臭　鬼魅所著
貧窮下賤　爲人所使　多病痟瘦　无所依怙
雖親附人　人不在意　若有所得　尋復忘失
若脩醫道　順方治病　更增他疾　或復致死
若自有病　无人救療　設服良藥　而復增劇
若他反逆　抄劫竊盜　如是等罪　橫羅其殃
如斯罪人　永不見佛　衆聖之王　說法教化
如斯罪人　常生難處　狂聾心亂　永不聞法
於无數劫　如恒河沙　生輒聾瘂　諸根不具

BD14692 號　妙法蓮華經卷二　（14–3）

若自有病　无人救療　設服良藥　而復增劇
若他反逆　抄劫竊盜　如是等罪　横羅其殃
如斯罪人　永不見佛　衆聖之王　說法教化
如斯罪人　常生難處　狂聾心亂　永不聞法
於无數劫　如恒河沙　生輒聾瘂　諸根不具
常處地獄　如遊園觀　在餘惡道　如己舍宅
駞驢猪狗　是其行處　謗斯經故　獲罪如是
若得為人　聾盲瘖瘂　貧窮諸衰　以自莊嚴
水腫乾痟　疥癩癰疽　如是等病　以為衣服
身常臭處　垢穢不淨　深著我見　增益瞋恚
婬欲熾盛　不擇禽獸　謗斯經故　獲罪如是
告舍利弗　謗斯經者　若說其罪　窮劫不盡
以是因緣　我故語汝　无智人中　莫說此經
若有利根　智慧明了　多聞強識　求佛道者
如是之人　乃可為說　若人曾見　億百千佛
殖諸善本　深心堅固　如是之人　乃可為說
若人精進　常脩慈心　不惜身命　乃可為說
若人恭敬　无有異心　離諸凡愚　獨處山澤
如是之人　乃可為說　又舍利弗　若見有人
捨惡知識　親近善友　如是之人　乃可為說
若見佛子　持戒清潔　如淨明珠　求大乘經
如是之人　乃可為說　若人无瞋　質直柔軟
常愍一切　恭敬諸佛　如是之人　乃可為說
復有佛子　於大衆中　以清淨心　種種因緣
譬喻言辭　說法无礙　如是之人　乃可為說
若有比丘　為一切智　四方求法　合掌頂受
但樂受持　大乘經典　乃至不受　餘經一偈

常愍一切　恭敬諸佛　如是之人　乃可為說
復有佛子　於大衆中　以清淨心　種種因緣
譬喻言辭　說法无礙　如是之人　乃可為說
若有比丘　為一切智　四方求法　合掌頂受
但樂受持　大乘經典　乃至不受　餘經一偈
如是之人　乃可為說　如人至心　求佛舍利
如是求經　得已頂受　其人不復　志求餘經
亦未曾念　外道典籍　如是之人　乃可為說
告舍利弗　我說是相　求佛道者　窮劫不盡
如是等人　則能信解　汝當為說　妙法華經

妙法蓮華經信解品第四

尒時慧命須菩提摩訶迦栴延摩訶迦葉摩訶目揵連從佛所聞未曾有法世尊授舍利弗阿耨多羅三藐三菩提記發希有心歡喜踊躍即從座起整衣服偏袒右肩右膝著地一心合掌曲躬恭敬瞻仰尊顏而白佛言我等居僧之首年並朽邁自謂已得涅槃无所堪任不復進求阿耨多羅三藐三菩提世尊往昔說法既久我時在座身體疲懈但念空无相无作於菩薩法遊戲神通淨佛國土成就衆生心不喜樂所以者何世尊令我等出於三界得涅槃證又今我等年已朽邁於佛教化菩薩阿耨多羅三藐三菩提不生一念好樂之心我等今於佛前聞授聲聞阿耨多羅三藐三菩提記心甚歡喜得未曾有不謂於今忽然得聞希有之法深自慶幸獲大善利无量珎寶不求自得世尊我等今者樂說譬喻以明斯義譬若有人年既幼稚捨父逃

好樂之心我等今於佛前聞授聲聞阿耨多
羅三藐三菩提記心甚歡喜得未曾有不謂
於今忽然得聞希有之法深自慶幸獲大善
利无量珎寶不求自得世尊我等今者樂說
譬喻以明斯義譬若有人年既幼稚捨父逃
逝久住他國或十二十至五十歲年既長大
加復窮困馳騁四方以求衣食漸漸遊行遇
向本國其父先來求子不得中止一城其家
大富財寶无量金銀琉璃珊瑚虎珀頗梨珠
等其諸倉庫悉皆盈溢多有僮僕臣佐吏民
象馬車乘牛羊无數出入息利乃遍他國商
估賈客亦甚衆多時貧窮子遊諸聚落經歷
國邑遂到其父所止之城父每念子與子離
別五十餘年而未曾向人說如此事但自思
惟心懷悔恨自念老朽多有財物金銀珎寶
倉庫盈溢无有子息一旦終沒財物散失无
所委付是以慇勤每憶其子復作是念我若
得子委付財物坦然快樂无復憂慮世尊尒
時窮子傭賃展轉遇到其父舍住立門側遥
見其父踞師子床寶几承足諸婆羅門剎利
居士皆恭敬圍繞以真珠瓔珞價直千万莊
嚴其身吏民僮僕手執白拂侍立左右覆以
寶帳垂諸華幡香水灑地散衆名華羅列寶
物出內取與有如是等種種嚴飾威德特尊
窮子見父有大力勢即懷恐怖悔來至此竊
作是念此或是王或是王等非我傭力得物
之處不如往至貧里肆力有地衣食易得若

寶帳垂諸華幡香水灑地散衆名華羅列寶
物出內取與有如是等種種嚴飾威德特尊
窮子見父有大力勢即懷恐怖悔來至此竊
作是念此或是王或是王等非我傭力得物
之處不如往至貧里肆力有地衣食易得若
久住此或見逼迫強使我作作是念已疾走
而去時富長者於師子座見子便識心大歡
喜即作是念我財物庫藏今有所付我常思
念此子无由見之而忽自來甚適我願我雖
年朽猶故貪惜即遣傍人急追將還尒時使
者疾走往捉窮子驚愕稱怨大喚我不相犯
何為見捉使者執之愈急強牽將還于時窮
子自念无罪而被囚執此必定死轉更惶怖
悶絶躃地父遥見之而語使言不須此人勿
強將來以冷水灑面令得醒悟莫復與語所
以者何父知其子志意下劣自知豪貴為子
所難審知是子而以方便不語他人云是我
子使者語之我今放汝隨意所趣窮子歡喜
得未曾有從地而起往至貧里以求衣食尒
時長者將欲誘引其子而設方便密遣二人
形色憔悴无威德者汝可詣彼徐語窮子此
有作處倍與汝直窮子若許將來使作若言
欲何所作便可語之雇汝除糞我等二人亦
共汝作時二使人即求窮子既已得之具陳
上事尒時窮子先取其價尋與除糞其父見
子愍而怪之又以他日於窓牖中遥見子身
羸瘦憔悴糞土塵坌汙穢不淨即脫瓔珞細

共汝作時二使人即求窮子既已得之具陳
上事尒時窮子先取其價尋與除糞其父見
子愍而怪之又以他日扵窓牖中遥見子身
羸瘦憔悴糞土塵坌汙穢不淨即脫瓔珞細
軟上服嚴飾之具更著麁弊垢膩之衣塵土
坌身右手執持除糞之器狀有所畏語諸作
人汝等勤作勿得懈息以方便故得近其子
後復告言咄男子汝常此作勿復餘去當加
汝價諸有所須瓫器米麵塩酢之屬莫自疑
難亦有老弊使人須者相給好自安意我如
汝父勿復憂慮所以者何我年老大而汝少
壯汝常作時无有欺怠瞋恨怨言都不見汝
有此諸惡如餘作人自今已後如所生子即
時長者更與作字名之為兒尒時窮子雖欣
此遇猶故自謂客作賤人由是之故扵二十年
中常令除糞過是已後心相體信入出无難
然其所止猶在本處世尊尒時長者有疾自
知將死不久語窮子言我今多有金銀珎寶
倉庫盈溢其中多少所應取與汝悉知之我
心如是當體此意所以者何今我與汝便為
不異宜加用心无令漏失尒時窮子即受教
勅領知衆物金銀珎寶及諸庫藏而无悕取
一飡之意然其所止故在本處下劣之心亦
未能捨復經少時父知子意漸已通泰成就
大志自鄙先心臨欲終時而命其子并會親
族國王大臣剎利居士皆悉已集即自宣言

BD14692號　妙法蓮華經卷二　（14–8）

未能捨復經少時父知子意漸已通泰成就
大志自鄙先心臨欲終時而命其子并會親
族國王大臣剎利居士皆悉已集即自宣言
諸君當知此是我子我之所生扵某城中捨
吾逃走跉跰辛苦五十餘年其本字某我名
某甲昔在本城懷憂推覓忽扵此間遇會得
之此實我子我實其父今我所有一切財物
皆是子有先所出內是子所知世尊是時窮
子聞父此言即大歡喜得未曾有而作是念
我本无心有所希求今此寶藏自然而至世
尊大富長者則是如來我等皆以佛子如來
常說我等為子世尊我等以三苦故扵生死
中受諸熱惱迷惑无知樂著小法今日世尊
令我等思惟蠲除諸法戲論之糞我等扵中
勤加精進得至涅槃一日之價既得此已心
大歡喜自以為足而便自謂扵佛法中勤精
進故所得弘多然世尊先知我等心著弊欲
樂扵小法便見縱捨不為分別汝等當有如
來知見寶藏之分世尊以方便力說如來智
慧我等從佛得涅槃一日之價以為大得扵
此大乘无有志求我等又因如來智慧為諸
菩薩開示演說而自扵此无有志願所以者
何佛知我等心樂小法以方便力隨我等說
而我等不知真是佛子今我等方知世尊扵
佛智慧无所悋惜所以者何我等昔來真是
佛子而但樂小法若我等有樂大之心佛則
為我說大乘法扵此經中唯說一乘而昔扵

BD14692號　妙法蓮華經卷二　（14–9）

何佛知我等心樂小法以方便力隨我等說
而我等不知真是佛子今我等方知世尊於
佛智慧无所悋惜所以者何我等昔來真是
佛子而但樂小法若我等有樂大之心佛則
為我說大乘法於此經中唯說一乘而昔於
菩薩前毀呰聲聞樂小法者然佛實以大乘
教化是故我等說本无心有所悕求今法王
大寶自然而至如佛子所應得者皆已得之
尒時摩訶迦葉欲重宣此義而說偈言
我等今日　聞佛音教　歡喜踊躍　得未曾有
佛說聲聞　當得作佛　无上寶聚　不求自得
譬如童子　幼稚无識　捨父逃逝　遠到他土
周流諸國　五十餘年　其父憂念　四方推求
求之既疲　頓止一城　造立舍宅　五欲自娛
其家巨富　多諸金銀　車𤦲馬瑙　真珠琉璃
象馬牛羊　輦輿車乘　田業僮僕　人民眾多
出入息利　乃遍他國　商估賈人　无處不有
千万億眾　圍繞恭敬　常為王者　之所愛念
群臣豪族　皆共宗重　以諸緣故　往來者眾
豪富如是　有大力勢　而年朽邁　益憂念子
宿夜惟念　死時將至　癡子捨我　五十餘年
庫藏諸物　當如之何　尒時窮子　求索衣食
從邑至邑　從國至國　或有所得　或无所得
飢餓羸瘦　體生瘡癬　漸次經歷　到父住城
傭賃展轉　遂至父舍　尒時長者　於其門內
施大寶帳　處師子座　眷屬圍繞　諸人侍衛
或有計筭　金銀寶物　出內財產　注記券疏

BD14692號　妙法蓮華經卷二　（14–10）

從邑至邑　從國至國　或有所得　或无所得
飢餓羸瘦　體生瘡癬　漸次經歷　到父住城
傭賃展轉　遂至父舍　尒時長者　於其門內
施大寶帳　處師子座　眷屬圍繞　諸人侍衛
或有計筭　金銀寶物　出內財產　注記券疏
窮子見父　豪貴尊嚴　謂是國王　若是王等
驚怖自怪　何故至此　覆自念言　我若久住
或見逼迫　強驅使作　思惟是已　馳走而去
借問貧里　欲往傭作　長者是時　在師子座
遙見其子　嘿而識之　即勑使者　追捉將來
窮子驚喚　迷悶躃地　是人執我　必當見殺
何用衣食　使我至此　長者知子　愚癡狹劣
不信我言　不信是父　即以方便　更遣餘人
眇目矬陋　无威德者　汝可語之　云當相雇
除諸糞穢　倍與汝價　窮子聞之　歡喜隨來
為除糞穢　淨諸房舍　長者於牖　常見其子
念子愚劣　樂為鄙事　於是長者　著弊垢衣
執除糞器　往到子所　方便附近　語令勤作
既益汝價　并塗足油　飲食充足　薦席厚煖
如是苦言　汝當勤作　又以耎語　若如我子
長者有智　漸令入出　經二十年　執作家事
示其金銀　真珠頗梨　諸物出入　皆使令知
猶處門外　止宿草庵　自念貧事　我无此物
父知子心　漸已廣大　欲與財物　即聚親族
國王大臣　剎利居士　於此大眾　說是我子
捨我他行　經五十歲　自見子來　已二十年
昔於某城　而失是子　周行求索　遂來至此

BD14692號　妙法蓮華經卷二　（14–11）

父知子心　漸已廣大　欲與財物　即聚親族
國王大臣　剎利居士　扵此大衆　說是我子
捨我他行　經五十歲　自見子來　已二十年
昔扵某城　而失是子　周行求索　遂來至此
凡我所有　舍宅人民　悉以付之　恣其所用
子念昔貧　志意下劣　今扵父所　大獲珍寶
并及舍宅　一切財物　甚大歡喜　得未曾有
佛亦如是　知我樂小　未曾說言　汝等作佛
而說我等　得諸无漏　成就小乘　聲聞弟子
佛勅我等　說最上道　脩習此者　當得成佛
我承佛教　教大菩薩　以諸因緣　種種譬喻
若干言辭　說无上道　諸佛子等　從我聞法
日夜思惟　精勤脩習　是時諸佛　即授其記
汝扵來世　當得作佛　一切諸佛　秘藏之法
但為菩薩　演其實事　而不為我　說斯真要
如彼窮子　得近其父　雖知諸物　心不悕取
我等雖說　佛法寶藏　自无志願　亦復如是
我等內滅　自謂為足　唯了此事　更无餘事
我等若聞　淨佛國土　教化衆生　都无欣樂
所以者何　一切諸法　皆悉空寂　无生无滅
无大无小　无漏无為　如是思惟　不生喜樂
我等長夜　扵佛智慧　无貪无著　无復志願
而自扵法　謂是究竟　我等長夜　脩習空法
得脫三界　苦惱之患　住最後身　有餘涅槃
佛所教化　得道不虛　則為已得　報佛之恩
我等雖為　諸佛子等　說菩薩法　以求佛道
而扵是法　永无願樂　導師見捨　觀我心故

BD14692 號　妙法蓮華經卷二　(14–12)

得脫三界　苦惱之患　住最後身　有餘涅槃
佛所教化　得道不虛　則為已得　報佛之恩
我等雖為　諸佛子等　說菩薩法　以求佛道
而扵是法　永无願樂　導師見捨　觀我心故
初不勸進　說有實利　如富長者　知子志劣
以方便力　柔伏其心　然後乃付　一切財物
佛亦如是　現希有事　知樂小者　以方便力
調伏其心　乃教大智　我等今日　得未曾有
非先所望　而今自得　如彼窮子　得无量寶
世尊我今　得道得果　扵无漏法　得清淨眼
我等長夜　持佛淨戒　始扵今日　得其果報
法王法中　久脩梵行　今得无漏　无上大果
我等今者　真是聲聞　以佛道聲　令一切聞
我等今者　真阿羅漢　扵諸世間　天人魔梵
普扵其中　應受供養　世尊大恩　以希有事
憐愍教化　利益我等　无量億劫　誰能報者
手足供給　頭頂礼敬　一切供養　皆不能報
若以頂戴　兩肩荷負　扵恒沙劫　盡心恭敬
又以美膳　无量寶衣　及諸卧具　種種湯藥
牛頭栴檀　及諸珍寶　以起塔廟　寶衣布地
如斯等事　以用供養　扵恒沙劫　亦不能報
諸佛希有　无量无邊　不可思議　大神通力
无漏无為　諸法之王　能為下劣　忍于斯事
取相凡夫　隨宜為說　諸佛扵法　得最自在
知諸衆生　種種欲樂　及其志力　隨所堪任
以无量喻　而為說法　隨諸衆生　宿世善根
又知成熟　未成熟者　種種籌量　分別知已

BD14692 號　妙法蓮華經卷二　(14–13)

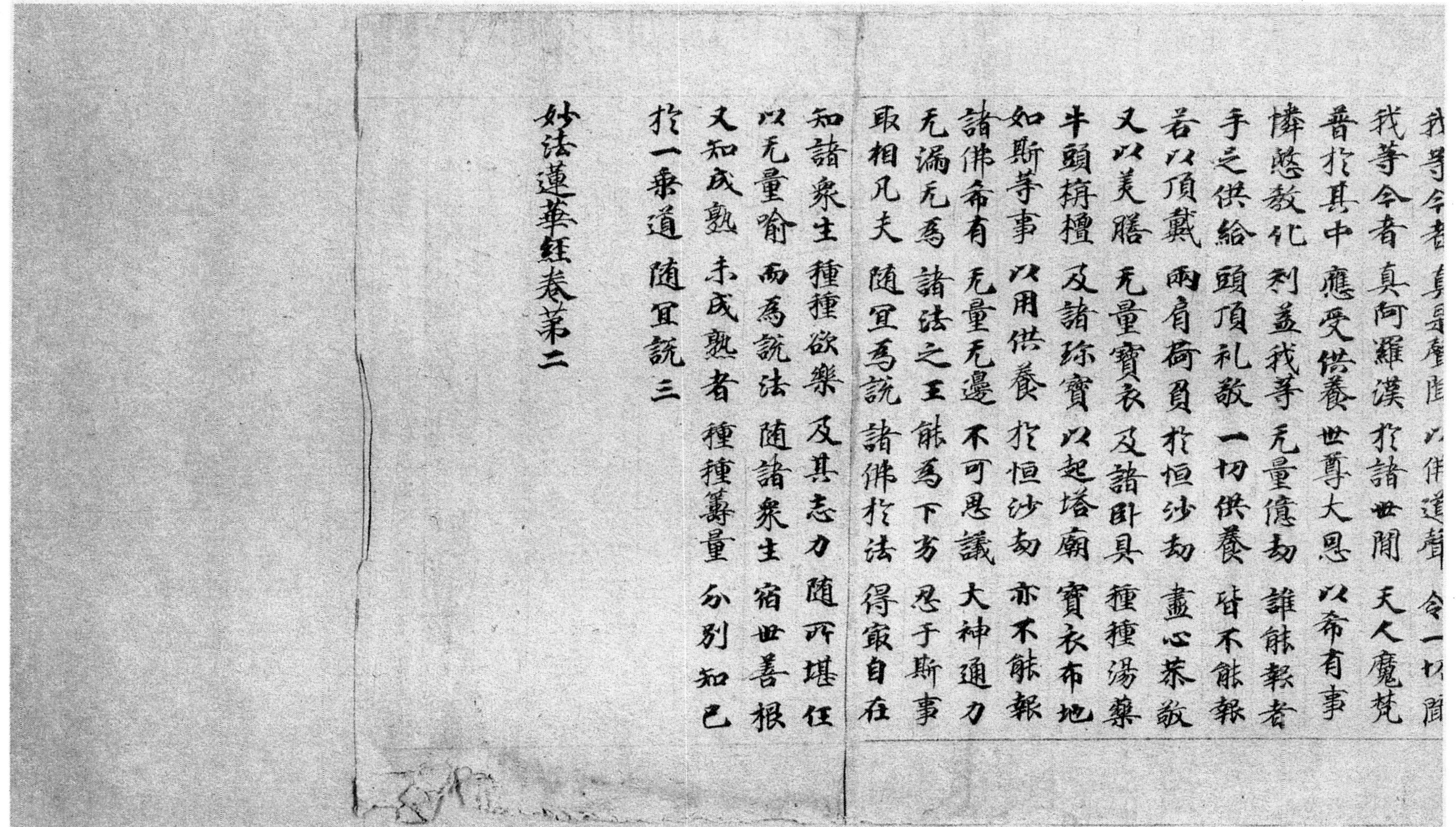

我等今者 真是聲聞 以佛道聲 令一切聞
我等今者 真阿羅漢 於諸世間 天人魔梵
普於其中 應受供養 世尊大恩 以希有事
憐愍教化 利益我等 无量億劫 誰能報者
手足供給 頭頂礼敬 一切供養 皆不能報
若以頂戴 兩肩荷負 於恒沙劫 盡心恭敬
又以美膳 无量寶衣 及諸卧具 種種湯藥
牛頭栴檀 及諸珎寶 以起塔廟 寶衣布地
如斯等事 以用供養 於恒沙劫 亦不能報
諸佛希有 无量无邊 不可思議 大神通力
无漏无為 諸法之王 能為下劣 忍于斯事
取相凡夫 隨宜為說 諸佛於法 得最自在
知諸衆生 種種欲樂 及其志力 隨所堪任
以无量喻 而為說法 隨諸衆生 宿世善根
又知成熟 未成熟者 種種籌量 分別知已
於一乘道 隨宜說三

妙法蓮華經卷第二

BD14692號　妙法蓮華經卷二　　（14–14）

著　録　凡　例

本目錄採用條目式著錄法。諸條目意義如下：

1.1　著錄編號。用漢語拼音首字“BD”表示，意為“北京圖書館藏敦煌遺書”，簡稱“北敦號”。文獻寫在背面者，標註為“背”。一件遺書上抄有多個文獻者，用數字 1、2、3 等標示小號。一號中包括幾件遺書，且遺書形態各自獨立者，用字母 A、B、C 等區別。

1.2　著錄分類號。本條記目錄暫不分類，該項空缺。

1.3　著錄文獻的名稱、卷本、卷次。

1.4　著錄千字文編號。

1.5　著錄縮微膠卷號。

2.1　著錄遺書的總體數據。包括長度、寬度、紙數、正面抄寫總行數與每行字數、背面抄寫總行數與每行字數。如該遺書首尾有殘破，則對殘破部分單獨度量，用加號加在總長度上。凡屬這種情況，長度用括弧標註。

2.2　著錄每紙數據。包括每紙長度及抄寫行數或界欄數。

2.3　著錄遺書的外觀。包括：(1) 裝幀形式。(2) 首尾存況。(3) 護首、軸、軸頭、天竿、縹帶，經名是書寫還是貼簽，有無經名號，扉頁、扉畫。(4) 卷面殘破情況及其位置。(5) 尾部情況。(6) 有無附加物（蟲繭、油污、線繩及其他）。(7) 有無裱補及其年代。(8) 界欄。(9) 修整。(10) 其他需要交待的問題。

2.4　著錄一件遺書抄寫多個文獻的情況。

3.1　著錄文獻首部文字與對照本核對的結果。

3.2　著錄文獻尾部文字與對照本核對的結果。

3.3　著錄錄文。

3.4　著錄對文獻的說明。

4.1　著錄文獻首題。

4.2　著錄文獻尾題。

5　　著錄本文獻與對照本的不同之處。

6.1　著錄本遺書首部可與另一遺書綴接的編號。

6.2　著錄本遺書尾部可與另一遺書綴接的編號。

7.1　著錄題記、題名、勘記等。

7.2　著錄印章。

7.3　著錄雜寫。

7.4　著錄護首及扉頁的內容。

8　　著錄年代。

9.1　著錄字體。如有武周新字、合體字、避諱字等，予以說明。

9.2　著錄卷面二次加工的情況。包括句讀、點標、科分、間隔號、行間加行、行間加字、硃筆、墨塗、倒乙、刪除、兌廢等。

10　著錄敦煌遺書發現後，近現代人所加內容，裝裱、題記、印章等。

11　備註。著錄揭裱互見、圖版本出處及其他需要說明的問題。

上述諸條，有則著錄，無則空缺。

為避文繁，上述著錄中出現的各種參考、對照文獻，暫且不列版本說明。全目結束時，將統一編制本條記目錄出現的各種參考書目。

本條記目錄為農曆年份標註其公曆紀年時，未進行歲頭年末之換算，請讀者使用時注意自行換算。

條　記　目　錄

BD14623—14692

1.1　BD14623 號
1.3　大方廣佛華嚴經（唐譯八十卷本）卷四五
1.4　新 0823
2.1　（5.5+313.5）×26.7 厘米；8 紙；181 行，行 17 字。
2.2　01：5.5+37，24；　02：42.0，24；　03：42.0，24；
04：42.0，24；　05：42.0，24；　06：42.0，24；
07：42.0，24；　08：24.5，13。
2.3　卷軸裝。首殘尾全。打紙，砑光上蠟。卷面多水漬，上下邊有破裂及殘洞，第 3、4 紙接縫處下部開裂。有烏絲欄。
3.1　首 3 行下殘→大正 0279，10/0239C19～21。
3.2　尾全→大正 0279，10/0241C26。
4.2　大方廣佛華嚴經卷第卌五（尾）。
8　7～8 世紀。唐寫本。
9.1　楷書。
10　有木匣。匣蓋題簽為"敦煌出土唐人寫經"。有黃綢包皮，上有白綢簽："《大方廣佛華嚴經》，十尺五寸，一百八十一行，天函。"匣底中部有墨筆"天"，貼一紙簽，上寫"收 1039 之 1"。
尾紙背下部有 1 個"壽"字。

1.1　BD14624 號
1.3　梵網經盧舍那佛說菩薩心地戒品第十卷下
1.4　新 0824
2.1　（17+328）×25 厘米；8 紙；190 行，行 17 字。
2.2　01：17+11，15；　02：51.5，28；　03：50.5，28；
04：51.0，28；　05：51.0，28；　06：51.0，28；
07：50.5，28；　08：12.5，07。
2.3　卷軸裝。首殘尾斷。經黃打紙，砑光上蠟。首紙下有殘缺，第 3 紙與 7～8 紙接縫處脫開。背有古代裱補。有烏絲欄。已修整。
3.1　首 9 行下殘→大正 1484，24/1006B23～C03。
3.2　尾殘→大正 1484，24/1009A17。
8　7～8 世紀。唐寫本。
9.1　楷書。
9.2　有行間校加字。
10　有木匣。匣蓋題簽為"敦煌出土唐人寫經"。有黃綢包皮，上有白綢簽："經名未詳，十二尺二寸，一百九十行，地函"。匣底中部有墨筆"地"，貼一紙簽，上寫"收 1039 之 2"。
首紙背紙簽上寫有"購"及數字。尾紙背下部有 1 個"壽"字。

1.1　BD14625 號
1.3　大般涅槃經（北本　思溪本）卷二七
1.4　新 0825
2.1　（6.4+715.9）×25.2 厘米；17 紙；428 行，行 17 字。
2.2　01：6.4+5.3，07；　02：46.4，28；　03：46.7，28；
04：46.5，28；　05：46.7，28；　06：46.4，28；
07：46.5，28；　08：46.4，28；　09：46.7，28；
10：46.7，28；　11：46.6，28；　12：46.4，28；
13：46.5，28；　14：46.7，28；　15：46.5，28；
16：46.6，28；　17：12.3，01。
2.3　卷軸裝。首殘尾全。經黃打紙。卷面有殘洞，接縫處上下有開裂。有烏絲欄。
3.1　首 4 行上下殘→大正 0374，12/0522C26～28。
3.2　尾全→大正 0374，12/0528A04。
4.2　大般涅槃經卷第廿七（尾）。
5　與《大正藏》本對照，分卷不同。此卷經文止於《大正藏》本卷二七後部。分卷與《思溪藏》、《普寧藏》、《嘉興藏》相同。
8　7～8 世紀。唐寫本。
9.1　楷書。
10　有木匣。匣蓋題簽為"敦煌出土唐人寫經"。有黃綢包皮，上有白綢簽"《大般涅槃經》，二十三尺五寸，四百二十八行，元函"。
匣底中部有墨筆"元"，貼一紙簽，上寫"收 1039 之 4"。

1.1　BD14626 號
1.3　維摩詰所說經卷上
1.4　新 0826
2.1　(352.7 +3) ×24.6 厘米；9 紙；205 行，行 17 字。
2.2　01：12.0，07；　02：47.6，28；　03：47.6，28；
04：48.5，28；　05：48.5，28；　06：48.5，28；
07：48.5，28；　08：48.5，28；　09：03.0，02。
2.3　卷軸裝。首斷尾殘。經黄打紙。卷面多水漬，有油污，多殘破，卷中尤重，接縫處有開裂。首紙脱落 1 塊殘片，已綴接。背有古代裱補。有烏絲欄。已修整。
3.1　首殘→大正 0475，14/0537C24。
3.2　尾 2 行上下殘→大正 0475，14/0540B06 ~08。
8　7 ~8 世紀。唐寫本。
9.1　楷書。
10　有木匣。匣蓋題簽為“敦煌出土唐人寫經”。有黄綢包皮，上有白綢簽“《金光明最勝王經》，十一尺十一寸，一百九十八行，黄函”。匣底中部有墨筆“黄”，貼一紙簽，上寫“收 1039 之 3”。

1.1　BD14627 號
1.3　維摩詰所說經卷中
1.4　新 0827
2.1　1072.2 ×25 厘米；22 紙；578 行，行 17 字。
2.2　01：16.0，護首；　02：49.8，27；　03：50.3，28；
04：50.0，28；　05：50.3，28；　06：50.5，28；
07：50.3，28；　08：50.3，28；　09：50.3，28；
10：50.3，28；　11：50.3，28；　12：50.5，28；
13：50.4，28；　14：50.5，28；　15：50.3，28；
16：50.4，28；　17：50.3，28；　18：50.3，28；
19：50.4，28；　20：50.4，28；　21：50.3，28；
22：50.0，19。
2.3　卷軸裝。首尾均全。經黄紙。第 2 紙有豎裂。背有古代裱補。尾另配敦煌原軸，上端有銅質蓮蓬形軸頭，已受壓變形，軸上粘有殘破敦煌紙，但非本遺書之紙張。有烏絲欄。後補護首。扉頁有烏絲欄，已殘。
3.1　首全→大正 0475，14/0544A25。
3.2　尾全→大正 0475，14/0551C27。
4.1　文殊師利問疾品第五（首）。
4.2　維摩詰經卷第二（尾）。
8　7 ~8 世紀。唐寫本。
9.1　楷書。
9.2　有行間校加字及刮改。
10　有木匣。匣蓋題簽為“敦煌出土唐人寫經”。有黄綢包皮，上有白綢簽：“《維摩詰經》，三十八尺十寸，五百七十六行。辰函。”匣底中部有墨筆“辰”，貼一紙簽，上寫“收 1039 之 5”。

1.1　BD14628 號
1.3　金剛般若波羅蜜經（十二分本）
1.4　新 0828
2.1　(1.8 +551.6) ×24.7 厘米；12 紙；303 行，行 17 字。
2.2　01：1.8 +16.4，10；　02：50.5，28；　03：50.2，28；
04：50.5，28；　05：50.2，28；　06：50.6，28；
07：50.7，28；　08：50.7，28；　09：50.2，28；
10：50.7，28；　11：50.2，28；　12：30.7，13。
2.3　卷軸裝。首殘尾全。卷面有黴斑。接出拖尾，附有敦煌原軸，蓮蓬形軸頭，鑲嵌花瓣脱落。近代托裱為手卷。有烏絲欄。
3.1　首行殘→大正 0236，08/0749A05。
3.2　尾全→大正 0236，08/0752C03。
4.2　金剛般若波羅蜜經（尾）。
5　與《大正藏》本對照，本文獻為十二分本。存文從第三分後部分到第十二分結束。本號經文無冥司偈，參見《大正藏》，8/751C16 ~19。
8　7 ~8 世紀。唐寫本。
9.1　楷書。
9.2　有行間加行及行間校加字。
10　有木匣。匣蓋題簽為“敦煌出土唐人寫經”。有黄綢包皮，上有白綢簽“《金剛般若波羅蜜經》，十八尺一寸，三百〇二行，宿函”。匣底中部有墨筆“宿”，貼一紙簽，上寫“收 1039 之 6”。

通卷揭裱。接出護首、拖尾。護首題簽：“唐人寫《金剛般若波羅蜜經》，寒雲。”

扉頁前部有陽文硃印，1.8 ×4.1 厘米，印文為“蒼芒齋審定/金石書畫記”。其下有陽文硃印，1.7 ×1.7 厘米，印文為“抱存藏書”。

扉頁有題記：“謹按上文共闕二百一十八字。”題記下有陰文硃印，1.2 ×1.2 厘米，印文為：“尚同眼福”。其下有陽文硃印，2.4 ×4.1 厘米，印文為“寒雲秘笈珍藏之印”。

處均有陽文硃印，0.8 ×0.8 厘米，印文為“豹岑”。

陰文硃印，2.1 ×3.5 厘米，印文為“高山黄鑑賞章”。

1.1　BD14629 號
1.3　無量壽宗要經
1.4　新 0829
2.1　155.5 ×31 厘米；4 紙；110 行，行 30 餘字。
2.2　01：44.0，30；　02：38.0，27；　03：44.0，32；
04：29.5，21。
2.3　卷軸裝。首尾均全。卷背多鳥糞。有烏絲欄。後配木軸。
3.1　首全→大正 0936，19/0082A03。
3.2　尾全→大正 0936，19/0084C29。
4.1　大乘無量壽經（首）。
4.2　佛說無量壽宗要經（尾）。
8　8 ~9 世紀。吐蕃統治時期寫本。
9.1　行楷。
9.2　有刮改。

10　有黄綢包皮，上有白綢簽："《大乘無量壽經》，全五尺弱，二百十行，列函。"

1.1　BD14630 號 1
1.3　金光明經卷一
1.4　新 0830
2.1　1019.4×30.8 厘米；24 紙；720 行，行 33 字。
2.2　01：42.0，28；　02：42.3，28；　03：42.3，28；
04：42.2，28；　05：42.1，28；　06：42.1，28；
07：42.1，28；　08：42.3，28；　09：42.3，28；
10：42.3，28；　11：42.3，28；　12：42.0，32；
13：42.1，32；　14：42.0，32；　15：43.3，34；
16：43.0，34；　17：42.7，34；　18：43.0，34；
19：42.8，34；　20：43.0，34；　21：43.0，34；
22：43.0，34；　23：43.0，34；　24：42.2，10。
2.3　卷軸裝。首脱尾全。打紙，砑光上蠟。卷面油污，首紙有蟲蛀殘洞，上方有破裂及殘洞，第 14、15 紙接縫上部開裂。背有古代裱補。有烏絲欄。
2.4　本遺書包括 4 個文獻：(一)《金光明經》卷一，66 行，今編為 BD14630 號 1。(二)《金光明經》卷二，221 行，今編為 BD14630 號 2。(三)《金光明經》卷三，211 行，今編為 BD14630 號 3。(四)《金光明經》卷四，222 行，今編為 BD14630 號 4。
3.1　首殘→大正 0663，16/0338C22。
3.2　尾全→大正 0663，16/0340C10。
4.2　金光明經卷第一（尾）。
8　8～9 世紀。吐蕃統治時期寫本。
9.1　楷書。
9.2　有倒乙。
10　有黄綢包皮，上有白綢簽"《金光明經》，二十二尺七寸，七百廿二行，張函"。

1.1　BD14630 號 2
1.3　金光明經卷二
1.4　新 0830
2.4　本遺書由 4 個文獻組成，本文獻為第 2 個，221 行。餘參見 BD14630 號 1 之第 2 項。
3.1　首全→大正 0663，16/0340C11。
3.2　尾全→大正 0663，16/0346B09。
4.1　金光明經四天王品第六，卷第二（首）。
4.2　金光明經卷第二（尾）。
8　8～9 世紀。吐蕃統治時期寫本。
9.1　楷書。
9.2　有行間校加字。有倒乙。

1.1　BD14630 號 3
1.3　金光明經卷三
1.4　新 0830
2.4　本遺書由 4 個文獻組成，本文獻為第 3 個，211 行。餘參見 BD14630 號 1 之第 2 項。
3.1　首全→大正 0663，16/0346B12。
3.2　尾全→大正 0663，16/0352B09。
4.1　金光明經散脂鬼神品第十，卷三（首）。
4.2　卷第三（尾）。
8　8～9 世紀。吐蕃統治時期寫本。
9.1　楷書。
9.2　有行間校加字及刮改。有倒乙。

1.1　BD14630 號 4
1.3　金光明經卷四
1.4　新 0830
2.4　本遺書由 4 個文獻組成，本文獻為第 4 個，222 行。餘參見 BD14630 號 1 之第 2 項。
3.1　首全→大正 0663，16/0352B12。
3.2　尾全→大正 0663，16/0358A29。
4.1　金光明經流水長者子品第十六，卷第四（首）。
4.2　金光明經卷第四（尾）。
8　8～9 世紀。吐蕃統治時期寫本。
9.1　楷書。
9.2　有行間校加字。

1.1　BD14631 號
1.3　大般若波羅蜜多經卷三三四
1.4　新 0831
2.1　(9.5＋802.5)×26 厘米；17 紙；471 行，行 17 字。
2.2　01：9.5＋35，26；　02：47.5，28；　03：48.0，28；
04：48.0，28；　05：48.0，28；　06：48.0，28；
07：48.0，28；　08：48.0，28；　09：48.0，28；
10：48.0，28；　12：48.0，28；　12：48.0，28；
13：48.0，28；　14：48.0，28；　15：48.0，28；
16：48.0，28；　17：48.0，25。
2.3　卷軸裝。首尾均全。有護首，有竹質天竿和縹帶殘根。有燕尾。背有古代裱補。有烏絲欄。
3.1　首 5 行下殘→大正 0220，06/0710C20～28。
3.2　尾全→大正 0220，06/0716A28。
4.1　大般若波羅蜜多經卷第三百卌四，/初分善學品第五十三之四，三藏法師玄奘奉詔［譯］/（首）。
4.2　大般若波羅蜜多經卷第三百卌四（尾）。
7.4　護首有經名及本文獻所屬袟次："大般若波羅蜜多經卷第三百卌四，卌四"。有經名號。
8　8～9 世紀。吐蕃統治時期寫本。
9.1　楷書。
10　護首貼有紅紙。
後配木盒，盒蓋綠色填刻"燉煌石室唐人寫經"，下有雙行

小字："勁壇吾兄鑒藏，孔憲廷自蘭州寄贈。"盒底有簽"購6060"。

1.1 BD14632 號 1
1.3 大般涅槃經（北本 異卷）卷三八
1.4 新 0832
2.1 598.8×25.2 厘米；13 紙；338 行，行 17 字。
2.2 01：49.1，27； 02：49.5，28； 03：47.3，26；
04：46.6，27； 05：48.8，28； 06：48.6，28；
07：48.5，28； 08：48.7，28； 09：48.6，28；
10：48.7，28； 11：48.6，28； 12：48.6，28；
13：17.2，06。
2.3 卷軸裝。首尾均全。通卷近代托裱。有烏絲欄。前 3 紙為 7～8 世紀唐寫本，後 10 紙為 8～9 世紀吐蕃統治時期寫本。
2.4 本遺書包括 2 個文獻：（一）《大般涅槃經》卷三八，81 行，今編為 BD14632 號 1。（二）《大般若波羅蜜多經》卷一八四，257 行，今編為 BD14632 號 2。
3.1 首全→大正 0374，12/0586C24。
3.2 尾殘→大正 0374，12/0587C19。
4.1 大般涅槃經卷第卅八，迦葉菩薩品（首）。
5 與《大正藏》本對照，分卷不同。此卷經文始於卷三八前部。與歷代大藏經分卷均不相同，屬於異卷。
8 7～8 世紀。唐寫本。
9.1 楷書。
10 近代裝裱為手卷，接出紫紅色萬字不斷頭織錦護首及拖尾，有天竿、縹帶。護首題簽："《大般涅槃經》卷第卅八迦葉菩薩品，右岑敬藏，悉厂題。"題簽下有陰文硃印，1.2×1.2 厘米，印文為"錢唐鈡氏"。

1.1 BD14632 號 2
1.3 大般若波羅蜜多經卷一八四
1.4 新 0832
2.4 本遺書由 2 個文獻組成，本文獻為第 2 個，257 行。餘參見 BD14632 號 1 之第 2 項。
3.1 首缺→大正 0220，05/0990B27。
3.2 尾全→大正 0220，05/0993B23。
4.2 大般若波羅蜜多經卷第一百八十四（尾）。
8 8～9 世紀。吐蕃統治時期寫本。
9.1 楷書。

1.1 BD14633 號 1
1.3 老子道德經卷上
1.4 新 0833
2.1 （20＋239.2）×24.5 厘米；6 紙；156 行，行 16、17 字。
2.2 01：20＋10.7，17； 02：45.5，28； 03：46.0，28；
04：46.0，28； 05：45.5，27； 06：45.5，28。
2.3 卷軸裝。首殘尾脫。打紙。前 4 紙有等距離殘洞。通卷有近代裱補。有烏絲欄。近代接出護首時補殘字。
2.4 本遺書包括 2 個文獻：（一）《老子道德經》卷上，109 行，今編為 BD14633 號 1。（二）《老子道德經》卷下，47 行，今編為 BD14633 號 2。
3.1 首 10 行上殘→《中華道藏》，09/0029A07～18。
3.2 尾全→《中華道藏》，09/0031A11。
4.2 老子道經上（尾）。
5 與《中華道藏》本對照，每章下標明字數。
8 7～8 世紀。唐寫本。
9.1 楷書。
10 近代接出護首及拖尾。扉頁有題跋 2 條：

"德化劉氏藏唐人寫《道德經》白本殘卷，往年屢求一觀未得。聞今展/轉歸元方兄。擕以相示，乃償宿願。

欣然開卷，詳校一過。知上虞羅/氏所藏第九章至第十四章殘文半截二十行，即從此卷斷脫。其後/十一行自第十二章'五色令人目盲'至第十四章'搏之不得名曰微'，兩相/銜接，止佚'五味令'三字，以下皆吻合無間。爰不避續貂之譏，輒補臨卷/首，以為他日延津劍合之券。儻亦元方兄所樂許乎？

敦煌石室散/出《老子》殘卷，余所知見二十餘本，以巴黎博物館藏《河上公注》一卷，/存四十章，李榮注五卷，存三十七章為最富，其餘或存四、五章/至二十餘章，無逾三十章者。獨此卷存第十二章至第四十八章，/合羅氏殘文亦有四十章之多，堪以媲美巴黎兩注。本為白本，/第一卷中異文多與成玄英疏義暗合。其罕見者，如第十五章/'水將汋'、第十六章'公能生'、第二十章'魁無所歸'、第二十四章'喘者/不久'，並與遂州龍興觀碑本相同，淵源近古，尤可珍貴。第三十六章/'將欲廢之，必固與之'，他本皆作'必固興之'。按：此'與'字當讀作'舉'，/葉下丈'將欲奪之，必固與之'韻，後人不識古'與'字可通假作'舉'，/疑兩句'與'字重出為形誤，億（臆）改上句'與'字作'興'，遂失其故。余撰/《老子古本考》，嘗論及此，以為古本或作兩'與'字。今得確證信然，亦/快事也。

乙酉（1945）十月桐鄉勞健篤文識。/"此下有陰文硃印，0.8×0.8 厘米，印文為"勞健篤文"。

"羅氏《道德經考異》校錄敦煌寫本十一種。甲至己與壬皆/羅氏自藏。所謂乙本，即從此卷斷脫之殘篇。又有丁本，自/第二十七章'聖人常善救人'至第三十六章'將欲翕之，必固張/之'共三十九行，亦白文。每章記字數，而附有校筆。如：第三十章'不/以兵彊天下'，'彊'下補'於'字；'非道早也'，'也'字正作'已'；第三十一章'兵者/不祥器'，'器'上補'之'字；可證與此卷實同一祖本。第三十五章'天/下往，往而不害'，二'往'字無，譌奪。下記字數為卅七，非卌七，並可/勘正此卷筆誤。惜所存止十章，又皆與此卷重出，不能補其闕/佚，為憾事也。篤文又識。"卷首題跋下有陽文硃印，0.7×0.7 厘米，印文為"思閒齋"。

此後依據羅振玉本補臨《老子道德經》20 行。

卷尾下方有陰文硃印，1×1 厘米，印文為"趙鈁珍藏"。

1.1　BD14633 號 2
1.3　老子道德經卷下
1.4　新 0833
2.4　本遺書由 2 個文獻組成，本文獻為第 2 個，47 行。餘參見 BD14633 號 1 之第 2 項。
3.1　首全→《中華道藏》，09/0031C01。
3.2　尾殘→《中華道藏》，09/0032B17。
4.1　老子德經下（首）。
8　7～8 世紀。唐寫本。
9.1　楷書。

1.1　BD14634 號
1.3　南華真經注卷二一
1.4　新 0834
2.1　136.5×24.4 厘米；3 紙；83 行，行 17 字。
2.2　01：45.5，27；　02：45.5，28；　03：45.5，28。
2.3　卷軸裝。首全尾脱。經黄打紙。首紙有等距離殘損。通卷有現代托裱。有烏絲欄。
3.1　首全→《中華道藏》，13/0351B01。
3.2　尾脱→《中華道藏》，13/0356B18。
4.1　南華真經田子方品第廿一（首）。
5　與《中華道藏》本對照，本號僅有郭象注，無成玄英疏。《中華道藏》本為注疏合成本，共三五卷，本品屬於卷二三。在郭象單注本中，本品所屬卷次，尚需考訂。
8　7～8 世紀。唐寫本。
9.1　楷書。避唐諱。
9.2　有行間校加字。
10　近代裝裱為手卷，接出藍花織錦護首，有天竿、縹帶。護首題簽："初唐寫本《南華真經田子方品》殘卷，上虞［羅振玉］。"下有陽文硃印，0.8×1 厘米，印文為"□□"。下端貼一紙簽，上寫"獻，2221"。

首紙右下端及首紙殘破處有 3 枚陰文硃印：（1）1.2×1.2 厘米，印文為"趙鈁珍藏"。（2）1.9×19 厘米，印文為"抱殘翁壬戌歲所得敦煌古籍"。（3）1.7×1.7 厘米，印文為"羅振玉印"。

卷尾兩端有白色軸頭。下端軸頭上寫有黑字"一四"。

1.1　BD14635 號
1.3　增壹阿含經卷四七
1.4　新 0835
2.1　463.3×26.6 厘米；9 紙；243 行，行 17 字。
2.2　01：51.9，27；　02：51.4，27；　03：51.4，27；
04：51.5，27；　05：51.5，27；　06：51.5，27；
07：51.5，27；　08：51.5，27；　09：51.1，27。
2.3　卷軸裝。首斷尾脱。第 2 紙上邊有破裂。近代托裱為手卷。有烏絲欄。
3.1　首殘→大正 0125，02/0801C14。
3.2　尾殘→大正 0125，02/0804C19。
8　6 世紀。南北朝寫本。
9.1　楷書。
10　近代裝裱為手卷，接出藍色織錦護首，有天竿及藍色縹帶及玉別子。護首有白色織錦題簽"燉煌隋經"。下有紙簽"購 6939"。

拖尾有題跋 2 條：

（一）"敦皇石室寫經，以他卷之有年/代題識者，證其楮質字體，定/為隋人書。隋書集南北大成，有/宋梁之媚麗而兼元魏、周、齊之/廉悍，最為可貴。此卷鑄金截玉，/精光逼人，當是開皇初所為。氣味/之厚，自非唐代書家所能夢見，/尤足珍也。歙縣許承堯記。/"下有陽文硃印，1.5×1.5 厘米，印文為"許承堯印"。

（二）"海内好古家，得宋元人墨迹數行，/輒睥睨一世。自敦煌石室發現後，六朝/隋唐人鈔書寫經之真面目為人間所/未見者。幸予之生晚也，來隴六年，極宜/搜羅，得若干卷。内有《灌頂經》，字體樸茂，/證以有年月標題之他卷，及際唐、蘭如/兩公鑒證，定為隋人書。煜青出此卷相/示，攜歸比對，與《灌頂》實出一手，絲黍不爽。/因書此還之。庚申（1920）夏日合肥孔憲廷誌。/"下有陽文硃印，1.2×1.2 厘米，印文為："憲廷長壽"。

卷首尾與近代護首騎縫處上端，各有一陽文硃印，3.1×3.1 厘米，印文為"能除去一切苦真實不虛"。卷首下端及拖尾上端，各有一圓形陽文硃印，直徑 3.3 厘米，印文為"日向壺中特地長"。卷尾上端有陽文硃印，1.7×3.4 厘米，印文為："怡怡齋珍藏書畫章"。

1.1　BD14636 號 1
1.3　殘曆（擬）
1.4　新 0836
2.1　444.3×27 厘米；12 紙；正面 301 行，行字不等；背面 122 行，行字不等。
2.2　01：11.0，素紙；　02：11.0，04；　03：53.0，38；
04：40.5，29；　05：41.0，29；　06：41.4，29；
07：40.6，29；　08：50.1，36；　09：43.2，31；
10：38.0，26；　12：33.0，23；　12：41.5，27。
2.3　卷軸裝。首尾均全。原有護首，用 2 張紙粘接而成。尾有芨芨草尾軸。局部有殘缺，近代已裱補。已修整。
2.4　本遺書包括 5 個文獻：（一）《殘曆》（擬），4 行，抄寫在正面，今編為 BD14636 號 1。（二）《逆剌占》，289 行，抄寫在正面，今編為 BD14636 號 2。（三）《三端俱全大丈夫等詩三首》（擬），8 行，抄寫在正面，今編為 BD14636 號 3。（四）《毛詩鄭箋》，122 行，抄寫在背面，今編為 BD14636 號背 1。（五）《大曆序》，9 行，抄寫在背面，今編為 BD14636 號背 2。
3.3　錄文：

（首殘）

□之加入歲已來□月副之下/

□已七乘之二百二十八除為積月烈□…□/
重已小盡月加上位卅乘積月已七除□…□/
不滿為小盡餘已幾法去之竿外已□…□/
（錄文完）
7.2　卷背各紙騎縫處有墨書花押“鳥”字。
7.4　護首寫有“逆刾占一卷”，為 BD14636 號 2 的名稱。
8　9～10 世紀。歸義軍時期寫本。
9.1　楷書。
10　護首上書“共長乙丈二尺三寸”，又有墨書“座”字。
扉頁有 4 方硃印：（1）陽文兩方：4.2×2.5 厘米，印文為“化隆韓泉如鑑賞之章”。（2）陽文：3.5×3.5 厘米，印文為“化隆韓輔丞德如之印”。（3）陰文：2.2×2.2 厘米，印文為“漱霞山房”。
扉頁與首紙騎縫處有橢圓形陽文硃印：1.7×3.1 厘米，印文為“百拙子”。
卷中有陽文硃印，1.5×1.5 厘米，印文不清。
卷尾有 2 枚陽文硃印：（1）4.2×2.5 厘米，印文為“化隆韓泉如鑑賞之章”。（2）2.2×2.3 厘米，印文為“秀峰珍藏”。
卷尾背下方有陽文硃印，3.5×3.5 厘米，印文為“化隆韓輔丞德如之印”。背有紙簽“購 5568”。
13　本文獻抄寫在扉頁上。

1.1　BD14636 號 2
1.3　逆刾占
1.4　新 0836
2.4　本遺書由 5 個文獻組成，本文獻為第 2 個，289 行。餘參見 BD14636 號 1 之第 2 項。
3.4　説明：
本號所抄為占卦文獻。
4.1　逆刾占一卷（首）。
4.2　逆刾占一卷（尾）。
7.1　尾有題記：“于時天復貳載（902）歲在壬戌四月丁丑朔七日，河西敦煌郡州學上足子弟翟再溫記。”旁有其後自注：“再溫，字奉達也。”
首題下有硃筆勘記：“《逆刾占》，十張紙。”
8　902 年。歸義軍時期寫本。
9.1　楷書。
9.2　有硃筆點標、科分、記號及花飾。有行間校加字及倒乙。

1.1　BD14636 號 3
1.3　三端俱全大丈夫等詩三首（擬）
1.4　新 0836
2.4　本遺書由 5 個文獻組成，本文獻為第 3 個，8 行。餘參見 BD14636 號 1 之第 2 項。
3.3　錄文：
（首全）
三端俱全大丈夫，六藝堂堂世上無，
男兒不學讀/詩賦，恰似肥菜根盡枯。
又續前七言：/
軀體堂堂六尺餘，走筆橫波紙上飛。
執筆題/篇須意用，後任將身選文知。
又五言：/
哽噎卑末手，抑塞多不謬。
嵯峨難遙望，/恐怕年終朽。/
已前◇走筆題撰之耳。/
（錄文完）
7.1　後有題記：“幼年作之，多不當路。今笑！今笑！”“年廿作，今年邁。見此詩，羞煞人，羞煞人。”
8　10 世紀。歸義軍時期寫本。
9.1　楷書。
9.2　有校改。有墨筆塗抹。

1.1　BD14636 號背 1
1.3　毛詩鄭箋
1.4　新 0836
2.4　本遺書由 5 個文獻組成，本文獻為第 4 個，抄寫在背面，122 行。餘參見 BD14636 號 1 之第 2 項。
3.1　首全→《十三經註疏》，01/0502C03。
3.2　尾全→《十三經註疏》，01/0519A04。
4.1　毛詩文王之什詁訓傳第廿三，卷什六，大雅一，鄭氏箋（首）。
8　10 世紀。歸義軍時期寫本。
9.1　行楷。
10　首題前有陽文硃印：3.5×3.5 厘米，印文為“化隆韓輔承德如之印”；陰文硃印：2×2 厘米，印文為“鄧秀峰”；陽文硃印：2×2 厘米，印文為“老大□易”。
卷中破損處以信箋襯補，並題識：
“此唐抄《鄭箋毛詩》殘篇，為敦/煌石實藏之一，初以字體/不佳，遭人賤視。余於二十年（1931）冬/見諸敦市，特以鄭氏舊年◇修經傳多題為‘注’，而此/獨題‘箋’者，蓋明示表識古/人之意，而以己意斷之，使學/者有所識。前究未定（?），與今學（?）者有無竟同，且為手抄遺迹，足見古人讀書之不易。遂購而藏之，從未示人，將欲供諸研究文學者之參/考也。今經大千先生賞/閲之際，所見略同，曷勝榮/◇。癸未（1943）新春人日金城鄧秀峰識於敦煌寄廬。”
題識前有陽文硃印，1.7×0.7 厘米，印文為“淡泊明志”。又有一印模糊不識。
題識下有陰文硃印兩方，0.8×0.8 厘米，印文似為“秀”、“峰”。
題識後有陽文硃印，1.3×1.3 厘米，印文為“鄧秀峰章”；陽文硃印，4.2×2.5 厘米，印文為“化隆韓泉如鑑賞之章”；陽文硃印，2.1×2.1 厘米，印文為“秀峰”。又有一印，鈐於與原卷接縫處，模糊不識。
又卷尾《毛詩》與《大曆序》接縫處，有陽文硃印：2×2

厘米，印文為“秀峰”。

1.1　BD14636 號背 2
1.3　大曆序
1.4　新 0836
2.4　本遺書由 5 個文獻組成，本文獻為第 5 個，9 行。餘參見 BD14636 號 1 之第 2 項。
3.3　錄文：

（首全）

大曆序/

［大］唐天成三年（928）戊子歲具注曆日一卷，並序，隨軍參謀翟奉達撰上，干土支水納音火，凡三百八十日/。

□曆日者，是陰陽之綱紀，造化之根源。元塊未分，混為一氣；/

［玄］黃乃判，故立二儀。然則晝見金烏，宵呈玉兔。陰陽有序，/

［昏曉］無虧。廿四氣成規，七十二侯方列。運移寒暑，宜辯［吉］凶。日往月來，須明禍福。今故注一年之善惡，□…□/

終篇並列於卷也。今年太歲在子。/

（下闕）

又序題下小字題：

（前殘）

先申日也，川原穀雨前後吉日也，啓源獺祭魚，前後開/三伏：夏至後第三庚，初；大暑後一庚，中；立秋後一庚，後也。/

臘近大寒前後辰，亦冬至後三辰。/

（錄文完）

4.1　大曆序（首）。
8　928 年。歸義軍時期寫本。
9.1　楷書。

1.1　BD14637 號
1.3　大佛頂如來放光悉怛多鉢怛羅大神力攝一切咒王金輪帝殊羅大道塲金輪三昧十方如來尊重實印極大無量陀羅尼神咒經
1.4　新 0837
2.1　（5.6 +108.5）×26.6 厘米；3 纸；123 行，行 25 ~26 字。
2.2　01：5.6 +43.3，55；　02：50.1，56；　03：15.1，12。
2.3　卷軸裝。首尾均全。經黃打紙。卷首右下殘缺。卷面有等距離水漬。背有古代裱補。有烏絲欄。後配木軸。
3.4　説明：

本遺書首 6 行下殘，尾全。與《大正藏》本對照，第 2 至 3 行殘存 6 句偈言相當於大正 947，19/182A28 ~ B2。其後陀羅尼自前部分與《大佛頂如來放光悉怛多鉢怛囉菩薩萬行品灌頂部錄出一名中印度那蘭陀曼茶羅灌頂金剛大道場神呪》基本相符，參見大正 0945，19/0134A01 ~136C14。故疑首題“金剛大□…□”或為“金剛大道場神呪”。但後部分內容有異，或與《大佛頂如來放光悉怛多般怛羅大神力都攝一切呪王陀羅尼經大威德最勝金輪三昧呪品第一》（又名《大佛頂別行法無畏出》）有關。詳情待考。

4.1　金剛大□…□（首）。
4.2　大佛頂如來放光悉怛多鉢怛羅大神力攝一切咒王金輪帝殊羅大道塲金輪三昧十方如來尊重實印極大無量陀羅尼神咒經（尾）。
7.3　第 2 紙背有雜寫“惠清”2 字。
8　7 ~8 世紀。唐寫本。
9.1　楷書。
10　近代接出護守，天竿已壞。有護首經名“大佛頂如來放光極大無量陀羅尼神咒經”。下有紙簽，上寫“購 3964”。

卷首有題跋：“此卷殘缺不過數十字，書特輕鬆秀美，置諸初唐諸名公中，幾無以辨覺。顔魯國《麻姑仙壇記》小字本不免費力，真神技也。”題跋後有陽文硃印，1 ×1.5 厘米，印文為“無畏”。

尾題後下方有陰文硃印，1 ×1 厘米，印文為“周肇祥印”。

1.1　BD14638 號
1.3　大般若波羅蜜多經卷一四四
1.4　新 0838
2.1　321 ×27.2 厘米；7 纸；179 行，行 17 字。
2.2　01：46.0，28；　02：46.0，28；　03：46.0，28；
　04：46.0，28；　05：46.0，28；　06：46.0，28；
　07：45.5，11。
2.3　卷軸裝。首脱尾全。有烏絲欄。
3.1　首殘→大正 0220，05/0781B14。
3.2　尾全→大正 0220，05/0783B18。
4.2　大般若波羅蜜多經卷第一百卌四（尾）。
8　8 ~9 世紀。吐蕃統治時期寫本。
9.1　楷書。
10　卷首、尾背下方有陰文硃印，1.1 ×1.1 厘米，印文為“雨龞山莊”。卷首背紙簽上寫有“購 6974”。背有硃色“沖”字。

1.1　BD14639 號
1.3　金光明最勝王經卷一〇
1.4　新 0839
2.1　704.1 ×27.3 厘米；16 纸；400 行，行 17 字。
2.2　01：42.0，護首；　02：26.2，28；　03：45.2，28；
　04：45.6，28；　05：45.6，29；　06：45.6，29；
　07：45.6，28；　08：45.6，29；　09：45.6，28；
　10：45.6，29；　11：45.6，28；　12：45.6，29；
　13：45.6，28；　14：45.6，28；　15：45.6，29；
　16：43.0，14。
2.3　卷軸裝。首尾均全。卷面多水漬，有破裂及殘洞。尾有原軸，兩端塗棕色漆。有護首，已殘。背有現代裱補。有烏絲欄。
3.1　首殘→大正 0665，16/0451A03。

3.2　尾全→大正 0665，16/0456C19。
4.2　金光明最勝王經卷第十（尾）。
8　8 世紀。唐寫本。
9.1　楷書。
10　護首及卷尾背有陰文硃印，1×1.9 厘米，印文為“留香”。卷首背下方有紙簽，上寫“購 5580”。貼有紅紙簽，已殘。
12　本遺書中夾有素紙一塊，今編為 BD16437 號。

1.1　BD14640 號
1.3　金剛般若波羅蜜經
1.4　新 0840
2.1　（6.5+488.8）×24.3 厘米；12 紙；305 行，行 16～18 字。
2.2　01：6.5+36.5，26；　02：45.4，28；　03：45.3，28；
04：45.6，28；　05：45.5，28；　06：45.2，28；
07：45.4，28；　08：45.2，28；　09：45.1，28；
10：45.1，28；　12：44.5，27。
2.3　卷軸裝。首殘尾全。卷面有油污，有等距離小殘洞。近代裝裱為手卷。有烏絲欄。
3.1　首 3 行上下殘→大正 0235，08/0748C20～23。
3.2　尾全→大正 0235，08/0752C03。
5　與《大正藏》本對照，本號經文無冥司偈，參見《大正藏》，8/751C16～19。
8　7～8 世紀。唐寫本。
9.1　楷書。
10　近代裝裱為手卷，接出護首。有題簽“唐人寫《金剛般若波羅蜜經》，佩乙珍”。下有紙簽，上寫“購 4052”。
軸頭上書“唐人寫經卷”。
　　卷首隔水有陽文硃印，2.3×2.3 厘米，印文為“自在會（?）館所藏唐人寫經”。另有紙簽上寫“252”。

1.1　BD14641 號 1
1.3　大唐三藏聖教序
1.4　新 0841
2.1　（15.5+71）×24 厘米；8 紙；50 行，行 17 字。8 個半葉。
2.2　01：10.0，06；　02：5.5+6.5，7；　03：12.0，07；
04：13.0，07；　05：12.0，07；　06：12.0，07；
07：12.0，07；　08：03.5，02。
2.3　卷軸裝。首殘尾全。通卷近代裝裱為冊頁。有烏絲欄。
2.4　本遺書包括 2 個文獻：（一）《大唐三藏聖教序》，14 行，今編為 BD14641 號 1。（二）《大唐三藏述聖記》，36 行，今編為 BD14641 號 2。
3.1　首 9 行上下殘→大正 2103，52/0258B29～C08。
3.2　尾全→大正 2103，52/0258C16。
8　7～8 世紀。唐寫本。
9.1　楷書。
10　通卷近代裝裱為冊頁，前後有木質夾板。封面有題簽：“唐人寫《三藏聖教序記殘本》，啓功署。”貼有紙簽“購 3046”。

1.1　BD14641 號 2
1.3　大唐三藏述聖記
1.4　新 0841
2.4　本遺書由 2 個文獻組成，本文獻為第 2 個，36 行。餘參見 BD14641 號 1 之第 2 項。
3.1　首全→大正 2103，52/0259A11。
3.2　尾殘→大正 2103，52/0259B16。
4.1　皇太子臣治述聖記（首）。
8　7～8 世紀。唐寫本。
9.1　楷書。

1.1　BD14642 號
1.3　妙法蓮華經卷六
1.4　新 0842
2.1　207.3×25 厘米；17 紙；136 行，行 17 字。
2.2　01：13.5，08；　02：13.0，08；　03：13.0，08；
04：13.0，08；　05：13.0，08；　06：13.0，08；
07：13.0，08；　08：13.0，08；　09：13.0，08；
10：13.0，08；　11：13.4，08；　12：13.4，08；
13：12.5，08；　14：13.0，08；　15：13.0，08；
16：13.0，08；　17：11.5，08。
2.3　卷軸裝。首尾均斷。有烏絲欄。近代裁剪為 17 紙裝裱為冊頁。
3.1　首殘→大正 0262，09/0049A08。
3.2　尾殘→大正 0262，09/0051A17。
8　7～8 世紀。唐寫本。
9.1　楷書。
10　近代裁剪裝裱成冊。其中有錯簡，第 11 紙和 12 紙，以及第 13 紙和 14 紙，互相顛倒。冊首有鉛筆題名“妙法蓮華經”。第 1 頁下有陰文硃印，1.6×2.1 厘米，印文為：“譚氏珍賞”。卷首下端貼有紙簽：“購 4059，甲”。

1.1　BD14643 號
1.3　妙法蓮華經卷二
1.4　新 0843
2.1　394.1×24.7 厘米；29 紙；232 行，行 17 字。
2.2　01：13.4，08；　02：13.4，08；　03：13.4，08；
04：13.4，08；　05：13.5，08；　06：13.7，08；
07：13.8，08；　08：13.8，08；　09：13.7，08；
10：13.6，08；　11：13.7，08；　12：13.4，08；
13：13.8，08；　14：13.6，08；　15：13.8，08；
16：13.7，08；　17：13.2，08；　18：13.7，08；
19：13.6，08；　20：13.4，08；　21：13.8，08；
22：13.7，08；　23：13.5，08；　24：13.7，08；
25：13.7，08；　26：13.8，08；　27：13.6，08；
28：13.0，08；　29：13.7，08。
2.3　卷軸裝。首尾均斷。此卷近代被分割成 29 紙粘貼成冊。有

烏絲欄。
3.1　首殘→大正 0262，09/0013A07。
3.2　尾殘→大正 0262，09/0016B06。
8　7~8 世紀。唐寫本。
9.1　楷書。
10　封面題跋："唐人寫經，二十二頁半，已丑孟冬再修，得之手裝。"題跋下有陰文硃印，1.6×2.1 厘米，印文為"譚氏珍賞"。

1.1　BD14644 號 A
1.3　金剛般若波羅蜜經（三十二分本）
1.4　新 0844
2.1　11.1×15.2×36 厘米；10 紙；233 行，行 13~14 字。
2.2　01：11.1，6+6；　02：22.2，6+7+7+6；
03：22.2，6+7+7+6；　04：22.2，6+7+7+6；
05：22.2，6+7+7+6；　06：22.2，6+7+7+6；
07：22.2，6+7+7+6；　08：22.2，6+7+7+6；
09：22.2，6+7+7+6；　10：11.1，6+7。
2.3　粘葉裝。首全尾殘。有刻劃欄。
3.1　首全→大正 0235，08/0748C15。
3.2　尾殘→大正 0235，08/0750C26。
4.1　金剛般若波羅蜜經（首）。
5　與《大正藏》本對照，本號為三十二分本。從"法會因由分第一"到"能淨業障分第十六"之前部分。
8　9~10 世紀。歸義軍時期寫本。
9.1　楷書。
9.2　有刮改。

1.1　BD14644 號 B
1.3　佛母經（異本四）
1.4　新 0844
2.1　11.1×15.5 厘米；1 紙，正面 7 行，背面 8 行，共 15 行，行 11~12 字。
2.3　粘葉裝。首尾均脫。有烏絲欄。有書口欄。
3.1　首殘→《藏外佛教文獻》，01/0386A03。
3.2　尾殘→《藏外佛教文獻》，01/0387A08。
8　9~10 世紀。歸義軍時期寫本。
9.1　楷書。

1.1　BD14644 號 C
1.3　社司轉帖
1.4　新 0844
2.1　9.7×14.5×1 厘米；1 紙，正面 6 行，行 6~7 字；背面 2 行，行字不等。
2.3　粘葉裝。首尾均脫。脫落為單葉。
3.3　錄文：
（首全）
社司轉帖/
右緣常年建福一日，人/
各爐併（餅）壹雙、粟壹㪷，/
幸請諸公等，帖至，限/
今月五日卯時於多寶/
蘭若門前取齊。/
（錄文完）
7.3　背面有《金剛經》經文雜寫 2 行："若有此經，一切世間天、人、阿修羅，所"、"共"。參見 BD14644 號 A 之末紙。
8　9~10 世紀。歸義軍時期寫本。
9.1　行書。

1.1　BD14645 號
1.3　金剛般若波羅蜜經
1.4　新 0845
2.1　68.7×24.6 厘米；3 紙；40 行，行 17 字。
2.2　01：02.7，02；　02：45.5，25；　03：20.5，13。
2.3　卷軸裝。首尾均斷。卷面有殘洞。通卷近代托裱。有烏絲欄。
3.1　首殘→大正 0235，08/0750C24。
3.2　尾殘→大正 0235，08/0751B12。
8　7~8 世紀。唐寫本。
9.1　楷書。
10　近代托裱為手卷。接出織錦護首及拖尾，軸頭包黑色織錦。護首有陽文硃印，1.9×1.9 厘米，印文為"◇本草堂"。護首經名簽有"寫經"兩字，上部被紙簽遮壓，寫有"購 4683"。卷首上方有硃筆寫"三"字。

1.1　BD14646 號
1.3　妙法蓮華經卷五
1.4　新 0846
2.1　55.3×27 厘米；2 紙；34 行，行 17 字。
2.2　01：08.3，05；　02：47.0，29。
2.3　卷軸裝。首斷尾脫。打紙，研光上蠟。背有古代裱補。有烏絲欄。已修整。
3.1　首殘→大正 0262，09/0041B29。
3.2　尾殘→大正 0262，09/0042A12。
8　7~8 世紀。唐寫本。
9.1　楷書。
10　卷後部有陰文硃印，1.3×1.3 厘米，印文為"宗室盛昱"。

1.1　BD14647 號
1.3　大般涅槃經（北本）卷三二
1.4　新 0847
2.1　66×23.4 厘米；2 紙；43 行，行 17 字。
2.2　01：29.5，19；　02：36.5，24。
2.3　卷軸裝。首尾均斷。首紙上方有殘洞。有水漬、黴爛。有

烏絲欄。

3.1　首殘→大正 0374，12/0554B23。

3.2　尾殘→大正 0374，12/0555A08。

8　6 世紀。南北朝寫本。

9.1　隸楷。

10　通卷現代托裱。卷首有題跋："敦皇鳴沙山古三界寺石室寫經，/以他卷有年代者，證定此種礄為元魏人書。非唐人所能為也，可寶之至。承堯記。"下有陽文硃印，1.4×1.4 厘米，印文為"疑庵"。

題跋與原卷間有萬字不斷頭織錦隔水。

1.1　BD14648 號

1.3　摩訶般若波羅蜜經（異卷）卷十八

1.4　新 0848

2.1　99.5×26.7 厘米；3 紙；52 行，行 17 字。

2.2　01：33.0，17；　02：51.5，27；　03：15.0，08。

2.3　卷軸裝。首尾均斷。有烏絲欄。有劃界欄針孔。

3.1　首殘→大正 0223，08/0355A13。

3.2　尾殘→大正 0223，08/0355C13。

4.1　摩訶般若波羅蜜菩薩共住品第六十二（首）。

5　與《大正藏》本對照，品名及分卷不同。經文相當於《大正藏》本《摩訶般若波羅蜜經》卷十八"夢誓品"第六十一的後部分，止於卷十九"魔愁品"第六十二品題。但第六十二品的品名卻作"共住品"。分卷與歷代大藏經均不相同，屬於異卷。

8　6 世紀。南北朝寫本。

9.1　楷書。

10　卷背下端有紙簽，上有"購 4058"等字。

1.1　BD14649 號

1.3　老子道德經論（何晏注）

1.4　新 0849

2.1　（12.5＋83.8）×24.6 厘米；2 紙；54 行，行 17 字。

2.2　01：12.5＋33.8，26；　02：50.0，28。

2.3　卷軸裝。首殘尾脱。經黄打紙。卷首殘損，卷尾割斷。有烏絲欄。黄紙。年久色退，通卷近代托裱為手卷。兩紙背有藏文 50 餘行，近代托裱時被遮蓋。

3.4　説明：

本遺書首 4 行上殘，尾脱。所抄文獻未為道藏所收。卷首起於《老子道德經論》（何晏注）之第三十八章注文"以會通也"。卷末結束於《老子道德經論》（何晏注）之第四十一章注文"道之小成也能"。

6.2　尾→BD14738。

8　7～8 世紀。唐寫本。

9.1　楷書。

10　近代裝裱為手卷，有織錦護首，有天竿、縹帶、玉別子。護首題簽"老子義疏殘卷"。尾軸下軸頭有黑字"二一"。

13　參見王卡《敦煌道教文獻研究》，第 171 頁。

1.1　BD14650 號

1.3　對策（擬）

1.4　新 0850

2.1　（16.8＋465.7）×28.8 厘米；13 紙；232 行，行 20～21 字。

2.2　01：16.8，06；　02：40.9，20；　03：40.8，20；
04：40.8，20；　05：40.8，20；　06：41.0，20；
07：41.2，20；　08：41.0，20；　09：41.0，20；
10：41.2，20；　11：41.2，20；　12：41.1，20；
13：14.7，06。

2.3　卷軸裝。首尾均殘。有烏絲欄。已修整。

3.4　説明：

本遺書首 6 行上殘，尾殘。內容為對策。首與 BD14491 號可以綴接，詳情參見 BD14491 號之説明項。

6.1　首→BD14491 號。

7.3　卷中空白處有雜寫："天地無言，資四時而成歲；聖人端拱，仰百辟（弼）以和平。"

8　7～8 世紀。唐寫本。

9.1　楷書。"民"字避諱。

9.2　有重文號。

10　近代接出護首及拖尾。首紙下方有陰文硃印，1.1×1.1 厘米，印文為"趙鈁珍藏"。卷尾下方有陽文硃印，1.6×1.6 厘米，印文為"元方審定"。護首上有紙簽，寫有"獻，2223"。

1.1　BD14651 號

1.3　大方廣佛華嚴經（唐譯八十卷本）卷一三

1.4　新 0851

2.1　19.1×27 厘米；2 紙；12 行，行 23 字。

2.2　01：09.6，06；　02：09.5，06。

2.3　卷軸裝。首尾均斷。有烏絲欄。現代已裝裱為手卷。

3.4　説明：

本遺書殘賸 2 紙 12 行，兩紙中間缺漏經文一紙左右。詳情如下：

第一紙 6 行：

首殘→大正 279，10/0066C11。

尾殘→大正 279，10/0066C22。

第二紙 6 行：

首殘→大正 279，10/0067A19。

尾殘→大正 279，10/0067A27。

應屬後人將出土殘卷綴接裝裱，成為目前狀態。

8　7～8 世紀。唐寫本。

9.1　楷書。

10　現代托裱為手卷，接出織錦護首，有天竿、縹帶。護首題簽："前蜀王鍇寫經殘葉，丁未（1847）臘尾潼川太守韓小亭寄贈。大興劉位坦題於都門沙土園"。

尾有題跋：

"潼川北琴泉寺，即唐慧義寺也。見杜詩。寺/旁有古塔，名慧義塔，晚唐時建。至本朝/乾隆十五年庚午（1750）五月，雷震塔圮。圮（?）前井中/出青煙，有香氣。經兩日始息。塔圮，內有王鍇/所書《法華經》，字迹端整。寺僧檢得十餘卷，/裝潢成軸，不知珍護，遂散逸。錢閣學載至/蜀，得殘經數頁，攜歸都門，奉為至寶。後學/使吳白華先生試潼閩之，託沈滄園太守各/處采訪，亦覓得數頁，作文勒於寺。按王鍇，字/鱣祥，唐末僞蜀王氏朝相。家藏書數千卷，/一一皆親札。並寫藏經。每趨朝，於白藤擔子/內寫書。書法遒謹，當時寶之。故修塔時設法/收藏，用傳久遠。至圮時，字尚如新，盡歐虞之長。/惜初出時，無知書者什襲藏之，以致零落，為/可慨也。漢州張邦伸雲谷錦里新編。/

舊在蜀中，訪求未獲。後韓小亭農部出守潼川，託/其物色，始得廿四行。咸豐元年（1851）初秋，將之南楚，割其半，/留贈/

燕庭先生大人。如別有考證，願不吝郵寄示之。劉位坦識。/

上海趙文哲損之媕雅堂中有七古一首。"

題跋下有陽文硃印，1.8×1.8 厘米，印文為"劉位坦印"。末尾又有陰文硃印，3.1×3.1 厘米，印文為"洪洞董麟金石書畫記子子孫孫其永保之"。

1.1 BD14652 號
1.3 藏文（無量壽宗要經甲本）
1.4 新 0852
2.1 180×31.5 厘米；4 紙；116 行；7 欄，欄 19 行，行約 45 字母。
2.2 01：45.0，2 欄（第 1 欄空）；　02：45.0，2 欄；
03：45.0，2 欄；　04：45.0，2 欄。
2.3 卷軸裝。首尾均全。有界欄，卷首末邊有粘接痕。首紙有水跡。
4.1 Rgya－gar－skad－du´Apar＝mita´ayur nama mahayana sutra。（梵語：無量壽宗要經）（首）。Bod_ skad_ du tshe dpag_ du_ myed_ pa zhes_ bya_ ba theg_ pa_ chen_ povi mdo。（藏語：無量壽宗要經）（首）。
4.2 Tshe dpag_ du_ myed_ pa zhes_ bya_ ba theg_ pa_ chen_ povi mdo。（無量壽宗要經）（尾）。
7.1 抄寫者：Jevu－brtan－kong.（覺旦公）。Phab－c＝－zhus（潘吉校）；phab－dzang－yang－zhus（潘藏再校）；dpal－mchog－sum－zhus（貝確三校）。
8 8～9 世紀。吐蕃統治時期寫本。
9.1 正書。

1.1 BD14653 號
1.3 藏文（無量壽宗要經乙本）
1.4 新 0853
2.1 178×31 厘米；4 紙；129 行；7 欄，欄 19 行，行約 45 字母。
2.2 01：44.5，2 欄；　02：44.5，2 欄；　03：44.5，2 欄；
04：44.5，2 欄。
2.3 卷軸裝。首尾均全。有界欄。卷首末邊有粘接痕。
4.1 Rgya－gar－skad－du´Apar＝mita´ayur nama mahayana sutra。（梵語：無量壽宗要經）（首）。Bod_ skad_ du tshe dpag_ du_ myed_ pa zhes_ bya_ ba theg_ pa_ chen_ povi mdo。（藏語：無量壽宗要經）（首）。
4.2 Tshe dpag_ du_ myed_ pa zhes_ bya_ ba theg_ pa_ chen_ povi mdo。（無量壽宗要經）（尾）。
7.1 抄寫者：khang－stag－snyas.（康達尼）。sh＝n－dar－zhus（恒達校）；Leng－cevu－yang－zhus（朗覚再校）；c＝－geng－Sum－zhus（吉岡三校）。
8 8～9 世紀。吐蕃統治時期寫本。
9.1 正書。

1.1 BD14654 號
1.3 藏文（無量壽宗要經甲本）
1.4 新 0854
2.1 136.5×31.5 厘米；3 紙；107 行；6 欄，欄 20 行，行約 45 字母。
2.2 01：45.5，2 欄；　02：45.5，2 欄；　03：45.5，2 欄。
2.3 卷軸裝。首尾均全。有界欄。卷首末邊有粘接痕。
4.1 Rgya－gar－skad－du´Apar＝mita´ayur nama mahayana sutra。（梵語：無量壽宗要經）（首）。Bod_ skad_ du tshe dpag_ du_ myed_ pa zhes_ bya_ ba theg_ pa_ chen_ povi mdo。（藏語：無量壽宗要經）（首）。
4.2 Tshe dpag_ du_ myed_ pa zhes_ bya_ ba theg_ pa_ chen_ povi mdo。（無量壽宗要經）（尾）。
7.1 抄寫者：Snyal－stag－snyas.（聶達尼）。
8 8～9 世紀。吐蕃統治時期寫本。
9.1 正書。

1.1 BD14655 號
1.3 藏文（無量壽宗要經乙本）
1.4 新 0855
2.1 138×30.5 厘米；3 紙；97 行；6 欄，欄 19 行，行約 45 字母。
2.2 01：46.0，2 欄；　02：46.0，2 欄；　03：46.0，2 欄。
2.3 卷軸裝。首尾均全。有界欄。卷首末邊有粘接痕。
4.1 Rgya－gar－skad－du´Apar＝mita´ayur nama mahayana sutra。（梵語：無量壽宗要經）（首）。Bod_ skad_ du tshe dpag_ du_ myed_ pa zhes_ bya_ ba theg_ pa_ chen_ povi mdo。（藏語：無量壽宗要經）（首）。
4.2 Tshe dpag_ du_ myed_ pa zhes_ bya_ ba theg_ pa_ chen_ povi mdo。（無量壽宗要經）（尾）。
7.1 抄寫者：Jeg－bzang－kong.（久桑公）。

8　8～9 世紀。吐蕃統治時期寫本。

9.1　正書。

1.1　BD14656 號

1.3　藏文（無量壽宗要經甲本）

1.4　新 0856

2.1　133.5×31 厘米；3 紙；112 行；6 欄，欄 19 行，行約 45 字母。

2.2　01：44.5，2 欄；　02：44.5，2 欄；　03：44.5，2 欄。

2.3　卷軸裝。首尾均全。有界欄。卷首末邊有粘接痕。末紙中上邊有破裂縫。

4.1　Rgya－gar－skad－du´Apar＝mita´ayur nama mahayana sutra。（梵語：無量壽宗要經）（首）。Bod_ skad_ du tshe dpag_ du_ myed_ pa zhes_ bya_ ba theg_ pa_ chen_ povi mdo。（藏語：無量壽宗要經）（首）。

4.2　Tshe dpag_ du_ myed_ pa zhes_ bya_ ba theg_ pa_ chen_ povi mdo。（無量壽宗要經）（尾）。

7.1　抄寫者：Se－thong－pa.（思通巴）。dpal－mchog－zhus（貝确校）；phag－vgi－yang－zhus（朴哥二校）；phab－dzang－sum－zhus（潘藏三校）。

8　8～9 世紀。吐蕃統治時期寫本。

9.1　正書。

1.1　BD14657 號

1.3　藏文（無量壽宗要經甲本）

1.4　新 0857

2.1　133.5×31 厘米；3 紙；106 行；6 欄，欄 19 行，行約 45 字母。

2.2　01：44.5，2 欄；　02：44.5，2 欄；　03：44.5，2 欄。

2.3　卷軸裝。首尾均全。有界欄。卷首、末邊有粘接痕。

4.1　Rgya－gar－skad－du´Apar＝mita´ayur nama mahayana sutra。（梵語：無量壽宗要經）（首）。Bod_ skad_ du tshe dpag_ du_ myed_ pa zhes_ bya_ ba theg_ pa_ chen_ povi mdo。（藏語：無量壽宗要經）（首）。

4.2　Tshe dpag_ du_ myed_ pa zhes_ bya_ ba theg_ pa_ chen_ povi mdo。（無量壽宗要經）（尾）。

7.1　抄寫者：Se－thong－pa.（思通巴）。dpal－mchog－zhus（貝确校）；phag－vgi－yang－zhus（朴哥二校）；phab－dzang－sum－zhus（潘藏三校）。

8　8～9 世紀。吐蕃統治時期寫本。

9.1　正書。

1.1　BD14658 號

1.3　藏文（無量壽宗要經乙本）

1.4　新 0858

2.1　184×31 厘米；4 紙；114 行；7 欄，欄 18 行，行約 45 字母。

2.2　01：46.0，2 欄；　02：46.0，2 欄；　03：46.0，2 欄；04：46.0，2 欄。

2.3　卷軸裝。首尾均全。有界欄。卷首、末邊有粘接痕。

4.1　Rgya－gar－skad－du´Apar＝mita´ayur nama mahayana sutra。（梵語：無量壽宗要經）（首）。Bod_ skad_ du tshe dpag_ du_ myed_ pa zhes_ bya_ ba theg_ pa_ chen_ povi mdo。（藏語：無量壽宗要經）（首）。

4.2　Tshe dpag_ du_ myed_ pa zhes_ bya_ ba theg_ pa_ chen_ povi mdo。（無量壽宗要經）（尾）。

7.1　抄寫者：dzevu－h＝ng－tsan.（左洪讚）。Phab－weng－zhus（潘文校）；Leng－bevu－yang－zhus（良布二校）；C＝－keng－sum－zhus（吉岡三校）。有三次校改。

8　8～9 世紀。吐蕃統治時期寫本。

9.1　正書。

1.1　BD14659 號

1.3　藏文（無量壽宗要經乙本）

1.4　新 0859

2.1　135×31.5 厘米；3 紙；105 行；6 欄，欄 19 行，行約 45 字母。

2.2　01：45.0，2 欄；　02：45.0，2 欄；　03：45.0，2 欄。

2.3　卷軸裝。首尾均全。有界欄。卷首、末邊有粘接痕。

4.1　Rgya－gar－skad－du´Apar＝mita´ayur nama mahayana sutra。（梵語：無量壽宗要經）（首）。Bod_ skad_ du tshe dpag_ du_ myed_ pa zhes_ bya_ ba theg_ pa_ chen_ povi mdo。（藏語：無量壽宗要經）（首）。

4.2　Tshe dpag_ du_ myed_ pa zhes_ bya_ ba theg_ pa_ chen_ povi mdo。（無量壽宗要經）（尾）。

7.1　抄寫者：hyev＝－keng－gi－br＝s.（黑崗抄寫）。phab－weng－zhus（潘文校）；Leng－bevu－yang－zhus（良布二校）；C＝－keng－Sum－zhus（吉岡三校）。硃筆三校。

8　8～9 世紀。吐蕃統治時期寫本。

9.1　正書。

1.1　BD14660 號

1.3　藏文（無量壽宗要經乙本）

1.4　新 0860

2.1　139.5×30.5 厘米；3 紙；87 行；5 欄，欄 19 行，行約 45 字母。

2.2　01：46.5，2 欄；　02：46.5，2 欄；　03：46.5，2 欄。

2.3　卷軸裝。首尾均全。有界欄。卷首、末邊有粘接痕。首紙一欄，行約 74 字母。有護首 13 厘米。

4.1　Rgya－gar－skad－du´Apar＝mita´ayur nama mahayana sutra。（梵語：無量壽宗要經）（首）。Bod_ skad_ du tshe dpag_ du_ myed_ pa zhes_ bya_ ba theg_ pa_ chen_ povi mdo。（藏語：無量壽宗要經）（首）。

4.2　Tshe dpag_ du_ myed_ pa zhes_ bya_ ba theg_ pa_ chen_

povi mdo。(無量壽宗要經)(尾)。

7.1　抄寫者：Jeg－bzang－kong.（久桑公）。dpal－mchog－zhus（貝确校）；phag－vg＝－yang－zhus（朴哥二校）；phab－dzang－Sum－zhus（潘藏三校）。有三次校改。

8　8～9 世紀。吐蕃統治時期寫本。

9.1　正書。

1.1　BD14661 號

1.3　藏文（無量壽宗要經甲本）

1.4　新 0861

2.1　138×31 厘米；3 紙；115 行；6 欄，欄 19 行，行約 45 字母。

2.2　01：46.0，2 欄；　02：46.0，2 欄；　03：46.0，2 欄。

2.3　卷軸裝。首尾均全。有界欄。卷首、末邊有粘接痕。

4.1　Rgya－gar－skad－du´Apar＝mita´ayur nama mahayana sutra。（梵語：無量壽宗要經）（首）。Bod_ skad_ du tshe dpag_ du_ myed_ pa zhes_ bya_ ba theg_ pa_ chen_ povi mdo。（藏語：無量壽宗要經）（首）。

4.2　Tshe dpag_ du_ myed_ pa zhes_ bya_ ba theg_ pa_ chen_ povi mdo。(無量壽宗要經)(尾)。

7.1　抄寫者：Wang－rma－Snang－g＝s－briso.（王麻囊抄寫)。

8　8～9 世紀。吐蕃統治時期寫本。

9.1　正書。

10　卷尾背下方有紙簽，寫有“購 5333”。

1.1　BD14662 號

1.3　藏文（無量壽宗要經乙本）

1.4　新 0862

2.1　132×31.5 厘米；3 紙；94 行；5 欄，欄 20 行，行約 45 字母。

2.2　01：44.0，2 欄；　02：44.0，2 欄；　03：44.0，2 欄。

2.3　卷軸裝。首尾均全。有界欄。卷首卷末有粘接痕。有護首 12 厘米，首紙一欄，行為 64 字母。紙首上、下各有一破洞。

4.1　Rgya－gar－skad－du´Apar＝mita´ayur nama mahayana sutra。（梵語：無量壽宗要經）（首）。Bod_ skad_ du tshe dpag_ du_ myed_ pa zhes_ bya_ ba theg_ pa_ chen_ povi mdo。（藏語：無量壽宗要經）(首)。

4.2　Tshe dpag_ du_ myed_ pa zhes_ bya_ ba theg_ pa_ chen_ povi mdo。(無量壽宗要經)(尾)。

7.1　抄寫者：heng－jevu.（黄覚）。dpal－mchog－zhus（貝确校）；phag－vg＝－yang－zhus（朴哥再校）；phab－dzang－sum－zhus（潘藏三校）。有硃筆三校。

8　8～9 世紀。吐蕃統治時期寫本。

9.1　正書。

10　卷首背上方紙簽寫“購 4099”。首紙護首處貼一紙條，寫有：“唐古忒文經，新城王晉老自敦煌擕來相贈，及北朝寫經多件，尤可寶貴。文彬記。”

1.1　BD14663 號

1.3　藏文（無量壽宗要經甲本）

1.4　新 0863

2.1　136.5×31 厘米；3 紙；113 行；6 欄，欄 19 行，行約 45 字母。

2.2　01：45.5，2 欄；　02：45.5，2 欄；　03：45.5，2 欄。

2.3　卷軸裝。首全尾全。有界欄，有現代托裱，卷首托裱紙長 4 厘米；卷末托裱紙長 8 厘米，末端有木軸，裱紙稍有裂縫。

4.1　Rgya－gar－skad－du´Apar＝mita´ayur nama mahayana sutra。（梵語：無量壽宗要經）（首）。Bod_ skad_ du tshe dpag_ du_ myed_ pa zhes_ bya_ ba theg_ pa_ chen_ povi mdo。（藏語：無量壽宗要經）(首)。

4.2　Tshe dpag_ du_ myed_ pa zhes_ bya_ ba theg_ pa_ chen_ povi mdo。(無量壽宗要經)(尾)。

7.1　抄寫者：So－hwa－hwa.（蘇哈哈)。末紙末行頂格倒書藏文：“rgya－gar－skad－da a－pa－r＝－mi－ta a－yar－gnya－na－su－pi－ni－shci－ta ra－dza－ya－ta－tha－ga－ha－ya”（“梵語云：阿拔利蜜達 阿育年娜蘇比尼吉達，惹匝雅達塔噶哈呀”）。前有藏文符號。

8　8～9 世紀。吐蕃統治時期寫本。

9.1　正書。

10　現代接出護首。卷首接出紙上寫：“此唐古忒文寫經，出燉皇石室。或云《華嚴大經》也。/余不通蕃書，未敢妄信。但以千年遺跡，稍加裝/治成卷，庶免為人摧燒，亦使持正法之意耳。/甲戌（1934）秋夜香嚴閣書，無畏居士。”後有陰文硃印，1×1 厘米，印文為“周肇祥”。

卷首與托裱紙騎縫處有陽文硃印，1.1×2.1 厘米，印文為“得谷”。

護首題簽：“唐蕃書佛經，鹿巖精舍護持。”並貼小紙簽，上寫“購 4754”。

1.1　BD14664 號

1.3　藏文（無量壽宗要經乙本）

1.4　新 0864

2.1　132×30 厘米；3 紙；114 行；6 欄，欄 19 行，行約 45 字母。

2.2　01：30.0，2 欄；　02：30.0，2 欄；　03：30.0，2 欄。

2.3　卷軸裝。首全尾全。有界欄。寫卷兩端有現代托裱。右端托紙長 42.5 厘米；左端托紙長 52.5 厘米，後配楠木柚。托裱紙内紙為髪箋。

4.1　Rgya－gar－skad－du´Apar＝mita´ayur nama mahayana sutra。（梵語：無量壽宗要經）（首）。Bod_ skad_ du tshe dpag_ du_ myed_ pa zhes_ bya_ ba theg_ pa_ chen_ povi mdo。（藏語：無量壽宗要經）(首)。

4.2　Tshe dpag_ du_ myed_ pa zhes_ bya_ ba theg_ pa_ chen_ povi mdo。(無量壽宗要經)(尾)。

7.1　抄寫者：C＝－kong－gy＝－zhu.（吉岡校）。Stso－dam－

vg = －yang－zhus（佐黨哥再校）；ci－ke－sum－zhus（吉格三校）。有硃筆三校。
8　8～9世紀。吐蕃統治時期寫本。
9.1　正書。
9.2　通卷有硃筆校改。
10　現代接出護首。右端紙簽上寫"古唐古忒文寫經，優曇花館藏"。
有陽文硃印，2.5×2.5厘米，印文為"無畏居士"。有陽文硃印，3×3厘米，印文為"養菴鑑藏"。

1.1　BD14665號
1.3　春秋後語・秦語
1.4　新0865
2.1　（29＋4.3＋14.5）×29厘米；2紙；正面31行，行21字；背面27行。
2.2　01：29＋2.3，20；　02：2＋14.5，11。
2.3　卷軸装。首尾均殘。通卷殘破，下边残缺，首紙中部有1殘洞。有烏絲欄。
2.4　本遺書包括2個文獻：（一）《春秋後語・秦語》，31行，抄寫在正面，今編為BD14665號。（二）《類書》（擬），27行，抄寫在背面，今編為BD14665號背。
3.4　説明：
本遺書首19行上下殘，尾10行上下殘。所抄為《春秋後語・秦語》。
8　9～10世紀。歸義軍時期寫本。
9.1　楷書。
9.2　有行間校加字、倒乙及删除號。

1.1　BD14665號背
1.3　類書（擬）
1.4　新0865
2.4　本遺書由2個文獻組成，本文獻為第2個，27行。餘參見BD14665號之第2項。
3.4　説明：
本遺書首4行上殘，尾14行下殘。所抄為不知名類書，現存四條，第一條首殘。後三條分別為劉季、陽香、韓伯譽。詳情待考。
8　9～10世紀。歸義軍時期寫本。
9.1　楷書。

1.1　BD14666號
1.3　李陵變文（擬）
1.4　新0866
2.1　（1.5＋164）×27.4厘米；4紙；正面136行，行33字；背面58行，行字不等。
2.2　01：1.5＋40，36；　02：41.5，35；　03：41.5，34；04：41.0，31。
2.3　卷軸装。首尾均脱。卷面油污，多水漬及破損，前2紙中部有等距離殘洞，接縫處上部均開裂，通卷無天頭地腳。紙背首行大字後有3行小字，亦為《李陵變文》。已修整。
2.4　本遺書包括7個文獻：（一）《李陵變文》（擬），139行。其中136行抄寫在正面，3行抄寫在背面，今編為BD14666號。（二）《齋意文稿》（擬），15行，抄寫在背面，今編為BD14666號背1。（三）《劉薩何與莫高窟》（擬），13行，抄寫在背面，今編為BD14666號背2。（四）《劉薩何與莫高窟稿》（擬），11行，抄寫在背面，今編為BD14666號背3。（五）《糧食歷》（擬），4行，抄寫在背面，今編為BD14666號背4。（六）《信函稿》（擬），7行，抄寫在背面，今編為BD14666號背5。（七）《氾奴子戌年不入作歷》（擬），5行，抄寫在背面，今編為BD14666號背6。
3.1　首1行上殘→《敦煌變文校注》，01/0128A02。
3.2　尾殘→《敦煌變文校注》，01/0133A20。
3.4　説明：
卷背尚有3行小字，亦為《李陵變文》文字，《敦煌變文校注》漏録。
8　8～9世紀。吐蕃統治時期寫本。
9.1　楷書。
9.2　有重文號、塗抹及校改。

1.1　BD14666號背1
1.3　齋意文稿（擬）
1.4　新0866
2.4　本遺書由7個文獻組成，本文獻為第2個，15行，抄寫在背面。餘參見BD14666號之第2項。
3.4　説明：
本文獻為齋意文的號頭，文多塗抹，屬於草稿。文中夾雜3行《李陵變文》的文字。
8　9～10世紀。歸義軍時期寫本。
9.1　行楷。
9.2　有塗抹。有行間校加字。

1.1　BD14666號背2
1.3　劉薩何與莫高窟（擬）
1.4　新0866
2.4　本遺書由7個文獻組成，本文獻為第3個，13行，抄寫在背面。餘參見BD14666號之第2項。
3.4　説明：
本文獻稱十地菩薩劉薩訶前往西域路經敦煌時，曾經留下預言，其後纔有莫高窟的開鑿。
7.3　文末有雜寫"社"、"就"等。
8　9～10世紀。歸義軍時期寫本。
9.1　楷書。

1.1　BD14666號背3

1.3　劉薩何與莫高窟稿（擬）
1.4　新 0866
2.4　本遺書由 7 個文獻組成，本文獻為第 4 個，11 行，抄寫在背面。餘參見 BD14666 號之第 2 項。
3.4　説明：
　　本文獻所寫即為《劉薩何與莫高窟》（擬），但文多塗抹，應為草稿。
8　9～10 世紀。歸義軍時期寫本。
9.1　楷書。
9.2　有塗抹。

1.1　BD14666 號背 4
1.3　糧食歷（擬）
1.4　新 0866
2.4　本遺書由 7 個文獻組成，本文獻為第 5 個，4 行半，抄寫在背面。餘參見 BD14666 號之第 2 項。
3.3　錄文：
　　（首全）
　　陰百達家將麥半馱。當家將麥六漢升，汜清清銲鍬/折麥半馱。四月二十六日◇付兄麥一石五升。於阿取邊將/麥二漢升。六月納倉將麥兩馱，粟一石二升。正月二十九日/於比悉迦邊將麥七升。計不付麥五馱半，三升欠一升，/粟一石二升。/
　　（錄文完）
8　8～9 世紀。吐蕃統治時期寫本。
9.1　楷書。

1.1　BD14666 號背 5
1.3　信函稿（擬）
1.4　新 0866
2.4　本遺書由 7 個文獻組成，本文獻為第 6 個，7 行，抄寫在背面。餘參見 BD14666 號之第 2 項。
3.4　説明：
　　本文獻乃某人信函，敘述分別以後諸種事項。原文有塗抹、加字，應為草稿。
8　8～9 世紀。吐蕃統治時期寫本。
9.1　楷書。
9.2　有塗抹。有行間校加字。

1.1　BD14666 號背 6
1.3　汜奴子戌年不人作歷（擬）
1.4　新 0866
2.4　本遺書由 7 個文獻組成，本文獻為第 7 個，5 行，抄寫在背面。餘參見 BD14666 號之第 2 項。
3.3　錄文：
　　（首全）
　　汜奴子戌年三月一日人作，至廿日御藲田，十日不作。四月廿日因做/鞋便入城，兩日不作。四月卅日去，五月十一日來，計十一日不作。因□/齋人城，兩日不作。七月刈麥，十日不作。九月秋菴並牛具，四日不/作。因不得禔當，三日不作。/正月進城，六日不作。/
　　（錄文完）
8　9～10 世紀。歸義軍時期寫本。
9.1　楷書。

1.1　BD14667 號
1.3　開蒙要訓
1.4　新 0867
2.1　98.5×27 厘米；3 紙；正面 52 行，行 16～18 字；背面 41 行，行字不等。
2.2　01：42.5，19；　02：34.5，17；　03：21.5+9，16。
2.3　卷軸裝。首全尾殘。卷面多油污。有折疊欄。已修整。
2.4　本遺書包括 7 個文獻：（一）《開蒙要訓》，52 行，抄寫在正面，今編為 BD14667 號。（二）《三月十八日鄭從嗣上常侍狀》（擬），8 行，抄寫在背面，今編為 BD14667 號背 1。（三）《勅河西節度使銀青光祿大夫檢校國子祭酒從嗣狀》（擬），6 行，抄寫在背面，今編為 BD14667 號背 2。（四）《便糧食歷》（擬），4 行，抄寫在背面，今編為 BD14667 號背 3。（五）《乾寧五年（898）永安寺條記》（擬），1 行，抄寫在背面，今編為 BD14667 號背 4。（六）《進尚書狀》（擬），17 行，抄寫在背面，今編為 BD14667 號背 5。（七）《名錄》（擬），5 行，抄寫在背面，今編為 BD14667 號背 6。
3.1　首全→《敦煌經部文獻合集》，08/4040A05。
3.2　尾 5 行上下殘→《敦煌經部文獻合集》，08/4042A09～13。
4.1　開蒙要訓一卷（首）。
7.1　卷首下方有題記“乾寧五年（898）”。
8　898 年。歸義軍時期寫本。
9.1　楷書。
12　從本遺書背面揭下古代裱補紙 19 塊，今分別編為 BD16386 號、BD16387 號、BD16388 號、BD16389 號。

1.1　BD14667 號背 1
1.3　三月十八日鄭從嗣上常侍狀（擬）
1.4　新 0867
2.4　本遺書由 7 個文獻組成，本文獻為第 2 個，8 行，抄寫在背面。餘參見 BD14667 號之第 2 項。
3.3　錄文：
　　（首全）
　　季春極喧，伏惟/
　　常侍尊體，動止萬福，即日從嗣蒙恩，/
　　限以官守，拜伏未由，但增馳戀，謹因/
　　使廻，奉□不宜。謹狀。/
　　三月十八日河西都防禦招撫押蕃落等使銀青光祿大夫檢校國子祭酒兼御史大夫鄭□□（從嗣）/

常侍制下/
□…□謹望/
□…□/
（錄文完）
8　9～10世紀。歸義軍時期寫本。
9.1　楷書。

1.1　BD14667號背2
1.3　勅河西節度使銀青光祿大夫檢校國子祭酒從嗣狀（擬）
1.4　新0867
2.4　本遺書由7個文獻組成，本文獻為第3個，6行，抄寫在背面。餘參見BD14667號之第2項。
3.3　錄文：
（首全）
前日二十八日，宣慰天使李大夫到。伏審/
聖躬萬福，伏惟喜慶。從嗣伏蒙/
天恩，非次授官，不任 感懼。叨竊/
寵袟，夙夜振驚。限以戎守，陳/
□［懷］未由下情，但增馳戀，伏惟 照察。謹狀。/
勅何（河）西節度使銀清（青）光祿大夫驗（檢）教（校）國［子］祭酒廿一日/
從嗣 狀。/
（錄文完）
8　9～10世紀。歸義軍時期寫本。
9.1　楷書。

1.1　BD14667號背3
1.3　便糧食歷（擬）
1.4　新0867
2.4　本遺書由7個文獻組成，本文獻為第4個，4行，抄寫在背面。餘參見BD14667號之第2項。
3.3　錄文：
（首全）
□年二月十日◇◇人名目如後：/
◇買子便豆一馱。阿◇…◇。趙再/
便豆一馱。◇…◇。/
◇…◇。/
（錄文完）
3.4　説明：
筆墨甚淡，難以辨認。
8　8～9世紀。吐蕃統治時期寫本。
9.1　楷書。

1.1　BD14667號背4
1.3　乾寧五年（898）永安寺條記（擬）
1.4　新0867
2.4　本遺書由7個文獻組成，本文獻為第4個，1行，抄寫在背面。餘參見BD14667號之第2項。
3.3　錄文：
（首全）
乾寧五年（898）戊午歲三月廿四日卯時◇永安寺。/
（錄文完）
8　9～10世紀。歸義軍時期寫本。
9.1　楷書。

1.1　BD14667號背5
1.3　進尚書狀（擬）
1.4　新0867
2.4　本遺書由7個文獻組成，本文獻為第6個，17行，抄寫在背面。餘參見BD14667號之第2項。
3.3　錄文：
（首全）
伏承榮膺/
寵命，伏惟□…□感慰□…□/
尚書忠貞既□…□渥□…□登（?）◇/
朝伊夕來由展□…□買◇◇俾增，伏惟/
照察。謹狀。/
張恆子張住子/
李延德采進/
乾寧五年（898）戊午歲。/
（錄文完）
3.4　説明：
署名4人及日期的筆跡相同，但與狀文不符，與原狀是否同一文獻，尚需考證。
7.3　有《雜難字》與《社司轉帖》雜寫9行，與原狀文字方向顛倒。不錄文。
8　9～10世紀。歸義軍時期寫本。
9.1　楷書。

1.1　BD14667號背6
1.3　名錄（擬）
1.4　新0867
2.4　本遺書由7個文獻組成，本文獻為第7個，5行，抄寫在背面。餘參見BD14667號之第2項。
3.3　錄文：
（首全）
李安子、薛□…□/
□思達、張□…□/
張恆子、□…□李婢子、□□子/
□…□、張于子、張進子、張住子、□…□/
（錄文完）
3.4　説明：
墨跡甚淡，難以辨認。
7.3　有雜寫“新集吉”3字。

8　8～9世紀。吐蕃統治時期寫本。
9.1　楷書。

1.1　BD14668號
1.3　四分律（異卷）初分卷三
1.4　新0868
2.1　4.5+1045）×24.9厘米；24紙；732行，行30餘字。
2.2　01：4.5+39.5，28；　02：44.5，28；　03：44.5，29；
04：44.5，32；　05：44.5，32；　06：44.5，32；
07：44.5，32；　08：44.5，32；　09：44.5，32；
10：44.5，32；　11：44.5，32；　12：44.5，32；
13：44.5，32；　14：44.5，32；　15：44.5，32；
16：44.5，32；　17：44.0，32；　18：45.5，32；
19：44.5，32；　20：44.5，32；　21：44.5，32；
22：25.5，16；　23：45.0，28；　24：44.5，27。
2.3　卷軸裝。首尾均全。卷面多水漬，有黴斑，卷首尾上下邊有殘損，第22和23紙接縫處下邊有開裂。尾有原軸，兩端塗黑漆，頂端點硃漆。背有古代裱補。有烏絲欄。已修整。
3.1　首2行下殘→大正1428，22/0589B11～12。
3.2　尾全→大正1428，22/0604B28。
4.1　律藏初分第三（首）。
4.2　律藏初分第三卷（尾）。
5　本卷與《大正藏》本對照，分卷不同。相當於大正藏四分律卷第四後半部至卷六上半部。與歷代大藏經分卷均不同，屬於異卷。
7.1　尾題後有題記2行："建初十二年（417）十二月廿七日沙門進業於酒泉西城陌北祠寫竟。故記之。"字跡、墨色與正文相同。尾題下有題記："曇無德律，進業也。"字跡同一時代，墨色不同。尾軸卷紙上寫："初分卷第三。"
8　416年。西涼寫本。
9.1　行楷。
9.2　有行間校加字、重文號、倒乙及刪除。
10　用藍色方形綢緞作包布，一角有縹帶。木匣盛裝。

1.1　BD14669號
1.3　藏内雜經錄（擬）
1.4　新0869
2.1　（2+31+1）×29.9厘米；1紙；17行，行字不等。
2.3　卷軸裝。首尾均殘。有折疊欄。
3.1　首殘→《敦煌佛教經錄輯校》，01/0552A12。
3.2　尾殘→《敦煌佛教經錄輯校》，01/0554A09。
3.4　説明：
背面有殘字。似亦為本文獻。
8　9～10世紀。歸義軍時期寫本。
9.1　楷書。
9.2　有行間加行及塗抹。

1.1　BD14670號
1.3　靈圖寺徒衆舉綱首牒及都僧統金光惠判詞（擬）
1.4　新0870
2.1　（1.5+29.5）×30.5厘米；1紙；14行，行字不等。
2.3　卷軸裝。首殘尾全。近代托裱粘貼在紙上。
3.3　錄文：
（首殘）
早夜不離於□…□於/
梵宇，奉上師長，無虧參問之/
誠；向下僧徒，每表和柔之志。今/
則伽藍業廣。寺宇基鴻，若不/
選其英能，是事難為行下。先者/
前綱辭狀，蒙判放容。寺徒復舉/
明才，未憑不敢行事。伏望/
都僧統和尚照詳大業，充從衆情，/
特補前人，以充綱首。伏請處分。/
牒件狀如前，謹牒。/
廣順二年（952）四月 日靈圖寺徒衆願護等牒/
徒衆海浪/
徒衆保善/
徒衆願□/
准請。堪能於須（?）住持，便/
令勾當。不許□理者。二日。金光惠/
（錄文完）
8　952年。歸義軍時期寫本。
9.1　楷書。
10　紙簽上寫有"靈圖寺徒衆舉綱首牒"及"獻13685"有一印章，印文不清。

1.1　BD14671號
1.3　大乘百法明門論開宗義記
1.4　新0871
2.1　（3+11.5+10.5）×26.5厘米；1紙；17行，行21字。
2.3　卷軸裝。首尾均殘。有烏絲欄。現代托裱於皮紙上。
3.1　首2行上中殘→大正2810，85/1046C16。
3.2　尾7行中下殘→大正2810，85/1047A06。
8　8～9世紀。吐蕃統治時期寫本。
9.1　章草。
9.2　有硃筆斷句。有倒乙。
10　托裱紙上標註"玄奘大師議經序頌"。紙簽上寫有"獻13686"。

1.1　BD14672號
1.3　占卜文書（擬）
1.4　新0872
2.1　（48+19）×27厘米；2紙；36行，行25字。
2.2　01：29.0，15；　02：19+19，21。

2.3 卷軸裝。首殘尾脱。通卷上下殘缺嚴重。有折疊欄。
3.4 説明：
本遺書首25行上下殘，尾殘。
6.2 尾→BD14675號。
8 9～10世紀。歸義軍時期寫本。
9.1 楷書。
9.2 有硃筆科分。有行間校加字、校改及塗抹。
10 現代托裱於皮紙上。紙簽上寫有“獻13687”。

1.1 BD14673號
1.3 齋意文（擬）
1.4 新0873
2.1 (4.5+8+6.5)×27.5厘米；2紙；13行，行20字。
2.2 01：4.5+8+4，12； 02：02.5，01。
2.3 卷軸裝。首尾均殘。卷面油污。現代粘貼於紙上。
3.4 説明：
本遺書首2行上下殘，尾3行上下殘。抄寫齋意文兩條。前一條首殘，察其内容，應為亡文。後一條有題目“除服”，尾殘。
8 9～10世紀。歸義軍時期寫本。
9.1 楷書。
9.2 有行間校加字、重文號及倒乙。
10 現代粘貼於紙上。紙簽上寫有“獻13689”。

1.1 BD14674號
1.3 懺悔文（擬）
1.4 新0874
2.1 (26.5+7)×28厘米；1紙；16行，行18～19字。
2.3 卷軸裝。首殘尾斷。現代粘貼於皮紙上。
3.4 説明：
本遺書首13行上下殘，尾殘。所抄為懺悔文。與《佛名經》所附懺悔文有相似之處，詳情待考。
8 9～10世紀。歸義軍時期寫本。
9.1 行楷。
10 紙上寫有“懺悔文”。紙簽上寫“獻13690”。

1.1 BD14675號
1.3 占卜文書（擬）
1.4 新0875
2.1 (2.1+114.6+4.6)×25.8厘米；5紙；78行，行22字。
2.2 01：2.1+36.1，23； 02：37.2，24； 03：33.2，23；
04：08.1，23； 05：04.6，03。
2.3 卷軸裝。首尾均殘。通卷殘破。背有古代裱補。有折疊欄。首紙有4道硃筆勾欄。已修整。
3.4 説明：
本遺書首脱，尾一行中下殘。首紙有1行硃筆。
6.1 首→BD14675號。
7.3 背面有雜寫“病”等字。
8 9～10世紀。歸義軍時期寫本。
9.1 楷書。
9.2 通卷有硃筆科分。有行間校加字、塗抹及刪除。

1.1 BD14676號1
1.3 靈圖寺藏經目（擬）
1.4 新0876
2.1 (3+223.2+5)×30.8厘米；7紙；129行，行20～24字。
2.2 01：3+27.4，18； 02：44.4，26； 03：44.4，26；
04：44.4，26； 05：18.6，09； 06：44.0，22；
07：05.0，02。
2.3 卷軸裝。首尾均殘。第5、6紙天頭被剪。有烏絲欄。第5頁末2行空白。已修整。
2.4 本遺書包括3個文獻：（一）《靈圖寺藏經目》（擬），105行，抄寫在正面，今編為BD14676號1。（二）《處分吳和尚經論録》（擬），24行，抄寫在正面，今編為BD14676號2。（三）《藏文文獻》（擬），4行，抄寫在背面，今編為BD14676號背。
3.1 首行下殘→《敦煌佛教經録輯校》，01/0494A11。
3.2 尾殘→《敦煌佛教經録輯校》，01/0508A10。
8 9～10世紀。歸義軍時期寫本。
9.1 楷書。
9.2 有行間校加字。

1.1 BD14676號2
1.3 處分吳和尚經論録（擬）
1.4 新0876
2.4 本遺書由3個文獻組成，本文獻為第2個，24行。餘參見BD14676號1之第2項。
3.1 首全→《敦煌佛教經録輯校》，02/0716A03。
3.2 尾2行上殘→《敦煌佛教經録輯校》，02/0719A05。
8 865年。歸義軍時期寫本。
9.1 楷書。

1.1 BD14676號背
1.3 藏文文獻（擬）
1.4 新0876
2.4 本遺書由3個文獻組成，本文獻為第3個，4行。餘參見BD14676號1之第2項。
3.4 説明：
本文獻為藏文，内容待考。
8 8～9世紀。吐蕃統治時期寫本。
9.1 正書。

1.1 BD14677號
1.3 老子道德經義疏（擬）
1.4 新0877

2.1 （11+259.5）×27 厘米；6 紙；148 行，行 20～22 字。
2.2 01：11+30.5，23； 02：51.4，28； 03：51.3，28；
04：51.4，28； 05：51.4，28； 06：23.5，13。
2.3 卷軸裝。首尾均殘。硃筆書寫正文，墨筆書寫疏文。卷上邊油污，前部上有殘缺。有烏絲欄。已修整。
3.4 説明：
本遺書首 6 行下殘，尾殘。前半部分内容為開題序例，據稱道經有三十六章，德經有四十五章。可知此書經文分章，與唐代河上公注本及李榮注本相同。後半部分内容為經文及注疏，起於第 1 章，止於第 7 章（天長章）。經文用五千字本，紅筆書寫，注文墨書。
6.1 首→斯 06044 號。
8 6 世紀。南北朝寫本。
9.1 楷書。
9.2 有斷句。

1.1 BD14678 號
1.3 大般涅槃經（北本）卷一四
1.4 新 0878
2.1 （28.7+49.9）×27.3 厘米；3 紙；48 行，行 17 字。
2.2 01：08.9，05； 02：19.8+23.2，26； 03：41.8，17。
2.3 卷軸裝。首殘尾全。通卷下部有破損。有燕尾。有烏絲欄。現代粘貼於紙上。
3.1 首 17 行下殘→大正 0374，12/0452A12～29。
3.2 尾全→大正 0374，12/0452B27。
4.2 大般涅槃經卷第十四（尾）。
5 與《大正藏》本對照，分卷不同。此卷經文相當於《大正藏》本卷十五前部。
7.1 卷尾有 4 行題記："比丘僧濟減割衣鉢之餘，仰為七世師長父母，所生父母，先死/後亡，敬寫《涅槃經》一部。願亡者並生佛國，同成正覺。普及法界/含生，一時成佛，廣度一切。/天和二年歲次丁亥五月三十日。/"
8 567 年。北周寫本。
9.1 楷書。

1.1 BD14679 號
1.3 觀世音經（血書）
1.4 新 0879
2.1 120.5×25.8 厘米；3 紙；55 行，行 20～23 字。
2.2 01：32.5，20； 02：45.5，21； 03：42.5，14。
2.3 卷軸裝。首斷尾全。原卷首紙 14～18 行中下部殘缺。正文為血書。題記為朱書。通卷背有近代托裱。有烏絲欄。
3.1 首殘→大正 0262，09/0057B24。
3.2 尾全→大正 0262，09/0058B07。
4.2 觀音經一卷（尾）
7.1 第 3 紙有題記 14 行："天復貳年（902）壬戌歲七月廿五日，住持三峗禪師願會發心，/刺血敬寫此《金剛經》一卷、《觀音經》一卷。今已終畢故記。/以此寫經功德，並將廻施當真（今）聖主，保壽遐長。/使主千秋，萬人安樂。又願四生九類、水陸飛空一切有情，/捨種類身，各獲聖位。未離苦者，願皆離苦；未得/樂者，願令得樂。未發心者，願早發［心］；已發心者，願證/菩提。師僧父母，各保安寧。過往先亡，神生淨［土］。囚徒/禁閇，枷鏁離身。凡是遠行，早達鄉井。懷胎母子，/賢聖潛威。五逆男女，各［各］孝順。自遭離亂，傷煞孤魂，/六道三塗，西方見佛。怨家歡喜，更莫相讎。諍訟推/詞，聞經善處。身無自在，願得逍遙。熱惱之苦，/值遇清涼。脿露傷寒，得生衣服。土地龍神，何（呵）護/所在。願以此功德，溥及於一切。我等與衆生，同生於/佛會。"
8 902 年。歸義軍時期寫本。
9.1 行楷。

1.1 BD14680 號
1.3 十誦律卷三
1.4 新 0880
2.1 （7.5+449）×26.3 厘米；13 紙；270 行，行 17 字。
2.2 01：7.5+21.5，18； 02：35.5，21； 03：35.5，21；
04：35.7，21； 05：35.7，21； 06：35.7，21；
07：35.7，21； 08：35.6，21； 09：35.6，21；
10：35.6，21； 11：35.6，21； 12：35.6，21；
13：35.7，21。
2.3 卷軸裝。首殘尾脱。卷上下邊有破損及殘缺。有烏絲欄。已修整。
3.1 首 5 行上下殘→大正 1435，23/0014C05～09。
3.2 尾殘→大正 1435，23/0017C12。
8 5～6 世紀。南北朝寫本。
9.1 楷書。
9.2 有行間校加字，一直寫到下邊。有段落標記、重文號、刮改及倒乙。

1.1 BD14681 號
1.3 古文尚書傳
1.4 新 0881
2.1 （30.1+337.1）×28.2 厘米；10 紙；161 行，行 17 字。
2.2 01：18.6，08； 02：11.5+31.5，19； 03：42.7，19；
04：42.7，19； 05：42.7，19； 06：43.0，19；
07：42.5，19； 08：43.0，19； 09：43.0，19；
10：06.0，01。
2.3 卷軸裝。首殘尾全。卷面油污，破損嚴重。有烏絲欄。已修整。大字正文，雙行小字注文。
3.1 首 13 行上下殘→《敦煌經部文獻合集》，01/0112A15。
3.2 尾全→《敦煌經部文獻合集》，01/0119A14。
4.2 尚書卷第一（尾）。
6.2 下→斯 09935 號。
8 7～8 世紀。唐寫本。

9.1　楷書。
9.2　有硃筆斷句。
12　从背面揭下古代裱補紙 8 塊，其中 7 塊為素紙。今編為 BD16390 號、BD16391 號。

1.1　BD14682 號
1.3　博望坊巷女社規約（稿）
1.4　新 0882
2.1　13.5×26.5 厘米；1 紙；正面 8 行，背面 1 行，共 9 行；行 20 餘字。
2.3　卷軸裝。首尾均斷。末行文字續寫於卷背。
3.1　首全→《北京圖書館館刊》，1997 年第 4 期/0088B21。
3.2　尾缺→《北京圖書館館刊》，1997 年第 4 期/0089A03。
3.3　錄文：

（首全）

丙申年四月二十日。博望坊巷女人因為上窟燃燈，衆坐商儀（議）。/一齊同發心，限三年/願滿。每年上窟所要/物色代（帶）到。錄事切行，衆社齊來，停登稅聚。/自從立條以後，便須鑚鑚鏘鏘，接/萿謌歡，上和下睦，識大敬小。三年滿後，任自取（聚）散。不許/三官把勒。衆社商量，各發好意，不壞先言，/抹破舊條，再立條。日往月來，此言不改。今聚集/得一十三人，具列名目已後（下缺）。/

（錄文完）

8　9～10 世紀。歸義軍時期寫本。
9.1　行楷。

1.1　BD14683 號
1.3　書契殘卷（擬）
1.4　新 0883
2.1　13.5×27 厘米；1 紙；5 行，行 14～15 字。
2.3　卷軸裝。首尾均斷。經黄紙。上下邊有殘損。
3.3　錄文：

（首殘）

手極救。忽得生還。仲自速辜繫之□/室。後犯刑極，遂遇玄駒。攻彼圓扉，□/成方計。逃天之心既逸，晝地之獄難□。/義扶董昭，恩酬實玉。又人之所生，性靈□/致。或擒捕為藝，或道德無稱。且勤□…□。/"

（錄文完）

8　7～8 世紀。唐寫本。
9.1　楷書。

1.1　BD14684 號
1.3　推十二日亡物法等（擬）
1.4　新 0884
2.1　48×31 厘米；2 紙；35 行，行 30 餘字。
2.2　01：12.0，08；　02：36.0，27。
2.3　卷軸裝。首尾均殘。通卷殘破。有折疊界欄。現代粘貼於紙上。
3.4　説明：

本遺書首尾均殘。所抄為占卜書。

8　9～10 世紀。歸義軍時期寫本。
9.1　楷書。
9.2　有硃筆科分。
10　紙簽上寫有"獻 13730"。
13　參見黄正建《敦煌占卜文書及唐五代占卜研究》。

1.1　BD14685 號
1.3　失名類書（擬）
1.4　新 0885
2.1　32×16.5 厘米；1 紙；23 行，行字不等。
2.3　卷軸裝。首尾均殘。全卷沒完整行。有折疊欄。現代粘貼於紙上。
3.4　説明：

本遺書首尾均殘。前部分抄寫志異三則，後部分抄寫孝子故事二則。

8　8～9 世紀。吐蕃統治時期寫本。
9.1　楷書。
9.2　有倒乙。
10　紙簽上寫有"前志異三則，後孝子傳二則"、"獻 3731"。

1.1　BD14686 號
1.3　優婆塞戒經卷五
1.4　新 0886
2.1　44×28 厘米；1 紙；26 行，行 19～20 字。
2.3　卷軸裝。首尾均殘。卷後部油污嚴重。有烏絲欄。已修整。
3.1　首行上殘→大正 1488，24/1062A03。
3.2　尾行上殘→大正 1488，24/1062B01～02。
8　5 世紀。東晉寫本。
9.1　楷書。
9.2　有行間校加字及重文號。

1.1　BD14687 號
1.3　摩訶般若波羅蜜經（思溪本）卷二四
1.4　新 0887
2.1　933×27.5 厘米；22 紙；523 行，行 18 字
2.2　01：41.0，22；　02：42.5，24；　03：42.5，24；
04：42.5，24；　05：42.5，24；　06：42.5，24；
07：42.5，24；　08：42.5，24；　09：42.5，24；
10：42.5，24；　11：42.5，24；　12：42.5，24；
13：42.5，24；　14：42.5，24；　15：42.5，24；
16：42.5，24；　17：42.5，24；　18：42.5，24；
19：42.5，24；　20：42.5，24；　21：42.5，24；
22：42.0，20。

2.3　卷軸裝。首尾均全。卷上部有等距離黴斑，卷首下略有殘缺。有烏絲欄。現代裝裱為手卷。
3.1　首全→大正 0223，08/0377A02。
3.2　尾全→大正 0223，08/0383C05。
4.1　摩訶般若波羅蜜品第七十一，卷第廿四（首）。
4.2　大品第廿四（尾）。
5　與《大正藏》本對照，分卷不同。經文相當《大正藏》本卷第二十二的全部。據《大正藏》校記，分卷與宋、元、明及宮內省圖書寮本同。
8　5 世紀。南北朝寫本。
9.1　楷書。
9.2　有行間校加字、倒乙、刪除及重文號。
10　現代裝裱為手卷，有灰底棕花織錦護首，有天竿、縹帶、玉別子。護首題簽："魏初人書《大品》卷第廿四"。

1.1　BD14688 號
1.3　放光般若經（三十卷本）卷一四
1.4　新 0888
2.1　774.5×26 厘米；16 紙；384 行，行 17 字。
2.2　01：24.0，護首；　02：51.5，28；　03：51.5，28；
04：51.5，28；　05：51.5，28；　06：51.5，28；
07：51.5，28；　08：51.5，28；　09：51.5，28；
10：51.0，27；　11：53.0，28；　12：53.0，28；
13：53.0，28；　14：53.0，28；　15：45.0，24；
16：42.0，03。
2.3　卷軸裝。首尾均全。有護首和竹質天竿。尾紙下邊有破裂。尾有原軸，全軸塗紫紅色漆。有烏絲欄。
3.1　首全→大正 0221，08/0065B29。
3.2　尾全→大正 0221，08/0070A20。
4.1　摩訶般若波羅蜜放光經無作品第四十四（首）。
4.2　摩訶般若波羅蜜放光經第十四（尾）。
5　與《大正藏》本對照，分卷不同，相當於《大正藏》本《放光般若經》卷第九無作品第四十四至卷第十真知識品第四十六。屬於三十卷本。
8　6～7 世紀。隋寫本。
9.1　楷書。
9.2　有刮改。

1.1　BD14689 號
1.3　藥師琉璃光如來本願功德經
1.4　新 0889
2.1　515.9×25.7 厘米；11 紙；289 行，行 17 字。
2.2　01：23.4，13；　02：49.5，28；　03：49.9，28；
04：49.5，28；　05：49.5，28；　06：50.0，28；
07：48.9，28；　08：48.8，28；　09：48.7，28；
10：49.4，28；　11：48.3，24。
2.3　卷軸裝。首斷尾全。經黃打紙，研光上蠟。卷首略殘，卷面多水漬。有燕尾。背有近代裱補。有烏絲欄。
3.1　首殘→大正 0450，14/0404C28。
3.2　尾全→大正 0450，14/0408B25。
4.2　藥師瑠璃光如來本願功德經（尾）。
8　7～8 世紀。唐寫本。
9.1　楷書。
9.2　有刮改。
10　首紙背面有經名"如來本願功德經"及一殘字，難以辨認。

1.1　BD14690 號
1.3　妙法蓮華經卷七
1.4　新 0890
2.1　361×26 厘米；7 紙；195 行，行 17 字。
2.2　01：51.5，28；　02：51.5，28；　03：52.0，28；
04：51.5，28；　05：51.5，28；　06：51.5，28；
07：51.5，27。
2.3　卷軸裝。首脫尾全。經黃打紙，研光上蠟。有烏絲欄。現代裝裱為手卷。接出灰底藍花織錦護首，洒金箋扉頁，後配尾軸，兩端鑲玉軸頭，下軸頭丟失。
3.1　首殘→大正 0262，09/0059C09。
3.2　尾全→大正 0262，09/0062B01。
4.2　妙法蓮華經卷第七（尾）。
8　7～8 世紀。唐寫本。
9.1　楷書。

1.1　BD14691 號
1.3　金剛般若波羅蜜經
1.4　新 0891
2.1　（16+423.7）×25.1 厘米；9 紙；246 行，行 17～18 字。
2.2　01：1.6+38，23；　02：48.1，28；　03：48.2，28；
04：48.3，28；　05：48.4，28；　06：48.4，28；
07：48.2，28；　08：48.1，28；　09：48.0，27。
2.3　卷軸裝。首殘尾全。經黃打紙，研光上蠟。首紙有橫向破裂，上下邊有破裂；第 2 紙下邊有破裂。首紙背面有近代裱補。有烏絲欄。
3.1　首行中殘→大正 0235，08/0748C23。
3.2　尾全→大正 0235，08/0752C03。
4.2　金剛般若波羅蜜經（尾）。
5　與《大正藏》本對照，本號經文無冥司偈，參見《大正藏》，8/751C16～19。
7.3　卷尾背有雜寫"秦"字。
8　7～8 世紀。唐寫本。
9.1　楷書。
9.2　有行間校加字。

1.1　BD14692 號
1.3　妙法蓮華經卷二